지리정보시스템 개론 :

GIS의 개념과 원리

신정엽

서울대학교 지리교육과(학사)
서울대학교 지리교육과(석사)
미국 뉴욕주립대(버펄로) 지리학과(박사)
국토연구원 GIS 연구센터 책임연구원
서울대학교 지리교육과 교수(현)

이상일

서울대학교 지리교육과(학사)
서울대학교 지리교육과(석사)
미국 오하이오주립대 지리학과(박사)
강원대학교 지리교육과 전임강사
서울대학교 지리교육과 교수(현)

GIS의 개념과 원리

발　　행 | 2011년 8월 10일 초판 2쇄

지 은 이 | 신정엽 · 이상일
펴 낸 이 | 김태문
펴 낸 곳 | 도서출판 다락방

출판등록 | 제 10-162호
주　　소 | 서울시 서대문구 북아현동 1-495
전　　화 | (02)312-2029　팩스 | (02)393-8399
홈페이지 | www.darakbang.co.kr

ISBN | 978-89-7858-049-6 92560

값 25,000원

이 도서의 국립중앙도서관 출판시도서목록(CIP)은 e-CIP 홈페이지(http://www.nl.go.kr/ecip)에서 이용하실 수 있습니다.(CIP제어번호 : 2008001949)

지리정보시스템 개론 :

GIS의 개념과 원리

신정엽 · 이상일 지음

다락방

Preface

머 리 말

최근 빠르게 변화하는 정보통신의 시대에 정보의 중요성은 더해가고 있습니다. 정보화 사회의 장점은 유익한 정보를 손쉽게 취득할 수 있다는 것입니다. 특히 정보가 사회발전의 기반이 되는 공공 인프라의 역할을 수행하면서 국가는 개인의 삶의 질을 향상시키기 위해 노력하고 있습니다. 이러한 측면에서 GIS는 공간 정보의 인프라 구축과 활용에 중요한 기반이 되는 동시에 핵심적인 역할을 수행하고 있습니다. 그러나 공간정보는 일반적인 정보와는 달리, 구축하고 사용하는 데 보다 어렵고 복잡한 과정을 거치게 되지만 GIS가 있기에 이것이 가능하게 되었습니다. GIS는 원래 다양한 지리정보를 디지털 방식으로 수집하고 유지하는 데서 출발하여, 이후 다양한 공간처리와 분석과정을 거쳐 매우 높은 수준의 공간정보를 만들어 냅니다. 또한 이러한 높은 수준의 공간정보를 다양한 시각적 표현을 곁들인 형태의 지도로 우리에게 제공해줌으로써, 한 장의 지도가 수백 자의 말이나 글보다 쉽고 효과적으로 정보를 제공해 줍니다.

GIS가 우리에게 주는 일상생활의 윤택함은 우리가 피부로 느끼지 못할 정도로 많습니다. 오래전부터 GIS는 우리가 사는 도시의 도로 교통시설에 대한 효과적인 관리가 가능하도록 해주었으며, 10여년 전에 발생한 참혹한 도시가스 사고와 관련하여 도시의 가스 시설물, 전력 시설물, 상하수도 시설물들을 이제는 보다 안전하게 관리하고, 응급시 빠르게 문제를 해결할 수 있도록 도와줍니다. 물론 GIS가 구축되지 못한 지역에서는 여전히 이러한 사고의 위험이 도사리고 있지만 지금은 많은 지역이 GIS의 도움을 받고 있습니다. 또한 우리가 가고 싶은 장소로 가는 최적경로를 인터넷을 통해 쉽게 알 수 있으며, 궁금한 정보를 지도와 함께 출력하여 가지고 갈 수 있습니다. 특히 자동차에서는 네비게이션 시스템을 통해 길안내를 받으며 보다 편리하게 운전할 수 있어, 낯선 곳에서도 더 이상 운전을 두려워하지 않아도 됩니다. 이러한 단편적인 사례 외에도

GIS는 우리의 삶과 도시 전체를 보다 나은 곳으로 이끌어 가고 있습니다.

이제 GIS는 공간정보를 수집, 저장, 분석, 제공하는 시스템의 수준을 넘어서 우리의 두뇌에 도움이 되는 지식 수준으로 도달하려고 합니다. 즉 이전엔 시스템(System)으로 불리던 GIS가 이제는 과학(Science)으로 불리고 있는데, 이는 GIS가 시스템 수준을 넘어 우리에게 필요한 지식의 핵심 위치를 차지하고 있다는 반증입니다. 과학으로서의 GIS는 사람과 사회, 그리고 정보기술 3가지 요소를 동시에 중요시하면서 앞으로 이 3가지를 결합시켜 발전시켜야 할 목표가 있습니다. 즉 인간에게 보다 유익한 지리정보의 필요성, 사회발전과 통합을 위한 공간의사 결정지원, 그리고 보다 높은 차원의 공간정보기술의 개발과 적용이 그 핵심입니다.

이 책은 GIS에 대한 보다 폭넓은 이해와 접근을 할 수 있도록 도와주는 길잡이로서의 역할을 할 것으로 기대됩니다. 그러나 단순하고 쉬운 수준에서 멈춘다면 GIS에 대해 궁금해하고, 구체적인 수준까지 도달하고 싶은 사람에게 실망감을 줄것 입니다. 반면 GIS에 대한 기초지식없이 너무 깊은 수준에서 시작한다면 시작부터 망설이고 이리저리 헤맬수 있을 것입니다. 따라서 본 저서는 GIS를 모르는 초심자도 조금만 관심을 가지고 다가서면 GIS에 대해 이해할 수 있도록 하였습니다.

책의 구성은 다음과 같습니다.

1장에서는 GIS가 시작된 유래를 역사적 변천과 함께 다루고, GIS를 구성하는 다양한 분야에 대해 살펴보면서 시작합니다. 그리고 2장에서는 GIS의 주요 특성과 GIS를 구성하는 주요 요소를 중심으로 GIS를 좀더 깊이 살펴봅니다.

GIS는 데이터에서 시작하고 데이터에서 끝난다고 해도 무방할 정도로 데이터가 차지하는 비중이 높기에 3장과 4장에서는 GIS의 데이터 모델을 살펴봅니다. 디지털 형태로 보게 되는 GIS 데이터가 어떠한 모델을 통해 설계되고 구성되는지 살펴보며, 특히 다양한 데이터와 공간 측면을 함께 다룹니다. 5장에서는 GIS 데이터 입력에 대해 살펴볼 것입니다. 공간적 특성상 다양한 입력 방식이 동원되지만, 그 구성과정이나 입력 결과는 매우 다르게 나타납니다. 이러한 차이를 비교하면서 공간 데이터의 입력을 이해할 수 있을 것입니다.

6장에서는 입력된 데이터가 어떻게 저장되고 유지, 관리되는지를 살펴봅니다. 입력된 데이터에 에러가 있다면 수정되어야 하며, 또한 공간 구조화 및 변형이 수반되기도 합니다. 또한 효과적인 저장 및 유지 관리에 대해 살펴봅니다. 7장은 GIS의 꽃인 분석입니다. 그냥 있는 그대로의 GIS 데이터는 매우 낮은 수준에 해당하여 제한된 수준의 정보만을 제공해 줍니다. 그러나 다양한 공간 처리와 분석방법을 통해 GIS 데이터는 매우 훌륭한 모습으로 재탄생하게 됩니다. 매우 다양한 공간분석의 방법과 몇가지 사례를 7장이 포함하고 있습니다. 8장은 GIS의 핵심 주제중 하나인 시공간 GIS와 GIS 표준에 대해 상세히 다루고 있습니다. GIS의 패러다임은 기존의 2차원 GIS에서 보다 현실적인 시공간을 다루는 GIS로 발전하고 있습니다. 또한 GIS 데이터의 공유와 호환을 위해 필수적인 GIS 표준은 국가 GIS 및 공공정보 인프라에서 매우 중요한 역할을 수행하고 있습니다.

9장은 공간정보 인프라를 다루고 있습니다. GIS 데이터는 이제 개인의 전유물이 아니라 공공의 자원으로서 많은 사람들이 사용하고 활용하는 단계에 이르고 있습니다. 이러한 공간정보 인프라로서의 GIS는 단순히 정보의 공개수준에서 머무르는 것이 아니라 사회변화를 위한 사회적 담론과도 연결되어 있습니다. 10장에서는 GIS 정보의 효과적인 전달과 표현을 위한 다양한 논의를 포함하고 있습니다. 기존에는 종이지도가 주를 이루던 것이, 최근에는 원하는 공간정보를 자유롭게 프린터로 출력하여 손쉽게 나만의 지도를 만들수 있으며, 더 나아가 다양한 지도의 정보를 인터넷에서 제공받을 수 있는데, 이러한 GIS의 다양한 시각화에 대한 것을 다루고 있습니다. 11장에서는 GIS 프로젝트를 수행하는 과정과 관련된 사항을 다루고 있습니다.

이 책의 저술은 10여년 전인 1999년부터 시작되었습니다. 당시 국내 GIS 발전수준은 미국과 같은 선진국에 비해 뒤쳐져 있었지만 이후 빠른 속도로 발전하여 현재는 선진국 수준에 이르렀습니다. 미국에서는 이미 시스템으로서의 GIS에서 사회 인프라로서의 GIS의 역할을 수행하기 시작하여, 일상생활 속에서 GIS 사용이 보편화 되었고, GIS에 대한 다양한 학문적 연구가 꽃을 피우고 있는 상태입니다. 당시 미국과 한국의 상황을 바탕으로 저술하기 시작한 이 책은 여러 가지 사정으로 오랜 기간 동안 햇빛을 보지 못하다가 이제야 세상에 등장하게 되었습니다. 그동안 GIS의 발전으로 인해 오래전에 작성된 원고는 새로운 내용으로 대체되었으며, 또한 일부분은 GIS 지평의 확대와 패러다임 변화에 따라 추가되었습니다. 매우 오랜 집필 기간동안 열악한 국내 출판 상황에서 묵묵히 믿고 기다려 주셨고, 또한 매우 늦은 지금이지만 즐거운 마음으로 기꺼이 출판해주신 김태문 사장님이 계시지 않았더라면 이 책은 영영 서랍속에 있었을 것입니다. 이 지면을 통해 다시 한 번 감사의 말씀을 드립니다. 또한 바쁜 유학 일정속에서도 자신의 글처럼 교정과 조언을 해준 전용완 교수, 이경주 교수에게도 감사의 말씀을 드립니다. 그리고 처음부터 이 책의 구성과 집필을 같이 하신 이상일 교수님과 한국의 GIS가 세계 최고가 되는 첫걸음을 떼는 두근거림과 즐거움을 함께 나누고 싶습니다.

2008년 2월

신 정 엽

contents

목 차

머리말 · 5
그림목차 · 11
표목차 · 14

chapter 1 GIS 들여다보기 · 15
1. 배경 · 17
2. 역사 · 18
3. 정의 · 28
4. GIS 응용분야 · 29

chapter 2 GIS 특성 살펴보기 · 45
1. GIS의 특성 · 47
2. 구성요소 · 56
3. 기능 · 101

chapter 3 지리정보 개념과 공간 모델 · 105
1. 공간 요소 및 측정 레벨 · 107
2. 공간 위치, 축척, 지도 투영 · 110
3. 공간 패턴 Spatial Pattern · 124
4. GIS 데이터 품질 Data Quality · 127

chapter 4 GIS 데이터 모델 · 139
1. 정보 분야의 데이터 구조 · 142
2. GIS 데이터 모델 · 151
3. GIS 데이터베이스 모델 · 175
4. 공간 액세스 방법 · 180
5. GIS 데이터베이스 분석 및 설계 · 187
6. 프로세스 모델링 Process Modeling과 시뮬레이션 Simulations · 189

chapter 5 GIS 데이터 입력 · 193
1. GIS 데이터 입력 · 195
2. 주요 데이터 입력 과정 · 217

chapter **6**_ GIS 저장 및 편집 · 231

1. GIS 데이터 저장 · 233
2. GIS 데이터 편집 · 240

chapter **7**_ 공간 분석 및 처리 · 251

1. 공간 처리 및 측정 Spatial Processing and Measurement · 253
2. 공간 분석 · 276
3. 원격탐사 이미지의 처리 및 분석 · 315

chapter **8**_ GIS의 주요 주제 : 시공간 GIS와 GIS 표준 · 323

1. 시공간 GIS Spatio-Temporal GIS · 325
2. GIS 표준 · 343

chapter **9**_ 공간 데이터 인프라와 GIS · 369

1. 공간 데이터 인프라 Spatial Data Infrastructure 의 이해 · 371
2. NSDI National Spatial Data Infrastructure 와 GSDI Global Spatial Data Infrastructure · 373
3. 국가 GIS 계획 · 377
4. 공공참여 GIS PPGIS · 384

chapter **10**_ GIS와 지도학: 지도화 및 시각화 · 389

1. 지도학의 특성 · 391
2. 지도 제작 과정 · 401
3. 지도 제작 요소 및 구성 · 407
4. 다양한 결과 방식 · 416
5. 지도 일반화 Map Generalization · 420
6. GIS 데이터 클리어링하우스 · 436

chapter **11**_ GIS 디자인 및 수행 · 441

1. GIS 프로젝트 설계의 필요성 · 444
2. GIS 프로젝트 고려 요소 · 445
3. GIS 프로젝트 수행 절차 · 454

주요 소프트웨어 리스트 · 471

참고문헌 · 473

찾아보기 · 478

그림 목차

그림 1. 1 OGC(Open Geospatial Consortium) 홈페이지 (http://www.opengeospatial.org), p.26
그림 1. 2 미국 UCGIS(University Consortium for Geographic Information Science) 홈페이지(http:// www.ucgis.org), p.26
그림 1. 3 시설물 관리를 위한 GIS 시스템의 구성, p.32
그림 1. 4 교통 GIS의 기능적 구성, p.34
그림 1. 5 교통 GIS 시스템 구성의 예, p.35
그림 1. 6 서울지방경찰청 종합교통정보센터 서비스 (http://www.spatic.go.kr), p.36
그림 1. 7 한국도로공사 고속도로 교통정보 서비스 (http://www.roadplus.go.kr), p.37
그림 1. 8 서울종합방재센터의 GIS 서비스 (http://119. seoul.go.kr), p.38
그림 1. 9 방재 GIS의 기능적 구성, p.39
그림 1.10 방재 GIS 시스템 구성의 예, p.40
그림 1.11 도시관리 및 계획 GIS의 기능적 구성, p.42
그림 1.12 서울시 GIS 포털 서비스 (http://gis.seoul.go.kr), p.42
그림 1.13 환경 GIS의 기능적 구성, p.43
그림 1.14 환경 GIS 시스템 구성의 예, p.44
그림 1.15 국토환경정보센터의 GIS 서비스 (http://www. neins.go.kr), p.44

그림 2. 1 GIS와 다양한 분야의 기술과 방법의 결합의 예, p.49
그림 2. 2 GIS를 이용한 정보자원관리와 업무의 혁신, p.51
그림 2. 3 CPU와 윈도우 기술의 발전 과정, p.53
그림 2. 4 GIS의 5가지 주요 요소, p.56
그림 2. 5 GIS 시스템 구성 하드웨어 요소들, p.60
그림 2. 6 CRT 모니터상의 지도 결과 디스플레이 과정, p.61
그림 2. 7 프린터 기술의 발전 추이, p.63
그림 2. 8 네트워크 토폴로지, p.66
그림 2. 9 레이어, 프로토콜, 인터페이스, p.70
그림 2.10 ISO/OIS와 TCP/IP 레이어, p.72
그림 2.11 IT 패러다임 변화와 우리나라 IT 정책 변화 (정보통신부), p.77
그림 2.12 우리나라 IT839전략 및 구성, p.78
그림 2.13 GIS 시스템의 유형, p.81
그림 2.14 국토포털 사이트(www.land.go.kr), p.85
그림 2.15 인터넷 GIS 소프트웨어의 시스템 구성 유형, p.86
그림 2.16 GIS 프로그램의 GUI, p.89
그림 2.17 전문가용 GIS 소프트웨어의 주요 기능, p.90
그림 2.18 컴포넌트 GIS 시스템의 예, p.92
그림 2.19 GIS 시스템 소프트웨어의 주요 기능 : 프로그래밍, 네트워크, DBMS 기능, p.93
그림 2.20 다양한 GIS 소프트웨어의 구성의 예, p.94
그림 2.21 GIS 인력 구성, p.98
그림 2.22 GIS 프로젝트 수행과정의 예, p.99
그림 2.23 GIS 구현을 위한 여러 측면의 방법, p.100

그림 3. 1 공간객체의 측정 레벨 표현, p.109
그림 3. 2 축척 변화에 따른 지도 도엽의 수의 관계, p.111
그림 3. 3 축척에 따른 공간사상의 표현, p.111
그림 3. 4 투영의 주요 3가지 유형, p.112
그림 3. 5 다양한 투영방법의 예, p.114
그림 3. 6 경위도 좌표체계, p.115
그림 3. 7 직각 및 극 좌표체계, p.116
그림 3. 8 UTM 도법의 존, p.117
그림 3. 9 지오이드와 타원체, p.118
그림 3.10 지구의 회전타원체, p.119
그림 3.11 좌표변환의 유형(이동, 축척변화, 회전), p.121
그림 3.12 축척 변화에 따른 공간객체 변환, p.122
그림 3.13 공간객체의 회전 변환, p.123
그림 3.14 공간패턴의 주요 요소, p.126
그림 3.15 공간 위치 정확도의 요소, p.129
그림 3.16 정확도 및 정밀도의 예, p.130
그림 3.17 GIS 데이터 품질의 유형, p.133
그림 3.18 GIS 수행과정의 에러 발생, p.137

그림 4. 1 GIS 데이터 모델의 구성, p.141
그림 4. 2 두 가지 주요 파일 액세스 방법, p.144
그림 4. 3 데이터베이스 패러다임의 변화 , p.146
그림 4. 4 계층형 데이터베이스 시스템의 저장구조, p.149
그림 4. 5 네트워크형 데이터베이스 시스템의 저장구조 , p150
그림 4. 6 차원에 따른 공간사상 (0, 1, 2차원 공간사상), p.153
그림 4. 7 실세계의 공간사상과 지도 표현의 관계, p.154
그림 4. 8 공간사상의 위계적 코드 분류 예, p.155
그림 4. 9 공간사상의 코드화 과정의 예, p.156
그림 4.10 단순한 데이터 압축기법, p.159
그림 4.11 공간 객체의 기하 측면 변화의 예, p.160
그림 4.12 공간 객체의 결합관계 변화의 예, p.160
그림 4.13 래스터 데이터 구조, p.161
그림 4.14 단순 래스터 데이터 구조, p.163
그림 4.15 래스터 데이터 저장 방식, p.164
그림 4.16 공간 객체의 래스터, 벡터 표현, p.165
그림 4.17 다양한 해상도의 래스터, 벡터 데이터 표현, p.166
그림 4.18 TIN 데이터 구조, p.167
그림 4.19 3차원 공간객체 표현의 예, p.169
그림 4.20 DEM 데이터의 시각적 표현 예, p.170
그림 4.21 네트워크 모델, p.172
그림 4.22 다중 레이어의 예, p.173

그림 4.23 상이한 분석목적에 따른 다중 레이어 구성방식의 예, p.174
그림 4.24 수평 데이터 레이어 구조, p.175
그림 4.25 파일 구조 GIS 모델, p.176
그림 4.26 병합 GIS 데이터 모델, p.177
그림 4.27 통합 GIS 데이터베이스 모델, p.178
그림 4.28 KD-tree 검색 방법 중 바이너리 검색 알고리즘 (binary search), p.182
그림 4.29 BSP-Tree 구축의 예, p.183
그림 4.30 Quadtree 공간 검색 방법, p.183
그림 4.31 선형 Quadtree 방식에서의 셀 순서 결정방식 (왼쪽 그림)과 공간 색인 경로 방식, p.184
그림 4.32 R-Tree 방식의 공간 액세스 방법의 예, p.186
그림 4.33 R+ Tree 방식의 공간 액세스 방법의 예, p.186

그림 5. 1 디지타이저 구성 및 디지타이저 태블릿, p.196
그림 5. 2 평판 스캐너와 드럼 스캐너, p.198
그림 5. 3 전자기 스펙트럼의 구성, p.200
그림 5. 4 원격탐사를 통한 데이터 수집 과정, p.201
그림 5. 5 인공위성 이미지 데이터입력, p.201
그림 5. 6 지도제작을 위해 항공기 촬영 이동과정, p.204
그림 5. 7 항공사진의 입체적 인식 과정, p.205
그림 5. 8 GPS 인공위성과 DGPS (Differential GPS), p.206
그림 5. 9 GPS를 이용한 자동차 항법 시스템과 선박 항법 시스템, p.207
그림 5.10 키보드를 이용한 래스터 데이터 입력 예, p.211
그림 5.11 멀티미디어 데이터 구성 및 통합, p.212
그림 5.12 토지 측량 방법 (추측 측량, 삼각측량, 삼변측량), p.214
그림 5.13 공간 데이터 수집 방법, p.215
그림 5.14 속성 데이터 테이블 예, p.216
그림 5.15 디지타이징 입력 과정, p.220
그림 5.16 디지타이저를 이용한 라인 데이터 입력 예, p.221
그림 5.17 스캐닝 프로그램의 예, p.224
그림 5.18 데이터 변환 과정 (래스터 벡터 데이터), p.225
그림 5.19 래스터 데이터 유형에서 벡터 데이터 유형으로의 변환 과정, p.226
그림 5.20 벡터 데이터 유형에서 래스터 데이터 유형으로의 변환 과정, p.226
그림 5.21 래스터 데이터 입력 방법, p.229

그림 6. 1 GIS 데이터 저장시 고려 측면, p.233
그림 6. 2 복수 레이어의 데이터 구조 통일, p.235
그림 6. 3 속성 테이블 연계, p.236
그림 6. 4 다양한 데이터의 통합적 저장의 예, p.237
그림 6. 5 노드 에러, p.242
그림 6. 6 레이블 에러, p.242
그림 6. 7 슬리버 폴리곤 에러, p.243
그림 6. 8 공간 데이터 에러 유형, p.244
그림 6. 9 래스터 속성 에러, p.246
그림 6.10 좌표체계 변환의 예, p.246
그림 6.11 다양한 투영법에 따른 세계지도, p.247
그림 6.12 에지매칭에 의한 편집, p.249
그림 6.13 러버쉬팅에 의한 편집, p.250

그림 7. 1 두 변수간의 상관관계의 예, p.256
그림 7. 2 GIS 데이터 분류의 예, p.258
그림 7. 3 다양한 공간 데이터 분류 방법, p.259
그림 7. 4 폴리곤(벡터 데이터)의 재분류 (속성이 같은 것끼리 결합), p.260
그림 7. 5 래스터 데이터의 재분류 및 연산, p.261
그림 7. 6 중심점 유형, p.262
그림 7. 7 최근린 분석을 위한 사례 지역, p.265
그림 7. 8 굴곡성 계산 , p.267
그림 7. 9 방향성 평균 (Directional Mean), p.268
그림 7.10 선형 연결성 분석의 예, p.270
그림 7.11 율러 숫자의 예, p.272
그림 7.12 공간 자기상관 분석의 사례 지역, p.274
그림 7.13 점, 선, 면형 공간객체 유형들간의 교차(Intersection) 관계, p.277
그림 7.14 레이어 중첩과 속성 데이터 처리, p.278
그림 7.15 Point-in-polygon 검사 방법의 예, p.279
그림 7.16 Point-in-Polygon 중첩의 예, p.280
그림 7.17 Line-in-polygon 검사 방법의 예, p.281
그림 7.18 Line-in Polygon 중첩의 예, p.282
그림 7.19 래스터 데이터 중첩의 예, p.282
그림 7.20 선형 공간사상을 대상으로 한 버퍼의 예, p.284
그림 7.21 공간 인터폴레이션의 예 : 미국 뉴욕주 이리 카운티 (Erie County)의 지가 분포 (1998), p.285
그림 7.22 인터폴레이션 수행시 근린의 주요 탐색 방법, p.287
그림 7.23 IDW를 이용한 인터폴레이션 방법의 예, p.288
그림 7.24 경향면의 차수 정도, p.290
그림 7.25 크리깅 방법의 배리오그램 (Variogram), p.291
그림 7.26 크리깅 인터폴레이션 방법의 예, p.292
그림 7.27 맵 알지브라의 예 , p.296
그림 7.28 맵 알지브라의 공간 영역 분류, p.297
그림 7.29 이동 윈도우 (필터), p.298
그림 7.30 하이패스(high pass) 필터링의 예, p.299
그림 7.31 이동 윈도우를 이용한 다양한 공간 필터링, p.300
그림 7.32 여러 유형의 데이터 샘플링 방법, p.302
그림 7.33 지표의 슬라이스 만들기, p.302

그림 7.34 자르기와 채우기, p.303
그림 7.35 가시권 분석 (visibility analysis), p.305
그림 7.36 선형 네트워크 경로 분석의 예, p.307
그림 7.37 최단경로 분석의 예, p.308
그림 7.38 입지 할당 분석 과정의 예, p.309
그림 7.39 최적화 방식의 모델링 과정, p.311
그림 7.40 공간의사결정 지원시스템의 일반 구조, p.315
그림 7.41 이미지 대조 스트레칭(Constrast Stretching) 원리, p.317
그림 7.42 감독 분류(Supervised Classification) 과정, p.320
그림 7.43 이미지 분류 방법에 의한 공간사상 분류, p.321

그림 8. 1 다차원에서의 시간, 공간 모형, p.327
그림 8. 2 시간 위상구조 (time topology)의 예, p.329
그림 8. 3 공간객체(spatial object)와 공간사상(spatial feature) 별 시공간 표현 차이, p.330
그림 8. 4 엔터티의 시간 변화를 위한 심볼 유형, p.331
그림 8. 5 레이어 스냅샷 모델, p.333
그림 8. 6 기본 - 보완 레이어 (base with amendment) 모델의 예
그림 8. 7 시공간 복합(space-time composite) 모델의 예, p.335
그림 8. 8 시점 점형 지도의 예, p.336
그림 8. 9 래스터 데이터의 저장 방법, p.337
그림 8.10 시간 슬라이스 중첩 방법 (time slices overlay), p.339
그림 8.11 최소 공유 기하학 방법, p.341
그림 8.12 시공간 검색의 예, p.342
그림 8.13 우리나라 국가표준 조직, p.355

그림 9. 1 미국 FGDC (Federal Geographic Data Commit tee)의 홈페이지 (http://www.fgdc.gov), p.374
그림 9. 2 미국 FGDC의 조직구성, p.375
그림 9. 3 GSDI(Global Spatial Data Infrastructure) Association의 홈페이지 (http://www.gsdi.org), p.376
그림 9. 4 GSDI Association의 조직구성, p.376
그림 9. 5 국가 GIS 구축사업 일정, p.377
그림 9. 6 제1차 국가 GIS사업 추진체계, p.378
그림 9. 7 제2차 국가 GIS사업 추진체계, p.378
그림 9. 8 GIS가 사회에 미치는 긍정적 역할, p.385
그림 9. 9 GIS의 사회적 역할에 영향을 주는 요인들, p.386
그림 9.10 공공참여 GIS(PPGIDS) 구성과정, p.386
그림 9.11 소외계층을 위한 공공참여 GIS 역할, p.387

그림 10. 1 지도의 분류 유형의 여러 측면, p.392
그림 10. 2 다양한 지도 디자인 결과의 예, p.387
그림 10. 3 최근 지도학 패러다임의 변화, p.395
그림 10. 4 지리시각화(geovisualization)의 적용 범위, p.397
그림 10. 5 지리시각화의 세가지 주요 구현 기능 측면, p.398
그림 10. 6 지리시각화의 GIS 정보화 처리과정, p.399
그림 10. 7 지리시각화의 시기별 주요 연구과제, p.400
그림 10. 8 지도 제작 과정의 예, p.401
그림 10. 9 공간사상 유형과 지도화 과정에서의 심볼 유형, p.403
그림 10.10 공간사상의 주요 심볼 유형, p.404
그림 10.11 속성 데이터의 지도 표현 과정, p.405
그림 10.12 부각되는 공간사상과 배경이 되는 공간사상간의 관계, p.407
그림 10.13 지도 레이아웃 구성 요소, p.407
그림 10.14 지도의 주요한 그래픽 요소, p.409
그림 10.15 명도 분류에 따른 차이, p.409
그림 10.16 RGB 색 모델, p.410
그림 10.17 시각적 계층화의 그룹화 방법, p.413
그림 10.18 Ratajski의 지도 일반화 모델, p.421
그림 10.19 Morrison의 일반화 모델, p.422
그림 10.20 Brassel과 Weibel의 일반화 모델, p.423
그림 10.21 복잡성 감소, p.424
그림 10.22 공간 정확도 유지, p.424
그림 10.23 속성 정확도 유지, p.426
그림 10.24 단순화 방법, p.432
그림 10.25 완만화 방법, p.432
그림 10.26 집합화 방법, p.433
그림 10.27 융합 방법, p.433
그림 10.28 병합 방법, p.433
그림 10.29 붕괴 방법, p.433
그림 10.30 세련화 방법, p.434
그림 10.31 과장 방법, p.434
그림 10.32 향상 방법, p.435
그림 10.33 이동 방법, p.435
그림 10.34 메타데이터 구성 레벨 및 시스템 아키텍처, p.437
그림 10.35 GIS 데이터 클리어링하우스의 주요 시스템 유형, p.438
그림 10.36 국가지리정보유통망 홈페이지 (http://www. ngic.go.kr), p.439

그림 11. 1 GIS 프로젝트 손익 그래프, p.443
그림 11. 2 프로젝트 모델의 유형의 예, p.446
그림 11. 3 GIS 프로젝트 난이도와 손익비율과의 관계, p.448
그림 11. 4 프로젝트 대상지역 선정시 고려 사항, p.450
그림 11. 5 GIS 프로젝트 비용 고려 측면, p.452
그림 11. 6 GIS 프로젝트 인적 자원 구성의 예, p.454
그림 11. 7 GIS 설계 및 수행과정 흐름도, p.455
그림 11. 8 GIS 프로젝트 공정표의 예, p.456
그림 11. 9 GIS 전략적 계획 수립 프레임워크, p.458
그림 11.10 시스템 설계의 구성 요소, p.461
그림 11.11 데이터 모델에 따른 처리 흐름의 예, p.462
그림 11.12 GIS 프로젝트 상세설계 및 구현 과정, p.463

표 목차

표 1. 1 주요 GIS 사건 리스트, p.22
표 1. 2 GIS 관련 주요 기관 및 조직, p.24
표 1. 3 GIS 분야의 주요 저널 및 잡지 정보, p.27
표 1. 4 도시가스 안전관리 시스템의 기능 구성, p.32

표 2. 1 GIS 시스템과 관련된 주요 정보 기술, p.48
표 2. 2 플로터 제품 종류, p.64
표 2. 3 정보통신망의 분류, p.68
표 2. 4 OSI 모델의 레이어 구성, p.71
표 2. 5 TCP/IP 모델의 레이어, p.73
표 2. 6 주요 도로 네비게이션용 지도, p.84
표 2. 7 주요 인터넷 GIS 소프트웨어 제품, p.87
표 2. 8 주요 데스크탑 GIS 소프트웨어 제품, p.88
표 2. 9 주요 전문가용 GIS 소프트웨어 제품, p.91
표 2.10 컴포넌트 GIS 소프트웨어 제품, p.92
표 2.11 주요 공간 DBMS 제품, p.94
표 2.12 객체지향 DBMS 제품, p.94

표 4. 1 벡터 데이터 모델과 래스터 데이터 모델, p.166
표 4. 2 DEM으로부터 얻어지는 주요 정보들(예), p.170

표 5. 1 종이, 디지타이저, 플로터 크기 표준 규격, p.197
표 5. 2 주요 스캐너 제조 회사 정보, p.198
표 5. 3 전자기 스펙트럼 구성, p.199
표 5. 4 주요 인공위성 이미지의 특성, p.202
표 5. 5 GPS 관련 주요 사이트, p.210

표 6.1 공간 데이터 에러 유형에 따른 진단 및 조치, p.244

표 7.1 주요 기초 통계 지표 계산 방법, p.254
표 7. 2 주요 연산 방법, p.256
표 7. 3 연산자를 이용한 연산의 예, p.256
표 7. 4 각 점에서 다른 점까지의 거리 및 최근린 거리, p.265
표 7. 5 사면에 따른 방향성 평균 조정, p.269
표 7. 6 Moran I 계수 산출 과정의 주요 값들, p.274
표 7. 7 주요 공간분석 툴 리스트, p.275
표 7. 8 점들간의 거리 및 속성 차, p.293
표 7. 9 감마 매트릭스 (Gammer matrix), p.294
표 7.10 g 벡터 매트릭스 (점 (2, 3)에 대한), p.294
표 7.11 점 (1, 4)에서의 예측 속성 값, p.295
표 7.12 최적화 방법을 제공하는 주요 소프트웨어, p.312
표 7.13 주요 시뮬레이션 소프트웨어, p.313

표 8. 1 GIS에서의 차원 분류, p.327
표 8. 2 시간, 공간 연구 패러다임 비교, p.328
표 8. 3 미국의 주요 GIS 표준 현황, p.348~349
표 8. 4 SDTS 부문별 구성, p.351
표 8. 5 국가 GIS 표준 제정 현황 (1996~2004), p.356~357
표 8. 6 주요 메타데이터 내용 카테고리, p.361
표 8. 7 CEN/TC 287 메타데이터 표준 내용 구성, p.363

표 9. 1 제1, 2차 국가 GIS 기술개발 추진실적, p.379~380
표 9. 2 1, 2차 국가 GIS 활용체계 구축사업, p.381
표 9. 3 국가지리정보유통망의 지리정보 공급 현황 (2005년 7월 현재), p.382
표 9. 4 제 1, 2차 GIS 전문인력 양성실적 비교, p.383

표 10. 1 심볼화에 적합한 그래픽 요소의 특성과 분류, p.411
표 10. 2 3차원 시각적 표현 기능을 가진 주요 소프트웨어, p.419
표 10. 3 공간객체 유형에 따른 일반화 방법 분류, p.435

표 11. 1 프로젝트 수행가능성 평가 항목, p.458
표 11. 2 착수 계획서 개요(예), p.459
표 11. 3 GIS 시스템 교육 프로그램의 예, p.467

chapter 1

GIS 들여다보기

1. 배경 *17*

2. 역사 *18*

3. 정의 *28*

4. GIS 응용분야 *29*

1 배경

GIS(Geographic Information Systems)는 1960년대 이래 빠른 속도로 발전하면서 활용영역의 확대를 통한 대중화와 독자적인 학문분야의 전문화를 동시에 이루어 왔다. GIS는 단순히 지도 만드는 기술(technology)이나 특정 알고리즘의 개발을 의미하는 것이 아니라 우리를 둘러싼 실세계를 통합적으로 관리, 탐구할 수 있게 해주는 종합적인 컴퓨터 시스템을 의미한다. 더 나아가 최근에는 GIS의 S가 시스템(Systems)이 아니라 과학(Science)으로 받아들여지고 있다. 이것은 GIS가 단순히 컴퓨터 하드웨어와 소프트웨어로 이루어진 컴퓨터 환경만을 의미하는 것이 아니라, 우리가 실세계를 바라보는 새로운 시각과 방법론을 제시해주고 있음을 의미하는 것이다. 이렇게 하나의 과학으로 발전한 GIS는 이제 수천년간 진보해 온 인류의 '지도학적 이성'의 21세기판 버전을 자신의 이름으로 쓰고 있는 것이다.

GIS는 이미 그 시작에서 다양한 분야의 개념(concept), 기술(technology), 모델(model) 등의 결합을 통해 발전해 왔기 때문에 GIS를 바라보는 시각 역시 다양할 수 밖에 없다. 다소 과장한다면 GIS에 대해 모든 사람이 동의할 수 있는 정의는 존재하지 않는다. 어떤 사람들은 GIS를 지도 제작이나 디스플레이를 위해 고안된 특정한 지도제작 프로그램(mapping program)으로 보는 반면, 다른 사람들은 특정한 공간분석과 처리를 수행하는 공간분석시스템(spatial analysis system)으로 보기도 한다. 또 다른 사람들은 지적, 환경, 통신, 전력 등 시설물과 관련 정보를 효과적으로 저장, 유지관리하는 정보시스템(information system)으로 보기도 하고, 다른 한편으로는 GPS, 인공위성 등을 이용하여 실시간으로 데이터를 이용하는 첨단정보이용시스템 (High-tech information use system)으로 보기도 한다. 우리는 여기서 특정한 종류의 GIS에 대한 정의를 따라갈 것을 권하지 않는다. 오히려 이러한 다양한 시각을 이해함으로써 통합된 관점에서 GIS를 바라볼 수 있게 되기를 기대한다. 'GIS 하기(doing GIS)' 를 너무나 편협하게 정의하고자 하는 사람은 어쩌면 자신의 전문성을 뽐내고 싶어할지도 모른다. 하지만 그들이 간과하고 있는 것은 그 전문성 자체도 GIS가 열고 있고 열게 될 지리정보과학(Geographic Information Science)이라는 광활한 바다의 작은 섬에 불과하다는 사실이다. 보다 넓은 맥락 속에서 GIS를 바라보기 위해 1장에서는 GIS의 역사, 정의, 특성을 중심으로 살펴보기로 한다.

2 역사

GIS의 발달은 여타 기술의 진보와 마찬가지로 인간의 특정한 욕망에서 비롯된 것이다. GIS의 발달과 관련된 인간의 욕망은 바로 '지도학적 이성'의 고양이다. 인류의 지도학적 이성은 지표상의 사상(feature)을 재현하고 저장하는 보다 좋은 수단을 개발해 왔고, 구술, 텍스트, 종이지도를 거쳐 마침내 디지털 혁명과 함께 GIS를 탄생시킨 것이다. 이러한 관점에서, 과거 GIS는 지도제작과 정보관리 분야의 발전을 토대로 발전해 왔다고 볼 수 있다. 즉 지도학의 발전이 GIS 발전의 뼈대를 구성해 왔다면, 최근의 컴퓨터 기술의 발전과 정보기술 분야의 발전은 그 뼈대에 혈관과 살을 붙여왔다고 할 수 있다.

세계 최초의 지도인 바빌로니아 설형지도(1400 B.C.)로부터 그리스는 다양한 지도학 기술을 발전시키고 이를 토대로 다양한 지도를 제작하였다. 그리스 지도학자인 에라토스테네스(Erathosthenes, 276-194 B.C.)는 과학적인 지도학의 토대를 이루었으며, 프톨레미(Ptolemaeus, 90-168 A.D.)는 최초의 세계지도를 제작하였다. 이후 세금 징수나 군사 징용을 보다 효과적으로 수행하기 위해 정보를 체계적으로 정리하고 관리하며 이를 제도화하기 위해 고대 이집트와 로마시대에는 토지, 세금 관련 정보를 목록화하여 보관하기도 하였다. 그러나 지도학의 급격한 발전은 지리상의 발견을 거치면서 이루어졌는데, 무역, 탐험, 항해 등을 위한 보다 과학적인 지도의 필요성이 대두된 것이다. 특히 이러한 과정에서 중요한 역할을 담당한 항구 주변의 해안지역에 대해서는 정확한 측량과 지도제작이 이루어졌다.

19세기 이후의 지도학 발달은 전혀 새로운 맥락에서 이루어진다. 즉 도로, 전화, 철도, 상하수도 등의 시설물이 구축되면서 이들에 대한 효율적인 정보기록 및 관리의 필요성이 대두된 것이다. 특히 도시의 발달이 현저해지면서 이러한 지도제작 및 정보관리 시스템은 도시를 중심으로 발전하기 시작했다. 뒤이은 과학적 지도제작 기술(scientific mapping technology)의 발달은 현대적인 모습의 GIS 태동에 직접적인 영향을 끼친다. 그 중에서 가장 먼저 언급할 수 있는 것이 항공측량 기술인데 1909년 처음으로 항공사진이 지도제작에 사용되었다. 사진측량술은 1920~30년대에 급속히 발전하였으며, 제2차 세계대전을 거치면서 1:500, 1:5,000과 같은 대축척 지도의 제작이 가능하게 되었다.

컴퓨터 기술의 발전은 GIS에 구체적인 형태를 부여했다. 파스칼(Pascal)에 의해 1647년 최초로 계산기가 발명된 이후, 1890년에는 처음으로 대용량 데이터가 자동으로 처리되었다. 물론 당시에는 데이터를 종이카드에 펀치로 표시하여 입력하였다. 제2차 세계대전을 거치는 동안 데이터 처리기술은 급격히 진보하는데, 1940년대에 'ENIAC' 이라는 컴퓨터가 개발되었고, 1953년에는 'IBM 650' 이 발명되었다. 그러나 이러한 1세대 컴퓨터들의 공통적인 결점은 이들 컴퓨터에 사용된 전구들이 많은 열을 발산하고 수명이 제한되었다는 점이다. 이후 1950년대 말과 1960년대 초반에 진공관 대신 트랜지스터가 사용된 2세대 컴퓨터가 등장하였다. 이때부터 컴퓨터는 정부 조직뿐만 아니라 다양한 분야에서 사용되기 시작하였다.

최초의 GIS는 1960년대 말, 캐나다 정부에 의해 시도된 것으로 알려진다. 당시에는 고가이면서 덩치가 매우 큰 메인프레임 컴퓨터(Maingrame Computer)에 의존하였으며, 지도 출력장치 등이 없었기 때문에 주로 테이블 또는 표 형태의 결과만을 얻을 수 있었다. 이후 미국에서도 유사한 시스템인 'MIDAS' 를 사용하여 자원에 대한 데이터를 처리하였다. 1970년대 중반 이후에는 여러 국가에서 다양한 종류의 지리정보를 컴퓨터를 이용하여 목록화하는 작업이 수행되었다. 당시 컴퓨터기술은 전자회로의 개발과 컴퓨터 프로그램의 세련화로 3세대 컴퓨터로서 전문분야의 대용량 데이터를 처리할 수 있게 되었다. 이후 마이크로프로세서가 개발되어 4세대 데스크탑 컴퓨터가 개발되었으며 이후 개인컴퓨터 (PC : personal computer)가 출시되었다.

기술의 발달은 컴퓨팅 기술의 계층화를 이끌었는데, 메인프레임, 워크스테이션(workstation), 데스크탑 컴퓨터(PC) 등 다양한 유형의 컴퓨터들이 존재하게 되었다.

1980년대 중반 워크스테이션이 개발되면서 메인프레임에 대한 의존에서 벗어나기 시작했고, 이후 컴퓨터 기술의 발전과 가격 하락으로 1990년대 부터는 PC가 차지하는 비중이 현저하게 커졌다. 이러한 컴퓨팅 기술의 진보와 함께, 과거에 워크스테이션에서만 수행되던 GIS 기능들이 PC 환경에서도 가능하게 되었으며, 네트워크 기술의 눈부신 발전은 GIS 데이터 공유 및 응용시스템의 통합을 가능하게 했다. 1990년대 중반이후 노트북과 PDA 등의 개발은 GIS 시스템에 이동성이라는 날개를 달아주었고 이러한 추세는 지금까지 지속되고 있다.

앞에서 잠시 언급하였듯이 현대 GIS의 발전 과정은 1960년대 중반 캐나다 정부의 GIS 프로젝트인 CGIS(Canada Geographic Information system)와 더불어 시작되었다. CGIS는 초기 GIS 발전에 매우 중요한 역할을 수행하였는데, 원래 목적은 광활한 캐나다 농업지역에 대한 토지정보관리(CLI: Canada Land Inventory)의 효율성 제고였다. CGIS는 수집된 토지 데이터를 통계기법을 사용하여 분석하였고, 이를 이용하여 농업, 산림, 토지이용 등 다양한 주제로 제작을 수행하였다. 당시 CGIS에서는 현재 보편화된 중첩(overlay), 면적계산(area measurement) 등의 기법이 처음으로 도입되었으며, 레이어(layer) 방식으로 데이터를 관리하고 대규모 데이터베이스를 고려한 데이터 모델(data model)을 설정하였다.

GIS의 역사에서 빼놓을 수 없는 또 하나의 기관은 하버드대학 연구소이다. 공식명칭이 '컴퓨터 그래픽과 공간분석을 위한 하버드 연구실(Harvard Laboratory for Computer Graphics and Spatial Analysis)' 인 이 연구소는 1960년대 중반 피셔(Fisher)를 중심으로 GIS의 기본이 되는 데이터 모델과 기술을 개발함으로써 이후 GIS 발전의 시금석이 되었다. 이 연구소에서 1964년 개발이 시작되어 1966년 완료된 'SYMAP' 은 최초의 자동화된 지도제작 프로그램으로 인정받고 있는데, 이 소프트웨어를 이용하여 라인프린터(line printer)로 지도 출력이 가능해졌으며 (결과물의 해상도와 품질은 매우 낮았다.) 컴퓨터를 사용하여 지도를 제작하는 기능을 처음으로 선보였다. 이후 하버드대학 연구소는 1960년대 후반 'SYMAP' 을 이용하여 플로터 출력과 3차원 지도 출력을 가능케 했고, GRID를 개발함으로써 래스터 데이터 유형의 모델, 처리, 분석을 최초로 가능하게 했다. 1970년대 초반에는 'POLYVRT' 를 개발하여 면형 벡터 데이터에 대한 사용을 가능하게 했으며, 이후 'ODYSSEY' 를 개발하여 폴리곤 중첩 등의 면형 벡터 데이터의 처리 기능을 제공하였다.

한편 미국의 통계청인 US Census Bureau는 미국 센서스 데이터를 지도와 연결시키려는 노력을 진행하였다. 1970년 인구센서스에서 처음으로 센서스를 공간 지도와 결합하려는 시도를 했는데, 이 때 사용된 DIME(Dual Independent Map Encoding) 파일은 속성정보로 저장된 주소만을 가지고 공간위치를 확인하고 지도화할 수 있도록 설계되었다. 즉 DIME 파일은 도로정보를 토대로 위치정보를 자동으로 산출해주는 지오코딩(geocoding) 기능을 수행할수 있도록 개발되었으며, 이후 보다 진보된 형태의 TIGER(Topologically Integrated Geographic Encoding and Referencing) 파일 개발을 가능하게 하였다. 지오코딩(geocoding) 기능은 매우 강력한 지도위치 입력기능으로 주소정보만 가지고 공간 위치정보를 입력할 수 있기 때문에 매우 다양한 GIS 기능 및 적용을 가능하게 하였다.

또한 GIS 발전과 더불어 빼놓을 수 없는 것은 ESRI사의 GIS 소프트웨어 개발이다. 1969년에 설립된 ESRI사는 당시 하버드대학 연구실의 연구 성과와 다른 여러 연구들을 토대로 일반 사용자들이 사용할 수 있는 상용의 GIS 소프트웨어를 개발하였는데, 그것이 진정한 의미에서 최초의 GIS 소프트웨어로 알려진 ARC/INFO이다 (1980년에 처음 개발). 이렇게 평가받는 이유는 ARC/INFO가 공간 데이터(ARC)와 속성 데이터(INFO)를 함께 다룰 수 있는 최초의 소프트웨어였기 때문이다. 이후 ESRI는 ARC/INFO를 업그레이드 하면서 다양한 데이터모델, 처리 및 분석 기능 등을 추가하며 여타의 경량 GIS 소프트웨어들을 개발 판매함으로써 현재의 GIS 산업에 막대한 영향을 끼치고 있다.

표 1.1 주요 GIS 사건 리스트

년 대	년 도	사 건
1960	1963	· CGIS (Canada Gegoraphic Information System) 프로젝트 시작 · URISA (Urban and Regional Information Systems Association) 학회 설립
	1964	· 하버드 연구소(Harvard Lab) 설립
	1966	· 하버드 연구소에서 SYMAP 개발 (최초 자동화 지도제작 프로그램)
	1967	· US Census Bureau에서 DIME 파일 (자동위치정보 입력 기능) 개발
	1969	· 대표적인 GIS 회사인 ESRI사, Intergraph사 설립
1970	1972	· 첫번째 Landsat 인공위성 발사 · IBM사 GFIS 시작
	1973	· 미 국립지리원인 USGS에서 GIRAS 개발
	1976	· 미 USGS에서 국가 디지털 지도인 DLG(Digital Line Graph) 제작
	1978	· 대표적인 원격탐사 회사인 ERDAS사 설립
	1979	· 하버드 연구소에서 ODYSSEY GIS 개발 (최초의 현대 벡터 GIS 프로그램)
1980	1981	· ESRI사 ARC/INFO 개발
	1985	· 미국 GPS 운영시작 · 미국 GRASS 개발
	1986	· 미국 MapInfo사 설립 · SPOT 인공위성 발사
	1987	· 대표적인 GIS 저널인 IJGIS* 발간 · Clark University에서 Idrisi 프로그램 개발 시작
	1988	· 대표적인 미국 GIS 연구기관인 NCGIA 설립 · 영국 Smallworld사 설립 · 미 US Census Bureau에서 TIGER 파일 발표
	1989	· Intergraph사 MGE 소프트웨어 개발
1990	1991	· 'GIS Big Book' 발간 (이후 1999년 2판 출간)

*IJGIS : International Journal of Geographic Information Systems (1997년 이후 Science로 개명)

GIS의 데이터 모델, 공간분석, 지도제작 및 결과 해석 등은 지도학과 지리학에 그 토대를 두고 있으며, 물리적인 데이터 처리방법, 하드웨어 구성 등은 컴퓨터 기술분야에 토대를 두고 있다. 이외에 교통, 환경, 지적, 조경, 지역계획 등 다양한 분야의 응용 시스템과 관련된 세부적인 개념적, 물리적 수준의 구성 및 알고리즘 등은 관련 분야의 발전 결과들이 통합되어 이루어진 것이다.

GIS 발전에서 지도제작 과정의 자동화만큼 중요한 것은 없다. 지리정보가 종이 아날로그 방식이 아니라 디지털 방식으로 존재할 수 있다면, 그만큼 정보의 조직화, 유지관리, 활용면에서 매우 효율적일 것이다. 이러한 맥락에서 지도 제작분야의 발전은 GIS 발전에 큰 영향을 미쳤는데, 자동화된 지도제작의 발달은 지리 정보의 입력, 저장, 편집, 유지관리, 출력 등에 적합한 메커니즘의 고안뿐만 아니라, 관련 장치들(디지타이저, 스캐너 등의 입력장치와 프린터, 플로터 등의 출력장치)의 개발과 밀접한 관련이 있다. 1970년대 중반 이후 기존의 종이지도를 디지털화 할 수 있게 되었을 뿐만 아니라, 지도제작 과정의 효율화, 시간과 비용의 절감, 그리고 고품질의 지도 출력이 가능할 만큼 진보하게 되었다.

GIS는 데이터 측면에서 볼 때 다양한 분야의 발전 결과를 통합하여 왔는데, 1970~90년대에 벡터 데이터 유형으로서 CAD 분야, 래스터 데이터 유형으로서 원격탐사의 발전에 자극을 받고 핵심 기술과 내용을 통합하였다. 또한 대용량의 속성 데이터와 관련하여 데이터베이스 관련 개념과 기술상의 진보를 수용하였고, 실시간 데이터 유형으로서의 GPS의 기술과 다양한 멀티미디어 데이터(동영상) 처리 기술과도 통합되고 있다.

GIS는 미국을 중심으로 발전해 왔다는 것을 부인할 수 없다. 민간 부문과 정부 부문 모두에서 활발하게 다양한 형태의 GIS 프로젝트들이 수행되고 있다. 또한 GIS를 학문적으로 체계화하기 위한 노력도 지속적으로 수행되었는데, 다음과 같은 GIS 조직들이 그러한 과정의 중심에 있다.

표 1.2 GIS 관련 주요 기관 및 조직

조 직	홈 페 이 지	특 성
ACSM	http://www.acsm.net/	American Congress on Survey and Mapping (미국)
AGI	http://www.agi.org.uk/	Association for Geography Information (영국)
NCGIA	· http://www.ncgia.uscb.edu/ (UC Santa Barbara) · http://www.geog.buffalo.edu/ ncgia/(SUNYBuffalo) · http://www.ncgia.maine.edu/ (University of Maine)	National Center for Geographical Information and Analysis (미국)
URISA	http://www.urisa.org/	Urban and Regional Information Systems Association (미국)
UCGIS	http://www.ucgis.org/	University Consortium for Geographic Information Science (미국)
AAG	http://www.aag.org/	Association of American Geographers
ASPRS	http://www.asprs.org/	American Society for Photogrammetry & Remote Sensing
USGS	http://www.usgs.gov/	US Geological Survey (미국)
OGC	http://www.opengeospatial.org/	Open Geospatial Consortium
GITA	http://www.gita.org/	Geospatial Information & Technology Association
EUROGI	http://www.eurogi.org/	European GIS organization
ICA	http://www.icaci.org/	International Cartography Association
ISO/TC211	http://www.isotc211.org/	ISO GIS Technical Committee
Geoworld	http://www.geoplace.com/	Geoworld 저널 사이트

GIS 분야뿐만 아니라 주요한 정보기술 분야의 조직과 회사, 학교 등으로 구성된 OGC(Open Geospatial Consortium)는 GIS 소프트웨어의 상호운영성(interoperability)을 지향하는 GIS 데이터 및 서비스 관련 표준을 제정하고 있으며, 이러한 표준을 기반으로 다양한 GIS 주체들이 상용의 소프트웨어와 시스템을 구현하려는 노력을 계속하고 있다. 이외에 국제 표준으로서 GIS를 다루고 제정하려는 노력도 지속적으로 이루어져 왔는데, ISO(International Standards Organization)의 분과인 TC 211과 유럽 표준화 조직인 CEN(Comite Europeen de Normalisation) TC 287에서 GIS 표준을 제정하고 있다. 이들 표준화 조직들은 서로 보완적이고 협력적인 관계를 유지하고 있으며, 필요시 연합 세미나와 회의를 개최하고 필요한 정보를 공유함으로써 GIS 발전에 핵심적인 역할을 담당하고 있다.

GIS 역사에 있어서 흥미로운 점 중의 하나는 GIS 발전이 GIS 소프트웨어 회사와 밀접하게 관련되어 있다는 것이다. 즉 초기에는 GIS 소프트웨어 회사가 GIS의 데이터 모델 및 기능, 그리고 GIS 구현 방안까지 제시하는 매우 막강한 영향력을 행사했으며, 최근에 들어서는 이러한 GIS 회사와 더불어, 정보기술 관련 회사들의 솔루션이 현재 GIS의 방향을 제시하고 현재의 모습을 만들고 있다고 해도 과언이 아니다. 우선 ESRI사와 Intergraph사는 GIS 소프트웨어 산업의 양 축을 담당하고 있을 뿐만 아니라 GIS와 관련된 거의 모든 분야의 진보를 주도하고 있다. 데스크탑 GIS 시장에서는 MapInfo사의 소프트웨어가 사용자들에게 많은 사랑을 받고 있으며, CAD 분야와 GIS 분야를 결합하는 솔루션과 관련하여 Autodesk사와 Bentley사의 지배력은 상당하다. GIS 소프트웨어 외에도, DBMS 분야는 GIS에 필수적인 데이터 저장 및 유지관리 기술을 제공하여 왔으며, 이러한 경향과 관련하여 IBM, Oracle, Microsoft 등의 회사들이 강력한 DBMS 솔루션을 제공하고 있다.

그림 1.1 OGC(Open Geospatial Consortium) 홈페이지 (http://www.opengeospatial.org)

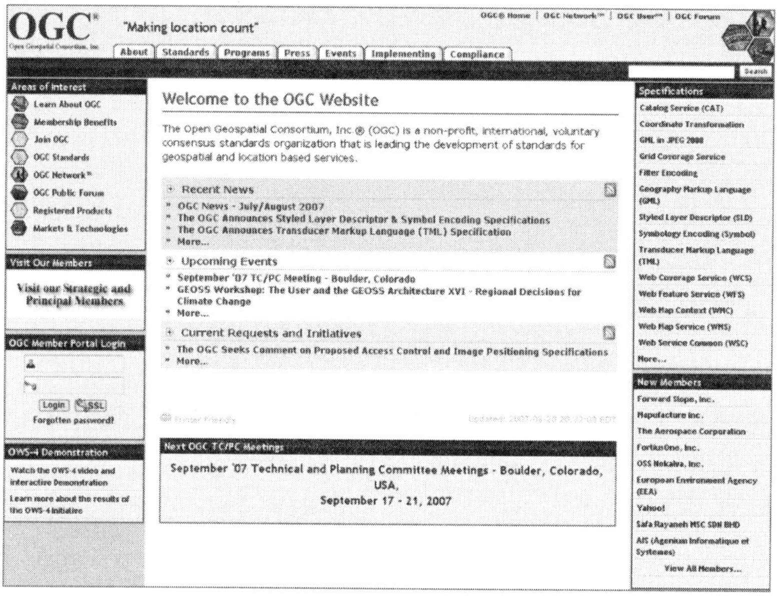

그림 1.2 미국 UCGIS(University Consortium for Geographic Information Science) 홈페이지(http://www.ucgis.org)

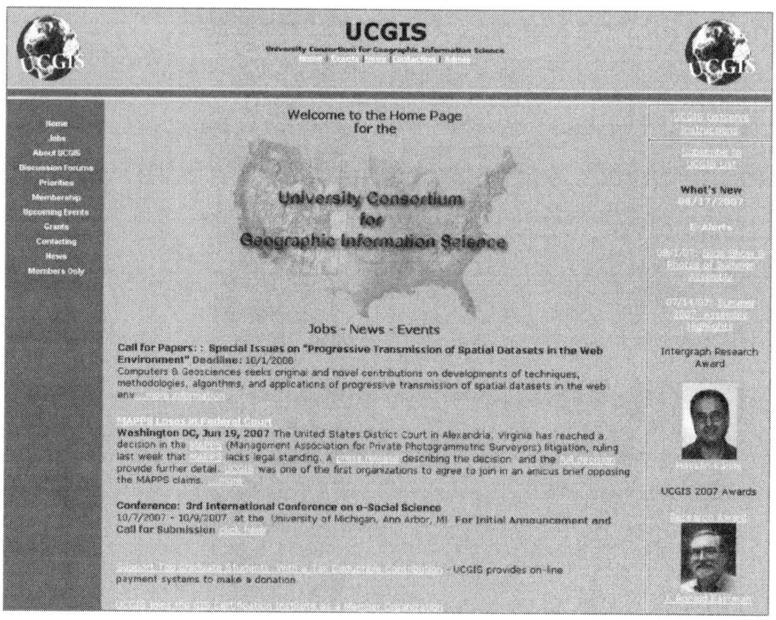

학문 분야 및 교육 분야에서도 GIS에 대한 연구와 교육이 활발히 이루어져 왔다. GIS를 가르치거나 연구하는 대학 및 초, 중등학교가 빠르게 늘어나고 있으며, 이들이 제공하는 교육 프로그램 및 연구 업적도 급격히 늘고 있다. 이러한 경향의 대표적인 예로는, 1988년에 미국에서 설립된 NCGIA(National Center for Geographic Information and Analysis)로서, UC Santa Barbara, SUNY(State University of New York) Buffalo, University of Maine 등 3대학이 컨소시엄 형태로 GIS에 대한 연구를 수행하고 있다. 이외에도 UCGIS(University Consortium for Geographic Information Science)가 1995년 미국내 주요 연구 대학들의 네트워크 형태로 설립되었으며, 유럽의 연구 기관에서 수행하고 있는 GISDATA 프로그램은 유럽 국가들간의 네트워크로서 GIS 연구를 조정하고 자극하고 있다. 표 1.3은 GIS 분야의 주요 학술저널 및 잡지들에 대한 목록이다.

표 1.3 GIS 분야의 주요 저널 및 잡지 정보

저널 및 잡지	특 성	홈페이지
International Journal of Geographic Information Science (IJGIS)	GIS 분야의 대표적인 학술지로, 1년에 12번 발행하며 이론적, 기술적 동향을 알 수 있다.	http://www.tandf.co..uk//journais/tf/13658816.html
Journal of Geographical Systems	GIS 분야 중 기술, 모델, 알고리즘 등에 대한 학술지로 1년에 4번 발간.	http://link.springer.de/link/service/journals/10109
Geographical Analysis	지리학의 공간 모델, GIS의 모델, 알고리즘 등에 대한 학술지로서 1년에 4번 발간.	http://muse.jhu.edu/journals/geo
Geoworld	GIS 분야의 뉴스 및 동향 등을 알 수 있는 잡지로 매달 발간	http://www.geoplace.com
Cartography and Geography Information Science (CGIS)	지리학 및 지도학 분야의 학술지로 1년에 4번 발간되며, 지도학 모델 및 기술에 대한 내용이 담겨 있다.	http://www.acsm.net/cagis
URISA	URISA 학회에서 매년 발간하는 정기 모임 발표집으로, 지리학 및 GIS 관련 연구들이 발표되며 최근에는 CD로 제공된다.	http://www.urisa.org

International Journal of Remote Sensing	원격탐사 분야의 학술지로 1년에 24번 발간	http://www.tandf.co.uk/journals/tf/01431161.html
Photogrammetric Engineering and Remote Sensing	원격탐사 분야의 학술지로 1년에 12번 발간	http://www.asprs.org/asprs/publications/pe&rs
Computers and Geoscience	지구과학 및 GIS분야의 저널로서, 1년에 10번 발간	http:// library.iem.ac.ru/comp&geo
Transcations in GIS	GIS 분야의 학술지로 1년에 4번 발간	http://www.blackwellpublishing.com
ArcNews	ESRI사에서 발간하는 뉴스지로서 1년에 4번 발간	http://www.esri.com

3 정의

GIS에 대한 시각과 정의는 다양할 수 밖에 없는데, 그것은 앞에서 살펴본 것처럼, GIS의 태동과 발달이 다양한 분야의 연구 성과들을 결합함으로써 이루어져 왔다는 점에 기인한다. 현재에도 GIS를 하는 사람들 모두가 동의할 수 있는 완전무결한 GIS에 대한 정의는 아직 제시되지 않은 실정이다. 그러나 다양한 시각에 기반한 다양한 정의들을 살펴봄으로써 우리는 그것들 사이에서 공통분모를 찾을 수 있고 이를 바탕으로 GIS에 대한 포괄적인 개념정의를 할 수 있을지도 모른다. 이러한 의미에서 GIS를 정의하자면, GIS는 '실세계 지리 객체와 현상(geographic objects and phenomena)의 수집 및 입력(collection and input), 저장 및 유지관리(storage and management), 처리 및 분석(processing and analysis), 그리고 지도화 및 시각화(mapping and visualization)를 수행할 수 있게 해주는 통합적 컴퓨터 시스템' 이다. 이러한 GIS를 위해 수행 목적, 구체적인 수행 과정 및 방법, 이를 다루는 사람, 물리적으로 구현되기 위한 시스템 요소로서 소프트웨어와 하드웨어 등이 요구된다.

GIS의 핵심인 지리정보(geographic information)는 지표상에 존재하는 모든 종류의 지리 사상(geographic feature)을 포괄한다. 지리 사상은 지표상에서 주어진 좌표체계에 따라 특정한 '위치(location)' 를 지니고, 특정한 '속성(attribute)' 을 보유하고 있으며, 다른 지리 사상들과 '위상적(topological) 관련성'을 맺고 있다. 따라서 지리정보(geographic information)는 이러한 3가지 측면의 정보를 모두 포괄하는 것으로 인식되어야 하고, GIS는 이러한 관점에서 지리정보를 다룰 수 있어야 한다.

4 GIS 응용분야

GIS는 실생활의 다양한 분야에 활용되고 있으며, 사회의 근간을 이루고, 인간의 삶을 더욱 풍요롭게 한다. 여기서는 간략하게 GIS가 일상생활을 위해 어떻게 구성되고 활용되고 있는지 살펴보고자 한다.

시설물 관리 분야의 GIS

시설물 관리의 주요 목적은 천연가스, 전력, 상하수도, 통신과 같은 공공 시설물(public facility)을 정보화 하고, 효율적으로 유지관리하는 것이다. 유틸리티(utility)로서 도시를 구성하는 주요한 공공 시설물은 이전부터 시설물 도면, 관망도 등 다양하고 수많은 종이지도와 도면을 제작하여 사용하여 왔다. 그러나 최근 GIS 발전을 통해 종이지도나 도면으로 유지관리되던 시설물 정보는 디지털 방식의 지도와 도면으로 변환되거나 새로 제작되고 있다. 이러한 유틸리티 분야의 디지털 지도 및 도면화 노력은 1970년대부터 1980년대 초반에 이루어졌다. 당시 지도의 디지털화 작업은 주로 그래픽 정보를 위주로 한 작업이 중심을 이루었으며 따라서 도면 제작 전문 소프트웨어인 CAD(Computer Aided Design/Drafting) 프로그램이 주로 사용되었다. 이후 CAD 소프트웨어가 대중화되어 다양한 용도로 시설물에 대한 그래픽 지도가 제작되었는데 당시 디지털 지도 제작비용은 매우 비쌌다. 이후 방대한 데이터를 저장할 수 있는 데이터베이스(database) 기술과 본격적인 GIS 프로그램이 개발되어, 1980년대 후반에는 시설물 관리분야의 많은 사용자들이 GIS와 DBMS의 기술을 적용하였다.

일반적으로 'AM/FM(Automated Mapping/Facility Management)' 용어와 'GIS' 용어가 광범위하게 함께 사용되어 왔다. 즉 시설물 관리분야에서 수행되는 지도

제작 및 관련 기능을 수행하는 것을 AM/FM GIS라고 부른다. 시설물 관리분야에서 AM/FM GIS가 광범위하게 사용되는 이유는 상세한 시설물 모델에 대한 다양하면서도 고난이도의 요구사항을 해결하기 위해서이며 이는 GIS 적용을 통해 가능하였다. 시설물에 대한 GIS의 기술 발전 동향은 1980년대 후반 이후 ①DBMS와 GIS의 통합 ②데이터베이스 관리 기능 중, 개별 시설물 공간정보의 효율적인 편집 가능 ③다수 사용자가 시설물 지도 정보를 동시에 사용하면서, 효과적으로 수정 및 편집할 수 있는 유지관리 기능 ④PC 기반의 GIS 시스템 구현 (PC 개발 이전에는 워크스테이션을 통해 GIS 시스템이 가능하였다), ⑤객체지향 프로그래밍과 모델링 기능이 포함된 고난도 GIS 시스템 개발이 있었다.

오늘날 전형적인 AM/FM GIS의 구성은 중앙 서버에 대규모 GIS 데이터베이스(공간 데이터+속성 데이터)가 저장, 유지관리되며, 서버와 네트워크로 연결된 다양한 클라이언트 환경에서 여러 클라이언트들이 필요한 정보를 서버에 액세스해서 얻는, 클라이언트/서버(Client/Server) 모델 방식을 따르고 있는 추세이다. 클라이언트/서버 시스템은 시스템 규모 측면에서 볼 때 수많은 클라이언트 사용자들(client users)이 존재할 수 있으며, 또한 서버의 성능, 네트워크 구성에 따라 구성 등을 다양화 할 수 있다.

AM/FM GIS의 새로운 경향은 더욱 세련화되고 정교해진 데이터 유형의 개발과 소프트웨어 툴의 향상이다. 궁극적인 목표는 시설물과 관련된 다양한 지도제작 및 다양한 공간처리 기능을 통합 시스템에서 수행하는 것이다. 또 다른 경향은 클라이언트/서버 시스템 구조에서 일부 기능은 GIS 서버가, 다른 일부 기능은 클라이언트 PC가 분담하도록 구성되는 것이다. 이외에도 복잡하고 다양한 유틸리티 시설물을 표현하기 위해, GIS 데이터 모델로서 다양한 공간객체를 정의하는 객체지향 방법론과 표준 개발환경 및 분석 툴에 대한 관심이 증대되고 있다.

시설물 관리분야의 데이터 모델에 대한 3가지 주요 측면이 있는데, 첫 번째는 시설물 네트워크를 구성하는 선, 장비, 구조를 포함한 모든 시설물을 정확히 표현하는 것이다. 이 모델에서는 기본도 및 다른 시설물 데이터와의 호환성과 일관성이 유지되며, 자동화 지도제작을 위한 토대가 제공된다. 그리고 이 데이터 모델에 속성 정보를 추가함으로써 단순히 그래픽 시설물의 지도화가 아니라, 시설물이 가지고 있는 다양한 시설물 속성 정보를 관리함으로써 시설물 유지관리 기능이 효율적으로 수행된다. 정확하게 표현된 데이터 모델을 기반으로 시설물운영 정보시스템, 고객 서비스시스템, 마케팅 기능, 시설물 유지관리 및 구축계획 수립 등이 수행될 수 있다.

데이터 모델에 있어서 중요한 두 번째 측면은 시스템 운영방식과 관련하여 정확한 표현을 제공하는 유틸리티 모델을 정의하는 것이다. 예를 들어 시설물이 가지는 공간관계 정보인 위상구조(topology)의 무결성(integrity)은 모델의 정확도에 필수 요소이다. 선형 시설물 네트워크 상에서 특정 경로(선로)가 열려있는지, 닫혀있는지(관망의 예처럼)를 정의하는 속성을 저장함으로써, 또는 선로상간 흐름의 양이 변화했는지에 대한 속성을 저장함으로써 운영 분석(스위치 밸브 관리 등) 및 엔지니어링 분석 영역에서 정교한 응용시스템이 가능할 것이다. 세 번째 주요한 측면으로는 고객, 평가, 작업관리 시스템과 같은 기타 유틸리티 속성 데이터베이스를 시설물의 공간모델과 통합하는 것이다.

그림 1.3은 시설물 관리를 위한 GIS 시스템의 구성을 보여준다. 시설물에 대한 정보화 및 유지관리는 주로 가스, 전력, 상하수도, 기타 공공 시설물을 담당하는 시설물 회사가 수행하고 있으며, 이들 시설물이 설치되고 운영되는 도시나 지역의 지자체 관리자도 해당 시설물에 대한 정보를 공유하고, 이와 관련된 행정적인 업무를 수행한다. 시설물 관리를 위한 GIS 시스템은 각 시설물 유형별로 가스 GIS 시스템, 전력 GIS 시스템, 상하수도 GIS 시스템, 통신 GIS 시스템 등으로 구성될 수 있으며, 각 시스템 별로 시설물 정보 구축, 유지관리, 모니터링, 분석 및 정보 산출, 지도제작 및 시각화 기능을 포함한다. 이렇게 시스템으로 구축된 시설물 정보는 정보의 양과 사용하는 사용자의 수, 기능의 정도에 따라 데이터베이스 등의 방식으로 저장, 유지관리 될 수 있다.

그림 1.3 시설물 관리를 위한 GIS 시스템의 구성

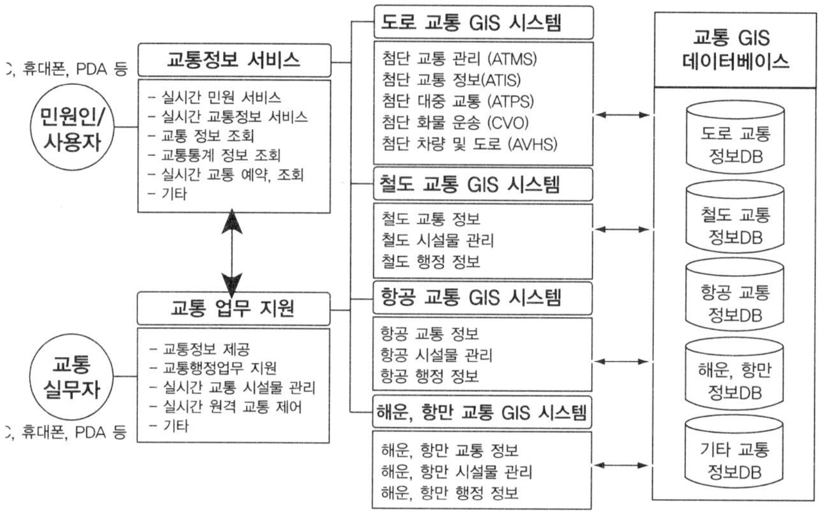

표 1.4 도시가스 안전관리 시스템의 기능 구성

주요 구성 시스템	주요 기능
시설정보시스템 (FIMS)	- 도시가스 배관 및 배관 시설물 관리
원격감시시스템(TMS)	- 원격지에 있는 시설이나 장치를 중앙통제실에서 감시와 제어 - 도면 감시와 상태감시
동시통보시스템(ECS)	- 인터넷 시스템을 이용한 메시지 전달 - 비상훈련 및 긴급상황 고지에 활용
배관망해석 시스템	- GIS와 고객정보시스템(CIS)을 기반 - 문제 예상지역에 대한 조기 발견 및 신속한 안전관리 계획 수립
위기관리시스템(EMS)	- 긴급상황 발생시 신속한 대응을 위한 시스템 - 차단배관 선택, 차단배관 분석, 차단 수용가 분석 등
비상출동 시스템	- 사고발생 및 연락, 순찰차량 출동, 상황실 고지, 동시 통보시스템, 위기관리시스템 가동, 응급조치, 긴급복구 공사, 안전점검 및 상황해제 등

출처 : 대한도시가스 웹사이트(www.daehancitygas.com)

교통분야의 GIS : GIS-T

교통분야의 GIS는 종종 GIS-T (GIS in Transportation) 또는 TGIS (Transportation GIS)라 불리며, GIS의 고려없이 교통 시스템을 생각하기 어려울 정도로 현재 교통 시스템에서 GIS는 핵심적인 위치를 차지하고 있다. GIS-T의 발전은 역사적으로 보면 기술적인 발전과 이론적인 발전의 두 방향으로 이루어져 왔다. 기술 측면을 보면, GIS-T는 MIS(Management Information Systems), 일반 데이터베이스 기술, RDBMS 등의 발전을 통해 성립되었으며, 이후 최단거리 분석, 최적 경로 분석, 입지-할당 모델링과 같은 다양한 공간 처리 및 분석 등을 통해 GIS-T가 비로소 고급의 교통 정보를 가질 수 있게 되었다. 또한 하드웨어 측면에서 값싼 PC의 개발은 GIS-T를 큰 규모에서 작은 규모까지 시스템을 다양하게 구축할 수 있도록 하였다. 이런 기술 발전 외에도 이론적 발전은 GIS-T의 중요한 한 축이 되어 왔는데, 여기에는 다양한 교통 모델링, 분석 방법 및 알고리즘 개발 등이 포함된다. 즉 최단거리 경로 분석 등과 같은 새로운 알고리즘을 개발하고, 선형 프로그래밍을 이용하여 교통문제를 해결하였으며, 또한 '동적 세그멘테이션(dynamic segmentation)' 모델 등을 개발하였다. 이러한 다양한 교통 분석 및 처리 기능은 ARC/INFO와 TransCAD와 같은 소프트웨어에서 이용 가능하다.

현재 대부분의 GIS-T는 교통 데이터 모델을 적용하여 GIS 교통 데이터베이스를 구축하여 GIS 시스템에서 유지관리한다. GIS-T에 사용되는 공간 데이터베이스 구조는 목적에 따라 다양하며, 이를 구성하는 공통적인 일반 요소로는 연결을 위한 link ID, 거리에 따른 위치를 선정하는 선형 참조 시스템(linear reference system), 좌표체계, 거리 주소, 교차로 정보 등이 있다.

GIS-T 분야는 미국, 유럽을 중심으로 급속히 발전하였는데, 대표적인 예가 교통 도로 데이터의 구축 및 사용으로서 다양한 교통 디지털 데이터가 제공될 뿐만 아니라, 도로 데이터를 기반으로 다양한 공간 위치 확인 및 입력이 가능하다. 예를 들어 미국의 US Census Bureau는 TIGER 도로 데이터를 구축 · 제공하는데, 도로에 대한 상세한 지도 및 정보를 포함한 TIGER를 통해 공간위치 확인 및 정보 검색이 가능하며, 또한 지오코딩(geocoding)을 이용하여 주소 정보만으로 해당 위치에 대한 공간 검색 결과를 지도로 얻을 수 있다. GIS-T의 기능을 구현하는 GIS 소프트웨어들이 개발되었는데, 이중 대표적인 Idrisi는 GIS-T 응용 시스템에 적합한 벡터 데이터를 지원하는 저가의 래스터 기반 소프트웨어이며, 다양한 교통 GIS 기능을 제공한다. 또한 ESRI는 ArcGIS 소프트웨어를 통해 강력한 교통 네트워크 모델 및 분석 기능을 제공하고 있으며, 이러한 기능을 손쉽게 사용자들이 이용할 수 있도록 확장 모듈 형태로 'Network Analyst'를 제공하고 있다. 이외에 Caliper사의 TransCAD는 전문적인 GIS-T 툴로서, 표준화된 GIS-T 기능을 제공하고 있다.

그림 1.4 교통 GIS의 기능적 구성

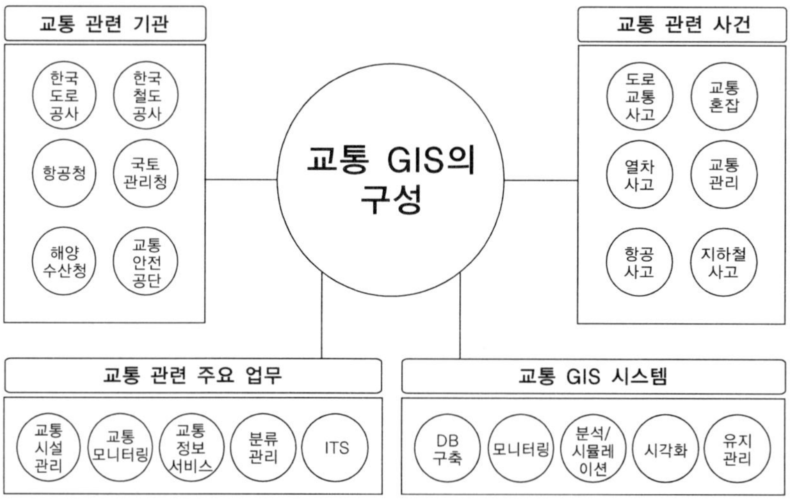

그림 1.4는 GIS-T의 기능적 구성을 보여준다. 현재 우리나라의 교통 GIS와 관련된 대표적인 공공기관이나 조직으로는 한국도로공사, 한국철도공사, 항공청, 국토관리청, 해양수산청, 교통안전공단, 도로교통안전협회 등이 있으며, 각 지자체별로 해당 지자체내의 교통 시설과 교통에 대한 유지관리 및 정보서비스를 담당하는 부서가 있다. 교통과 관련한 주요 사건으로는 교통 유형별로 도로 교통사고, 교통혼잡, 열차사고, 항공사고, 지하철사고 등이 있으며, 이와 관련된 주요 업무로는 교통시설 관리, 교통 모니

터링, 교통정보 서비스, 물류 및 통행 관리, 지능형 교통시스템(ITS) 서비스 등이 있다. 이러한 교통 업무를 수행하기 위해 GIS-T 시스템은 교통 데이터베이스 구축, 교통 정보 모니터링(실시간 또는 오프라인), 교통정보 분석, 교통 시뮬레이션 및 예측, 교통정보 시각화(지도화, 그래프화 등 포함), 교통정보 유지관리 등의 기능으로 구성된다.

그림 1.5 교통 GIS 시스템 구성의 예

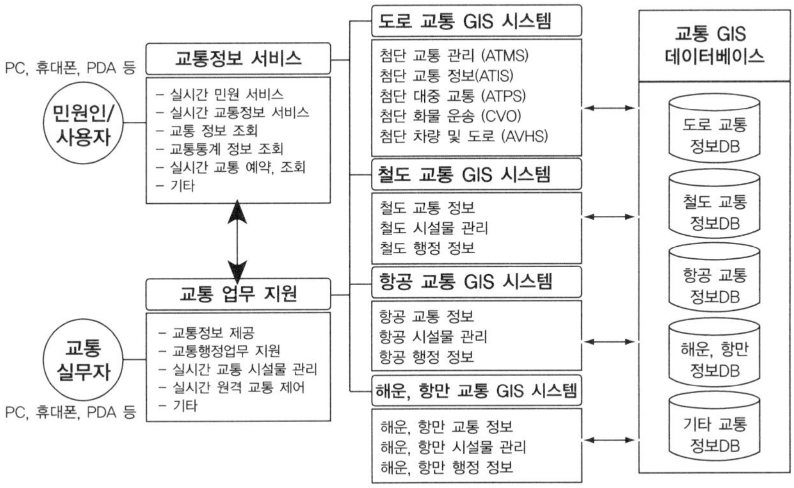

교통 GIS 시스템의 구성은 그림 1.5에서 보는 것처럼, 교통 유형별로 도로교통 GIS 시스템, 철도교통 GIS 시스템, 항공교통 GIS 시스템, 해운/항만 교통 GIS 시스템 등으로 분류할 수 있으며, 각 시스템에는 정보구축, 유지관리, 정보분석 및 처리, 시각화 및 지도화, 정보 서비스 기능 등이 포함된다. 특히 교통 GIS 시스템은 정보 발생의 특성과 정보 서비스의 시급성 등의 측면 때문에 실시간 교통 정보를 수집하고, 사용자에게 제공하는 경우가 많다. 따라서 교통정보 수집과 서비스를 위해 교통정보의 통신 네트워크의 중요성이 다른 분야보다 더 크다고 할 수 있다. 최근 실시간 교통사고 탐지 및 처리, 자동차 네비게이션 장비를 통한 실시간 교통정보 서비스 제공 등은 좋은 예라 할 수 있다. 특히 지능형 교통시스템(ITS : Intelligent Transportation System)이 본격

적으로 개발되어 자동항법으로 자동차를 운행하고, 날씨, 쇼핑 등 다양한 정보를 자동차에서 제공받을 수 있으며, 도로 혼잡을 피해 빠른 시간내에 목적지에 도달하는 기능 등이 조만간 가능할 것으로 예상된다.

그림 1.6 서울지방경찰청 종합교통정보센터 서비스 (http://www.spatic.go.kr)

그림 1.7 한국도로공사 고속도로 교통정보 서비스 (http://www.roadplus.go.kr)

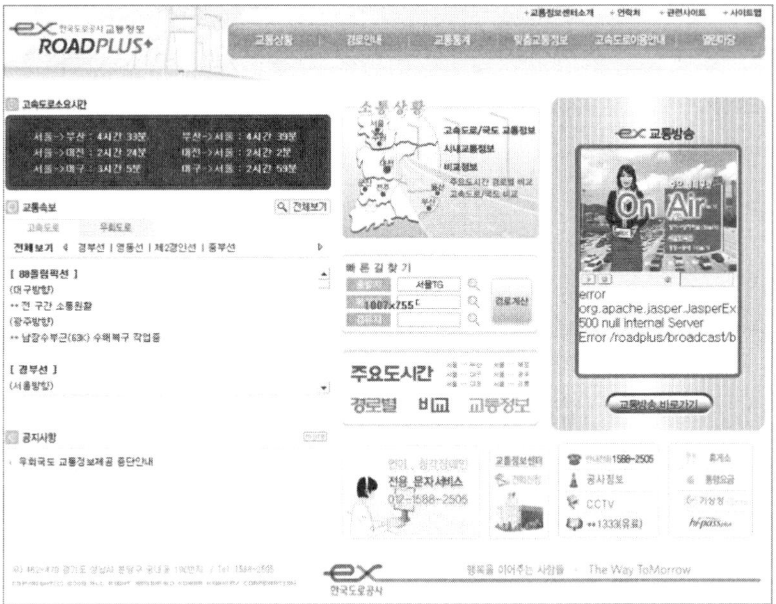

응급재해 관리 분야의 GIS

응급재해 관리(emergency management)는 엄청난 인적 피해나 자산의 손상, 공동체 생활을 붕괴시킬 수 있는 사건들에 대처하는 기술, 계획, 관리를 포괄한다. 응급재해 및 방재와 관련한 많은 정보와 업무는 본질적으로 공간적 특성을 가진다. 예를 들어 GIS는 재난 피해지역 또는 잠재 피해지역 등의 분석, 사고발생시 응급재해 관리자의 최상의 피난 경로 또는 최적의 복구차량 경로 분석, 재해 후 피해지역의 분석과 복구방식에 대한 대책마련에 필요하다. 즉, 응급 재해 관리와 관련하여 GIS는 공간 분석, 나아가 공간 의사결정을 지원하는 데 사용되며, 이를 통해 재해 관리업무의 효율성을 높일 수 있다.

이렇듯 응급재해 분야에서는 다양한 측면의 GIS 적용이 가능하다. 현재 응급재해 분야의 포괄적인 업무의 구성은 CEM(Comprehensive emergency management) 등을 통해 설명가능한데, 재난의 시간 흐름에 따라 완화(mitigation), 대비(preparedness), 대응(response), 복구(recovery)의 4단계로 구성된다. 완화는 재해로부터 인명과 자산에 대한 장기적인 위험의 정보를 제거하거나 완화시키기 위해 필요한 조치를 의미하며, 두 번째인 대비는 응급재해에 대한 운영 능력을 개발하고 효과적인 대응을 용이하게 하기 위해 응급상황 전에 취해지는 사전 조치를 포함한다. 세 번째인 대응은 응급상황 발생시 생명을 구하고 자산 피해를 최소화하며, 효과적인 복구를 위해 즉각적으로 취해지는 활동을 포함한다. 마지막으로 복구는 손상당한 인명과 자산을 정상 또는 회복된 수준으로 만드는 일련의 활동을 말한다.

그림 1.8 서울종합방재센터의 GIS 서비스 (http://119.seoul.go.kr)

응급재해 관리와 관련된 방재 GIS의 기능적 구성은 그림 1.9와 같다. 국내의 대표적인 방재관련 공공기관으로는 소방지역본부, 경찰청, 한국전력, 가스공사, 홍수통제소, 산림청 등이 있는데 이들은 홍수, 산불, 도심화재 및 교통사고, 도시내 시설물 및 건물 붕괴 등과 관련한 재해를 담당하고 있다. 이를 대비하기 위한 방재 GIS의 주요 업

무로는 방재관련 업무 계획, 방재 예방 및 대처, 방재 복구, 교육 등이 있으며, GIS 시스템을 통해 방재 정보의 구축 및 유지관리, 재해발생에 대한 모니터링 및 발생시 상황에 대한 실시간 모니터링, 방재대처를 위한 분석 및 정보 제공, 재해 사후 복구 및 예방을 위한 다양한 정보를 제공해준다.

그림 1.9 방재 GIS의 기능적 구성

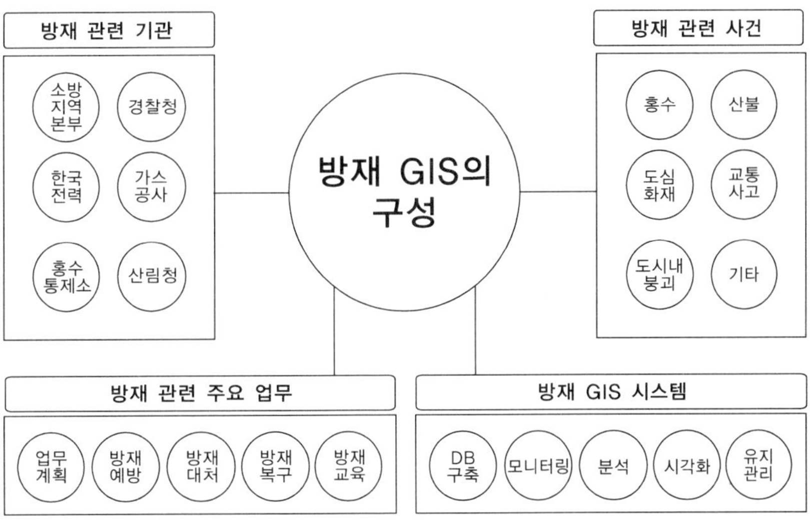

방재 GIS 시스템의 구성은 그림 1.10에서처럼, 방재대응 정보시스템, 방재예방 정보시스템, 방재정보시스템 등으로 이루어질 수 있으며, 각 시스템 별로 필요한 정보를 구축, 처리, 분석, 유지관리한다. 이러한 방재 GIS 정보는 도시 또는 지역내의 사람에게 실시간 또는 필요시에 제공되는데, 재해발생시 이를 통한 빠른 대피나 탈출 등에 도움을 줄 수 있다. 또한 방재 실무자에게 방재 대응 및 사후 복구 등에 필요한 정보를 제공함으로써 업무의 효율화를 기할 수 있다.

그림 1.10 방재 GIS 시스템 구성의 예

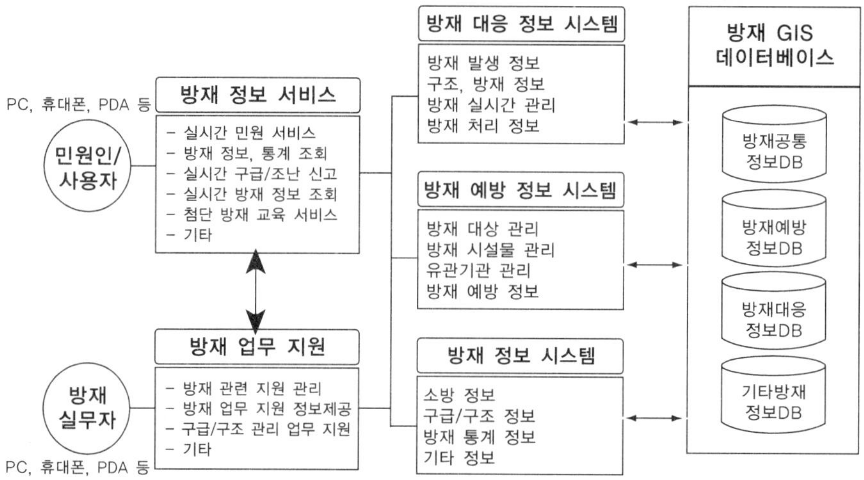

도시 관리 및 계획 분야의 GIS

1980년대 초반, 도시 및 지역 관리, 계획 부문에 GIS가 적용되기 시작하였고, 이후 컴퓨터 기술 발달에 따른 하드웨어와 소프트웨어 가격의 하락과 대중적 보급에 따라, 1990년대에는 도시계획 분야에 GIS가 핵심적인 위치를 차지하기 시작했다. 도시계획 분야 관점의 GIS를 정의한다면, 지역계획 업무에 대한 효과적인 공간의사 결정을 위한 정보제공 목적으로 다양한 데이터를 구축 · 분석 · 유지 관리하는 정보시스템이라 할 수 있다. 도시계획 분야의 GIS는 대규모 데이터베이스를 저장 · 유지 관리하는 DBMS, 공간의사결정 지원을 위한 SDSS(Spatial Decision Support System), 전문가 시스템(Expert system) 등이 포함된다. 도시계획 업무를 수행하는 실무자는 구축된 도시계획 데이터베이스를 이용하여 필요한 정보를 검색할 수 있고, 또한 이들 데이터를 관련 공간분석 모델에 적용하여 다양한 지식을 창출할 수 있다.

GIS는 도시 관리 및 계획 업무에 다양한 공간분석 기능을 제공한다. 가장 많이 사용되는 공간분석 기능은 공간정보의 중첩(overlay), 버퍼(buffer), 거리 계산 등의 기능을 통해 공간조건에 만족하는 공간사상이나 지역을 찾는 것이다. 이러한 기본 공간분석 기능을 이용하여 공공시설물 적지 선정, 토지적합성 판정, 개발가능지 탐색, 개발제한

구역 관리 등의 업무에 도움을 제공한다. 또한 공간 클러스터 분석, 공간상호작용 모델, 공간 시뮬레이션 모델 등의 고급 공간분석 기능을 적용하여 다양한 도시 계획을 수립하고 타당성을 비교 · 검토할 수 있다. GIS는 도시계획 업무의 지원 측면에서 다음의 기능을 제공한다.

① 도시관리 및 계획 업무와 관련된 지도제작 기능: 상하수도 관망도, 공공시설 도면, 지번도, 지적도, 도시계획도 등 다양한 지도 제작 및 유지 관리
② 도시관리 및 계획 업무의 정보 검색: 구축된 데이터베이스에서 필요한 정보를 빠르고 손쉽게 검색
③ 다양한 분석 기능: 도시관리 및 계획 업무 지원을 위한 다양한 공간분석 및 처리 기능 제공 (예 : 적지 선정, 위치 및 입지 타당성 검토, 역세권 검토, 향후 영향권 지역 예측 등)
④ 민원 정보 서비스: 민원인들에게 다양한 공간정보 서비스 제공 (지적도면 열람 서비스, 위치정보 서비스, 주요 공공시설물 위치 제공 서비스 등)

도시계획 분야에서 가장 빈번하게 GIS를 사용하는 부문으로는 도시계획, 토지이용관리, 교통 시설물 관리, 공공 시설물 유지 관리, 문화/복지 시설 관리, 환경 관리, 각종 인허가 업무 등이다. 이러한 업무를 지원하는 도시관리/계획 GIS 시스템은 데이터베이스 구축, 시설물의 모니터링 및 유지 관리, 공간분석 및 시뮬레이션, 지도제작 및 시각화, 도시계획의 공간의사결정 지원을 위한 정보 제공 등으로 구성된다 (그림 1.11).

그림 1.11 도시관리 및 계획 GIS의 기능적 구성

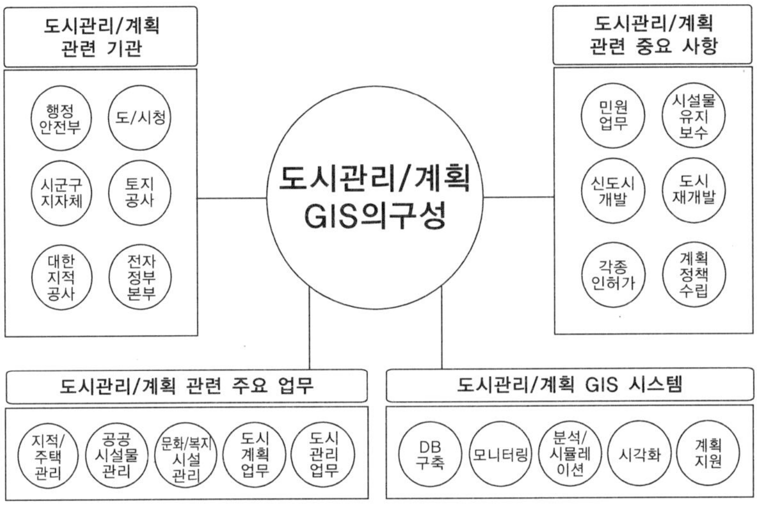

그림 1.12 서울시 GIS 포털 서비스 (http://gis.seoul.go.kr)

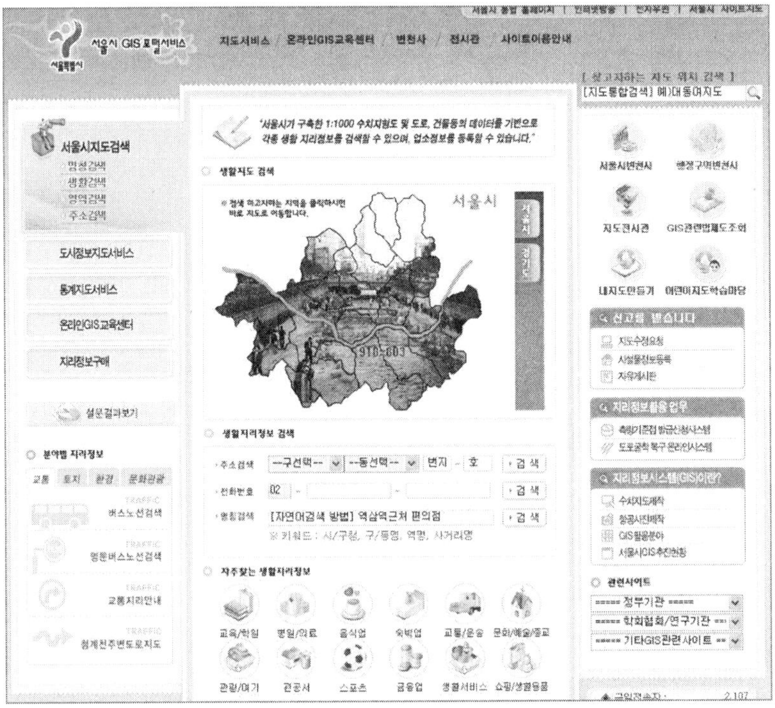

환경 분야의 GIS

환경 분야는 최근 사회적 관심을 불러일으키는 가장 중요한 분야 중 하나이며, '지속가능한 발전', '생태보존', '쾌적한 삶' 등의 용어와 함께 실생활과 매우 밀접한 관련이 있다. 환경 분야는 자연환경 유형에 따라 물환경, 대기환경, 토양환경, 폐기물환경 등으로 분류될 수 있으며, 각 분야마다 정보화를 통해 환경의 보호 및 효율적인 관리, 활용이 이루어지고 있다. 환경 분야는 GIS를 활용함으로써 매우 다양한 환경정보의 구축, 유지 관리, 활용이 가능하게 되었다. 환경 GIS의 구성을 보면 (그림 1.13), 대표적인 환경관련 공공기관과 조직으로는 환경청, 국립환경과학원, 환경관리공단, 한국환경자원공사, 수자원 공사, 보건환경연구원 등이 있다. 실생활에서 대표적인 환경 문제는 대기오염, 수질오염, 산림파괴, 녹지훼손, 폐기물 오염 등의 직접적 피해를 통해 궁극적으로는 생태계의 변화와 파괴를 들 수 있다. 따라서 환경 보호와 관리를 위한 GIS 시스템의 주요 업무로는 오염원/비오염원의 정보 구축, 오염원에 대한 지속적인 모니터링, 오염관련 공간분석 및 시뮬레이션, 생태적 복구지원 등이 있으며, 이를 위해 데이터베이스 구축, 환경정보의 모니터링 및 분석, 시각화 등을 수행할 수 있다.

그림 1.13 환경 GIS의 기능적 구성

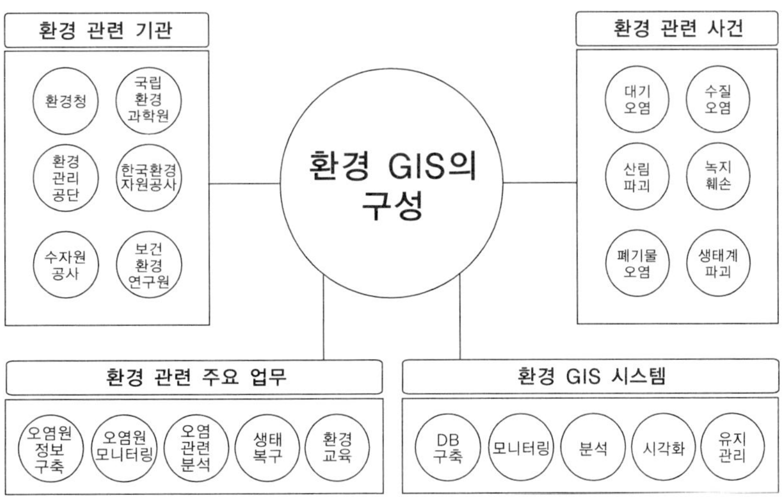

그림 1.14 환경 GIS 시스템 구성의 예

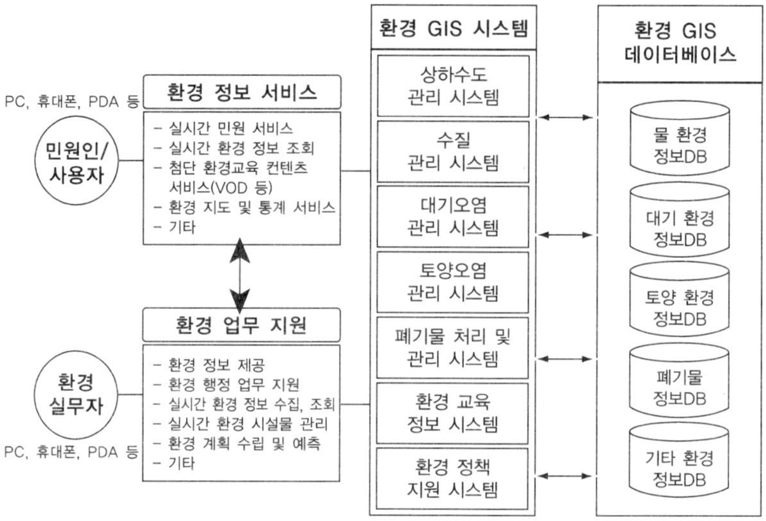

그림 1.15 국토환경정보센터의 GIS 서비스(http://www.neins.go.kr)

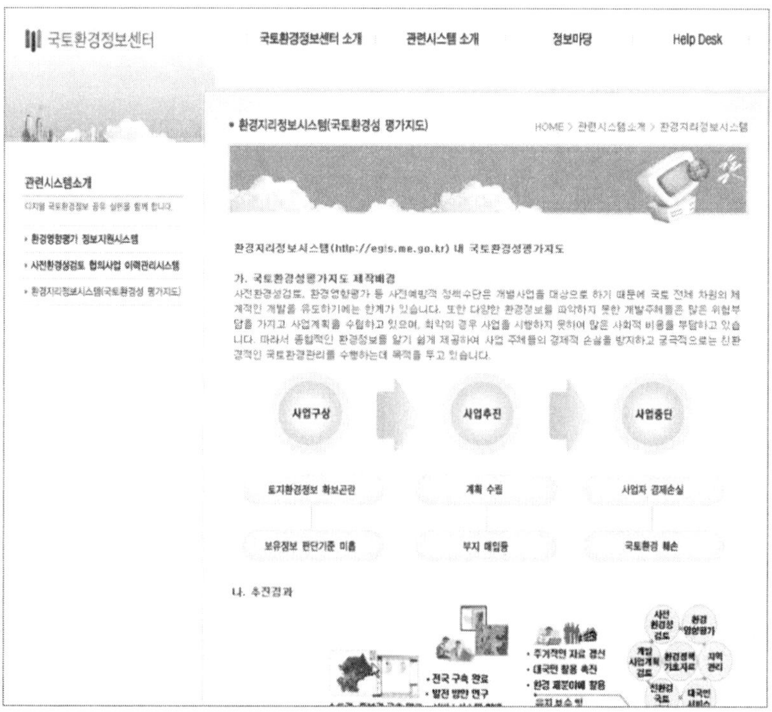

chapter 2

GIS 특성 살펴보기

1. GIS의 특성 *47*

2. 구성요소 *56*

3. 기능 *101*

앞에서 언급했듯이 GIS는 여러 분야가 결합된 종합적 성격을 지니며, 최근 빠르게 성장하고 있다. 이 장에서는 이러한 인식을 바탕으로 GIS의 주요 특성과 요소 등을 중심으로 GIS에 대해 보다 자세히 살펴보기로 한다.

1 GIS의 특성

다양한 분야의 기술과 방법의 결합

GIS는 다양한 분야의 기술과 방법이 결합되어 발전해 왔다. 표 2.1에서처럼 CAD, DBMS, 원격탐사, GPS 등 다양한 분야의 첨단 기술들이 GIS에 적용되거나 GIS 속으로 통합되었으며 그 결과 GIS는 지속적인 빠른 발전을 거듭해 왔다. 초기 GIS 분야는 CAD 도면 작성 방식을 이용하여 GIS 데이터 지도를 작성하는 등 데이터 구축 및 지도화 모델 및 기법 측면에서 CAD 분야와 상당부분 유사성을 가졌다. 따라서 많은 경우 공간 데이터를 작성할 때 CAD 소프트웨어 (예: AutoCad, Microstation 등)를 이용하여 공간좌표를 입력한 후, 공간 데이터를 저장한 CAD 파일을 GIS 소프트웨어 또는 변환 프로그램 등을 이용 GIS 데이터로 변환하는 방식을 취했다. 또한 GIS 데이터 모델도 초기에는 CAD 분야의 데이터 모델을 많이 차용했다. 그러나 이후 GIS가 독자 영역을 구축하며 발전하고, 또한 DBMS 분야가 발전하면서 대규모 GIS 데이터를 효율적으로 저장하는 데이터베이스 모델을 GIS에서 채택함으로써, GIS 모델과 기법들이 CAD 관점에서 DBMS 관점으로 초점이 이동하게 되었다.

GIS 발전 초기의 관심은 아날로그 형태의 지리 데이터를 디지털화하여 관리하는 것이었다. 즉 기존의 지리정보를 디지털 방식으로 전산화하여 조직하고 효율적으로 유지 관리하는 기능이 필수적이었다. 그러나 많은 지리 데이터들이 구축되고 이들 데이터의 활용이 대중화되면서, GIS의 관심은 단순히 데이터를 저장, 관리하는 차원을 넘어서 구축된 데이터를 가공하여 얻어지는 보다 고차원적인 정보로 바뀌었다. 즉, 고품질의 디지털 공간정보에 대한 수요가 증대되면서 다양한 공간처리 방법과 공간분석 방법들이 필요하게 되었으며, 특히 지리학, 지역과학, 지역경제학, 지질학 등에서 사용된 다양한 공간분석, 모델이 GIS에 도입, 적용되었다. 더 나아가 다양한 공간분석, 처리 방법이 새롭게 개발되면서, 이전에는 불가능하던 고차원적인 지리정보를 창출해 낼 수 있게 되었다.

원격탐사 (Remote Sensing) 기술의 발전도 GIS에 많은 영향을 주었는데, 다양한 원격탐사 방법에 의한 이미지 데이터와 분석 방법이 GIS에 적용, 통합되기 시작하였다. 이외에도 GPS 인공위성을 통해 실시간의 공간 데이터를 얻을 수 있게 되었고, 동영상 등 멀티미디어 데이터 역시 기존의 공간, 속성 데이터와 연결되어 구축, 활용되기 시작하였다.

표 2.1 GIS 시스템과 관련된 주요 정보 기술

기술	GIS 응용
CAD	도면 및 지도 제작 및 편집
DBMS	대규모 데이터베이스 관리 및 사용
공간분석 및 처리 방법	공간분석 및 처리 알고리즘 이용
원격탐사 (RS)	토지 이용, 지도 제작, 이미지 데이터 분석 등
GPS	실시간 데이터 획득 및 위치정보 시스템, 자동차 항법 시스템 이용
멀티미디어 데이터 처리	다양한 멀티미디어 응용 프로그램 이용
SCADA*	시설물들을 실시간 모니터링 및 제어
Document Imaging**	문서의 전자화, 유지관리 및 사용
네트워크 (인터넷)	컴퓨터들이 네트워크로 연결되어 데이터 및 자원 공유

* SCADA(Supervisory Control And Data Acquisition)는 시설물 관리 분야에서 사용되는 시설물 감독 관리 시스템으로, 시설물에 센서, 카메라 등을 설치하며, 통제실 등에서 원격으로 실시간 시설물의 상태 및 정보를 모니터링하며 필요시 원격제어할 수 있다. 현재 상하수도, 통신, 가스, 전력 등의 시설물 분야에 많이 활용되고 있다.

** Document Imaging은 문서 전산화 작업에 사용되는 기술로서 인터넷, 인트라넷 상에서 문서를 전자화하여 사용하는 목적을 가진다. 즉 종이 문서를 이미지 처리하여 전산화하며, 또는 문서 파일을 효율적으로 관리한다. 따라서 기존 업무에서 종이로 관리되던 문서들이 전자문서 형태로 공유되는 장점이 있다.

컴퓨터 기술의 발전과 네트워크 기술의 발전은 기존의 GIS 시스템의 특성을 완전히 바꾸어 놓았다. GIS를 사용하기 위해서 기존에는 고가의 장비를 구입해야 하고, 복잡하고 어려운 훈련과정이 요구되었기 때문에 소수의 전문가만의 전유물로 인식되었다. 그러나 현재는 약간의 기본 지식만으로도 누구나 일반 PC상에서 손쉽게 GIS를 이용하는 것이 가능하게 되었으며, 인터넷을 비롯한 다양한 형태의 네트워크를 통해 여러 컴퓨터들이 연결되어 GIS 데이터와 정보를 보다 원할하게 공유할 수 있게 되었다.

이처럼 GIS 분야에는 CAD, DBMS, 공간분석 및 공간통계, GPS, 원격탐사 등 다양한 분야의 모델, 분석, 기법들이 결합되어 수행된다.

그림 2.1 GIS와 다양한 분야의 기술과 방법의 결합의 예

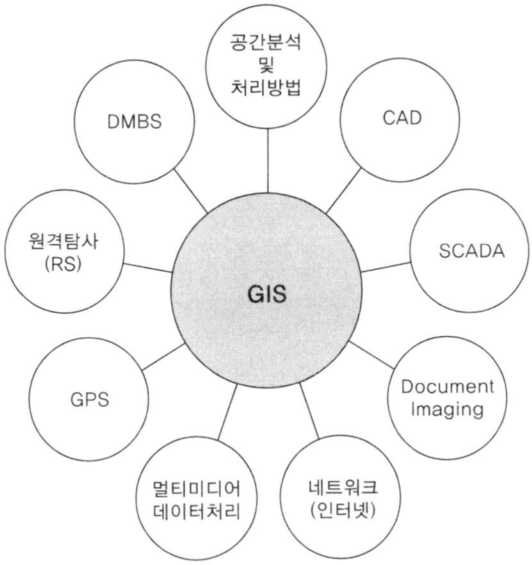

정보자원 관리 기능

정보자원 관리는 "정보는 보호, 관리되어야 하는 중요한 자산이며, 이러한 관리를 통해 해당 조직의 발전 및 업무 향상에 기여한다"는 인식에 토대를 두고 있다. 이 개념에서 조직내 모든 정보와 컴퓨터 시스템은 효율적으로 활용되도록 계획, 관리, 통제되는 하나의 시스템으로 여겨진다. 즉 조직의 컴퓨터 관련 자원(하드웨어, 소프트웨어, 데이터, 인적 자원 등)이 일상 업무와 활동에서 서로 유기적으로 결합되며, 지속적으로 발전되는 것을 전제로 한다. 그러므로 정보자원 관리는 조직 운영, 관리, 정책 차원의 책임과 관련한 정보의 요구를 만족시키기 위해 컴퓨터 기술의 사용을 제도화하는 것이다. 또한 정보자원 관리는 적합한 데이터와 기술 인프라가 필요한 장소와 시기에 가능하도록 해준다.

1950, 1960년대에 컴퓨팅 기술이 조직 업무에 도입된 이후, 기존 업무와 처리 절차의 자동화가 성공적으로 수행되었다. 업무 자동화를 위해 프로세스 중심의 설계가 이루어졌으며, 기존의 수작업 업무 방식이 기능별, 업무별 단위로 바뀌었다. 그러나 당시는 컴퓨터 기술이 지금처럼 발달하지 않은 시기였기 때문에, 단순히 데이터 처리(data process) 기능으로 제한되었다. 이 시기에는 GIS가 초기 발전 단계로서 자동화된 지도제작지원 기능 정도였으며, 이를 위해 CAD(Computer-aided Drafting), CAM(Computer-aided Mapping)과 결합되어 사용되었다.

1970, 1980년대 들어서면서 본격적인 DBMS(Database Management Systems)의 개발과 보급은 정보기술의 획기적인 변화를 가능하게 하였으며, 이는 현재 GIS의 모습을 가능하게 하였다. 대규모 데이터를 보다 빠른 시간내에 질의 및 처리하고 많은 사용자들이 데이터베이스에 동시에 접근하는 것을 가능하게 하는 과업은 기존의 단순한 데이터 보관 방식으로는 성취될 수 없는 것이었다. DBMS는 하나의 데이터베이스를 기반으로 여러 응용시스템을 개발, 사용 가능하도록 하였으며, 따라서 이런 방식의 설계는 기존의 트랜잭션 처리 중심의 시스템에서 정보 처리 중심(많은 다양한 프로세스들에 유용한 넓은 의미의 응용시스템 지원)의 시스템으로 바뀌게 됨을 의미한다. 이처럼 DBMS를 이용한 새로운 시스템이 정보시스템(information systems)으로 알려지게 되었고, 이것은 일상 업무를 지원할 뿐만 아니라, 다양한 자원관리 책임을 가진 고급 관리자 요구를 충족시키게 되었다. DBMS는 기존의 경영정보 시스템(MIS)을 확장, 발전시켰을 뿐만 아니라, 기존의 단순 그래픽, 지도 기능을 위한 소프트웨어의 개념을 바꾸었다. 즉 단순히 지도를 그리는 기능에서 지도상의 공간 객체들을 다양한 속성 정보와 결합시켜 생성, 저장, 관리할 수 있게 함으로써 현재의 GIS를 가능하게 한 것이다.

그림 2.2 GIS를 이용한 정보자원 관리와 업무의 혁신

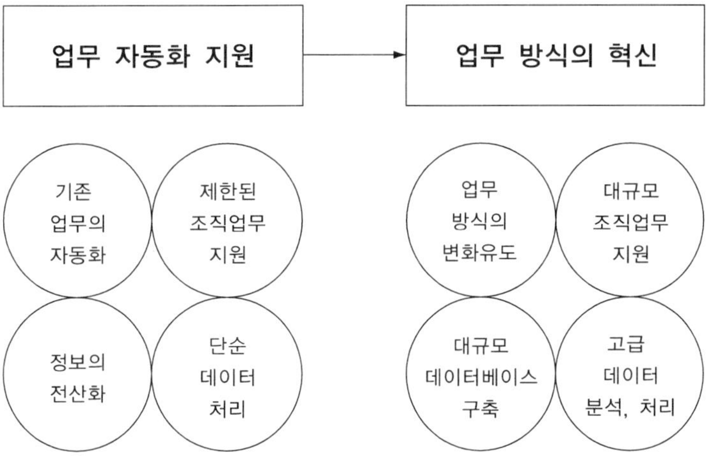

다양한 정보의 통합 유지관리

GIS는 다양한 공간 및 속성 데이터를 수집, 저장, 활용한다. 즉 디지타이저(digitizer), 스캐너(scanner), GPS 인공위성, 이미지 인공위성, 데이터 변환 프로그램, 키보드, 마우스 등을 통해 다양한 공간 및 속성 데이터를 입력하며, 또한 파일, 데이터베이스 형태 등으로 데이터를 저장한다. 그리고 필요에 따라 서로 다른 유형의 데이터들이 결합되어 유지관리되며, 통합적으로 사용되기도 한다. 이때 기존의 공간 및 속성 데이터뿐만 아니라 사운드, 동영상, 전자문서 등 다양한 유형의 데이터들도 통합적으로 구축, 활용된다.

따라서 기존에는 GIS 프로그램이 단순히 공간 데이터 또는 공간/속성 데이터만을 다루거나 전체가 아닌 일부 유형의 데이터만 다룰 수 있었지만, 최근에는 멀티미디어 데이터 또한 통합적으로 저장, 유지관리하여 사용한다. 예를 들어 부동산 관리시스템을 구축하게 되면 특정 지역의 지도가 공간데이터로 저장되고, 각 주택 정보(예: 소유주, 건평 등)들이 속성데이터로 저장된다. 또한 주택에 대한 사진데이터는 이미지 파일 포맷으로 저장되어 연결되며, 주택에 대한 기본 정보들은 소리로 녹음되어 사운드 파일 포맷으로 저장된다. 더불어 주택의 외부 또는 내부 설계 도면을 3차원 동영상 파일

로 구축하여 저장하게 된다. 따라서 사용자가 특정 조건을 가진 주택을 검색하게 되면, 구축된 공간, 속성데이터를 이용하여 조건에 맞는 주택들이 검색되는데, 이들 주택에 대한 정보들은 멀티미디어, 사진 이미지, 사운드 등으로 표현된다.

다양한 공간 분석 및 의사결정 지원 기능 제공

GIS는 단순히 데이터(data)를 저장, 유지관리 하는 툴로서 제한되는 것이 아니라, 한 차원 높은 수준의 정보(information)을 생성하기 위한 다양한 방법과 분석을 제공하고 있다. 구축된 데이터를 토대로 다양한 수준의 지리정보를 제공하는데, 간단한 공간 검색방법을 통해 원하는 조건을 만족하는 위치를 찾는 경우에서부터, 복잡하고 고급의 시뮬레이션 또는 전문가 시스템을 통해 공간의사 결정을 위한 정보를 제공하기도 한다.

예를 들어 쓰레기 매립지 선정을 위해 GIS를 이용하여 공간분석을 하게 된다면, 기존 주택 지역에서 일정 거리를 유지하는 조건, 지질구조상 안전한 조건, 도로에서 일정 거리내에 존재해야 하는 접근성의 조건, 주변 환경적, 문화적 측면 등을 고려하여 후보지역을 알려준다. 또한 특정 지역의 토지이용, 지역 특성의 변화를 시간 측면에서 분석함으로써 현재뿐만 아니라 향후 예상되는 공간 패턴 및 특성을 파악하고 이에 대한 예측 및 대비를 할 수 있게 된다.

GIS와 정보기술 환경의 통합

GIS는 다른 분야와 비교할 때 상대적으로 최근에 형성되었으며, 매우 빠르게 발전하고 있는 분야이다. 의심할 바 없이, 컴퓨터의 발전은 GIS의 빠른 발전을 가능하게 하였으며, 다양한 정보기술의 발전이 GIS 분야의 발전을 이끌어 왔다. GIS 발전의 가장 큰 공은 컴퓨터 기술의 발달이다. 컴퓨터 기술의 발달에 따라 컴퓨터의 성능은 매우 빠르게 향상되고 있는 반면 가격은 급격하게 하락하였다. 컴퓨터 CPU의 개발이 빠른 속도로 이루어지는 동시에 저렴한 컴퓨터의 대중화를 앞당기게 된 것이다. 또한 노트북과 이보다 더 작은 휴대용 컴퓨터(palm computer, PDA 등)가 GIS 응용분야에서 보편화되기 시작하였다. 또한 컴퓨터의 운영체제(OS: Operating System)와 다양한 프로그램 개발은 컴퓨터의 사용을 보다 대중화 시켰다.

사실 1990년대 중반까지만 하더라도 GIS 작업은 UNIX 운영체제의 워크스테이션에서 수행되는 경우가 많았다. 이후 UNIX 운영체제에서 일반 PC 운영체제(Windows 98, ME, 2000, XP, VISTA 등)로 운영체제의 중심이 바뀌었으며, 정보기술 분야는 점차로 Microsoft사와 Intel사의 기술이 사실상 독점 지배하여 이러한 환경이 그대로 GIS에 반영되기 시작하였다. 이를 이른바 '윈텔(Windows운영체제와 Intel 프로세서의 결합)' 이라 하였고 최근 대부분의 GIS 사용자들은 이 환경에서 작업을 수행하고 있다.

그림 2.3 CPU와 윈도우 기술의 발전 과정

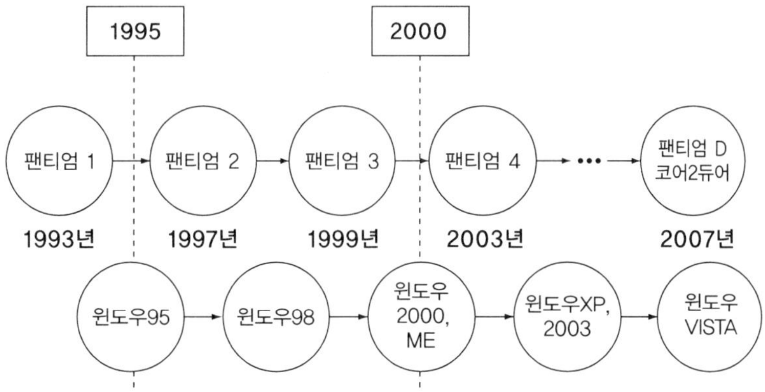

이외에 최근 하드웨어 발전과 관련하여 주목할 것은 대용량의 데이터 및 정보를 저장하고 유지 관리할 수 있고, 이를 여러 사용자들이 연결하여 공유할 수 있다는 것이다. 일반 컴퓨터에서 GIS 구현이 가능하게 된 것은 대용량 하드디스크의 가격 하락 및 대중화와 밀접한 연관이 있다. 또한 DBMS를 사용하여 대용량의 GIS 데이터를 저장하고 액세스할 수 있게 되었다. 특히 RDBMS(Relational Database Management System) 기술 발전은 많은 소프트웨어 개발자들이 데이터 저장방식으로 DBMS를 채택하도록 하였으며, 이를 통해 보다 대용량의 GIS 데이터를 저장하고 유지 관리할 수

있게 하였다. 초기에는 공간 데이터를 파일 형태로 저장하고, 속성 데이터는 DBMS에 저장하였으나, 이후 DBMS 기술발전과 더불어 공간 데이터와 관련 속성 데이터를 함께 DBMS에 저장하는 방식을 점차 채택하게 된다. 1990년대 말에 이르러서는 RBMDS에서 한 걸음 더 나아가 객체-관계 데이터베이스 (Object-Relational Database) 기술이 개발되었으며, 이는 공간 데이터를 보다 손쉽게 저장, 유지관리할 수 있도록 하였다.

한편 초기 GIS는 개인용 컴퓨터(PC)에서 독립적으로 수행되었는데, 이후 네트워크 기술 발전을 통해 GIS의 성격이 바뀌게 되었다. 1980년대 후반에는 근거리 네트워크 (LAN: Local Area Network) 기술이 상용화되었고, 컴퓨터들이 연결되어 데이터 및 응용 프로그램 공유가 가능해지게 되었다. 최근에는 인터넷과 무선 네트워크 기술의 발전이 사용자들의 관심을 끌고 있다. 네트워크 기술의 발전은 하드웨어 발전의 방향뿐만 아니라, GIS 소프트웨어 발전, GIS 시스템의 성격을 변화시킬만큼 영향력이 크다.

이러한 네트워크 기술의 핵심은 뭐니뭐니해도 인터넷(Internet)이라 할 수 있다. 인터넷은 전세계에 걸친 공공 네트워크로서, 전세계에 걸쳐 존재하는 수많은 컴퓨터들인 서버와 클라이언트들을 하나로 결합시키고 있다. 인터넷은 인터넷 프로토콜(Internet Protocol: IP)의 공통적인 사용에 의해 통합되었고, 이러한 커뮤니케이션 표준은 매우 다양한 컴퓨터 하드웨어들을 단순하면서 효율적인 방식으로 서로 소통할 수 있도록 하였다. WWW(World Wide Web)은 인터넷 상에서 운영되는 대중적인 응용분야로서, 웹(Web)은 다양한 멀티미디어 문서(정보)를 지닌 분산되어 있는 서버(일명 사이트: site)들의 결합이라고 할 수 있다. 이들은 http(hypertext transport protocol)를 이용하여 서로 연결되어 있으며, 각 서버는 고유한 위치(주소) 정보인 URL(Uniform Resource Locator)을 가지고 있다. 웹은 최근 들어 매우 빠른 속도로 대중화되어 GIS 분야에서도 사실상의 표준으로 자리잡고 있다. 즉 이전에는 하나의 개별 컴퓨터에서 GIS 소프트웨어를 통해 데이터를 만들고 원하는 작업을 수행했지만, 이제는 복잡한 GIS 소프트웨어의 명령어와 기능을 모르는 일반 사용자일지라도 웹을 통해 원하는 GIS 기능을 수행하고 결과를 얻을 수 있게 되었다.

물론 인터넷이 거의 확실하게 기술 혁신 주체로 자리잡고, 현재 GIS에 막강한 영향력을 미치는 것이 사실이지만, 이 또한 네트워크 기술 중 하나이며 따라서 네트워크 기술과 관련 정보기술들과의 통합적인 고려가 필요하다. 이러한 관점에서 오픈 GIS의 발전은 최근의 GIS 발전 경향을 그대로 보여주고 있다고 해도 과언이 아니다. 1994년에 설립된 오픈 GIS 컨소시엄(OGC: Open Geospatial Consortium) (http://www.opengeospatial.org)은 개방 환경에서 보다 효율적으로 GIS 데이터와 응용 프로그램을 구축하고 공유하는 것을 목적으로 한다. 인터넷 개발과 더불어, 이 컨소시엄은 분산환경에서 상호 호환가능한 소프트웨어 개발을 목적으로 하는데, CORBA와 OLE/COM 등의 표준은 객체들이 다양한 하드웨어, 소프트웨어 환경에서 자유롭게 전달되고, 이들 시스템에 적합한 객체를 만들 수 있도록 한다. 최근에는 자바(Java) 언어가 인터넷상에서 프로그램 모듈을 전송하는 수단을 제공하고 있고, 이와 관련하여 애플릿(applets), 플러그인(plug-ins), 애드온(add-ons) 등의 프로그램들이 한 시스템에서 다른 시스템으로 분산 또는 전송가능하게 되었다. 이러한 발전은 새로운 인터넷 기반의 컴퓨팅 환경에 공헌을 하였으며, GIS 환경을 더욱 확장시키는 역할을 하고 있다.

또한 이들 기술의 결합으로, GIS 소프트웨어가 재사용가능한 '플러그-앤-플레이(plug-and-play)' 모듈로 바뀌게 되었다. 즉 이전의 GIS 소프트웨어는 일종의 패키지(package) 형태로서 존재하는 폐쇄형 소프트웨어의 특성이 있어, 다른 운영체제의 소프트웨어와 통합 환경에서 사용되는 것이 불가능하였고, 독자적인 GUI 및 기능만을 배타적 방식으로 사용자에게 제공하였다. 그러나 새로운 오픈 기술의 적용에 힘입어 오랜 기간동안 GIS 데이터 모델 및 기능에 대한 노하우를 축적해온 GIS 소프트웨어 회사들은 개방 환경에서도 손쉽게 필요한 기능을 사용할 수 있는 방식으로 GIS 솔루션을 제공하기 시작하였는데, GIS 기능들이 프로그래밍 환경에서 통합가능한 형태인 OLE/COM 형태로 제공될 뿐만 아니라 인터넷 환경에서 손쉽게 수행가능한 모듈 형태로 제공되면서, 특정 상황이나 요구에 따라 유연하게 GIS 작업이 수행될 수 있는 패러다임의 형태로 바뀌게 되었다.

더 나아가 최근에는 오픈 소스(open source)를 이용하여 보다 유연하고 다양한 GIS 프로그래밍 환경을 제공하고 있으며, 이러한 환경에서 GIS 사용자는 원하는 목적에 맞게 GIS 자원을 이용하여 프로그래밍을 통해 기능을 구현할 수 있게 되었다(예: GNU, 오픈소스 GIS 유틸리티).

물론 이러한 기술들은 지리 데이터의 보다 효율적인 저장, 유지 관리, 조작, 디스플레이, 질의 등을 가능하도록 제작되었다. 또한 이들 기술들은 컴퓨터가 수행되는 방식을 엄청나게 바꿔놓았으며, 사용자들은 클라이언트/서버 구조속에서 큰 어려움이나 혼란없이 마치 혼자 개인 컴퓨터를 쓰는 것과 같은 환경을 제공받을 수 있게 되었다.

2 구성 요소

GIS는 다양한 구성요소들로 이루어지며, 이들 구성 요소의 결합 목표와 방식, 결과에 따라 다양한 모습으로 나타날 수 있다. 따라서 GIS를 이해하기 위해서는 이러한 주요 구성요소에 대한 이해가 선행되어야만 한다. 일반적으로 GIS를 구성하는 주요한 요소로는 하드웨어(hardware), 소프트웨어(software), 데이터(data), 사람(people), 방법(method) 등이 있다.

그림 2.4 GIS의 5가지 주요 요소

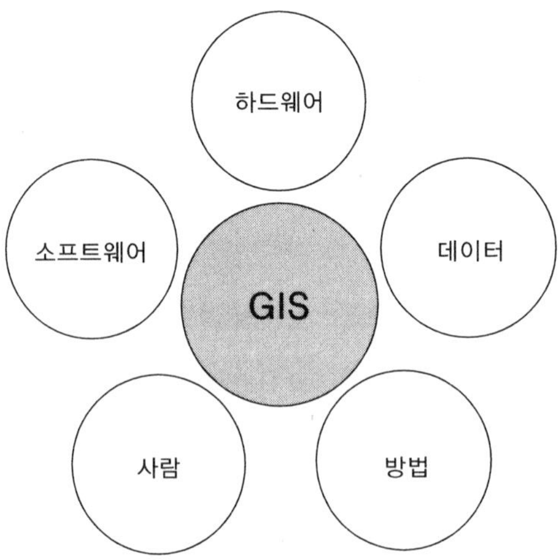

1) 하드웨어

하드웨어의 발전은 GIS 분야의 발전 속도와 방향을 결정할 정도로 중요한 요소로 자리잡고 있다. 1990년대 후반 강력한 기능을 가진 PC의 보급은 GIS의 대중화를 선도하게 되었다. 메인프레임(mainframe)이나 워크스테이션(workstation)에서만 GIS를 사용할 수 있었을 때는 GIS가 소수 전문가만의 전유물이었지만, 이후 PC, 노트북의 성능이 향상되고 대중화되면서 GIS 역시 보다 많은 사용자들이 쉽게 사용할 수 있게 되었고, 더 나아가 다양한 네트워크 기술의 발전은 GIS를 많은 사용자들이 연결하며 사용할 수 있는 새로운 차원을 첨가하고 있다.

1980년대에는 컴퓨터에서 본격적인 그래픽 기능 구현이 가능하였는데, 당시 속성 데이터는 연결된 공간정보와는 독립적으로 개별 처리되었다. 즉 1940년대에 컴퓨터가 개발되면서 그래픽 기능이 사용되긴 했지만 당시에는 컴퓨터 작업을 모니터링하는 목적의 부차 기능으로만 사용되었으며, 1950년대와 1960년대에는 라인 플로터(line plotter)를 이용한 그래픽 기능이 가능하였다. 그러나 1980년대에 이르러 컴퓨터를 이용한 지도제작 분야가 공간 데이터 분석과 통합되어 사용되었다. ARC/INFO와 같은 GIS 소프트웨어의 초기 버전은 출력을 위한 플로터(plotter)를 주로 사용하였으나, 1980년대 초반에 이르러 저렴한 비용의 프린터나 래스터 그래픽 장치들이 보편화 되었다. 한편 데이터 입력 장치로, 디지타이저(digitizer)가 사용되기 시작하였는데, 이전까지는 디지타이저를 이용하기 보다는 키보드를 이용하여 (예를 들어 공간좌표값을 입력함으로써) 공간 데이터를 입력하였다. 래스터 그래픽의 출현과 더불어 스캐너도 널리 사용되기 시작하였는데, 현재에는 스캐너의 성능이 더욱 높아지고 가격이 하락함에 따라 일반 사용자의 사용이 더욱 용이하게 되었다.

아마도 더욱 획기적인 것은 네트워크 기술의 발전과 함께 인터넷과 무선 네트워크의 등장이라고 할 수 있다. 이는 다양한 위치에 존재하는 컴퓨터들을 연결하여 마치 하나의 통합 공간으로 인식할 뿐만 아니라, 여러 자원을 공유할 수 있게 하였다. 또한 매우 다양한 데이터 모델과 기능을 가지는 소프트웨어와 데이터들이 네트워크를 통해 보다 손쉽고 효율적으로 통합 환경에서 사용가능하게 되었다.

(1) 컴퓨터 하드웨어

일반적으로 컴퓨터는 중앙처리장치(CPU: Central Processing Units)와 RAM (Random Access memory), 주기판인 메인보드(Main board), 하드디스크(Hard disk) 등 각종 장치들로 구성된다. CPU는 컴퓨터의 연산을 수행하는 핵심 요소로서, 최근 들어 고급 프로그래밍에 기반한 RISC(Reduced Instruction Set Computer architecture)라는 새로운 기술을 사용하여 연산기능 및 속도가 향상되고 있다. RAM은 통상 메모리(memory)라고 불리며, CPU가 작업을 수행할 때 사용하는 임시작업 저장공간으로서 GIS 데이터 양이 상대적으로 많거나 처리과정이 복잡한 경우, RAM의 크기가 중요하다. 메모리 개발 기술의 발달에 따라 RAM의 용량이 커지고 가격이 하락하면서 대용량 RAM의 사용이 일반화되고 있다. 주의할 것은 메모리는 CPU와 더불어 사용되기 때문에 CPU 성능이 낮은 경우 메모리 크기만 늘린다고 처리속도가 같은 속도로 빨라지지는 않는다.

이외에도 컴퓨터에는 입출력을 위한 장치, 저장을 위한 보조장치 등이 필요하다. 입출력을 위한 장치로서 모니터, 키보드, 마우스, 프린터, 플로터 등이 있다. GIS 데이터를 입력하기 위해서는 디지타이저 등 전문적인 입력장치를 필요로 하지만, 특정 목적에 따라 모니터상에서 기존 데이터를 디스플레이한 후 마우스를 이용하여 공간 데이터를 입력할 수 있으며 또한 키보드, 마우스 등을 이용하여 속성 데이터를 입력할 수 있다. 이외에도 GIS 프로그램 운영은 주로 마우스와 키보드를 이용하여 이루어지게 된다.

GIS 결과를 출력하는 장치로서, 기본적으로 모니터 상에 지도를 디스플레이할 수 있으며, 또한 종이지도로 출력하고 싶은 경우 프린터, 플로터를 통해 가능하다. 이외에도 인터넷, CD 등을 통해 다른 사람에게 GIS 응용 프로그램을 제공할 수 있으며, 네트워크를 통해 컴퓨터, PDA에서 결과를 제공받을 수 있다.

GIS 작업이 수행되면 데이터를 저장하는 보조장치를 사용하게 된다. 기본적으로 CPU에서 연산하기 전후의 데이터는 RAM에 상주하지만 영구 저장공간이 아니므로 보조 저장장치가 필요하게 된다. 컴퓨터에는 기본적으로 하드디스크가 있어서 여기에 많은 GIS 데이터를 저장할 수 있다. 하드디스크의 발달과 가격의 하락으로 PC에서도 100GB 이상의 대용량 하드디스크를 사용할 수 있으며, 한 컴퓨터에 여러 개의 하드디스크를 설치할 수 있고, 또한 컴퓨터와는 별도로 하드디스크만을 네트워크로 연결하여 데이터만을 전문으로 저장, 유지 관리할 수 있다. 이외에도 플로피 디스크, CD-R(또는 CD-RW), DVD-R(또는 DVD-RW), 마그네틱 테이프(Magnetic tape), DAT 등을 이용하여 GIS 데이터 또는 응용 시스템을 저장할 수 있다. GIS 프로젝트의 규모가 크거나 데이터 또는 응용 프로그램의 갱신이 빈번하게 이루어지는 경우 이를 백업할 필요가 있으므로 일정한 시간 간격을 두고 데이터 및 응용 프로그램을 저장해 놓는 것이 좋다.

TIPS **컴퓨터 메모리 (RAM & ROM)**

일반적으로 컴퓨터에서 메모리라고 하면 RAM(Random Access Memory)과 ROM (Read Only Memory)을 말한다. ROM은 말 그대로 읽기 전용 메모리로서 기록된 정보를 읽을 수는 있지만 기록을 하지 못한다. 물론 반드시 ROM에 기록을 하지 못하는 것은 아니지만 그 방법이 상당히 복잡하고 까다롭기 때문에 일반적으로 한 번 기록하여 계속 활용될 정보를 저장하는 데 사용된다. 물론 전원이 꺼져있다고 해서 기록된 정보가 없어지지는 않으며 보통 컴퓨터의 가장 중요한 정보, 예를 들어 BIOS와 같은 정보를 기록하고 있다.

반면 RAM은 자유롭게 데이터를 기록하고 읽을 수 있는 장치로서 전원이 꺼지면 기록된 정보가 모두 지워지는 특성이 있다. 우리가 일반적으로 컴퓨터의 메모리를 언급하면 대부분 RAM을 말하고 있을 정도로 그 기능 및 비중이 크다. RAM은 CPU의 연산과 관련하여 필요한 정보를 임시로 기억하는데, RAM의 크기가 커지면 많은 정보를 한꺼번에 기억할 수 있기 때문에 그만큼 수행속도가 빨라지게 된다. RAM은 모듈 유형에 따라 데스크탑용 메모리와 노트북용 메모리, 기타 메모리로 구분할 수 있으며, 또한 구현기술에 따라 SRAM(Static RAM)과 DRAM(Dynamic RAM), SDRAM(Synchronous DRAM), DDR(Double Data Rate) RAM(확장되어 DDR 2, DDR3로 진화), Rambus DRAM 으로 분류된다. 현재 512MB, 1GB, 2GB 등의 RAM 크기가 주류를 이루고 있으며 주요 GIS 소프트웨어들이 RAM의 사용 비중을 높여가고 있으므로 CPU와 더불어 RAM의 크기를 적절하게 유지해 주어야 한다.

그림 2.5 GIS 시스템 구성 하드웨어 요소들

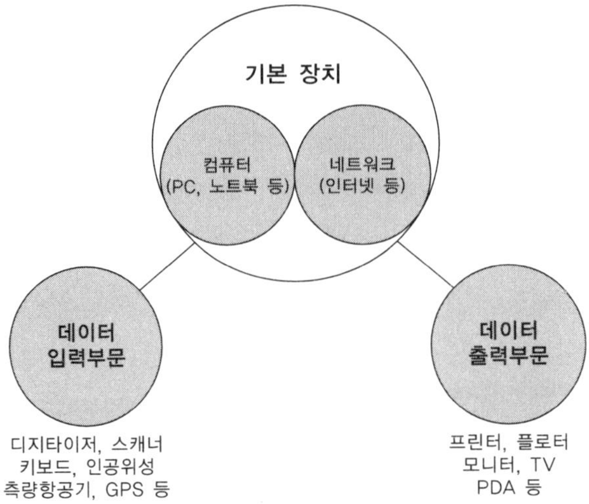

그림 2.5는 GIS에 사용되는 주요 컴퓨터 장치를 데이터 입력, 저장, 처리, 표현의 측면에서 보여주고 있다. 다음은 주요 하드웨어 장치를 중심으로 좀더 자세히 살펴보고자 한다. 입력장치인 디지타이저, 스캐너, GPS 등은 5장에서 살펴볼 것이다.

출력장치 : 모니터 Monitor

컴퓨터 모니터는 사용자가 컴퓨터와 커뮤니케이션하는 장치로서 스크린과 일종의 전자회로들로 구성된다. 현재 주요한 스크린 종류로는 CRT, LCD, LED 등이 있다. 기존의 전통적인 모니터에 사용되는 CRT(Cathode Ray Tube)는 오래전부터 워크스테이션, 데스크탑 컴퓨터 등에서 사용되었으며, LCD(Liquid Crystal Display)는 노트북 컴퓨터에 장착되어 사용되다가 현재는 기존 CRT 모니터를 대체하고 있다. 최근까지 CRT 모니터는 많이 대중화되었으며, 가격에 비해 고해상도 화면이라는 장점이 있으나, 최근 들어 LCD기술의 발전과 가격하락으로 인해 LCD 모니터가 대중화되어 CRT 모니터를 급격히 대체하고 있다(더욱 최근에는 LED-Light Emitting Diode: 발광다이오드- 모니터가 등장하고 있다).

그림 2.6 CRT 모니터상의 지도 결과 디스플레이 과정

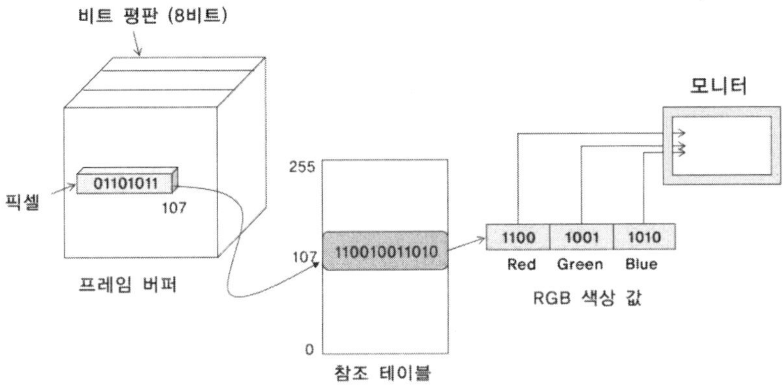

출처: Jones, 1997, 236, Figure 14.5

CRT 모니터는 내부에 진공관이 있으며 음극선관에서 방출된 전자광선이 스크린에 비춰진다. 스크린에는 일정한 시간 간격으로 정보를 갱신하여 디스플레이 해준다. 컬러 스크린은 3가지 기본색인 빨간색, 녹색, 파란색(RGB)을 조합하여 다양한 색을 스크린에 디스플레이한다. 모니터의 해상도에 따라 스크린상 점의 수가 달라지는데, 예를 들어 1280×1024 해상도를 가진 모니터는 수평방향으로 1280개의 점을, 수직방향으로 1024개의 점을 스크린에 디스플레이한다. 따라서 800×600 해상도를 가진 모니터보다 1280×1024 해상도의 모니터가 더 고해상도를 가진 선명한 디스플레이를 제공해 준다.

LCD(Liquid Crystal Display) 모니터는 2개의 얇은 유리판 사이에 고체와 액체의 중간물질인 액정을 주입해 상하 유리판 위 전극의 전압차로 액정분자의 배열을 변화시킴으로써 발생하는 명암을 사용해 숫자나 영상을 표시하는 일종의 광스위치 현상을 이용한 방법을 사용한다. LCD 모니터는 작용 방법에 따라 수동 매트릭스 방식과 능동 매트릭스 방식으로 구분되는데 수동 매트릭스 방식에는 TN(Twisted Nematic)과 STN(Super-Twisted Nematic)이 있으며 능동 매트릭스 방식에는 TFT(Thin Film Transistor) 등이 있다. 최근 컴퓨터 모니터 및 TV 등에 TFT 방식도 많이 사용되고 있다.

출력장치: 프린터와 플로터

프린터와 플로터는 GIS 수행결과를 종이지도로 출력하는 장치로서 현재까지 가장 보편적인 출력 장치로 사용되고 있다. 주로 문서 유형의 정보를 출력하는 목적으로 프린터(printer)가 사용된다면, 그래픽 중심의 정보를 위해서는 플로터(plotter)가 사용된다. 일반적으로 플로터는 상대적으로 프린터보다 출력되는 종이의 크기가 크고 고해상도의 결과를 생성한다. 최근에는 작은 크기의 지도 출력을 위한 고성능 출력 장치들도 개발되고 있다.

프린터(printer)는 지도를 출력하는 가장 일반화된 장치로, 최근 프린터 기술 발전과 가격 하락으로 대중화가 이루어지고 있다. 프린터는 동작 원리에 따라 크게 3가지 유형인 도트 프린터, 잉크젯 프린터, 레이저 프린터로 분류할 수 있는데, 프린터 유형은 기존의 도트 프린터, 잉크젯 프린터에서 레이저 프린터로 바뀌고 있는 추세이다. 도트 프린터(dot printer)는 타자기와 동일한 원리로 작동하며, 잉크젯 프린터(inkjet printer)는 잉크를 분사하여 출력하는 방식이고, 레이저 프린터(laser printer)는 복사기와 동일한 원리로 작동한다. 도트 프린터는 타자기 원리와 같다. 즉 잉크가 묻어있는 잉크 리본 위에 핀이 충격을 주어(펀칭) 인쇄하고자 하는 글자를 출력하는 것이다. 다만 타자기와 다른 점은 도트 프린터의 헤드는 하나라는 것이다. 일반적으로 도트 프린터에는 9개의 핀 또는 24개의 핀을 가진 헤드가 있으며, 9핀 프린터는 프린터 헤드에 9개의 핀이 3×3 방식으로 배치되어 있어 한 문자를 표현할 때 필요한 핀이 튀어나와 리본에 충격을 주며, 24핀 프린터는 6×4 방식으로 핀이 배치되어 있어, 9핀 보다 더 세밀한 인쇄가 가능하다. 이렇게 리본에 충격을 주어 인쇄를 하다보니 프린터를 오래 사용하면 핀이 튀어나오지 않거나 핀끝이 닳아 인쇄가 제대로 되지 않는 경우가 있는 반면, 연속 용지로 계속 출력을 할 수 있기 때문에 사무용 서식이나 영수증 등을 발급할 때 유용하다.

잉크젯 프린터는 지금까지 많이 보급된 프린터 방식으로 저가이면서 도트 프린터에 비해 고품질의 지도를 출력할 수 있다. 현재 잉크젯 프린터는 3가지 방식이 있다. 첫 번째 방식인 버블젯(bubblejet) 분사 방식은 노즐 속에 있는 잉크를 밖으로 밀어낼 때 공기방울을 이용하는데 잉크를 분사하는 과정에서 잉크의 양을 조절하여 잉크 방울의 농도와 지름을 줄인다. 두 번째 방식은 마하젯(mahajet) 분사방식으로, 주사기처럼 노즐의 뒷면에서 입력된 신호에 따라 노즐에 충격을 주어 잉크를 분사하는데 노즐 자체가 마이크로 피에조 노즐을 사용해 기존 잉크 방식보다 지름이 훨씬 작아 해상도가 높은 것이 특징이다. 세 번째는 열 분사(thermaljet) 방식으로 이 기술은 잉크가 담겨 있는 분사 노즐에 순간적으로 고열을 가해 잉크 방울이 튀어나가도록 하는 기술이다.

레이저 프린터는 레이저로 동작하는 것은 아니며, 복사기와 마찬가지로 종이 위에 전자 극성을 준 다음 종이 위에 잉크를 흡착시키는 방식이다. 즉 종이가 프린터에 들어가면 레이저 프린터에 입력된 데이터에 따라 정전기 원리를 이용해 종이 위에 인쇄될 부분만 (+) 극성을 갖게 한 다음, 드럼이 회전하고 토너가 지나감에 따라 (+) 극성을 갖는 부분에 토너가 종이에 접착된다. 그리고 드럼이 계속 회전하면서 종이 위에 붙어있는 토너를 고정시켜 인쇄가 된다. 따라서 레이저 프린터의 드럼과 토너를 적당한 시기에 새것으로 교체하지 않으면 인쇄 결과가 흐리게 나타날 수 있다. 최근 대중적 보급에 힘입어 많은 가정에서 레이저 프린터를 보유하고 있으며, 특히 컬러 레이저 프린터가 대중화되고 있다.

그림 2.7 프린터 기술의 발전 추이

플로터의 종류에는 펜 플로터, 잉크젯 플로터, 전자 플로터 등이 있다. 펜 플로터(pen plotter)는 벡터 플로터(vector plotter)라고도 불리는데 출력 기술 중 가장 오래된 방식이고 벡터 데이터 형태로 결과를 출력해준다. 즉 플로터의 펜을 이용해 사람이 그림을 그리듯이 출력하게 되는데, 평판 형태와 드럼 형태가 있다. 이중 평판 펜 플로터는 당구대와 같은 평평한 판에 빈 종이를 올려놓은 뒤 펜이 이동하면서 지도를 출력

하며 상대적으로 정확도가 높다. 반면 드럼 펜 플로터는 드럼 위에서 이동하면서 지도를 출력한다. 펜 플로터는 A0(84.1×118.9cm) 크기까지 다룰 수 있으며 A4(21.0×29.7cm) 포맷과 같이 작은 크기의 종이에도 출력할 수 있다. 잉크젯 플로터(ink-jet plotter)는 종이 위에 잉크를 분사하는 방식으로 지도를 출력한다. 기본 원리는 잉크젯 프린터와 같고 A0와 같이 큰 크기의 지도 출력이 가능하며 흑백뿐만 아니라 컬러 출력도 가능하다.

전자 플로터(electrographic plotter)는 센서가 출력할 정보를 읽어들인 후 드럼의 전자극성 표면 위에 이미지를 작성한다. 이 이미지는 종이에 전송되어 토너가 열 또는 압력에 의해 종이 위에 출력하게 된다. 전자 플로터는 벡터 및 래스터 데이터를 출력할 수 있다는 점에서 펜 플로터에 비해 장점이 있으나, 대부분의 경우 특수 종이를 요구하며 특수 용지가 습도에 민감하기 때문에 적합한 공간에서 유지 관리되어야 한다.

표 2.2는 주요 플로터 제품 정보를 리스트하고 있다.

표 2.2 플로터 제품 종류

제조 회사	웹사이트	주요 제품들
HP	http://www.hp.com	Designjet series
Xerox	http://www.xerox.com	
Canon	http://www.canon.com	Imageprograf
Encad	http://www.encad.com	Cadjet, Novajet
Calcomp	http://www.calcomp.com	
Graphtec	http://www.graphteccorp.com	FC, MP series
Epson	http://www.epson.com	Stylus series

(2) 컴퓨터 네트워크

많은 컴퓨터들이 직간접으로 네트워크로 연결되어 사용되는데, 전화 모뎀 접속을 통해 다른 컴퓨터와 연결되거나 LAN을 이용하여 상시적으로 다른 컴퓨터, 장비들과 연결되어 있다. 컴퓨터 네트워크는 다양한 전송매체를 통해 컴퓨터 및 하드웨어 장비들을 연결하며 각 전송매체의 특성에 따라 전송속도 및 특성이 달라지게 된다.

컴퓨터 네트워크 아키텍쳐는 여러 장치들이 서로 온라인으로 커뮤니케이션을 할 수 있도록 하는 기능, 인터페이스, 프로토콜의 집합으로 여겨질 수 있다. 이 아키텍쳐는 구현되는 커뮤니케이션, 네트워킹, 응용 기능들이 레이어(layer) 단위로 구성되어 있으며(각 레이어는 독립적으로 운영되도록 설계됨), 상위 레벨 레이어의 운영은 그보다 하위 레벨의 레이어가 제공하는 기능들을 기반으로 이루어진다. 네트워크 프로토콜(network protocol)은 네트워크 상에서 두 커뮤니케이션 프로세스간에 교환 메시지를 코드로 구성하는 규칙 또는 규약이다. 프로토콜은 네트워크상에서 데이터를 제어하고 포맷을 결정하는데, 커뮤니케이션이 효율적으로 수행되도록 다양한 프로토콜이 존재한다. 현재 보편적으로 사용되는 2가지 방식의 프로토콜 표준으로는 OSI와 TCP/IP가 있다.

네트워크 전송 매체

컴퓨터 네트워크를 통해 전송되는 메시지 또는 데이터는 일련의 비트 스트림(bit streams)들로 구성되는데, 이들은 다양한 전송 매체를 이용하여 전달된다. 네트워크 전송 매체들은 TP(Twisted Pair), 동축케이블, 광케이블, 무선케이블 등이 있다.

첫 번째, TP(Twisted Pair)는 말 그대로 전기저항을 감소시키기 위해 2개의 구리선을 꼬아 만들었는데 주로 전화 시스템에 사용되며, 단거리 구간에서 빠른 전송속도를 보인다. 두 번째 동축케이블은 컴퓨터 네트워크와 케이블 TV 네트워크 등에 보편적으로 사용되는 케이블로서 TP보다 두께가 두꺼우며 가운데 구리선이 절연체와 플라스틱 보호막으로 둘러싸여 있다. 광케이블은 가운데 얇은 유리섬유가 있으며 초당 기가비트라는 매우 빠른 전송속도를 보여준다. 따라서 광케이블은 단거리뿐만 아니라 장거리 전송에 사용되며 전기 또는 전자기 저항 등에 영향을 받지않고 전송이 가능하다. 마지막으로 무선전송방식은 전자기파를 사용하는데, 물리적으로 선이 연결될 필요가 없다는 장점이 있으며 일대일의 네트워크 연결이 아니라 하나의 발신기가 여러 수신기들에 메시지를 보낼수 있다는 장점이 있다.

네트워크 전송 방식

컴퓨터 네트워크는 전송 기법, 운영거리, 네트워크 토폴로지 등 여러 가지 기준에 따라 분류가 가능하다. 우선 2가지 전송 기법이 있는데, 하나는 브로드캐스트(broadcast) 네트워크이고 또 하나는 점대점(point-to-point) 네트워크이다. 브로드캐스트 방식에서는 패킷(packet)으로 불리는 짧은 메시지가 한 컴퓨터에서 다른 여러 컴퓨터로 전송된다. 이 패킷들은 컴퓨터를 확인하는 주소 정보를 포함하며, 일방향의 특성을 가진다. 반면 점대점 네트워크에서는 각 컴퓨터는 다른 컴퓨터들과 연결되며 쌍방간에 커뮤니케이션이 이루어진다. 일반적으로 규모가 큰 네트워크는 점대점 방식이 많으며, 반면 소규모이거나 지리적 제약이 있는 네트워크는 브로드캐스트 방식이 많다. 네트워크 토폴로지는 컴퓨터들이 연결되는 구조를 말하는데, 그림 2.8에서처럼 다양한 구성이 가능하다.

그림 2.8 네트워크 토폴로지

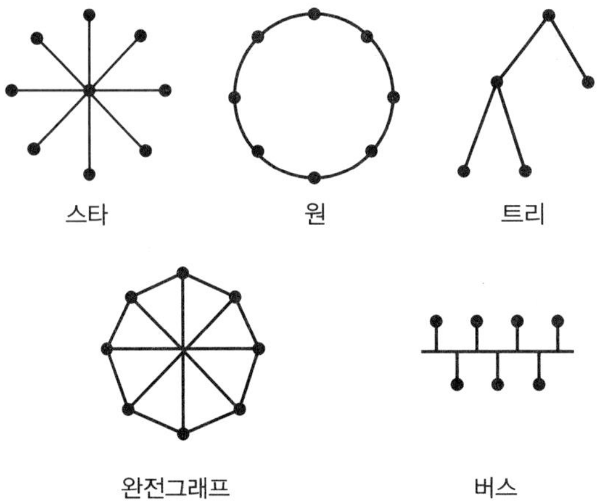

출처: Groot and McLaughlin, 2000, 119, Figure 8.5

또 다른 네트워크 구분은 네트워크 구성 거리에 따라 LAN(Local Area Network), MAN(Metropolitan Area Network), WAN(Wide Area Network), 인터넷(Internet)

등이 있다. LAN은 케이블들을 통해 여러 컴퓨터와 터미널, 주변기기들이 함께 논리적, 물리적으로 연결되어 있다. LAN은 전화선, 케이블 TV 선, 광통신, 인공위성 등을 이용하여 구축되며, 현재 몇가지 유형의 LAN이 널리 사용되는데, IEEE 802.3 (Ethernet), IEEE 802.4(Token Bus), IEEE 802.5(Token Ring), ANSI FDDI(fibre distributed data interface) 등이 있으며, 이중 이더넷(Ethernet) 방식과 토큰 링(Token Ring) 방식이 널리 사용되고 있다. 이더넷 방식의 전송속도는 10-100M bps정도이며, 토큰링 방식은 4-16M bps이다.

1990년대 초반까지 광역 네트워크와 LAN 서비스는 상대적으로 큰 용량의 GIS 데이터를 빠르게 전송하거나 원격 사용자에게 실시간 액세스하는 등의 작업에 요구되는 적절한 성능을 제공하지 못하였다. 따라서 MT(magnetic tape)나 디스켓, 그리고 CD 등으로 GIS 데이터 및 응용 프로그램을 전송하였다. MAN(Metropolitan Area Networks)과 WAN(Wide Area Network)은 LAN과 비교하여 적절한 속도를 제공하기 위해 다른 프로토콜과 기술을 사용하는 반면 원거리상에서 운영된다. 1992년까지 미국의 SMDS와 호주의 FASTPAC와 같은 섬유기반의 패킷 스위칭 서비스가 원거리 구간에서 고속 연결(34-45 Mbit/sec)을 제공하였다. 현재는 전용 FDDI 네트워크가 100 Mbit/sec 까지의 속도로 정해진 지역내의 사용자들을 연결하며, 고속의 ATM (Asynchronous Transfer Mode) 서비스가 원거리 상에서 멀티미디어 응용 서비스를 실시간으로 지원할 수 있게 되었다.

인터넷(Internet)은 전세계적으로 구성되는 네트워크로서 기업, 정부조직, 학교, 개인 등이 다양하게 네트워크로 연결되어 있으며, 전세계 인터넷 이용자는 약 9억 8천만명이며 (2005년 기준), 우리나라의 인터넷 이용자수는 약 3천 4백만명(2006년 기준)이다. 인터넷을 통해 전자메일(email), FTP(파일전송 서비스), 원격 로그인 서비스 등을 사용할 수 있지만, 인터넷의 가장 대중적인 사용은 사용이 손쉬우면서 멀티미디어 기능이 있는 WWW(World Wide Web)라 할 수 있다.

표 2.3 정보통신망의 분류

분류방식	구성
네트워크 범위와 연결	근거리통신망(LAN), 광역통신망(WAN), 도시망(MAN), 부가가치망(VAN)
규모	지역망(시내망), 전국망(시외망), 국내망, 국제망
구성형태	성형, 버스형, 트리형, 망형
교환방식	회선 교환방식, 메시지 교환방식, 패킷 교환방식
전송대역과 속도	협대역망, 광대역망, 저속망, 고속망
서비스	전화망, 데이터망, CATV망, FAX망, 텔렉스망, 비디오텍스망, 종합망
전송방식	아날로그망, 디지털망

TIPS 인터넷(Internet)

사실 우리가 알고 있는 인터넷(Internet)은 미국 국방성 프로젝트인 글로벌 인터넷 작업의 한 결과로서, 1969년 DARPA(Defense Advanced Research Projects Agency)가 ARPANET을 시작하였다. 1980년대 초반 ARPANET은 수백대의 호스트 컴퓨터들이 네트워크로 연결되어 오늘날 사용되는 서비스들이 이용되기 시작하였으며, 이후 NSFNET(Network of the American National Science Foundation)의 슈퍼컴퓨터가 여기에 연결되고 BITNET, HEPNET, EARN과 같은 다른 네트워크도 통합되었다. 1990년에 ARPANET가 네트워크에서 제거되고, 이후 오늘날에는 수백만 이상의 컴퓨터들이 이 인터넷에 연결되어 있다.

인터넷은 현재의 정보 인프라를 주도하는 많은 서비스 기능이 있는데, 전자메일(email), 뉴스그룹, 파일전송(FTP: File Transfer Protocol), WWW 등이 대표적인 예이다. 이중 WWW는 1993년에 서비스가 시작되어 현재 수많은 조직 및 개인들이 자신의 홈페이지를 개설하고 유지관리하고 있으며, Internet Exploer, Netscape Communicator, Firefox, Opera 등을 이용하여 사용가능하다.

TIPS 네트워크 주요 용어

라우터 (Router)	네트워크를 연결하여 정보를 주고 받을 때 송신정보(패킷)에 담긴 수신처의 주소를 읽고 가장 적절한 통신통로를 이용하여 다른 네트워크로 전송하는 장치이다. 인터넷을 이용할 때 필수적인 장비로, 서로 다른 프로토콜로 운영하는 통신 네트워크에서 정보를 전송하기 위해 경로를 설정하는 역할을 제공하는 핵심적인 통신장비이다.
허브 (Hub)	컴퓨터들을 네트워크에 연결시키는 장치로서, 일반적으로 컴퓨터나 프린터들과 네트워크 연결, 근거리의 다른 네트워크(다른 허브)와 연결, 라우터 등의 네트워크 장비와 연결 등의 기능을 수행한다.
방화벽 (Firewall)	컴퓨터의 정보 보안을 위해 네트워크를 통한 불법 접근을 차단하는 시스템으로, 네트워크 상에서 전송되는 정보, 접근자 등을 선별하여 접근 허용, 거부, 수정 등의 제어를 하는 보안 시스템이다. 외부 네트워크와 조직 네트워크 사이에 건물 방화벽처럼 방화벽 시스템(라우터나 응용 시스템)을 설치하여 흐름을 제어한다.

네트워크 아키텍처 모델

네트워크로 연결된 컴퓨터들이 서로 커뮤니케이션할 때 동일 '언어'로 이루어져야 하며, 네트워크 설정 및 유지 방식이 올바르게 수행되어야 한다. 컴퓨터 네트워크 구성은 대체로 일련의 레이어(또는 레벨)로 조직되는데, 각 레이어는 상위 레이어에 서비스를 제공한다. 또한 컴퓨터의 n번째 레이어는 다른 컴퓨터의 n번째 레이어와 서로 커뮤니케이션을 하며, 이때 개별 레이어를 peer라 한다. peer는 직접 커뮤니케이션하지 않으며 대신 정보는 하위 레이어로 전달되어, 물리적인 전송매체 인터페이스를 통해 다른 컴퓨터로 전달된다. 따라서 네트워크 아키텍쳐는 일련의 레이어와 프로토콜들로 구성되지만 수행과 관련한 상세한 규약 등을 포함하지 않는다.

그림 2.9 레이어, 프로토콜, 인터페이스

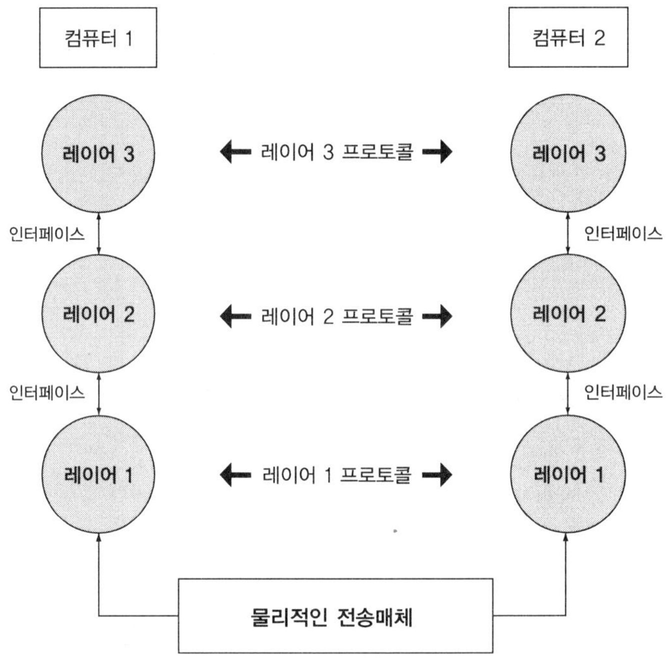

출처: Groot and McLaughlin, 2000, 121, Figure 8.7

컴퓨터들간의 네트워크 커뮤니케이션은 한 컴퓨터에서 다른 컴퓨터로의 메시지 전송을 의미하는데, 이때 한 방향으로만 전달이 이루어지는 경우 심플렉스(simplex) 커뮤니케이션이라 하고, 양방향이지만 동시에 이루어지지 않을 경우 반-듀플렉스(half-duplex)라 하며, 양방향 커뮤니케이션에 제약이 없을 경우 완전한 듀플렉스(full-duplex) 커뮤니케이션이라 한다.

OSI 모델과 TCP/IP 모델

컴퓨터 네트워크와 관련하여 2가지 주요 모델이 있는데 하나는 ISO/OSI 모델이고 또 하나는 TCP/IP 모델이다. OSI 모델은 ISO 국제표준이지만 실제로 많이 사용되지 않는 반면, TCP/IP 모델은 인터넷과 관련하여 널리 사용되고 있다. OSI(Open System Interconnection) 모델은 ISO에 의해 인증된 국제 표준으로 1980년대 초에 개발되었으며 그림 2.10에서 보는 것처럼 추상적인 네트워크 모델과 프로토콜로 구성되어 있다. 즉 이 모델은 네크워크 시스템을 7개 레이어들로 구성하며, 각 레이어는 각 고유 기능을 가지며 인터페이스를 통해 아래에 있는 레이어와 커뮤니케이션을 한다.

표 2.4 OSI 모델의 레이어 구성

OSI 레이어	설 명
물리적 레이어 (physical layer)	물리적인 전송 네트워크와 직접 연결되어 기계적, 전기적 인터페이스를 담당하며 네트워크 케이블 커넥터 유형, 케이블 크기 등을 정의한다.
데이터 링크 레이어 (datalink layer)	네트워크 채널을 통해 전송되는 데이터 비트의 논리적 조직을 기술한다. 비트 스트림을 일련의 데이터 프레임 단위로 분할하고, 전송되는 데이터 프레임을 인식하며, 손상되거나 중복된 프레임을 교정하기도 한다.
네트워크 레이어 (network layer)	데이터 패킷을 라우팅으로써 적절한 커뮤니케이션 운영을 담당한다. 전송되는 데이터를 인식, 분류 등을 수행한다.
전송 레이어 (transport layer)	데이터 전달의 특성 및 품질을 기술한다. 주요 임무로는 상위 레이어인 세션 레이어로부터 데이터를 받아서 그것을 조각내어 하위 레이어로 전달해주며, 제대로 데이터가 전달되었는지를 확인하는 것이다.
세션 레이어 (session layer)	다른 컴퓨터들간에 데이터 전송, 원격 로그인, 다이얼로그 제어 등의 세션들을 관리한다. 또한 토큰 관리, 동기화 등을 관리하기도 한다.
프레젠테이션 레이어 (presentation layer)	데이터 문법 및 의미 인식 등의 기능을 지원하며, 문자, 숫자 등의 인식을 수행한다.
응용 레이어 (application layer)	서로 다른 운영체제간의 데이터 전송을 지원하며, 전자메일, 원격작업 등을 수행한다.

그림 2.10 ISO/OIS와 TCP/IP 레이어

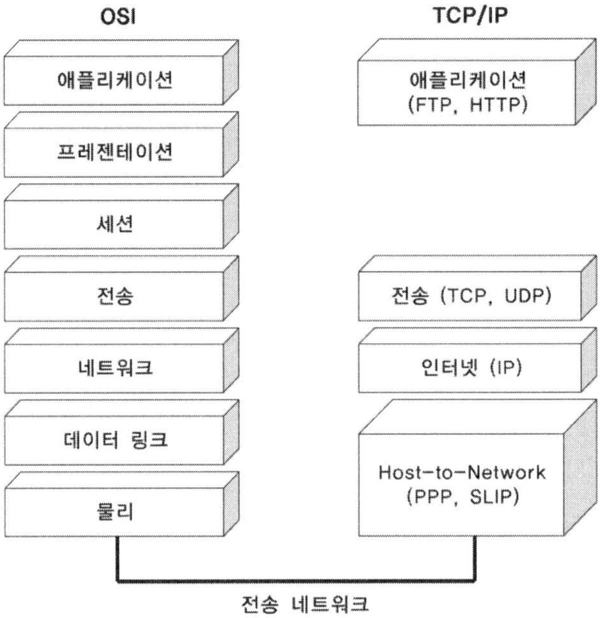

출처: Groot and McLaughlin, 2000, 125, Figure 8.9

TCP/IP 모델은 인터넷의 발전에서 나타났는데 즉 다양한 네트워크들이 통합되면서 이를 효율적으로 관리하기 위한 목적으로 1974년 개발되었다. 용어 그대로 TCP/IP 모델은 TCP(Transmission Control Protocol)와 IP(Internet Protocol)로 구성된다. TCP/IP 모델은 OSI 모델에 비해 레이어 수가 작으며, 물리적인 데이터 액세스 레이어 부문이 상대적으로 모호하게 정의되어 있다. 이 모델은 인터넷 레이어에서 데이터 패킷이 제대로 전송되는지를 보증하기 위해 네트워크의 올바른 연결을 관리하는 프로토콜을 요구한다. 인터넷을 제공하는 호스트 서버에 전화선 접속을 통한 연결에서 가장 널리 사용되는 프로토콜 중의 하나는 PPP(Point-to-Point Protocol)이다.

표 2.5 TCP/IP 모델의 레이어

TCP/IP 레이어	설 명
인터넷 레이어 (Internet layer)	데이터 패킷을 전송하는 가장 기본적인 수단으로서 IP(Internet Pro-tocol)를 지원한다. IP는 데이터 전송과 관련하여 인터넷 호스트를 인식하는 주소(IP Address)를 부여 · 관리하고, 데이터 패킷을 작은 단위로 분할하는 등의 기능을 수행하지만, 데이터 전송과 관련하여 에러 탐지 및 수정을 하지 않는다.
전송 레이어 (transport layer)	네트워크 상 두 컴퓨터들간에 해당 레이어들의 커뮤니케이션을 허용한다. 사용되는 두 가지 프로토콜로는 TCP와 UDP(User Datagram Pro-tocol)가 있는데, TCP는 신뢰성있는 커넥션 지향 프로토콜이며, UDP는 정확한 전송보다는 속도가 중요한 경우에 사용된다
응용 레이어 (application layer)	이 모델에서는 세션 레이어와 프레젠테이션 레이어가 존재하지 않는 대신 사용자 레벨의 프로토콜들이 있는데, Telnet, FTP, SMTP, DNS, NFS, HTTP, NNTP 등이다.

WWW World Wide Web

인터넷 기술의 발전 중 가장 독보적이고 중요한 것은 WWW이다. 이는 여러 국가의 과학자들이 다양한 문서 및 정보를 교환할 목적으로 CERN(European center for nuclear research)에서 시작되었다. 1991년 첫 번째 텍스트 형태의 프로토 타입이 시범을 보였으며, 1993년 Mosaic이라 불리는 첫 번째 그래픽 인터페이스가 발표되었다. 텍스트와 그래픽이 포함된 문서를 디스플레이하는 주요 브라우저로서 MS Internet Explorer, Netscape Communicator, Firefox, Opera가 있으며, WWW의 발전을 위해 1994년 WWW 컨소시엄(W3C)이 결성되었다(http://www.w3.org).

WWW는 클라이언트 서버 시스템의 하나로 사용자 측인 클라이언트는 웹 문서로 작성된 서버의 수많은 다양한 정보를 브라우저를 통하여 볼 수 있다. 웹 문서는 html(hyper text markup language) 포맷으로 작성, 디스플레이되며 텍스트, 그림, 비디오, 사운드, 동영상 등을 제공한다. 또한 플러그인 프로그램을 통해 다양한 응용프로그램을 결합할 수 있으며, 자바(Java) 등의 프로그래밍 언어를 통해 html 파일의 기능을 확장할 수 있다. 이렇게 WWW에 액세스하는 컴퓨터는 인터넷에 전화 모뎀, 케이블 모뎀 등을 통해 연결되며, 웹 사이트(web site)는 해당 사이트의 고유 주소인 URL(Uniform Resource Locator)을 통해 접근이 가능하다. URL은 3부분으로 구성되는데 프로토콜명인 http, 웹 페이지가 있는 호스트명(예, http://www.gis.org), 그리고 html이름이다

앞에서 언급하였듯이 웹 문서는 표준 html 포맷으로 작성되며 파일은 htm, html 확장자를 가진다. 또한 SUN Microsystem사에서 개발된 객체지향 프로그래밍 언어인 자바 등을 통해 애플릿(applet)을 개발하여 html을 확장시킬 수 있다. 이러한 애플릿은 html 페이지와 상호대화방식으로 연결되어 여러 기능을 제공해주는데 외부 코드와 같이 외부에서 실행가능하므로 보안 등의 문제가 발생할 수 있다. 최근 XML (eXtensible Markup Language)은 웹상에서 공통적으로 사용할 수 있는 문서방식으로 대두되고 있다.

TIPS HTML의 확장 표준

• XML(eXtensible Markup Language)

인터넷상의 표준언어인 HTML을 개선한 표준 인터넷 언어 표준으로서, 1996년 W3C(World Wide Web Consortium)에서 처음 제안되었다. HTML보다 홈페이지 구축 기능, 검색 기능 등이 향상되었고 클라이언트 시스템의 복잡한 데이터 처리를 쉽게 한다. 또한 인터넷 사용자가 웹에 추가할 내용을 작성, 관리하기가 쉽게 되어 있다. HTML은 웹 페이지에서 데이터베이스처럼 구조화된 데이터를 지원할 수 없지만 XML은 사용자가 구조화된 데이터베이스를 조작할 수 있도록 정의되어 있다. 구조적으로 XML 문서들은 SGML(Standard Generalized Markup Language) 문서 형식을 따르고 있으므로, 응용판 또는 축약된 형식의 SGML이라고 할 수 있다. 1997년부터 여러 회사에서 XML을 지원하는 브라우저 개발을 하고 있으며, 다양한 분야에서 XML을 이용한 응용 시스템 개발을 하고 있다.

• GML (Geography Markup Language)

GML(Geography Markup Language)은 인터넷 웹상에서 공간사상을 표현하기 위해 OGC가 정의하고 제안한 XML 확장 표준이다. GML은 인터넷상에서 지리적 트랜잭션을 수행하기 위한 오픈 교환 포맷의 역할뿐만 아니라 지리 시스템을 위한 모델링 언어의 역할을 한다. 오프라인의 GIS 시스템에서처럼 웹상에서 벡터 데이터와 래스터 데이터를 정의 및 모델링할 수 있으며, 또한 다양한 지리 서비스를 제공해준다. 현재 GML은 국제 표준인 ISO 19136으로 채택되기 위한 프로세스 중이며, 많은 GIS 사용자가 사용하고 있다.

무선 이동 통신 기술

이동통신(Mobile Telecommunication)은 자동차, 기차, 보행 등 이동중에 사람간 또는 사람과 사물간에 통신하고 정보를 주고받을 수 있는 기술을 말하며, 고정 네트워크 또는 고정 통신 기술과 반대되어 사용된다. 이동통신 방식은 셀룰러(cellular) 이동통신, 무선 전화, 위성통신, 무선 랜 등이 있다. 셀룰러 이동통신은 이동통신 서비스 권역을 작은 단위 셀(cell)로 나누어 관리, 서비스하는 방식을 말하여 각 셀내에서 사용할 일정한 무선 채널을 할당한다. 따라서 이 유형의 서비스를 이용하는 사용자는 특정 셀에서 특정 주파수를 이용하여 이동통신 서비스를 사용하다 다른 셀로 이동하게 되면 이동한 셀(각 셀마다 서비스하는 기지국이 있음)에서 다른 주파수로 통신할 수 있다. 무선전화는 가정이나 건물 등에서 사용되며 짧게는 10미터 정도의 근거리, 그리고 50~100미터까지의 통화범위를 가지고 통신이 가능하다. 무선전화기술과 대역폭에 따라 CT-1, CT-2, CT-3로 발전해 왔으며, 현재 기술로는 통신 서비스 반경이 300미터까지 가능하다. 무선 데이터 통신은 무선 통신 서비스를 이용하여 데이터를 전송하는 방식으로 전자우편(email), 휴대용 팩스 등이 가능하다. 위성통신은 통신위성을 이용하여 전자기파로 통신과 데이터를 전송하는 방식이며, 전화, GPS, TV 방송 등에 많이 사용된다. 한편 무선랜(Wireless LAN)은 전파(RF: Radio Frequency) 등을 이용하여 정보를 서비스하는 근거리 네트워크로, 일명 Wifi라 불린다. IEEE 802 표준으로 제정된 후 급속도로 발전하고 있다. 특히 초기에는 네트워크의 전송 거리가 10미터에 불가하였으나 이후 50~200미터로 반경이 늘어났고, 전송 속도도 10Mbps(IEEE802.11b)에서 현재에는 50~100Mbps(IEEE802.11g)로 발전하고 있다.

이동통신 기술의 발달은 GIS 시스템과 응용의 성격을 변모시키고 있다. 즉 많이 사용되는 컴퓨터 하드웨어는 고정되어 있고, 이들간에 유선 네트워크로 연결되어 GIS 시스템이 구성되어 있다. 따라서 GIS 시스템의 구현과 사용에는 제한된 공간 액세스가 한계로 남아있었다. 그러나 최근에는 무선 통신기술이 발전되면서 다양한 모바일 하드웨어(예: 노트북, 모바일 PC, 울트라 모바일 PC(UMPC), PDA 등)가 서로 네트워크로 연결가능하게 되었고, 공간 제약없이 다양한 공간에서 정보를 전달받고 공유할 수 있게 되었다. 특히 통신속도의 획기적인 개선은 텍스트 데이터 유형에 비해 상대적으로 용량이 큰 GIS 데이터 전송에 큰 영향을 주게 되어 다양한 GIS 정보 서비스가 가능하게 되었다.

블루투스(Bluetooth)는 근거리 무선 통신 기술로서 1990년 중반에 개발되어 표준화를 통해 국제 규격으로 자리잡았다. 10세기 바이킹의 이름에서 따온 명칭으로 개인용 컴퓨터, 휴대전화, 각종 디지털 기기 등에서 무선 통신으로 사용되고 있다. RFID(Radio Frequency Identification)는 사물 등에 접착된 최소형의 칩 센서를 통해 사물이나 환경의 정보를 실시간으로 비접촉식으로 통신하고 전송하는 기술을 말한다. 최근 유비쿼터스 기술의 핵심 요소로 RFID가 각광받고 있으며, RFID의 전송 시스템은 RFID 태그, 이를 인식할 수 있는 판독기 등으로 구성되며, 이외에도 RFID를 원격으로 전송할 수 있는 네트워크인 USN 등과 운영 소프트웨어 등이 사용된다. RFID는 비접촉식으로 먼 거리에서도 정보를 교환, 전송할 수 있으며, 해당 사물의 정보를 효율적으로 저장할 수 있어 기존의 바코드 시스템 등을 대체하고 있으며, 다양한 사물에 부착되어 원격 정보 서비스에 사용되고 있다. 반면 지그비(Zigbee)는 RFID와 마찬가지로 핵심적인 유비쿼터스 무선 근거리 통신 기술의 하나로, 저전력, 근거리, 저속, 저가의 통신 표준(IEEE 802.15.4)으로, 홈네트워크 서비스에 많이 사용되고 있다.

최근의 정보통신 기술과 IT839 기술

최근 정보통신 기술은 급격하게 발전되어 왔으며, 통신속도의 획기적인 개선과 더불어 다양한 통신기술이 적용되어 왔다. 특히 유선 중심의 정보통신 기술은 유선뿐만 아니라 무선 통신기술이 다양하게 발전되어 더 이상 네트워크 선에 영향받지 않는 공간적 자유를 가짐으로써 어디서나 정보를 주고받을 수 있게 되었다. 또한 컴퓨터 통신이나 전화 등 한정된 용도에만 사용되었던 정보통신 기술은 일상생활의 다양한 영역에 적용되기 시작하고 있어 방송, 의료, 보건, 가전, 보안 등의 분야에 다양하게 활용되고 있다.

국내 인터넷 및 통신 인프라는 현재 초고속 인터넷 서비스에 가입한 가구가 1,100만 가구를 넘어 세계 제1위의 초고속 인터넷 서비스 가입비율 국가가 되었으며, 이동통신의 경우도 전국민의 74%에 해당하는 3,400만 명이 이동통신 서비스를 이용하고 있다. 이를 포함한 우리나라 IT 산업의 발전은 매우 빠르게 사회를 변화시켜가고 있다. 그림

2.11에서처럼 우리나라 IT 산업은 매우 급속도로 발전하여왔다. 특히 1980년대 개인 컴퓨터와 전화통신의 보급, 그리고 1990년대의 인터넷 대중화를 통해 정보통신의 토대를 마련하였고, 2000년대 들어 이동통신기술, 무선 네트워크기술의 발전과 대중화에 따라 다양한 이동통신 서비스가 실생활에 적용되고 있다. 향후 2010년에 이르면 유비쿼터스 네트워크를 기반으로 해서 다양한 초고속 무선 이동통신 서비스가 실현되리라 전망된다. 이를 위해 정부에서는 행정전산망 사업, 제1차 정보화촉진 기본계획 수립을 통해 전자정부와 정보 인프라 구축의 기반을 마련하였으며, Cyber Korea → E-Korea → U-Korea에 이르는 시기에 맞추어 각 시기별 비전 수립 및 사업을 추진하고 있다.

그림 2.11 IT 패러다임 변화와 우리나라 IT 정책 변화(정보통신부)

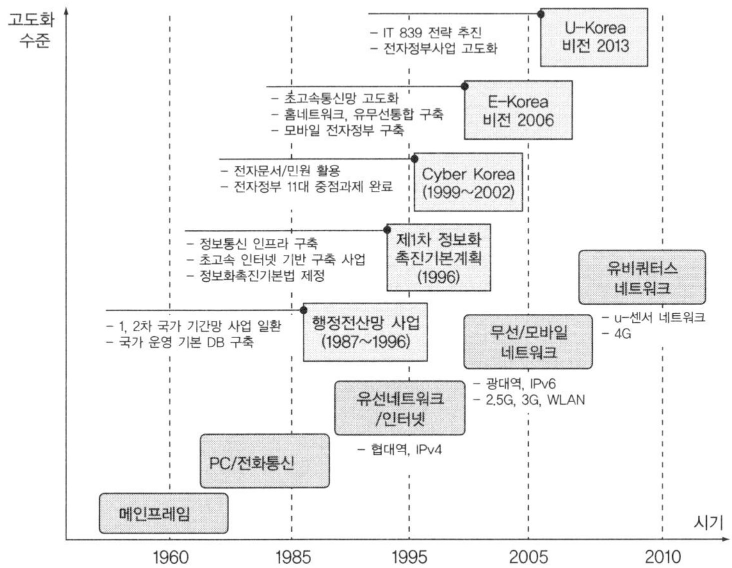

특히 정보통신부는 2004년 3월 고도화되고 진보된 사회를 구현하기 위해 정보통신기술 측면에서 IT839 전략을 수립하고 관련 산업을 육성, 지원하고 있다. IT 839 전략에서의 8은 IT 관련 8대 서비스, 3은 첨단 인프라, 그리고 9는 IT 분야의 9대 신성장 동력을 의미한다. 원래 수립된 8대 서비스는 W-CDMA, WiBro, DMB, 지상파 DTV,

홈네트워크 서비스, 텔레매틱스 서비스, RFID 서비스, 인터넷 전화(VoIP)였는데, 2006년 2월 새로 수정된 u-IT 839전략에서는 W-CDMA가 HSDPA/ W-CDMA로 변경되었고, DMB와 DTV가 통합되었으며, 인터넷전화(VoIP)가 제외되고, BcN 융합 서비스, IT 서비스가 신설되었다. 그리고 기존의 3대 인프라는 BcN, USN, IPv6였는데, IPv6가 BcN으로 통합되었고, 대신 소프트 인프라웨어가 신설되었다. 마지막으로 9대 신성장동력은 차세대 이동통신기기, 홈네트워크 기기, 디지털 TV/방송기기, 차세대PC, 지능형로봇, 텔레매틱스 기기, IT SoC, 임베디드 SW, 디지털콘텐츠/SW솔루션이었으나, 이동통신과 텔레매틱스 기기가 통합되었으며, 차세대 PC가 차세대 컴퓨팅/주변기기로, 그리고 IT SoC가 IT Soc/융합부품으로 확장되었으며, RFID/USN 기기가 신설되었다.

이 중 특이한 것은 WiBro 서비스를 통해 언제, 어디서나 빠른 속도로 무선 인터넷 접속 및 사용이 가능하고, 또한 HSDPA/W-CDMA는 이동통신 서비스를 확장하여 음성, 영상, 고속 데이터 서비스를 가능하게 되었다는 점이다. 또한 초고속 광대역통신망의 발달과 홈네트워크, 텔레매틱스 기술의 발달은 GIS의 영역을 더욱 넓히고 다양한 분야로 확산되는 데 도움이 될것으로 예상된다.

그림 2.12 우리나라 IT 839전략 및 구성

*2004년의 초기 IT839전략이 수정된 u-IT839전략(2006.2)

TIPS IT 839 전략 중 주요 기술

- WiBro(Wireless Broadband) 서비스: 이동중 높은 전송속도의 무선 인터넷 서비스 기술
- DMB(Digital Multimedia Broadcasting) 서비스: 이동중 고품질의 영상 및 멀티미디어 정보 서비스
- 텔레매틱스(Telematics) 서비스: 차량에 탑재되어 위치정보와 이를 기반으로 한 다양한 교통정보 및 부가정보 서비스
- RFID(Radio Frequency Identification) 서비스: 근거리 무선 이동통신이 가능한 RFID 센서 칩을 이용한 정보 감지 및 제공 서비스
- W-CDMA서비스: 무선이동통신 기술을 이용하여 음성, 영상, 데이터 전송이 가능한 3세대 서비스
- 인터넷 전화(VoIP) 서비스: 인터넷 네트워크를 이용하여 음성정보를 전달하는 전화 서비스
- 광대역통합망(BcN: Broadband convergence Network): 50~100Mbps의 초고속 고품질 네트워크 기술로서, 통신, 방송, 인터넷이 융합 서비스 가능
- IPv6: 기존의 인터넷 주소체계(IPv4)의 한계를 극복한 확장된 차세대 인터넷 주소 체계
- IT SoC(System-on-Chip): 다양한 첨단정보기능을 하나의 칩에 집적, 종합하여 구현함으로써 작은 하나의 칩(Soc)을 이용하여 다양한 생활, 분야에 적용 가능
- 차세대 PC: 다양한 형태, 소재를 이용한 유비쿼터스 장비와 컴퓨터(예. 액세서리, 의복 등)
- 지능형 로봇: 인공지능 기술이 구현되어 부가적인 고도의 기능을 수행하는 로봇

(3) GIS 시스템 구성

GIS 시스템 구성을 하드웨어 측면을 중심으로 살펴보면, 독립된 한 대의 컴퓨터 시스템에서 시작하여, 여러 컴퓨터들이 네트워크로 연결되었으며, 네트워크 범위가 확대됨에 따라 보다 많은 컴퓨터들이 다양하게 결합되어 시스템을 구성하고 있다.

호스트 기반의 시스템 (초기)

초기 중앙집중식의 컴퓨팅 환경은 적은 수의 미니컴퓨터 또는 메인프레임 컴퓨터들로 특징지워지는데, 하드웨어 입력/출력 채널을 통해 부착된 공유 저장 장치를 가지며, 터미널 단말기를 통해 여러 사용자들이 이 컴퓨터에 접속한다. 이러한 환경은 1980년대 중반까지 주요한 데이터 프로세싱과 정보 응용시스템의 일반적인 아키텍쳐이다. 이

아키텍쳐는 데이터 무결성에 대한 제어가 상대적으로 강력하고 시스템 보안성의 장점을 가지며, 데이터베이스는 중앙에 저장, 유지 관리 되며, 소수의 전문가들이 시스템을 관리한다. 그러나 이러한 시스템은 종종 많은 사용자들이 컴퓨팅 자원을 요구하거나 데이터베이스 액세스를 요구할 경우 예상하지 않은 방식으로 성능이 저하되는 경우가 많아, 시스템 개발 및 유지관리와 시스템 책임 관리의 불일치는 종종 사용자간에 불편을 야기하곤 하였다.

독립적인 PC 기반의 시스템(발전기)

1980년대 중반 이후 PC의 보급은 GIS의 대중화를 앞당겼다. 저렴한 가격의 PC 보급은 개인이 한 컴퓨터를 독점하여 사용할 수 있으므로, 작업 속도 및 시간을 조절할 수 있는 장점이 있다. 그러나 PC는 대중화되었으나 한 조직내에서 서로 다른 사람들간에 데이터 공유가 어려워지는 불편이 있었다. 또한 일반 사용자는 자신의 컴퓨터 사용자인 동시에 시스템 관리나 데이터베이스 관리자 역할을 수행할 필요가 있었다. PC를 기반으로 한 시스템의 발전은 1980년대 후반 GIS 사용의 획기적인 발전을 설명해주지만, 컴퓨터 및 데이터 관리에 경험이 없는 많은 사용자들이 문제발생시 대처하기가 어렵고, 데이터 수집, 저장관리, 처리 등과 관련된 여러 난점이 여전히 있었다.

1980년대 중반이후 고성능의 워크스테이션(workstation)이 연결된 근거리와 원거리 네트워크는 앞에서 언급한 호스트 기반의 시스템과 독립적인 개별 시스템의 대안이 되었다. 네트워크의 2가지 유형을 언급하자면, 첫 번째는 평상시에는 네트워크에 연결되지 않다가 필요시 연결되는 서비스 유형이 있는 반면, 항상 네트워크가 연결되어 있는 유형(전용선 이용)이 있다. 네트워크로 연결된 컴퓨터는 다른 컴퓨터들간의 접속을 통해 전자 메일(email)이나 파일 전송(file transfer) 등과 같은 기능 구현이 가능하며, 또한 컴퓨터간 응용시스템의 공유가 가능하게 되었다. 이러한 시스템은 어느 정도 조직의 시설을 확장하거나, 필요한 특정 프로세서, 저장 장치 등을 통합가능하도록 한다. 분산 처리(distributed processing)는 프로세싱 임무와 데이터가 네트워크로 연결된 여러 하드웨어에 분산되어 운영되는 구성을 말한다. 오늘날 분산 시스템을 통해 ① 중앙 서버상에서 저장, 유지관리되는 GIS 데이터에 대한 액세스가 효율적으로 유지되고

② 분산 연결된 컴퓨터간의 작업 분담으로 처리 속도가 빠르게 되며 ③ 시스템 보안을 철저히 유지할 수 있고 ④ 복잡성을 완화시켜주며 ⑤ 많은 경우 전통적인 중앙 집중방식인 메인 프레임 또는 미니컴퓨터 솔루션보다 비용 절감을 가져다줄 수 있는 장점이 있다.

그림 2.13 GIS 시스템의 유형

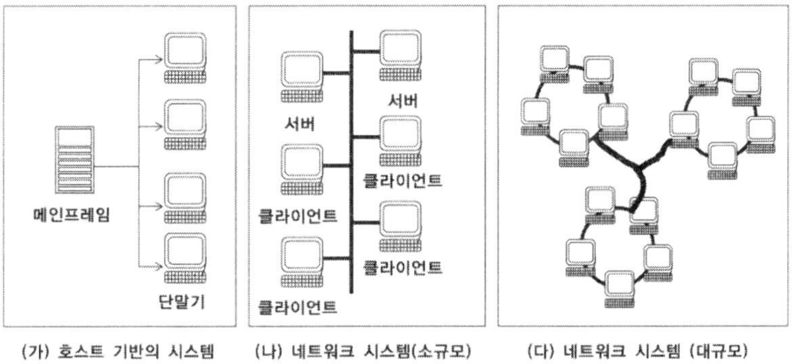

* 시간이 지남에 따라 (가)에서 (나)로, 그리고 (나)에서 (다)로 시스템이 진화하고 있다.

분산 시스템과 클라이언트-서버 모델(현재)

분산 시스템(distributed system)은 사용자, 데이터, 소프트웨어, 하드웨어 등이 물리적으로는 분산되어 있으면서 하나의 시스템으로 통합되어 있는 것을 의미한다. 이러한 분산 시스템 설계를 위해 3가지 수준의 규약이 필요한데, 즉 물리적인 네트워킹, 시스템 서비스, 응용 소프트웨어이다. 이러한 방식으로 설계된 시스템을 분산 컴퓨팅 환경(DCE: Distributed Computing Environment)이라 부른다.

오늘날 대부분의 분산 시스템은 클라이언트-서버(client-server) 아키텍쳐를 기반으로 하고 있다. 이 모델에서, 여러 컴퓨터들의 네트워크 결합은 네트워크 상에 위치한 하나 이상의 서버를 전제로 한다. 서버는 주로 데이터를 저장, 유지관리하거나 응용 프로그램을 서비스 하는데, 일반적으로 대용량의 저장 장치를 보유하며, 데이터 액세스와 관련하여 최적화된 프로세서를 가진다. 이때 데이터 검색 및 처리 등과 같은 작업을 수행하는 데 걸리는 시간은 클라이언트-서버 시스템에 수반되는 저장 요소, 프로세싱 요소, 커뮤니케이션 요소 등의 성능에 따라 달라진다. 네트워크 상에서 파일의 액세스와 전송 작업은 빈번히 일어나며, 분산환경에서 원격 파일 시스템 수행을 위해 여러 소프트웨어들이 사용되는데 대표적으로 Sun Microsystems사의 NFS(Network File System: 유닉스 환경의 NFS와 PC의 PC-NFS), Nobel사의 Netware, 매킨토시 상에서 사용되는 Appletalk 등이 있다.

클라이언트-서버 모델은 여러 컴퓨터 및 하드웨어들이 물리적인 네트워크로 연결되어 구성된다. 그러나 한 서버가 모든 기능 및 서비스를 제공하며 다른 모든 컴퓨터들은 단순히 그 서비스를 제공받는 것이 아니라, 구성된 컴퓨터들간에 작업 기능들을 분담해서 수행한다는 데 특징이 있다. 예를 들어 서버가 데이터를 저장하고, 유지 관리하며, 많은 클라이언트들을 관리하면, 클라이언트들은 별도의 프로그램을 통해 서버와 커뮤니케이션을 하며 필요한 데이터를 요청하여 서버로부터 전송받고 일부의 수행기능들을 클라이언트 컴퓨터에서 수행할 수 있다.

2) 소프트웨어

윈도우즈 시스템은 1980년대 중반 MIT의 X 표준을 기반으로 하여 워크스테이션 상에서 처음 도입되었으며, 당시 애플사의 매킨토시 또한 개인 컴퓨팅 환경에서 윈도우즈 시스템을 도입하였다. 이후 데스크탑 GIS는 1980년대 후반 Microsoft사의 Windows 3.1의 개발과 도스 환경을 기반으로 나타나게 되었다. PC 운영체제는 Windows 95, 98, NT, ME, 2000을 거쳐서 현재는 Windows XP, VISTA 등이 사용되고 있는데, 이러한 운영체제에서 운영되는 GIS 소프트웨어들이 지속적으로 개발되고 있다.

GIS 소프트웨어는 이제 그 종류와 유형에 따라서 다양하게 제공되고 있다. 범용의 목적으로 많은 기능을 포함하고 있는 GIS 소프트웨어도 존재하며, 특정 목적이나 과정만을 위한 GIS 소프트웨어도 존재한다. 또한 사용되는 GIS 소프트웨어에 플러그인이나 확장팩(extension) 형태로 설치되어 사용되는 GIS 소프트웨어도 있다. 여기서는 GIS 소프트웨어를 정보제공용, 인터넷용, 데스크탑용, 전문가용 등으로 구분하여 살펴보고자 한다.

(1) 정보 제공 GIS 소프트웨어

디지털 지도 데이터 제공 CD-ROM 및 소프트웨어

디지털 지도 CD는 전통적인 지도 정보를 GIS 기술을 이용하여 디지털 형태로 제작되는데, 대부분 CD-ROM 미디어를 통해 배포되고 있다. 이러한 유형의 소프트웨어는 종이지도와 유사한 목적이 있지만 제작 결과 및 비용 면에서 훨씬 큰 장점이 있다. 즉 지도 정보를 담은 CD 제작시 마스터 버전의 단위 비용은 종이지도 제작시 보다 많을지 모르지만, 대량 생산을 통해 보다 저렴한 가격으로 디지털 형태의 다양한 지도 및 관련 정보를 제공해준다. 종이지도에 비해 또 하나의 장점은 부피가 가볍고 크기가 작다는 점이다. 종이지도는 수많은 종이들의 무게와 부피때문에 번거롭지만 CD 미디어는 무게가 가볍고 필요한 정보만을 취할 수 있다. 또한 이러한 방식으로 수많은 지역 및 정보 중에서 내가 원하는 공간정보 및 관련 정보를 자동화된 프로그램 메뉴를 통해 쉽게 찾을 수 있으며, 필요시 프린터 등의 출력 장치를 이용하여 지도를 만들 수 있다. 이러한 디지털 지리 데이터 기술은 전통적인 종이지도 기술보다 사용이 편리하고, 크기 및 부피를 줄일 수 있으며, 저렴한 비용 등 여러 장점이 있어 이러한 유형의 GIS 소프트웨어가 많이 만들어지고 갱신될 수 있는 여지를 마련하였다.

도로(교통) 정보 제공 소프트웨어

상호대화식으로 도로 및 도로와 관련된 정보를 검색하는 소프트웨어는 새로운 기술의 하나라고 할 수 있다. 이러한 제품은 주로 미국, 유럽 등에서 제공되고 있으며, CD에 소프트웨어와 도로 데이터 및 관련 정보를 저장한다. 이 유형의 소프트웨어는 도로 정보와 관련된 다양한 정보를 담고 있는데, 도로, 교차로, 신호 등의 교통 시설물 정보뿐만 아니라, 도로 주변의 주요 공간 정보도 담고 있다. CD에 담겨진 도로 정보를 검색하기 위해, 특정 도로명이나 주소를 입력하면 해당 주소 및 주변 지역에 대한 교통 정보 및 관련 속성 정보를 얻을 수 있다. 또한 다양한 교통 분석 기능도 가능한데, 도로 교통 데이터를 토대로 시작 지점에서 목적 지점까지의 최단 경로, 최적 경로를 계산하는 기능이 예이다. 이 소프트웨어는 GPS 등과 결합하여 자동차 자동항법 분야 등에 사용되거나 일반 사용자들이 도로 정보를 쉽게 접할 수 있는 장점이 있다.

표 2.6 주요 도로 네비게이션용 지도

이름	사이트	이름	사이트
더맵	http://www.themap.co.kr/	알맵	http://www.almap.co.kr/
PMI 맵	http://www.picturemap.co.kr	미오맵	http://www.mio-tech.co.kr/
루센맵	http://www.rousen.com/	시터스맵	http://www.citus.co.kr/
콩나물맵	http://www.congnamul.com	토마토맵	http://www.tomatonavi.com/
만도맵	http://www.speednavi.co.kr/	아이나비맵	http://www.inavi.co.kr/
이지윙스	http://www.ez-guider.co.kr	포켓나비맵	http://www.pocket-navi.co.kr/

주제도 제작 소프트웨어

주제도 제작 소프트웨어는 앞에서 언급한 디지털 지도 CD 유형을 한단계 넘어선 것으로, 그에 비하면 데이터 조작 기능은 꽤 복잡하고 정교하다. 데스크탑 GIS 소프트웨어는 대체로 주제도 제작 기능을 포함하고 있지만, 어느 정도 제약이 있다. 진정한 데스크탑 GIS 소프트웨어는 공간 데이터 조작에 초점을 맞추는 반면, 주제도 제작 소프트웨어는 지도학 측면을 고려하여 공간 데이터의 디스플레이에 더 초점을 두고 있다. 따라서 주제도 제작에 전문화된 소프트웨어는 데스크탑 GIS 소프트웨어보다 더 많은 주제도 제작 기능과 특성을 제공한다. 복잡하고 정교한 주제도 제작 기능을 원하는 GIS 사용자들은 GIS 범주내에서 이러한 기능을 원할 것이며 따라서 이들 데이터를 처리하고 조작 후, 분석 또는 처리 결과를 주제도 제작 기능으로 전달하려 할 것이다.

주제도 제작 기능은 다양한 심볼, 색상, 음영, 패턴, 밀도 등의 요소를 이용하여 다양한 주제도를 작성한다. 예를 들어 점밀도(point density map)에 있어서, 속성값과 연관된 점들이 지역을 나타내는 폴리곤내에 무작위로 분포하며, 심볼 지도에 있어서, 심볼 크기는 해당 속성값에 비례하여 표현된다. 또한 어떤 주제도 제작 소프트웨어는 3차원 기복도나 등치선, 그리고 표고 위에 3차원성을 확대하는 프리즘 지도 등을 제공하기도 한다. 또한 주제도 제작에 있어서 하나의 변수에 기반해 지도를 제작할 뿐만 아니라, 두 개의 변수가 적용되는 주제도 제작도 가능하다. 주제도 제작 소프트웨어는 종종 데이터 처리와 표현을 위해 특정 데이터 포맷과 지도 레이아웃을 입력과정에서 요구하기도 한다. 또한 데이터 수정 기능이 제한되어 있어서 대부분의 주제도 제작 소프트웨어들은 진정한 GIS 소프트웨어로 분류될 수 없다. 일반적으로 많은 GIS 소프트웨어는 다양한 주제도 제작 기능을 포함하고 있다. 대표적인 예로 국토포털 사이트(http://www.land.go.kr)에서 제공하는 지도 서비스, 통계청 사이트(http://kogis.nso.go.kr)에서 제공하는 통계지도 서비스 등이 있다.

그림 2.14 국토포털 사이트(http://www.land.go.kr)

(2) 인터넷 GIS 소프트웨어

인터넷의 폭발적인 대중화와 더불어 다양한 멀티미디어 정보들이 제공되고 있다. 이러한 다양한 정보 중에서 우리는 지도 및 지도와 관련된 정보를 쉽게 발견할 수 있다. 일반적으로 사용자는 두 단계를 거쳐서 원하는 지역 및 공간사상에 대한 정보를 얻을 수 있는데, 먼저 사용자가 인터넷 상에서 원하는 지역 정보의 검색조건(예를 들면 주소나 우편번호 코드 등)을 입력하면, 검색 결과로서 해당 지역에 대한 지도 정보와 관련 정보가 사용자에게 제공된다. 이렇게 찾아진 지도는 사용자의 필요에 따라 실시간으로 축소, 확대, 이동 등이 가능하며, 또한 프린터를 이용해 종이지도로 출력되거나 이용자 컴퓨터의 하드디스크로 저장될 수 있다.

현재에는 인터넷 네트워크 속도의 한계와 인터넷 기술의 한계로 인해 제한된 공간분석 기능만을 제공하고 있다. 그렇지만 일반적인 지도 검색 기능은 제한없이 제공되는데, 특정 지역에 대한 지리 정보를 원할 경우, 인터넷 상에서 사용자가 이름, 주소 정보, 지리정보 등을 이용하여 검색하거나, 원하는 지도상에서 축소, 확인, 이동 등의 디스플레이 기능, 특정 공간사상에 대한 속성 정보 확인 기능 등이 가능하다.

그림 2.15 인터넷 GIS 소프트웨어의 시스템 구성 유형

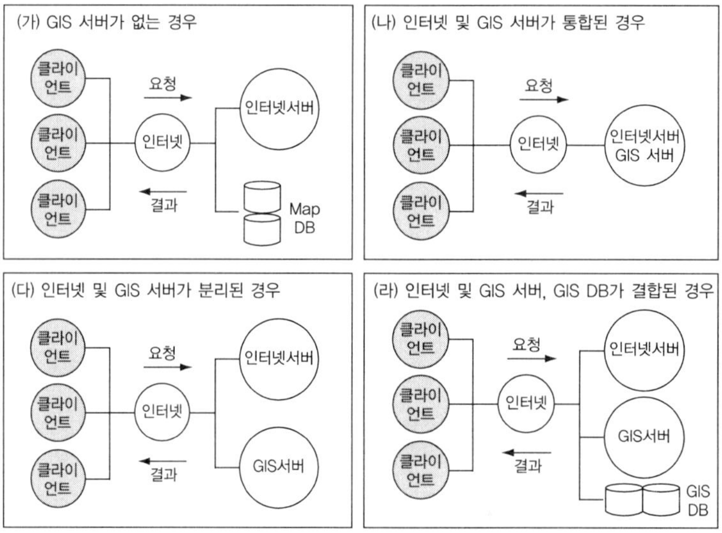

그림 2.15는 인터넷 GIS 소프트웨어를 이용한 GIS 시스템 구성유형의 예를 보여준다. 우선 인터넷용 GIS 소프트웨어는 클라이언트와 서버 두 측면의 소프트웨어로 구성될 수 있다. 클라이언트 측면의 소프트웨어는 웹 브라우저처럼 GIS 기능 및 데이터를 서버에 요청하고 그 결과를 디스플레이, 저장할 수 있는 기능이 있는 반면, 서버 측면

의 소프트웨어는 데이터 및 기능을 구축해 놓고, 클라이언트가 인터넷을 통해 요청하면 검색, 처리, 분석과정 등을 통해 그 결과를 다시 클라이언트에게 제공해 준다. 또한 서버용 소프트웨어는 클라이언트의 관리 및 시스템 전반의 관리 기능도 포함하게 된다. 특정 인터넷 GIS 시스템의 경우 특별한 클라이언트용 GIS 소프트웨어가 필요한 경우가 있으며, 반면에 인터넷 브라우저(MS Explorer, Netscape Communicator 등)만 필요한 경우도 있다. 인터넷 서버는 일반 인터넷 기능을 담당하며, GIS 서버는 인터넷 서버용 GIS 소프트웨어가 설치되어 GIS 기능을 담당한다. 필요시 GIS 데이터베이스를 따로 두어 관리하는 것이 유용할 수 있다. 클라이언트가 특정 GIS 데이터 또는 기능을 요청하면, 인터넷 서버가 요청을 받아 GIS 서버에 그 요청을 전달해 준다. 그러면 GIS 서버에 설치된 소프트웨어가 분석 및 처리 과정을 거쳐 결과를 다시 인터넷 서버에 전달해 주고, 인터넷 서버는 그 결과를 다시 클라이언트에게 전달한다. 그림 2.15에서 (가)의 경우는 전문적인 GIS 서버없이 서비스되는 유형이며 (나) 유형은 인터넷 서버와 GIS 서버가 통합되어 있는 경우이다. 이 유형에서 클라이언트가 GIS 기능을 요청하면, 서버 쪽에서 기능을 수행하여 클라이언트에게 결과를 제공해 준다. (다) 유형은 인터넷 서버와 GIS 서버가 분리되어 있는 경우이며, 마지막 (라)의 경우는 GIS 데이터가 대용량의 경우에 GIS DB를 따로 구축, 유지관리하는 유형이다.

표 2.7 주요 인터넷 GIS 소프트웨어 제품

인터넷 GIS S/W	웹사이트	제조사
ArcGIS Online	http://www.esri.com	ESRI사 제품, ArcGIS의 인터넷 솔루션
MapXtreme	http://www.mapinfo.com	MapInfo사 제품으로 인터넷 서버용
GeoMedia Webmap	http://www.intergraph.com	Intergraph사 제품으로 인터넷 서버용
Beyond Geo	http://www.bluemarblegeo.com	Blue Marble Geographics사 제품
Smallworld Internet Application Server	http://www.smallworld-us.com/	General Electronic (GE)사 제품

(3) 데스크탑 GIS 소프트웨어

데스크탑 GIS 소프트웨어는 일반적으로 인터넷 환경이 아니라 오프라인으로 일반 PC에서 구현되는 GIS 소프트웨어를 말한다. 보통 독립 컴퓨터에서 설치되어 사용되는 것이 일반적이며 주요 입출력 장비가 연결되어 함께 사용될 수 있다. 데스크탑 GIS 소프트웨어는 그 기능과 목적에 따라 다양하게 구성될 수 있는데, 필수 기능만으로 구성된 경우, 특정 과정의 기능만 구성된 경우, 범용의 기능을 모두 가지는 경우 등이 있다. 이 유형의 소프트웨어는 특정 기준 이상의 컴퓨터 성능을 요구하기도 하며, 반대로 해당 컴퓨터 성능에 맞도록 기능이 제한되기도 한다. 데스크탑 GIS 소프트웨어는 사용자 측면에서 볼 때 짧은 시간에 사용방법을 습득할 수 있으며, 사용 조작이 간편한 것이 특징이다. 대표적인 예로 ArcView GIS, MapInfo, Idrisi 등을 들 수 있다. 일반 사용자들이 손쉽게 지리 데이터를 이용하여 지도를 간편하게 제작하거나 간단한 공간 분석을 필요로 할 때 이 유형의 소프트웨어를 사용하는 것이 효율적이다.

그림 2.16은 GIS 소프트웨어 GUI(Graphic User Interface)의 예를 보여준다. 일반 문서작업 프로그램처럼 프로그램을 열면 프로그램과 함께 메뉴가 보이는데, GIS 데이터를 찾아서 열면 지도 디스플레이 부분에 해당 데이터가 디스플레이 되며, 지도 범례 부분에 여러 GIS 데이터의 정보(데이터 이름, 색, 분류 등)가 보인다. 그리고 메뉴나 툴바를 이용하여 지도 확대, 축소, 이동, 속성 확인 등을 쉽게 수행할 수 있다.

표 2.8 주요 데스크탑 GIS 소프트웨어 제품

데스크탑 GIS	웹사이트	제조사
ArcInfo	http://www.esri.com	ESRI사 제품
MapInfo	http://www.pbinsight.com	MapInfo사 제품
GeoMedia	http://www.intergraph.com	Intergraph사 제품
Autodesk Map	http://www.autodesk.com	Autodesk사 제품
Maptitude	http://www.caliper.com	Caliper사 제품
Idrisi	http://www.clarklabs.com	Clark University 제품

그림 2.16 GIS 프로그램의 GUI

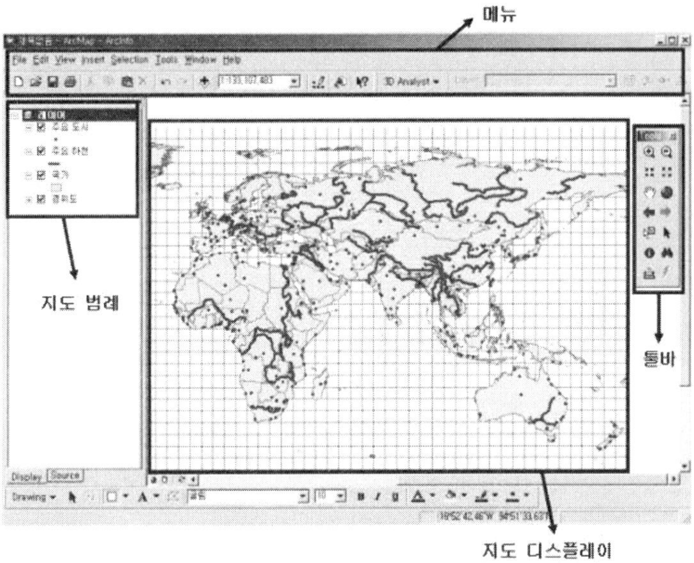

(4) 전문가용 GIS 소프트웨어

전문가용 GIS 소프트웨어는 기능 측면에서 보다 다양하고 수준이 높은 GIS 기능을 제공한다. 이 유형의 소프트웨어는 대부분의 GIS 기능을 포함하고 있는 경우가 일반적이지만, 특정 분야의 기능들로 전문화된 경우도 있다. 기술적으로 각 주요 기능들이 모듈화되는 경우도 있으며, 하나로 통합 관리되는 경우도 있다. 주로 특정 전문 분야의 기능, 고급 공간 분석 및 의사결정 지원을 위한 기능을 포함하고 있으며, 분야별 · 기능별로 유형화된다. 1990년대 중반까지는 전문가용 GIS 소프트웨어는 워크스테이션 플랫폼에서 운영되는 것이 주를 이루었으나, 최근 PC 성능의 발전으로 일반 PC에서도 전문가용 기능을 사용할 수 있게 되었다.

그림 2.17 전문가용 GIS 소프트웨어의 주요 기능

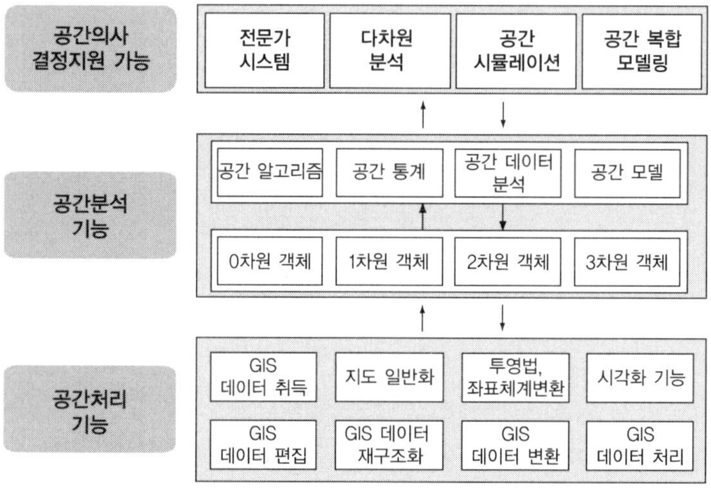

그림 2.17은 전문가용 GIS 소프트웨어의 주요 기능을 보여주고 있다. 우선 특정 분야나 기능에 특화된 기능만을 가진 소프트웨어가 있는데, 데이터 변환(벡터라이징, 래스터라이징, 데이터 표준포맷의 변환 등), 데이터 투영(좌표변환, 투영법 변환 등), 지도 일반화 기능, 시각화 기능(가상 3차원 비행, 3차원 공간 시뮬레이션 표현, 3차원 공간 렌더링 등), 데이터 입출력 전문 기능(디지타이징, 스캐닝, 출력 기능 등)에 전문화된 소프트웨어들이 존재한다. 두 번째 유형은 공간분석 기능을 포함하는 기능으로, 0, 1, 2, 3차원 공간객체 유형에 따라 이에 적합한 공간분석 기능으로 분류될 수 있으며, 또한 공간 알고리즘, 공간통계, 공간 데이터 분석, 공간모델 등으로 유형화될 수 있다. 대표적인 공간분석 기능으로는 공간 네트워크 분석(수문분석, 교통 네트워크 분석, 선형 시설물 관리 및 분석 등), 공간 통계 기능(공간 자기 상관, 공간 회귀분석, 크리깅 등), 입지 분석(상권분석, 영향권 분석 등), 3차원 분석(3차원 공간 디스플레이 생성, 3차원 지표면 분석 등) 등을 포함한다. 세 번째 유형은 공간 의사결정 지원 기능을 지닌 GIS 소프트웨어인데, 전문가 시스템 기능, 공간 모델링 기능, 다차원 평가 분석 기능, GIS 시뮬레이션 기능 등을 포함하는 경우이다.

표 2.9 전문가용 주요 GIS 소프트웨어 제품

전문가용 GIS S/W	웹사이트	설명
ArcGIS	http://www.esri.com	ESRI사 제품
MGE	http://www.intergraph.com	Intergraph사 제품
Smallworld	http://www.smallworld-us.com	General Electronic (GE)사 제품

(5) 개발시스템으로서의 GIS 소프트웨어

개발시스템으로서의 GIS 소프트웨어는 특정 목적이나 용도를 위해 사용되는 GIS 소프트웨어를 의미한다. GIS 사용에 있어서 많은 경우는 기존에 제공되는 패키지 형태의 GIS 소프트웨어보다는 특정 분야나 용도에 맞도록 최적화된 GIS 시스템을 요구하기도 한다. 따라서 GIS 시스템을 개발하기 위해서는 이에 맞는 GIS 시스템 개발 소프트웨어가 요구된다. 물론 개발과정에서 프로그램 개발을 위한 언어 프로그램(.NET, Visual Basic, C+, C#, Delphi, Powerbuilder 등)이 사용되기도 하지만, GIS 기능을 구현하기 위해서는 이에 적합한 GIS 소프트웨어가 효율적이다. 이 유형의 소프트웨어는 다양한 GIS 기능을 즉시 사용가능한 라이브러리 형태로 가지고 있으며, 시스템 개발시 해당 지리 기능 컴포넌트를 사용하여 보다 손쉽게 개발할 수 있다. 이들 컴포넌트들은 Microsoft의 DLL, OCR 포맷 등으로 구성되어 있으며, 언어 프로그램에 쉽게 통합된다. 그림 2.18은 컴포넌트 유형의 GIS 소프트웨어의 구현을 보여준다. GIS 컴포넌트 소프트웨어에는 기본 지도 조작 기능, 기초 공간 처리 및 분석 기능, 고급 기능 등 다양한 기능들이 파일 하나처럼 개별 컴포넌트로 존재하며, 프로그래밍 과정에서 바로 추가할 수 있는 형태를 가진다. 따라서 특정 업무나 특정 분야에 적합한 GIS 시스템을 개발하고자 할 때 프로그래밍 과정에서 요구되는 GIS 기능을 GIS 컴포넌트 라이브러리로부터 추가시키면 된다. 따라서 이를 직접 프로그래밍 언어로 기능 구현하는 데 드는 시간과 비용을 절감할 수 있다. 그리고 결과로 생성된 GIS 시스템은 그 목적에 가장 최적의 시스템이 되며 고유한 새로운 프로그램이 개발가능하다.

그림 2.18 컴포넌트 GIS 시스템의 예

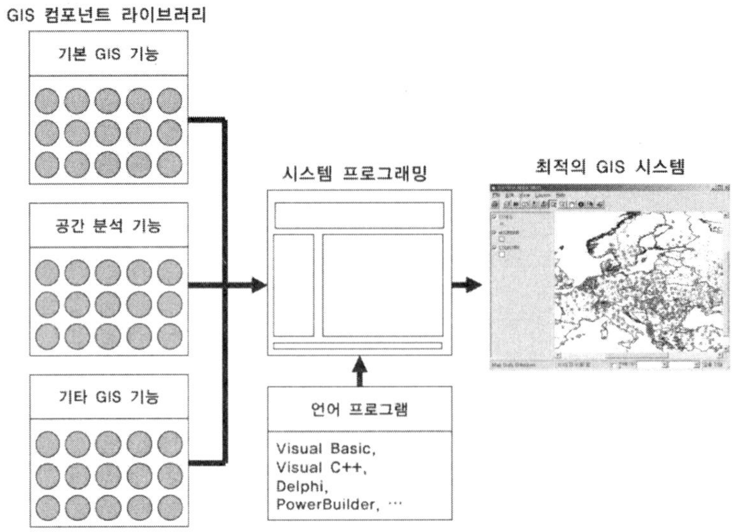

표 2.10 컴포넌트 GIS 소프트웨어

컴포넌트 GIS S/W	웹사이트	제조사
ArcGIS Engine	http://www.esri.com	ESRI사 제품
GeoObjects	http://www.bluemarblegeo.com	Blue Marble Geographics사 제품
Map Suite	http://www.pbinsight.com	MapInfo사 제품

한편 대규모의 GIS 시스템 개발과 관련하여 중요한 기능이 데이터베이스 기능과 네트워크 기능이다. 대용량의 지리 데이터를 효율적으로 저장, 관리, 사용하는 데 있어서 DBMS 기능이 효율적이며, 이를 위한 소프트웨어가 필요하다. 이런 유형의 소프트웨어는 DBMS상에 지리 데이터의 입력, 저장, 유지 관리, 검색 등을 위한 일련의 기능을 제공하며, 이들 기능은 네트워크 기능과 결합되기도 한다. 많은 경우 DBMS내에 저장된 지리 데이터베이스는 많은 사용자의 연결을 전제로 하기 때문에 이들 사용자의 액세스와 관리 기능이 필요하다(그림 2.19).

그림 2.19 GIS 시스템 소프트웨어의 주요 기능: 프로그래밍, 네트워크, DBMS 기능

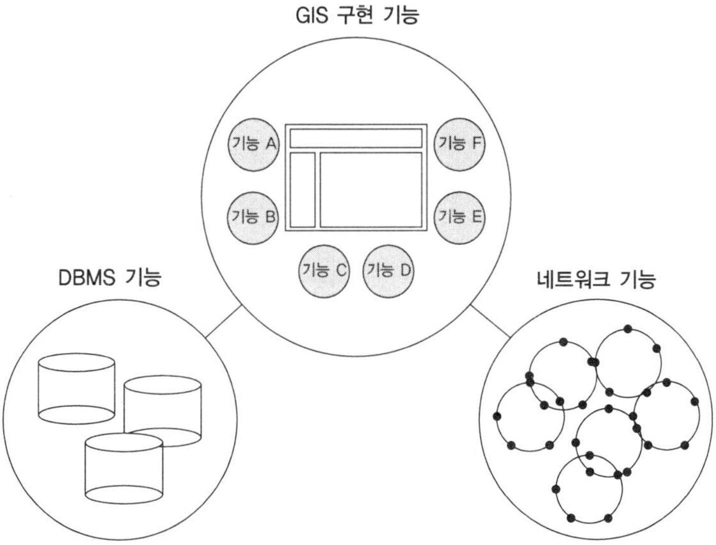

그림 2.20은 두 가지 다른 유형의 GIS 소프트웨어 구성을 보여주고 있다. 두 가지 유형 모두 여러 컴퓨터들이 네트워크로 연결되어 있으며, 각 컴퓨터에 GIS 소프트웨어들이 설치되어 구성된다. 왼쪽 그림은 전문가용 GIS 소프트웨어와 일반 GIS 소프트웨어들로 구성되는데, 서로 다른 수준의 GIS 기능을 요구하는 경우 이처럼 적합한 수준의 GIS 소프트웨어를 구성할 수 있다. 일반 GIS 소프트웨어는 일반 사용자들이 쉽게 사용할 수 있는 기능들로 구성되며, 전문가용은 보다 고급 또는 전문 분야에 적합한 기능을 포함하고 있다. 이들 소프트웨어는 네트워크 상에서 데이터 공유 등을 할 수 있다. 오른쪽 그림은 클라이언트-서버 구조로 GIS 소프트웨어들이 구성되어 있다. 즉 서버용 GIS 소프트웨어 쪽에는 GIS 데이터베이스뿐만 아니라 GIS 기능들을 구현한 시스템이 구축되어 있다. 반면 클라이언트 GIS 소프트웨어들은 서버용 GIS 소프트웨어에 연결되어 필요한 데이터 검색 및 GIS 기능 수행을 요청하고, 그 결과를 제공받을 수 있다. 그리고 전문가용 GIS 소프트웨어는 고급의 공간분석 및 처리 기능이 요구되는 경우 이를 수행하고 그 결과를 서버용 GIS 소프트웨어에 제공해준다. 왼쪽 그림의 구성보다는 오른쪽 그림의 구성이 보다 통합적인 측면을 가진다.

그림 2.20 다양한 GIS 소프트웨어의 구성의 예

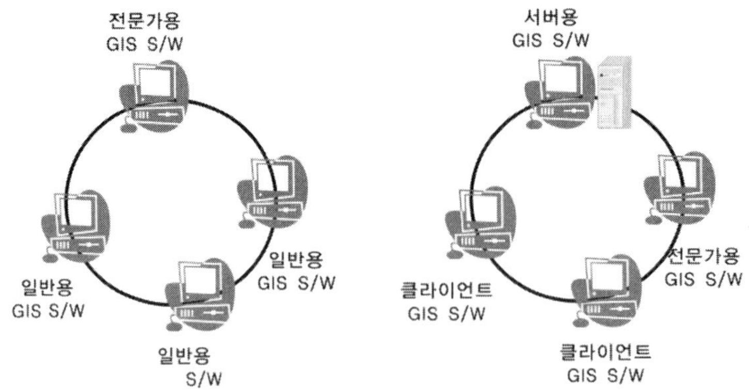

표 2.11 주요 공간 DBMS 제품

공간 DMBS 제품	웹사이트	제조사
ArcGIS for Server	http://www.esri.com	ESRI사 제품
Oracle Spatial	http://www.oracle.com	Oracle사 제품
DB2 Spatial Extender	http://www-3.ibm.com/software/data/db2	IBM사 제품
Informix Spatial DataBlade	http://www-3.ibm.com/software/data/informix/blades/spatial/	IBM사 제품
SpatialWare	http://www.mapinfo.com	MapInfo사 제품
Smallworld on Oracle	http://www.smallworld-us.com	GE사 제품

표 2.12 객체지향 DBMS 제품

회사명	제품명	사이트
db4object	db4o	http://www.db4o.com/
Objectivity	Objectivity	http://www.objectivity.com/
Progress	ObjectStore, PSE Pro	http://www.progress.com
Versant	Versant Object Database, FastObjects	http://www.versant.com/
InterSystems	Cachè	http://www.intersystems.com/
GemStone	GemStone/S, Facets	http://www.gemstone.com/
Matisse	Matisse	http://www.matisse.com/
W3apps	Jeevan	http://www.w3apps.com/

3) 데이터

GIS 데이터는 가장 중요한 GIS 구성 요소로서, 일반적으로 GIS 시스템 구축시 데이터 부분이 비용 또는 프로젝트 측면에서 70% 정도를 차지한다. 또한 데이터의 특성, 내용 등에 따라 GIS 작업 과정과 분석 결과가 달라진다. 데이터의 내부 특성에 대해서는 다음 장에서 자세히 다루겠지만, GIS 데이터는 지리 데이터(geographic data)라고도 불리며, 일반적으로 공간 데이터 유형, 속성 데이터 유형, 그리고 기타 유형으로 구성된다. 공간 데이터 유형은 공간사상의 위치 및 관련 정보 등으로 구성되며, 속성 정보는 공간사상이 가지는 여러 실세계 정보로 구성되며, 기타 유형으로는 실시간 정보, 멀티미디어 정보 등이 있다.

GIS 발전 초기에는 데이터 내용 중에서 주로 공간 특성에 초점을 두어 공간 위치 정보가 강조되었다. 따라서 데이터는 CAD 데이터 유형과 유사한 성격을 띠었으며 위치와 모양, 크기 정보 등이 중요시 되었다. 그러나 CAD 데이터 유형은 공간 위치, 모양, 크기 등의 기하 정보를 제공하지만, 공간 관계(spatial relationship), 메타데이터(metadata) 등의 정보를 갖지 못하는 제약이 있다. 또한 공간사상이 가지는 속성 정보를 효율적으로 직접 연결하여 지리적 프로세스에 사용하는 데 불편함을 야기했다. 그러나 GIS 데이터 유형은 기하 정보와 공간 관계 정보 뿐만 아니라, 속성 정보까지 포함하는 데이터 모델로 발전되었다. 또한 데이터 모델의 발전 경향은 파일 형태의 데이터 저장 방식에서 대규모 데이터 저장방식인 데이터베이스 저장 방식으로의 전환이 이루어지고 있다.

최근들어 공간 데이터의 유형이 다양해지고 있는데, 이전에는 0, 1, 2 차원 공간객체 유형이 주를 이루었으나 최근 3차원에 대한 논의가 활발히 되면서 입체적인 3차원 표현에 대한 연구가 진행되고 있다. 현재까지 대부분의 연구가 2.5차원의 객체 표현으로 제한되어 있지만 보다 실질적인 3차원 객체에 대한 연구로 발전하고 있으며, 특히 3차원 공간객체 연구, 3차원 공간 시각화 연구 등이 활발히 수행되고 있다.

속성 데이터 구조의 변화도 두드러지게 나타나고 있다. 기존의 파일 구조 방식으로 속성 데이터 유형을 다루던 것이 최근에 데이터 용량이 대규모화 되면서 DBMS 방식으로 바뀌고 있다. 이는 단순히 많은 속성 데이터를 데이터베이스화하여 저장하는 것이 아니라, 데이터 모델의 변화에 따른 속성 데이터의 특성이 이전과는 다름을 의미하는 것이다. 또한 다양한 데이터 유형이 GIS에 통합되고 있는데, 동영상 데이터 유형, 사진 데이터, 소리 데이터 등을 공간, 속성 데이터와 통합하여 사용하고 있다. 다양한 유형의 데이터들은 각 유형에 맞는 데이터 모델 및 저장방식을 DBMS내에 가지고 있으며, 공간 및 속성 데이터와 연결되어 사용된다.

최근 GIS 데이터는 국가 인프라 성격을 띠고 있다. 물론 개인이나 민간 차원에서 구축되어 사용되는 GIS 데이터들이 많이 존재하지만, 최근의 경향은 국가 차원의 계획하에 GIS 데이터베이스를 구축, 제공하고 있으며, 다양한 주체들이 구축한 데이터들도 일종의 유통기구 역할을 하는 국가 GIS 클리어링하우스(clearinghouse)를 통해 공유되고 있다. 따라서 개인이 특정 목적을 위해 일일이 데이터를 구축하는 것보다는 이미 구축된 데이터를 찾아서 자신의 목적에 맞도록 편집하여 사용하는 것이 점차 보편화되고 있다. 이러한 국가 정보 인프라를 지원하기 위해 데이터 모델 및 포맷의 표준화가 수행되고 있다. 물론 다양한 GIS 소프트웨어에 따른 다양한 포맷의 데이터들이 GIS 분야에서 사용되고 있으며, 이들 다양한 데이터 포맷들간의 변환이 이루어지고 있다. 그러나 이들 데이터간의 호환성, 변환 작업의 효율성 측면에서 여러 가지 잠재적 문제점들이 있어, GIS 데이터 교환 표준의 제정 등을 통해 기존 데이터들의 공유를 원할하게 하여 GIS 발전을 도모하고 있다.

주제도 제작 및 활용과 관련된 기능은 GIS 분야뿐만 아니라 다양한 스프레드시트(spreadsheet) 분야에서 비중이 점점 커지고 있다. 즉 스프레드시트에 저장된 지역 데이터 등을 이용하여 선, 막대, 파이 그래프 등의 그래프를 작성하듯이, 스프레드시트에 저장된 데이터를 이용하여 주제도를 작성할 수 있게 한다. 예를 들어 Microsoft사와 MapInfo사는 Microsoft Excel 소프트웨어내에 속성 데이터를 이용하여 다양한 주제도를 만들 수 있도록 하였다. 이들이 제공하는 기능은 속성 데이터를 이용한 지도제작 수준에 머물지만, 일반 사용자들에게는 기존 업무를 위한 소프트웨어 환경에서 필요한 GIS 기능을 손쉽게 사용할 수 있다는 점에서 장점을 가진다. 또한 이러한 스프레드시트와는 다르지만 Oracle, DB2 등과 같은 DBMS에서는 데이터베이스와 지도제작 기능을 통합하려는 노력을 이미 하여왔다.

클립아트 지도(clipart map) 유형은 GIS와 클립아트 이미지 기술의 결합의 결과라 할 수 있다. 여러 가지 그림이나 사진 등을 라이브러리로 제공하는 클립아트(clipart)는 컴퓨터 작업에서 일반화된 기능이 되었으며, 컴퓨터 사용자는 클립아트 카탈로그(라이브러리)로부터 자신들이 원하는 이미지를 선택하여, 프레젠테이션이나 워드프로세싱 작업 등에 삽입하여 유용하게 사용해 왔다. 클립아트는 제공되는 클립아트 이미지 편집, 조작 작업이 가능하며, 또한 수정없이 그대로 사용할 수 있다. 이러한 클립아트에 지도 유형의 클립아트가 추가되었다. 클립아트 방식으로 제공되는 다양한 지도들은 여러 목적을 통해 지도 모양, 지역, 지역의 속성에 따라 다양하게 제작될 수 있다.

이외에 한단계 더 발전하여 보다 발전된 지도 클립아트가 제공되는데, 이는 기존의 단순한 클립아트와는 다른 특성이 있다. 즉 기존 클립아트는 단일 이미지로 구성되고, 크기와 해상도가 낮은 반면, 발전된 지도 클립아트는 동일 이미지에 여러 레이어들로 구성되며, 해상도가 높다. 이러한 클립아트 지도는 프레젠테이션 구성에 많이 활용되는데 예를 들어 MS Powerpoint 프로그램 등에서 사용되는 클립아트 지도 등이 있다. 이외에도 플래쉬(flash) 등을 이용한 동적인 지도제작 기능이 제공된다. 시각적 효과가 뛰어난 플래쉬는 다양한 애니메이션 제작에 활용되어 왔으며, 이러한 애니메이션 기능을 이용하여 지도 표현과 서비스 기능을 수행할 수 있다. 또한 제공되는 지도 클립아트를 다양하게 편집할 수 있는데, 즉 Photoshop과 같은 그래픽 전문 프로그램 등에서 다양한 그래픽 요소의 변경, 편집, 추가 등이 가능하다.

4) 사람

GIS에서 사람(people)은 GIS를 운영하는 주체로서 사용자(user)와 개발자(developer) 측면에서 살펴볼 수 있다. 사용자 측면에서는 GIS 소프트웨어, 데이터 등을 어떻게 사용할 것인지가 중요하다. 이때 GIS 사용자는 소프트웨어의 모든 기능을 제어하는 전문가 수준일 수도 있으며, 반면 이미 구축된 GIS 시스템을 주로 사용하는 일반 사용자일 수 있다. 후자의 경우 GIS 시스템에 대한 모든 기술적 지식을 알고 있을 필요는 없으며, 단지 구축된 GIS 시스템을 어떻게 응용분야에 활용할 것인지에 초점을 두고 있다. 개발자 측면을 살펴보면 데이터베이스 구축, 프로그램 개발, 응용 기능 구현 등을 수행하게 된다. 작은 규모의 GIS 프로젝트의 경우 한 사람이 모든 과정을 수행하기도 하지만, 규모가 커지는 경우 각 주요 기능이나 과정에 대하여 전문화된 인력이 요구되며, 전문 인력을 관리하는 프로젝트 관리자도 요구된다.

실제 동일 데이터, 소프트웨어, 환경에서도 그것을 다루는 사람의 역할에 따라서 GIS의 모습과 결과가 매우 달라진다. 때문에 GIS 교육의 중요성이 더욱 강조되고 있는데, 단순히 특정 기술이나 기능의 습득 측면이 아니라 다양한 측면에서의 GIS 사용을 위한 교육이 요구된다. 최근에는 다양한 GIS 교육기관 및 자료의 제공으로 인해 많은 사람들이 이전보다 높은 수준에서 GIS를 사용하고 있으며, GIS 소프트웨어의 발전과 많은 GIS 데이터의 구축으로 인해 GIS를 손쉽게 사용할 수 있는 여건이 마련되고 있다.

그림 2.21 GIS 인력 구성

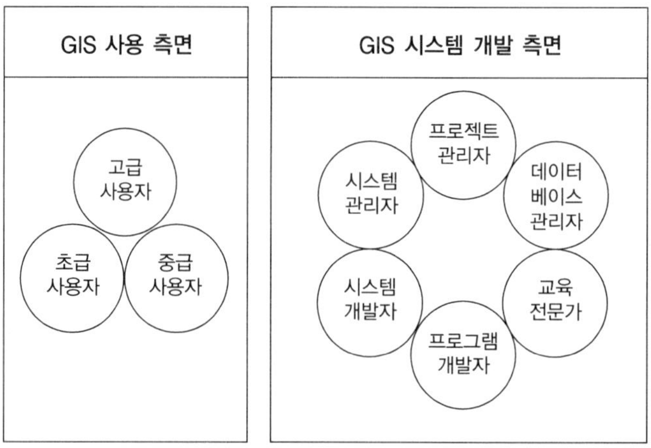

5) 방법

아무리 좋은 GIS 소프트웨어와 데이터가 있더라도 목적에 맞는 방법이 없다면 원하는 결과를 얻지 못할 수 있다. 이를 위해 그 분야에 대한 조사를 통해 어떠한 결과가 요구되는지를 먼저 파악해야 한다. 그리고 GIS 구축 목적과 목적을 수행할 수 있는 구체적인 수행 방법이 요구된다. 구체적인 수행 방법에는 다양한 분석, 처리 과정, 알고리즘 등이 있다. GIS를 수행하는 방법은 데이터베이스 측면, 시스템 측면, 프로그래밍 측면 등 3가지로 구분할 수 있다. 데이터와 프로그램, 그리고 컴퓨터, 네트워크, 기타 장비 등의 하드웨어 결합을 통해서 GIS가 구현될 수 있다.

그림 2.22 GIS 프로젝트 수행과정의 예

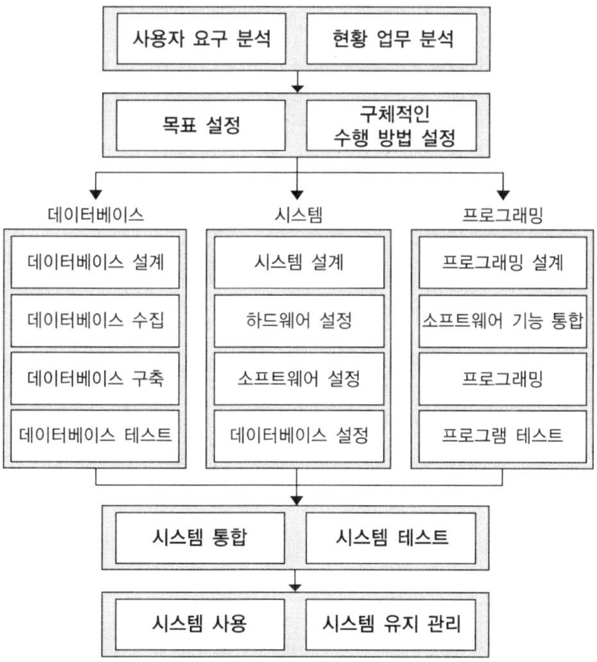

데이터베이스 측면에서는 데이터베이스 설계와 수집, 구축 및 유지관리 과정으로 구성되며 이들 과정에 대한 검토가 뒤따른다. 데이터베이스 설계는 개념적, 논리적, 물

리적 단계를 통해, 각 단계별로 여러 방법과 모델이 적용된다. 시스템 측면에서는 컴퓨터뿐만 아니라, 네트워크, 입출력 장비 등의 하드웨어를 포함하며 GIS를 구현하기 위한 설정과 설치, 환경 구성 등이 요구된다. GIS 구현 목적과 용도에 따라 시스템 구성이 달라지게 되며, 하드웨어의 구성, 연결방식이 달라진다. 세 번째 측면은 프로그램 측면인데, 단순히 프로그램 언어를 통해 구현되는 기능뿐만 아니라, GIS 소프트웨어내에서의 기능 구현을 포함하게 된다. 어떠한 기능들이 구현되어야 하는지에 대한 설계는 개념적, 논리적, 물리적 단계를 통해 이루어지며, 이들 기능의 구현은 기존 GIS 소프트웨어 환경 또는 프로그래밍 환경을 통해 구현된다. 이렇게 구현된 데이터베이스, 시스템, 프로그램은 하나로 통합되어 사용자에게 제공되며, 유지 관리 및 교육이 이루어진다.

GIS가 적용되는 분야 및 목적 등에 따라 다양한 방법론과 모델이 존재하며 구체적인 알고리즘 및 방법의 적용도 달라진다. GIS 프로젝트와 관련된 자세한 사항은 11장에서 다룰 것이다.

그림 2.23 GIS 구현을 위한 여러 측면의 방법

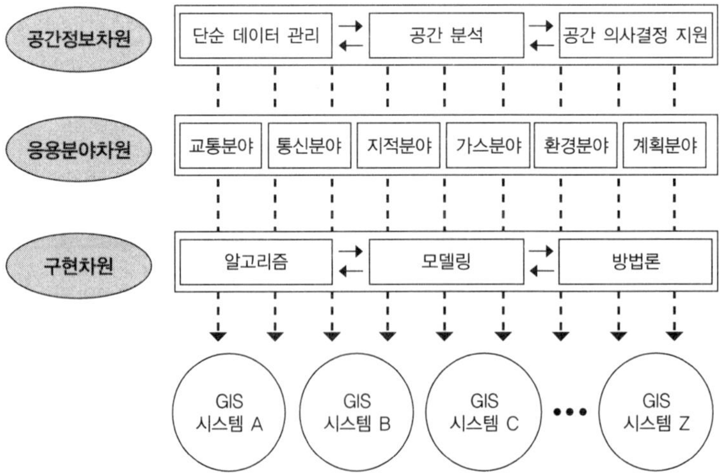

1 기능

GIS의 기능은 여러 가지 관점에서 살펴볼 수 있는데 일반적인 측면에서 보는 기능은 다음과 같다.

공간 정보의 디지털화 및 유지관리

GIS의 주요 기능은 디지털 형태의 공간정보 구축 및 사용이다. 기존에는 종이지도 형태로 지리정보가 저장되고 공유되어 왔으며, 관련 속성정보도 속성 테이블이 종이 형태로 존재하였다. 공간정보의 디지털화는 단순히 종이 형태의 정보가 전산화되었다는 것만을 의미하지는 않는다. 전산화가 목적이라면 굳이 종이 형태로 보관되어온 지적도를 GIS 데이터 포맷 형태로 저장할 필요없이, 스캐너 등을 이용하여 이미지 파일로 저장 보관하는 것이 어떤 측면에서는 더 효율적일 수 있다. 그러나 지적도내에 담겨진 다양하고 중요한 공간정보의 디지털화하는 지도제작의 대량생산화 측면뿐만 아니라 다양한 공간분석, 처리 과정을 가능하게 해준다. 또한 공간정보의 디지털화는 현재 요구에는 맞는 재구성과 여러 과정을 거쳐 보다 의미있고 다양한 정보를 가지는 효율적인 형태로의 탈바꿈을 의미한다. 따라서 보다 많은 사용자들이 디지털화된 공간정보를 이전보다 손쉽게, 그러면서도 보다 많은 정보를 제공받을 수 있는 장점이 있다. 예를 들어 기존 종이지도의 단순 이미지 파일로의 변환은 관련 지도 레이어간의 중첩 등을 통해 필요한 검색이 불가능하지만, 사용자들은 GIS 데이터 포맷으로의 디지털화를 통해 손쉽게 많은 공간 분석 정보를 얻을 수 있는 장점이 있다.

또한 종이지도나 속성 대장 등은 시간이 지남에 따라 유지관리가 힘들어진다. 더욱이 방대한 양의 종이지도들을 일관성있게 분류하더라도 필요한 공간정보 검색은 많은 시간이 소요될 수 있다. 반면에 디지털화된 공간 데이터베이스는 사용자들이 컴퓨터상에서 빠르고 효율적으로 필요한 공간정보를 접근할 수 있도록 한다. 더불어 굳이 원본이 필요하지 않는 업무에 대해서는 디지털화된 데이터를 활용함으로써 업무의 효율성을 높일 수 있다. 데이터의 유지 관리 측면에서도 디지털화된 데이터는 CD 등의 데이터 저장도구를 이용하여 작은 공간에서 관리할 수 있으며, 필요한 데이터 색인기능 등을 이용하여 빠른 검색을 할 수 있다.

다양한 공간분석 및 공간 의사결정 지원 기능

GIS의 가장 강력한 기능 중의 하나는 다양한 공간 분석 기능들과 공간 의사결정을 지원하는 기능이다. 이들 기능은 GIS가 아니면 불가능하던 것이며, 또한 사용자에게 매우 필요한 기능이다. 기본적으로 GIS는 데이터 유지 관리 기능을 제공하는데, GIS 데이터 입력, 편집, 변환 등의 기능을 수행한다. 이러한 기능들은 데이터 차원에서 수행되며, 기초적이지만 필수적인 기능이다. 이들 기능을 바탕으로 여러 공간 분석 기능들을 제공하는데, 기초 공간 분석 기능으로는 기하 분석(면적, 거리 등의 계산), 공간 검색(인접성, 포함 관계, 접근성 등의 분석), 기술적 통계(예를 들어 평균, 표준편차, 빈도 등), 분류 및 중첩 기능(속성 기반의 분류, 레이어 중첩) 등이 있다.

이외에도 고급의 공간 분석 기능이 제공되는데, 네트워크 분석에서는 선형 네트워크를 통해 자원이나 인구 등의 분포, 배치 등의 분석, 선형 네트워크 상의 흐름 분석(예: 교통망 분석, 통신망 분석 등), 중심지를 토대로 한 상권분석 등이 수행된다. 공간 통계 기능은 공간 패턴에 대한 분석(예: 공간 분포 패턴 분석, 공간 클러스터 분석), 공간자기상관을 이용한 분석(예: 공간상관성 측정), 공간패턴에 대한 가설/검정 방법 등을 제시한다. 3차원 분석에서는 3차원 지표를 토대로 하여 지형분석, 입체 디스플레이, 등고/등치선 생성 등이 가능하다. 반면 공간 의사결정 지원(SDSS) 기능은 우리가 실세계에서 공간의사 결정을 하게 될 경우에 이에 도움을 주는 정보를 제공하는 것으로서, GIS 기능 중에서 고급 기능에 속한다. 즉 다양한 요소와 측면, 경우 등을 고려한 높은 수준의 공간 정보를 제공해 주기 때문에, 이에 맞는 과정 및 방법이 필요한데, 전문가 시스템(expert system), 공간 모델링(spatial modeling), 다차원 평가분석(multivariate criteria analysis), GIS 시뮬레이션(GIS simulation) 등이 있다. 이들에 대한 자세한 내용은 7장에서 다룰 것이다.

빠르고 효율적인 지도 제작의 용이

GIS를 이용하면 보다 손쉽고 빠르게, 그리고 다양한 지도제작이 가능해진다. 우선 종이지도를 제작하는 방식에서 기존의 수작업을 통한 지도 제작 방법은 많은 시간과 노력이 소요되고 더욱이 이를 위한 전문가들이 필요하다. 그러나 GIS를 이용하게 되면 지도 데이터 입력 및 지도 생성 작업이 자동화되고 컴퓨터 상에서 여러 시행착오와 결과를 비교하여 가장 적합한 결과를 선택할 수 있다. 최종적으로 선택된 지도 데이터는 출력 장치를 통해서 다양한 크기와 품질로 출력되며, 작업된 지도 데이터는 저장되어 추가 작업이나 편집과정에 사용될 수 있다.

또한 다양한 매체로 지도 생성 및 디스플레이가 가능해졌다. 종이지도의 출력뿐만 아니라 모니터상에 분석결과를 디스플레이 할 수 있으며, 인터넷상에서 지도 서비스를 할 수도 있고, CD에 지도를 내장하여 공유할 수 있다. 최근에는 시공간적으로 관련있는 데이터들을 처리하여 멀티미디어 데이터를 생성, 제공하며 또한 3차원 입체 디스플레이도 가능하다.

GIS 커스터마이징

커스터마이징은 개별 특정 요구에 맞는 시스템을 만들어가는 과정이라 할 수 있다. 초기 GIS 소프트웨어 개발 시대에는 모든 GIS 소프트웨어 시스템이 특정의 제한된 목적에 맞도록 만들어졌으며, 따라서 각 응용 분야에 맞게 고도로 전문화되어 있었다. 이들 시스템은 다른 시스템과 데이터 및 기능을 공유할 수 없는, 말 그대로 정보 처리 기능의 개별 시스템으로 존재하였다. 각 시스템은 공유되거나 확장될 다른 시스템이 존재하지 않았기 때문에 각기 고유의 목적에 따라 개발되었다. 그리고 당시 GIS 시장은 규모가 매우 작았으며, 확장되거나 공유될 수 있는 일반 시스템을 개발하려는 필요성이 절실하게 존재하지 않았다. 또한 일반화된 응용시스템을 구성하기 위한 개발자 공동체내에 전문가들이 많지 않았으며, 그 당시 하드웨어와 소프트웨어 개발 툴의 제약으로 인하여 각 응용시스템은 최고의 성능을 발휘하기 위해 고도로 전문화될 필요가 있었다.

그러나 시간이 지남에 따라 기술이 발전하고 전문가들이 늘어나면서 시장 규모가 확대되어 이들 제약의 영향은 점차 감소하였다. 이러한 추세속에 1980년대 GIS 소프트웨어 개발자들은 커스터마이징(customizing) 기능을 포함하고, 다양한 분야에 적용하여 구축가능한 일반화된 GIS 소프트웨어 시스템을 발표하기 시작하였다. 일반화된 GIS 소프트웨어 시스템의 첫 번째 성공적인 예는 ARC/INFO 였는데, 당시 첫 번째 버전의 사용자 커스터마이징 기능은 제한되어 있었다. 그러나 1987년에 출시된 ARC/INFO 4.0 버전에 AML(Arc Macro Language)이 추가되면서 사용자가 직접 커스터마이징하는 것이 가능해졌다. 이후 거의 모든 중요한 GIS 소프트웨어 회사들은 이러한 접근 방법을 채택하였는데, 즉 소프트웨어의 커스터마이징 기능을 통해 사용자의 요구에 맞는 최적의 GIS 시스템을 개발할 수 있게 하였다. 커스터마이징 기능은 소프트웨어의 중요한 기능 중의 하나가 되었으며, 또한 응용시스템 개발자의 영역이 되었다. 이들 응용시스템 개발자들은 때로는 핵심 소프트웨어 개발자 조직에 해당되기도 하며, 때로는 사용자 조직, 독립적인 여러 소프트웨어 조직의 일원이기도 하였다.

GIS 커스터마이징 기능에는 장점과 단점이 있는데, 주요 장점으로는 해당 처리 과정과 관련된 규칙을 통합하고 사용자의 요구사항을 근접하게 충족시키는 응용 프로그램을 가지는 것과 일반화된 범용 시스템과 커스터마이징 기능을 통합함으로써 비용 측면에 효율적인 솔루션을 얻는다는 것이다. 단점으로는 일반 사용자에게 커스터마이징은 상당한 노력과 비용의 투입이 요구되며, 또한 전문가를 필요로 하는 경우 비용이 높아지고, 나아가서는 높은 수준의 사용자 지향의 개발 언어로 수행된 커스터마이징이, C++와 같이 낮은 레벨의 시스템 지향의 언어로 만들어진 핵심 프로그램보다 처리 속도가 느리다는 것이다.

chapter 3

지리정보 개념과 공간 모델

1. 공간 요소 및 측정 레벨 *107*

2. 공간 위치, 축척, 지도 투영 *110*

3. 공간 패턴 Spatial Pattern *124*

4. GIS 데이터 품질 Date Quality *127*

1 공간 요소 및 측정 레벨

실세계의 다양한 공간 현상은 단순화, 일반화, 상징화 등의 중간 과정을 거쳐 GIS 공간 객체(spatial object)로 표현되는데, 일반적으로 점, 선, 면 등의 유형으로 표현된다. 이들 공간 객체는 다양한 실세계의 공간 현상을 추상적으로 대변하며, 각 유형에 적합한 심볼 표현(색, 크기, 심볼 모양 등)을 통해 지도에 표현된다.

일반적으로 공간 현상을 GIS에서 표현할 때 GIS 데이터를 구성하는 공간 데이터(spatial data) 유형과 속성 데이터(attribute data) 유형이 사용된다. 공간 데이터(spatial data)는 실세계 공간 현상이 공간상에서 어디에 위치하고 어떤 모습을 가지는지에 대한 정보뿐만 아니라, 공간 객체간의 공간 관계(혹은 위상 관계) 정보 또한 포함한다. 반면 속성 데이터(attribute data)는 공간 객체가 가지는 여러 정보(공간 정보를 제외한 나머지)를 표현한다. 예를 들면 학교 위치와 학교 주변의 공간 정보는 공간 데이터에 해당하며, 학교명, 학생수 등의 정보는 속성 데이터에 해당한다.

실제로 현실 세계는 매우 다양하고 수많은 공간 현상으로 구성되며, 이들 공간 현상 간에 공통점이 있을 경우 그 공통 특성에 따라 분류(classification)나 그룹화(grouping)가 유용할 수 있다. 이를 통해 다양하고 복잡하게 보이는 실세계 공간 현상의 패턴이나 구조를 쉽게 파악할 수 있다. 예를 들어, 한국의 모든 도시 인구분포를 인구 규모에 따라 4~5가지 그룹으로 나누어 지도를 표현하면 전반적인 인구 분포를 보다 쉽게 이해할 수 있다. 이러한 분류와 그룹화에 사용되는 공간 현상의 속성은 측정 레벨(measurement level)의 관점에서 살펴보는 것이 유용하다. 현재 다양한 데이터에 적용 가능한, 잘 설정된 측정 틀이 존재하는데 이를 소위 측정 레벨(measurement level)이라 한다. 일반적으로 GIS 분야에 사용되는 4가지 주요 척도에는, 명목 척도(nominal scale), 순위 척도(ordinal scale), 등간 척도(interval scale), 비율 척도(ratio scale) 등이 있다.

명목 척도 Nominal Scale

명목 척도에 의하면 공간사상은 고유한 특성을 가지며, 그 고유 특성에 대한 설명과 기술이 가능하지만, 이 정보로 공간사상간의 계량적 비교는 불가능하다. 예를 들어 특정 위치의 소나무와 다른 위치의 감나무는 각각 고유한 특성을 가지지만, 소나무가 감나무보다 낫다거나 좋다는 식으로 비교해서 말할 수 없으며, 단지 고유한 특성을 통해 분별하거나 설명할 수 있다. 또한 명목 척도에 근거한다면, 주유소가 소방서보다 좋다고 말할 수 없으며, 단지 어느 위치에 주유소가 존재하며, 또 다른 어느 위치에 소방서가 존재한다고 말할 수 있다. 또한 명목 척도를 이용하여 농업지역, 공업지역, 상업지역 등이 표현될 수 있다.

순위 척도 Ordinal Scale

만일 둘 이상의 공간사상을 비교하고 싶다면, 순위 척도에 의거해서 가능할 것이다. 즉 순위 척도는 여러 공간사상이 공유하는 특성에 의거한 순위를 가지고 공간사상들을 구분, 차별화 할 수 있다. 예를 들어 한국 도시를 인구라는 속성에 근거하여 1위, 2위, 3위, ... 등의 순위로 결정할 수 있으며, 다양한 도로들도 도로 등급이라는 속성에 따라 고속도로, 국도, 지방도 등으로 순위를 결정하여 표현할 수 있다. 이때 공간사상들이 가지는 속성은 1위가 2위의 두 배 이상이라는 의미는 아니며, 다만 순위를 결정하여 구분한다는 의미를 가질 뿐이다.

등간 척도 Interval Scale

위에 언급된 명목 척도와 순위 척도로서는 공간사상의 구체적인 측정 정보를 알 수 없으며, 대신 등간 척도가 사용될 수 있다. 등간 척도에서는 속성 정보가 비교될 수 있을 뿐만 아니라 구체적인 수치로 표현된다. 예로 한 지역의 온도가 섭씨 20도이고, 다른 한 지역의 온도가 섭씨 25도라는 것을 통해 두 지역의 온도 차이를 보다 구체적으로 알 수 있다. 이러한 등간 척도와 뒤에 나올 비율 척도의 본질적인 차이는 등간 척도는 절대 0점을 갖지 않는다는 점이다. 따라서 등간 척도로 표현되는 데이터들 비교할 때 값의 차에 대해서는 얘기할 수 있지만 값의 배수에 대해서는 얘기할 수 없다. 즉 20도

온도가 10도 온도 보다 10만큼 더 큰 값이라고 얘기할 수 있지만 20도 온도가 10도 온도 보다 2배 더 높다고 할 수는 없다.

비율 척도 ratio scale

비율 척도에서는 진정한 의미로 두 수치에 대한 의미있는 비율적 연산을 가능하게 한다. 비율 척도의 관점에서는 공간 현상이 가지는 정보는 비율적 비교가 가능하므로, 이를 통해 직접적인 비교와 연산이 가능하다. 예를 들어 A라는 도시의 인구가 10만명이고 B라는 도시 인구가 20만명이라면, B 도시는 A 도시보다 인구가 2배다. 또 다른 예로 지형 요소로서 등고선의 값을 들 수 있는데, 100m의 고도 지점과 200m의 고도 지점의 고도 차이는 2배라고 말할 수 있다.

그림 3.1 공간객체의 측정 레벨 표현

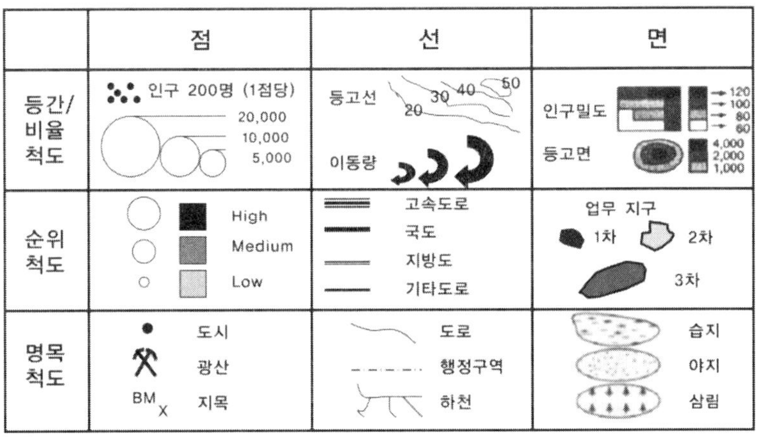

출처: DeMers, 1997, 30, Figure 2.4

2 공간 위치, 축척, 지도 투영

각 공간사상은 공간상에서 자신의 위치(location)를 가지고 있다. 위치(location)는 매우 중요한 지리적 개념으로서, 공간사상이 어디에 존재하는지 또는 현재 어디로 이동하는지를 표현하는 공간 정보이다. 위치는 일반적으로 절대위치(absolute location)와 상대위치(relative location)로 구분되어 사용된다.

위치를 측정하고 표현하기 위해서는 측정의 기준이 되는 참조체계(reference system)가 필요하다. 예를 들어 경위도 좌표체계는 위도와 경도를 사용하여 공간사상의 위치를 표현한다. 절대위치는 공간상에 참조 기준점이 고정되어 변하지 않은 상태에서 측정한 위치로, 예를 들어 경위도 좌표체계나 국가 좌표체계 등은 기준점과 기준 시스템이 고정되어 있기 때문에 바뀌지 않는다. 반면 상대위치는 참조체계가 임의로 변경되며 그 기준점과 정보에 의해 측정된 위치이다. 예를 들어 디지타이저나 모니터상에서 데이터를 입력하는 경우 임의적인 기준 정보에 의해 얻어진 위치정보는 상대위치로 간주된다.

지도 축척 Map Scale

지도는 일반적으로 실세계의 다양한 공간사상을 추상화하여 시각적으로 표현하는 것이라 할 수 있다. 이 과정에서 공간사상은 종이지도 또는 컴퓨터 모니터상에서 실제보다는 작게 표현된다. 이러한 지도화 과정에서 실세계 공간사상은 축소되어 표현되는데 이와 관련하여 지도 축척(map scale)이라는 용어가 사용된다. 축척은 원래 공간사상의 실제 거리 또는 면적과 지도상에서 표현과의 비율을 의미한다. 예를 들어 특정 지도의 축척이 1:50,000이라면, 지도상의 거리 1cm가 실세계의 50,000cm, 즉 500m임을 의미한다.

지도의 축척을 표현하는 방법에는 말(언어)로 기술하는 방법(verbal scale), 비율로 표현하는 방법(representation fraction), 막대바로 표현하는 방법(bar scale 또는 graphic scale) 등이 있다. 말로 표현하는 방법은 지도상의 특정 거리 단위가 실세계의 얼마라는 식으로 기술하는 것이다. 반면 비율로 표현하는 방법은 가장 널리 사용되는 방식으로서 지도 거리와 실세계 거리간의 관계를 비율로 나타내는데, 예를 들면 '1:50,000'과 같은 것이다. 세 번째 막대바로 표현하는 방법은 지도 축척을 표현하는 또 다른 기본적인 방법으로서 실제 거리의 비율을 막대바로 그려서 시각적으로 표현하는 것이다.

그림 3.2 축척 변화에 따른 지도 도엽의 수의 관계

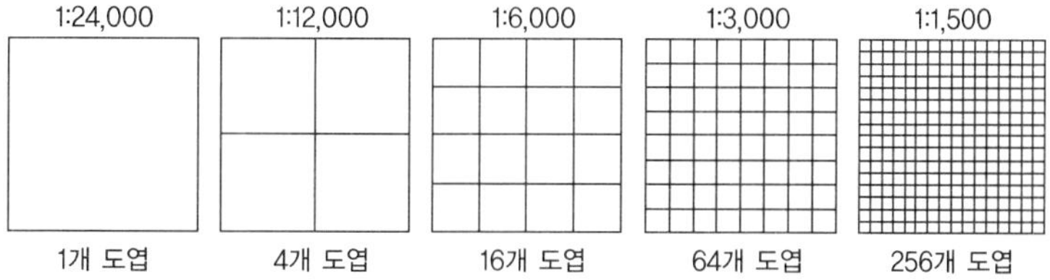

그림 3.3 축척에 따른 공간사상의 표현

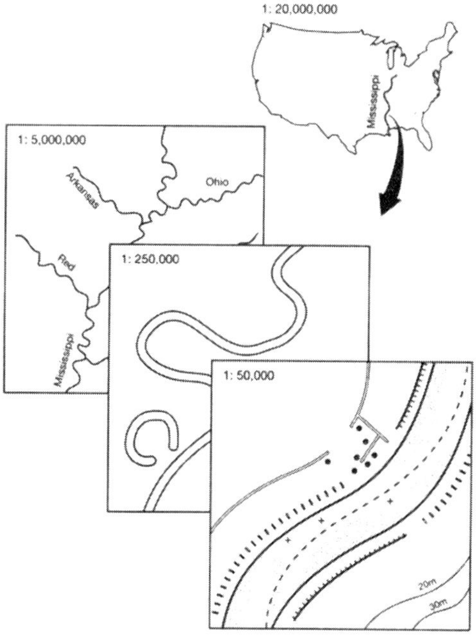

출처: Heywood et. al., 1998, 25, Figure 2.2

지도 투영 Map Projection

지도와는 달리 실제 지구는 3차원인 구와 비슷한 형태(형상)이며, 이를 평면 형태의 지도로 표현하기 위해서는 지도 투영(map projection)이 필요하다. 지도 투영(map projection)의 원리는 간단하다. 즉 투명한 지구본 안에 전구와 같은 빛을 내는 도구를 넣고, 가운데 빛을 지구본과 접해있는 기하학 도구(평면, 원통, 원뿔) 쪽으로 비추어 투영한다. 그러면 그림 3.4에서 보는 것처럼 지구 표면의 형상이 평면 지도에 나타나게 된다. 지금 주로 사용되는 투영법의 유형은 3가지로서, 평면도법(flat-plane projection), 원통도법(cylindrical projection), 원추도법(conical projection)이다. 투영된 원통과 원뿔의 표면을 펼쳐놓으면 평면 종이처럼 된다. 이렇듯 3차원인 지구를 평면으로 투영하는 것은 기하학 및 직각삼각형의 수학적 원리를 이용한 과정이 수행된다.

그림 3.4 투영의 주요 3가지 유형

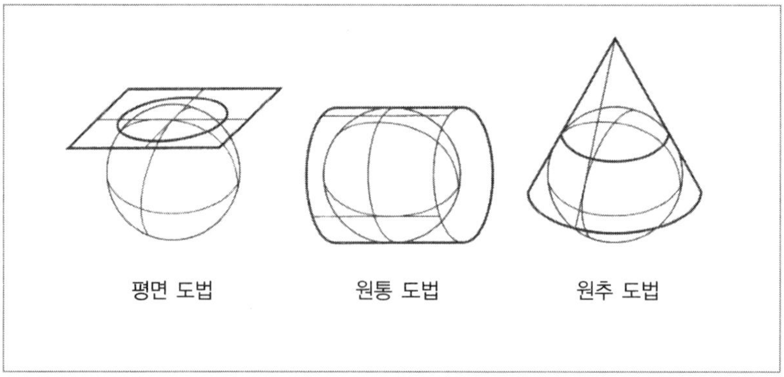

출처: Jones, 1997, 74, Figure 4.15

오래전부터 지도학자들은 평면의 지도상에 지구 표면의 공간사상을 보다 정확히 표현하기 위해 새로운 투영법을 연구해 왔으며, 이 결과 매우 다양한 투영법이 개발되었다. 최근 들어 인공위성 기술의 발전과 GIS의 발전에 따라 더욱 정교하고 정확한 투영법이 개발되고 있다. 그럼에도 불구하고 하나의 지도 투영 방법으로는 지리적 공간을 완벽하게 왜곡없이 표현하지는 못한다. 즉 다양한 투영법들은 각각 나름대로의 투영 방식과 이에 따른 왜곡의 정도를 가지고 있다. 즉 모든 투영법은 4가지 공간 요소, 즉 모양, 면적, 거리, 방향과 관련하여 최소한 하나 또는 그 이상이 본질적으로 왜곡되어 표현되며, 이 4가지를 모두 만족하는 지도 투영법은 존재하지 않는다.

지도 투영 과정은 2단계로 구성되는데, 첫 번째로, 축척 변화를 통해 실제 지구를 작은 참조 모형 지구(reference globe)로 변환한다. 그 다음 단계에서 참조 모형 지구(reference globe)를 수학적으로 평면 지도에 투영한다. 이때 3차원인 지구는 2차원 평면으로 변형된다. 이때 첫 번째 단계에서 실제 지구를 모형 지구로 축소시킴에 따라 적용된 축척 정보가 생기게 된다. 모형 지구의 표현 비율인 1차 축척(principal scale)은 '지구 반경/모형 지구 반경' 으로 계산된다.

모형 지구를 평면 지도로 투영하는 두 번째 단계 이전에, 축척계수(scale factor:

TIPS 투영법의 4가지 공간 요소

모양 (shape)	실세계의 공간사상 모양을 그대로 유지하는 능력을 말한다. 일반적으로 정각(conformal)이라는 용어는 모양과 관련되어 사용되는데, 정각 지도는 일반적으로 작은 공간사상의 모양은 유지되는 반면, 큰 공간사상은 왜곡된다. 엄격한 의미로 정각이라는 말은 지도상의 임의의 지점에 대해서 모든 방향으로 같은 축척을 유지한다는 것을 의미한다.
면적 (area)	실세계 공간사상과 관련하여 동일한 면적을 유지하는 능력을 말한다. 즉 공간사상의 면적은 상대적으로 정확하게 표현된다. 이 요소와 관련되어 사용되는 도법을 정적 도법(equal area map projection)이라 하며, 정적 도법에서는 면적 외의 다른 요소들은 무시되는 것이 보통이다. 모양과 면적을 함께 보존하는 투영법은 존재하지 않는다.
거리 (distance)	실제 거리를 유지하는 능력을 말한다. 실제 정확한 거리가 유지되는 도법은 정거 도법(equidistant map projection)이라 불리며, 일반적으로 도법의 중심에서 모든 지점까지의 거리가 정확하게 표현된다.
방향 (direction)	지리적 위치간의 올바른 방향을 유지하는 능력을 말한다. 올바른 방향을 유지하는 도법을 방위도법(amimuthal map projection)이라 한다. 이 도법은 두 지점간의 각도가 진북(true north)과 관련하여 올바른 각도를 유지한다.

SF) (= '실제 축척 / 1차 축척')가 모형 지구상의 모든 위치에서 정의상 1.0인지를 확인할 필요가 있다. 그러나 모형 지구를 평면 지도로 투영함에 따라 축척계수가 결정되는데, 평면 표면과 구형태의 표면이 완벽하게 호환되지 않기 때문이다. 그러므로 축척계수는 지도상의 지역에 따라 다를 것이다. 따라서 투영 과정에서 발생한 왜곡의 유형과 관련하여 축척계수의 변경을 고려해야만 한다.

위에서 언급한 것처럼, 모형의 입체에 지구를 투영함으로써 평면 지도를 얻게 된다. 그런데 사용되는 모형이 지구의 어느 부분과 만나느냐(또는 접하느냐)에 따라 투영의 결과는 지역적(국지적)으로 다르게 나타날 것이다. 즉 모형과 지구가 만나는 지점이 가장 왜곡이 덜 할 것이고, 그 지점에서 멀어짐에 따라 그 왜곡의 정도가 커지게 된다. 따라서 그림 3.5에서처럼 모형의 위치를 어디에 놓느냐에 따라 투영도법의 결과가 달라지게 된다. 대체로 일반적인 투영은 양극을 중심으로 이루어지거나(정상도법), 90도로 회전하여 횡축하여 투영하며(횡축도법), 또한 비스듬히 경사지게 만나게 하는 경우(사향도법)도 있다. 예를 들어 메르카토르 도법은 원통도법을 사용하면서 동시에 정상도법을 적용한 것이다. 반면 우리나라 국가 지도에 적용되어 사용되는 횡축 메르카토르(TM:Transverse Mercator) 도법은 원통도법이지만 횡축을 중심으로 적용되는 투영법이다.

그림 3.5 다양한 투영방법의 예

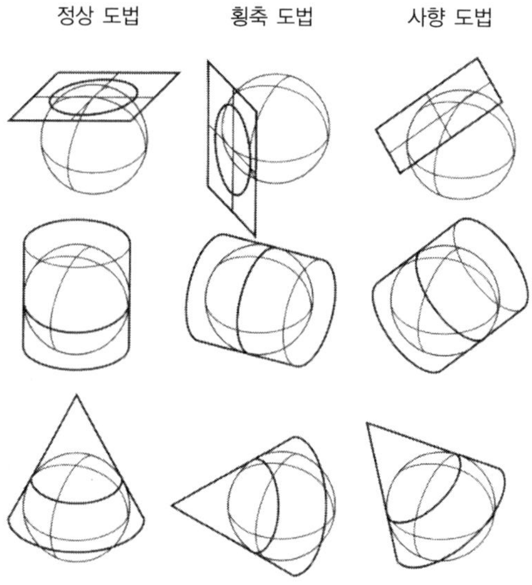

출처: Jones, 1997, 74, Figure 4.15

좌표체계 Coordinate System

좌표체계(coordinate system)는 지구상의 위치와 거리, 그리고 방향을 계산하는 데 필수적이다. 좌표체계 중 경위도 단위를 이용하여 사용하는 지리 좌표체계(geographical coordinate system)는 지구상의 절대 위치(absolute location)를 확인하는 데 매우 유용하다. 그러나 실제로 우리는 모형지구로부터 투영된 평면지도를 주로 사용하기 때문에, 이러한 평면상에서 사용할 수 있는 좌표체계를 필요로 하는 경우가 있다. 이러한 좌표체계는 직각 또는 평면 좌표체계로 불리며 평면 지도상의 위치를 표현하는 데 사용된다.

직각 좌표체계는 격자형의 방안지와 유사한 형태를 가지는데, 직각의 방안들이 가로, 세로 두 축을 중심으로 분포한다. (0, 0)의 기준점을 중심으로 가로축은 X축으로 불리며, 세로축은 Y축으로 불린다. 따라서 특정 지점의 위치는 이 직각 좌표계에서 특정 x값과 y값으로 표현될 수 있다. 이때 일상적으로 x값을 먼저, 그리고 y값을 뒤에 표현한다.

그림 3.6 경위도 좌표체계

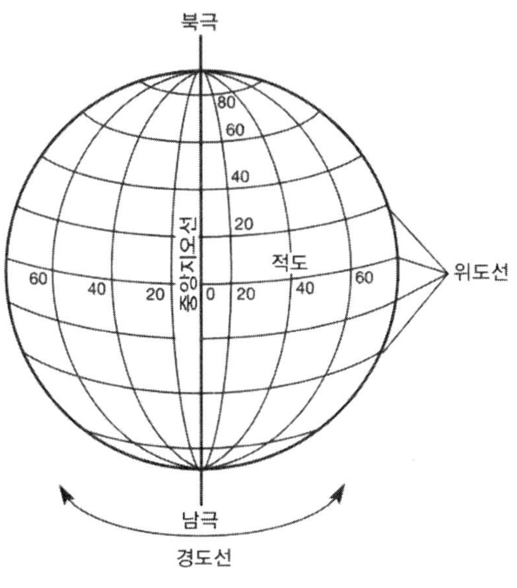

출처: Heywood et. al., 1998, 29, Figure 2.4

그림 3.7 직각 및 극 좌표체계

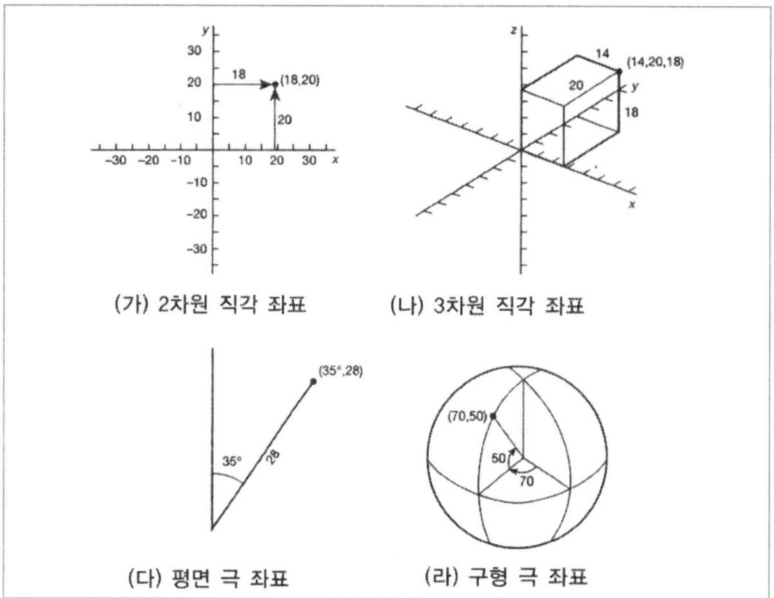

출처: Jones, 1997, 62, Figure 4.1

TIPS UTM(Universe Transverse Mercator) 도법

UTM 도법은 세계적으로 가장 널리 사용되는 투영법으로 특정지역을 위한 도법이라기 보다는 전세계에 적용되는 범용 도법이다. 현재 국방, 통신, 교통 분야 지도 등이 UTM 도법으로 사용되고 있으며 우리나라도 국방 분야에서 UTM 도법을 사용하고 있다.

UTM 도법은 해당 적용 지역을 북위 84도에서 남위 80도 까지로 하고 있으며, 이 범위내에 있는 지역을 경도 6도간격으로 존(zone)을 만든다. 그러면 60개의 존이 나오게 된다(360도/6도 = 60개존).

이름에서 생각할 수 있듯이, UTM 시스템은 횡축 메르카토르 도법(TM: Transverse Mercator)을 주로 사용한다. 각 60개 존에 대해 각각의 횡축 메르카토르 도법이 적용되어 왜곡을 최소화시킨다. 각 존에 있어서 Y 좌표의 기준점은 각 존의 중심에 있으며, false origin(좌표값이 (−)부호일 경우, 편의상 (+)로 표현하기 위해 기준점을 좌표 이동한다)은 서쪽으로 3도 이동되어 있다. 축척계수는 남북방향으로는 0.99960으로 동일하며, 동서방향은 다양하다.

그림 3.8 UTM 도법의 존

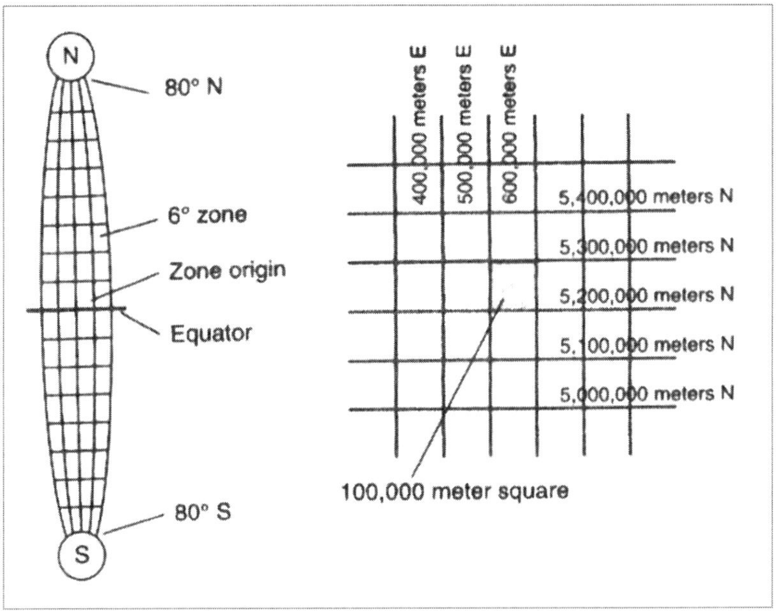

출처: DeMers, 1997, 63, Figure 3.6

지오이드와 고도

고도(altitude)와 관련하여 가장 많이 사용되는 것이 해수면 높이(height above sea level)이다. 이러한 평균 해수면(mean sea level) 개념을 확장한 것이 지오이드(geoid)이다. 지오이드는 대양뿐만 아니라 육지에서도 평균해수면의 개념을 확장하여 측정된 개념으로, 사전적 정의를 살펴보면 대양의 지표에서 중력이 동일한 것처럼, 중력의 동일잠재적 지표(equipotential surface of gravity)라 할 수 있다. 지오이드도 지표에서 불규칙하고 다양한 굴곡을 가지므로, 참조 타원체(reference ellipsoids)와 같은 간단한 수학적 모양에 의해서 기술될 수 없다. 대신 지오이드 모양에 가장 근접하게 추상적인 참조 타원체(reference ellipsoid)를 모형화하여 사용 할 수 있다.

그림 3.9 지오이드와 타원체

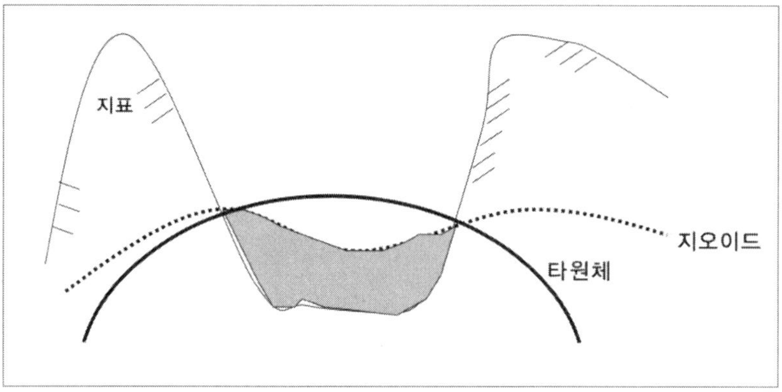

*실제 세계는 지구 중력의 변화로 인해, 지오이드가 회전타원체와 일치하지 않는다

타원체와 데이텀 Datum

우선 3차원상의 공간사상을 2차원 평면에 표현하기 위해서는 기준이 되는 모형 참조 지구를 가정해야 한다. 실제 지구는 전형적인 구의 형태나 타원체라기 보다는 이와 유사하지만 복잡한 지표 형상을 하고 있다. 이러한 지구의 형태를 수학적 모델로 일반화, 추상화한 것을 타원체(ellipsoid)라 부른다. 즉 지구의 단축을 중심으로 회전시켜 기하학적인 모형 타원체를 생성하는데, 이 참조 타원체는 타원의 주 축(major axis)과 편평도(flattening)를 통하여 정의된다.

반면 '참조 체계(reference system)' 용어와 함께 사용되는 데이텀(datum)은 특정 지역에 맞는 특정한 참조 타원체를 선택하기 위해 사용되며, 타원체(장축과 단축으로 정의됨), 초기 위치, 초기 방위각(azimuth), 초기 위치에서 지오이드와 타원체간의 거리 등을 정의한다. 데이텀은 공간 규모에 따라 국가 단위, 대륙 단위, 전세계 단위로 분류 가능한데, 특정 국가영역(local datum), 미국 대륙이나 유럽지역을 정의할 수 있으며(예. NAD 또는 European Datum), 또는 WGS(World Geodetic Systems)와 같이 전세계를 범위로 할 수 있다. 현재 전세계적으로 지역의 특성에 맞는 수백개의 데이텀들이 사용되고 있는데, 미국에서는 주로 NAD 83(North American Datum 1983)이 사용되며, GPS 분야에는 WGS 84(World Geodetic System 1984)가 사용되고, 유럽에는 Bessel(1841), Clarke(1880) 등이 사용된다.

그림 3.10 지구의 회전타원체

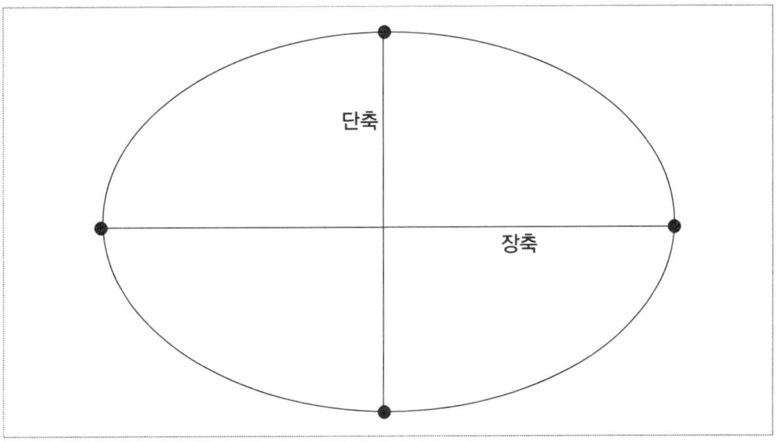

참조 타원체를 정의하는 두 패러미터인 주 축, 평평도 외에도, 6개의 상수들이 국지적 좌표체계를 기술하는 데 필요한데, 이중 3가지는 타원체의 기준점 위치 정보, 다른 3가지는 좌표체계의 방향을 기술하는 정보이다. 이외에도 3차원 좌표를 평면좌표로 변형시키는 데 투영법(projection)이 필요하다. 즉 데이텀의 구성 요소로는 참조 타원체(장축, 평평도 정보 포함), 좌표체계의 기준점, 좌표체계의 방향, 투영법이 있다.

TIPS State Plane Coordinate (SPC) & GRS80

State Plane Coordinate (SPC)

SPC는 미국에서 사용되는 좌표체계로서, 1927년에 개발된 State Plane System 1927과 1983년에 개발된 State Plane System 1983, 2가지가 있다. 이들은 각각 NAD-27(North American Datum 1927)과 NAD-83(North American Datum 1983)을 토대로 하고 있다. 현재 미국에서 채택되어 사용되고 있는 좌표체계로서, 목적은 큰 지리적 영역을 가지는 각 지역마다 적합한 좌표체계를 정의하고자 하는 것이었다. 따라서 미국 각 주는 특정한 패러미터와 투영법을 가진 나름대로의 State Plane System을 가지며, 이들을 함께 SPC라 부르고 있다. 대체로 모든 SPC에는 2가지 투영법이 사용되고 있는데, 하나는 람베르트 정각원추도법(Lambert Conformal Conic projection)이며, 또 하나는 횡축 메르카토르 도법(Transverse Mercator) 도법이다. 람베르트 정각원추도법은 주로 동서로 길게 되어 있는 주에 적용되며(예 Nebraska, North Carolina), 횡축 메르카토르도법은 남북으로 길게 되어 있는 주에 적용되고 있다(예 New Hampshire, Illinois). 또한 2개의 투영법을 함께 쓰는 주도 있는데, 예를 들어 플로리다주는 주의 북쪽 지역은 람베르트 정각 원추 도법을, 동서 지역은 횡축 메르카토르 도법을 사용한다.

GRS 80 (Geodetic Reference System 1980)

GRS 80은 국제측지학회(International Association of Geodesy)가 1979년 채택한 측지체계로서, 세계 많은 국가들이 기존의 측지체계를 GRS 80 측지체계로 바꾸어 채택하고 있다. 기준이 되는 측지체계의 변화에 따라 기존에 사용되는 좌표가 변경되어 기존 방식으로 사용되는 지도와 위치정보 관련 서비스들의 변경이 불가피하다. 우리나라에서도 2007년 1월부터 개정된 측량법에 의거하여 기존의 베셀(Bessel) 타원체를 중심으로 한 측지계에서 세계측지계인 GRS 80으로 변경하여 적용, 사용하고 있다.

좌표변환 Coordinate Transformation

디지타이저 등을 통해 입력된 공간 데이터는 디지타이저에 설정된 좌표단위로 값을 저장한다. 이러한 공간 데이터는 언뜻 보기에는 실세계의 공간사상을 올바르게 표현하고 있는 것처럼 보이지만 실제로는 정확한 공간 위치와 모양, 크기 등을 갖지 않을 수 있다. 또한 기존의 공간데이터에 확대, 축소, 회전 등의 변형을 적용할 필요도 있다. 이처럼 공간 데이터에 물리적인 변형을 가하여 새로운 공간 데이터를 생성하는 것을 좌표변환(coordinate transformation)이라 한다. 중요한 좌표변환 방법에는 3가지가 있는데, 이동(translation), 회전(rotation), 축척변화(scale change)가 그것들이다.

이동(translation)은 좌표계상 특정 위치에서 다른 위치로 이동하는 것을 말하며, 기존에 저장된 좌표값에 특정 x, y 좌표값을 가감함으로써 새로운 좌표값을 생성한다. 반면 축척변화(scale change)는 공간사상의 크기를 변화시키는 것인데, 이는 기존 공간사상의 x, y 좌표값에 계수로서 특정 값(예로 S_x, S_y)을 곱함으로서 새로운 x, y 좌표를 생성한다. 회전(rotation)은 투영과정에서 자주 사용되는 것으로서 삼각법을 이용하여 수행된다. 즉 회전을 통해 새로운 x, y 좌표를 얻기 위해 회전하려는 각도 (q)를 알고, 이를 그림 3.11의 (다)에 나타나 있는 특정한 연산을 통해 새로운 x, y 좌표를 얻는다.

그림 3.11 좌표변환의 유형 (이동, 축척변화, 회전)

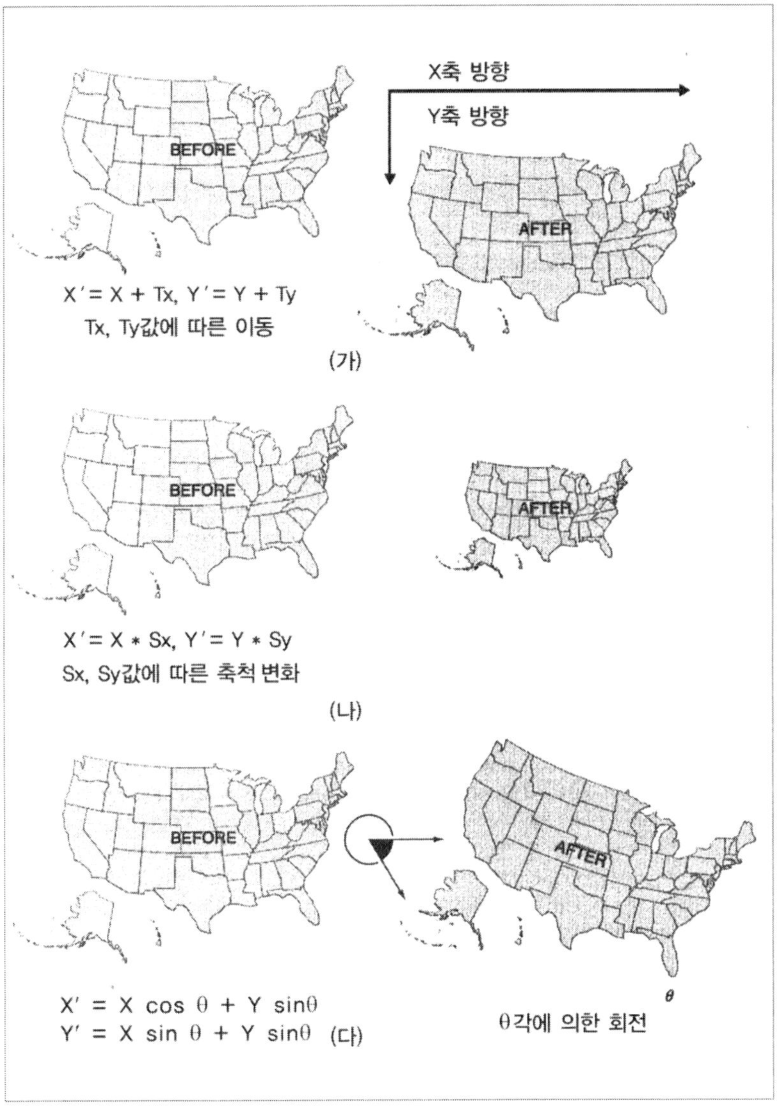

출처: DeMers, 1997, 133, Figure 5.4

그림 3.12 축척 변화에 따른 공간객체 변환

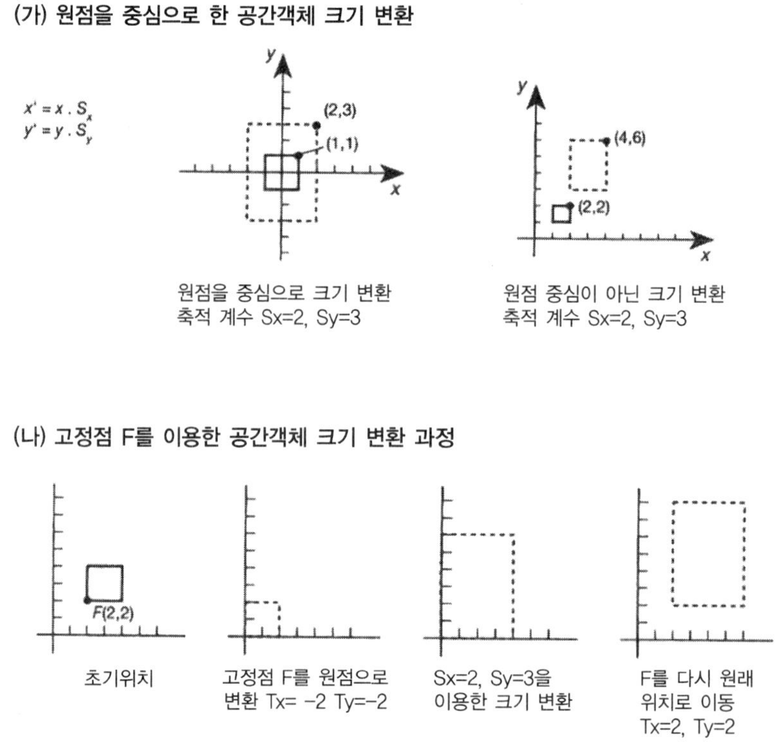

출처: Jones, 1997, 70, Figure 4.10

그림 3.12는 공간객체의 크기 변환(size transformation)의 예이다. 기존의 공간객체를 원점, 또는 특정 고정점을 기준으로 이동과 크기변환을 할 수 있다.

그림 3.13 공간객체의 회전 변환

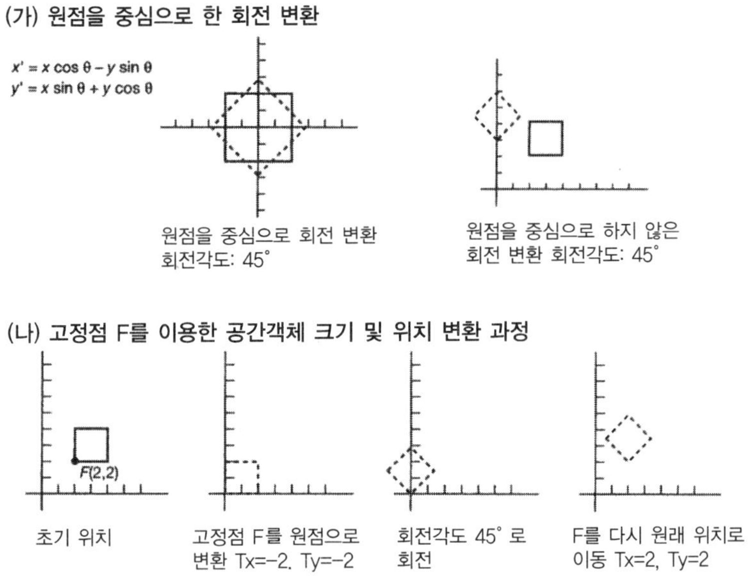

출처: Jones, 1997, 71, Figure 4.11

또한 그림 3.13에서처럼 공간객체의 회전변환(rotating transformation)이 가능하다. 기준점 또는 고정점을 기준으로 회전하면서 객체의 크기 또한 변환된다.

3 공간 패턴 Spatial Pattern

GIS의 중요 목적 중의 하나는 실세계 공간 현상의 분포를 파악하고 이들간의 관련성을 분석하며, 공간 패턴을 규명하는 것이다. 얼핏보면 개별적인 공간 현상은 복잡하고 무분별하게 존재하는 것처럼 보이지만, 이들을 GIS 분석 과정 등을 거쳐 의미있는 공간 패턴을 파악할 수 있다. 다음은 GIS를 다루게 될 때 중요하게 언급되는 공간 패턴의 개념이다.

첫 번째는 접근성(proximity)으로 여러 공간사상간의 근접 정도에 대한 측정을 다룬다. 인접성(adjacency) 개념과 함께 사용되기도 하는데, 접근성은 보통 공간객체들간의 거리를 중심으로 평가된다. 예를 들어 학교 주변에 유해시설이 인접하였는지를 살펴보고자 할 때, 주택지역에 환경 혐오 시설의 접근정도 등을 살펴볼 때 접근성(proximity) 개념이 사용된다. 접근성은 절대적인 기하학적 거리 외에도 시간으로 측정되는 시간거리(time distance), 느껴지는 거리개념으로 인지거리(cognitive distance), 자동차 등으로 여행되는 거리인 통행거리(travel distance) 등이 사용되기도 한다. 또한 접근성 개념은 공간객체들간의 공간관계(spatial relationship) 또는 공간상호작용(spatial interaction) 개념과 관련되어 사용되기도 한다.

두 번째 개념은 공간 배열(spatial arrangement)이다. 공간사상의 공간 분포를 설명하는 데 효과적인 개념인 공간 배열은 공간 밀도(density)와 관련된 측정을 포함한다. 즉 공간사상들이 지역내에 규칙적인 분포 패턴(uniform pattern)을 나타낼 수도 있고, 불규칙적인 임의 분포(random pattern)를 가질 수도 있으며, 특정 지점을 중심으로 밀집되어 클러스터 형태로 분포(cluster pattern)할 수도 있다. 또한 공간 배열의 특성을 고려할 때, 연구지역 전체에 대한 전역적 패턴(global pattern)과 연구지역내의 특정 공간 범위내에서 국지적 패턴(local pattern)을 구분하여 살펴볼 수 있다.

세 번째 개념은 방향성(orientation)이다. 일부 공간사상은 특정 방향에 대한 경향성을 가질 수 있으며 이러한 경향이 공간 분포나 패턴을 결정하기도 한다. 예를 들어 식생의 분포 패턴의 변화는 방향성에 의거하여 결정되는 경우가 많고, 도시내 도로 패턴은 격자형 직선 방향으로 되어 있는 경우가 많으며, 도시 외곽으로 나가면서 직선 방향보다는 곡선 형태로 특정 방향없이 산재하는 경우가 많다. 방향성 정보는 공간사상 내에서 독립적으로 생성되기보다는 주변 공간사상의 영향에 의해 결정되는 경우가 많은데, 예를 들어 도로, 하천 등의 방향성 정보는 지형적 영향이 크며, 도시내 격자형 도로는 도시계획 관련 영향이 크다고 할 수 있다. 또한 특정 공간사상은 속성으로서 방향성 정보를 가질 수 있다. 주로 1차원 공간사상 유형이 이러한 방향성 정보를 가지는데, 도로, 하천 등이 그 예이다. 하천 유형은 출발지점에서 끝점까지의 방향성을 가지며, 도로 유형도 방향성 정보를 가질 수 있다.

네 번째는 공간 확산(spatial diffusion) 개념으로, 공간 패턴 및 프로세스의 변화를 설명하는 데 유용하며, 특정 공간사상의 속성이나 프로세스가 공간상에서 전파되는 것을 말한다. 예를 들어 전염병이 발병 진원지로부터 공간상으로 확산되거나, 특정 경제나 기술 발전을 공유하고자 하는 사람이나 기업들을 대상으로 확산될 수 있다. 또한 도심내의 특정 공간 기능이 도시 주변부로 확산될 수 있으며, 도시 주거지역의 인구가 주변으로 확산될 수 있다. 이처럼 공간확산 개념은 정적인 공간 표현보다는 정적인 공간 변화를 설명하는 데 유용한 개념이라 할 수 있다.

다섯 번째 개념은 공간적 연관(spatial association)으로서 공간사상간의 관계를 설명하는 데 사용된다. 공간적 연관은 2가지로 구별될 수 있는 맥락에서 쓰이고 있는 개념으로, 첫 번째는 공간 자기상관(spatial autocorrelation)과 동일한 맥락에서 사용되며, 또 하나는 지도 비교(map comparison)와 관련하여 사용된다. 전자는 공간사상간의 위상 관계와 그 공간사상에 부여되어 있는 속성값의 수치적 관계상에서 발견되는 특정한 관련방식을 의미한다. 만일 가까이 있는 공간사상의 속성값들이 멀리 떨어져 있는 공간사상의 속성값에 비해 보다 높은 유사성을 보인다면 정적인 공간적 자기상관이 있다고 말할 수 있으며 이때 높은 공간적 연관이 있다고 판단될 수 있다. 이에 반해 후자의 경우는 2개 이상의 서로 다른 공간적 패턴간에 특정한 연관성을 보일 경우를 의미하며, 종종 공간 상관관계(spatial correlation)라는 용어를 통해 정의되곤 한다. 예를 들면 강수량 분포는 식생분포와 밀접한 연관성을 가지며, 도시내 인구밀도 분포는 도시의 교통망, 지가 등의 분포 패턴과 밀접한 관련성을 가진다.

그림 3.14 공간패턴의 주요 요소

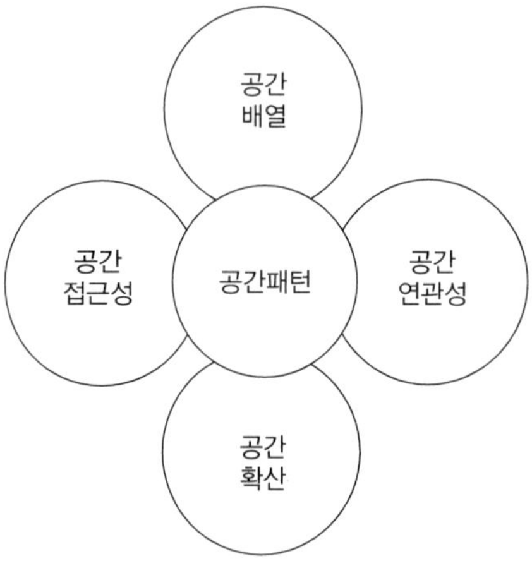

출처: Jones, 1997, 71, Figure 4.11

4 GIS 데이터 품질 GIS Data Quality

1) GIS 데이터 품질이란

GIS의 중요한 요소 중 하나가 데이터이며, 똑같은 데이터라 하더라도 데이터의 특성, 품질 등의 차이에 따라 사용 결과는 매우 다르게 나타날 수 있다. 데이터 품질(data quality)정보는 다양하게 사용되기 때문에 한마디로 정의하기 어렵지만 특정 목적에 적합한 질적인 특성 정보를 말한다고 할 수 있다. 이러한 데이터 품질은 정확도, 정밀도, 불확실성 등의 측면에서 고려되고 평가될 수 있다. 그렇다면 데이터 품질이 좋다는 의미는 과연 어떤 것일까? 이 질문 또한 정의하기 힘들지만 '취지나 목적에 따라 적합하게 사용할 수 있는 속성이 데이터에 있는가?' 라고 말할 수 있다. 따라서 매우 정밀한 데이터가 무조건 좋다고는 말할 수 없으며 여건에 따라서는 매우 다른 특성을 가진 데이터가 요구될 것이다.

GIS 데이터 품질 정보는 여러 항목으로 구성되며, 항목별 정의와 사용방법이 명시되어 있다. GIS 데이터의 호환 및 공유의 측면에서 볼 때 다양한 유형의 데이터 품질 정보는 호환성, 사용 효율성 측면에서 사용자간에 문제를 야기할 수 있다. 따라서 GIS 데이터 품질 표준에 대한 요구가 있어왔고, 국제 GIS 표준기구뿐만 아니라 미국 등 주요 국가를 중심으로 GIS 데이터 품질 표준 제정 및 연구가 수행되고 있다. 현재 미국에서는 국가 차원에서 지도제작뿐만 아니라 메타데이터 측면을 고려하여 데이터 품질 표준을 제정하여 사용하고 있다.

2) GIS 데이터 품질 유형

GIS 데이터 품질 정보는 다음과 같은 항목을 중심으로 유형화되어 있다.

(1) 정확도 Accuracy

정확도(accuracy)는 에러(error)에 반대되는 개념으로서, 많은 사람들이 GIS 데이터 품질 정보 중 가장 중요한 요소로 인식하고 있는 것이다. 정확도는 엔터티-속성-가치(Entity-Attribute-Value) 모델을 기반으로 정의되는데, 여기서 엔터티(Entity)는 실세계 공간사상을 말하며, 속성(Attribute)은 관련된 특성(property)을, 그리고 가치(Value)는 속성의 질적 또는 양적 측정을 의미한다. 정확도는 다음과 같은 유형으로 측정된다.

공간 정확도 Spatial Accuracy

공간 정확도(spatial accuracy)는 공간사상과 관련된 정확도를 의미하는데 일반적으로 공간객체 유형에 따라 사용되는 정확도 측정 방법이 다르며 또한 여러 측면에서 공간 정확도를 측정, 평가할 수 있다.

일반적으로 공간 정확도와 관련하여 자주 사용되는 용어로는 에러(error), 정확도(accuracy), 정밀도(precision), 편이(bias) 등이 있으며 이러한 정확도에 영향을 주는 요소로서 해상도(resolution)와 지도 일반화(map generalization) 등이 있다. 일반적으로 GIS 데이터의 결함은 에러(error)로 여겨지는데, 이는 실세계 공간사상과 이를 GIS로 추상화한 것과의 물리적 차이를 의미한다. 예를 들어 실제 존재하는 빌딩의 위치가 GIS 데이터로 표현될 때 정확하게 표현되지 못한 경우 이를 에러라고 규정할 수 있다. 반면 정확도(accuracy)는 추정되는 데이터의 값이 실제 참 값에 얼마나 가까운지의 정도를 말한다. 따라서 GIS 데이터베이스가 정확하다면, 그것은 실세계의 공간사상이 왜곡되지 않게 그대로 표현된 것이라 할 수 있다. 그렇지만 실제로 데이터로 표현될 때 여러 변수들로 인해 100% 정확성을 구현하는 것은 불가능하다.

그림 3.15는 공간 데이터의 위치 정확도 요소를 보여주고 있다. 즉 점의 실제 위치와 입력된 위치가 다를 수 있는데 X, Y, Z 좌표축을 기준으로 에러 요소는 x좌표의 에러, y좌표의 에러, z좌표의 에러로 구성되며, Z좌표의 에러를 수직에러(vertical error)라 하고, x, y좌표의 에러를 수평에러(horiozontal error)라 한다. 수직, 수평에러를 포함한 에러를 일반적인 공간 위치 에러(spatial location error)라 한다.

그림 3.15 공간 위치 정확도의 요소

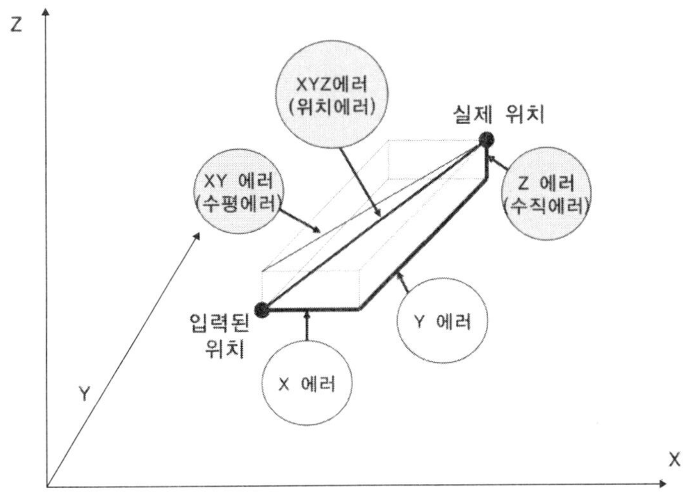

한편 정밀도(precision)는 데이터가 기록되는 상세함의 정도를 말하는데, 예를 들어 위치에 대한 x,y 좌표값이 소수점 10자리까지 표현될 수 있으며 이는 소수점 5자리까지 표현된 것보다 더 정밀하다고 할 수 있다. 컴퓨터는 매우 상세한 수준에서 데이터를 저장할 수 있는데, GIS 소프트웨어마다 각기 다른 정밀도 단위로 위치정보를 정의, 저장하며, 또한 디지타이저와 같은 입력 장비도 정밀도 단위가 각기 다르므로 그 결과로 얻어지는 데이터의 정밀도는 각기 다를 수 있다. 이외에 GIS 데이터의 편이(bias)는 실세계의 실제 공간현상과 그것에서 얻어진 데이터간의 체계적 변이(systematic variation)라 할 수 있는데, 즉 데이터 전반에 걸쳐 존재하는 우연이 아닌 지속적인 에러(consistent error)라고 할 수 있다. 예를 들어 디지타이저를 통해 데이터를 입력할 때 데이터 입력자의 습관 등에 따라 오버슈트(overshoot) 등의 에러가 계속 발생될 수 있으며, 특정 크기의 공간사상을 계속적으로 무시하여 디지타이징 과정에서 누락될 수도 있다. 또한 소프트웨어 프로그램에 의해 데이터 값에 일관되게 특정 소수자리 단위에서 버림으로써 데이터가 바뀔 수 있다. 이렇듯 앞에서 살펴본 에러, 정확도, 정밀도, 편이 등은 데이터의 품질에 영향을 미치게 되는 요인들이다. 데이터 품질은 데이터 자체의 내부 특성뿐만 아니라, GIS 데이터 모델의 특성에 따라 영향을 받으며 또한 데이터 처리 과정에서 생기는 여러 요인들에 영향을 받는다.

그림 3.16 정확도 및 정밀도의 예

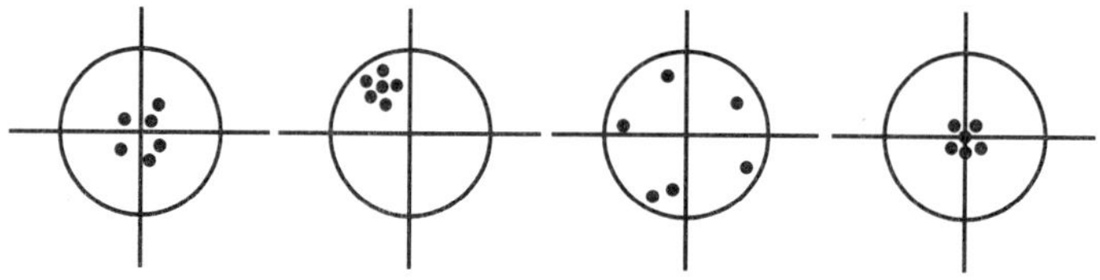

(가) 정확&비정밀 (나) 부정확&정밀 (다) 부정확&비정밀 (라) 정확&정밀

출처: Jones, 1997, 179, Figure 10.1

시점 정확도 Temporal Accuracy

시점 정확도(temporal accuracy)는 공간 개체의 실제 시점시 좌표와 입력된 시점시 좌표간의 일치성을 의미한다. 시점 좌표(temporal coordinates)는 공간 개체가 타당하게 인정받는 시간적 제약을 가지게 된다. 시점 정확도는 데이터베이스 규약이 특정 응용시스템의 요구사항을 얼마나 잘 충족시키는지에 대한 평가인 최신성(currentness)과는 다르다. 즉 어떤 데이터베이스는 특정 시점에서는 정확할지 모르지만 여전히 상대적으로 최신의 것이 아닐수 있다. 시간의 흐름에 따른 데이터베이스 및 관련 응용시스템 구축은 이러한 시점 정확도와 밀접한 관련성이 있다.

주제 정확도 Thematic Accuracy

주제 정확도는 데이터베이스내에 인코딩되는 속성값의 정확도이며, 사용되는 정확도 단위는 데이터의 측정 스케일(measurement scale)에 따라 달라진다. 따라서 계량화할 수 있는 데이터 유형은 계량화하기 힘든 데이터 유형과 다른 방식으로 정확도가 평가되어야 한다. 일반적으로 실제의 속성값과 입력된 속성값들 간의 일치 정도를 정확도로 표현하게 되는데, 이와 관련된 측정 방식으로 다음과 같은 것이 주로 사용된다. 우선 원래의 실제값들과 입력된 값들의 매트릭스(matrx)를 만든다. 이 매트릭스에서 각 하위 카테고리들의 정확한 매칭수를 합한 값을 전체의 수로 나누게 되면 전체 정확도(overall accuracy)가 된다. 이후 각 하위 카테고리의 에러 정도를 omission error와 commission error로 구분할 수 있는데, omission error는 실제 정확한 카테고리에서 제외된 것들의 수를 의미하며, commission error는 잘못된 카테고리에 포함된 것들의 수를 의미한다.

(2) 해상도 Resolution

해상도는 시간, 공간, 주제상에서 구분할 수 있는 데이터의 상세한 정도를 의미한다. 해상도에는 항상 한계가 있는데, 어떠한 측정시스템도 완벽하게 정확하지 않으며, 데이터베이스들이 어느 정도 의도적으로 상세함을 희생하면서 일반화하여 일정한 데이터 용량을 유지하기 때문이다. 해상도는 특정 데이터베이스가 특정 응용시스템에 얼마나 유용한지를 결정하는 데이터베이스 규약 측면이다. 그렇지만 고해상도가 항상 좋은 것만은 아니며, 어떤 경우에는 낮은 해상도가 더 바람직할 수도 있다. 해상도는 정확도와 관련이 있는데, 해상도 수준이 정확도가 평가되는 데이터베이스 규약에 영향을 주기 때문이다. 정확도가 같다고 해도 해상도가 다른 두 데이터베이스는 같은 데이터 품질을 가지지 않는다.

공간 해상도 Spatial Resolution

공간 해상도는 단위 셀들의 모임인 래스터 데이터 유형에서 전형적으로 잘 표현이 되며, 단위 셀의 크기가 공간 해상도를 결정하게 된다. 반면 벡터 데이터 유형에서는 공간 해상도가 최소 지도제작 단위 크기로 정의되는데, 예를 들어 특정 공간 해상도보다 작은 점, 선, 면들은 지도 표현에서 제외될 수 있다.

시점 해상도 Temporal Resolution

시점 해상도는 샘플링하는 간격의 길이(시간)라 할 수 있다. 예를 들어 카메라의 셔터가 눌러지는 속도가 짧으면 짧을수록, 시점 해상도는 더 높다고 할 수 있다. 시점 해상도는 분간할 수 있는 사건의 최소 지속 여부에 영향을 주는데, 지속되는 시간이 시점 해상도보다 작다면, 그 사건은 보이지 않거나 의미없는 것으로 여겨질 수 있다. 한편 시점 해상도는 시점 샘플링 비율(temporal sampling rate)과는 다르다. 시점 해상도는 샘플링 간격의 길이를 말하는 반면, 샘플링 비율은 샘플링하는 빈도를 말한다. 예를 들어 촬영 카메라는 1/1000 초의 시점 해상도(한 프레임을 구별하여 얻는 서터 속도)를 가지며, 시간당 24 프레임의 샘플링 비율을 가질 수 있다.

주제 해상도 Thematic Resolution

주제 해상도는 특정 주제와 관련한 측정 또는 카테고리의 정확도를 말한다. 카테고리 특성이 있는 데이터에서, 이 해상도는 카테고리 정의의 적합성으로 여겨지며, 정량적 데이터에 있어서는 z차원을 가지는 공간 해상도와 유사하다고 할 수 있다.

(3) 일관성 Consistency

일관성은 한 데이터베이스내에서의 모순의 유무를 의미하는 것이다. 이것은 데이터베이스내의 내부 타당성(internal validity) 정도를 측정하는 것으로 데이터베이스내에 포함되는 정보를 이용하여 평가된다. 일반적으로 데이터의 비일관성은 데이터들이 다양한 출처로부터 수집되어 얻어지거나, 다양한 사람들이나 장비 등을 이용하여 데이터가 구축될 때 발생하기 쉽다. 이러한 데이터의 비일관성은 최종 데이터의 에러와 관련하여 공간적인 편차를 유발하게 되며, 따라서 지도의 특정 지역은 다른 지역보다 더 많은 에러가 발생할 수 있게 된다. 또한 데이터의 비일관성은 데이터가 수집되는 방식에서 일어나기 쉬운데, 어떠한 장비를 이용하여 수집되어 얻어지는지, 어떠한 데이터 모델과 측정 정확도가 적용되어 얻어졌는지 등에 따라 비일관성이 나타나게 된다. 일관성은 3가지 유형으로 구성되는데, 즉 공간 일관성(spatial consistency), 시점 일관성(temporal consistency), 주제 일관성(thematic consistency)이다. 첫 번째 공간 일관성(spatial consistency)은 위상구조의 일관성, 즉 위상구조 규정을 준수하는 정도와 관련된다. 예를 들어 1차원 공간 객체는 반드시 0차원 객체와 만나야 한다. 두 번째, 시점 일관성(temporal consistency)은 시점의 위상구조와 관련되는 것으로, 오직 한 사건이 발생할 수 있는 조건은 특정 시점이나, 특정 장소에서 발생할 수 있다. 마지막으로 주제 일관성(thematic consistency)은 중복되는 주제 속성의 모순이 없음을 의미하는 것으로 인구, 지역, 인구밀도 등에 대한 속성값은 모든 개체에 일치해야 한다.

(4) 무결성 Completeness

완전 무결성은 데이터베이스내에 누락의 에러가 없음을 나타낸다. 이는 바람직한 수준의 일반화와 추상화 등을 정의하는 데이터베이스 규약과 관련되어 평가된다. 일반적으로 2가지 유형의 완전무결성이 있는데, 하나는 데이터 완전무결성(data completeness)이며, 또 하나는 모델 완전무결성(model completeness)이다. 데이터 완전무결성은 데이터베이스와 규약간의 관찰된 오미션 측정 에러(measurable error of omission)이다. 따라서 매우 일반화된 데이터베이스라고 하더라도 그것이 규약에 기술된 객체들을 다 포함하고 있다면 '데이터가 완전하다' 고 할 수 있다. 모델 완전무결성은 데이터베이스 규약과 특정 데이터베이스 응용시스템에 요구되는 추상화 일반(abstract universe)간의 일치를 말하는데, 만일 데이터베이스가 그 규약이 특정 응용시스템에 적합하다면 모델이 완전하다고 할 수 있다. 또한 커미션 에러(errors of commission)도 평가될 수 있는데, 이 에러는 과도한 완전무결성(over-complete-ness)에 이를 수 있다. 예를 들어 폴리곤 데이터는 각 속성 데이터를 가질 수 있지만, 속성이 없는 폴리곤이 있을 수 있는 반면 한 폴리곤이 2개 이상의 속성 레코드를 가질 수 있다. 이러한 경우 데이터가 무결하다고 할 수 없다.

그림 3.17 GIS 데이터 품질의 유형

3) GIS 수행 과정에서의 에러 유형

실세계의 추상화 및 모델링 과정에서의 에러

GIS에서 발생하는 에러(error) 중에 컴퓨터와 관계없이 발생하는 경우의 에러 유형은 대체로 우리가 실세계를 인식하는 방식에 기인하고 있다. 이들 에러들은 개념적 에러(conceptual error)로 여겨지기도 한다.

이러한 에러가 실세계의 재현에 대한 인간 의식과 관련되어 있기 때문에 사람이 실세계의 실체를 인식하는 방식은 다양하며, GIS를 이용하여 실세계의 공간사상을 추상화하여 데이터로 표현하는 데 영향을 주게된다. 일반적인 예로 특정 지역이나 장소에 대한 심상지도(mental map)는 사람마다 다양하게 나타나며 이는 지리적 맥락에서 볼 때 매우 유의하게 설명되고 있다. 즉 실세계에 대한 인지(cognition)는 실세계 정의에 영향을 주며 공간 데이터의 사용에도 영향을 준다. 이는 실제 에러를 유발할 수 있으며, 종종 다양한 사용자 및 장비로부터 얻어진 데이터들간의 비일관성을 유발할 수 있다.

일반적으로 GIS에서는 실세계 공간사상을 표현하기 위해 공간 모델을 이용하는데, 사용되는 주 모델들은 주로 래스터, 벡터, 객체지향, 레이어 기반의 데이터 유형이다. 이들 공간 데이터 모델은 각 특징적인 공간 데이터 유형을 설명하는 데 유용하지만 또한 전제와 제약조건을 수반하게 된다. 그렇지만 어떠한 GIS 모델을 채택하든, 그것은 실세계 공간현상의 단순화이며, 이러한 단순화는 일반화, 무결성, 일관성의 관점에서 에러를 수반하기 마련이다.

데이터 원자원에서의 에러

GIS에서 실세계 공간현상을 표현하는 모델은 다양한 원자원(sources)으로부터 구축되는데, GIS 데이터의 원자원은 에러를 수반하는 것이 일반적이며 3가지 중요한 사례를 통해 이를 입증할 수 있다. 첫 번째는 측량 데이터와 관련된다. 측량 데이터와 관련한 에러에는 장비를 운영하고, 관찰된 결과를 기록하는 사람에 의해 유발되는 에러, 장비의 기술적인 문제로 유발되는 에러들이 포함될 수 있다. 예를 들어 GPS 수신기를 이용하여 공간좌표 정보를 얻고자 할 때, GPS 장비의 기술적 문제로 인한 에러가 데이터에 포함될 수 있으며, 속성 데이터의 입력시 입력자의 실수에 의해 잘못된 에러가 포함될 수 있다. 두 번째 사례는 데이터 처리와 관련된 에러인데, 인공위성 이미지나 항공사진을 이용한 데이터는 공간참조의 실수, 분류 오류, 해독 오류 등에 의해 에러를 포함할 수 있다. 이러한 데이터들은 변화하는 실세계 공간현상의 순간적인 정보이므로 이러한 데이터의 획득시, 시간 측면에서의 에러 또한 고려되어야 한다. 세 번째 경우는 지도와 관련되는 것으로, 즉 지도 자체가 오류를 포함하고 있을 수 있다. 지도 제작시 입력자 및 입력 장비의 오류, 지도학적 기술의 오류에 기인한 에러를 수반할 수 있으며 또한 지도 일반화 과정을 통해 에러가 생성될 수 있다.

데이터 입력 과정에서의 에러

데이터 입력과정은 종이지도나, 인공위성 이미지, 측량 데이터를 GIS에서 사용 가능한 포맷으로 입력하는 과정이다. 여기에서 사용되는 데이터 입력 과정은 일반적으로 GIS 데이터에 포함되는 에러의 가장 큰 비중을 차지한다. 즉 데이터 입력의 주요 수단인 디지타이징 과정에서 여러 다양한 에러가 생성되는데, 디지타이징 과정시 디지타이저의 기술적 한계, 입력자의 습관, 실수 등에 기인한 에러가 주를 이룬다. 그러나 여기서 발생하는 데이터 에러를 무시하거나 중요하게 고려하지 않고 넘어가는 경우가 많다. 즉 입력되어야 할 점들이 무시되면서 디지타이징되거나 원자원으로서 종이지도의 오류를 그대로 반영하는 것 등이 일반적인 데이터 입력과정의 오류이다.

데이터 편집 및 변환과정의 에러

데이터 입력이 끝난 다음, 데이터 편집 과정의 수반이 일반적이다. 이러한 과정에서 확인된 데이터 에러가 교정되기도 하지만 반대로 에러를 더 크게 만드는 경우도 발생할 수 있다. 따라서 여러 경우를 고려해볼 때 모든 에러를 다 제거하거나 수정하는 것은 사실상 불가능하다. 대신 주의깊은 검사를 통해 에러들을 확인하고 수정하는 것만이 유일한 대안이다. 또한 잠재적 에러도 데이터 편집과정에 수반되는데 이때 원하지 않는 데이터 결과가 도출되기도 한다. 즉 교차하는 두 선을 입력하고자 할 때 이 두 선이 교차점없이 디지타이징하기를 원할 수 있다. 예를 들어 입체교차로에서는 두 선이 만나지 않기 때문에 이를 표현하고자 하지만 불필요한 요소를 일괄적으로 없애는 과정 또는 일괄적으로 위상구조를 생성하는 과정에서 교차점이 생성될 수 있다. 또한 데이터 위상구조와 관련하여 연결되어야 할 선들이 제대로 연결되었는지, 연결되지 않으면서 근접하게 존재하는지에 대한 평가는 컴퓨터를 통한 동일한 오차범위의 적용보다는 사용자의 관점에서 결정되어야 한다. 일관된 허용오차의 적용은 원하지 않는 결과를 생성할 수 있다.

또 다른 예로는 래스터 데이터에서 노이즈 제거 과정을 들 수 있다. 잘못 분류된 속성값을 지닌 셀들의 값을 편집하는 과정에서 원하지 않는 셀들의 속성값들이 바뀌는 경우가 발생할 수 있다. 따라서 재분류, 필터링 하는 과정은 반드시 고립된 셀들의 수로 결정되기 보다는 원자원과의 비교를 통한 내용 검토가 수반되어야 한다. 세 번째 예는 데이터 변환과정에서의 에러인데, 래스터 데이터 유형을 벡터 유형으로 변환하거나 반대의 변환과정에서 발생하는 필연적인 에러의 생성이 있다. 각기 다른 데이터 모델을 지향하기 때문에 이러한 변환 과정에는 여러 에러들이 발생하게 되며 또한 동일한 데이터 유형에서의 변화과정에서도 에러가 발생하기도 한다. 예를 들어 한 벡터 데이터 포맷에서 다른 데이터 포맷으로 100% 완벽하게 변환하는 것은 불가능하며 최소한 데이터의 특성 및 내용의 훼손없이 변환하는 것을 목적으로 하고 있다.

데이터 처리 및 분석 과정에서의 에러

GIS 데이터의 처리 및 분석과정에서도 에러가 생성될 수 있다. 예를 들어 공간 검색과 처리 과정의 잘못된 사용, 서로 다른 좌표체계를 지닌 데이터들 간의 연산 및 처리, 다양한 축척을 한 데이터들을 이용한 분석, 서로 다른 데이터 단위를 지닌 속성 데이터들 간의 연산 등이 있을 수 있다. 또한 데이터 분류, 데이터의 통합 및 결합과정에서도 에러가 발생할 수 있다. 래스터 데이터의 분류에 있어서 유사한 값을 지닌 토지이용 분류들 간에 에러가 발생할 수 있는데, 인공위성 이미지로부터 얻은 값들은 그림자, 지표의 피복 여부, 지형 경사 유형 등에 따라 같은 속성값을 가져야 하는 셀들이 서로 다른 값을 가지며 다르게 분류될 수 있다.

데이터 출력 과정의 에러

앞에서 언급된 에러뿐만 아니라 데이터 출력과정에서 에러가 발생할 수 있다. 데이터 결과를 출력할 때 모니터, 플로터, 프린터 등 출력 장비의 기술적 한계 및 운영자의 실수로 인해 원하지 않는 결과가 지도화 될 수 있다. 예를 들어 공간분석의 결과로서 특정 폴리곤이 생성되어 다른 지역과 구별되도록 심볼을 표현하고자 하였는데, 구현되는 모니터 장비의 한계 또는 지원되는 플로터 기능의 한계 등에 따라 원하는 지도가 얻어지지 않을 수 있으며, 해상도 및 정밀도가 다르게 나타날 수 있다.

그림 3.18 GIS 수행과정의 에러 발생

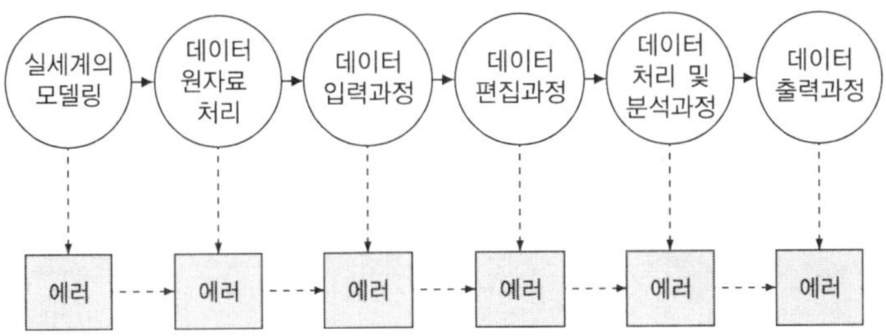

TIPS 데이터 처리과정의 에러 유형

다음은 Burrough(1986)에 의해 정의된 데이터 처리과정의 에러 유형 리스트이다.

(1) 원자료의 에러
- 측정/측량, 필드 데이터 획득 과정
  - 도구의 부정확성
  - 인공위성 센서와 관련한 에러
  - 항공사진 카메라와 관련한 에러
  - GPS와 관련한 에러
  - 측량도구의 에러
  - 속성을 측정하는 도구의 부정확성
- 데이터 처리과정
  - 지도제작과정

- 컴퓨팅 과정
- 지도 제작 도구의 부정확성
- 지도 제작자의 습관, 행위에 의한 에러
- 데이터 편집과정의 에러
- 컴퓨터 수행과정의 에러

• 실세계 현상의 변화로 인한 에러
- 입력된 공간객체의 특성 변화
- 새로운 공간사상의 입력

• 데이터 모델, 포맷의 제약으로 인한 에러

(2) 데이터 처리과정의 에러

• 데이터 입력시 에러
- 디지타이징 과정의 부정확성
- 도구의 에러
- 작업자 에러
- 속성 데이터 입력시 부정확성
- 인간 행위의 에러

• 데이터 저장시 에러
- 컴퓨터 저장시 정밀도와 관련한 에러
- 저장 미디어와 관련한 에러

• 데이터 조작시 에러
- 벡터 → 래스터 변환 과정의 에러
- 래스터 → 벡터 변환 과정의 에러
- 일반화 과정의 에러
- 레이어 중첩 등의 과정의 오류
- 분석 및 연산과정의 오류

• 데이터 표현시 에러
- 프린터/플로터의 부정확성
- 종이 등 출력 미디어의 부정확도

(3) 방법상의 에러

• 데이터 수집 방법의 에러
- 충분하지 못한 공간사상 수와 관련한 에러
- 잘못 정의된 공간객체 및 속성과 관련한 에러

chapter 4

GIS 데이터 모델

1. 정보 분야의 데이터 구조 142
2. GIS 데이터 모델 151
3. GIS 데이터베이스 모델 175
4. 공간 액세스 방법 180
5. GIS 데이터베이스 분석 및 설계 187
6. 프로세스 모델링과 시뮬레이션 189

GIS 데이터 모델은 GIS에서 실세계의 공간사상(spatial features)을 표현하는 모델로서 GIS에서 가장 핵심 부분을 차지한다. 실제 빌딩, 하천, 도로 등의 공간사상이 어떤 과정을 거쳐 GIS에서 표현되며, 그 중간 과정에서 어떤 변화를 수반하는지가 매우 중요하다. 일반적으로 실세계 공간사상은 개념적, 논리적, 물리적 데이터 모델링 과정을 거쳐 컴퓨터의 파일 또는 데이터베이스 형태로 저장된다. 우선 개념적 데이터 모델(conceptual data model)은 구체적인 공간사상을 일반화하여 표현되는데, 즉 구체적으로 지표에 존재하는 공간사상들이 일반화된 클래스로 정의된다. 예를 들어 다양한 종류의 실제 빌딩이 다양한 위치에 존재하며 우리는 이러한 빌딩들을 개념적으로 '빌딩'이라는 클래스로 묶어 정의할 수 있다. 이 과정에서 특정 공간사상에 대해 다양하게 사용되는 용어들이 함께 사용될 수 있는데, 이때 용어의 표준화는 매우 중요하다. 예를 들어 상점, 점포, 가게 등 다양하게 불리우는 공간사상을 '상점'이라는 용어로 표준화하여 정의할 수 있으며, 이때 그 표준화된 용어가 개념적 데이터 모델에 적용된다. 두 번째 논리적 데이터 모델에서는 개념적으로 정의된 공간사상을 보다 구체적이고 물리적인 모델에 적용하기 위한 중간단계에서 데이터 모델을 규정한다. 논리적 모델에서는 공간사상을 공간객체(spatial object)로 정의하는데, 공간객체는 공간 차원에 따라 0, 1, 2, 3차원으로 유형화되며, 각 차원마다 공간객체들이 정의된다. 예를 들어 0차원 공간객체 유형은 점형 공간사상을 표현하며, 1차원 공간객체 유형은 선형 공간사상을 표현한다. 데이터 모델의 정의에 따라 다양한 공간객체 유형이 존재하며, 예를 들어 1차원 공간객체 유형도 단순 선분, 복합 선, 직선, 호 등 다양한 유형이 정의된다. 따라서 실세계의 특정 상점은 개념적 모델과정에서 상점으로 규정되며, 논리적 모델에서는 0차원 공간객체 유형으로 규정될 수 있다. 마지막으로 물리적 데이터 모델에서는 논리적 모델화 과정의 공간객체 유형을 컴퓨터에 저장할 수 있도록 구체적인 데이터 포맷(data format)에 대해 규정한다. 실제 공간사상은 사용되는 하드웨어나 소프트웨어에 의해 상이한 형태로 규정될 수 있고 입력 포맷 역시 파일 구조 혹은 데이터베이스 구조 등으로 규정될 수 있다. 예를 들어 PC상에 shapefile 포맷으로 '상점' 정보를 저장할 때 point 데이터 객체 유형으로 저장되며, 3개의 물리적 파일이 존재한다.

그림 4.1 GIS 데이터 모델의 구성

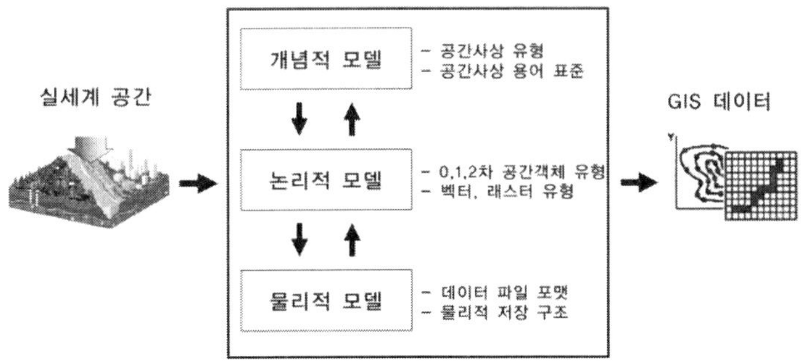

1 정보분야의 데이터 구조

1) 컴퓨터 데이터 구조 및 저장방식

컴퓨터에 데이터를 물리적으로 저장하기 위해 중로 0과 1의 값으로 구성되는 2진 방식(binary system)이 사용된다. 2진 방식으로 저장되는 데이터의 구성 단위로 비트(bit)와 바이트(byte) 등이 있다. 비트(bit)는 일반적으로 데이터를 저장하는 최소단위이며, 2진(binary) 방식으로 데이터를 저장한다. 즉 0과 1 둘 중 한 가지 값으로 정보를 저장하며, 이러한 비트들이 모여서 바이트(bytes)를 구성한다. 바이트(byte)는 중로 8개의 비트가 모여 구성되며, 저장 경우의 수에 의거해 한 바이트는 0~255까지의 값을 저장할 수 있다. 따라서 십진법의 '255'의 값은 '11111111'로 표현되고, '0'의 값은 '00000000'으로 표현된다. 한편 아스키(ASCII) 코드 시스템은 바이트 방식의 데이터를 사용하는 중요한 방식인 미국의 정보 코드 표준(American Standard Code for Information Interchange)이다. 모든 영문자와 숫자, 특수문자는 상응하는 고유의 아스키 코드가 있다. 7비트는 기본적인 127가지 아스키 코드를 표현하는데 사용되며, 이러한 기본 코드는 8비트를 이용하여 255가지 코드로 확장될 수 있다(이러한 추가 코드는 대체로 수학 심볼, 그래픽 문자 등을 포함한다). 일반적으로 컴퓨터 시스템의 텍스트 데이터는 아스키 문자로 저장된다.

숫자 데이터를 저장하는 방식은 컴퓨터 구조에 따라 달라지는 데, 일반적으로 데이터를 저장하는 기본 단위로서 컴퓨터가 사용하는 바이트의 수에 따라 달라지게 된다. 예를 들어 2바이트, 4바이트, 8바이트 단위로 데이터를 저장할 수 있으며, 바이트 수가 많을수록 많은 정보를 저장할 수 있다. 그리고 컴퓨터는 음수(-)를 저장하기 위해 부호비트(sign bit)를 사용하는데, 일반적으로 부호비트는 바이트(주로 8비트로 구성)에서 가장 왼쪽에 위치한다(즉 왼쪽에서 첫번째 비트). 이때 만일 부호비트가 0이면, 저장되는 값이 양수를 나타내며, 부호비트가 1이면 음수(-)임을 나타낸다. 일반적으로 GIS 시스템에서는 공간 좌표 데이터를 저장할 때 이러한 부호비트를 사용한다. 보통 GIS를 수행할 때 사용하는 좌표 값은 양(+)의 값이지만, 어떤 경우 기준 설정에 따라 음(-)의 값을 가지기도 한다.

공간 좌표를 표현할 때 보다 정확한 위치를 표현하기 위해 정수 유형보다는 소수자리를 가지는 실수 유형으로 데이터를 저장할 필요에 의해, 컴퓨터에서 실수 유형(floating point)으로 저장된다. 실수 유형에서는 데이터를 소수점을 중심으로 왼쪽 부분과 오른쪽 부분으로 구분하는데, 왼쪽 부분은 0보다 큰 값을 나타내며, 소수점 오른쪽 부분은 0보다 작은 소수 부분을 나타낸다. 컴퓨터에 데이터를 저장하는 단위는 여러 측정 단위들이 있으며, 일반적으로 바이트(byte)를 기본 단위로 사용하여 파일 크기를 표현한다.

GIS에서는 기본적으로 다양한 유형의 데이터를 컴퓨터에 물리적으로 저장하고 있다. 이 중 공간 좌표 데이터는 핵심적인 것이며 데이터의 저장방식에 따라 관련 데이터 유지 관리 및 응용시스템에 영향을 준다. 데이터를 보다 정확하고 정교하게 저장할 수록 상대적으로 데이터 저장 용량이 커지며, 반대로 상대적으로 덜 정밀한 데이터 저장 방식은 그만큼 차지하는 데이터 용량이 작다. GIS와 관련하여 데이터 저장방식에 대한 모델 및 설계가 매우 중요한데, 이는 그만큼 데이터 저장 용량과 데이터 처리 속도에 직접적인 영향을 주기 때문이다. 시간이 지남에 따라 GIS 데이터는 점점 크기와 종류가 증가하며, 그만큼 데이터 저장 방식에 대한 중요성이 더욱 인식되고 있다. 또한 데이터 크기가 커질수록 데이터 처리 속도는 이에 적합한 알고리즘과 방법이 지원되어야 상대적인 속도 저하를 막을 수 있지만 기술적인 현실을 볼 때 쉬운 것은 아니다. 따라서

TIPS 컴퓨터 저장단위

K 킬로 바이트로서 약 1,000 바이트 크기에 해당한다(정확히 1,024 바이트)

M 메가 바이트로서 약 1,000,000 바이트 크기에 해당한다(정확히 1,048,576 바이트)

G 기가 바이트로서 약 1,000,000,000 바이트 크기에 해당한다
(정확히 1,073,741,824 바이트)

요구되는 적정 수준 이상으로 데이터의 정확도가 높아지면 그만큼 불필요한 데이터 처리의 지연이 발생하므로 적절한 수준의 데이터 저장 방식을 설정할 필요가 있다.

그림 4.2 두 가지 주요 파일 액세스 방법

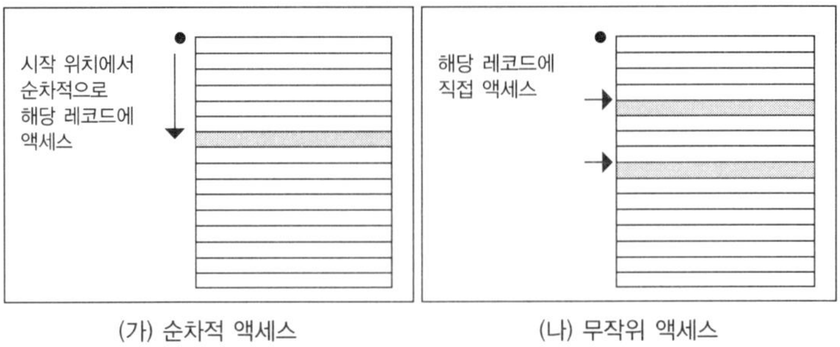

출처 : Jones, 1997, 155, Figure 9.4

그림 4.2는 중요한 2가지 유형의 파일 저장 및 액세스 방식을 보여준다. 첫 번째는 순차적 액세스(sequential access)방식으로서 데이터가 정해진 공간에 처음부터 순서대로 저장되며 또한 원하는 정보를 액세스할 때에도 파일 처음 위치에서부터 순차적으로 이동하여 그 해당 위치를 찾아가는 방식이다. 대표적인 물리적 저장 미디어로서 마그네틱 테이프(magnetic tape)가 있다. 반면 데이터가 저장되어 있으면 무작위로 원하는 위치를 바로 이동하여 액세스하는 방식을 무작위 액세스(random access) 방식이라 한다. CD-ROM과 같은 미디어가 대표적인데 음악 CD에서 원하는 곡으로 바로 이동하여 들을 수 있지만, 테이프(tape) 방식의 경우는 처음부터 그 위치로 순차적으로 이동해야 한다.

2) 데이터베이스 관리 시스템 DBMS: Database Management System

전통적으로 지도 데이터는 도서관의 도서관리 방식처럼 일정한 분류기준과 색인 방법에 의해 분류, 관리되어 왔다. 다양한 크기와 지역, 용도를 지닌 지도들은 캐비닛이나 폴더 등에 분류, 저장, 보관되어 왔으며, 지역, 주제 등에 따라 색인화되어 색인카드 또는 책자, 색인지도 등을 이용하여 원하는 지도를 찾을 수 있었다. 도서관과 같은 정보 보관 기관에는 지도를 관리하는 별도의 독립 공간과 부서가 존재하는 경우가 많았다. 대부분의 작업은 수작업에 의존하였고 지도의 분류, 유지관리, 검색 등에 많은 시간과 인력이 소요되었다. GIS 관점에서 보면 이러한 정보 관리방식은 다음과 같은 비효율성을 야기할 수 있다.

우선 데이터가 물리적으로 한 장소에 통합되지 못하고 여러 장소에 분산되어 있기 쉽다. 즉 기존의 방대한 지도들은 서로 다른 조직, 부서, 기관 등에서 각각 다른 방식으로 보관, 관리하고 있으며, 이러한 유지관리 시스템의 경우 지도에 대한 정보가 서로 공유되지 못하기 쉽고, 같은 지도 정보가 중복되는 등의 비효율성을 내포하기 쉽다. 둘째, 지도 데이터의 구조화, 분류, 보관 방법 등의 일관성을 유지하기 어렵다. 지도 데이터의 분류, 보관 방식이 조직, 기관마다 서로 다를 경우 원하는 정보의 효율적 검색, 참조, 확인이 용이하지 않다. 또한 지도 내용 및 관련 속성 정보 등이 체계적으로 표준화되어 기록되지 않은 채 보관되는 경우 데이터 검색, 이용시 일관성 결여에 의한 문제가 파생될 수 있다. 예를 들어 연속적인 도엽 지도를 이용하거나, 서로 다른 기관에서 작성된 동일 지역의 다양한 주제도를 함께 이용하고자 할 때 지도에 대한 메타데이터가 존재하지 않을 경우 관련 데이터 검색뿐만 아니라 데이터의 업무 비적합성 등의 문제가 발생할 수 있다. 이외에도 원하는 종이지도 데이터는 많은 사람의 공유가 비효율적이고, 그 지도 데이터를 얻는 시간 및 절차 또한 많이 소요되며, 원하는 목적을 위한 또 다른 추가 처리 과정이 필요하기도 한다.

이와 같은 여러 종류의 잠재적 문제로 인하여, 기존 방식의 지도 데이터 관리 시스템보다는 디지털 방식을 적용한 새로운 지도 관리 시스템이 요구되기 시작했다. 즉 기존 도서관 시스템이 전산화되는 것처럼 지도 데이터 또한 디지털화되면서 새로운 검색, 유지관리 시스템이 개발되어 적용되고 있다. 따라서 단순한 데이터 전산화 경향을 넘어 지도 데이터 자체에 대한 디지털화와 더불어 디지털 지도 데이터들을 공유하기 위한 수단으로서 클리어링하우스(clearinghouse)가 설립되고 있다.

방대한 양의 디지털 데이터를 저장하고 유지관리하기 위해서는 단순히 파일구조 형식으로 저장하는 것보다는 데이터베이스화하여 DBMS(Database Management System)에서 관리하는 것이 효율적이다. 전통적인 데이터 저장방식과 비교하여

DBMS의 장점을 정리하면 다음과 같다. ① 데이터가 한 장소 및 시스템에서 저장, 유지관리 될 수 있으며 ② 데이터의 일관성, 무결성, 구조화 및 표준화로 인한 효율성 증대가 예상되며 ③ 서로 다른 출처의 데이터들이 서로 유기적으로 연결되고 통합되어 활용가능하다. 또한 ④ 데이터를 빠르게 검색하고 활용할 수 있으며, ⑤ 보다 많은 사용자들이 공유할 수 있고 ⑥ 구조화되고 표준화된 데이터는 다양한 응용분야에 바로 적용가능하다. 반면 데이터베이스화 함으로써 예상되는 DBMS의 단점은 다음과 같다. ① 데이터베이스 사용시 기존 시스템보다 전문적인 지식이 요구될 수 있으며 ② DBMS 제품 및 시스템과 관련하여 추가적인 비용이 예상되며 ③ 전통적인 방식과는 다른 새로운 방식에 대한 교육 또는 경험이 요구될 수 있고 ④ 데이터를 디지털화하는데 비용과 시간이 소요된다.

그러나 DBMS의 단점에도 불구하고 수많은 장점들 때문에 기존의 지도 데이터의 DBMS화 뿐만 아니라 새로운 데이터 구축도 DBMS를 고려하여 이루어지고 있다. 현재까지 DBMS는 중요한 4가지 모델을 중심으로 개발되어 왔으며 시기순으로 관계형(relational), 계층형(hierarchical), 네트워크형(network), 객체지향형(object-oriented) 등이 있다.

그림 4.3 데이터베이스 패러다임의 변화

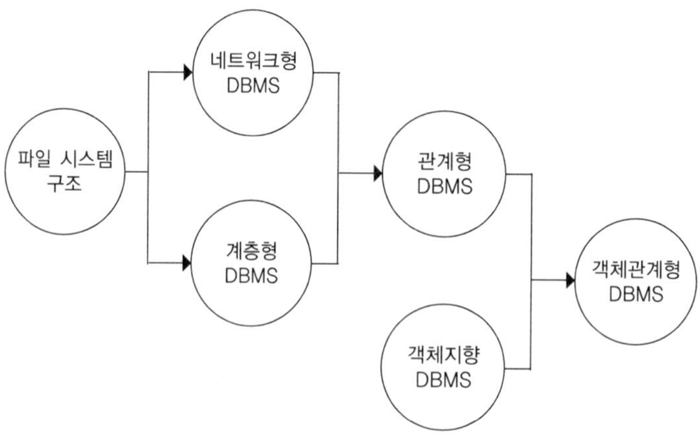

출처 : Shekhar and Chawla, 2003, 9, Figure 1.5

데이터베이스와 관련한 패러다임의 변화를 그림 4.3에서 살펴 볼 수 있다. 본격적인 DBMS가 개발, 사용되기 전에는 파일 시스템 구조로 데이터를 저장, 유지 관리하였다. 이후 데이터베이스 시스템이 개발되면서 네트워크형(network)과 계층형(hierarchical) DBMS가 초기에 등장했고 나중에 관계형(relational) DBMS로 진화되어 갔다. 특히 1980년 이후 새로운 패러다임으로 등장한 관계형 DBMS는 많은 데이터베이스 시스템에 적용되었다. 이후 관계형 DBMS의 사용과 더불어 이론적으로 객체지향형 DBMS에 대한 연구가 활발히 이루어지고 있으며, 이를 실제 데이터베이스에 적용하려는 시도가 이루어져 왔다. 그러나 관계형 구조와 객체지향형 구조 사이에는 많은 차이가 있으며, 두 구조의 장점을 통합한 객체-관계형(objet-relational) DBMS가 개발되어 널리 사용되고 있다.

관계형 데이터베이스 시스템 Relational Database Systems

관계형 데이터베이스 시스템은 DBMS가 관계형 데이터 모델을 지원하는 것인데, 테이블 방식으로 데이터가 설계, 구축, 저장, 유지 관리된다. 관계형 데이터 구조에서는 데이터간의 위계(hierarchy)가 없으며, 대신 개별 데이터 테이블들이 존재한다. 관계형 데이터 모델은 데이터를 저장하기 위해 테이블 포맷을 가지는데, 테이블은 필드와 레코드로 구성된다. 다양한 속성들은 필드에 정의되며, 데이터는 레코드 단위로 저장된다.

데이터 주제 또는 지역 단위로 테이블이 생성되며, 2개 이상의 테이블이 공유하는 정보가 있을 경우 이 공유 정보를 이용하여 다른 테이블과 연결(join)될 수 있는데, 이때 공통되는 공유 필드를 키 필드(key field)라 한다. 따라서 다양한 테이블이 키 필드를 매개로 하여 수많은 관계(relation)를 가질 수 있다. 때문에 관계형 데이터 모델이라는 이름이 붙은 것이다.

관계형 데이터베이스에는 3가지 중요한 특성이 있는데 주요 키(primary key), 관계적 연결(relational join), 정규 폼(normalform)이다. 주요 키(primary key)는 테이블에서 레코드인 각 객체를 고유하게 인식할 수 있는 정보로서, 한 필드가 고유키가 될 수 있으며(예, id), 또는 여러 필드가 결합되어 고유 키가 될 수 있다 (예: "학년" + " 반" + " 번호"). 두 번째 관계적 연결(relational join)은 2개 이상의 테이블이 서로 관계를 가지고 연결되는 것이다. 세 번째인 정규 폼(normal form)은 데이터간의 독립성을 확인해 주는 것으로 관계형 데이터베이스에서는 3가지 정규 폼이 있다. 첫 번째 기준으로는 한 테이블내에 반복 필드가 없어야 하며, 두 번째는 속성의 기능이 복합 주요 키의 일부분에만 의존하는 경우 정규 폼이 위반되는 경우이다. 세 번째 경우는 첫 번째, 두 번째 정규 폼이 만족되며 또한 어떠한 속성도 다른 속성에 의존하지 않는 경우이다.

관계형 데이터베이스는 포인터(pointer)를 갖지 않으며, 대신 내부 색인 테이블(internal index table)을 통해 테이블간을 연결한다. 관계 데이터베이스에서는 사용자가 보는 실제 데이터 테이블 외에도 다른 여러 테이블이 추가로 생성됨으로써 데이터 용량이 커지며 그만큼 액세스 속도가 떨어지게 된다. 또한 데이터 포인터를 사용하지 않음으로써 레코드 검색시 테이블의 전 레코드를 순차적으로 검색하게 된다. 이러한 이유로 관계형 데이터베이스 시스템은 위계형 또는 네트워크형 데이터베이스 시스템보다 속도가 느린 것이 일반적이다.

GIS에서는 DBMS를 부분 또는 전체로서 채택하여 사용하고 있다. 특히 속성 데이터 부분은 데이터베이스 시스템을 주로 이용하고 있다. 데이터의 양이 방대해짐에 따라 파일 구조로 데이터를 저장, 유지관리, 검색하는 데 한계가 발생하기 때문이다. 그런데 표준 관계형 데이터베이스는 오직 하나의 값만이 테이블의 한 필드 셀에 저장될 수 있도록 정의하고 있다. 이러한 구조는 GIS 데이터 모델중 벡터 데이터 구조에는 적합하지 않을 수 있는데, 다양한 중간점으로 구성된 선형 공간객체 유형의 경우 비효율성이 두드러진다. 따라서 선 레코드의 길이가 각각 다양하기 때문에 그만큼 저장되는 레코드 공간이 달라지며 공간활용의 비효율성뿐만 아니라 데이터 검색에서도 효율성이 떨어진다. 또한 데이터베이스 검색에 사용되는 SQL(Structured Query Language)은 GIS 데이터 검색에 적합하지 않다. 따라서 GIS에 적합한 새로운 모델이 관계형 데이터베이스 시스템에 요구되는데, 주요 DBMS 프로그램들은 GIS 데이터 모델을 위한 모듈을 각각 제공하고 있으며 또한 공간데이터 검색을 위한 SQL 표준화 작업도 수행되고 있다.

계층형 데이터베이스 시스템 Hierarchical Database Systems

계층형 데이터베이스는 데이터들간의 논리적인 위계적 관계(hierarchical relation)가 있다고 가정하고, 이러한 관계를 계층형 구조로 표현하고 있다. 특정 계층의 데이터는 하위계층 데이터들의 공통적인 정보를 가지며, 이러한 방식으로 객체들이 계층적으로 구조화된다. 대신 같은 계층에서 서로 다른 데이터들 간의 관계 및 연결은 존재하지 않는다. 각 데이터는 소속된 계층 구조를 가지고 있는 키 필드(key field)를 포함하고 있다. 같은 유형의 레코드들끼리 요소(elements)라 불리우는 파일에 저장되며, 따라서 같은 논리적 계층에서는 여러 유형의 요소들이 존재할 수 있다. 최상위 계층 요소에서부터 하위 계층으로 감에 따라 관련되는 요소들이 액세스된다. 계층형 데이터 구조는 쉽게 확장되거나 갱신될 수 있지만, 관리를 위한 색인 파일을 가지고 있으며, 이들 색인 파일은 데이터 구조의 변경 때마다 갱신해 주어야 한다. 데이터 검색은 상대적으로 빠르지만 검색 루틴은 데이터 구조에 의해 고정되고 제한되어 있다. 즉 같은 계층에서의 여러 유형의 데이터 검색은 이루어지지 않으며, 대신 연계된 계층적 데이터에서만 검색이 이루어지게 된다.

그림 4.4 계층형 데이터베이스 시스템의 저장구조

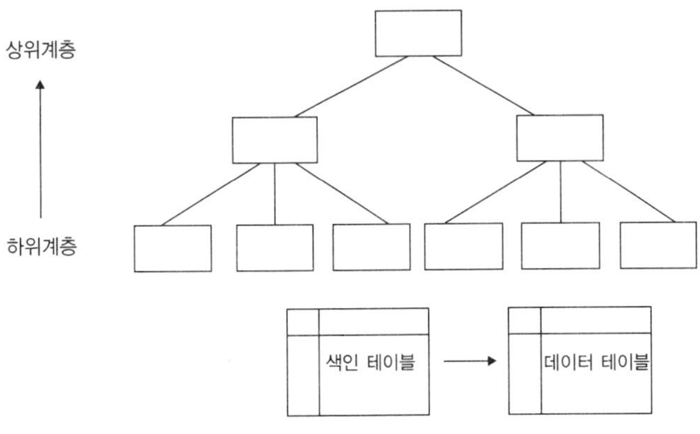

GIS 관점에서 보면 계층형 데이터 구조는 실세계의 공간사상을 표현하는 데 도움을 준다. 예를 들어 행정구역의 계층적 구성은 계층형 데이터베이스 모델로 쉽게 표현될 수 있다. 그렇지만 계층적이지 않은 공간사상을 표현하는 데는 많은 한계를 드러낸다.

네트워크형 데이터베이스 시스템 Network Database Systems

네트워크형 데이터 구조는 데이터를 네트워크(network)로 정의하는데, 즉 계층형 데이터 구조를 확장함으로써 서로 다른 계층의 요소들간의 관계 또한 허용한다. 이러한 정의는 실제 세계의 복잡한 공간현상간의 관계를 표현하는 데 매우 효율적이다. 각 데이터는 하위계층에 부분집합으로서 다른 데이터들과의 관계를 일대일, 일대다, 다대일 관계로 설정할 수 있다.

이렇게 다양한 관계를 설정하면 데이터 표현에 융통성은 주지만, 색인 테이블의 크기는 커진다. 네트워크 구조는 데이터들 간의 빠른 연결을 가능하게 하지만, 그만큼 네트워크 데이터 구조로 저장된 데이터를 유지관리하는 데 복잡성을 증대시킨다. 이런 이유로 네트워크형 데이터베이스 시스템은 실제로는 GIS 분야에서 잘 사용되지 않고 있다.

그림 4.5 네트워크형 데이터베이스 시스템의 저장구조

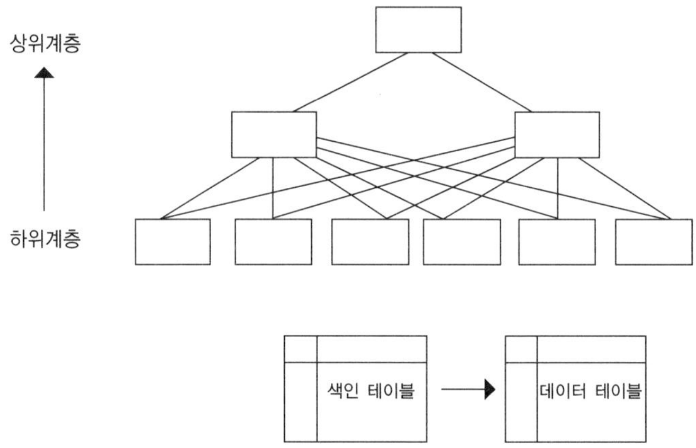

객체지향형 데이터베이스 시스템 Object-oriented Database Systems

위의 3가지 데이터 구조는 데이터 레코드 중심으로 정의되고 저장된다. 즉 데이터는 레코드 단위로 정의, 저장되며, 서로 다른 성격을 지닌 데이터는 서로 다른 테이블을 생성, 저장한다. 즉 GIS에서는 공간 데이터와 속성 데이터가 따로 분리되어 저장된다.

반면 객체지향형 데이터베이스 시스템은 실세계를 보다 충실히 반영하고자 현실세

계 공간현상의 내부적, 외부적 관계들을 표현하고자 한다. 객체지향형 시스템에서는 동일한 공간현상을 표현하기 위해 객체(object)를 정의하며, 계층적 구조에서 객체들은 서로 관계를 가지기도 한다. 또한 객체의 속성과 행위가 정의되면, 데이터 저장은 이제 객체 중심으로 이루어진다. 객체단위로 데이터가 저장되므로 데이터 갱신이 보다 일관성있게 이루어진다. 하지만 현재 GIS 분야에서 객체지향형 데이터베이스 시스템은 널리 사용되지 않고 있다.

2 GIS 데이터 모델

1) GIS 개념적 데이터 모델 GIS Conceptual Data Model

GIS 개념적 데이터 모델(GIS conceptual data model)은 실세계의 공간사상을 GIS에서 어떻게 표현할 것인지에 대한 개념적 수준의 모델이다. 실세계의 공간사상을 어떻게 개념적 수준에서 표현하는지는 매우 중요하며, 이후의 논리적, 물리적 수준의 데이터 모델에 영향을 준다. GIS 개념적 데이터의 주요 모델로는 객체형 모델(Object-based model), 네트워크형 모델(Network-based model), 필드형 모델(Field-based model) 등 3가지가 있다.

객체형 모델 Object-based Model

객체형 모델(Object-based model)은 다양한 공간사상의 객체(object) 표현에 초점을 두고 있다. 즉 현실 세계의 공간사상은 GIS에서 공간 객체(spatial object)로서 표현이 되며, 하나의 공간 객체는 다른 공간 객체와 개념적으로 분리되어 인식된다. 공간 객체의 구성은 다양할 수 있는데, 즉 단일 공간 객체 유형이 존재할 수 있으며, 다른 공간 객체들로 구성되는 복합 공간 객체 유형으로 정의될 수 있다. 객체형 데이터 모델에서 다양한 공간사상은 주로 0차원, 1차원, 2차원 등의 공간 객체로 표현된다. 예를들어 집, 탑, 우물 등의 공간사상은 0차원 객체 데이터 모델로 표현되며, 도로, 상하수도 관망 등은 1차원, 상업지구, 공원 등은 2차원으로 표현될 수 있다. 객체형 데이터 모델은 경계가 명확한 공간사상을 표현하는 데 적합하며, 또한 빌딩, 도로, 여러 시설물, 행정구역 등의 인문적 공간사상과 호수, 하천, 섬, 산림 등과 같은 자연적 공간사상을 객체 형태로 표현하는 데도 효율적이다.

네트워크형 모델 Network-based model

네트워크형 모델(Network-based model)은 독립개체적 공간사상을 표현한다는 점에서는 객체형 모델과 유사하지만, 공간 객체간의 상호작용, 특히 공간 객체간의 선형 관계를 고려한다는 점에서 차이가 있다. 네트워크 모델에서는 공간사상의 정확한 모양은 그다지 중요하지 않으며, 대신 관련 공간 객체들 간의 연결, 거리, 방향, 네트워크 등과 같은 선형 요소들이 중요하게 다루어진다. 네트워크 공간 객체 유형의 대표적인 예로는 도로 교통망, 해운 경로, 항공 경로, 가스, 전력, 상하수도 등의 선형 시설물 등을 들 수 있다.

필드형 모델 Field-based model

필드형 모델(Field-based model)은 공간상에서 연속적으로 표현되는 공간사상을 표현하는 데 적합하다. 예를 들어 지형의 고도는 객체적으로 분리되어 표현되기 보다는 연속적인 공간 표현이 더 적합할 수 있다. 이외에도 대기중 오염원의 집중도, 토양 습도, 지표상의 온도분포 등이 있다. 필드(field)는 표현 방식이나 대상으로서의 공간 현상의 특성에 따라 2차원 또는 3차원 공간상에서 표현된다. 그런데 어떤 유형의 데이터는 어떤 경우 필드형으로, 또 다른 경우에는 객체형으로 표현되기도 한다.

GIS는 위에서 언급한 3가지 개념적 데이터 모델을 토대로 하여 실세계의 공간사상을 보다 구체적이고 물리적인 차원에서 데이터를 정의, 표현한다. 이때 정의되는 데이터 모델을 논리적 데이터 모델(logical data model)이라 하며, 크게 벡터 데이터 모델(vector data model)과 래스터 데이터 모델(raster data model)로 구성된다. 일반적으로 GIS 소프트웨어는 구체적인 데이터 모델로서 벡터 또는 래스터 데이터 모델을 기반으로 각각 고유의 데이터 모델을 개발, 채택하고 있는데, 어떤 소프트웨어는 래스터 모델만을 채택하는 경우도 있으며, 다른 소프트웨어는 벡터, 래스터 모델 둘다 채택하기도 한다.

2) 벡터 데이터 모델 Vector Data Model

벡터 데이터 모델(Vector Data Model)은 다양한 실세계의 공간사상을 기하 정보를 기반으로 0, 1, 2, 3차원 공간 객체(spatial objects) 유형으로 정의하고 표현한다. 벡터 모델에서는 현실세계의 지리 공간을 연속적이라고 가정하고 실세계의 공간사상의 기하학적 정보를 객체화하여 표현하고자 한다. 주택, 상점, 자동차, 우물 등 점 형태의 공간사상은 0차원 공간 객체 유형으로 일반화되며, 이들 위치를 (x, y) 좌표로 저장하게 된다. 또한 도로, 하천 등 선형의 공간사상은 1차원 객체 유형으로 일반화되며, (x_1, y_1), (x_2, y_2), ... ,(x_n, y_n)와 같은 형태로 좌표들의 집합으로 위치정보를 저장한다. 2차원 공간 객체 유형은 연결된 선으로 폐곡(폐합)되어 구성되며, 선의 내부는 외부와 차단된 형태로 이질적인 특성을 지니게 된다. 지역이나 영역 등을 가지는 공간사상은 대부분 2차원 공간 객체 유형으로 표현된다.

이처럼 벡터 데이터 모델은 지도상에 공간사상을 표현할 때 공간 차원(spatial dimension) 개념을 토대로 하고 있으며, 이에 근거하여 0, 1, 2, 3차원 공간 유형을 일반화한다. 이렇게 일반화된 공간사상은 각각 관련 속성을 가지며 어떤 경우는 같은 물리적 저장 공간에서, 어떤 경우는 분리된 저장 공간에서 유지관리된다.

그림 4.6 차원에 따른 공간사상(0, 1, 2차원 공간사상)

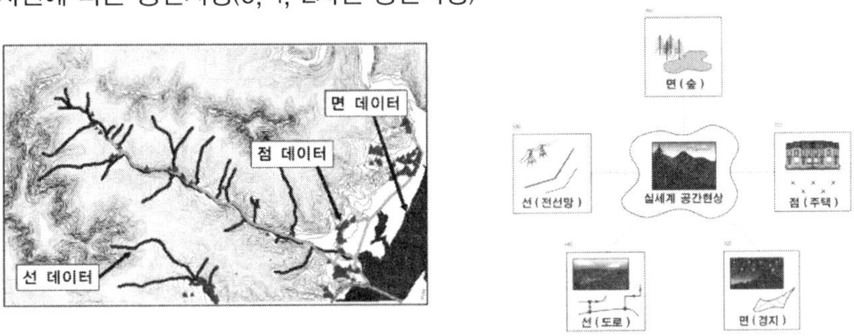

이는 실세계의 다양한 공간사상을 어떻게, 얼마만큼 추상화하여 효과적으로 표현하는지와 관련된다. 실존하는 다양한 공간사상은 지도상에서 표현될 때 어느 정도의 변형을 통해 특성과 표현 목적에 따라 지도마다 다르게 표현된다.

그림 4.7 실세계의 공간사상과 지도 표현의 관계

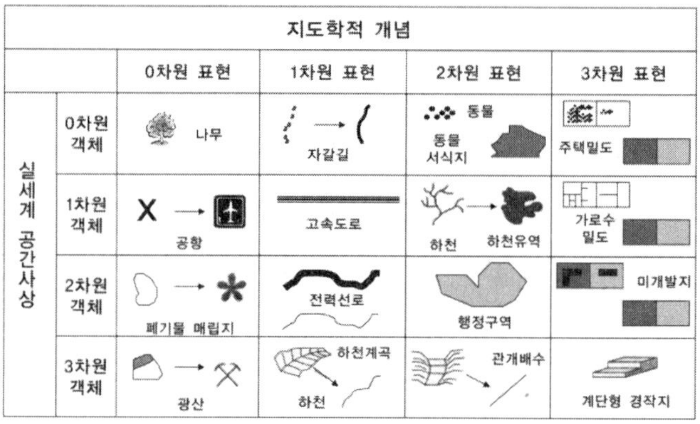

출처 : DeMers, 1997, 26, Figure 2.1

공간사상의 코드화 (분류화)

실제로 다양한 공간사상은 GIS 입력장치를 통해 디지털 형태의 데이터로 변환, 저장된다. 저장되는 공간사상은 그들이 지니는 속성 정보와 공간사상의 코드화 과정을 거치게 된다. 예를 들어 논, 밭, 삼림, 과수원 등을 2차원 공간 객체로 정의하여 지도화할 때 기하 형태를 통해 이들 공간사상을 구별하기는 어렵다. 따라서 개별 폴리곤이 각각 고유한 공간사상으로 분류되기 위해서는 공간사상의 정의 및 코드화가 선행되어야 한다. 이러한 공간사상의 정의, 분류, 코드화는 실제로 구체적인 GIS 데이터 구축작업에서 가장 먼저 이루어져야 할 중요한 과정이다.

그림 4.8 공간사상의 위계적 코드 분류 예

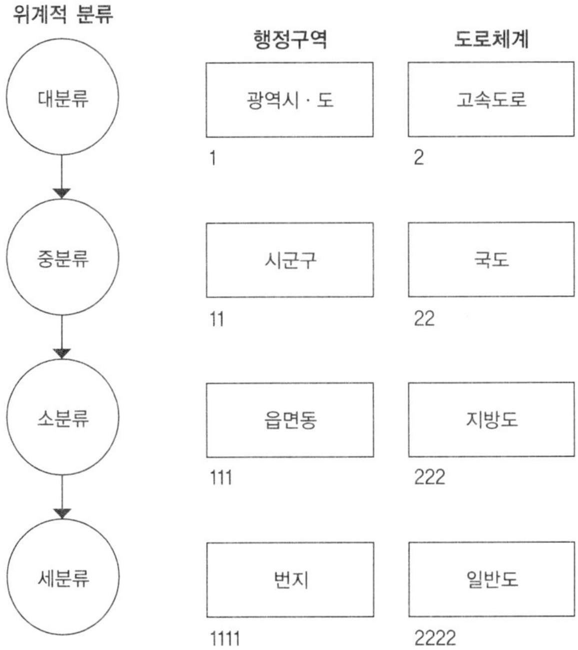

우선 첫 번째로 GIS 데이터 목록화가 이루어져야 한다. 주요 분야별로 주로 사용되는 공간사상에 대한 목록 수집이 이루어져야 하는데, 주요 분야로 하천, 교통, 상하수도, 가스, 통신 시설물, 지형, 토지지용, 도시내 건물 유형에 대한 목록화가 이루어진다. 이때 특정한 공간사상과 관련하여 유사하게 많이 사용되는 용어들이 존재한다면 혼란을 피하기 위해 용어의 표준이 이루어지는 것이 좋다. 그 다음 목록화된 GIS 데이터 용어들을 토대로 공간사상의 분류가 이루어진다. 공간사상의 분류 기준은 다양하게 적용될 수 있다. 0, 1, 2, 3차원 등의 공간 차원별 분류기준이 있고, 분야별, 지리적 내용별 분류가 있으며, 또한 기술적 차원에서 공간사상간의 구조적, 위계적 분류가 있을 수 있다.

다음 단계로 공간사상과 관련 속성에 대한 명확한 정의가 요구되며, 이에 대한 사용을 위해 수치화된 코드 부여가 요구된다. 사용되는 공간사상 및 관련 속성 코드는 텍스트 유형보다는 숫자 및 문자로 구성되는 간략하고 일관된 것이 좋으며, 이를 공유하여 많은 사용자들의 데이터 입력 및 활용을 손쉽게 할 수 있다.

그림 4.9 공간사상의 코드화 과정의 예

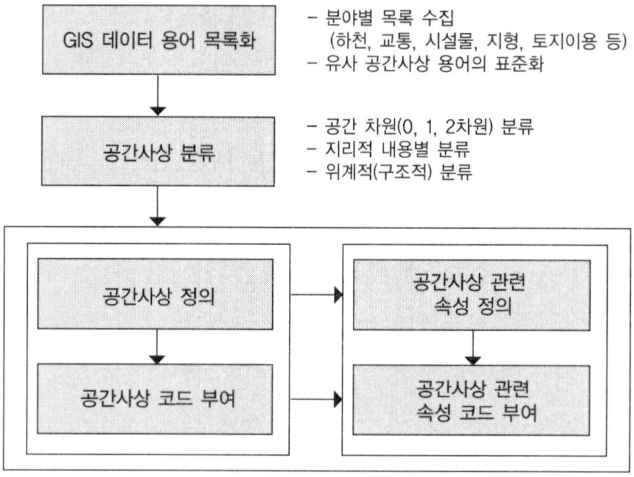

위상구조 Topology

원래 위상구조(topology)는 기하 특성을 다루는 수학의 한 분야이지만, GIS 분야에서 사용되면서 위상구조 모델은 공간 객체의 공간관계(spatial relationship)를 정의하고 설정하는 기능을 수행한다. 즉 각 공간 객체가 지닌 공간좌표 정보를 토대로 공간 객체들 간의 공간관계, 예를 들어 인접성(adjacency), 연결성(connectivity) 등을 정의한다. 일반적으로 위상구조 모델은 수학의 그래프 이론에 기반하고 있으며, 관계성을 표현하기 위해 결절점(node)과 링크(link) 개념을 사용한다. 결절점(node)은 두 선형 공간 객체가 교차하는 지점이거나 선형 공간 객체의 끝을 표현하는데, 예를 들어 도로 교차점이거나 도로의 막다른 끝을 나타낸다. 링크(link)는 두 결절점을 끝으로 가지는 선형 공간 객체의 일부분이며, 결절점을 매개로 다른 링크와 만나게 된다. 즉 링크는 반드시 결절점에서만 교차하게 된다. 한편 링크들로 연결된 폐합된 폴리곤은 면형 공간 객체를 구성하게 된다.

위상구조 정보는 다음과 같은 정보들이 테이블에 저장된다.

① 2차원 공간객체 위상구조: 링크들로 구성되며 이들 링크들에 의해 폐합된 2차원 공간 객체 정의

② 1차원 공간 객체 위상구조: 각 링크가 끝나게 되는 노드들을 리스트, 각 링크의 왼쪽, 오른쪽 폴리곤을 리스트, 시작 노드와 끝 노드를 지정한후 링크의 방향을 정의

③ 0차원 공간 객체 위상구조: 각 노드에서 만나는 링크들을 리스트

이러한 위상구조 정보는 여러 용도로 사용되는데, 우선 중첩, 네트워크 분석, 연속성 분석, 연결성 분석 등에 직접 적용되어 연산 시간을 감소시켜준다. 또한 디지털 데이터로 구축하는 과정에서 발생할 수 있는 데이터 오류를 확인할 수 있는데, 즉 위상구조 모델에서는 모든 폴리곤은 폐합되어 있어야 하며, 교차되는 2개 이상의 링크는 공유하는 노드를 가져야 한다. 따라서 이러한 위상구조 정보를 이용하여 입력시의 에러를 확인하고 수정하는 것이 가능하다. 위상구조 정보는 자동적으로 폴리곤의 폐합 여부 등을 확인함으로써 데이터 일관성을 검증하게 된다. 이러한 위상구조 정보의 생성으로 기존의 기하 공간 좌표 정보, 속성 정보에 추가되어 데이터의 양이 늘어나게 되며 위상구조 정보를 생성하는 데 일정한 연산시간이 요구된다.

스파게티 모델 Spaghetti Model

스파게티 모델은 공간적으로 서로 연관성이 없는 공간객체를 정의하는 데 사용된다. 예를 들어 두 선형 공간객체들이 교차할 경우에도 교차점을 가지지 않은 상태로 표현하게 된다. 즉 스파게티 모델에 의해 구축된 데이터들은 위상구조 모델에서 교차점을 가지는 경우가, 여기서는 교차점을 공유하지 않은 상태를 표현한다. 교차점이 없거나 연결되지 않은 데이터는 종종 디지타이저 등의 입력장치를 통해 입력할 때 발생하기도 하는데, 도로, 파이프, 행정구역 등의 입력 등에서 발생하게 된다.

실세계의 다양한 공간사상의 경우 이처럼 스파게티 모델을 기반으로 데이터가 구축되어야 하는 경우가 발생한다. 예를 들어 두 도로가 서로 만나는 것처럼 보이지만 실제

로는 한 도로가 다른 도로의 아래로 통과하는 경우가 발생할 수 있으며, 가스, 상하수도 파이프들이 서로 직각으로 설치되었지만 만나지 않고 위아래로 통과하는 경우가 있다. 이러한 실세계의 사상을 디지털 데이터로 구축하는 경우 스파게티 모델은 매우 효과적이다. 만일 이렇게 표현되어야 할 공간사상들을 모두 위상구조화 시킨다면 만나지 말아야 할 선형 공간 객체가 교차점이 생성되면서 연결되어 실제와 다르게 데이터 구축이 되는 오류가 발생하게 된다. 이러한 데이터 모델은 데이터 저장 및 데이터 검색이 순차적이어서 검색 시간이 때로는 오래 걸리고, 위상구조 정보를 저장하지 못하기 때문에 GIS에서는 필수적인 여러 공간분석, 공간검색을 수행하지 못하는 단점이 있다.

데이터 압축 Data Compression

GIS 디지털 데이터는 공간 객체를 표현하는 공간좌표 정보를 저장하며 공간좌표 단위, 수, 크기 등에 따라 데이터 양이 늘어나게 된다. 또한 레코드의 수가 늘어남에 따라 데이터 양이 커지며, 선, 면형의 경우 시작점과 끝점만 저장되는 것이 아니라 선을 따라 많은 중간점들 또한 저장되기 때문에 데이터 활용 목적에 따라 너무 정교하게 중간점을 입력하는 것을 유의해야 한다. 대부분의 자동화 기법은 이들 선형 공간 객체의 입력과 관련되며, 공간좌표의 정확도, 정밀도에 따라 얼마나 촘촘하게 점들을 입력할 것인지를 결정하게 된다.

한편 물리적인 공간 좌표 정보 저장시 반복적인 중복 부분을 제거하여 저장하고, 필요시 다시 연산하여 되돌려놓는 방식으로 사용된다. 예를 들어 그림 4.10에서처럼 기존의 데이터는 x, y 좌표 모두 5자리 단위로 저장되는데 공통적인 10,000, 70,000을 제거하면 각 레코드마다 그만큼 데이터 저장 공간이 작아지게 된다 (그림 오른쪽). 물론 이런 압축방법은 데이터의 기하학적인 변화를 주지 않기 때문에 손쉽게 사용될 수 있다.

그림 4.10 단순한 데이터 압축기법

기존 데이터

X좌표	Y좌표
10,234	70,423
10,264	70,684
10,723	70,183
…	…
…	…

→

압축된 데이터

10,000	70,000
234	423
264	684
723	183
…	…
…	…

*공간좌표값의 공통부분을 제거하여 저장

또 다른 데이터 압축 방법은 물리적으로 불필요한 중간점을 선에서 제거시키는 방법이다. 이는 지도 일반화에서 자세히 다루어지겠지만, 디지털 데이터의 정확도, 정밀도, 세밀한 정도 등과 관련한 일정한 기준을 설정한 후, 이러한 기준에 맞게 중간점들을 자동적으로 (또는 수동적으로) 제거할 수 있다. 제거할 중간점들을 선택하고 제거하는 방법은 다양한데, 일정한 간격으로 점들을 제거할 수 있고(예를 들어 1, 6, 11, 16, … 중간점을 제거), 또는 일정한 허용오차를 설정하여 그 허용오차내에 존재하는 중간점을 삭제할 수 있다.

공간 객체의 변화

공간 객체(spatial object)는 실세계의 공간사상들이 시간에 따라 변하는 것처럼 그 표현 또한 변화를 반영하여 갱신되어야 한다. 즉 새로운 공간 객체가 생성되거나 기존의 공간 객체가 사라질 수 있으며, 공간 객체의 특성이 변경되기도 한다. 이러한 공간 객체의 변화는 다음과 같이 3가지 경우로 유형화될 수 있다.

우선 공간 객체의 속성 측면이 변화될 수 있다. 즉 공간 객체가 지닌 속성이 변경되는 경우인데, 빌딩 소유주가 바뀌거나 토지 이용이 변경되는 경우가 그러하다. 두 번째 경우는 공간 객체의 기하 측면이 변화되는 것인데, 공간 객체의 위치, 방향, 크기, 모양 등이 바뀌는 것으로서 이에 따라 공간객체 관계의 위상구조 또한 바뀔 수 있다(그림 4.11).

그림 4.11 공간 객체의 기하 측면 변화의 예

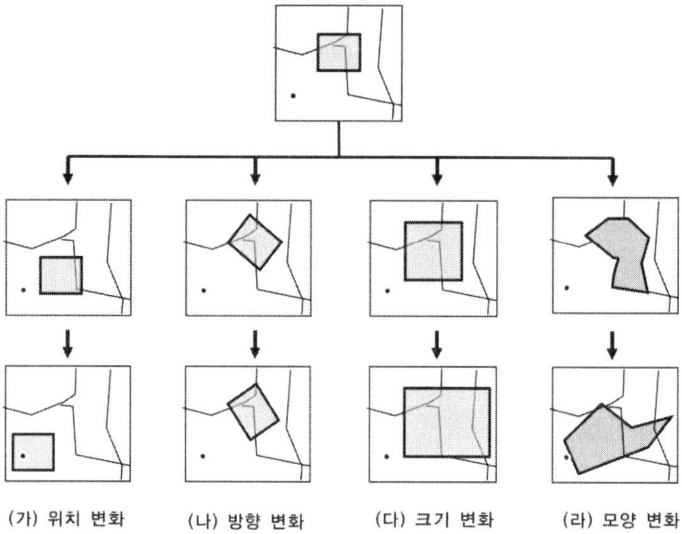

출처 : Groot and McLaughlin, 2000, 169, Figrure 10.16

세 번째는 공간객체의 관계가 변경되는 경우로, 예를 들면 결합 관계가 변화되는 것이다. 그림 4.12에서처럼 여러 인접 공간 객체들이 병합되거나(가), 분리되거나(나), 또는 새로운 객체가 기존 공간 객체를 대체하는 것이다(다).

그림 4.12 공간 객체의 결합관계 변화의 예

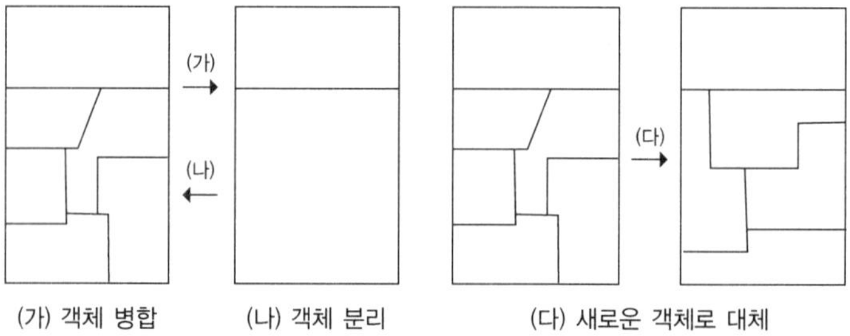

출처 : Groot and McLaughlin, 2000, 169, Figure 10.17

3) 래스터 데이터 모델 Raster Data Model

래스터 데이터 모델(raster data model)은 그리드 데이터 모델(grid data model)이라고도 하며, 벡터 데이터 모델과 더불어 중요한 GIS 데이터 모델이다. 래스터 모델은 지표를 기하학적인 격자형태로 나누어 공간사상을 표현하려고 한다. 즉 그리드 셀(grid cell)이라고 불리는 정사각형의 최소단위들의 집합으로 공간사상을 표현하는데, 하나의 그리드 레이어는 단위 셀들의 집합으로 구성된다.

래스터 데이터 구조는 벡터 데이터 구조에 비해 상대적으로 정확한 위치 정보를 제공하지 않는데, 지리 공간을 격자형의 그리드로 나누고 객체 유형으로 특정 위치를 표현하기보다 연속적인 셀들이 가지고 있는 속성값을 통해 표현하기 때문이다. 비록 래스터 데이터 구조에서 절대 공간 위치를 표현하기 힘들지만, 단위 셀의 크기를 조절함으로써 원하고자 하는 정확도로서 해상도를 조절할 수 있다. 그리고 벡터 데이터 모델에서의 0, 1, 2차원 공간 객체 유형은 하나의 픽셀(pixel), 또는 픽셀들의 집합으로 간접 표현될 수 있다.

그림 4.13 래스터 데이터 구조

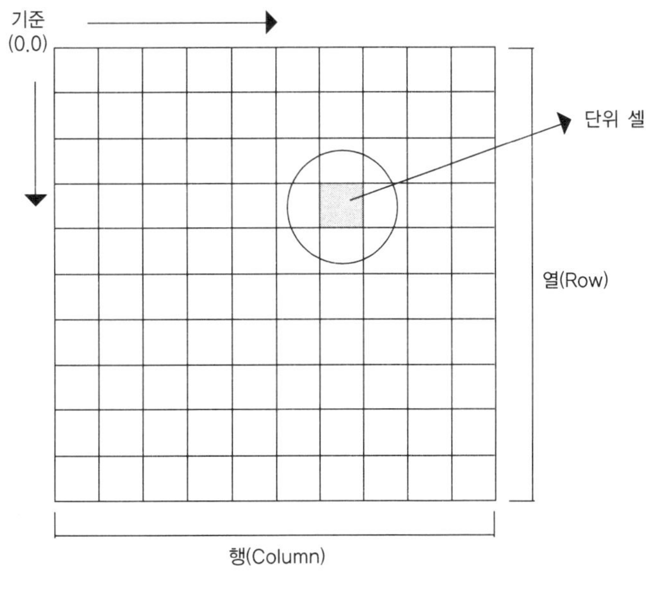

래스터 데이터 구조는 데이터들의 기준점(origin), 행(column)과 열(row)의 수, 그리고 단위 픽셀(pixel)의 크기 등의 정보로 구성된다. 각 셀은 고유의 속성 값이 있다. 래스터 데이터 모델에서 각 픽셀에 속성을 부여하는 주요 방법엔 2가지가 있다. 첫 번째 방법은 각 픽셀에 속성을 나타내는 일련의 단일 숫자값을 부여하는 것이다. 이 경우 일반적으로 한 가지 유형의 속성값만을 저장할 수 있다. 예를 들어 토지 이용 관련 속성 부여의 경우 주거지역은 속성값으로 '1', 상업지역은 '2', 공업지역은 '3' 등으로 약속하여 해당 셀에 속성값을 부여할 수 있다. 이때 하나의 래스터 레이어는 하나의 속성을 저장할 수 있는 구조가 일반적이다. 반면 두 번째 방법은 그리드 셀을 DBMS와 연결시키는 방법으로, 각 픽셀에 해당하는 여러 속성값들을 DBMS에 저장하고 고유키 정보를 이용하여 액세스하는 방법이다. 이 경우 다양한 속성을 DBMS내에서 검색, 활용할 수 있는 장점을 가진다.

래스터 구조의 장점은 공간사상을 표현하는 방법으로서 상대적으로 쉽게 개념화할 수 있다는 것이다. 즉 분석이나 처리 등을 위해 복잡한 실세계의 공간사상을 개념화하고 이를 컴퓨터 구조로 바꾸는 것은 쉬운 일이 아니다. 그러나 래스터 구조를 통해 공간사상을 개념화함으로써 보다 손쉽게 효율적으로 공간 분포와 패턴을 인식할 수 있다. 또한 실생활에 존재하는 다양한 데이터를 바로 래스터 데이터 구조로 변환할 수 있는데, 즉 최근 저렴한 가격으로 대중화되고 있는 스캐너를 이용해서 얻은 다양한 수치 이미지들을 바로 래스터 구조로 변환할 수 있으며, 또한 다양한 인공위성 이미지 데이터들을 변화없이 그대로 사용 가능할 수 있다. 이외에도 래스터 데이터 구조를 이용하여 손쉬운 연산 처리가 가능한데, 각 주제 또는 범주별로 래스터 레이어들을 가지고 있을 때 중첩(overlay) 연산을 이용하여 다양하게 분석을 수행할 수 있는 장점이 있다.

반면 래스터 데이터 구조의 단점으로는 공간 정확도가 낮기 때문에 거리 측정이나 지역에 대한 면적 측정 등의 어려움이 있으며, 종종 많은 저장 공간을 요구하기도 한다(이러한 문제를 해결하기 위해 래스터 데이터를 효율적으로 저장하는 방식이 개발되고 있다). 또한 래스터 구조의 경우 벡터 모델에서 자연스럽게 표현되는 선형 공간객체를 셀 크기에 따라 불연속 또는 직각형태로 표현할 수 있다. 이외에도 한 레이어에서의 해상도가 동일하게 적용되기 때문에 한 레이어내에서 상대적으로 상세하게 표현되어야 할 공간사상과 덜 상세할 필요가 있는 공간사상이 동일하게 적용되어 표현된다.

그림 4.14 단순 래스터 데이터 구조

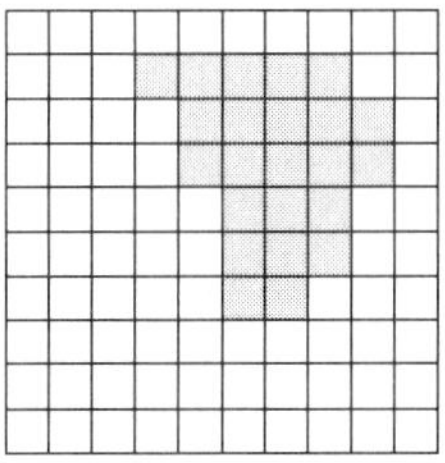

(가)
데이터 모델

0	0	0	0	0	0	0	0	0	0
0	0	0	1	1	1	1	1	0	0
0	0	0	0	1	1	1	1	1	0
0	0	0	0	1	1	1	1	1	0
0	0	0	0	0	1	1	1	0	0
0	0	0	0	0	1	1	1	0	0
0	0	0	0	0	1	1	0	0	0
0	0	0	0	0	0	0	0	0	0
0	0	0	0	0	0	0	0	0	0
0	0	0	0	0	0	0	0	0	0

(나)
셀값

```
10, 10, 1
0, 0, 0, 0, 0, 0, 0, 0, 0, 0
0, 0, 0, 1, 1, 1, 1, 1, 0, 0
0, 0, 0, 1, 1, 1, 1, 1, 1, 0
0, 0, 0, 0, 1, 1, 1, 1, 1, 0
0, 0, 0, 0, 0, 1, 1, 1, 0, 0
0, 0, 0, 0, 0, 1, 1, 0, 0, 0
0, 0, 0, 0, 0, 0, 0, 0, 0, 0
0, 0, 0, 0, 0, 0, 0, 0, 0, 0
0, 0, 0, 0, 0, 0, 0, 0, 0, 0
```

(다)
파일 구조

출처 : Jones, 1997, 49, Figure 3.6

래스터 데이터를 효율적으로 저장하는 방식

래스터 데이터를 그대로 저장하면 많은 데이터 용량을 차지하는 경우가 있다. 따라서 같은 래스터 데이터 값을 보다 효율적인 방법으로 저장하게 되면 그만큼 작은 데이터 크기로 저장할 수 있는 이점이 있다. 다음은 중요한 4가지 저장방식이다. 첫 번째 방식은 런-랭뜨 인코딩(Run-Length Encoding) 방식이다. 이전의 방식에서 래스터 데이터는 단순하게 각 필셀의 속성값들을 순차적으로 기록하여 비효율적이었다. 그러나 런-랭뜨 인코딩 방식을 이용하면, 파일 크기를 획기적으로 줄일 수 있는데, 즉 속성값과 그 속성값이 계속되어 끝나게 되는 칼럼의 번호만을 파일에 기록하는 것이다. 예를 들어 그림 4.15 (가)에서처럼 1열을 살펴보면, 1의 속성값이 네 번 반복된다. 따라서 이것을 속성값으로 1을 기록하고, 1열 다섯 번째부터 2가 연속되어 9행에서 끝난다. 이후 속성값 6이 연속되어 26행까지 진행된다. 이러한 방식으로 연속된 속성값을 적은 저장공간에 표현할 수 있다.

두 번째 방법은 래스터 체인 코드(raster chain codes) 방식이다. 이 방법은 공간객체의 경계를 정의함으로써 작업을 감소시키는 방법인데, 공간 객체의 경계를 지나는 픽셀 정보를 저장함으로써 공간 객체를 인식하는 방법이다. 이때 그 경계를 나타내는 선에 대한 정보를 저장하기 위해 시작 위치(origin)가 필요하며, 경계를 따라 이동하게 되는 방향 정보 또한 요구된다(그림 4.15 나). 세 번째 방법은 블럭 코드(block codes) 방식이다. 이 방법은 첫 번째의 런-랭뜨 인코딩 방법을 2차원으로 확장한 것으로, 데이터를 저장하기 위해 다양한 크기의 정사각형 모양의 블록으로 픽셀의 값을 표현한다. 이 방식에서는 블록 크기, 블록의 수, 블록의 왼쪽 - 상단의 픽셀 위치에 대한 정보가 요구된다. 블록 크기는 정사각형 형태로서 1, 4, 9, 16, ...의 픽셀 수로 크기가 달라지며, 이들 블록에 대한 수가 몇 개인지에 대한 정보, 그리고 그 블록이 어디에 위치하는지에 대한 정보가 저장된다(그림 4.15).

마지막 방법으로는 쿼드트리(Quadtrees) 방식으로, 전체 래스터 데이터를 같은 모양과 같은 면적을 가지도록 픽셀을 나누고, 나누어진 부분을 같은 방식으로 다시 나누며 이를 반복하여 데이터를 저장하는 것이다. 즉 전체 데이터를 균일한 4개의 정사각형 부분으로 나누고, 각 부분의 동일한 속성값을 가지고 있는지 조사하여 같은 값을 가지는 부분은 그대로 저장되지만, 여러 값을 가지는 부분은 다시 4개의 정사각형 모양으로 나눈다. 그리고 다시 나누어진 4개의 부분을 조사하여 동일한 속성값을 가지는 부분은 그대로 유지되고, 아닌 부분은 다시 4등분하게 되며, 이러한 과정은 이질적인 속성값이 존재하는한 계속 반복한다. 이러한 결과로 이 래스터 데이터는 4등분한 트리 구조를 나타내게 된다.

그림 4.15 래스터 데이터 저장 방식

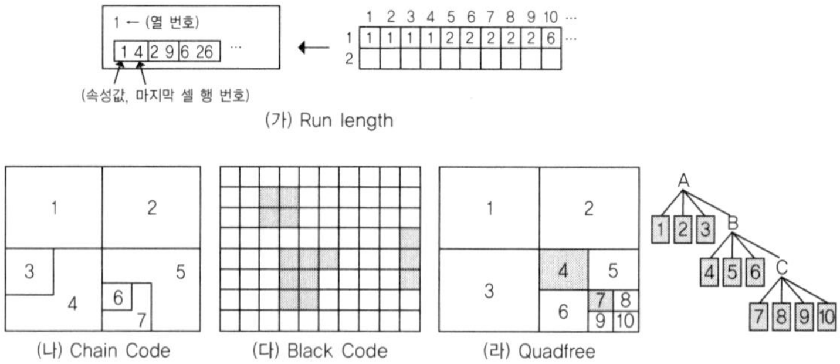

벡터, 래스터 표현

실세계의 공간사상은 래스터 모델과 벡터 모델 모두에 의거해 표현될 수 있다. 그림 4.16에서 보는 것처럼 빌딩, 전력, 삼림지역 등 다양한 공간 차원의 공간사상들이 래스터 또는 벡터로 표현될 수 있다. 래스터 데이터 구조의 경우 해당 위치에 있는 셀이 특정한 속성값을 기억하고 있는 데 반해, 벡터 데이터의 경우 x, y 축을 중심으로 해당 위치에 점이 표시되며, 1, 2차원의 경우 중간점을 연결하여 표현된다.

그림 4.16 공간 객체의 래스터, 벡터 표현

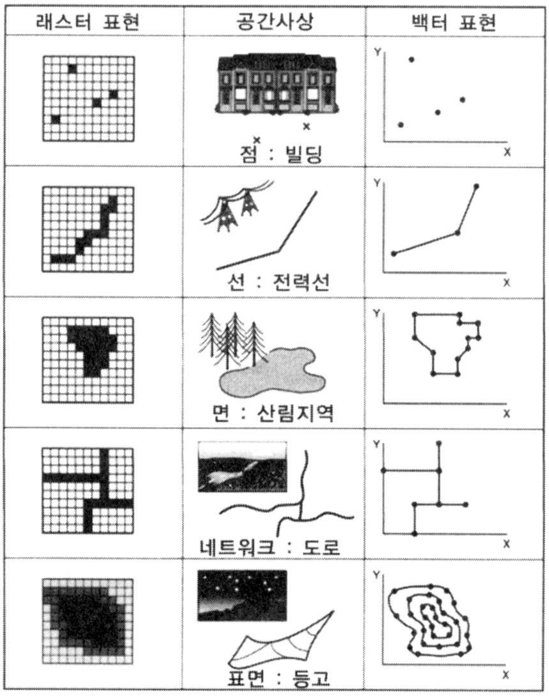

출처 : Jones, 1997, 48, Figure 3.4

같은 데이터 구조라도 그 데이터에 적용되는 해상도에 따라서 표현되는 데이터 성격이 달라지게 된다. 그림 4.17에서처럼 동일한 공간사상인 도로망을 표현할 때 서로 다른 해상도가 적용되어 표현되는 경우 래스터나 벡터의 데이터 정확도와 데이터 양 등이 달라진다.

그림 4.17 다양한 해상도의 래스터, 벡터 데이터 표현

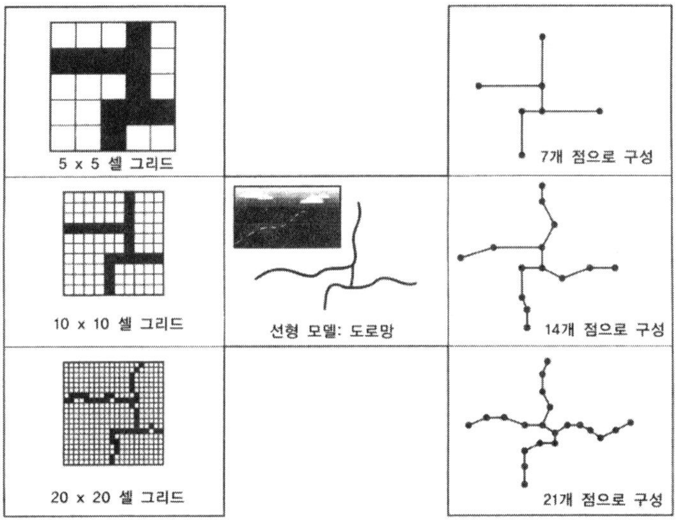

출처 : Jones, 1997, 49, Figure 3.5

표 4.1 벡터 데이터 모델과 래스터 데이터 모델

	벡터 데이터 모델	래스터 데이터 모델
장점	· 객체 데이터 모델의 표현에 효율적 · 간결하고 명확한 데이터 구조 · 위상구조 정보 저장 및 활용 가능 · 공간 객체 단위로 데이터 저장, 검색 · 공간, 속성 정보의 검색, 갱신, 일반화 가능	· 필드 데이터 모델 표현에 효율적 · 상대적으로 단순한 데이터 구조 · 데이터 구조로 인한 빠른 연산 가능 · 규칙적인 데이터 구조에 따른 수학 모델 적용
단점	· 복잡한 데이터 구조 · 공간 연산이 복잡하고 수행시간이 많이 걸릴 수 있음 · 위상구조 정보 없이 벡터 데이터를 이용한 시뮬레이션이 상대적으로 복잡	· 불필요한 데이터 저장 용량이 요구되기도 함 · 래스터 데이터 해상도에 따라 정보 손실의 가능성 · 정확한 위치 및 형상 파악이 상대적으로 어려움 · 좌표변환이 어려움

출처 : Burrough and McDonnel, 1998, 70에서 재정리

4) 고급의 데이터 모델

TIN Triangular Irregular Network 모델

TIN(Triangular Irregular Network) 데이터 모델은 불규칙적으로 존재하는 일련의 삼각형을 생성하여 배열된 것이다. 불규칙하게 존재하는 점들은 공간좌표로서 x, y 좌표 외에도 높이값과 같은 z값을 가지고 있으며, 이들 점들을 연결하여 동일한 특성을 가지는 여러 삼각형들을 생성하게 된다. TIN 모델은 모든 점들의 x, y, z 좌표값을 저장하며, 또한 삼각형의 방향, 경향 등의 정보를 저장한다. 이 삼각형은 이전에 언급된 것처럼 위상구조와 함께 구축되는데 삼각형을 구성하는 노드 정보, 인접 삼각형의 정보 등을 테이블로 저장하게 된다.

그림 4.18 TIN 데이터 구조

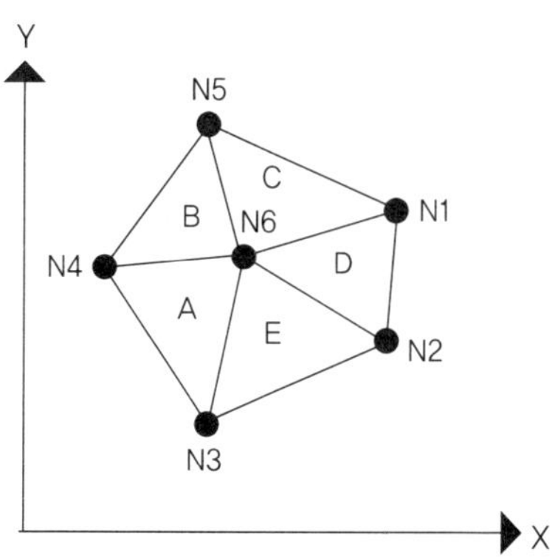

공간 좌표 테이블

노드	좌표
N1	X1, Y1, Z1
N2	X2, Y2, Z2
N3	X3, Y3, Z3
N4	X4, Y4, Z4
N5	X5, Y5, Z5
N6	X6, Y6, Z6

트라이앵글 테이블

ID	인접 트라이앵글
A	B, E
B	A, C
C	B, D
D	C, E
E	D, A

트라이앵글/노드 테이블

ID	연결 노드
A	N3, N4, N6
B	N4, N5, N6
C	N1, N5, N6
D	N1, N2, N6
E	N2, N3, N6

삼각형을 생성하기 위해 점들을 선택할 때 여러 다양한 알고리즘이 존재하는데, 규칙적인 배열로 구성된 그리드, 불규칙적인 점들의 집합들로부터 삼각형이 생성된다. 삼각형은 3점을 이용하여 3점을 통과하는 외접원을 그린 후 이 외접원내에 다른 점이 존재하는지를 확인한다. 만일 다른 점이 그 원안에 없다면, 새로운 삼각형이 생성된다. 이러한 방법을 Delaunary triangle이라 한다. TIN 모델은 grid 모델에 비해서 삼각형을 생성하는 시간이 많지만, 저장하는 데 효율적이다. TIN 모델은 지형 등을 표현하는 데 매우 효과적인 모델이며 따라서 입체적인 지형표현에 많이 사용된다.

3차원 공간객체 모델

실제 지구상의 공간사상들은 모두 3차원 실체이다. 따라서 공간사상들이 0, 1, 2차원 공간 객체로 표현되는 데 한계가 있으며 그만큼 왜곡이 수반된다. 따라서 3차원 공간 객체의 중요성이 최근 급격히 대두되고 있다. 실제로 우리가 GIS 분야에서 말하는 '3차원' 이라는 말은 엄밀히 말해 2.5차원인 경우가 대부분이다. 즉 3차원 공간상에서 공간 객체를 표현하기 위해서는 공간 객체가 지표(ground), 위치(x, y 좌표), 높이(elevation)라는 3가지 차원상에 기반하고 있어야 한다. 이러한 3차원 공간 객체 표현은 단순히 지표의 지형적 측면뿐만 아니라, 건물 등도 표현된다. 그러나 현재 GIS에서 표현되는 3차원 공간 객체의 구현은 이론적으로나 실제적으로도 한계가 있는데, 즉 단순히 지형 데이터 등이 수직적 표현을 위해 가상 입체적인 지도 디스플레이를 제공하는 수준이다. 엄밀한 의미에서 3차원 공간 객체는 특정 위치에서 2가지 이상의 체계적 표현이 가능한지를 보여주어야 한다. 그림 4.19에서 보는 것처럼 3차원 공간객체는 X, Y, Z 차원에서 표현되며 각각 서로 다른 차원에 따라 표현이 달라지게 된다.

3차원 공간 객체의 정의 및 표현은 실세계 공간사상들의 표현뿐만 아니라 이를 위한 관리 측면에서도 매우 중요하다. 예를 들어 다양한 도로, 전력, 상하수도 등 기반 시설물들을 디지털 지도화하고 이를 관련 속성과 함께 유지관리하는 것은 현재 매우 중요한 응용 분야인데, 이때 특정 위치에서 상하수도관들이 서로 만나지 않은 상태에서 위아래로 지나가는 경우가 있으며 이를 효과적으로 표현해야 한다. 또한 지상뿐만 아니라 지표 아래 공간상에서도 다양한 공간 객체들이 수직적 관점에서 표현될 필요가

그림 4.19 3차원 공간 객체 표현의 예.

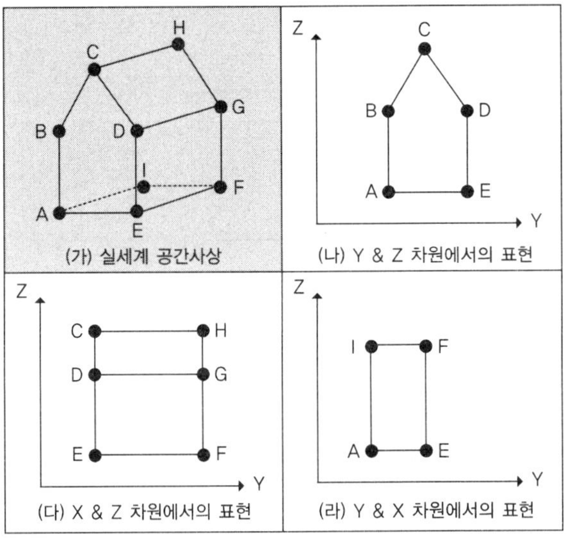

*X, Y, Z 차원에서의 표현이 각각 다르게 나타난다.

있다. 이러한 경우 3차원 공간 객체의 중요성이 더 두드러지게 된다.

DEM Digital Elevation Model

3차원 공간 객체를 위한 모델로서 TIN 모델은 벡터 기반의 모델인 반면, DEM (Digital Elevation Model)은 래스터 데이터 구조 기반하에 x,y 좌표 외에도 z좌표를 함께 저장하고 있다. DEM 데이터 모델은 래스터 셀이 z 값을 저장하고 있는데, 일반적으로 고도(또는 높이) 정보를 z값으로 저장하고 있다. 이러한 DEM 모델로 구축된 데이터를 DEM 데이터라고 하며, 고도 정보를 자체에 저장하고 있기 때문에 이를 이용하여 지형에 대한 지도 디스플레이가 가능하며, 고도 정보를 바탕으로 다양한 데이터 분석 및 연산이 가능하다. 예를 들어 지형분석에 DEM 데이터가 많이 사용되는데, 고도 정보를 이용하여 지형 기복의 정도를 알 수 있으며, 이를 토대로 하천, 하천 유역 등의 산출도 가능하다(표 4.2).

표 4.2 DEM으로부터 얻어지는 주요 정보들 (예)

정 보	정 의	적 용
고도 (Elevation)	고도 (또는 높이, 등고) 정보	지형 등고 측정, 기압, 온도 등고 측정 등
경사 (Slope)	고도의 변화율	지형의 경사도, 지형 변화 등
향(Aspect)	가장 급한 경사 방향	태양빛 발산, 식생 정보 등
단면 곡률도 (profile curvature)	경사의 변화율	유속정도, 식생 정보 등
평면 곡률도 (plan curvature)	향의 변화율	유로의 이집산 정도, 토양수 정보 등
하천 길이	지형 최상부(정상)에서 가장 긴 유로의 길이	하천 수 측정 등
하천 유역	해당 하천의 유역면적	하천분석 등
Viewshed	지형에서의 가시권역	통신권역, 송수신 권역 등

출처 : Burrough and DcDonnel, 1998, 204, Table 8.1

그림 4.20 DEM 데이터의 시각적 표현 예

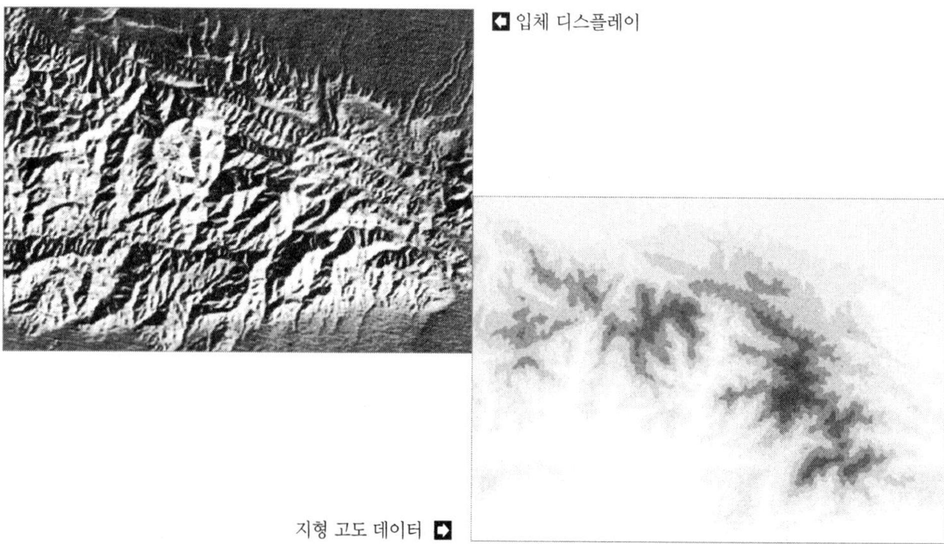

시간의 표현

앞서 0, 1, 2, 3차원 공간 객체 모델에 대해 언급하였다. 이들 모델은 공간이라는 측면을 다룬 것인데, 실제 세계는 시간(time)이라는 또 하나의 차원이 통합적으로 공간과 결합되어 있다. 시간이 지남에 따라 공간 객체의 위치와 기하학적 특성이 변할 수 있으며, 또한 공간 객체의 속성 정보가 변경될 수 있다. 따라서 시간 차원을 고려해서 데이터 모델을 고려하는 것이 필요할 수 있다.

우선 공간 객체의 위치나 기하 정보가 변경될 수 있다. 전자의 예를 들면, 자동차가 움직이는 경우 시간에 따라 위치가 바뀌게 되는 경우이다. 이러한 경우 각 공간 객체의 변경된 위치를 기록해야 하며 이를 지도에 반영해야 한다. 후자는 행정구역의 형상이 시간이 지남에 따라 변경되는 경우이다. 더 나아가 공간 객체의 위치나 기하 특성이 변화함에 따라 관련된 공간 관계인 위상구조 또한 변경될 수 있다. 예를 들어 행정구역의 분할 또는 통합으로 공간 객체(여기서는 행정단위)들 간의 위상구조 정보 또한 변경될 수 있다. 이러한 변경사항은 시간측면을 고려해서 데이터에 반영해야 한다.

그러나 실제적으로 시간이라는 차원을 GIS 데이터 모델에 적용하기는 쉽지 않다. 현재까지 시간이라는 요소는 GIS 데이터 모델에서 무시되어 왔으며, 제한적인 측면에서만 고려되어 왔다. 즉 일정한 시간 차원에서의 레이어를 구축하고, 시간이 지남에 따라 레이어를 새롭게 생성하여 이를 저장, 유지 관리, 비교하는 일인데, 예를 들면 수도권 도시화 과정이라는 주제로 1950, 60, 70, 80년대를 각각 레이어로 구축하여 변경사항을 해당 레이어에 저장, 반영하는 것이다. 이전에는 이러한 작업을 특정 시점마다 종이지도를 작성하여 관리, 비교했었다. 따라서 만일 효과적으로 시간 차원을 GIS 데이터 모델에 통합하여 표현할 수 있다면 보다 완벽한 데이터 표현이 가능할 것이다.

현재까지 GIS에서 시간 요소를 다루는 가장 보편적인 방법은 '시간' 을 공간사상의 속성으로 다루는 것이다. 따라서 공간 객체를 정의하고 이와 관련하여 시간이라는 속성 필드를 생성하여 정보를 기록하는 것이다. 예를 들면 주택에 '건축년도' 라는 속성을 생성하고 정보를 입력하는 것이다. 따라서 목적에 따라 시간이라는 속성 필드가 여러 개 필요할 수 있으며 모든 시간적 변화는 레코드 단위별로 기록될 수 있다. 또한 특정 시점에서의 공간 특성이나 속성을 기록할 수 있으며, 특정 기간에서의 변화를 기록할 수 있다. 예를 들어 1950, 60, 70, 80, 90년의 행정구역별 인구를 기록할 수 있으며, 1950~60, 60~70, 70~80, 80~90년 기간대의 행정구역별 인구변화를 기록할 수 있다. 이러한 2가지 시간 기준은 목적에 따라 다르게 적용될 수 있다.

네트워크 모델 network model

1차원 공간객체 모델의 확장인 네트워크 모델(network model)은 도로(교통), 상하수도, 가스, 전력, 통신 시스템 등에 다양하게 적용되어 사용되고 있다. 이중 GIS 분야에서 가장 보편적으로 적용된 네트워크는 교통 네트워크이다. 즉 도로를 1차원 공간 객체로 표현하고 도로의 교차점이나 끝점을 0차원 공간객체로 표현하며, 이 모델을 기반으로 ① 자원이나 공간 객체를 공간상에서 이동시키거나 ② 중심지를 중심으로 자원이나 공간 객체를 배분(할당)하는 상황에 효과적으로 활용되고 있다.

네트워크 모델은 링크(link)와 노드(node)로 구성되어 있으며 다음 3가지 기본 관계를 토대로 하고 있는데, ① 연속적이고 연결된 네트워크 ② 네트워크상에서 이동 규칙 ③ 이동으로 인한 속성값의 변경 가능성이다.

그림 4.21 네트워크 모델

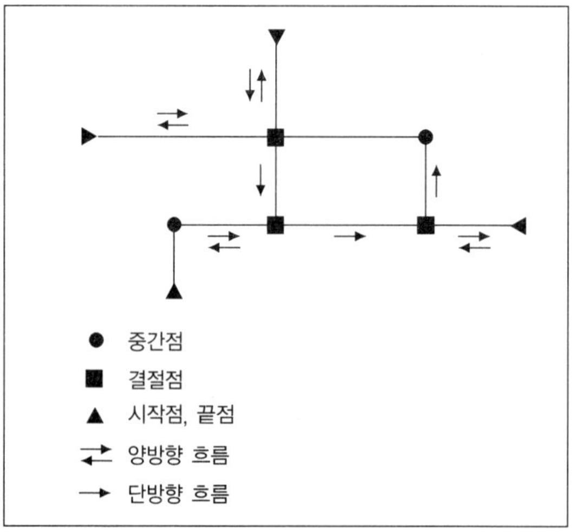

출처 : Jones, 1997, 59, Figure 3.13

각 링크 또는 노드에는 속성과 길이, 공간 위치, 연결성에 대한 정보가 있으며, 이동(또는 흐름)과 관련하여 이동을 방해하는 정보 또한 가질 수 있다. 예를 들어 도로 네트워크를 구축하는 경우, 각 구간 도로를 링크로서 구축하고, 도로가 만나는 교차점을 노드로 구축하며, 도로의 속성(예를 들어 도로명, 도로구간제한속도, 차선수 등)뿐 아니라 또한 도로 작업, 교통 현황, 신호등 등의 정보도 기록될 수 있다. 이렇게 구축된 도로 네트워크를 이용하여 다양한 응용시스템이 가능하다. 예를 들어 특정 지점에서 다른 지점까지 도로상에서 가장 빠른 최단거리 경로(shortest path)를 산출하거나, 또는 최소비용으로 이동할 수 있는 경로를 산출할 수 있다. 또한 여러 중심지를 방문하려고 할 때 최적의 이동경로(예: 신문, 우유배달 경로)를 산출할 수도 있다.

5) 다중 데이터 모델 Multiple Data Model

수직 레이어 Vertical Layer

수직적인 측면에서의 GIS 데이터는 물리적인 레이어 단위를 구성하고, 동일한 지역을 가지는 레이어들이 존재한다. 다양한 공간 객체들을 레이어별로 분류하고 구성하는 규칙은 여러 요소를 고려하여 이루어진다. 예를 들어 항상 함께 사용되는 공간 객체 여부, 논리적으로 연관되어 있는 공간 객체 여부, 동시에 갱신, 유지관리되어야 하는 공간 객체 여부, 함께 표현되어야 하는 공간 객체 여부 등이다.

그림 4.22 다중 레이어의 예

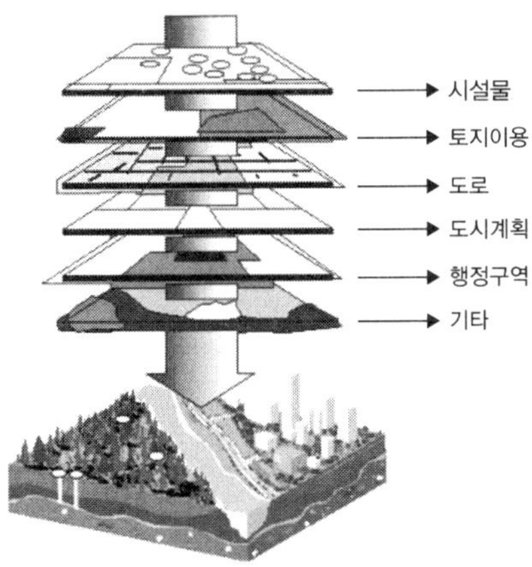

레이어를 구성하는 주제의 선택은 얼마나 레이어내의 데이터들이 효율적으로 사용될 수 있는지에 따라 결정된다. 일반적으로 각 레이어에는 객체 유형이 정의되고 레이어 단위로 함께 처리된다. 또한 사용목적이나 분석 용도 등에 따라 동일한 종류의 공간 객체는 같은 레이어에 포함되기도 하고 다른 레이어로 분류될 수도 있다. 논리적인 관점에서 동일한 종류의 공간 객체가 단일한 레이어를 구성하는 것이 각각 개별적으로 레이어를 구성하는 것보다 데이터 양을 감소시킬 수 있다는 측면에서 선호된다. 하지만 필요에 따라 한 레이어에 포함된 여러 공간 객체들은 비록 동일한 종류의 공간 객체라 하더라도 다른 레이어로 나누어질 수 있다.

그림 4.23 상이한 분석목적에 따른 다중 레이어 구성방식의 예

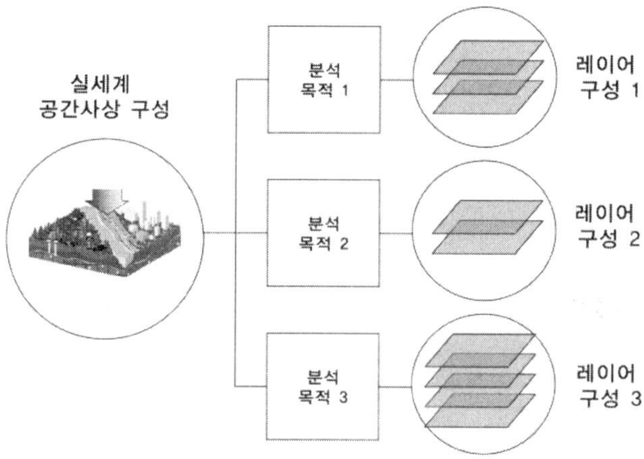

수평 레이어 horizontal layer

수평 레이어는 방대한 지역이나 데이터 양이 많은 경우 해당 레이어를 타일처럼 분할하여 하위 레이어들을 생성하여 저장, 유지 관리하는 것이다. 수평 레이어에서 타일처럼 여러 인접 도엽들로 구성되는 것은 해당 지역의 데이터 양이 많은 경우 많이 사용된다. 개별 타일처럼 하위 도엽들은 개별 파일단위로 저장되며, 사용자에게는 연속적인 지도처럼 디스플레이된다. 해당 지도 데이터들은 동일한 좌표체계 및 패러미터 정보를 가지는 것이 일반적이며 필요시 타일화된 지도 도엽 데이터들을 효과적으로 관리하기 위해 색인 도엽을 생성하거나 도엽들을 관리하는 색인 테이블이 요구되기도 한

다. 현재 국가 1:25,000, 1:50,000 기본도는 단위 도엽으로 전체 지도가 구성되고 있으며, 필요시 인접 도엽들과 함께 디스플레이되거나 사용될 수 있다.

만일 연속적인 한 레이어를 분할하여 타일처럼 관리하고 싶다면 목적에 따라 타일 도엽의 크기, 공간 범위 등을 결정하여 분할하여 관리할 수 있다. 이때에도 분할된 단위 도엽들의 데이터 크기가 효과적으로 다루어질 수 있도록 고려해야 하고, 저장되는 미디어와 물리적인 데이터 포맷 또한 고려되어야 한다. 이러한 데이터 분할 관리 방식은 주로 파일 구조로서 데이터를 저장하는 GIS 소프트웨어에서 채택하여 사용하고 있다. 파일 구조는 방대한 양의 데이터를 한 파일 형태로 관리하는 데 제약이 있으며, 또한 전체 지역 중 특정 지역만을 대상으로 한 디스플레이, 분석 등의 수행에 한계가 있었다. 반면 DBMS는 대용량의 데이터 처리에 효과적인 데이터 구조이기 때문에 레이어를 분할하지 않고 연속된 하나의 지역으로 관리할 수 있다.

그림 4.24 수평 데이터 레이어 구조

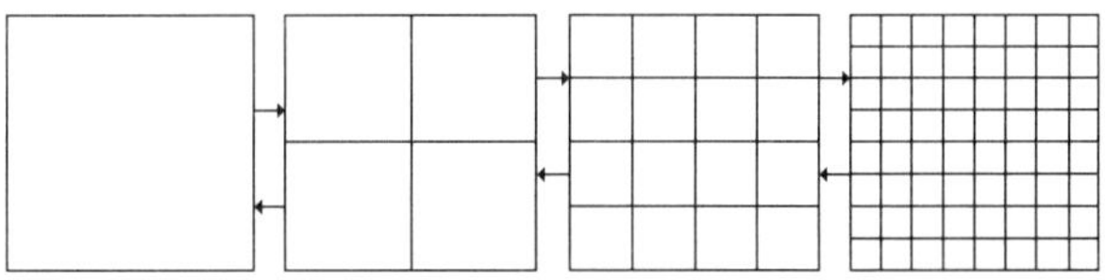

*서로 다른 해상도를 가진 수평 레이어들을 구축할 수 있으며, 이들은 위계적 구조로 공간적 연관성을 가진다.

3 GIS 데이터베이스 모델

GIS 데이터 모델은 물리적으로 어떤 방식으로 GIS 데이터가 저장, 유지 관리되느냐와 관련이 있다. 실제로는 파일 구조부터 DBMS에 이르기까지 다양한 모델이 존재하며 각 모델마다 각각 장단점이 있다. 그러나 컴퓨터 분야와 정보 분야의 기술 발전에 따라 새로운 기술이 GIS에 적용됨으로써 보다 효율적으로 저장, 유지 관리할 수 있는 모델이 개발되며, 또한 데이터의 크기가 기하급수적으로 커짐에 따라 이를 관리할 수 있는 모델이 개발되고 있다.

1) 파일 구조 모델

공간 데이터 모델을 토대로 공간 데이터를 수치화하여 컴퓨터에 저장할 때 가장 기본적으로 사용되는 방식이 파일 구조 모델이다. 이 방식은 물리적으로 GIS 데이터를 파일 구조로 저장하는데, 즉 공간 데이터 뿐만 아니라 속성 데이터 또한 파일 구조로 저장된다. 대표적으로 일반 PC에서 운영되는 데스크탑용 GIS 소프트웨어는 GIS 데이터를 파일 구조로 저장하며, 이는 워드 프로세서나 스프레드 시트에서 결과 파일을 저장하는 것처럼, 사용자가 지정한 이름으로 GIS 데이터가 저장되는 것이 보통이다. 따라서 이러한 모델은 사용자들이 쉽게 접근하고, 다룰 수 있다는 장점은 있지만, 파일 구조라는 한계 때문에 데이터의 규모가 커지거나 많은 데이터들을 연결시켜 처리해야 하는 경우에는 비효율적이다. ArcView GIS의 shapefile 포맷, MapInfo의 MIF 등이 대표적이다.

그림 4.25 파일 구조 GIS 모델

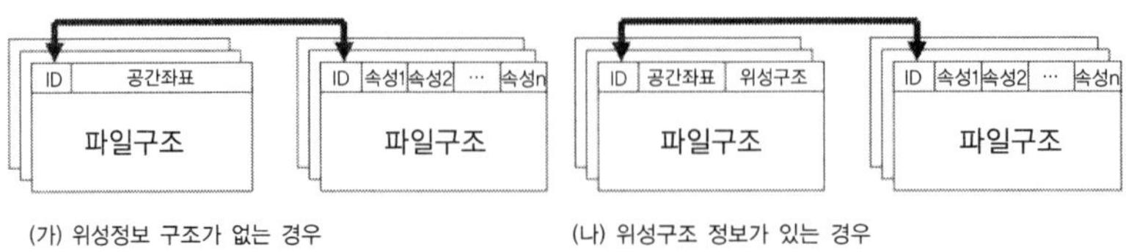

2) 병합 데이터 모델 Hybrid Data Model

이 병합 데이터 모델은 GIS 데이터로서 공간 데이터와 속성 데이터를 다른 방식으로 저장, 유지 관리하는 동시에, 이들 두 데이터를 연결하여 활용하는 방식이다. 즉 파일 구조 모델은 공간 데이터를 다루는 데는 효율적이지만 속성 데이터를 다루는 데는 비효율적이기 때문에, 데이터베이스 관리 시스템(DBMS)이 속성 데이터를 저장, 유지 관리한다. 공간 데이터는 파일 구조에서 최적이고, 속성 데이터는 데이터베이스 모델에서 최적이라고 생각한 이 병합 데이터 모델은 두 데이터 유형을 상응하는 고유 키(unique identification) 정보를 이용하여 연결시킨다. 이 모델에 의하면, 공간 데이터 부문과 관련하여 요구되는 좌표 정보(기하 정보)와 위상구조 정보는 각각 개별 파일로 존재하게 되며, 속성 데이터 부문에서는 각 공간 객체와 관련된 속성 데이터가 테이블 형태로 저장된다. 이러한 병합 모델은 래스터 데이터 모델과 벡터 데이터 모델이 같은 시스템상에서 운영가능하도록 해준다. 이러한 접근방법은 종종 전반적인 GIS 구조내에서 그리드 모듈과 DBMS를 연결하는 데 사용되기도 한다. 나아가 다중 속성들이 DBMS에 저장될 수 있기 때문에, 분석 능력은 증가하고, 저장공간은 절약될 수 있다. 현재 ArcGIS 7.x 버전과 Intergraph의 MGE 등이 대표적으로 이 모델을 채택하고 있다.

그림 4.26 병합 GIS 데이터 모델

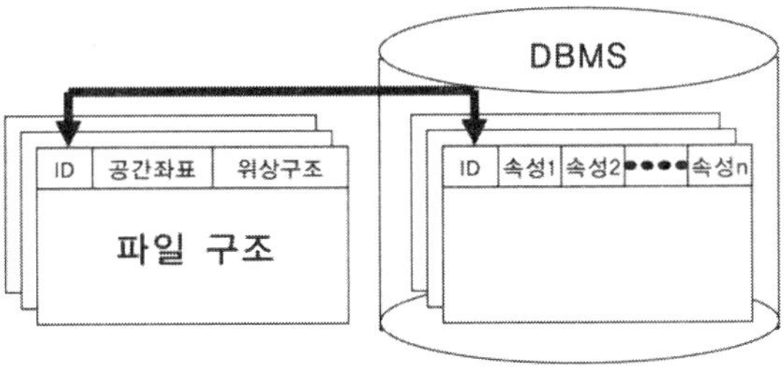

3) 통합 GIS 데이터베이스 모델

이 모델은 통합 데이터 모델(integrated data model)이라고도 불리우는데, 이 경우 GIS는 검색 프로세서의 역할을 하며, 병합 시스템보다 더 DBMS와 밀접하게 통합되어 있다. 이 모델에서는 공간 데이터와 속성 데이터를 개별 시스템으로 분리하지 않고, 하나의 데이터베이스로 저장, 관리하게 된다. 즉 이 모델은 공간 데이터와 속성 데이터 모두를 관계 테이블에 저장하며 이들 데이터를 동일한 데이터베이스내에서 관리한다. 이때 공간 데이터 부문과 속성 데이터 부문을 같은 관계 테이블내에 관리할 것인지, 아니면 개별 데이터로 관리할 것인지 2가지 방식이 가능하게 된다. 이 중 한 관계 테이블에 함께 저장한다고 할 때, 저장되는 공간 데이터의 좌표(x, y 좌표) 리스트 정보가 테이블내 하나의 칼럼내에 포함되는지, 아니면 개별 칼럼을 만들어 저장할 것인지에 따라 2가지 방식이 또 가능해진다. 첫 번째 경우 공간 데이터를 개별 테이블로, 그리고 속성 데이터를 또 다른 테이블로 저장하고 이들 관련 레코드들을 고유 키 필드를 이용하여 연결하는 방식은 현재 ESRI사의 ArcSDE가 대표적이다. 두 번째 경우는 같은 테이블내에 공간 데이터와 속성 데이터를 함께 저장하지만, 공간 좌표 리스트 정보를 하나의 칼럼으로 정의하여 저장, 유지 관리하는 방식이다. 그리고 세 번째 방식으로는 공간 데이터와 속성 데이터를 하나의 테이블에 저장하지만, 공간 좌표 리스트를 나누어 각각 개별 칼럼으로 저장(예: x_1를 위해 하나의 칼럼을 정의하고, y_1을 위해 하나의 칼럼을 정의하며, 이러한 방식으로 x_n, y_n까지 칼럼을 정의)하는 방식은 Oracle사의 Oracle Spatial이 있다.

그림 4.27 통합 GIS 데이터베이스 모델

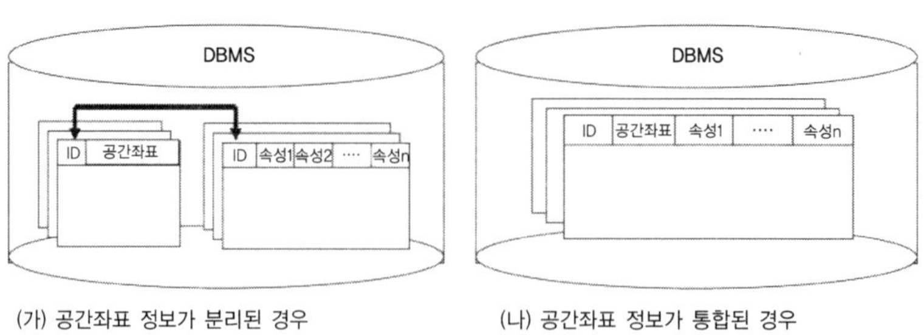

이러한 방법들은 수많은 GIS 데이터를 저장, 유지 관리하며, 필요에 따라 검색 및 분석을 하게 될 경우에, 효율적인 저장 공간을 유지하는 동시에, 빠른 처리 속도를 유지할 수 있는 방법을 생각하는 과정에서 나온 방법들 이다. 현재에는 위의 3가지 방식

이 GIS 데이터베이스 모델 표준으로 채택되어 사용되고 있다. 이러한 데이터베이스들은 현재 관계형 모델을 채택하고 있기 때문에 관계 데이터베이스 모델이라고 불린다.

4) 객체 데이터베이스 모델

세 번째는 객체 지향 데이터베이스 관리 시스템(object-oriented database management system)이라 불리며 다른 것에 비해 상대적으로 최근에 등장하였다. 이 모델은 공간 검색 언어(spatial query language)를 통합하고, 지도학적 데이터베이스와 수행되는 연산 툴을 다 액세스 할 수 있다는 점에서 기존 통합 GIS 모델의 확장이라고 할 수 있다. 개념적으로 이 GIS 시스템은 컴퓨터 프로그래밍의 객체지향 접근방식과 거의 동일하다. 그러나 실제적으로 '객체지향(object-oriented)' 이라는 용어의 정확한 의미나 맥락에 대해서는 의견이 분분하며 다양한 정의가 존재하지만, 객체(object)는 객체에 대해서 수행되는 지역 변수(local variables)와 연산(operations)에 의해 표현되는 조건(condition) 또는 상태(state)를 가진 실체(entity)라고 할 수 있다. 그런데 개별 객체는 객체 집합과 연산들에 속하기 때문에, 그 집합의 구성원(member)으로 여겨질 수 있다. 즉 각 객체 클래스들은 소위 슈퍼클래스(superclass)라 불리는 더 큰 집합에 속하게 되며, 소속된 집합의 속성(property)을 물려(상속)받는다.

TIPS GIS 데이터베이스의 최근 경향

기존의 DBMS는 GIS 데이터를 고려하지 않았는데, 1992년 발표된 SQL-92 표준은 정수, 실수, 문자 등의 데이터 유형만을 정의할 수 있었으며, 굳이 공간 데이터를 저장하려면 공간 좌표들의 집합을 BLOB이라는 필드 유형으로 정의할 수 있었지만 이는 GIS만을 위한 데이터 유형이 아니라, 기존 데이터 유형과 다른 데이터 유형(예 비디오, 사진 등)을 모두 포괄하는 정의였다. 그러나 OGC(www.opengeospatial.org), ISO/ TC211(www.statkart.no/isotc211), SQL3/MM(www.ncits.org) 등 여러 GIS 표준화 조직들과 GIS 및 DBMS 소프트웨어 제조 회사들의 노력으로 인해 GIS 데이터베이스를 위한 제품들이 나오기 시작하였다.

Oracle Spatial, IBM DB2 Spatial, ESRI ArcSDE, MapInfo SpatialWare 등은 GIS 데이터베이스를 위한 솔루션들이며 공간검색 및 처리를 위한 SQL 표준으로서 OGC Simple Feature specitication, SQL3/MM 등을 지원한다.

4 공간 액세스 방법

공간 액세스(spatial access) 방법의 주요 목적은 공간 속성에 기반하여 객체를 효과적으로 선택(탐색)하기 위한 것이다. 예로 범주 검색(range query)은 특정 범위의 공간 좌표내에 있는 객체를 선택하며, 최근린 검색(nearest neighbor query)은 특정 객체와 가장 가까운 객체를 찾는 것이다. 나아가 공간 액세스 방법은 지도 중첩과 공간 조인과 같은 공간 분석을 효율적으로 수행하는 데도 사용된다. 최근 공간 데이터는 2가지 경향성을 나타내는데, 하나는 데이터의 크기가 점점 커지고 있다는 것이며, 또한 자주 불규칙한 방식으로 분포되어 있다는 것이다. 따라서 공간 액세스 방법은 공간 색인 기법과 클러스터링 기법을 고려할 필요가 있다. 공간 색인 방법이 없다면, 데이터베이스내 특정한 공간 선택 척도를 충족하는지를 보기위해 모든 객체를 확인해야 하기 때문에 결국 전체 데이터베이스 테이블을 모두 검색해야할 것이다. 또한 공간 데이터들이 일반적으로 커지고 있기 때문에, 검색과 같은 것은 상호대화식의 사용이나 다른 응용시스템에 있어서 실제로 사용하는 것이 어렵다. 그러므로 모든 객체를 검색하지 않고 효율적으로 필요한 객체를 찾기 위해서는 공간 색인 기법이 필요한 것이다. 또한 전체 공간 데이터가 메인 메모리에 상주한다면, 메인 메모리 저장이 무작위 액세스를 허용하게 되어 심각한 지체를 수반하지 않을지도 모른다. 하지만 대부분의 공간 데이터는 크기가 크기 때문에 컴퓨터의 메인 메모리에 상주할 수 없으며, 하드디스크와 같은 2차 메모리에 저장되어야 한다.

그리고 클러스터링 기법은 종종 함께 요구되는 객체들을 그룹화하는 데 필요하다. 그렇지 않다면 많은 다른 디스크 페이지로 가져와야 할 것이며, 이로 인해 응답시간이 지체될 것이다. 공간 맥락에서, 클러스터링은 실제로 함께 가까이 있는 객체들이 메모리상에서도 가깝게 같이 저장되어 있음을 의미한다. 공간 데이터베이스에서 객체들을 클러스터링하는 것의 많은 전략들은 공간상의 모든 부분을 횡단하는 경로를 따른 순서에 따라 객체를 정렬하는, 'space-filling curve' 형태를 채택한다.

전통적인 데이터베이스 시스템에서 데이터의 정렬은 B-tree 접근방식과 같이 효율적인 검색 토대를 형성한다. 비록 텍스트 문자열, 숫자, 날짜(1차원 데이터)를 정렬하는 명확한 토대가 존재하지만, 고차원인 공간 데이터를 정렬하는 솔루션은 그리 간단하지 않다. 컴퓨터 메모리는 1차원이지만, 공간 데이터는 2차원 또는 3차원(또는 그 이상)이며, 따라서 메모리상에 다른 방식으로 저장되어야 하기 때문이다. 먼저 생각되는 솔루션으로 종이지도 위에서처럼 규칙적인 그리드를 사용하는 것이 있을 수 있다. 각 그리드 셀은 고유한 이름(예로 A3, C6, D5 등)을 가지며, 이들 셀은 메모리상에 어떠한 순서로 저장되며, 각각은 고정된 수의 공간 참조를 포함할 수 있다. 그리드 셀에 있어서, 참조는 공간 객체가 셀을 중첩할 때마다 객체로 저장된다. 그러나 이러한 방식은 공간 데이터가 불균등한 분포를 가지는 경우 매우 비효율적일 수 있는데, 즉 많은 셀들은 비어 있는 반면(바다와 같은 경우), 많은 다른 셀들은 너무 꽉 차버릴 수 있는 것이다(도심과 같은 경우). 그러므로 다른 고급 기술이 개발되어왔다.

공간상의 데이터들을 보다 효율적으로 색인화하고 빠르게 필요한 데이터에 액세스할 수 있는 방법은 GIS에서 중요한 비중을 차지한다. 현재 여러 공간 액세스 방법들이 개발되어 있는데, 이들 중 주요 방법을 살펴보고자 한다.

KD-tree

KD-Tree방식의 기본 형태는 점들의 집합을 다차원에서 저장, 검색하는 방식인데, 바이너리 검색(binary search) 방법 등을 이용하여 공간을 분할한다. KD-tree는 점이 가지는 x, y 좌표값을 이용하여 공간 분할을 하게 되는데 우선 x좌표 측면에서 가장 가운데에 위치한 점(중간값)이 선택되며, 이 점을 기준으로 좌우가 둘로 분할된다. 그 다음 단계로 왼쪽 분할 공간에서 y좌표 측면에서 중간값에 해당하는 점을 선택하여 이 점을 기준으로 위아래 둘로 공간을 분할한다. 마찬가지 방식으로 오른쪽 분할 공간에서도 위아래로 공간 분할이 이루어진다. 이러한 방식을 반복하여 최종적으로 나눌 분할 공간이 없을 때 분할 과정을 종료한다. 이렇게 분할된 공간 및 공간에 포함된 점들의 정보는 바이너리 트리(binary tree) 방식으로 색인화된다.

그림 4.28 KD-tree 검색 방법 중 바이너리 검색 알고리즘 (binary search)

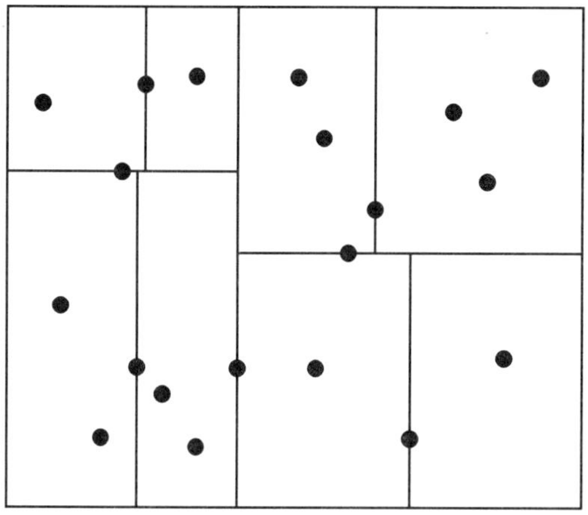

BSP-Tree

BSP(Binary Space Partitioning)-tree는 말그대로 공간을 이분법으로 분할하는 공간 검색 방법으로, 원래 3차원 컴퓨터 그래픽에서 사용되었다. 이 방법은 공간을 직사각형으로 분할하는 데이터 구조가 아니라, 선의 부분이나 폴리곤을 구성하는 라인을 이용하여 공간을 분할한다. 공간을 분할하는 선에 의해 공간이 2개의 하위 공간으로 나누어질 때마다 상응하는 결절점이 트리에 추가된다. BSP-tree는 바이너리 트리(binary tree)에서 볼록한 하위공간(convex subspaces)들로 공간을 조직화한다. 그림 4.29에서 보는 것처럼 선의 왼쪽은 화살표로 표시되어 있다. 그림 4.29에서, 선 A가 선택되고 공간은 A를 중심으로 2부분으로 나누어진다. 똑같은 과정이 다른 선들에게 적용되어 각각 2개의 하위 공간을 만들게 되며, 더 이상 선분이 남아있지 않을 때까지 공간 분할이 계속된다. 이러한 과정에서 가끔 공간을 분할할 때 선분이 둘로 나누어지기도 한다. 예로 선 D는 선 A와 만나 분할되어 선 D1와 D2가 생성된다. 이러한 BSP-Tree는 선 데이터 유형을 저장하는 데 적합하다. 그러나 GIS에서는 선뿐만 아니라 폴리곤과 같은 객체를 표현해야 한다. 이 경우 다중 객체 BSP-Tree가 사용되는데, 이는 폴리곤 경계를 구성하는 선분들을 저장하게 된다. 다중 객체 BSP-Tree는 BSP -Tree에 의해 생성된 볼록한 하위 공간에 대응되는 최하위 결절점을 가진다.

그림 4.29 BSP-Tree 구축의 예

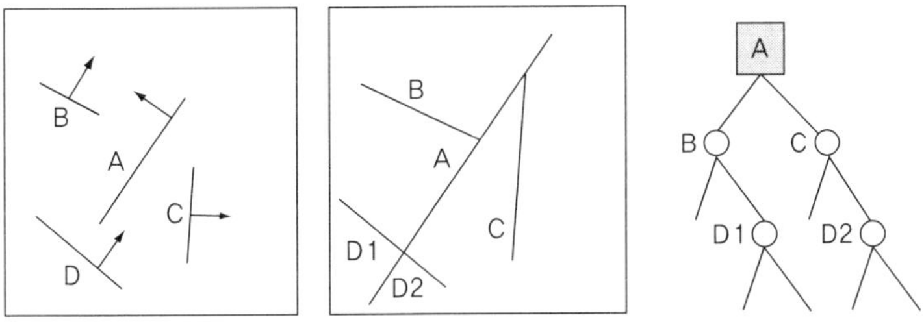

Quadtree

Quadtree 방법은 많이 사용되는 공간 액세스 방법이다. 전체 공간 단위를 정사각형의 4등분의 공간으로 나눈다. 그리고 분할된 4개의 공간을 각각 방위에 따라, NW(North West), NE(North East), SW(South West), SE(South East)로 부른다. 분할된 각 정사각형 공간은 다시 4등분으로 공간을 나누며, 이러한 과정을 반복한다. 이러한 공간 분할 방식은 공간 위계(hierarchy)를 가지며, 트리(tree) 방식으로 표현할 수 있는데, 그림 4.30의 오른쪽과 같다. 그림 4.30에서처럼 Quadtree 방식으로 공간 액세스 방식을 가지는 지역에 14개의 폴리곤들이 존재한다고 가정해보자. 각 폴리곤들이 어떤 분할 공간에 위치하는지에 대한 정보는 오른쪽 그림에서처럼 트리에서 각 노드(node)들이 공간 객체 포함여부에 대한 정보를 가지고 있다. 예를 들어 분할 공간 X는 폴리곤 1, 2, 5, 6을 포함하고 있다.

그림 4.30 Quadtree 공간 검색 방법

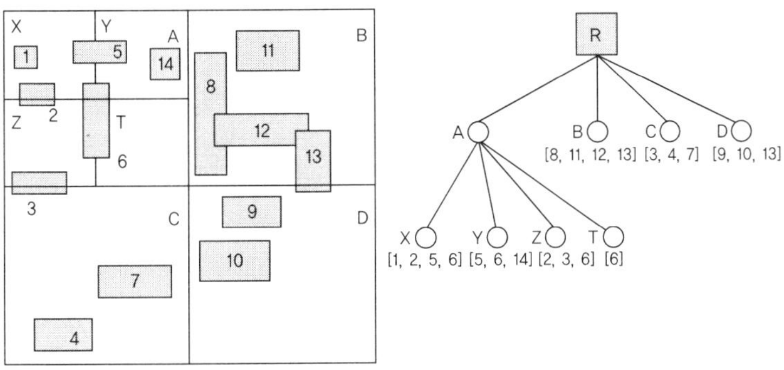

이 방법에 의하면, 각 노드는 4개의 하위 분할 공간을 가질 수 있으며, 또한 분할된 하위 공간은 각각 4개의 분할 공간을 가진다. 각 노드가 가지는 하위 노드가 4개까지 한정되며, 공간 액세스의 경우 트리의 차수가 많은지 적은지에 따라 검색 속도에 차이가 난다. 원래의 Quadtree 방식에 대한 다양한 변이 모델들이 개발되어 왔다. 예를 들면, 원래의 Quadtree 방식은 세분화하여 분할된 공간들이 많아짐에 따라 이들에 대한 포인터들을 유지관리해야 하는 단점이 있었다. 이러한 단점을 보완하기 위해 노드(node)의 체계를 공간 위치에 따라 재조직화하는 방법이 개발되었는데, 이를 선형(linear) quadtree 방식이라 한다. 즉 선형 quadtree 방식은 각 분할 공간인 셀의 색인을 모 노드(parent node)에 기반하여 번호가 부여되며, 같은 모 노드를 가진 셀들의 색인 번호는 유사한 값을 가진다(그림 4.31). 이러한 선형 quadtree 방식은 공간 검색에 유용하다. 즉 공간적으로 인접한 셀들은 유사한 색인 번호와 같은 트리 구조의 모 노드를 가지게 된다. 그림 4.31의 오른쪽 두 그림은 선형 quadtree의 색인 부여 방식을 보여주는데, 위 그림은 칼럼(column) 단위로 색인을 부여하는 방식이고, 아래 그림은 Peano curve 방식이다. Peano curve 방식은 공간 데이터를 색인하는 데 유용한 space-filling curve 중의 하나이다. 그림에서처럼 색인 기준으로 인접한 셀들의 색인은 유사한 속성값이라는 전제하에 공간적으로 가까운 셀들 간을 이동하면서 색인번호를 부여하는 방식이다.

그림 4.31 선형 Quadtree 방식에서의 셀 순서 결정방식(왼쪽 그림)과 공간 색인 경로 방식

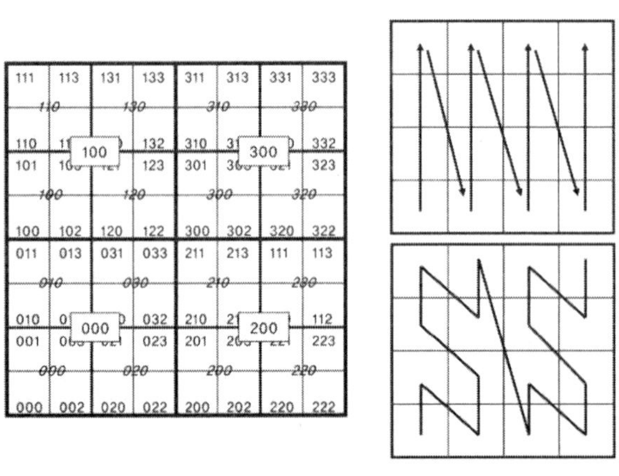

오른쪽 위 그림 : column-ordering method , 오른쪽 아래 그림 : peano space-filling curve

R-Tree

R-Tree 방식은 Guttman(1984)에 의해 처음 제안되었으며, 공간 액세스 방식에 있어서 트리(tree) 구조로 데이터를 저장하는 것은 다른 방법과 유사하다. R-Tree 방식은 기존의 속성 데이터 액세스를 위한 B-Tree 방식과는 다르게 공간 데이터 액세스를 위해 개발되었다. 그런데 트리의 노드(node)를 구성하는 방식은 포함관계(containment relationship) 정보에 토대를 둔 최소 크기의 사각형 공간(minimum bounding rectangle)을 가진다는 점에서 다르다. 즉 공간 객체들을 포함하는 일련의 최소 크기 사각형 공간(minimum bouding rectangle)을 생성하여 이들 사각형 공간이 트리구조의 노드가 된다. 이 방식은 Quadtree 방식과 달리 고정된 크기의 분할 공간에 집착하지 않고 다양한 공간 객체의 분포와 밀도를 고려하여, 공간 객체를 포함하는 다양한 크기의 사각형 공간을 생성할 수 있다는 장점이 있다. 또한 트리 구조에서 한쪽으로 편중된 트리 위계구조를 방지하기 위해 적절하게 균형된 위계구조를 가질 수 있는 방법을 사용함으로써 트리 구조에서의 균형적인 분포를 추구할 수 있다. 각 노드(사각형 공간: rectangle)가 가지는 공간 객체의 수는 디스크 페이지 크기와 공간 객체의 크기에 따라 결정되며 (= 디스크 크기 / 공간 객체 크기), 한 노드(node)가 가지는 공간 객체의 수는 다음과 같은 규칙에 의해 제한된다.

$$2 \leq m \leq [M / 2]$$

(M: 한 노드가 가지는 최대 공간 객체 수, m: 한 노드가 가지는 최소 공간 객체 수)

또한 Quadtree 방식과는 다르게 각 최소 크기 사각형 공간은 서로 겹쳐서(overlap) 존재할 수 있다. 그리고 디스크 공간의 크기와 공간 객체의 크기를 고려하여 트리구조를 형성하기 때문에 공간 객체의 수가 많은 경우 보다 빠른 공간 액세스가 가능하다.

그림 4.32 R-Tree 방식의 공간 액세스 방법의 예

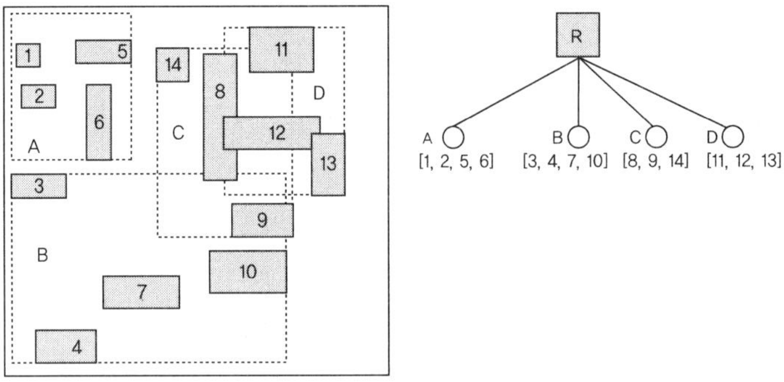

R+Tree

R+Tree 방법은 R-Tree 방법의 변형으로서, 가장 큰 차이점은 사각형 공간(rectangle)이 서로 겹치지 않는다는 것이다 즉 공간 객체를 포함하는 사각형 공간간의 중첩을 허용하지 않도록 트리 구조를 만드는 대신, 일부 공간 객체들이 한 사각형 공간에 포함되지 않을 수 있다. 즉 트리 구조에서 같은 레벨의 노드(사각형 공간)들 간의 중첩을 제거함으로써 검색의 효율성을 향상시키는 목적이 있는데 그만큼 입출력 알고리즘이 더 복잡하다.

그림 4.33 R+ Tree 방식의 공간 액세스 방법의 예

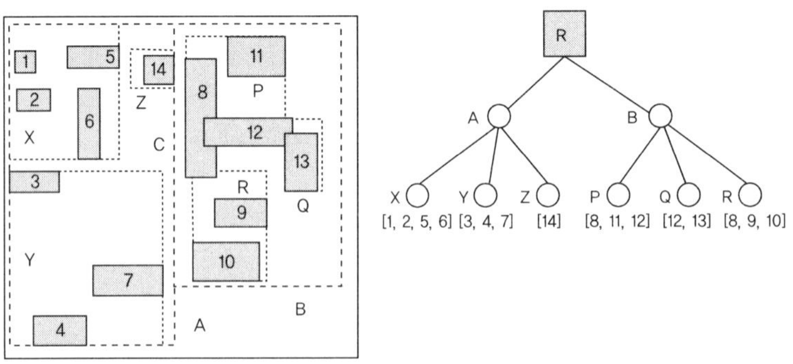

5 GIS 데이터베이스 분석 및 설계

GIS 데이터베이스는 단순히 텍스트 데이터베이스가 아니며, 공간과 속성 데이터 유형뿐만 아니라 이미지, 멀티미디어 데이터 등 GIS와 관련된 다양한 데이터 유형을 지원하는 데이터베이스이다. GIS 데이터베이스는 DBMS 기술을 이용하여 구축, 저장, 유지 관리, 사용되며, 이는 독립된 GIS 시스템이나 DBMS내의 통합 환경, 또는 GIS 시스템과 DBMS가 결합된 방식으로 구현될 수 있다. GIS 데이터베이스는 단일 플랫폼뿐만 아니라, 여러 컴퓨터들이 네트워크화된 환경, 또는 인터넷 환경에서 구현될 수 있다.

GIS 데이터베이스를 구축하는 작업은 여러 과정으로 구성된다. 첫 번째는 사용자 요구 분석(user need analysis) 단계인데, 이 단계는 사용자가 어떠한 GIS 데이터베이스를 필요로 하는지를 이해하고 기술하는 작업이며, 공식적이고 상세한 데이터베이스 요구 규약이 산출물로 나오게 된다. 유사하게 설계(design)작업은 어떻게 분석 결과가 선택된 기술내에서 수행될 것인지를 정의하고 기술하는 작업이다. 이것은 GIS 데이터베이스, 바람직한 성능 및 유연성, 보안 요구사항의 이행 등을 관리하는 데 사용되는 기술의 제약 등 기술적인 쟁점들을 고려하는 것이다. 그러므로 설계는 공식적이고 상세한 프로그래밍 규약을 결과로 가질 것이다.

다음 과정은 GIS 데이터베이스 모델(model)에 관한 것이다. 모델은 2가지 유형으로 구분될 수 있는데, 분석 모델(analysis model)과 설계 모델(design model)이 그것이다. 분석 모델(analysis model)은 사용자의 실제 업무 분석과 요구 분석의 결과 도출되는 GIS 데이터베이스와 관련된 객체, 속성, 관계, 프로세스를 정의하고 규정하는 것으로 비즈니스 모델, 개념 모델, 사용자 모델, 규약 모델로도 불린다. 설계 모델(design model)은 데이터베이스 내부 구조와 관련 프로세스를 정의하고 규정하는 것으로, 이행 모델(implementation model), 내부 모델, 물리적 모델로도 불린다.

GIS 데이터베이스 구축과 관련하여 분석과 설계 과정은 시간이 지남에 따라 점점 더 중요시되고 있으며, 최근에는 공간 데이터가 기존 데이터베이스에 완벽하게 통합되는 경향이 있다. 즉 기존의 전통적인 패키지 형태의 GIS 소프트웨어를 넘어서 새로운 방식으로 GIS 데이터베이스 관점이 정립되고 있음을 보여준다. 대용량 GIS 데이터베이스의 저장 및 유지 관리가 가능해지는 동시에, 복잡한 공간 기하 및 위상구조 정보, 메타데이터 정보, 공간 정확도 정보, 실시간 시공간 차원의 데이터 정보, GIS 데이터베이스 관리, 공간 분석 알고리즘 등의 항목들이 GIS 데이터베이스 모델에 중요하게 다루어지고 있다.

공간 데이터베이스 분석 및 설계의 공식적 접근 방법으로는 관계형, 개체-관계형, 객체지향형 등이 있다. 관계형(relational) 접근 방식은 테이블의 행과 열의 관계로 불리는 기본 구성체에 의존한다. 이 접근 방식의 장점은 간편성에 있으며, 대부분의 기존 DBMS가 관계형 구조를 채택하였다. 그러나 관계형 모델은 어의적 내용(예로 표현력)과 관련하여 한계를 지니며, 관계와 관련하여 자연스럽게 표현할 수 없는 많은 설계 문제가 있다. 두 번째로 개체-관계(entity-relationship) 접근 방식은 객체, 속성, 관계와 같은 더 많은 구성체를 이용함으로써 더 향상된 표현력을 제공하고 있다. 그렇지만 이러한 구조를 채택하고 있는 DBMS는 거의 없다. 또한 개체-관계 스키마는 관계형 DBMS에서 수행되기 위해 관계형 스키마로 번역되어야 한다. 마지막으로 객체지향(object-oriented) 접근 방식은 객체(object), 객체간의 관계(relationship), 더 복잡한 객체로의 군집, 더 일반화된 유형으로 일반화되는 것에 의존한다. 객체지향형 접근방식은 객체의 행위를 보여주기 위해 상태, 사건, 메시지 등을 사용하는데, 이러한 통합 기술은 풍부한 데이터베이스 분석과 설계를 가능하게 한다.

6 프로세스 모델링Process Modeling과 시뮬레이션Simulation

프로세스 모델링(process modeling)과 시뮬레이션(simulation)은 실세계 프로세스의 기능들을 기술, 표현, 시뮬레이션하는 이론적인 개념 및 컴퓨팅 방법이라 할 수 있다. 특히 컴퓨터 시뮬레이션은 기존의 전통적인 실험 및 이론 접근 방법을 넘어서 연구 수행의 대안으로 강력하게 대두되고 있다. 그 이유는 시뮬레이션이 측정하거나 실험하기 불가능하거나 너무나 비용이 부담되는 경우, 그리고 분석 이론으로 받아들이기 어렵거나 너무 복잡한 상황에 대한 정보를 제공해줄 수 있기 때문이다. 일반적으로 모델은 현상이나 대상을 단순하게 표현하거나 기술하는 추상화 작업이라 할 수 있다.

모델링이나 시뮬레이션의 목적은 다음과 같이 요약할 수 있다. ① 관찰된 현상에 대한 분석이나 이해를 위한 것이거나 ② 가설이나 이론의 검증 ③ 다양한 조건이나 시나리오하에서 시공간 시스템 행위의 예측 ④ 컴퓨터 실험의 고유한 기능들에 의해 가능한 지리적 현상의 기능을 새롭게 발견하는 것 등이다. 이러한 모델링이나 시뮬레이션과 관련하여 GIS는 다음과 같은 역할을 수행할 수 있다. ① 모델링이나 시뮬레이션을 위해 데이터를 입력, 조작(입력, 편집, 변형 등) ② 입력 데이터 및 결과를 저장, 유지 관리 ③ 처리 결과를 분석하거나 가시화하며, 시뮬레이션을 위한 시스템 환경과 기능을 제공하는 것 등이다.

1) 프로세스 모델

프로세스 모델은 다음과 같은 관점에서 여러 유형으로 구분될 수 있다. 첫 번째 응용 영역 측면에서, 모델은 다음과 같은 것을 표현하는데, ① 자연 현상 프로세스(대기, 수문, 지질, 생물, 생태 등) ② 사회-경제 현상 프로세스(교통, 도시, 인구, 제조업, 농업, 서비스 등)이다. 두 번째 공간 분포 유형 측면에서 볼 때, 프로세스 모델은 다음과 같은 공간 분포 유형의 현상 및 대상을 표현하는데, ① 2차원 공간유형(행정구역, 지역, 유역, 구역 등) ② 1차원 공간유형(노드와 링크로 구성되는 선형 시스템, 예로 교통 네트워크,

수문 네트워크 등) ③ 0차원 공간유형이다. 세 번째로 공간 상호작용의 특성 측면에서 볼 때, 모델은 다음을 수반하는데, 즉 공간 상호작용, 단지 위치 의존적 행위, 작은 범주의 폐쇄된 근린 상호작용, 큰 범주의 확장 상호작용 등이다. 네 번째 물리적 또는 사회적 프로세스 유형 측면을 볼 때, 모델은 다음을 시뮬레이션 하는데 ① 확산 및 이동(3차원 공간상의 표면, 네트워크상에서) ② 분열 및 붕괴(화학적 프로세스, 방사 붕괴 등) ③ 인구 이동 및 역동적 변화(출생, 사망, 경쟁 등) 등이다. 다섯 번째 공간 범위 측면에서 볼 때 모델은 국지적, 지역적, 전역적 차원을 가질 수 있다.

2) 모델링 접근방법

실제적으로 모델링의 프로세스는 복잡하며 종종 비선형적 행위 및 확률론적 요소와 피드백 루프를 포함하기도 한다. 그러므로 모델은 특정 레벨이나 범주의 단순화라는 제약속에서의 프로세스를 표현할 수 있다. 모델의 접근방법은 다음과 같은 유형으로 분류될 수 있다. 첫 번째 방법은 결정론적 모델(deterministic models)로서, 종종 다양한 수식에 의해 기술되며, 잘 정의된 선형 모델에서는 하나의 입력에서 하나의 출력 결과를 얻게 되기도 하며, 또는 비선형 모델에서 여러 가능한 결과들을 얻을 수 있다. 두 번째는 확률론적 모델(stochastic models)로서, 무작위 요소들을 가진 현상들의 시공간 행위를 모델화하는 것으로, 하나의 입력이 다양한 결과로 이어질 수 있으며, 이는 모델 프로세스의 무작위 요소에 기인한다. 따라서 다양한 결과들이 가능하며 이들은 확률적 분포에 의해 평가된다. 세 번째는 규칙-기반의 모델(rule-based models)로, 일정의 규칙을 설정하고 규칙에 의거하여 모델링을 수행하는 것이다. 셀 방식의 조작을 이용하여 국지적 규칙에 의해 프로세스를 모델화하는 것이 대표적인데 도시 성장 시뮬레이션 모델, 확산 모델, 산불 확산 시뮬레이션 등에 많이 이용된다.

3) GIS 수행과 모델링

현재 단순한 모델링은 대부분의 상용 GIS에 의해 수행되며, 이들 대부분은 래스터 시스템 방식으로 구현되어 있다(예: ArcGIS의 GRID, ArcView GIS의 Spatial Analyst, Intergraph의 ERMA, IDRISI, GRASS, ERDASS 등). 그리고 복잡한 모델의 완벽한 통합은 시간 측면의 데이터, 3/4차원 데이터 등의 지원과 같이 기존 표준 GIS 기능의 확장이 요구되기도 한다. 아직은 다양한 모델링이 기존 GIS에 통합되지 못하였는데, GIS 데이터 포맷의 개방 및 응용 개발 툴 및 커스터마이징의 통합 등은 이를 가능하게 할 것이다. 또한 객체지향 기술의 발전은 보다 효율적인 GIS 수행 및 다양한 레벨에서 모델링과 통합을 가능하게 할 것이다. GIS 소프트웨어와 모델링과의 결합은 다음과 같은 유형으로 분류될 수 있다.

완전한 통합: 내재화된 결합 Embedded Coupling

이 유형에서는 GIS의 프로그래밍 및 개발 툴 (API, 스크립트 툴, map algebra 등)을 이용하여 GIS내에서 모델이 개발되거나 구현되는 것이다. 따라서 모델은 GIS 소프트웨어에서 제공되는 메뉴를 통해 실행되거나 구현되며, 입력 데이터 및 결과는 그 GIS 데이터베이스내에 저장, 관리되며, 특별한 데이터 변환 등이 필요하지 않다. 또한 통합된 환경에서 관리, 수행되기 때문에 여러 장점이 있는 반면, 그 GIS 소프트웨어내에서 구현되기 때문에 사용되는 프로그래밍 언어의 성격에 따라 수행능력이 다양할 수 있으며, 그 소프트웨어와 따로 분리하는 것이 제한되어 있다.

공통 인터페이스로의 통합 : 강력한 결합 Tight Coupling

이 유형의 경우 모델은 GIS 외부에서 개발되고, 자신의 데이터 구조를 가진다(물론 모델과 GIS간의 데이터 교환이 가능하며 어떤 경우는 데이터 파일이 공유된다). GIS와 모델은 공통 인터페이스를 통해 연계되며, 이 인터페이스는 GIS 뿐만 아니라, 상호관련된 프로세스를 가진 다른 복합 시스템의 시뮬레이션을 위해, 여러 다른 모델들과의 통합을 지원하기도 한다. 그렇지만 다른 시스템으로의 이동(portability)은 제한되어 있다.

느슨한 결합 Loose Coupling

이 유형에서는 모델이 GIS와는 독립적으로 개발되고 실행된다. 그리고 대체로 입력 데이터는 GIS로부터 export되고, 결과는 다시 분석이나 가시화를 위해 GIS로 import되는 것이 일반적이다. 그리고 이동 가능성은 모델이 다양한 GIS에서 사용될 수 있도록 자유로운 편이다.

chapter 5

GIS 데이터 입력

1. GIS 데이터 입력 195

2. 주요 데이터 입력 과정 217

GIS의 요소 중에서 가장 핵심인 GIS 데이터는 디지타이저, 스캐너, GPS 장비, 키보드 등 다양한 입력 장치 등에 의해 생성된다. 실제로 GIS 소프트웨어나 지도제작 툴을 이용하여 데이터를 입력하는 작업은 많은 시간과 노력을 요구하는 반복 과정이 필요하다. 그렇지만 데이터 입력 작업에 대한 충분한 준비 및 계획이 없다면 불필요한 시간이 낭비될 수 있을 뿐만 아니라 원하는 내용과 품질의 데이터를 얻기 어려울 수도 있다. 또한 데이터 입력 과정에서는 여러 유형의 에러를 교정하고, 다양한 유형의 데이터 통합과 투영, 메타데이터(metadata) 등의 주요 정보를 입력하고 연결하는 작업이 요구된다. GIS 데이터 입력 과정은 GIS 데이터의 유형에 따라 다양한 장비와 방법 등이 사용되며, 사용 목적에 따라 서로 다른 입력 과정이 요구되기도 한다.

GIS 프로젝트에 있어서 데이터 수집, 입력이 차지하는 비중은 시간, 비용측면 모두 매우 큰데, 일반적으로 GIS 프로젝트 공정에서 전체 비용의 60~80%를 차지하고 있는 실정이다. 여기서는 각 데이터 유형에 따른 데이터 입력 방법의 특징을 중심으로 살펴본다.

1 GIS 데이터 입력

GIS 데이터 입력은 벡터 데이터 입력과 래스터 데이터 입력 또는 공간 데이터 입력과 속성 데이터 입력, 데이터 변환, 공간과 속성 데이터의 동시 입력 등으로 구분할 수 있다.

디지타이저를 이용한 벡터 데이터 입력

벡터 데이터를 입력하는 데 가장 널리 사용되는 방법은 디지타이저(digitizer)를 이용하는 것이다. 이 방법은 종이지도 상에서 원하는 공간사상들을 추출하여 컴퓨터 파일 형태로 결과 데이터를 저장하는 것이다. 디지타이저는 현대 컴퓨터 기술에서 첨단의 정교한 지도 입력 장비로 여겨진다. 디지타이저는 평평한 판인 태블릿(tablet)과 마우스(mouse)로 구성되며, 태블릿 안에는 가로 세로 형태로 수많은 가는 철사 줄들이 빽빽이 배열되어 있으며, 마우스는 이 태블릿 위에서 움직일 때 특정 위치를 파악할 수 있는 센서가 있다. 사용자가 디지타이저 태블릿 위에 종이지도를 고정시키고, 마우스를 태블릿 위에서 이리저리 움직이면 마우스 위치 변화에 따라 마우스 센서가 그 지점의 위치를 디지털 값으로 인식하여 컴퓨터에 전송한다. 따라서 우리가 종이지도 상에서 특정 지점을 마우스로 클릭하거나 지역 경계를 따라 이동하면서 클릭하면, 이에 해당하는 태블릿의 상대 공간 위치 좌표값이 컴퓨터로 보내져 파일내에 저장된다.

디지타이저 장비는 크기와 해상도 등에 따라 다양한 종류가 있으며, 서로 다른 사양의 디지타이저를 사용하여 데이터를 입력하면 그 결과가 서로 다를 것이다. 디지타이저의 비용은 일반적으로 크기(A0, A1, A4 등)가 작거나 해상도가 낮을수록 비용이 낮아지지만, 현재에는 기술발전으로 인해 과거에 비해 디지타이저 가격이 많이 낮아져 대중화되고 있는 추세이다. 디지타이저를 결정하는 주요 요인으로는 안정성(stability), 반복성(repeatability), 해상도(resolution), 왜곡(skew) 등이 있다. 안정성은 디지타이저의 외부 환경 변화와 관련하여 디지타이저가 정확하게 공간 위치를 읽을 수 있는 정도를 말한다. 반복성은 정확성(precision)과 유사하며, 만일 태블릿의 같은 위치를 여러 번 마우스로 클릭하였을 때 첫 번째 지점과 두 번째 지점이 얼마나 가까운지에 대한 정보로, 오차가 적을수록 반복성이 좋다고 할 수 있다. 좋은 디지타이저는 대체로 0.0001인치 이내의 정확도로 반복할 수 있어야 한다. 해상도는 더 작은 측정 단위를 다룰 수 있는지를 말한다. 왜곡은 태블릿 상의 결과가 사각형을 이루는 정도를 말하는데, 디지타이저의 4개 꼭지점이 진정한 사각형을 만드는가이다.

디지타이징 작업시 여러 주변 환경이, 예를 들면 기온 및 습도 등이 종이지도의 상태에 영향을 주어 디지타이징 결과에 중요한 영향을 미칠 수 있다. 이러한 환경 측면을 고려하여 디지타이징 에러를 최소화시키는 방법이 필요한데, 무엇보다 중요한 것은 작업 공간을 서늘한 온도와 낮은 습도로 유지하는 것이다. 디지타이징하려는 종이지도는 작업과 관련하여 최소한 상당 시간 동안 작업 공간에 있으므로 종이 보존 상태가 매우 중요하다. 또한 종이지도를 디지타이저 태블릿에 고정시킬 때 주로 테이프를 이용하여 고정시키는 경우가 많은데, 이때 종이지도를 보존하고 민감한 태블릿 표면을 보존하기 위해 다른 것은 피하는 것이 좋으며 테이프도 끈적끈적한 성질은 피하는 것이 좋다.

디지타이저는 디자인과 크기에 따라 분류되기도 한다. 일반적으로 크기는 27×27cm의 작은 크기에서부터 1.0×1.5m의 커다란 것까지 존재한다. 그러나 실제적으로 디지타이저 제품은 A0, A1, A4 등 표준화된 크기를 중심으로 판매되고 있다.

그림 5.1 디지타이저 구성 및 디지타이저 태블릿

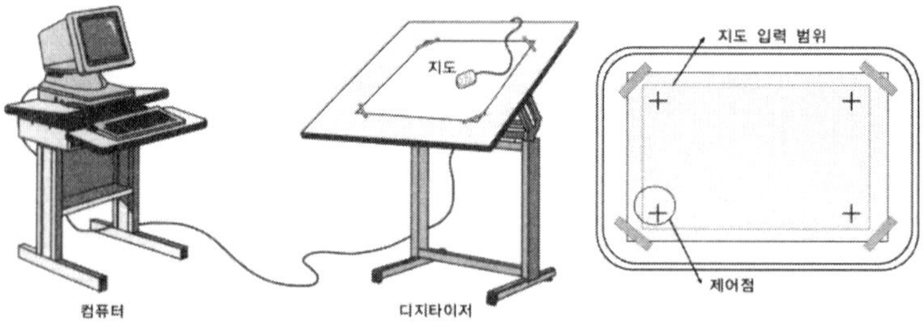

표 5.1 종이, 디지타이저, 플로터 크기 표준 규격

판형	크기	판형	크기	판형	크기	판형	크기
A0	841 × 1189	A6	105 × 148	B0	1030 × 1456	B6	128 × 364
A1	594 × 841	A7	74 × 105	B1	728 × 1030	B7	91 × 128
A2	420 × 594	A8	52 × 74	B2	515 × 728	B8	64 × 914
A3	297 × 420	A9	52 × 74	B3	364 × 515	B9	45 × 64
A4	210 × 297	A10	26 × 37	B4	257 × 364	B10	32 × 45
A5	148 × 210			B5	182 × 257		

(단위: mm)

스캐너를 이용한 래스터 데이터 입력

스캐너(scanner)는 디지타이저에 비해 상대적으로 적은 노력과 시간을 들이고 할 수 있는 공간 데이터 입력 방법으로 종이 지도를 읽어들여(scanning) 래스터 데이터 유형으로 공간 데이터를 저장하는 장치이다. 스캐너는 기본 작동 원리와 물리적인 형태에 따라 3가지 유형이 있는데, 평판 스캐너(flatbed scanner), 드럼형 스캐너(drum scanner), 연속피드 스캐너(continuous-feed scanner)가 있다. 평판 스캐너는 가장 많이 사용되고 널리 보급된 스캐너이다. 평판 위에 종이지도를 놓고, 스캐너 센서를 이동시키면서 라인 단위로 종이지도에 레이저나 다른 메커니즘의 빛을 보내어 종이지도 정보를 읽어들인 다음, 얻어진 종이지도 정보를 컴퓨터에 셀 단위의 래스터 이미지 포맷으로 저장한다. 이때 종이지도 위를 이동하는 라인 간격과 센서로 읽어들이는 정교함에 따라 해상도 등이 차이가 나며 보통 dpi(dots per inch) 측정 단위로 표현된다. 일반적으로 보급형 평판 스캐너는 300~600dpi를 가지며, 고급 스캐너는 1,000dpi와 같이 고해상도로 지도 이미지를 생성할 수 있다. 또한 스캐너 작동시 컬러 또는 흑백 형태로 이미지를 저장할 수 있으며, 해상도의 수준을 변경할 수 있다.

드럼 스캐너는 기본적인 작동원리는 평판 스캐너와 같지만, 원자료인 종이지도를 드럼 위에 놓고, 센서가 드럼의 회전방향과 직각으로 이동하는 동시에 드럼이 회전하는 점이 다르다. 드럼 스캐너의 해상도는 보통 400~800dpi 수준이며 2000dpi까지 되는 경우도 있다. 평판 스캐너와 비교하면 상대적으로 덜 정확하지만 GIS 목적에 더 적합하기도 하다. 실제 원자료인 종이지도나 대장, 도면 등은 A0 크기와 같이 크기가 커서 A4 크기가 주종인 평판 스캐너로는 한 번에 스캐닝을 하기 힘든 경우가 있다.

그림 5.2 평판 스캐너와 드럼 스캐너

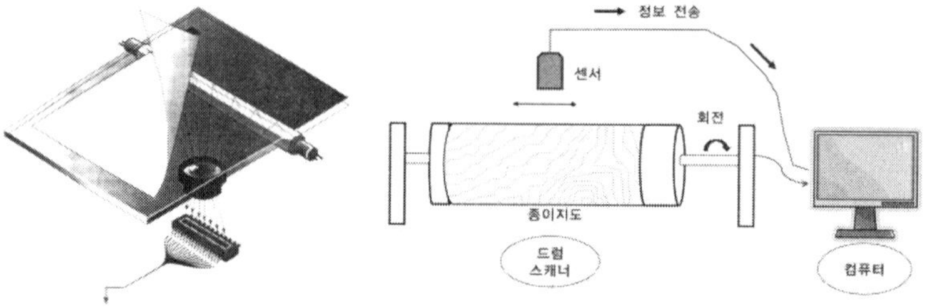

세 번째 유형인 연속피드 스캐너는 문서 크기보다 조금 커서 빠르게 문서 등을 스캐닝하는 데 활용된다. 상점에서 바코드 스캐닝하는 것처럼 라인 단위로 스캐닝을 하며 크기가 작아서 이동이 간편하고 기본구조가 간단하다. 그러나 해상도, 정확도 등은 평판, 드럼 스캐너에 비해서 그만큼 제약이 있다. 따라서 연속피드 스캐너는 정교한 지도보다는 문서 스캐닝 등의 작업에 적합하므로 문서 스캐너(document scanner)라고도 불린다.

표 5.2 주요 스캐너 제조 회사 정보

스캐너 유형	주요 제조 회사들	특성
소형	HP, Microtek, Epson, Canon, Samsung	보급형, 일반적으로 A4 크기, 조작 및 사용 용이, 저 비용
대형	HP, Contex, Calcomp, Fujitsu, Ation Imaging Solutions(Tangent), VIDAR Systems Corporation (Flash, Select, Atlas)	GIS 전문용, A0 크기 지원, 고 비용.

원격탐사 Remote Sensing를 이용한 입력

원격탐사(Remote Sensing)를 이용한 데이터 입력방법은 지표와 직접 접촉하지 않는 상태에서 다양한 지표상에 존재하는 공간사상(나무, 바위, 하천, 빌딩 등)과 관련한 데이터를 획득하는 것으로, 일반적으로 태양으로부터 생성된 전자기 복사 에너지[1]가 다양한 공간사상별로 다르게 반사함에 따른 다양한 정보를 원격장치를 이용해 수집, 저장하는 것이다. 여기에서 사용되는 전자기 복사 에너지에는 3가지 주요한 속성 정보가 있는데, 첫 번째는 파장(wavelength)으로 전자기파의 반복되는 주기의 최소 단위이다. 두 번째는 빈도(frequency)로서 단위 시간내에 단위 파장이 몇 번 반복되는지의 정보이며, 세 번째는 진폭(amplitude)으로 전자기파의 높이를 말한다. 전자기 스펙트럼은 다양한 부문들로 구성되어 있으며, 다양한 공간 객체의 특성에 따라 이 부문들의 반사, 흡수, 굴절 등의 정도로 다양하게 나타난다.

표 5.3 전자기 스펙트럼 구성

전자기 파장		범위
자외선 스펙트럼		0.3 ~ 0.38 ㎛
가시광선 스펙트럼	파란색 (Blue)	0.4 ~ 0.5 ㎛
	녹색 (Green)	0.5 ~ 0.6 ㎛
	빨간색 (Red)	0.6 ~ 0.72 ㎛
적외선 스펙트럼	근적외선 (Near infrared)	0.72 ~ 1.3 ㎛
	중적외선 (Mid infrared)	1.3 ~ 3.0 ㎛
	원적외선 (Far infrared)	7.0 ~ 15 ㎛
마이크로웨이브 스펙트럼		1mm ~ 1m

태양에서 발생된 전자기 복사 에너지는 지구 대기로 들어오면서 대기권상에서 산란, 굴절, 흡수 등의 과정을 겪는다. 또한 대기권을 통과하여 들어온 전자기 에너지는 다시 지표상에서 지표 및 공간사상의 특성에 따라 반사, 흡수 등의 과정을 거친다. 이

1) 전자기 복사 에너지는 전기장(electronic field)과 자기장(magnetic field) 2가지 요소로 구성된다.

후 공간 객체나 지표에서 반사되는 전자기 에너지를 원격의 원격탐사 장치에서 수집, 저장하여 데이터가 만들어지게 되는 것이다.

그림 5.3 전자기 스펙트럼의 구성

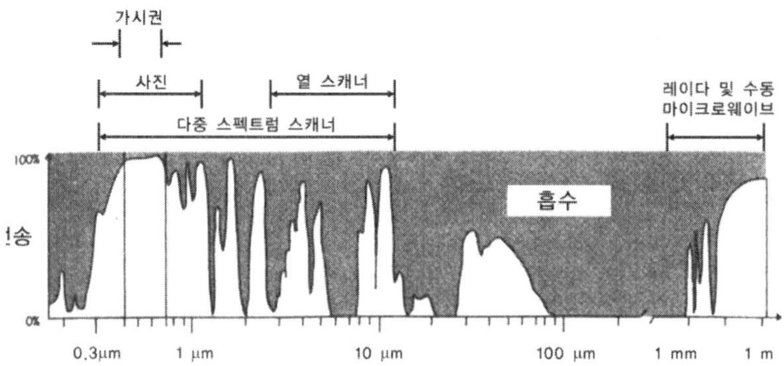

원격탐사로 얻어지는 데이터는 주로 래스터 유형의 이미지 데이터이다. 원격탐사 데이터는 크게 2가지 유형으로 구성되는데, 하나는 항공사진 이미지(aerialphoto image)로 특정 지역 상공을 원격탐사 비행기로 운행하면서 비행기내에 장착된 카메라를 통해 데이터를 수집하는 방식이며, 두 번째는 인공위성 이미지(satellite image)로, 지구 궤도를 일정한 속도로 운행하는 원격탐사용 인공위성내에 탑재된 카메라, 스캐너 등을 이용하여 데이터를 얻는 방식이다. 특히 인공위성 이미지는 지표로부터 반사되는 전자기파의 자원유형에 따라 수동형 센서(passive sensor) 시스템과 능동형 센서(active sensor) 시스템으로 구분된다. 원격탐사 장치에는 데이터 수집을 위해 하나 또는 여러 스캐너 센서들이 장착되어 있으며, 각 센서들이 지표의 특성에 따라 다르게 반사되는 전자기 에너지 파장의 정보를 저장하며, 센서별로 저장된 데이터는 레이어(밴드: band) 방식으로 저장된다. 따라서 하나의 센서만으로는 이미지 데이터 역시 하나의 밴드만을 가지며, 여러 개의 센서들이 데이터를 수집하는 경우 여러 밴드들이 존재한다. 예를 들어 대표적인 인공위성 이미지 데이터인 Landsat TM 데이터는 7개의 센서를 이용하여 데이터를 취득하기 때문에 지역별로 7개 밴드(레이어)로 구성된 이미지 데이터를 취득할 수 있다.

원격탐사 인공위성에서의 일반적인 데이터 취득과정은 다음과 같다. 원격탐사 인공위성은 지구 주변을 일정한 궤도를 따라 운행 하면서, 원하는 지역의 지표를 원격으로 스캔(scan)한다. 스캔하는 지표의 범위는 인공위성에 따라 다르지만 원격탐사 위성에 장착된 스캐너 센서가 좌우 방향으로 이동하며, 동시에 인공위성이 뒤에서 앞으로 운행하면서 지표에서 반사되는 전자기 파장 데이터를 취득한다. 어떤 인공위성은 하나의 센서를, 다른 인공위성은 여러 센서를 동시에 가지고 있다. 하나의 센서는 특정 파장대의 전자기 에너지 데이터를 취득할 수 있으므로, 센서가 여러 개라면 그만큼 여러 파장대의 에너지 데이터를 레이어처럼 분리하여 저장할 수 있다.

그림 5.4 원격탐사를 통한 데이터 수집 과정

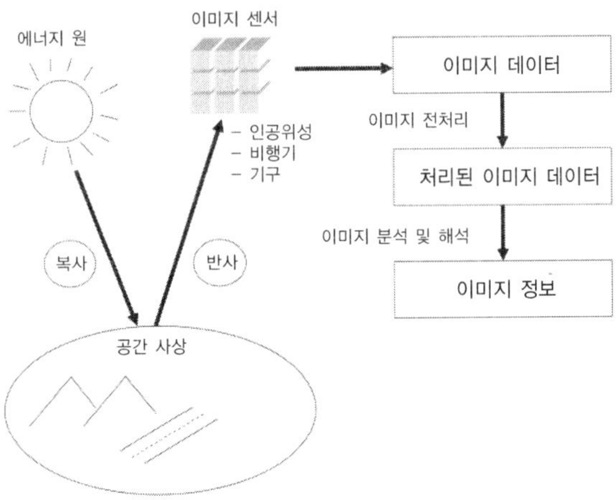

그림 5.5 인공위성 이미지 데이터 입력

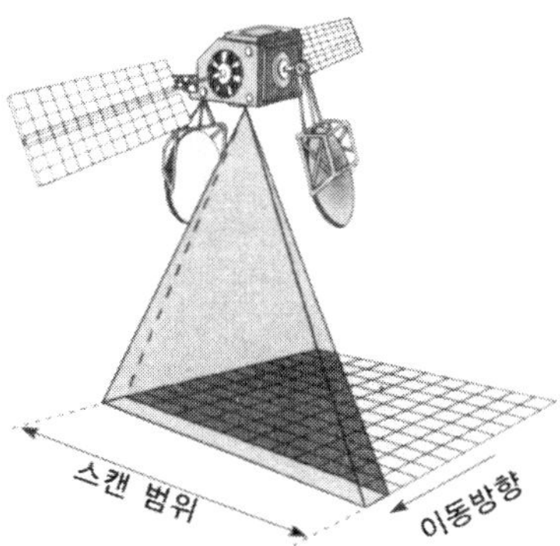

표 5.4는 주요 인공위성 이미지에 대한 정보이다.

표 5.4 주요 인공위성 이미지의 특성

인공 위성	운행 기간	센서	공간 해상도	단위 scene	운행 주기	스펙트럼 해상도
Landsat 1-3	1972-83	MSS	80 m	185×185km	18일	0.5-0.69,0.6-0.7, 0.7-0.8, 0.8-1.1
Landsat 4-5	1982-	TM	30m	185x185km	16일	0.45-0.52, 0.52-0.6, 0.63-0.69, 0.76-0.9, 1.55-1.75, 2.08-2.35, 10.4-12.5
SPOT	1986-	Multispec	20m	60×60km	2.5-26일	0.5-0.59, 0.61-0.68, 0.79-0.89
		Panchro	10m	60×60km	2.5-26일	0.51-0.73
TIROS-NOAA	1978-	AVHRR	1.1 km	2600km	1일	0.58-0.68, 0.72-.1.1, 3.55-3.93, 10.3-11.3, 11.5-12.5
IRS-1	1988-	LISS*	23m, 36.25m	148km	22일	0.45-0.52, 0.52-0.59, 0.62-0.68, 0.77-0.86
ERS-1	1991-	SAR*	30m	80.4-99km	16-35일	5.3 GHz(C-band)
RADARSAT	1995-	SAR*	6.25-500m	45-500km	1-24일	5.3 GHz(C-band)

* SAR (Synthetic Aperture Radar), LISS(Linear Imaging Self-Scannng System)

가장 많이 사용되는 원격탐사 이미지 데이터로는 Landsat, SPOT, IRS를 들 수 있다. 프랑스의 SPOT 인공위성은 고도 832km 상공에서 극방향으로 궤도를 운행하며, 지구 자전 주기와 맞추어 태양의 고도를 유지하면서 궤도를 돌기 때문에 26일 간격으로 같은 시간에 같은 위치를 지나게 된다. SPOT 인공위성에는 2가지 유형의 센서 시스템이 있는데, 하나는 하나의 스펙트럼(밴드)으로 10x10m 해상도를, 다른 하나는 여러 스펙트럼(밴드)으로 20x20m 해상도를 가진다.

미국의 Landsat 인공위성은 SPOT처럼 극 중심의 궤도로 태양고도를 유지한다. Landsat 1, 2, 3은 918km 고도에서 운행되었으나, Landsat 4, 5는 705km 궤도로 운행된다. 운행주기는 Landsat 4, 5의 경우 18일 간격으로 이루어진다. Landsat 4, 5에는 2가지 유형의 센서가 있는데, 하나는 TM(Thematic Mapper) 센서로 가시광선, 적외선 영역과 관련하여 7개의 밴드로 데이터를 수집하며, 다른 하나는 MSS(Multi Spectral Scanner)로 4개의 밴드로 데이터를 수집한다.

TIPS 주요 인공위성

Landsat 인공위성	현재까지 Landsat 인공위성은 7개가 발사되었다. 첫 번째 인공위성은 1972년에 발사되었고 이후 가장 많이 사용되는 Landsat 4는 1982년에, Landsat 5는 1984년도에 발사되었다. NASA에 의해 제작, 관리되는 Landsat 인공위성은 궤도를 운행하면서 이미지를 수집하여 지구로 전송하고 있다. 이후 Landsat 4,5가 노후되어, 1993년 새로운 Landsat 6을 발사하였는데 궤도에 진입하지 못하였으며, 1999년 Landsat 7이 다시 발사되었다. 현재 Landsat 7은 미국 국립지리원인 USGS(U.S. Geological Survey) EROS Data Center에서 관리하고 있다.
SPOT	SPOT(Systeme Pour L' Observation de la Terre)은 1985년 이래로 프랑스 컨소시엄에 의해 개발, 운영되고 있다. SPOT 인공위성은 2종류의 센서(multispectral, panchromatic)를 가지며, 1호에서 3호까지의 SPOT 인공위성은 3개의 밴드를, 1998년에 발사된 SPOT 4는 4개의 밴드를 가진다.
IRS	인도 인공위성인 IRS는 Indian Space Research Organization 주관하에 5개의 위성을 보유하고 있으며, 2004년까지 적어도 7개를 계획하고 있다. 이 데이터는 ANTRIX사와 Space Imaging Corporation사에서 판매되고 있다.
NOAA-AVHRR	AVHRR(Advanced Very High Resolution Radiometer)는 미국 NOAA(National Oceanic and Atmospheric Administration)에 의해 운영된다. AVHRR은 5개 밴드를 가지며, 기후, 기상 목적으로 많이 사용된다.

항공사진 측량에 의한 방법

항공사진(aerial photography) 측량은 원격탐사 분야에서 가장 오래되고 널리 사용되는 방법이다. 즉 지표에서 대기 상공으로 카메라나 센서를 탑재한 비행기가 운행을 하며, 지나가면서 지표의 정보를 수집한다(일정한 거리 간격이나 시간 간격으로 사진을 찍거나 센서를 이용하여 디지털 데이터를 수집한다).

그림 5.6 지도제작을 위한 항공기 촬영 이동과정

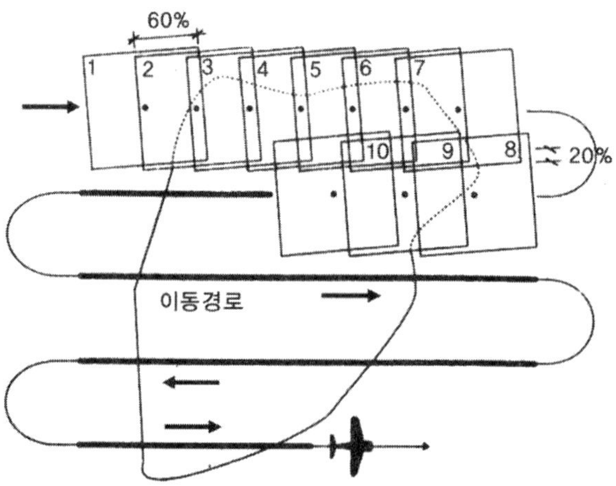

출처 : Bernhardsen, 2000, 184, Figure 10.7

이때 카메라의 성능에 따라 얻어지는 정보의 양과 정확도, 해상도 등이 달라지게 된다. 카메라 및 항공기 설정에 따라 항공사진이 분류될 수 있는데, 즉 사각(oblique)방법과 수직(vertical)방법으로 나누어진다. 사각 항공사진(oblique aerial photo)은 지표와 경사진 각도를 가지며, 마치 비행기상에서 창문을 통해 보는 지표의 모습과 같은 이미지이다. 이러한 항공사진 이미지는 수직 이미지보다 시각적으로 해석하기는 쉽지만(지표의 지형이나 공간사상을 식별하기 쉬움), 지도제작 측면에서 볼 때 공간사상의 정확한 위치나 기하 정보를 알기에는 어려움이 있다.

반면 수직 항공사진(vertical aerial photo)은 항공기에 탑재된 카메라가 수직 아래 위치에 있는 지표 정보를 얻는데, 그 결과 이미지는 평면 상태로 공간사상을 표현하게 된다. 수직 항공사진은 비행기에 탑재된 카메라 바로 아래 위치에 있는 공간사상의 이미지를 수집하기 때문에 왜곡이 상대적으로 적으며, 직접 접근이 불가능한 지역의 탐사 등에 유용하게 사용된다. 수직 항공사진은 지표의 지형고도, 항공기의 기울어짐이나 비행상태, 카메라 렌즈 왜곡 등의 영향에 따라 미세한 위치 정확도의 차이를 나타낼 수 있다. 따라서 수직 이미지는 촬영 지역의 일부가 겹치도록 사진촬영을 하는데, 항공기가 이동하면서 60% 정도 겹치거나 적어도 20%를 겹치게 사진을 찍는다. 겹치게 찍어진 수직 항공사진 이미지는 3차원 디스플레이를 위해 입체경인 스테레오스코프(stereoscope) 등의 장비를 이용하여 볼 수 있다.

원격이미지를 얻는 또 하나의 방법으로는 항공 비디오(aerial videography)를 이용하는 것이다. 즉 사진 카메라 대신에 가볍고, 휴대가능하며 저렴한 비디오 카메라와 레코드를 장착하여 지표 정보를 취득한다. 많은 항공사진 지도제작 회사들이 옵션으로 비디오 촬영 방법을 채택하고 있다. 즉 각각 특정 파장대를 대상으로 고안된 필터를 장착한 몇대의 비디오 카메라를 동시에 이용함으로써, 인공위성에서 얻은 것처럼 멀티밴드의 이미지를 취득할 수 있다. 또한 디지털 분석을 위해, 프레임그래버(frame grabber)로 알려진 특수 그래픽 하드웨어 보드를 이용해 비디오의 특정 장면을 프레임으로 만들어 디지탈 이미지 파일 포맷(예를 들어 tiff, Targa)으로 저장해준다.

그림 5.7 항공사진의 입체적 인식 과정

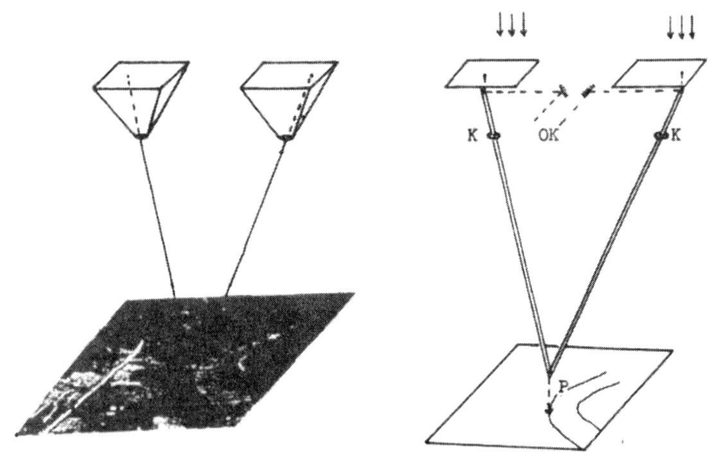

출처: Bernhardsen, 2000, 184, Figure 10.8

최근의 스테레오스코프(stereoscope)는 스캐닝된 디지털 이미지를 사용한다. 2개의 중복된 이미지들이 컴퓨터모니터 상에 디스플레이되고, 사용자는 특수 안경을 쓰고 오른쪽 눈은 오른쪽 이미지를, 왼쪽 눈은 왼쪽 이미지를 본다. 그리고 입체적으로 보이는 이미지 상에서 도로, 하천, 건물 등 여러 공간사상을 식별, 추출해낸다. 그런데 이러한 자동화 방법으로는 높이변화를 가진 지형과 빌딩, 나무 등을 구별하지 못하여 빌딩의 옥상 부분은 DTM의 일부로 인식한다. 따라서 이후 수작업을 통해 교정해 주어야 한다. 아직은 사진 이미지에서 자동으로 공간사상을 인식하여 추출하는 기술이 발전되지 않고 있다.

GPS Global Positioning System 데이터 입력

GPS(Global Positioning System)는 지구측위시스템으로도 불리며, 실시간으로 지구상의 위치를 제공한다. GPS는 일반적으로 인공위성을 기반으로 한 위치 추적 항법 시스템이며, 또한 지표상 공간사상의 위치 정보를 측정하는 도구로 알려진다. GPS는 NAVSTAR GPS(Navigation Satellite Timing And Ranging GPS)라고도 하는데, 원래 미국 국방성에 의해 개발되었으며 현재에도 미국 국방성의 통제하에 운영되고 있다. GPS는 원래 특정 공간사상이나 움직이는 이동체를 파악하려는 군사 목적으로 시작되었으며, 이후 민간 부분에 개방되어 현재 교통, 물류, 통신, 가스, 측지, 지도제작 등 다양한 분야에서 활용되고 있다.

그림 5.8 GPS 인공위성과 DGPS (Differential GPS)

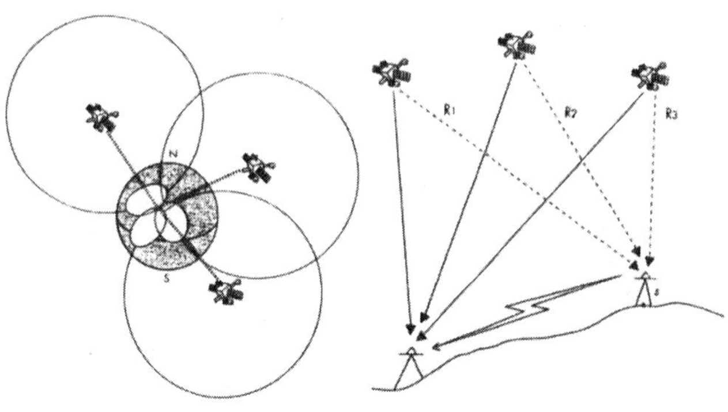

출처: Bernhardsen, 2000, 180, Figure 10.4: 181, Figure 10.5

GPS는 실시간으로 위치를 파악하기 위해 신호를 제공하는 GPS 제공(supplier) 부문과 그 결과를 제공받는 GPS 수신(receiver) 부문, GPS를 통제하는 통제(control) 부문으로 구성된다. GPS 제공부문을 살펴보면 현재 지구 궤도상에는 24개(추가로 3개의 보조인공위성이 함께 운행)의 인공위성이 궤도를 운행하고 있으며 궤도상에서 신호를 지표에 보내주게 된다. 그러면 GPS 수신기를 통해 신호를 받는데, 정확한 위치 파악을 위해 24개 인공위성 중 4개의 신호를 받아서 실시간으로 위치와 속도, 시간 등을 알 수 있게 된다. 24개의 GPS 인공위성은 12시간 주기로 지구를 돌고 있으며, 거의 같은 궤적을 통해 하루에 1번씩 반복적으로 궤도를 운행하고 있다.

GPS 통제 부문은 전세계에 걸쳐 존재하는 지구국(tracking stations)으로 구성되며, 중심이 되는 핵심 통제 시설(Master control facility)은 미국 콜로라도주의 쉬리버 공군기지(Schriever Air Force Base, 이전에는 팔콘 공군기지였음)에 있고, 이외에도 전세계에 걸쳐 지구국들이 존재한다. 통제 부문에서는 각 GPS 인공위성의 신호를 측정하고, 정확한 인공위성 궤도 데이터와 시간 정확도를 계산하여 다시 GPS 인공위성으로 결과를 전송한다. 마지막으로 GPS의 수신 부문은 GPS 수신기(receiver)와 사용자 그룹으로 구성되는데, GPS 수신기는 GPS 인공위성에서 전송한 신호를 위치, 속도, 시간 정보로 바꿔준다. 이때 정확한 한 지점의 공간 좌표(x,y,z 좌표)와 시간을 포함한 4차원의 정보를 알기 위해서는 24개 위성 중 최소 4개 GPS 위성이 필요하게 된다. GPS 수신기는 자동항법, 위치 측정 등의 기능에 효율적이다. 따라서 GPS 수신기를 이동하는 자동차, 비행기, 선박 등에 장착하여 위치를 파악할 수 있으며, 또한 개인이 휴대하여 이동하면서 이동 궤적의 공간 위치 정보를 얻을 수 있다.

그림 5.9 GPS를 이용한 자동차 항법 시스템과 선박 항법 시스템

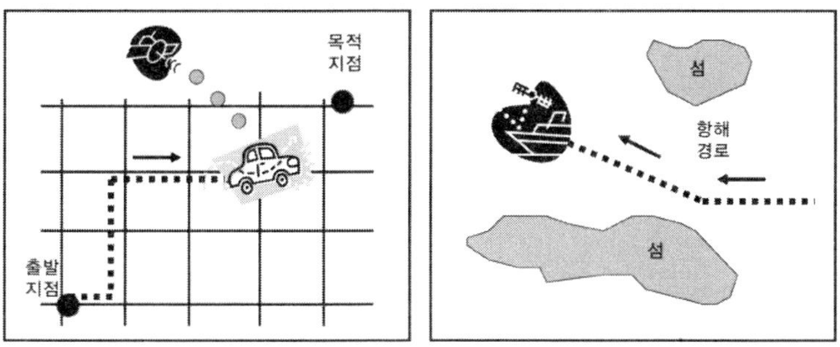

이러한 GPS 기술은 널리 사용되고 있지만, 몇 가지 제약이 있다. 첫 번째 GPS 수신기 안테나와 관련한 인공위성들 간에 가시적인 제약이 있다. 인공위성에서 GPS 수신기 안테나로 전송할 때 중간에 가로막는(방해하는) 물체가 존재한다면 이는 위치 파악을 불가능하게 할 정도로 인공위성 신호를 약화시킬 수 있다. 예를 들어 태양빛을 가로막는 일부 장애물은 GPS 신호 또한 가로막을 수 있다. 이러한 현상은 빌딩과 여러 장애물이 많은 도시지역뿐만 아니라, 나무 등이 무성한 삼림지역에서도 발생하는데, 특히 도시지역에서는 다중 채널간섭(multi-channel interference)이라는 다른 문제를 수반한다. 이런 현상은 GPS 수신기가 인공위성으로부터의 신호와 수신기에 간접적으로 도달되는 에코 신호를 구분하지 못하면서 발생한다. 이러한 특성은 주로 대도시 도심부 등과 같은 지역에서 빈번히 일어나곤 한다.

앞에서 언급하였지만 GPS 수신기는 신뢰성있는 위치 측정을 위해 적어도 4개의 인공위성으로부터 신호를 수신받아야 한다. 또한 이 인공위성은 궤도상에 적절히 배열되어 있어야 하며, 따라서 수신하는 인공위성이 궤도상에서 적절하게 분산되어 있는 것이 함께 모여있거나 일직선상에 배치되었을 때보다 더 정확한 위치정보를 제공해준다.

다른 GPS의 제약은 미 국방성의 GPS 사용에 대한 정책에 기인한다. 이 정책은 정확도가 완벽한 정보를 정부 공식 사용자들에게만 제한하고 있다. 따라서 이러한 정책을 개선하기 위해 1996년 5월에 개선안이 발표되었는데 아마 4~10년 사이에 이러한 제한이 없어질 것으로 예상된다. 이를 개선하기 위해 DGPS (Differential GPS)라는 것도 개발되었다. 그러나 이러한 정책이 사라지더라도, GPS가 GIS 데이터 획득 및 지도 제작 관련 응용 분야에 완벽히 적용되기에는 아직도 여러 문제점이 있다.

GPS는 여러 방식으로 GIS와 더불어 사용될 수 있다. 첫째, GPS는 인공위성 이미지와 연결된 지리 좌표를 확인하거나 재정의하는 데 사용될 수 있다. GPS는 인공위성 이미지의 위치 정확도를 향상시키고 왜곡을 줄이는 데 사용되지만, 인공위성 이미지와 상응하는 지표상 3개 이상의 점들을 지정할 수 있을 때, GPS 수신기는 이들 지점의 정확한 지리 좌표를 수집하는 데 사용될 수 있다. 그런 후 이미지의 나머지 부분은 이들 점의 상응도에 의해 조정되어 맞추어지는데, 이는 보다 정확한 실세계 좌표 정보를 이미지에 제공하는 작업에 적합하다. 둘째, GPS는 인공위성 이미지의 지표상 진위 여부

TIPS DGPS & 갈릴레오 프로젝트

DGPS(Differential GPS)

GPS 수신기는 24개의 GPS 인공위성 중에서 가장 가까운 3개 이상의 인공위성으로부터 정보를 받아 위치를 계산하는데, 인공위성의 전파이동으로 인한 시간차, 이동체의 상대적 시간의 차이 등으로 오차가 수반된다. 따라서 두 개의 GPS 수신기가 동시에 인공위성으로부터 데이터를 받으면 그만큼 정확도가 높아지게 된다. 따라서 기존의 GPS 시스템 외에 통신 기지국들이 설치되어 보다 정확한 위치정보를 계산한 후 사용자에게 그 정보를 제공해준다. 자동차, 선박의 이동 등에 사용되며 이를 위해서는 별도의 DGPS 수신기가 필요하다.

갈릴레오 프로젝트

갈릴레오 프로젝트(Galileo Project)는 EU를 중심으로 한 새로운 항법 시스템(GNSS: Global Navigation Satellite System)을 개발하기 위한 프로젝트로서, 약 30여개의 인공위성으로 2만 3천 킬로미터의 상공에서 궤도를 돌면서, 기존의 GPS 시스템보다 정밀한 위치정확도 (약 1미터 정확도)를 목적으로 위치정보를 서비스하는 목적을 가진다. 2012년 완전 가동을 목표로 현재 추진되고 있으며, 한국은 2006년 1월에 참여하였다.

를 알아보는 데 사용될 수 있다. 특정 인공위성 이미지가 이상하거나 인식불가능한 효과를 가진 지역이나 정보를 가질 때, 그 지역의 좌표가 GPS 수신기로 정확하게 얻어질 수 있다. 그런 후 GPS 수신기는 지표상의 식생을 고찰하기 위해 해당 지역을 답사하는 것을 가능하게 한다. 실시간 DGPS(Differential GPS)를 이용하여, 사용자는 1미터 픽셀 단위의 정확도로 지역에 대한 정보를 모을 수 있다. 셋째, GPS는 GIS나 CAD 시스템을 갱신하는 데 비용 측면에서 효율적인 툴로 입증되어 왔다. GPS를 이용하여 데이터를 수집하는 것은 종이지도 위에서 디지타이저를 이용하여 입력하는 방식과 유사하게 이루어지지만, GPS 장치 사용자는 단지 지표상 원하는 지역이나 경로를 이동하면 되며, 이때 자동으로 움직인 지점의 지리 좌표 정보가 컴퓨터 수신기에 저장된다.

한편 많은 보급형 GPS 수신기들은 이동하면서 실시간으로 지리 좌표 정보를 제공해 주고 있으며, 정확도도 최근 많이 향상되고 있다. 정확도의 차이는 송신하는 인공위성 GPS 자체의 한계가 아니며, 수신 부문에서의 차이이므로 가장 좋은 GPS 수신기를 이용하면 빠른 속도로 이동하면서도 센티미터 단위와 같은 고해상도의 지리 좌표를 얻을 수 있다. 이러한 한계는 일부 수신기 설계 및 소프트웨어 제품의 부산물이라 할 수 있다.

표 5.5 GPS 관련 주요 사이트

주요제조사	웹사이트	GPS 주요 사이트	웹사이트
Trimble	http://www.trimble.com	University NAVSTAR Cons.	http://www.unavco.ucar.edu
Magelan	http://www.magellangps.com	GPS World	http://www.gpsworld.com
Garmin	http://www.garmin.com/	IGEB	http://www.igeb.gov
Lowrance	http://www.lowrance.com	DGPS 한국 사무소	http://www.ndgps.go.kr

이렇게 얻은 GPS 데이터는 최종적으로 이후의 다양한 GIS 프로세싱 및 분석, 그리고 지도 제작을 위해 GIS 데이터베이스로 변환되는 것이 보통이다. 보통 GPS 수신기는 적절한 메모리가 내부에 있으며, 지리 좌표와 기타 정보는 자신의 포맷으로 저장한다. 이들 데이터는 원래의 포맷에서 사용자의 요구에 맞게 다양한 GIS 데이터 포맷으로 변환가능하다. 가장 손쉽고 간편한 변환 방법은 GPS 수신기에 저장된 지리 좌표 및 기타 정보를 아스키 포맷(ascii format)을 한 데이터 파일로 저장하는 것이다. 이렇게 저장된 파일은 거의 대부분의 GIS 소프트웨어에서 불러와 사용할 수 있는 기능이 있다. 이외에도 변환 프로그램을 이용하여 shapefile이나 DXF 등의 파일 포맷으로 변환하는 것도 가능하다.

GPS는 다음과 같은 업무에 적용되어 유용하게 사용될 수 있다.

① 새로운 측지 기준점 설정 및 기존 기준점 위치의 정확도 측정
② 기존 방법으로 측정 불가능한 지형적 특성 파악
③ 이동하는 물체(자동차, 트럭, 선박)의 이동 위치 계산
④ 항공사진 측량시 정확한 위치 확인
⑤ 지형도 및 해도 제작시 공간사상의 위치 확인

키보드에 의한 입력 방법

키보드(keyboard)를 이용하여 공간 래스터 데이터를 입력할 수 있는데, 워드프로세서 파일, 텍스트 파일, 데이터베이스 파일로 저장하여 GIS 프로그램에서 사용가능하

다. 우선 데이터 입력을 위해 종이지도 상에 격자형으로 셀을 설정한 다음, 각 셀마다 입력할 값을 결정한다. 이후 파일을 새로 생성하고 키보드를 이용하여 정보를 입력한다. 기본적으로 래스터 파일 구조는 래스터 데이터 구조에 대한 정보를 가지는 헤더(header) 부분과 실제 데이터 값을 가지는 부분으로 구성되어 있다. 헤더 부분이 개별 파일로 저장되는 경우도 있고, 또는 한 파일에 실제 데이터 셀값과 같이 저장되는 경우도 있다. 대체로 이러한 파일들은 아스키 파일 형식이므로 사람이 그 정보를 볼 수 있도록 되어있다.

이렇게 키보드로 정보를 입력하여 저장하면, 다음 과정으로 GIS 프로그램에서 이 파일을 읽어들여서 지도로 디스플레이하거나 다른 포맷으로 변환하여 저장하기도 한다. 또한 기존의 래스터 데이터 파일을 아스키 파일로 변환하여 보거나 수정할 수 있다.

그림 5.10 키보드를 이용한 래스터 데이터 입력 예

멀티미디어 데이터 입력

멀티미디어 데이터는 텍스트, 공간 데이터뿐만 아니라, 사운드, 비디오, 동영상, 하이퍼텍스트, 가상현실 등의 요소들을 포함한다. 이러한 다양한 데이터들은 독립적으로 저장, 유지 관리되기도 하며, 서로 연결되어 통합적으로 응용 프로그램에서 사용되기도 한다. 멀티미디어 기법을 이용하여 시간이 지남에 따라 공간적 변화를 디스플레이 할 수 있으며, 다양한 공간 관점에서 공간 객체를 입체적으로 디스플레이 할 수 있다. 또한 사운드 등을 포함하여 비주얼 요소를 보완하고 있으며, 가상현실 기법을 도입함으로써 미래 또는 비현실적인 다양한 경우를 시뮬레이션으로 구현할 수 있다.

그림 5.11 멀티미디어 데이터 구성 및 통합

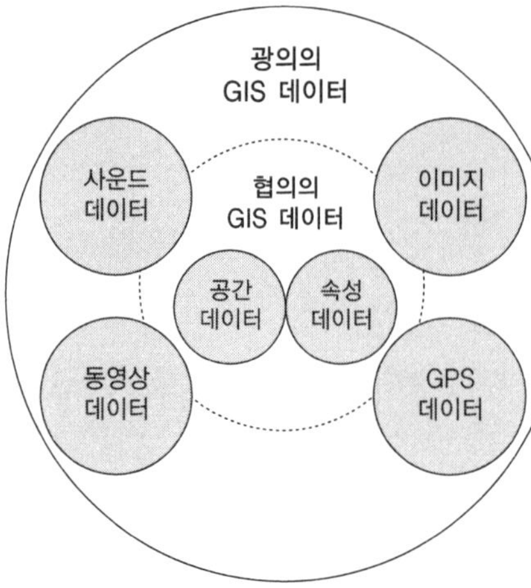

사운드, 이미지, 비디오 데이터 등은 텍스트 데이터에 비해 저장 용량이 크고 각 데이터들은 서로 길이가 다르다. 이들 멀티 데이터 유형들은 고유 파일 포맷으로 저장되는데, 사운드 데이터의 경우 .wav, .mp3 등으로 저장되며, 이미지 파일은 .gif, .tif, .img, jpg 등으로 저장되고, 동영상 파일은 .avi, .mpeg, .mp3, .asf, .ra 등으로 저장된다. 이들 데이터는 DBMS에서 저장 관리되기도 하는데, 이 경우 서로 용량과 포맷이 다르기 때문에 바이너리 파일 포맷인 BLOB(Binary Large OBject) 포맷으로 저장된다. 물론 DBMS에서는 특정 필드가 생성되며 이 BLOB 포맷의 데이터가 저장되며, 이 데이터는 기존 이진 파일처럼 사용자가 인식할 수 없는 형태로 되어 있는 대신에 DBMS 또는 연결 프로그램이 데이터 구조를 인식하고 유지 관리 한다. GIS에서는 이 BLOB 데이터 포맷을 많이 사용하고 있으며 멀티미디어 데이터 저장뿐만 아니라 가변 길이의 공간객체 좌표들을 BLOB로 인식하고 저장하기도 한다.

멀티미디어 데이터 입력과정 중 하드카피 이미지를 디지타이징하는 방법 중의 하나는 비디오 카메라를 이용하는 것이다. 비디오 카메라로 촬영된 영상 데이터는 아날로

그-디지털 기법을 이용하여 변환될 수 있다. 비디오 디지타이징 방법은 개별 비디오 프레임의 디지타이징을 수반하는데, 비디오의 전체 프레임은 일초에 1/60만큼 빨리 읽혀질 수 있다. 따라서 프레임 그래버(frame grabber)로 알려진 고속 아날로그-디지털 컨버터는 데이터를 디지타이징하여 그것을 버퍼 메모리에 저장한다. 그러면 메모리에 저장된 이 정보는 컴퓨터에서 다시 읽혀지고, 디스크 등에 다시 영구저장될 수 있다.

이러한 비디오 디지타이징을 위한 구성요소로는 비디오 카메라, 모니터, 아날로그-디지털 변환 장치가 있다. 아날로그 형태의 비디오 이미지는 변환 장치를 통해 디지털 방식으로 변환되며, 이 변환된 디지털 데이터를 디지타이징할 수 있다.

비디오 디지타이징 방법은 편리하고 가격이 저렴한 대안이라는 장점은 있으나 일반적으로 공간 해상도가 떨어지고, 종종 반복할 수 없는 라디오미터 또는 그레이 스케일 해상도를 나타내는 단점이 있다. 전자 비디오 시스템은 정확한 래스터 스캐너보다 가격은 훨씬 저렴하지만, 매우 높은 해상도는 얻을 수 없다. 빠른 데이터 획득이 이 방법의 장점이라 해도, 그 결과가 디지털 이미지 프로세싱 목적에 항상 적합한 것은 아니다. 다시 말해서, 라디오미터 민감도와 다양한 비디오 카메라의 반복성에는 현저한 차이가 있다. 가장 심각한 문제 중의 하나는 디지타이징되는 이미지가 중심으로 멀어짐에 따라 생기는 빛의 감소 현상이다. 이는 비디오 장면(scene)으로부터 추출되는 스펙트럼 시그너쳐(spectral signature)에 영향을 줄 수 있다. 비디콘 광학 시스템 왜곡은 원격탐사 데이터로 전이될 것이며, 이는 이러한 방식으로 디지타이징된 인접 이미지들 간의 경계 맞춤(edge-match)을 어렵게 할 것이다.

토지 측량 데이터 입력

토지 측량 데이터의 수집은 다른 데이터 수집 방식과 비교해서 상당한 정확도를 요구한다. 실제의 현장 답사를 통해 실제 공간사상들 간의 상대적인 거리를 측정하고 고도 등을 측정하는 방법은 아직도 전통적인 방식으로 사용된다. 한편 최근 컴퓨터 기술의 발전과 GPS 기술의 발전으로 해서 특정 위치에 대한 정확한 위치정보를 파악하는 것이 가능해지고 이를 통해 토지 측량을 보다 정확하고 효율적으로 수행하고 있다.

특정 위치를 측량하는 방법은 이미 알려진 위치를 이용하여 알려진 위치와 알고자 하는 위치간의 거리 또는 각도 정보를 통해 취득하는 것이 일반적이다. 그림 5.12에서처럼 주로 사용되는 3가지 측량방법이 있는데, 첫 번째는 추측측량(dead reckoning) 방법으로 이미 알려진 위치에서 알고자 하는 위치까지의 거리와 각도 정보를 측정하는 것이다. 두 번째 방법은 삼각측량(triangulation) 방법으로 알려진 두 지점의 거리(밑변 거리), 각도 정보를 이용하여 다양한 위치에 대한 정보를 알아내는 것이다. 세 번째 방법은 삼변측량(trilateration) 방법으로, 알려진 두 지점간의 거리정보(삼각형의 밑변 거리)를 토대로 알고자 하는 지점과의 거리를 측정한다.

그림 5.12 토지 측량 방법 (추측측량, 삼각측량, 삼변측량)

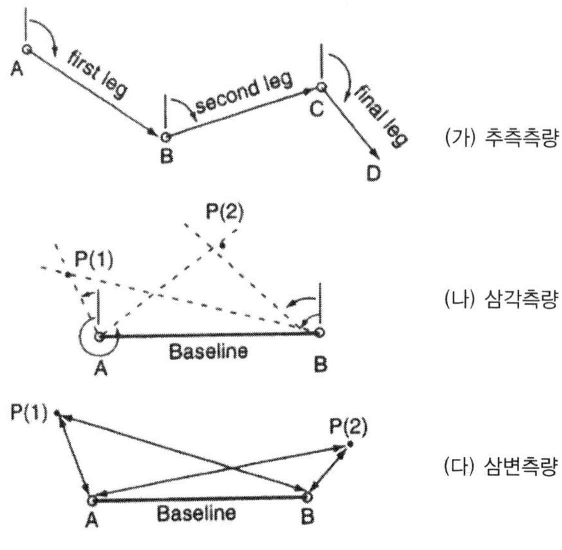

출처 : DeMers, 1997, 38, Figure 2.10

공간 샘플링 방법

공간 데이터를 표본 추출을 통해 생성하는 데는 여러 방법이 존재한다. 벡터유형의 점형 데이터를 예로 들어보자. 그림 5.13과 같이 여러 가지 샘플 추출 방법이 존재하는데, 전체 집합에서 등간격이나 등거리를 기준으로 샘플 데이터를 선택하는 방법(가. 규칙적 샘플링)이 있으며, 아무런 기준없이 임의적으로 샘플 데이터를 추출하는 방법(나.

불규칙 샘플링)도 있다. 규칙적 샘플링 방법(regular sampling)은 전체 지역의 데이터를 골고루 수집하는 장점이 있으나, 반대로 공간 집중, 분산 패턴의 경우 단점으로 지적될 수 있다. 반면 불규칙 샘플링(random sampling) 방법은 인위적인 기준없이 선택함으로써 모집단 데이터에 대한 신뢰도는 높일 수 있지만 매번 샘플링시 추출 결과가 달라지게 되어 일관성이 문제될 수 있다. 세 번째 방법인 횡단 분할 샘플링(transect sampling)은 전체 지역 중 일부지역을 분할하여 분할 지역에 포함된 데이터를 샘플로 추출하는 방법이다. 네 번째 방법인 층화 불규칙 샘플링(stratified random sampling) 방법은 데이터들간의 위계성을 고려하여 임의적으로 데이터를 샘플링 하는 방법이다. 다섯 번째 클러스터 샘플링 방법은 일정 기준을 넘는 데이터 집중이 있는 경우, 집중된 데이터를 샘플로 결정하는 방법이며, 여섯 번째 등고 샘플링(contour sampling) 방법은 특정 속성값을 참조로 하여 같은 속성값을 가지는 공간 데이터를 샘플로 수집하는 방법이다. 이외에도 여러 다양한 데이터 샘플링 방법이 있으며 분석 목적 및 데이터 특성, 사례 지역의 특성 등 다양한 조건을 토대로 하여 결정하는 것이 좋다.

그림 5.13 공간 데이터 수집 방법

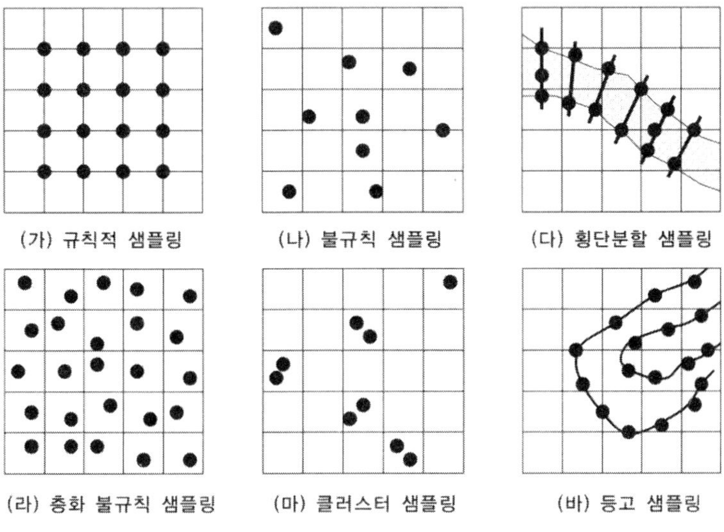

출처: Burrough and McDonnel, 1998, 101, Figure 5.1

속성 데이터 입력

속성 데이터는 주로 테이블 포맷으로 입력되고 저장되는 것이 보통이다. 그림 5.14에서 보는 것처럼 테이블의 레코드는 각 공간 객체가 지정되며, 필드부분의 각 공간 객체의 속성을 정의한다. 예를 들어 우리나라 도별 행정구역 정보를 입력하고자 한다면 레코드는 도별 행정구역(예를 들어 서울시, 경기도, 강원도 등)이 되고, 각 도별 행정구역의 인구, 소득, 인구밀도 등의 정보는 필드 부분에 정의된다. 이후 키보드 등을 이용하여 세부적인 속성 데이터가 입력된다.

그림 5.14 속성 데이터 테이블 예

속성 데이터는 테이블 형태로 저장, 유지 관리되지만 데이터베이스가 반드시 필요하지는 않다. 즉 워드프로세서 등을 이용한 텍스트 형태나 스프레드 시트 등에서 데이터를 입력할 수 있다. 이렇게 입력된 데이터는 GIS 소프트웨어로 읽어들여져서 공간 데이터와 통합된다. 주의할 것은 공간 데이터와 속성 데이터가 연결될 수 있도록 공유 필드는 하나 이상 존재해야 한다는 것이다. 즉 공간 데이터에서도 속성 데이터와 연결될 필드가 존재함으로써 어떤 공간 객체가 어떤 속성 레코드와 연결되어야 하는지를 필드를 통해 알게 되는 것이다.

최근에는 속성 데이터 입력방식으로 OCR(Optical Character Recognition) 기법

이 개발되고 있다. 스캐너 등을 이용하여 종이 형태의 속성 테이블을 스캐닝한 후, 결과로서의 이미지 중에서 문자를 인식하여 텍스트 형태로 추출하는 기법으로 정밀한 OCR 소프트웨어를 이용하여 속성 데이터 입력과정의 시간을 줄일 수 있다.

2 주요 데이터 입력 과정

1) 디지타이저를 이용한 입력 과정

디지타이징 과정에서 디지타이징 대상인 종이지도를 디지타이저 장치에 부착하기 전에 종이지도 상에 기준이 될만한 주요 위치를 선정하는 것이 필요하다. 이들 위치는 제어점(control points)으로 활용되며, 이후 디지타이징 결과 데이터를 실세계 좌표로 변환하는 작업과 투영(projection) 과정에서도 사용된다. 또한 종이지도 상에는 수많은 공간사상들이 있지만, 목적이나 용도에 따라 이들 모두를 디지타이징할 필요는 없다. 또한 디지타이징 목적 및 용도에 따라서 불필요하게 상세한 공간사상의 기하학적 특성을 완벽하게 반영할 필요는 없으며, 특정한 수준에서 일반화를 행하는 것이 바람직할 수 있다. 실제 디지타이징 작업은 반복적인 작업이며, 종종 한 번에 종이지도 상의 모든 공간사상을 디지타이징하기는 어려워 여러 번에 걸쳐 나누어서 작업을 수행하는 경우가 효율적일 수 있다. 이 경우 일정 작업분량을 미리 나누고 디지타이징 작업을 수행하는 것이 좋다.

또한 특정 디지타이저를 한 사람만 사용하는 것이 아니라 여러 사람이 공유하여 사용할 경우 디지타이저 태블릿 상에 고정시켜놓은 지도를 계속 부착할 수 없는 경우가 발생하게 된다. 이미 부착된 종이지도를 떼어낸 후 다시 부착하여 계속 디지타이징 작업을 할 경우, 사용자는 디지타이징 소프트웨어에게 다시 부착된 종이지도와 관련하여 지도 범위(map area)는 어디이고, 그 좌표는 어디인지에 대한 정보를 다시 주어야 할 필요가 있다. 이때 제어점(control point)이 디지타이저 태블릿 위에 부착된 종이지도와 이미 저장되어 있는 디지털 데이터간의 재연결 설정을 해주게 된다.

디지타이징 환경 설정

디지타이징 환경 설정 과정은 디지타이징을 위해 컴퓨터 환경 설정과 소프트웨어 환경 설정으로 구성된다. 우선 디지타이저를 연결되어 있는 컴퓨터 및 사용할 소프트웨어와의 연결 설정을 해야 한다. 디지타이저 태블릿 상의 특정 위치에서 마우스를 클릭하면 그 위치정보가 신호로 바뀌어 컴퓨터로 전달이 되는데, 이때 컴퓨터가 입력 장비인 디지타이저와 제대로 연결되었는지 확인해야 한다. 디지타이저 장비는 제품에 따라 사양, 설치 방법이 다를 수 있으므로 미리 확인하는 것이 필요하다. 일반적으로 워크스테이션과 PC 모두 사용가능하며, 또한 워크스테이션상의 유닉스(unix) 운영체제나 PC의 Windows VISTA 등에서도 사용가능하다. 물리적인 디지타이저-컴퓨터간의 설정이 제대로 되었다면, 다음으로 소프트웨어적인 연결 설정이 필요하다. 디지타이저를 사용하는 여러 소프트웨어가 있으며, 각 프로그램마다 다른 디지타이저 신호 설정을 규정하고 있으므로, 필요시에는 디지타이저에서 설정을 해야하며, 컴퓨터에서 소프트웨어의 설정이 제대로 되어야 디지타이저의 작업 결과를 제대로 전송받을 수 있다.

환경 설정에서 고려해야 할 것 중의 하나로 허용오차(tolerance) 설정이 있다. 대부분의 디지타이징 소프트웨어에는 디지타이징시 발생하는 에러를 확인하거나 수정하는 편집 기능이 있다. 일반적으로 사용자가 종이지도를 토대로 주의깊게 디지타이징하더라도 어느 정도의 에러를 수반하기 마련이다. 따라서 잠재적인 디지타이징 에러를 사전에 줄일 수 있는 방법으로 적절한 허용오차(tolerance)를 설정하는 것이 필요하다. 디지타이징시 일정 거리를 허용오차로 설정하였을 때, 그 허용오차내의 마우스 클릭의 신호들은 같은 것으로 인식하는 것이다. 이때 허용오차는 같은 위치로 인식하게 되는 허용거리 오차라고 할 수 있다. 예를 들면 아무리 정교한 사용자도 시작점에서 시작한 폐곡선을 디지타이징할 때 마지막 점으로서 원래의 시작점과 동일한 점을 마우스로 정확히 클릭하기는 어려울 것이다. 이때 허용오차를 일정 거리로 설정하게 되면, 그 일정 거리내의 두 점을 한 점으로 인식하므로 에러를 줄일 수 있다. 이는 수작업으로 사용자가 디지타이징할 경우 생기는 에러를 줄여준다는 장점뿐만 아니라, 연결되어야 할 공간객체들을 허용오차를 이용하여 손쉽게 결합시켜준다는 점에서도 유용하다. 이때 주의해야 할 것은 허용오차의 범위를 어느 수준으로 설정해야 하느냐이다. 공간 데이터의 품질과 정확도, 사용목적에 따라 허용오차의 범위가 달라질 수 있으며, 또한 전체 데이터 중 일부 데이터들은 허용오차에 의해 예기치 않은 결과를 나타낼 수 있으므로 사전에 주의하여 범위를 결정하는 것이 좋다.

제어점 control points 설정 및 지도 범위 설정

앞에서 간단하게 언급한 것처럼, 제어점(control point) 또는 등록점(tic point)은 디지타이저 태블릿 상에 부착된 종이지도를 인식하여 GIS 데이터로 등록하는 데 사용되는데, 일반적으로 종이지도 네 모서리 상에 설정하게 되며, 최소한 3개의 점이 요구된다(어떤 소프트웨어는 대각선을 이루는 2점만을 요구하기도 한다). 또한 이 제어점은 해당 GIS 데이터가 다른 좌표체계로 변환하게 되는 경우(예로 경위도 좌표체계에서 TM 좌표체계)에도 사용되며, 디지타이저 태블릿 상의 원자원으로서 종이지도의 이동시 재연결 설정에도 요구된다. 어떤 경우이든지 간에 제어점 설정을 할 때(디지타이저 마우스로 종이지도에 이미 마크된 제어점을 클릭함으로써 등록됨), 정확한 위치를 설정해야 해당 GIS 데이터의 공간 정확도 및 품질이 보장된다. 일반적으로 디지타이징에 사용되는 소프트웨어들은 제어점 등록시에 특정 범위의 허용오차(tolerance)를 설정하여, 그 범위를 벗어나 정확성이 떨어지는 경우에는 다시 제어점을 설정하도록 하고 있다. 제어점 설정을 한 다음, 대체로 디지타이징 작업시 사용될 지도 범위를 설정하게 되는데, 일반적으로 직사각형을 만드는 대각선의 2점을 지정하도록 되어 있다. 그러면 디지타이징시 뿐만 아니라 그 결과로 저장되는 데이터는 일반적으로 공간 범위로서 여기서 설정된 범위를 나타내게 된다.

그림 5.15 디지타이징 입력 과정

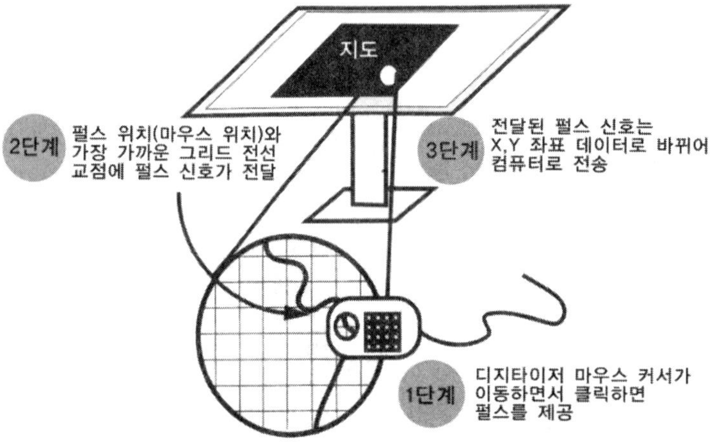

디지타이징 (데이터 입력) Digitizing

일반적으로 2가지 유형의 디지타이징 방법이 사용되는데 포인트 디지타이징(point digitizing) 방법과 스트림 디지타이징(stream digitizing) 방법이다. 포인트 디지타이징 방법은 디지타이저와 연결된 마우스 십자선이 입력하고자하는 종이지도 위의 대상 바로 위에 위치한 후 버튼을 누름으로서 그 위치가 입력된다. 이 방법은 입력하고자 하는 점들로 십자선을 이동하여 버튼을 누르는 작업을 반복하게 된다. 따라서 십자선 위에 입력된 위치만이 데이터로 입력이 된다. 반면 스트림 방법은 마우스 십자선을 연속적인 라인을 따라 이동하게 되면 일일이 버튼을 누르지 않아도 자동적으로 일정 간격(일정 시간 간격 또는 일정 거리 간격으로)으로 점들의 좌표를 생성시켜 입력하게 된다. 이러한 방법은 부드럽게 연결된 공간사상을 입력하는 데 적합할 수 있다. 예를 들어 하천 지류나 등고선을 입력할 때 십자선을 따라 일정한 간격으로 선상의 중간점을 생성시켜준다. 대신 입력하기전에 입력 패러미터를 적절하게 조정하지 않으면 원하지 않는 결과를 만들 수 있으며, 또한 일정 간격으로 점들을 자동적으로 만들기 때문에 불규칙한 간격으로 기하학적인 변화를 보이는 공간사상의 입력에는 주의해야 한다. 데이터의 정확도를 중요시하는 경우 포인트 디지타이징 방법이 유리한데, 사용자가 입력하고자 하는 위치에 마우스 십자선을 이동한 후 준비된 상태에서 입력 버튼을 사용자가 누를 수 있기 때문이다.

그림 5.16 디지타이저를 이용한 라인 데이터 입력 예

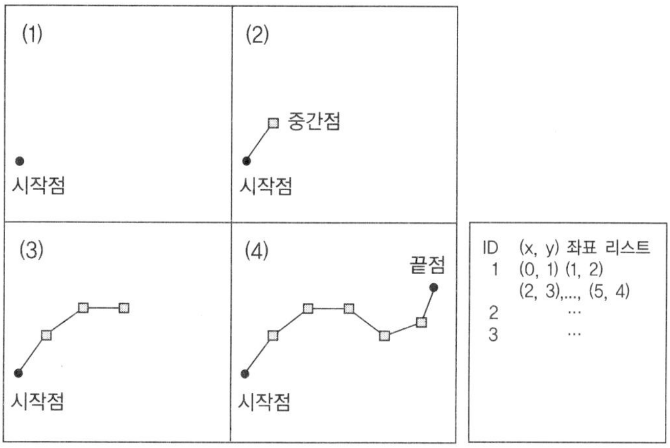

디지타이저를 통해 점, 선, 면 등을 입력하면서 자동으로 생성된 데이터에는 고유 ID가 부여된다. 일반적으로 점, 선, 면 등 서로 다른 유형의 공간 객체별로 데이터가 분리되어 저장되며, 개별 데이터별로 ID 등이 순차적으로 부여된다. 이러한 ID 부여는 디지타이징 작업 후 속성 입력시에 연결 정보로 사용된다. 따라서 공간 객체 유형별로 따로 데이터를 생성할 수 있으며, 또는 공간 객체 유형을 따로 분리하지 않은 상태로 디지타이징 할 수 있다. 예를 들어 도로나 하천 등을 따로 분리하여 입력하여 저장할 수 있으며, 또는 선형의 공간사상을 한꺼번에 입력할 수도 있다. 물론 한꺼번에 입력된 데이터들은 이후 도로, 철도, 하천 등을 분리하여 따로 저장할 수도 있다.

데이터 편집

데이터 편집과정에서는 데이터가 올바르게 입력되었는지 확인하고 데이터를 추가하거나 올바르게 변경시켜주는 것이다. 원자료와 비교하여 필요한 공간사상이 다 입력되었는지 그리고 올바르게 입력되었는지를 확인해야 한다. GIS 데이터 모델 관점에서 중요한 과정의 하나는 위상구조(topology) 정립이다. 비록 데이터들이 올바르게 입력되었다 하더라도 데이터가 가지는 공간 관계를 설정해주고 또한 공간 데이터의 에러를 확인하는 작업은 위상구조 정보를 이용하여 가능하다. 대부분의 GIS 소프트웨어는 자동적으로 위상구조 정보를 생성해주는 기능을 제공하고 있으며 이러한 위상구조 정보

에 토대하여 입력 데이터의 에러를 확인할 수 있다. 예를 들어 선형 공간 객체들이 제대로 연결되었는지의 여부, 폴리곤이 제대로 폐합되었는지는 자동으로 위상구조 정보를 이용하여 확인할 수 있다. 일반적으로 폴리곤의 폐합 여부, 선형 공간 객체의 연결 여부, 개별 공간 객체의 고유 ID 생성 여부 등과 같은 에러들은 위상구조 정보를 이용하여 확인가능하다.

적합한 투영 및 좌표체계 지정

공간 데이터가 입력 장비를 통해 입력된 후 확인 사항 중의 하나는 그 데이터가 필요한 목적에 맞는 좌표체계를 가지고 있느냐는 것이다. 실제 종이지도는 목적에 맞는 좌표체계가 적용되어 제작되었다. 종이지도를 입력 장비로 입력할 경우 좌표체계 정보가 제대로 저장되지 않는 경우가 많다. 따라서 입력 과정이나 입력 후 적절한 좌표체계 정보가 있는지 확인하고, 만일 그렇지 않다면 여러 과정을 통해 올바른 좌표계계 정보를 설정해주는 것이 필요하다.

데이터 저장

입력된 공간 데이터는 데이터 파일이나 데이터베이스내에 저장된다. 입력작업이 오래 걸리거나 여러 복잡한 과정이 수반되는 경우, 자주 작업 내용을 저장해주는 것이 좋다. 데이터 저장은 주로 GIS 소프트웨어나 입력 장비와 관련된 소프트웨어에서 이루어지는데, 영구 저장이 가능하며 중간 작업 저장을 취소할 수도 있다. 많은 경우 데이터 입력 결과는 파일 형태로 저장되는 경우가 많은데, 하나의 파일내에 데이터 내용이 다 저장되는 경우, 같은 이름의 여러 파일에 저장되는 경우(예: shapefile)도 있으며, 새로운 디렉토리가 생성되어 그 디렉토리내에 데이터가 저장되는 경우 등이 있다.

2) 스캐너를 이용한 입력 방법

스캐너를 이용한 공간 데이터 입력 방법도 많이 사용된다. 그 과정을 살펴보면 우선 스캐닝 작업 전에 종이지도를 준비해야 한다. 지도는 잘 유지 관리되어 있어야 하며, 종이 위에 불필요한 흠이나 얼룩 등이 있으면 깨끗하게 손질하는 것이 좋다. 또한 스캐닝 후의 원하는 결과에 따라 종이지도 전부를 스캐닝할 것인지 아니면 일부 영역만을(일부 지역 또는 일부 공간사상) 할 것인지를 결정한다. 특정한 공간사상만을 원하는 경우 투명 종이 등을 이용하여 원하는 공간사상만을 추출하여 스캐닝하는 것도 좋은 방법이다. 또한 종이 크기와 스캐너 크기가 다르면 이에 맞게 스캐닝 작업을 구상할 수 있다. 예를 들어 종이지도가 A0 크기이고 스캐너는 A4 크기만 지원한다면 전제 종이 지도를 여러 번 분할하여 스캐닝해야 한다. 이때 타일처럼 종이지도를 분할하는데 스캐닝시 일정부분이 겹쳐지도록 계획을 세운다.

스캐닝 환경 설정

하드웨어와 소프트웨어 측면에서 스캐닝 환경을 설정하도록 한다. 우선 컴퓨터와 스캐너가 물리적으로 잘 연결되어 있는지 확인한다. 스캐너의 경우 병렬 포트 케이블로 연결된 IDE 방식, USB 포트 방식, 스카시(SCSI) 케이블로 연결된 방식이 있다. 물리적인 연결을 확인한 다음 스캐너가 제대로 컴퓨터에서 커뮤니케이션을 하는지 확인해야 한다. 컴퓨터에 스캐너가 입력장치로 등록되지 않았다면 드라이버 유틸리티를 통해 설치해주면 되고, Windows XP, VISTA 등에서는 자동으로 인식하기도 한다. 또한 스캐닝을 위해 관련 소프트웨어가 설치되었는지를 확인한다. 스캐너 구입시 관련 스캐닝 프로그램이 같이 포함되어 있는 경우도 있으며, 또한 그래픽 처리 프로그램(paintshop, photoshop)에서 스캐닝 프로그램을 지원한다.

스캐닝 (데이터 입력)

실제 스캐닝은 문서를 스캐닝하는 작업과 그 결과를 파일로 저장하는 작업으로 구성된다. 즉 스캐너는 종이지도를 규칙적인 래스터 데이터 구조로 저장하게 된다. 평면 스캐너의 경우 종이를 스캐너 유리 위에 올려놓은 후(드럼 스캐너의 경우 종이를 스캐너에 장착시킨다) 스캐닝 프로그램을 컴퓨터에서 실행시킨다. 프로그램은 주로 2가지 작업을 수행하는데 먼저 스캐닝 전에 종이지도가 어떠한지 미리 보는 작업을 수행하며(preview 또는 prescan), 결과를 모니터에 보여준다. 이후 스캐닝할 영역을 설정하고, 컬러/흑백/그레이 모드를 설정하며, 해상도 등 선택 기능을 결정한다. 선택 기능 요소를 결정하면 예상되는 이미지 파일 크기를 알 수 있다. 이후 스캐닝 작업을 수행하면 스캐너가 센서를 종이 위에 이동시키면서 스캐닝을 하고 결과를 다시 모니터에 디스플레이 해준다. 그 결과를 tiff, jpg, gif 등 여러 이미지 파일 포맷으로 저장하거나 결과 이미지를 편집할 수 있다.

그레이 모드(gray mode)의 경우 각 셀마다 0~255까지의 값을 저장하게 되며, 컬러의 경우 RGB값의 조합에 따라 값을 저장하게 된다. 일반적으로 데이터 변환을 통해 벡터 데이터화할 목적으로 스캐닝을 수행한다면 흑백 모드로 스캐닝해야 하며 결과를 tiff 포맷 등으로 저장한다. 픽셀은 행렬방식으로 저장되며, 데이터를 효과적으로 저장하기 위해 래스터 데이터 저장방식처럼 압축하여 저장하는 방식을 사용하기도 한다.

그림 5.17 스캐닝 프로그램의 예

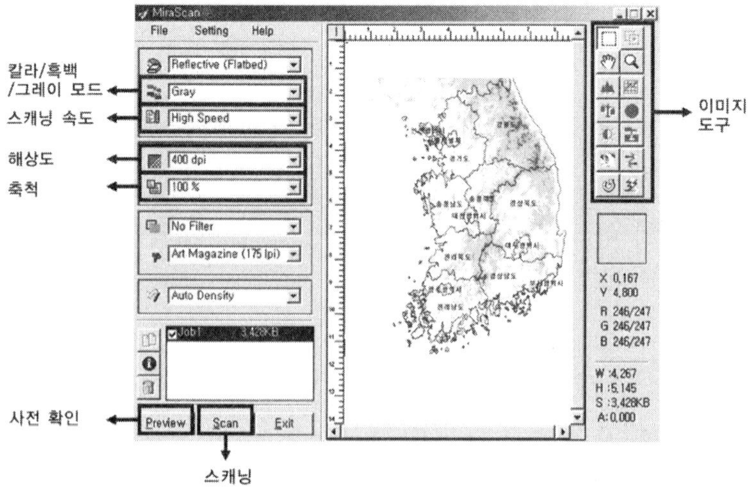

3) 데이터 변환 Data Conversion

데이터 변환은 다양한 의미로 사용될 수 있는데, 벡터 데이터 유형끼리의 변환, 래스터 데이터 유형끼리의 변환뿐만 아니라, 벡터–래스터 데이터 변환도 포함한다. 수치지도의 형태로 벡터 데이터의 중요성이 강조되며, 또한 래스터 데이터 입력 방식의 효율성으로 인해 데이터 변환의 중요성이 그만큼 커지고 있다. 이 중에서도 래스터 데이터를 벡터 데이터로 변환하는 것을 벡터라이징(vectorizing)이라고 하며, 현재 이 방법으로 벡터 데이터로의 변환이 많이 이루어지고 있다.

그림 5.18 데이터 변환 과정 (래스터 벡터 데이터)

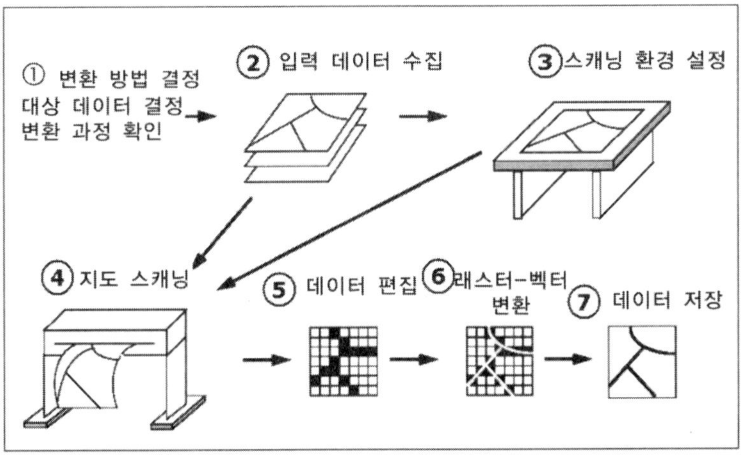

그림 5.18에서 보는 것처럼 래스터 데이터 모델에서 각 셀들에는 속성값이 있다. 이들 값을 참조하여 같은 값들을 가지는 셀들끼리 그룹화되고 다른 값을 가지는 셀들과는 경계가 구분된다. 이후 서로 다른 속성값을 가지는 셀 그룹들끼리 폴리곤이 형성된다.

그림 5.19 래스터 데이터 유형에서 벡터 데이터 유형으로의 변환 과정

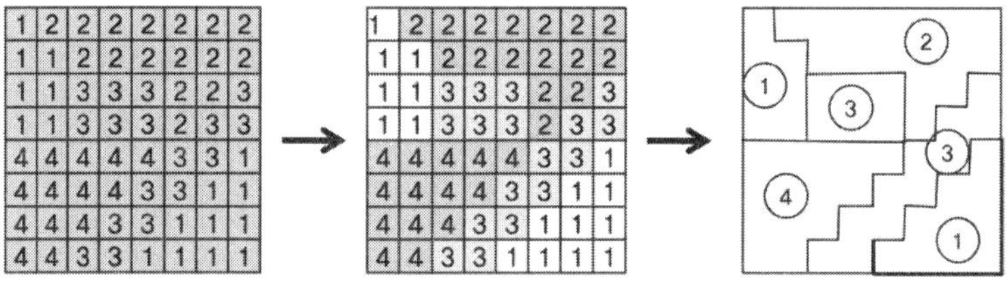

출처 : Bernardsen, 2000, 76, Figure 4.30

반대로 벡터 데이터에서 래스터 데이터로의 변환은 다음과 같다. 각 폴리곤마다 서로 다른 속성값을 가진다. 그리고 같은 사례지역에 특정 간격을 가진 셀들이 중첩되어 디스플레이된다. 이후 각 셀마다 해당되는 폴리곤의 속성값이 부여되어 최종적으로 속성값을 가지는 래스터 데이터가 생성된다.

그림 5.20 벡터 데이터 유형에서 래스터 데이터 유형으로의 변환 과정

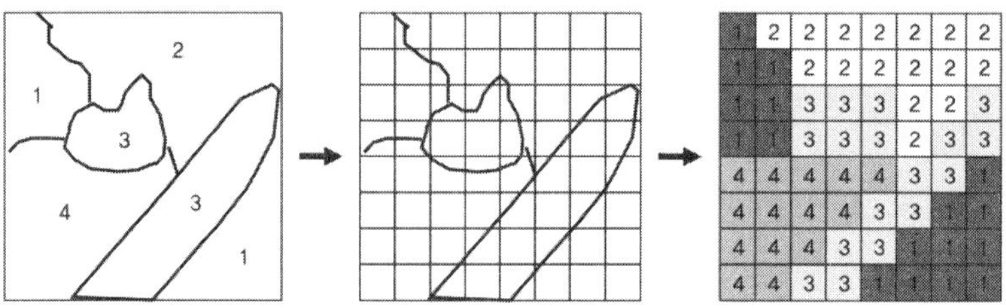

출처 : Bernardsen, 2000, 77, Figure 4.31

그러나 벡터라이징 결과인 벡터 데이터는 다음과 같은 에러 또는 결함을 가지기 쉽다.

① 공간 객체들이 연결되지 못하거나 부드럽게 표현되지 못하고 거칠게(지그재그처럼) 연결
② 기존 지도에 포함된 흠, 이물질, 불필요한 낙서 등이 벡터 데이터로 변환
③ 숫자 및 문자 등이 벡터 데이터로 변환
④ 연결되거나 연결되지 말아야 할 공간 객체들이 제대로 표현되지 않음
⑤ 지도상에서 심볼이 벡터데이터로 변환

어떤 벡터라이징 프로그램은 어느 정도 자동적으로 스크린상에서 래스터데이터의 선형 구조에서 선형 벡터데이터를 추출하기 위한 트레이서(tracer) 기능을 가지고 있다. 즉 래스터데이터 구조에서 인접하여 연결되어 있는 셀들은 같은 속성값을 가지는데, 특정 셀 지점에서 시작하여 같은 속성값을 가지는 셀들로 이동하면서 자동으로 선형 공간 객체를 추출하게 된다. 물론 사용자가 모니터상에서 자동적인 선형 공간 객체 추출을 볼 수 있으며, 반자동 형식으로 설정하면 사용자에게 중간중간에 공간 객체 추적방향이나 추적할 셀의 속성값 확인 등을 물어보게 된다.

4) 기타 방법

패턴 인식 Pattern Recognition 방법

종이지도나 문서를 스캐닝하면 그것은 래스터 데이터 구조인 이미지 파일 포맷으로 저장된다. 따라서 사용자의 시각에는 숫자, 문자, 지도로 보이지만 컴퓨터는 이것을 불규칙적인 속성값을 가지는 셀들의 집합으로서 이미지 파일로 인식한다. 이러한 이미지 파일 형식 자체로는 결과에서 원하는 문자나 숫자를 추출하기 힘들다. 이와 관련하여 패턴인식 프로그램은 래스터 및 벡터 데이터를 분석하여 알려진 패턴을 가진 숫자, 문자 등을 추출한다. 즉 래스터, 벡터 데이터에서 이미 입력된 패턴정보를 바탕으로, 모양이나 심볼을 인식한 후 그것을 의미있는 문자, 숫자로 바꾸어준다. 이때 물론 래스터 데이터는 벡터 데이터로 변환한 후 모양이나 심볼 등을 인식하게 된다. 인식을 쉽게하기 위해, 벡터 데이터는 모양과 관련된 데이터와 심볼과 관련된 데이터로 나누어진다.

이러한 문자인식 방법은 여러 용도로 매우 유용하게 활용된다. 즉 수많은 양의 데이터가 있는 통계 테이블을 키보드로 입력하는 작업은 시간과 비용이 소요된다. 반면 이러한 패턴 인식 프로그램을 이용하면 훨씬 시간을 줄일 수 있는데, 우선 통계 테이블을 스캐닝하여 래스터 파일을 만든 후 패턴인식 프로그램이 숫자와 문자를 추출하여 텍스트 파일이나 문서파일로 저장해준다. 현재 패턴 인식 기술은 95~98%의 인식률을 보이고 있다.

래스터 데이터 입력 지정 방법

한편 벡터 데이터를 래스터 데이터로 변환하는 데 있어서 여러 가지 입력 결정방법이 사용되는데, 이중 벡터 데이터를 토대로 래스터 데이터 입력 방법으로 4가지 방법이 있다(그림 5.21). 첫 번째는 존재/부재 방법(presence/absence)인데, 벡터 데이터와 래스터 데이터가 중첩되어 있을 때, 래스터 데이터로서 픽셀 값의 결정은 해당 위치에 벡터 데이터가 있느냐 없느냐에 따라 값이 결정된다는 것이다. 따라서 그림 5.21에서처럼 벡터 데이터로서 선이 지나는 래스터 데이터의 픽셀 값은 1의 값을 가지게 되며(존재), 선이 지나지 않는 나머지 픽셀들은 0의 값을 가지게 된다. 이 방법의 장점은 픽셀 값에 대한 결정이 매우 쉽다는 것이다. 따라서 부가적인 측정이 요구되지 않으며, 단순 부울 연산으로서 해당 위치에 존재하느냐 부재하느냐만 결정하면 된다. 이는 벡터 데이터가 점이나 선 유형일 경우 유용하게 된다.

두 번째 방법은 셀 중심점 방법(centroid-of-cell)으로서, 선형 벡터 데이터의 경우 그 경계 선이 어디를 지나느냐에 따라 픽셀 값이 달라지게 되는데, 즉 특정 픽셀의 중심점이 벡터 데이터의 어느 영역에 해당하느냐에 따라 그 영역의 값이 부여된다. 예로 그림 5.21에서처럼 두 영역의 경계가 지나고 있는 래스터 데이터의 픽셀에 있어서, 픽셀의 중앙값이 위 영역(1의 값을 가지는 영역)에 포함되는지 아니면 아래 영역(2의 값을 가지는 영역)에 포함되는지에 따라 픽셀 값이 결정된다. 이 방법은 점과 선 유형의 벡터 데이터에는 적합하지 않으므로 면 유형에만 적용된다.

세 번째 방법은 지배적인 유형 방법(dominant type)으로서, 만일 2가지 유형의 면 유형의 벡터 데이터가 존재한다고 할 때, 해당 픽셀에 50% 이상을 어느 유형이 차지하느냐에 따라 픽셀 값이 결정된다. 그림 5.21에서처럼 두 영역이 만나는 경계에 있는 픽셀들에 있어서, 50% 이상을 점유하는 벡터 데이터 영역의 값이 픽셀의 값으로 부여된다. 이 방법 또한 면 유형의 벡터 데이터에 유용하다.

마지막은 발생 비율 방법(percent occurrence)으로, 면 유형의 벡터 데이터에만 사용된다. 이 방법은 각 속성값을 그대로 코딩하는 것이 아니라, 각 속성을 개별 레이어로 분리하고, 각 픽셀에 벡터 데이터 값이 점유하는 비율을 기록하는 것이다. 예를 들면 토지 이용도에서 도시지역과 농촌지역의 두 레이어가 분리되고, 한 레이어상에는 도시 비율을 속성값으로 기록하고, 또 다른 레이어상에는 농촌 비율을 속성값으로 기록하는 것이다. 이 비율은 각 픽셀에 있어서 벡터 면 영역이 차지하는 비율로 결정된다. 이 방법은 각 속성값별로 상세한 정보를 얻을 수 있다는 점에서 유용하지만, 다양한 카테고리를 가지는 벡터 데이터를 래스터화하는 경우 제약이 생긴다.

그림 5.21 래스터 데이터 입력 방법

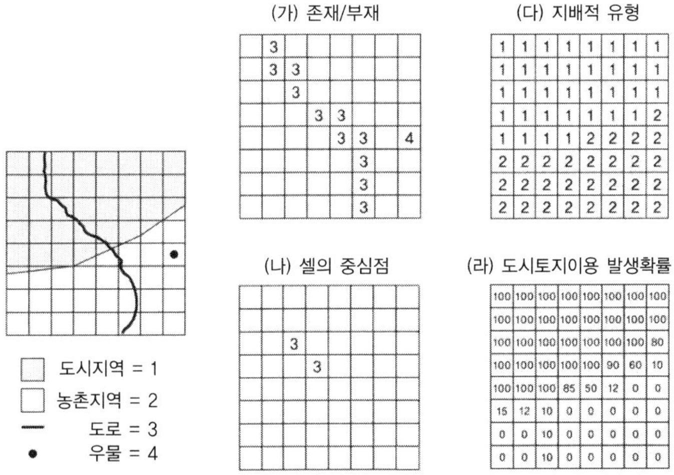

출처 : DeMers, 1999, 145, Figure 5.8

chapter 6

GIS 데이터 저장 및 편집

1. GIS 데이터 저장 233

2. GIS 데이터 편집 240

1 GIS 데이터 저장

입력과정을 통해 취득된 GIS 데이터는 저장장치에 저장된다. 실제로 GIS 데이터 입력 과정, 저장 과정, 유지 관리 과정, 편집 과정은 개념적으로는 명료하게 분리되지만, 작업과정에서 함께 이루어지는 경우가 많다. 그리고 GIS 데이터의 저장은 '단순히 어떤 공간에 데이터가 놓여있는 것' 이 아니라, 저장과 관련한 계획, 과정 등을 포함한다.

그림 6.1 GIS 데이터 저장시 고려 측면

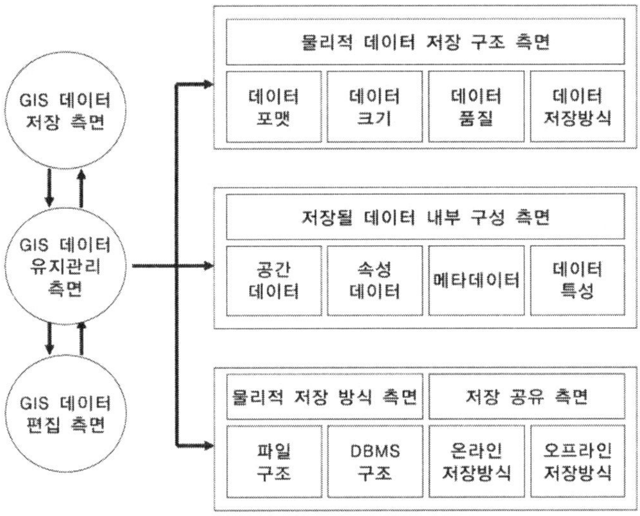

그림 6.1은 GIS 데이터 저장시 고려해야할 여러 측면을 보여준다. 첫 번째는 물리적인 데이터 저장 구조 측면으로서, 저장될 GIS 데이터의 포맷, 크기, 품질, 저장방식에 대한 고려이다. 저장 데이터의 크기가 일정 수준으로 넘어서면 저장 단위를 분할할 것인지 아니면 하나로 유지할지를 고려해야 한다. 한편 데이터 품질과 관련하여 데이터의 저장 측정 단위가 결정됨에 따라 데이터 품질(정확도, 일관성 등)이 달라질 수 있다. GIS 데이터의 저장 방식은 데이터 파일을 구성하는 레코드, 필드, 바이트 등을 규정한다.

두 번째는 저장될 데이터의 내부 구성 측면으로 GIS 데이터를 구성하는 공간데이터, 속성데이터, 메타데이터, 데이터 특성 요소 측면의 고려이다. 세 번째는 물리적 저장 방식 측면인데, 현재 파일구조와 DBMS 구조로 GIS 데이터가 주로 저장된다. 일반 PC에서 파일 구조로 데이터를 저장하는 경우에는 어떤 파일 유형으로 저장되는지, 또한 파일 저장 방식을 어떻게 규정하는 것이 좋은지를 고려할 필요가 있다. 한편 DBMS는 데이터 입력 작업을 할 때 직접하거나 기존의 파일에서 DBMS로 저장할 수 있다. GIS 데이터를 DBMS에 저장하는 데 요구되는 여러 가지 정의를 고려할 필요가 있다. 마지막은 저장 공유 측면으로 온라인 또는 오프라인 방식이 있다.

1) 공간 데이터 저장

디지털 지도 데이터를 저장하는 방식은 입력 및 저장 장치, 데이터 정확도, 정밀도, 저장 데이터 포맷, 입력한 데이터 레코드 및 필드 개수, 저장 장치 등에 따라 달라진다. 공간 데이터는 많은 경우 파일 형태로 저장되며, 테이블 유형으로 저장, 관리된다. 공간 객체는 레코드 형태로 파일내에 저장되며 고유 ID가 있다. 데이터 저장시 데이터의 공간좌표, ID, 관련 속성 정보를 어떠한 방식, 포맷으로 정의할지 결정하는 것이 중요하다. 즉 저장되는 데이터가 물리적으로 하나의 파일에 저장되는 것이 좋은지, 아니면 여러 파일에 나누어 저장하는 것이 좋은지, 그리고 여러 파일내에 분산하여 저장한다면 어떤 내용을 나누는 것이 좋은지 등이 중요하다. 이와 관련하여 일부 형식은 소프트웨어 차원에서 결정되며(예: 파일, 테이블, 데이터베이스 유형 등), 또한 데이터 필드 포맷과 관련하여 필드 유형(예: 문자, 숫자, 정수, 실수 등), 필드 길이 등의 정의에 따라 데이터 저장 방식과 크기 등이 달라지게 된다.

일반적으로 0, 1, 2차원 공간 객체 유형은 각각 독립 테이블로 정의되며, 개별 레코드에는 고유 ID가 부여된다. 그리고 여러 테이블간의 관계가 있을 경우 기존 테이블에 새로운 필드를 생성하여 저장하든지, 아니면 새로운 테이블을 생성하여 관계 정보를 저장하기도 한다. 이러한 테이블은 컴퓨터상에서 물리적으로는 파일 형태 또는 DBMS 내에서 테이블 형태로 관리된다.

한 지역에 대해 여러 레이어(식생, 토양, 행정구역, 도로 등)를 구축하는 경우, 데이터 유지관리 및 활용의 효율성을 위해서 각 레이어마다 데이터 포맷, 공간 범위, 공간 좌표의 포맷 등을 통일하여 표준화할 필요가 있다. 또한 물리적인 데이터 포맷을 하나로 통일하여 여러 레이어를 동시에 중첩시키는 경우에서 데이터 포맷의 불일치가 없는 것이 좋다. 이러한 측면에서 DBMS는 방대한 양의 디지털 데이터를 효과적으로 관리하는 장점이 있다. 각 레이어를 하나의 테이블에 저장하는데 해당 레이어내의 데이터 양이 방대할 경우라도 타일화하여 분할하지 않고 연속적으로 관리할 수 있다. 뿐만 아니라 저장된 데이터의 빠른 검색과 연산이 가능하며 데이터 편집 중에도 다른 사용자들이 그 레이어를 참조할 수 있도록 관리해준다.

그림 6.2 복수 레이어의 데이터 구조 통일

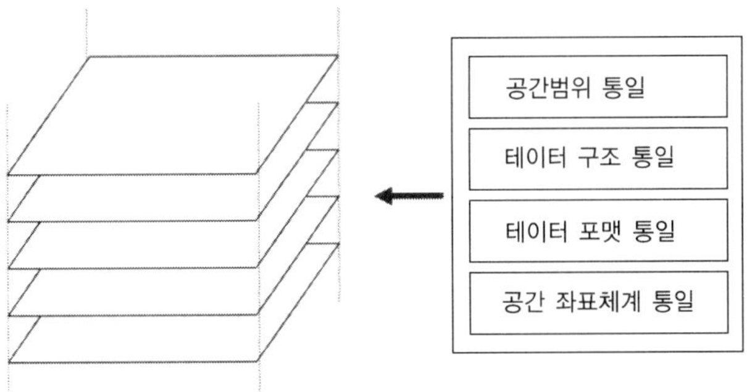

2) 속성 데이터 저장

속성 데이터는 그림 6.3에서 보는 것처럼 여러 테이블에 나누어 저장하는 것이 일반적이다. 여러 테이블은 공통 속성 정보로서 필드가 존재하면 이 필드를 참조하여 테이블이 연결된다. 속성 데이터는 공간 데이터와 연계되어 저장되며, 공간 데이터 유형에 비해 상대적으로 단위 데이터 입력 크기가 작고 검색이 빠른 장점이 있다.

그림 6.3 속성 테이블 연계

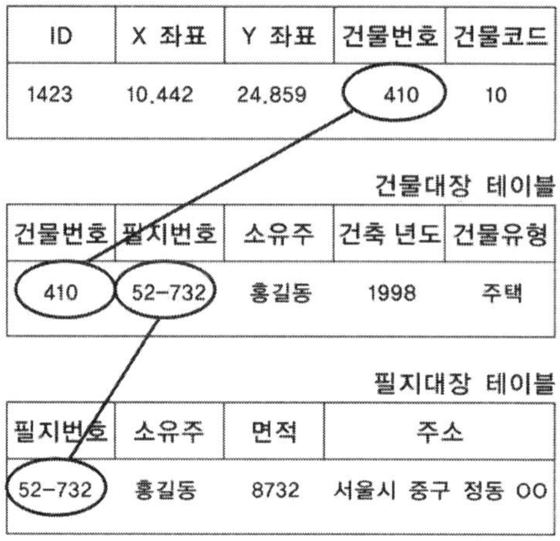

3) 기타 데이터 저장

그림 6.4처럼 다양한 유형의 데이터가 서로 연관되어 GIS 시스템에 포함될 수 있다. 각 유형의 데이터는 테이블, 파일 등의 형태로 저장되며 연계되는 필드의 정보에 따라 서로 연결된다. 일반적으로 다양한 데이터 유형은 2가지 방식으로 저장되는데, 일반적인 방식은 각각 개별 데이터 포맷으로 저장, 관리되면서 GIS 소프트웨어에서 이들 데이터의 이름, 경로, 유형 등의 정보를 관리, 액세스하는 것이다. 따라서 이러한 경우는 GIS 소프트웨어 내부에서 모든 데이터를 저장, 관리하는 기능이 없으며 단순히 그 데이터 정보(파일명, 경로 또는 위치, 데이터 특성 등)만이 외부적으로 관리, 연결되는 방식이다. 두 번째 방식은 하나의 저장구조, 관리 시스템에서 통합적으로 저장, 관리하는 방식인데, DBMS에서 다양한 데이터 구조를 정의하고, 이에 근거하여 데이터를 저장, 관리하는 방식이 대표적이다. 공간 데이터는 개별 필드를 정의, 생성한 후 저장되며, 이미지 데이터, 동영상 데이터 등도 테이블의 필드에 정의, 저장된다.

그림 6.4 다양한 데이터의 통합적 저장의 예

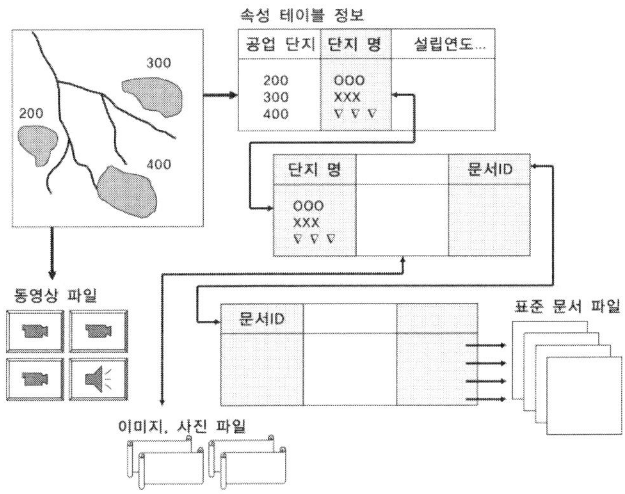

4) GIS 데이터베이스 설계

단순히 빈 공간에 데이터를 저장하는 것이 아니라 다양하면서 많은 양의 데이터들을 미리 목적에 따라 설계하고, 설계된 결과에 따라 물리적으로 구성하여 데이터를 구축, 저장하는 것이 중요하다. 일반적으로 데이터베이스 설계는 3가지 주요 요소로 구성된다.

① 개념적 설계(conceptual design) : 개념적 설계는 하드웨어, 소프트웨어와는 독립적으로 구상되며, 사용자의 목적, 요구에 맞도록 필요한 사항을 확인하여 목적을 설정하고 그 목적에 맞는 구체적인 내용 구성을 한다. 개념적 설계 단계에서는 데이터 구조 및 데이터 모델 정의 및 설정 등과 관련한 절차와 요소들이 포함된다.

② 논리적 설계(logical design) : 이 단계에서는 개념적 설계의 결과를 토대로 좀더 소프트웨어 측면에서 구체화한다. 즉 사용될 GIS 소프트웨어에 기반하여 데이터베이스 요소들의 논리적 구조를 설정한다.

③ 물리적 설계(physical design): 이 단계는 구체적인 구현을 위한 전단계로서

하드웨어 측면을 고려하여 구체적으로 구현된다. 즉 파일구조, 메모리, 디스크 용량, 액세스, 속도 등의 특성 등을 고려하여 논리적 설계의 결과를 물리적으로 구체화한다.

개념적 데이터베이스 설계 Conceptual Database Design

수집되어 데이터베이스에 저장된 데이터는 사용 목적에 맞는 유용한 정보를 제공할 수 있도록 처리되고 구조화되어야 한다. 즉 데이터 계획과 구조화는 GIS의 성공적인 사용에 필수이며 GIS 프로젝트 수행과정 중 데이터 분석 이전과정에서 반드시 수행되어야 한다. 개념적 단계에서는 하드웨어나 소프트웨어 측면을 고려하지 않으며, 대신 사용자의 업무 분석 등을 통해 데이터베이스의 목적, 특성, 요구되는 내용 구성 및 수행될 응용시스템 등을 토대로 설계된다.

데이터의 구조화는 다음 과정을 거쳐 이루어지게 된다.

① 적용 범위 정의(분야, 기능 등에 대한 정의)
② 제약 확인(프로젝트 수행시 관련 과제 및 산출 결과와 관련한 제약 확인)
③ 우선 순위 부여를 위한 요인 확인 및 설정
④ 구축될 데이터 객체 유형, 속성 정의 및 기술
⑤ 좌표체계 관련 정보 정의
⑥ 공간 데이터 표현 방법 정의(예, 래스터, 벡터(0, 1, 2, 3차원) 표현 등)
⑦ 객체간의 공간 관계 설정(예, 복합객체, 객체간의 공간관계 설정)
⑧ 데이터의 품질 정보 설정(정확도, 무결성 등)
⑨ 데이터 입력(객체 및 속성과 관련하여 코드 리스트 및 정보 작성)

일단 데이터가 이론적 모델에서 구조화되면, 이후 구체적인 데이터베이스 응용시스템을 가진 논리적 구조로 구체화되며(논리적 설계 단계), 이후 물리적으로 구축, 저장되는 디스크, 파일 구조 측면에서 설계된다(물리적 설계 단계).

논리적 데이터베이스 설계 Logical Database Design

논리적 데이터베이스는 소프트웨어 측면을 기반으로 한다. 대부분의 GIS 프로그램은 데이터를 레이어 단위로 조직화하며, 또한 공간 객체 유형으로서 0, 1, 2차원 공간 객체 유형을 소프트웨어 측면에서 데이터 모델을 지원한다. 또한 논리적 데이터베이스 설계는 데이터에 적용될 좌표체계 정의, 공간 데이터의 기하적 특성을 결정하는 요소들(예를 들어 허용오차 등)을 결정한다. 그리고 데이터베이스 사용은 시간이 지남에 따라 특성이 변화하거나 특정 공간사상들이 포함되거나 삭제될 필요가 있으며 이럴 경우 변화에 맞추어 데이터베이스를 수정, 갱신해 주어야 한다.

물리적 데이터베이스 설계 Physical Database Design

물리적 설계는 하드웨어 측면에서 수행되는데, 즉 다음과 같은 하드웨어 특성을 고려하여 데이터베이스가 설계된다.

① 데이터 크기
② 데이터 저장 매체
③ 데이터 액세스 능력 및 속도
④ 데이터 사용자 수
⑤ 사용 컴퓨터의 수
⑥ 온라인 또는 오프라인 (네트워크 여부)

즉 데이터베이스 설계의 개념과 논리가 같다 하더라도 구체적으로 구현되는 물리적 환경이 다르다면 그만큼 물리적 설계 또한 달라져야 한다. GIS 데이터의 양과 크기, 네트워크 여부, 응용시스템에 포함되는 분석 수준 등에 따라 시스템 성격과 구체적인 구현 방법도 매우 달라지게 된다. 예를 들어 네트워크를 통해 다중 사용자에게 서비스할 목적이 있다면 그만큼 데이터의 액세스 속도나 네트워크 속도가 한계가 있으므로 데이터 분석 수준이 복잡하고 높을 수 없으며 그러한 적절한 수준에 맞도록 조정해야 한다.

2 GIS 데이터 편집

GIS 데이터 편집 과정은 입력되어 저장된 데이터의 오류 확인이나, 특정 목적을 위해 기존 데이터를 가공함으로써 추후 활용하기 위한 목적이 있다. 목적에 따라 다양한 편집과정 및 방법이 존재하며, 여기서는 공간 및 속성 데이터 유형의 편집을 중심으로 살펴본다.

1) 공간 데이터 편집

대부분의 GIS 소프트웨어는 공간 데이터의 편집 기능을 제공하며, 주요 편집 기능으로는 데이터 보완, 삭제, 이동, 회전, 분할, 연결, 대체 등이 있다. 데이터 보완은 입력된 데이터에 에러 등의 결점이 나타나거나 일부분이 빠져있는 경우에 수행되며, 데이터 삭제는 불필요한 데이터나 데이터 요소, 에러 등이 저장되어 있는 경우 이를 제거하는 것을 말한다. 데이터 이동, 회전은 공간 데이터의 공간 이동 및 회전을 통해 변형을 수행하는데, 특정 목적에 맞도록 기존 데이터에 변화를 주는 것이다. 데이터 연결, 대체 등은 연결되어야 할 공간 데이터들이 연결되지 않았을 때 이를 연결해 주며, 불필요하거나 적합하지 않는 공간 데이터는 적합한 것으로 대체될 수 있다.

벡터 데이터 에러 수정

가장 많이 언급되는 공간 데이터 에러는 벡터 데이터 유형과 관련된다. 즉 디지타이저를 통해 입력된 벡터 데이터는 디스플레이와는 달리 매우 다양한 공간 에러를 포함할 수 있다. 이러한 에러는 명료하게 확인되는 에러일 수도 있으며, 잠재적인 성격의 에러일 수 있다. 또는 에러가 공간 데이터의 기하 정보와 관련되는 경우나 위상구조 정보와 관련될 수 있다. 데이터 에러의 수가 많은 경우에는 이를 수정하는 것보다 다시 디지타이징을 하는 것이 상대적으로 시간과 노력이 절감되는 경우도 있다. 따라서 디지타이징을 통해 데이터를 입력하는 경우 주의 깊게 허용 오차와 패러미터 등을 설정하며, 디지타이징 계획(예로 무엇을 입력할 것이며, 어떤 공간사상이 어떻게 입력될 것인가 등)을 미리 설계하여 에러를 미연에 방지하는 것이 좋으며, 발생된 에러는 이후의 처리 및 분석 결과에 영향을 주므로 가급적 완벽하게 수정하는 것이 좋다.

다음은 벡터 데이터와 관련된 주요한 에러 유형을 나타낸 것이다.

① 입력되어야 할 모든 공간사상이 다 입력되었는지 여부
② 불필요한 공간사상이 입력되었는지 여부
③ 공간사상이 올바른 위치, 모양, 크기로 입력되었는지 여부
④ 둘 이상의 인접한 공간사상들 간에 공유되어야 할 선이 제대로 연결되었는지 여부
⑤ 하나의 폴리곤이 하나의 내부 레이블을 가졌는지 여부
⑥ 연결되어야 할 선들이 제대로 되었는지 여부

입력된 데이터에 포함된 에러를 확인하는 방법은 여러 가지가 있다. 원래의 지도와 입력된 벡터 데이터를 비교함으로써 어떠한 공간사상들이 누락되었는지, 아니면 불필요하게 생성되었는지, 또한 위치와 모양, 크기 등이 제대로 되어있는지를 확인하는 것이다. 이러한 방식은 입력된 벡터 데이터를 출력하여 원래의 종이지도와 비교할 수도 있으며, 원래의 지도를 스캐닝한 다음 그 이미지를 벡터 데이터와 중첩하여 모니터상에서 비교할 수 있다. 또한 오류를 컴퓨터에서 자동으로 확인하는 소프트웨어의 발전으로 이러한 수고와 노력을 줄일 수 있다.

가장 많이 발생하는 에러 유형은 댕글 노드(dangle node)의 형태로 표현된다. 댕글 노드는 선의 결절점, 즉 선의 양 끝점이며 내부에 점을 가지는 정사각형 심볼로 표현된다. 댕글 노드는 벡터 데이터의 에러를 표시하는데, 대체로 2가지 에러 유형에서 주로 발생한다. 즉 폴리곤 입력시 그 폴리곤이 제대로 폐합되지 않았다면 폐합되지 않은 곳에 댕글 노드가 표시되며, 또한 연결되어야 할 두 선이 연결되지 않았다면 댕글 노드가 표시된다. 그러나 사용자가 목적에 따라 의도적으로 그것을 연결시키지 않고 디지타이징할 수 있기 때문에 실제로 이것이 반드시 에러임을 나타내는 것은 아니다. 따라서 댕글 노드는 모든 경우 에러임을 나타내는 것이 아니라, 단지 선이 연결되지 않고 있음을

표현한다.

또다른 에러 유형으로는 슈더 노드(pseudo node)가 있다. 슈더 노드는 선이 연결되었을 때 연결된 결절점(node)을 말하며 그 안에 점을 가진 다이아몬드 심볼로 표현된다. 슈더 노드 그 자체가 에러임을 나타내는 것은 아니다. 그렇지만 만일 도로를 디지타이징할 때가 있다. 이 경우 하나의 도로를 표현하는 목적은 달성하였지만 내부적으로 2개의 선이 존재하며, 두 선은 슈더 노드를 통해 연결되어 있다. 향후 그 도로를 선택하거나 속성을 입력하고자 할 때, 하나가 아니라 2개의 레코드를 가지므로 이 또한 여러 문제를 발생시키기도 한다.

그림 6.5 노드 에러

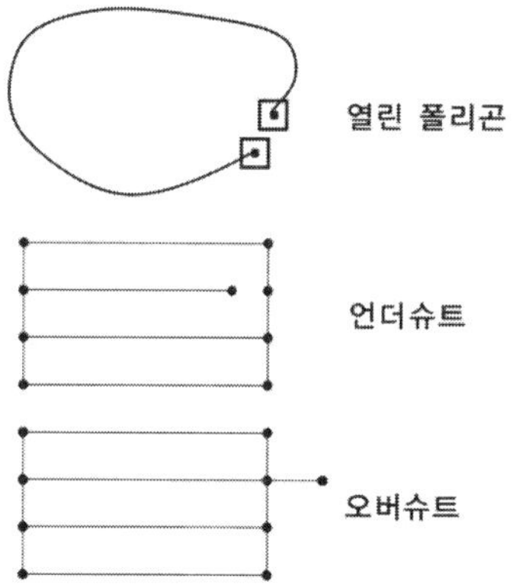

출처 : DeMers, 1997, 162, Figure 6.2

그림 6.6 레이블 에러

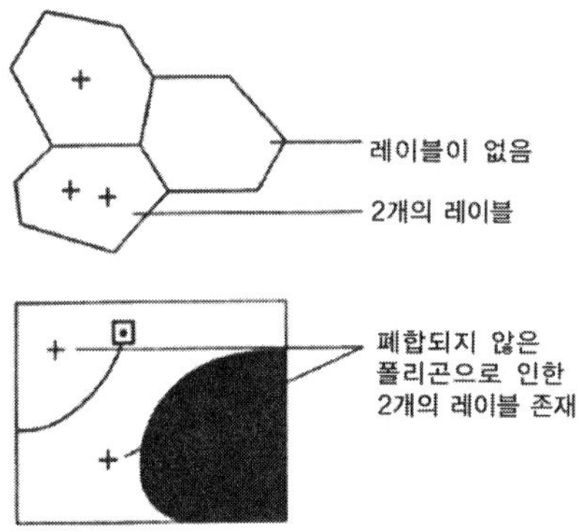

출처 : DeMers, 1997, 163, Figure 6.3

그림 6.5는 노드 에러의 유형을 나타낸 것이다. 그림 6.5에서 위 그림의 경우는 폐합된 폴리곤을 디지타이징하고자 하였으나 폐합되지 않는 경우이며, 이때 폐합되지 않는 부분은 2개의 댕글 노드로 에러를 표시한다. 두 번째 경우는 선이 다른 선과 만나게 하려는 목적을 가졌지만 도달하지 못한 경우로 언더슈트(undershoot)라 한다. 반대로 하나의 선이 다른 선을 정확하게 만나야 하는데 지나쳐 밖으로 삐져나가는 경우가 있는데 이를 오버슈트(overshoot)라 한다. 언더슈트와 오버슈트의 경우 디지타이징시 가장 많이 발생하는 에러의 유형이라 할 수 있다. 사용자의 시각적 확인으로는 두 선이

정확하게 제대로 만나는 것처럼 보이지만 컴퓨터상에서는 허용 오차의 정도에 따라 그렇지 않는 경우가 있다. 따라서 원하지 않는 결과라면 수정해야 할 것이다.

자주 발생하는 다른 에러 유형으로는 그림 6.6과 같은 레이블 관련 에러이다. 일반적으로 하나의 폐합된 폴리곤이 생성되면 그 폴리곤을 인식하는 레이블이 폴리곤 내부에 존재하게 된다. 그런데 위 그림의 경우처럼 각각 하나씩 가져야 할 폴리곤의 레이블이 2개 이상 또는 없는 경우가 발생한다. 이러한 경우는 디지타이징 과정에서 많이 발생한다. 또한 그림 6.6의 아래 경우처럼 선이 제대로 연결되지 않고 언더슈트되는 경우 목적한 2개의 폴리곤이 생성되지 않고 대신 레이블만 존재하는 경우이다. 이 경우 언더슈트 에러를 수정하면 자동적으로 레이블 에러를 바로 잡을 수 있다.

벡터 데이터를 입력하는 과정에서 자주 발생하는 또다른 유형은 슬리버 폴리곤(sliver polygon)과 관련된다. 즉 디지타이징시 1번 입력하여야 할 선이 2번 이상 중복하여 입력되는 경우가 빈번히 발생하며 또한 이미 존재하는 다른 선과 새로운 선이 중복되어 겹침에 따라 원하지 않는 많은 작은 폴리곤들이 생성될 수 있다. 이들 작은 폴리곤을 슬리버 폴리곤(sliver polygon)이라 하며 이는 많은 문제를 발생한다. 따라서 이러한 슬리버 폴리곤을 피하는 방법으로는 선을 2번 이상 반복하여 디지타이징하지 않는 것이다.

그림 6.7 슬리버 폴리곤 에러

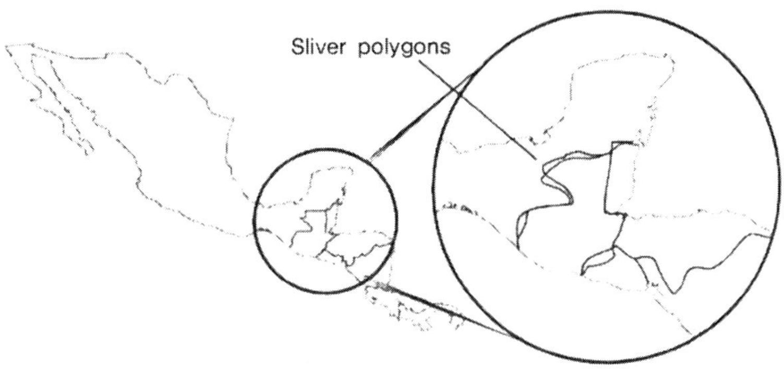

출처 : DeMers, 1997, 164, Figure 6.5

그림 6.8 공간 데이터 에러 유형

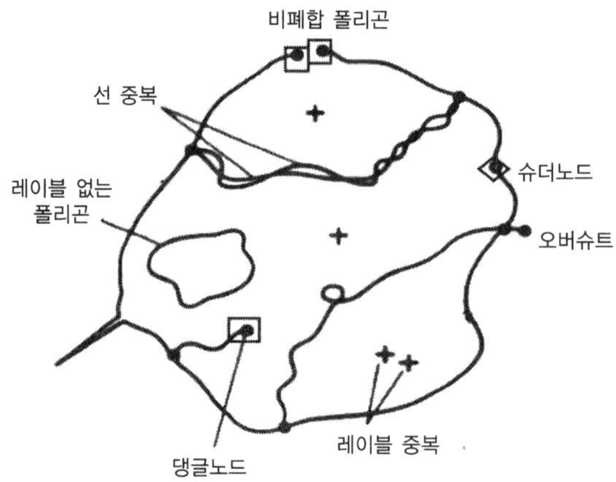

표 6.1 공간 데이터 에러 유형에 따른 진단 및 조치

공간 데이터 에러 유형	진단 및 조치
선의 중복	2개 이상의 선이 중복되었기 때문에 하나만 남겨놓고 나머지 하나는 제거해야 한다.
비폐합 폴리곤	폴리곤이 되도록 폴리곤을 구성하는 선을 연결하여 폐합한다.
레이블 없는 폴리곤	폴리곤을 인식해주는 레이블이 있어야 하는데 존재하지 않기 때문에 소프트웨어내의 명령어를 사용하여 폴리곤내 레이블을 생성시킨다.
레이블 중복	폴리곤은 내부에 단 하나의 레이블을 가져야 하므로, 둘 이상이 존재한다면 하나만 남기고 나머지를 제거한다.
슈더 노드 (pseudo node)	슈더 노드는 선들의 연결을 보여주는 것으로 반드시 에러는 아니다. 어떤 슈더 노드는 불필요하게 존재할 수 있는데 이런 경우엔 제거한다.
댕글 노드 (dangle node)	댕글 노드 역시 반드시 에러를 나타내는 것은 아니다. 그러나 연결되어야 할 선 끝점의 댕글 노드인 경우 댕글 노드들을 연결해준다.
오버슈트 (overshoot)	교차되는 두 선과 관련하여 하나의 선이 다른 선을 지나침으로 해서 발생하는 불필요한 선분인 경우가 많다. 이런 경우는 에러로서 불필요하게 발생한 오버슈트를 제거해준다.
언더슈트 (undershoot)	연결되어야 할 두 선이 만나지 않고, 한 선이 교차점에 미치지 못하는 경우 에러일 수 있다. 미치지 못하는 선을 교차점까지 연장해서 연결시켜 준다.

데이터 변형 Data Transformation

다양한 출처에서 취득되거나 다양한 방법으로 입력된 데이터는 필요에 따라 통합적으로 일관된 데이터 특성을 가져야 한다. 이 경우 데이터 변형과정을 통해 동일한 좌표체계를 가지는 등 데이터 특성을 조정해주어야 한다. 예를 들어 TM 좌표체계로 저장된 데이터와 UTM 좌표체계로 저장된 데이터는 동일 영역에 함께 디스플레이 되지 않을 뿐 아니라 데이터들 간의 분석과정에서도 서로 다른 데이터 특성으로 불일치가 발생할 것이다. 따라서 좌표체계 변환이나 데이터 변형 등의 과정을 통해 데이터 특성을 일치시켜야 한다.

일반적으로 좌표체계 변환은 데이터에 적용된 특정 좌표체계를 다른 좌표체계 정보로 변환시켜준다. 이때 가지는 좌표체계 정보가 바뀔 뿐만 아니라 거기에 맞게 공간 데이터가 가지는 좌표 데이터 자체 또한 바뀐다. 또한 투영법뿐만 아니라 적용되는 데이텀 등의 특성에 따라 데이터의 질적인 변화가 발생한다. 데이터 변형을 통해 공간 데이터의 기하적 특성이 바뀌게 되는데, 예를 들어 x, y축을 중심으로 좌표이동, 회전 등의 변환이 이루어진다.

2) 속성 데이터 편집

속성 데이터 편집은 속성 데이터 에러 확인, 수정, 갱신, 보완 등의 과정을 포함한다. 편집 작업은 GIS 소프트웨어 또는 워드프로세서 등에서 제공하는 편집 툴을 이용하여 수행되며, 또한 데이터베이스 내에 있는 속성 데이터를 조회, 편집을 수행하기 위해 SQL을 지원하는 툴을 이용하기도 한다.

공간 데이터의 에러를 발견하고 수정하는 것보다 속성 데이터의 에러를 확인하고 수정하는 것이 더 어려운데, GIS 소프트웨어는 속성상 오류를 자동으로 쉽게 찾아주지 않기 때문이다. 또한 속성 에러를 찾거나 수정하는 절대적인 기술적 규칙이 존재하지 않기 때문에 수작업이나 많은 시간과 노력이 수반되기도 한다. 가장 많이 사용되는 방법으로는 원본으로서의 속성과 입력된 속성값들 간의 비교를 하는 것이며, 또한 속성이 타당한 값의 범주와 유형으로 입력되었는지를 확인하는 것이다.

에러의 유형 중에서 원본 입력 속성과 비교하지 않고 찾아낼 수 있는 것은 누락된 속성(missing attributes) 에러일 것이다. 그림 6.9는 래스터 데이터 유형과 연결된 속성값을 토대로 지도화한 것이다. 그림에서 'A' 유형은 한 줄 전체가 속성값이 누락된 경우인데, 이러한 경우는 원래 지도 형태 등이 시각적으로 비교되므로 금방 에러를 찾을 수 있을 것이다. 또한 'B' 유형은 속성이 잘못 입력되거나 잘못된 위치에 속성값이 입력된 경우이며, 'C' 유형은 한 레코드 (또는 하나의 셀)에 해당하는 속성값이 누락된 경우이다. 그리고 'D' 유형은 특정 지역이나 연속 블럭 범위의 속성이 누락된 에러 유형이다.

그림 6.9 래스터 속성 에러

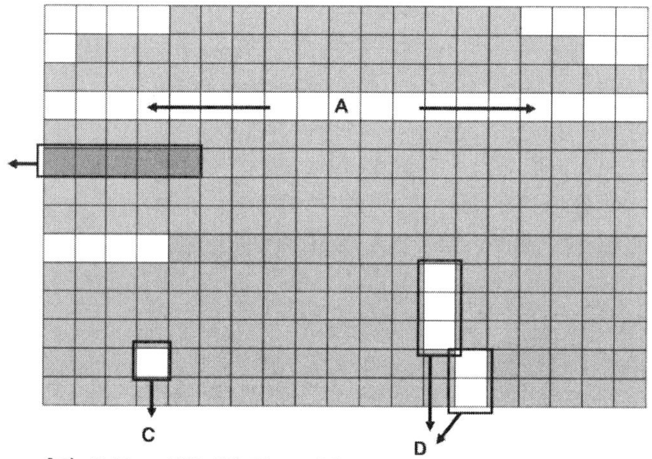

출처 : DeMers, 1997, 170, Figure 6.9

그림 6.10 좌표체계 변환의 예

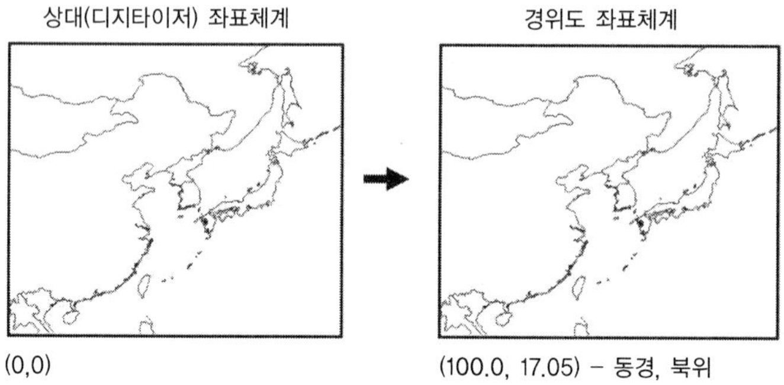

3) 투영 및 좌표체계 변경

그림 6.10은 디지타이저 좌표 단위로 되어 있는 수치 데이터(그림 왼쪽)를 경위도 좌표 (그림 오른쪽)로 변환하는 예다. 왼쪽 그림의 디지타이저 단위 데이터는 왼쪽 하단의 기준점이 0, 0으로 설정되어 있다. 그러나 실제 동북아시아 지역은 경위도나 다른 좌표체계를 참조할 때 0, 0은 현실적인 기준점이 되지 못한다. 따라서 실세계 좌표체계로 변경시켜 주어야 하는데, 경위도인 경우 0, 0의 기준점이 100.0, 17.05로 바뀌게 된다. 또한 경위도 좌표체계로 되어있는 데이터를 TM 좌표체계 등 다른 좌표체계로 변경해줄 필요가 있을 때 이러한 변환 과정을 거쳐 바꿔줄 수 있다. 좌표체계 변경시 단순히 좌표이동이 아니라, 투영법, 좌표체계 단위, 적용되는 데이텀 등이 변경된다.

그림 6.11 다양한 투영법에 따른 세계지도

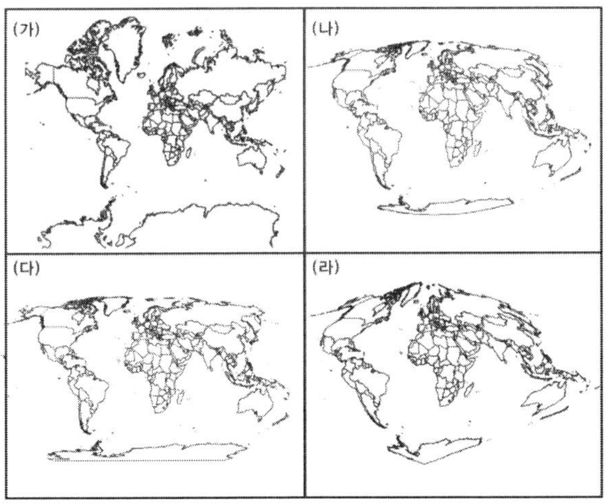

(가) Mercator (나) Mollweide (다) Robinson (라) Sinusoidal

4) 수평 레이어들의 병합

에지 매칭 Edge Matching

일단 공간 데이터로서 하나의 도엽을 완성하게 되었다고 가정하자. 이 도엽은 완벽하게 그 에러를 수정, 편집하였으므로 바로 사용가능할 것이다. 그러나 넓은 지역에 대해 상세한 정보를 입력해야 하는 경우, 하나의 도엽으로 전체 지역을 포함하기에는 무리가 있다. 따라서 이 경우 동일한 공간 범위를 가지는 도엽으로 전체 지역을 구성하는 것이 효율적이다. 이때 전체 지역은 2개 이상의 도엽으로 구성되며, 이들 도엽은 타일화되어 서로 공간적으로 인접한 상태로 존재하게 된다.

이때 인접하는 두 도엽은 전체 지역의 관점에서 볼 때 서로 공간적으로 연결되어 있다. 따라서 두 인접 도엽에서 서로 연결되어야 할 공간 객체를 확인하고 연결이 제대로 되어있는지 확인해주는 작업이 요구된다. 이러한 작업의 첫 번째는 인접한 두 도엽이 같은 주제로 레이어를 구성하고 또한 같은 투영법을 가지고 있는지 확인해야 한다. 왜냐하면 서로 다른 투영법을 가지는 인접한 두 도엽은 디스플레이시 다소 다른 모습을 가지기 때문이다. 이때 주의할 것은 두 도엽은 서로 독립적으로 디지타이징되었으며, 각각 등록점이 달라 각 도엽의 측면이 내부적으로는 나름대로의 정확성을 가지고 있다(여기서는 다만 상대적으로 연결될 때 에러가 발생할 수 있다). 예를 들어 지도상에 하나의 도로가 디지타이징되고, 그것은 인접한 두 도엽에 걸쳐 존재하며 또한 서로 연결되어야 한다고 가정하자. 이때 두 도엽상의 도로는 실세계 위치에 맞도록 정확히 연결되어야 한다.

두 번째로 고려할 사항은 인접한 두 도엽이 서로 다른 투영법에 의거하여 디지타이징됨으로써 에러매칭에서 유발되는 문제이다. 또한 실제로 1:25,000 또는 1:50,000 축척의 인접하는 두 종이지도를 주의깊게 만나는 부분을 맞춰보더라도 연속적으로 이어져야 할 공간 객체들이 제대로 연결되지 않음을 알 수 있다. 이러한 자료원으로서 종이지도의 경계 불일치성이 그대로 디지타이징 결과에 전이되어 에러를 수반하게 된다. 이는 투영의 수학적 절차 자체가 정확하지 못하기 때문인데, 즉 3차원 지구를 평면으로 표현하고, 또 컴퓨터상에서 계산시에 반올림 또는 버림 등의 과정에서 오차를 가지기 때문이다.

한편 상이한 투영법을 가진 두 인접한 도엽의 경계를 정확히 맞추는 것은 쉽지 않다. 그러나 위에서 원초적인 문제를 무시하고, 서로 다른 투영법을 하나로 통일하여 변환한 다음, 같아진 인접한 두 도엽의 경계를 맞추는 것은 가능하다. 이러한 결과로 두 도엽의 경계가 심하게 조각나거나 또는 자연스럽게 이어지지 않고 모자이크한 것처럼 보일지도 모른다. 그래서 원하지 않는 공간 객체들이 연결되거나 경계부분에 걸쳐서 아주 조그만한 폴리곤(sliver polygon)이 생성될지 모른다. 따라서 이러한 여러 가지 상황을 고려하여 경계를 잘 맞추는 것이 필요하다. 이러한 경계를 맞추는 에지매칭(edgematching) 작업은 구성되는 타일로서의 도엽이 많아질수록 복잡해지고 그만큼 많은 에러 가능성을 내포할 수 있다.

그림 6.12 에지매칭에 의한 편집

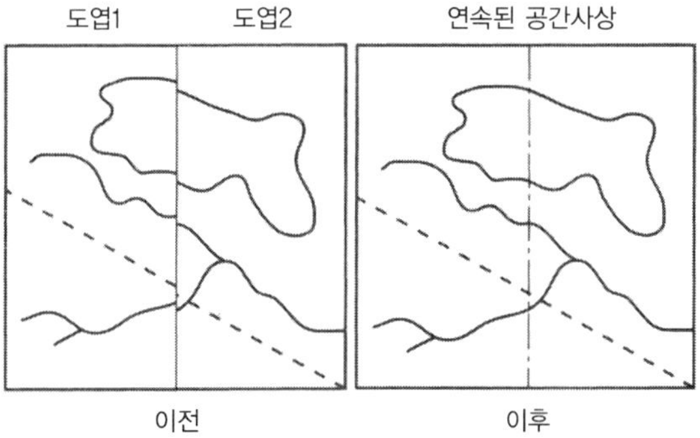

출처: Jones, 1997, 97, Figure 5.5

러버쉬팅 Rubber Sheeting

같은 대상지역을 다루지만 서로 다른 시간이 적용된 두 도엽을 다룰 때 주의해야 할 또 하나의 사항은 러버쉬팅(rubber sheeting)에 관한 것이다. 이러한 문제는 래스터 데이터 구조에서도 발생하지만 주로 벡터 데이터에서 발생하게 된다. 예를 들어 한 대상 지역에 토지이용 변화를 알기 위해 두 시점의 벡터 데이터를 구축했다고 가정하자. 그러면 두 커버리지의 동일한 하천이 서로 다른 위치에 있는 것처럼 보일 수 있고, 같은 모양의 폴리곤이 조금은 다른 위치에 존재하고 있을 수 있다. 그러나 이들 공간 객체는 물리적으로 이동해서 나온 결과가 아니다. 이러한 문제를 해결하기 위해 지도 등록점을 토대로 보정해야 하는 것이 아니라, 내부에 있는 몇몇 공간 객체들이 일치하지 않기 때문에 그런 것이므로 다른 정확한 공간 객체들은 고정시킨 후에 대상 공간객체들만 정확한 위치로 이동하는데, 이때 이동하는 패턴이 고무판을 잡아 늘리거나 맞추는 것과 유사하기 때문에 이를 러버쉬팅이라 부른다. 마치 지도를 고무판으로 만들어진 것이라고 생각하고 이를 상대적으로 잡아당겨 늘어나게 하는 과정이다. 이는 상대적으로 두 도엽을 일치시키는 것이 목적이기 때문에 사용자가 상호작용을 통해 의사결정을 해야 한다. 이때 상대적으로 정확하다고 판단되는 한 도엽을 기준으로 나머지 다른 도엽을 끌어다가 맞추는데, 이때 어떤 공간 객체는 그대로 유지되고 또 어떤 공간 객체는 맞추어져야 하는지 사용자가 결정한다.

주의할 것은 러버쉬팅 작업 자체가 일종의 그래픽 조작 작업이며, 그 작업 자체가 가장 정확한 결과를 만들지는 않는다는 것이다. 그러기보다는 기준이 되는 도엽 데이터가 정확하다는 전제하에서, 다른 도엽 데이터를 그래픽적으로 기준에 맞추는 것뿐이다. 두 번째로 고려해야 할 것은 러버쉬팅 작업 결과가 원래의 지도보다 더 나쁜 결과를 가질 수 있다. 따라서 무조건적인 작업 수행은 원래의 도엽을 없애버릴 수 있으므로, 만일 작업 결과가 좋지 않다고 생각되면 첫 번째 시도를 수정해서 하지말고 원래의 도엽으로 돌아가서 다시 해보는 것이 좋다. 또한 필요없다고 생각하기 전까지는 결과로 만든 도엽을 없애버리지 않는 것이 좋다.

그림 6.13 러버쉬팅에 의한 편집

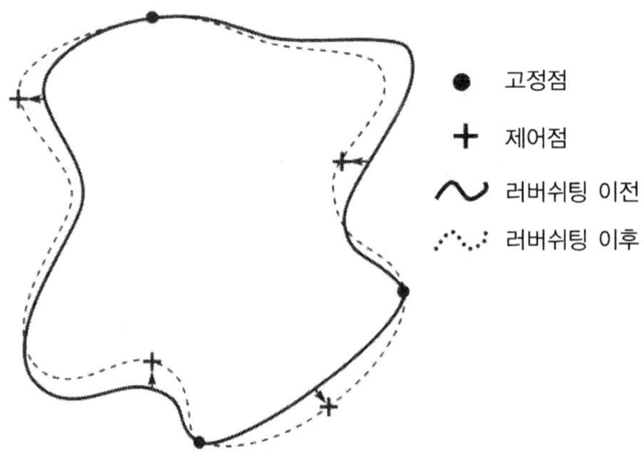

출처 : Jones, 1997, 97, Figure 5.6

chapter 7

공간 분석 및 처리

1. 공간 처리 및 측정 *253*
Spatial Processing and Measurement

2. 공간 분석 *276*

3. 원격탐사 이미지의 처리 및 분석 *315*

공간 처리 및 분석은 다양한 관점에서 살펴볼 수 있다. 여기서는 GIS 데이터가 가지는 통계적인 분석, 기하 정보를 이용한 공간 처리 방법, 위상구조 정보를 이용한 공간 처리 및 분석 방법, 여러 GIS 데이터 모델을 토대로 한 고급의 공간분석 방법을 중심으로 살펴보고자 한다.

1 공간 처리 및 측정 Spatial Processing and Measurement

1) 기초 통계 분석

기본적으로 공간 데이터에 대한 통계 정보를 얻을 수 있다. 분석 대상으로서의 공간 데이터에 어떤 특성이 있는지 살펴봄으로써 이에 적합한 다양한 분석 방법 및 알고리즘, 그리고 패러미터를 선택할 수 있다. 기초통계는 기술통계(descriptive statistics) 또는 탐색적 데이터 분석(exploratory data analysis)이라고도 불리며, 이러한 기초통계 방법을 그대로 공간 데이터에 적용, 활용할 수 있다. 이러한 주요 통계로는 평균, 표준편차, 히스토그램, 중심 경향의 측정 및 변이의 측정 등으로 구성된다.

먼저 기초통계로는 대상지역에 존재하는 데이터의 빈도(frequency)와 평균(mean)을 들 수 있다. 즉 대상지역에 데이터의 수가 얼마나 되는지에 대한 정보가 빈도(frequency)이며, 이들 데이터의 속성값(attribute value)에 따라 다양한 등급으로 분류하여 빈도의 분포를 알 수 있다. 히스토그램은 데이터의 분포를 그래픽으로 표현할 때 가장 널리 사용된다. 즉 데이터가 특정 기준에 따른 등급으로 분류되어 각 클래스에 얼마나 많은 데이터들이 존재하는지를 보여주는데, x축에는 등급이, y축에는 빈도의 수가 표현된다. 또한 데이터의 속성값에 따른 분포를 히스토그램이나 파이차트, 꺾은선 그래프 등으로 표현하기도 한다.

한편 데이터의 분포를 그래픽으로 시각화할 수 있지만, 또한 데이터의 평균(mean)을 이용하여 그 데이터 분포의 특성을 살펴볼 수도 있다. 즉 대상지역에 존재하는 데이터들은 각각 다양한 값을 가지고 분포할 것이다. 이때 데이터들의 중심성은 평균(mean)을 이용하여 파악할 수 있으며, 또한 이 중심성에서 개별 데이터들이 얼마나 떨어져 있는지를 평가할 수 있다. 이때 평균 계산방법은 다양하지만 일반적으로 전체 데이터의 값들을 모두 합한 후, 데이터의 수로 나누어 얻는 산술평균이 사용된다. 반면 중심성에서의 차이(변이)는 분산(variance) 및 표준편차(standard deviation)로 측정될 수 있다. 분산은 평균에서 각 데이터 값의 차이를 얻은 후, 이들 차이를 다 합하여 데이터의 수로 나눈 것이며, 분산에 루트를 씌워 계산한 것을 표준편차라 한다. 이외에도 평균이 전체 분포중에서 낮은 값쪽으로 치우치는 정도를 계산하는 왜도(skewness), 평균의 집중도가 얼마나 되는지를 나타내는 첨도(kurtosis) 등이 있다.

표 7.1 주요 기초 통계 지표 계산 방법

주요 통계 지표	주요 계산방법	설 명
대표값	산술평균 (arithmetic mean)	전체 속성값을 다 합한 후, 그 합한 값을 데이터의 수로 나눈 값
	최빈수(Mode)	데이터 분포에서 가장 빈도가 높이 나타나는 수
	중위수 (median)	데이터 분포 중 가장 가운데 위치한 데이터의 값
분포 측정	범위 (range)	데이터의 최대값과 최소값과의 범위
	분산 (variance)	각 데이터의 값과 평균과의 차이를 구한 후, 그 차이값들을 합하여 데이터의 수로 나눈 값
	왜도 (skewness)	데이터 분포의 비대칭 정도를 측정, 왼쪽 또는 오른쪽으로 치우친 정도를 표현
	첨도 (kurtosis)	데이터 분포의 집중도 및 편향도

그런데 데이터는 가끔 하나 이상의 변수를 갖기 때문에 여러 변수들간의 관계를 고려한 통계분석이 필요하다. 이러한 분석 방법을 다변량 분석(multi-variate analysis)이라 하며 과정 특성에 따라 분류(classification)와 예측(prediction) 두 가지 유형으로 분류된다.대표적인 분류 방법은 클러스터 분석(cluster analysis), 판별 분석(discriminant analysi), 주성분 분석(principal component analysis), 요인 분석(factor analysis)이며, 대표적인 예측분석으로는 다중회귀분석(multiple regression), 경향면분석(trend surface analysis)이 있다.

클러스터 분석과 판별 분석은 모두 데이터간의 유사성 여부를 파악하고, 여러 변수를 동시에 고려하여 데이터를 그룹화하여 정의하는 데 사용된다. 클러스터 분석은 공간상에 분포되어 있는 점들 중에서 특성이 가장 유사한 가장 가까운 점들끼리 짝을 지운 후, 이러한 과정을 반복하여 유사한 특성을 가지는 인접 점들을 클러스터로 묶는다. 한편 주성분 분석과 요인 분석은 그 알고리즘이 간단하고 널리 사용되는 방법으로서 많은 변수들간의 복잡한 관계를 표현해준다. 즉 많은 변수 중에서 관련성이 있는 변수들끼리 결합하여 새로운 변수를 만들어내면서, 이러한 과정을 반복하여 기존에 존재하는 수많은 변수들을 몇개의 변수들로 재구성하는 동시에, 또한 이들 변수가 얼마나 설명력을 가지는지 평가해준다.

데이터의 특성을 살펴보는 널리 사용되는 방법 중의 하나는 변수간의 상관관계(correlation)를 살펴보는 것이다. 예를 들어 데이터가 A, B 두 속성 변수를 가지고 있을 때 두 변수간의 변이가 얼마만큼의 관계를 가지는지의 정보는 데이터 관계 특성을 파악하는 데 도움이 된다. 상관관계는 두 변수의 평균을 구한 뒤, 각 개별 변수의 평균과 각 데이터 값과의 차이를 구하여 이들 차이를 곱한 합을 구하는 것이다. 1에 가까우면 두 변수간의 긍정적인 상관관계가, −1에 가까우면 부정적인 상관관계를 나타낸다.

상관관계와 관련되어 많이 사용되는 것으로 회귀분석(regression analysis)이 있다. 이는 데이터가 가지는 변수간의 의존도 및 설명 정도를 나타내준다. 예를 들어 데이터가 소득, 지출이라는 두 개의 변수를 가지고 있다고 하자. 이때 지출이라는 변수가 소득이라는 변수와 얼마만큼의 상관관계가 있으며, 또한 소득이 지출에 얼마만큼 영향을 주었는지를 알고 싶을 때 회귀분석이 사용된다. 이때 간단한 1차의 회귀식(y=ax+b)이 만들어지는데, 이때 y변수는 설명될 변수인 지출(종속변수(dependent variable)라 불림)이 적용되고, x변수로는 설명될 소득 변수(독립변수(independent variable)라 불림)로 적용된다. 이러한 방식으로 얼마나 x변수가 y변수를 잘 설명하는지에 대한 분석을 하게 되는 것이다. 그런데 변수가 독립변수 하나가 아니라 여러 개일 경우 다중 회귀분석(multiple regpression)을 수행할 필요가 있다. 한편 경향면 분석(trend surface analysis)은 일종의 다중 회귀분석이라 할 수 있는데, x,y 좌표의 점들이 z값을 가지는 경우, z값을 이용하여 전반적인 경향으로서의 공간 패턴을 예측할 수 있다.

그림 7.1 두 변수간의 상관관계의 예

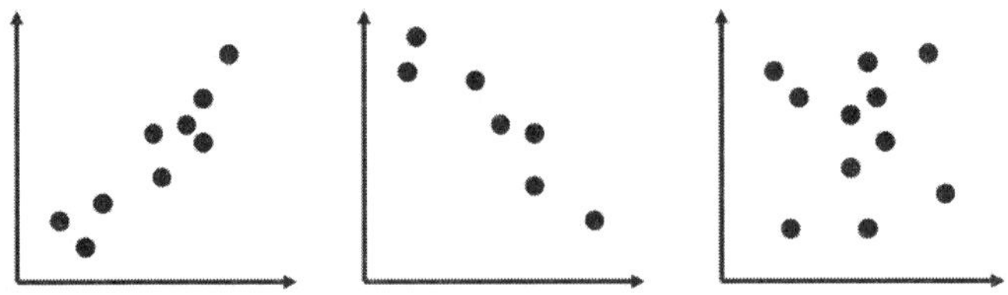

(가) 양(+)의 상관관계 (나) 음(-)의 상관관계 (다) 상관관계 없음

2) 여러 가지 연산방법

공간 데이터뿐만 아니라 속성 데이터와 관련하여 가장 많이 사용되는 기본적인 연산방법들은 집합연산, 부울연산, 논리연산 등이 있다. 이들 연산자와 연산방법은 속성의 비교를 통해서 수행되는 것이 일반적이며, 여러 변수들이 결합되어 수행되기도 한다.

표 7.2 주요 연산 방법

연산 방법	연산자
논리연산	=, 〉, 〈, 〈〉, ≥, ≤
부울연산	AND, OR, NOR, NOT
수학연산	+, −, x, /, sin, cos, tan

표 7.3에서 보는 것처럼 두 변수의 속성이 있다고 가정하자. 두 변수간의 연산을 위해 +, −, x 연산자는 두 속성간의 합, 차, 곱의 연산을 수행한다. 반면 논리 연산자는 두 속성의 값을 비교하여 참이면 '1' 을, 거짓이면 '0' 의 값을 리턴해준다.

표 7.3 연산자를 이용한 연산의 예

변수 1	변수 2	+ 연산 결과	− 연산 결과	x 연산 결과	= 연산 결과	〉= 연산결과
10	20	30	−10	200	0	0
22	53	75	−31	1166	0	0
15	30	45	−15	450	0	0
32	17	49	15	544	0	1
20	20	40	0	400	1	1

속성 데이터를 기반으로 한 연산은 데이터베이스내에서 많이 수행된다. 이들 연산을 데이터베이스내에서 수행하게 될 때 SQL(Structured Query Language)을 주로 이용하게 된다. 관계 데이터베이스 시스템의 구조는 표준 질의언어 중의 하나인 SQL 기능을 지원한다. 즉 구축되어 있는 데이터베이스에서 사용자가 대화식으로 데이터를 정의하고, 조작하며, 조건에 따른 선택된 데이터를 볼 수 있게 하는 것이다. 대부분의 GIS 사용자는 SQL을 직간접적으로 사용할 수 있다. 일반 데이터베이스 프로그램에서는 명령어 형식, 또는 메뉴 방식으로 SQL 기능을 지원하고 있고 GIS 소프트웨어에서도 SQL 기능을 포함하고 있거나 DBMS 프로그램과 연결하여 사용할 수 있도록 한다. 그러나 공간검색 등과 관련한 기능에 대해서는 표준 SQL만으로는 수행되지 않는다. 따라서 멀티미디어 데이터 유형을 위한 SQL 표준이 개발되어왔으며, 또한 표준 SQL을 공간적으로 사용하기 위한 노력도 이루어지고 있다

SQL연산의 예

SELECT [변수1], [변수2] **FROM** [테이블명] **WHERE** [조건식] ;
(예) SELECT *Var1, Var2* FROM *Table_1* WHERE *Var1* 〉 *Var2* ;

3) GIS 데이터 분류 Spatial Data Classification 방법

GIS 데이터를 분류하는 방법에는 공간사상의 속성을 토대로 분류하는 방법이 있다. 공간사상은 여러 속성을 가질 수 있으며, 이 중 하나의 변수를 선택하여 여러 분류 방법을 이용하여 클래스를 나눈 후 나누어진 등급에 따라 지도화하는 방법이 일반적이다. 그림 7.2의 예에서 보는 것처럼 공간사상의 변수가 있다고 가정하자. 이들 속성값들을 작은 값에서 큰 값까지 정렬한 후, 3개의 그룹으로 나누게 된다. 작은 속성값을 가지는 레코드들 (공간사상들)은 '클래스 1' 로 분류되며, 중간 그룹은 '클래스 2' 로, 그리고 값이 큰 그룹은 '클래스 3' 으로 분류된다. 이렇게 3개의 그룹으로 분류한 후, 이를 토대로 지도화를 하면 변수에 따른 공간 분포 지도를 생성할 수 있다.

그림 7.2 GIS 데이터 분류의 예

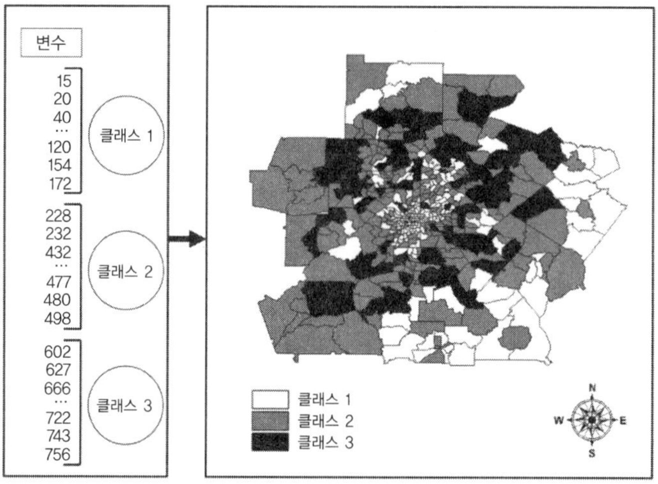

위에서처럼 공간사상의 속성을 토대로 다양한 분류 지도를 생성할 수 있는데, 중요한 것은 몇개의 그룹으로 나누는지와 어떤 기준으로 분류할 것인가이다. 그림 7.3은 주요 분류 방법 기준의 예를 보여주고 있다. 첫 번째 분류 방법은 최소 변이 분류 방법으로서 자연분류(Natural Break) 방법이라고도 한다. 이 방법은 속성의 작은 값에서 큰 값까지 빈도 그래프를 그린 후, 그룹내의 분산이 가장 작도록 그룹 경계를 계산하는 방법이다. 즉 n개의 그룹으로 분류하고자 할 때, 각 그룹내의 분산이 최소가 되도록 그룹 경계를 찾는 방식이다. 두 번째 방식은 동일 갯수 분류(Quantile)방법으로서, 최소값에서 최대값까지의 범위중에서 그룹별 레코드 갯수가 동일하도록 그룹 경계를 구하는 것이다. 예를 들어 5개의 그룹으로 나눌 때, 각 그룹내의 레코드 갯수는 동일할 것이다. 세 번째 방법인 동일 간격 분류(Equal Interval) 방법은 각 5개 그룹간의 간격이 동일하도록 그룹 경계를 결정하는 방법이다. 이 방법은 그룹내의 레코드 갯수가 아니라 속성값의 범주를 토대로 결정하기 때문에, 1-10, 11-20, 21-30, …와 같은 경우로 각 그룹내의 속성 범위가 같게 된다. 마지막 방법은 표준 편차를 이용한 분류(Standard Deviation) 방법인데, 속성의 평균과 표준 편차를 구한다. 표준 편차는 1, 2, 3차 표준편차 범위를 구하게 되어, 그룹 분류는 평균을 중심으로 +, - 표준 편차 범위를 그룹으로 결정한다.

그림 7.3 다양한 공간 데이터 분류 방법

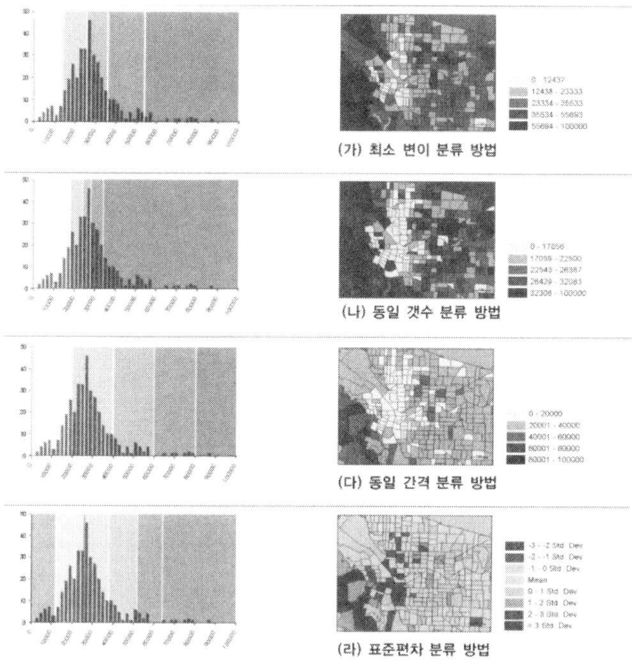

출처 : Mitchell, 1999, 49

이처럼 공간사상의 속성을 분류하는 방법 외에, 공간적 분류도 중요하다. 공간사상의 공간적 분류는 공간사상의 속성을 바탕으로 수행되기도 하며, 공간사상의 기하정보를 이용하여 분류되기도 한다. 그림 7.4는 공간사상의 재분류 예를 보여주고 있다. 그림 왼쪽에서처럼 지역에 다섯 개의 폴리곤 (A, B1, B2, B3, C)이 존재하고 있다고 가정하자. 이중 폴리곤 B1, B2, B3는 성격이 유사하면서도 다른 속성값을 지닌다. 이들 세 폴리곤을 B라는 공통 분모로 재분류 할 수 있는데, 그러면 이들 세 폴리곤을 병합함으로써 최종적으로는 A, B, C 세 폴리곤만 남게 된다.

그림 7.4 폴리곤(벡터 데이터)의 재분류(속성이 같은 것끼리 결합)

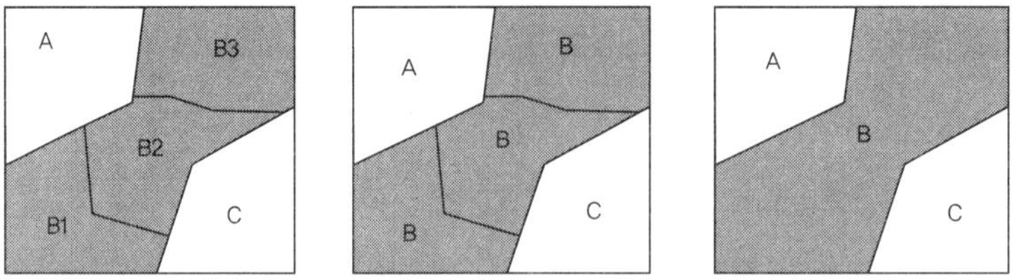

이 경우 재분류시 문제가 되는것은 기존의 폴리곤들(B1, B2, B3)이 가지고 있던 속성값을 어떻게 처리하느냐 하는 것이다. 이와 관련하여 속성값을 처리하는 여러 방법이 있다. 그림 7.4의 사례를 들면 첫 번째 방법은 세 폴리곤의 속성값을 모두 합하여 새로운 폴리곤에 부여하는 방법이다. 지역 면적이나 지역 인구 등의 경우는 이처럼 병합될 폴리곤들의 속성값을 합하는 방법이 적절할 것이다. 다른 방법으로는 대표값을 부여하는 것이다. 지역명이나 행정구역명 등은 기존의 속성값 외의 새로운 속성값이 결정되는 경우가 많다. 다른 방법으로는 일련의 처리과정을 거쳐서 새로운 속성값을 산출하는 방법이다. 예를 들어 인구밀도의 경우, 단순히 기존 세 폴리곤의 인구밀도를 합하는 것은 무의미할 것이다. 따라서 기존의 세 폴리곤의 인구수와 면적을 모두 합한 다음에, 다시 인구 총합을 면적 총합으로 나누면 새로 병합된 폴리곤의 인구밀도를 구할 수 있다. 이외에도 기존 속성값들의 대표값으로서 평균값, 가장 빈도수가 많은 속성값, 표준편차 값등 다양한 방법이 존재한다.

공간 데이터의 다른 재분류 경우는 공간 데이터의 속성 유형을 변경시키는 것이다. 그림 7.5에서 보는 것처럼 다른 측정 척도를 가진 래스터 데이터가 존재할 수 있다. 서로 다른 속성 유형의 두 레이어를 연산하고자 한다면 특정 기준에 적합하도록 속성 유형을 변경시켜야 한다. 그림 7.5에서 한 래스터 레이어는 A, B, C 등의 속성 값을 가지고 있고, 또 다른 레이어는 2, 3, 4, 5 등의 값을 가지고 있다. 첫 번째 레이어를 특정 기준에 맞게 데이터 변환을 수행할 수 있는데 여기서는 'A' 라는 값을 가지는 셀은 1, 아니면 0의 값을 재부여한다. 또한 두 번째 레이어에서는 '2' 라는 속성값을 가지는 셀은 1, 아니면 0의 값을 재부여한다. 재분류된 두 레이어는 서로 호환가능한 연산을 수행할 수 있게 된다.

그림 7.5 래스터 데이터의 재분류 및 연산

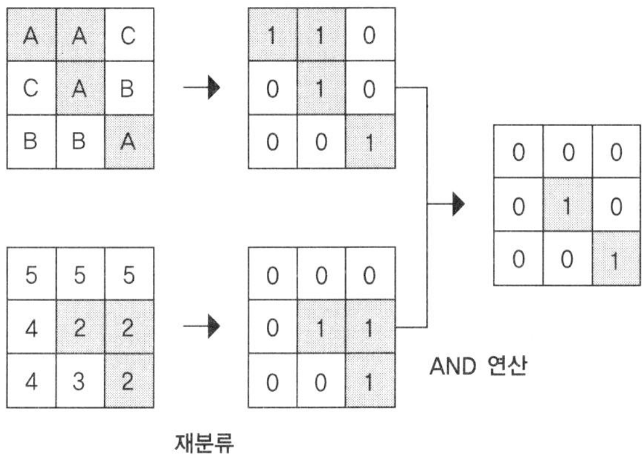

앞에서 살펴본 경우처럼 다양한 GIS 데이터 분류 및 재분류의 유형이 있다. 어떤 경우는 절대적인 규칙은 적용되지 않으며 데이터 내용이나 특성에 따라 거기에 적합한 방법을 찾아 적용하는 것이 좋을 수 있다.

4) 공간 처리 방법: 0차원 공간객체 유형 측면

대표점 계산

공간 연산 방법중에 기본적이면서 많이 사용되는 방법은 대표점 중심 계산이다. 대표점은 점형 공간 분포에서 대표되는 위치를 나타내준다. 일반적으로 대표점은 중심(centroid)으로 여겨지는데, 중심점은 폴리곤 내부의 지리적 중심(geographic center)으로 보통 정의되며, 폴리곤으로부터 중심점을 추출하여 후속 처리나 분석에 사용될 수 있다. 중심점 계산 방법으로 주로 세 가지가 사용되는데, 첫 번째는 단순 중심점을 계산하는 것으로, 그림 7.6의 (가)에서처럼 내부의 기학 중심을 계산하는 것이다. 일반적으로 단순 중심점 계산은 일명 사다리꼴 규칙(trapezoidal rule)에 의해 계산되는데, 이 방법은 점들을 이어서 구성되는 폴리곤을 가상으로 생성하며, 이 폴리곤을 수많은 중첩되는 사다리꼴들로 분할한다. 그런 다음 각 사다리꼴의 중심점, 즉 중심 좌표가 계산되고, 또한 그 가중평균이 계산된다.

그림 7.6 중심점 유형

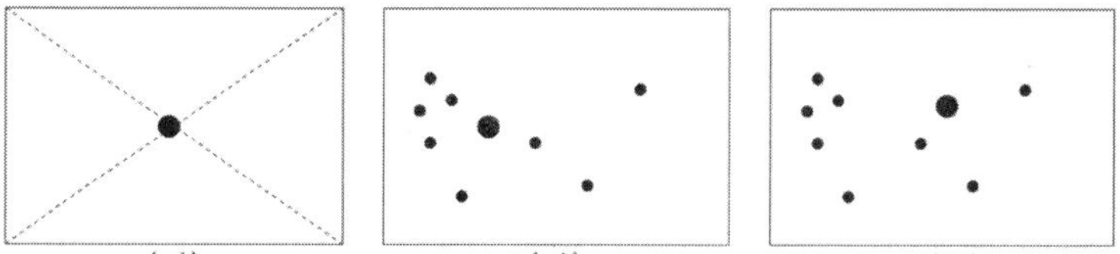

(가) 단순 중심점
(나) 중력중심점(center-of-gravity centroid)
(다) 가중치 평균 중심(weighted centroid center)

출처 : DeMers, 1999, 199, Figure 7.6

중심점은 단순히 한 폴리곤의 기하 중심이 아닌, 공간 분포를 고려한 중심을 가질 수 있다. 예를 들어 인구속성을 가지는 도시들을 이용하여 등치선을 생성하는 경우를 생각해보자. 이 경우 중심점을 구해야 하는데 우선 각 지점의 x, y 좌표값을 기록하고, 이들 값의 평균을 구한 것이 중력 중심이 된다(그림 7.6의 (나)). 그리고 가중치 중심점은 각 점의 x, y값에 가중치를 부여한 다음 이들 점의 평균을 구하여 얻어진다. 이러한 계산은 특정 지역의 마케팅의 중심을 구하는 마케팅 분석 등에 사용된다.

대표점 중에서 평균 중심점(Mean Center)을 구할 수 있는데, 이는 많은 다양한 점의 x,y 좌표 정보를 토대로, x와 y좌표의 평균을 구하는 방법이다. 즉 평균 중심점은 점 집합의 중심 위치(average location)라 할 수 있다.

$$(x_m, y_m)=\left(\frac{\sum_{i=1}^{n} x_i}{n}, \frac{\sum_{i=1}^{n} y_i}{n}\right)$$

(X_m, Y_m): 평균 중심점, n: 점의 총 수

이처럼 평균 중심점을 구할 수 있는데, 여기에서 확장하여 가중치를 부여할 수 있다. 즉 단순한 공간 위치 정보가 아니라 각 점의 중요도가 다르다고 할 때 점들의 중심성은 달라질 것이다. 따라서 각 점들에 가중치를 부여함으로써 보다 현실적인 평균 중

심점을 구할 수 있는데 이를 가중치 부여 평균 중심점(Weighted Mean Center)이라 하며 이를 구하는 방식은 다음과 같다.

$$x_{wm}, y_{wm}) = (\frac{\sum_{i=1}^{n} w_i x_i}{\sum_{i=1}^{n} w_i}, \frac{\sum_{i=1}^{n} w_i y_i}{\sum_{i=1}^{n} w_i})$$

(X_{wm}, Y_{wm}): 가중치 부여 평균 중심점, n: 점의 총 수, w: 가중치

표준 거리 Standard Distance

이러한 방법은 점들로 구성된 공간 분포에서 각 점들이 얼마나 평균 중심점(mean center)으로부터 떨어져 있는지의 정도를 측정하는 것이다. 즉 각 점들을 토대로 평균 중심점을 구한 후, 그 평균 중심점에서 각 점까지의 차를 제곱한 후, 합한 값을 점들의 수로 나눈다. 그리고 이 값에 루트를 씌우면 표준 거리(standard distance)를 얻을 수 있다. 이러한 표준 거리는 점의 속성 유형에 따라 다른 결과를 가지므로 점이 대표하는 속성, 예를 들면 약국들의 표준 거리와 영화관의 표준 거리는 다를 것이다. 이처럼 다양한 지리적 공간 패턴의 이용에 적용된다.

$$SD = \sqrt{\frac{\sum_{i=1}^{n}(x_i - x_m)^2 + \sum_{i=1}^{n}(y_i - y_m)^2}{n}}$$

이 표준 거리를 이용하여 표준 편차 타원(Standard Deviational Ellipse)을 계산할 수 있다. 표준 편차 타원은 점 분포의 공간 편이를 보여주는 유용한 툴로서 공간 분포의 방향적 특성을 보여준다. 예를 들어 대도시 건물들은 도로를 중심으로 분포하는 경우가 많으며, 호수 주변의 주택 분포도 호수 주변을 따라 분포하기 때문에, 표준 거리를 이용한 원보다는 타원을 이용하여 공간 분포를 살펴볼 수 있다. 표준 편차 타원을 만들기 위해서는 세 가지 과정이 요구된다. 우선 점들의 대표점으로서 평균 중심점(mean center)를 계산한다. 두 번째는 각 점에서 평균 중심점까지의 차이 ($= x_i - x_m$)를

구한다. 세 번째로, 다음과 같이 회전각을 계산한다.

$$\text{Tan q} = \frac{(\sum_{i=1}^{n} x'^{2}_{i} - \sum_{i=1}^{n} y'^{2}_{i}) + \sqrt{(\sum_{i=1}^{n} x'^{2}_{i} - \sum_{i=1}^{n} y'^{2}_{i})^2 + 4(\sum_{i=1}^{n} x' \sum_{i=1}^{n} y')^2}}{2\sum_{i=1}^{n} x'_{i} \sum_{i=1}^{n} y'_{i}}$$

$(x'_i = x_i - xm, \ y'_i = y_i - y_m)$

최종적으로 구해진 정보를 이용하여 표준편차 타원의 장축과 단축을 다음과 같이 구할 수 있다.

$$\delta x = \sqrt{\frac{\sum_{i=1}^{n} (x'_{i} \cos\theta - y'_{i} \sin\theta)^2}{n}}$$

$$\delta y = \sqrt{\frac{\sum_{i=1}^{n} (x'_{i} \sin\theta - y'_{i} \cos\theta)^2}{n}}$$

최근린 분석 Nearest Neighbor Analysis

공간상에 존재하는 점들의 분포 패턴을 살펴보는 데 많이 사용되는 방법중의 하나가 최근린 분석(Nearest Neighbor Analysis)이다. 이 방법은 생태학 분야에서 Clark와 Evans(1954)가 식물 군집 분포 패턴을 파악하기 위해 고안하였으며, 이후 지리학에 도입되어 사용되고 있다. 즉 실세계에 분포되어 있는 점들이 군집(cluster)되어 있는지 아니면 일정한 거리를 두고 분포하고 있는지(regular pattern) 아니면 무작위로 분포되어 있는지에 대한 경향을 최근린 분석을 이용하여 밝힐 수 있다.

우선 대상지역에 분포하는 점들을 대상으로, 각 점에서 다른 점들간의 거리를 계산할 수 있으며, 이들 거리 중 가장 가까운 거리인 최근린 거리(nearest neighbor distance)를 선정할 수 있다. 따라서 각 점마다 각각 최근린 거리를 가질 수 있으며, 이들 최근린 거리를 다 합하여 점의 수로 나눈 것이 실제의 평균 최근린 거리(r_O)이다. 그런 다음 기대되는 평균 최근린 거리(r_E)를 다음의 식으로 구할 수 있는데, $1/2\sqrt{\rho}$ 이다. 이때 ρ은 점의 밀도로서 점의 개수를 대상지역 면적으로 나눈 것이다. 최종적으로 최근린 지수(R)는 실제 평균 최근린 거리(r_O)를 기대되는 평균 최근린 거리(r_E)로 나눈 것이 된다. 위의 과정을 바탕으로 다음의 예를 살펴보자. 그림 7.7에서 보는 것처럼 사례지역에는 5개의 점이 분포되어 있다.

그림 7.7 최근린 분석을 위한 사례 지역

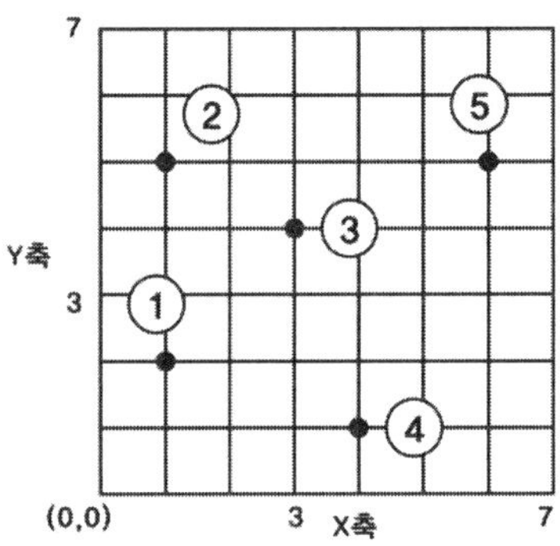

표 7.4 각 점에서 다른 점까지의 거리 및 최근린 거리

점 위치	다른 점까지의 거리					최근린 거리
	점 1	점 2	점 3	점 4	점 5	
점 1 (1,2)	0.00	3.00	2.83	3.16	5.83	2.83
점 2 (1,5)	3.00	0.00	2.24	5.00	5.10	2.24
점 3 (3,4)	2.83	2.24	0.00	3.16	3.16	2.24
점 4 (4,1)	3.16	5.00	3.16	0.00	4.47	3.16
점 5 (6,5)	5.83	5.10	3.16	4.47	0.00	3.16
합계						13.63

그러면 각 점에서 다른 점까지의 최근린 거리를 합한 값이 13.63이다. 따라서 실제로 측정된 평균 최근린 거리는 이 합에서 점의 수인 5로 나눈 것이므로, 그 값은 2.73이 된다. 한편 기대되는 평균 최근린 거리를 구하면 1/2이므로 그 값은 2.27이 된다. 최종적으로 구하려는 최근린 지수(R)는 2.73/2.27 이므로 그 값은 1.20이 된다.

일반적으로 최근린 지수(R)가 1이면 그것은 완전한 무작위 분포가 되며, R값이 1보다 크면 규칙적인 분포에 가까워진다. 반면 R의 값이 1보다 작은 0의 값에 가까워지면 그 점들은 클러스터 유형에 가깝다고 할 수 있다. 위의 경우는 R값이 1.20이므로 규칙적인 분포에 가까워진다는 것을 알 수 있다.

5) 공간 처리 방법 : 1차원 공간객체 유형 측면

선형 공간객체의 길이 Length 계산

일반적으로 선형 공간객체의 길이 계산은 기본적인 연산 방법이다. 우선 벡터 데이터 유형에서의 선형 공간객체는 그 선을 구성하고 있는 점들의 좌표 데이터가 중요한 역할을 수행한다. 즉 그 선의 한 끝점에서 선으로 연결된 바로 옆의 점과의 거리를 구하고, 다음 점에서 그 다음 인접한 점과의 거리를 구해서 앞에서 구한 거리와 합한다. 이러한 방식으로 선의 반대쪽 끝점에 이르기까지 같은 과정을 반복하면서 구간거리를 합하면 전체 길이를 구할 수 있다.

한편 래스터 데이터 유형에서 길이를 구하는 것은 조금 다르다. 즉 선을 표현하고 있는 그리드 셀의 수를 세어 길이로 표현하는 것인데, 우선 직선이나, 직각형태로 꺾어진 직선의 길이를 구하는 것은 구성하는 셀의 수를 합하여 단위 셀의 크기를 곱하면 전체 길이가 구해진다. 그러나 선형 공간객체가 직선이 아니라 대각선 형태를 포함한 직선유형의 경우, 기본적인 계산 방법은 앞의 방법과 유사하지만, 대각선 부분의 경우 단위 셀의 대각선 길이를 계산한 다음, 대각선을 구성하는 셀의 수와 곱하면 된다.

굴곡성 Sinuosity

선형 공간사상의 모양을 측정하는 방법으로 가장 많이 사용되는 방법이 굴곡성

(sinuosity) 방법이다. 굴곡성 계산은 선형 공간사상의 직선 거리를 실제 거리로 나눈 값이다. 즉 굴곡성 정보는 선형 공간사상이 얼마나 직선화되어 있는지, 아니면 얼마나 굴곡 빈도와 정도를 가졌는지를 알려준다.

그림 7.8 굴곡성 계산

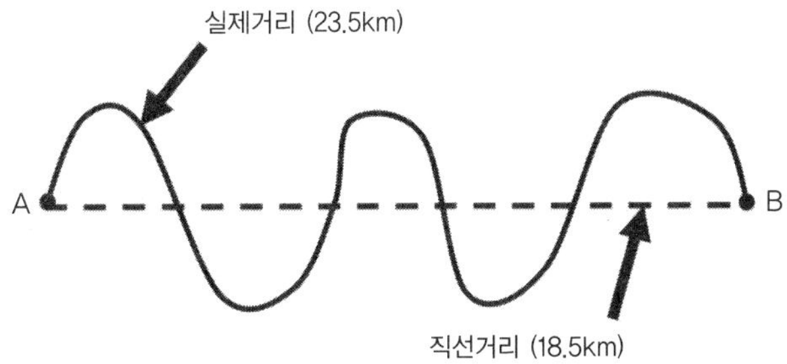

그림에서 실제 거리는 23.5km이고, 직선 거리는 18.5km 이다.
따라서 굴곡성 값은 0.787(=18.5/23.5)이다.

출처 : DeMers, 1999, 217, Figure 8.7

방향성 평균 Directional Mean

방향성 평균(Directional Mean)은 통계에서 사용되는 평균의 개념과 유사하지만 선형 공간객체에 대한 유용한 정보를 제공해준다. 방향성 평균은 벡터를 가진 선형 공간객체의 방향 정보를 보여줄 수 있다. 방향성 평균은 선형 공간객체의 벡터 중 벡터의 길이가 아니라 벡터의 방향을 토대로 평균을 산출한다. 그림 7.9 (가)에서처럼 여러 선형 공간객체가 존재할 수 있는데, 이들간의 방향 평균을 알고자 할 때 방향성 평균을 구하면 된다. 즉 그림 (나)에서처럼 세 벡터들이 합쳐져서 새로운 벡터 OR이 생성되며, 이 벡터의 각도 q가 구해진다.

방향성 평균을 구하는 과정은 간단하다. 우선 다음과 같은 식이 성립한다.

$$\tan\theta = oy_1 / ox_1$$

여기서 oy_1 은 세 벡터의 높이의 합이며, ox_1 은 세 벡터의 수평길이의 합을 의미한다. 그런데 세 벡터가 단위 벡터이므로 각 벡터가 가지는 각도 정보 측면에서 볼 때 다음과 같은 식이 성립한다.

$$\tan\theta = (\sin\theta_1 + \sin\theta_2 + \sin\theta_3) / (\cos\theta_1 + \cos\theta_2 + \cos\theta_3)$$

방향성 평균은 이 탄젠트의 역을 구하면 되는데, 즉 위의 $\tan\theta$를 역한 arc tan (= 1/ $\tan\theta$)를 구하면 된다. 이렇게 구해진 방향성 평균은 벡터들의 평균 방향을 나타낸다. 만일 벡터들이 유사한 방향을 가진다면, 방향성 평균은 이들 벡터 사이를 가리킬 것이다.

그림 7.9 방향성 평균 (Directional Mean)

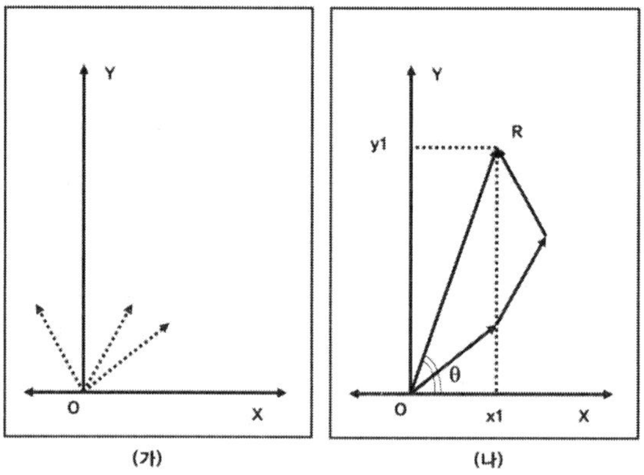

그런데 벡터의 방향이 매우 다른 방향을 나타내는 경우, 예를 들어 45도와 135도를 가리킨다면, 그 평균은 90도가 될것이다. 일반적으로 벡터들이 모두 180도 보다 작거나 모두 큰 경우 그 평균은 의미를 가지지만, 그렇지 않은 경우는 위의 평균계산 방법이 적절하지 않을 것이다. 따라서 다른 차원(1, 2, 3, 4사면)의 방향을 가지는 벡터들의 경우 방향성 평균의 결과는 표 7.5와 같이 사면에 맞는 조정을 해주어야 한다.

표 7.5 사면에 따른 방향성 평균 조정

사면	특징	조정된 방향성 평균
1사분면	$\tan\theta$의 분자, 분모 모두 (+)	$\tan\theta$ (동일)
2사분면	$\tan\theta$의 분자는 (+), 분모는 (−)	$180 - \tan\theta$
3사분면	$\tan\theta$의 분자, 분모 모두 (−)	$180 + \tan\theta$
4사분면	$\tan\theta$의 분자는 (−), 분모는 (+)	$360 - \tan\theta$

기초 선형 네트워크 분석

선형 공간객체와 관련된 처리 및 분석의 대부분은 선형 네트워크와 관련이 있다. 일련의 결절점(node 또는 vertex)과 선(edge)으로 구성되는 선형 네트워크는 다양한 처리과정과 분석 알고리즘을 가지고 있다. 가장 기본적인 분석은 선형 연결성(connectivity)에 대한 것이다. 만일 선형 네트워크에 결절점이 고정되어 있을 경우, 얼마만큼 선형 연결(link)이 되어 있는지에 대한 분석이 가능하다. 결절점이 이미 존재하는 경우, 네트워크가 형성되기 위한 최소 및 최대 연결선(edge)의 수는 다음과 같이 구해질 수 있다.

$$E_{min} = v - 1$$
$$E_{max} = 3(v - 2)$$

E_{min}: 최소 연결선의 수, E_{max}: 최대 연결선의 수, v: 결절점의 수

그리고 감마 지수(γ)가 많이 사용되는데, 이는 선형 네트워크의 최대 가능 연결선의 수와 실제 연결선의 수의 비를 말한다. 즉,

$$\gamma = E / E_{max}$$

γ : 감마지수, E : 실제 연결선의 수, E_{max} : 최대 가능한 연결선의 수

선형 네트워크상에서 각 선들의 연결 여부를 볼 수 있는 연결성 매트릭스를 작성할

수 있다. 그림 7.10에서 보는 것처럼, 각 선이 다른 선과 연결되어 있으면 '1' 의 값을, 아니면 '0' 의 값을 가진다.

그림 7.10 선형 연결성 분석의 예

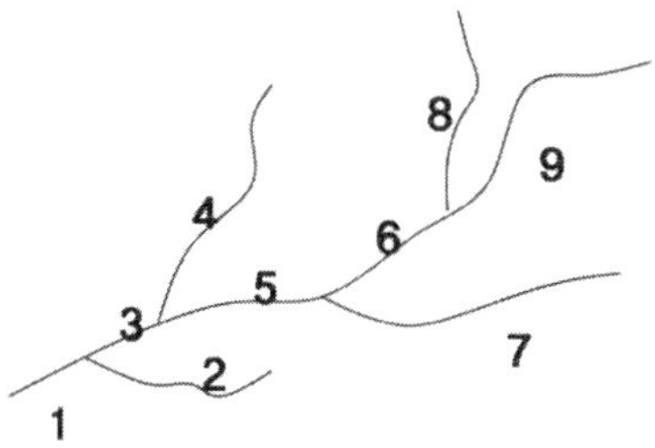

ID	1	2	3	4	5	6	7	8	9
1	0	1	1	0	0	0	0	0	0
2	1	0	1	0	0	0	0	0	0
3	1	1	0	1	1	0	0	0	0
4	0	0	1	0	1	0	0	0	0
5	0	0	1	1	0	1	1	0	0
6	0	0	0	0	1	0	1	1	1
7	0	0	0	0	1	1	0	0	0
8	0	0	0	0	0	1	0	0	1
9	0	0	0	0	0	1	0	1	0

연결성의 다른 특성으로 서키트(circuit)를 들 수 있다. 즉 서키트는 선형 네트워크의 폐합 여부와 관련이 있는데, 선형 네트워크를 따라 이루어진 폐합된 루프(closed loop)로 정의된다. 서키트에서는 루프의 시작점이 루프의 최종점이 된다. 예를 들어 도로 네트워크상에서 여러 점을 이동할 경우 출발지점에서 출발하여 최종적으로 출발점에 도달하느냐의 여부가 서키트의 존재와 관련이 있다. 일반적으로 서키트의 수는 실제 연결된 선의 수에서, 최소 연결 네트워크에 필요한 선의 수를 빼면 된다.

$$C = E - (v - 1) = E - v + 1$$

그리고 최대 서키트의 수는 2v −5이다.

네트워크 분석에서 알파 지수(α)가 사용되는데, 이는 실제 서키트의 수와 최대 서키트의 수의 비율을 말한다. 즉

$$\alpha = (E - v + 1) / (2v - 5)$$ 이다.

6) 공간 처리 방법: 2차원 공간객체 유형 측면

둘레 길이 Perimeter 계산

폴리곤을 둘러싸고 있는 둘레는 연결되어 있는 선들로 구성되며 폐합되어 있다. 따라서 둘레 길이를 계산하는 것은 폴리곤을 구성하고 있는 선들의 길이를 합하여 구해진다. 둘레를 측정하는 것은 여러 경우 유용하게 사용되는데, 예를 들어 호수 주변에 도로 건설을 원할 경우, 도로의 길이가 얼마나 될지를 알아야 한다. 이때 호수라는 폴리곤의 둘레 정보를 알고 있다면 도로의 길이, 도로 건설에 드는 비용 등을 산출하기 쉬울 것이다. 일반적으로 GIS 소프트웨어를 이용하여 디지타이징할 경우 폴리곤의 둘레 길이를 쉽게 산출해준다.

폴리곤 면적 계산

폴리곤의 면적 또한 빈번하게 사용되는 분석정보이다. 래스터 데이터 유형의 경우 면적을 계산하는 방법은 간단하다. 즉 해당 폴리곤을 구성하고 있는 셀의 개수를 계산하여 단위 셀의 면적을 곱하면 해당 폴리곤의 면적을 구할 수 있다. 벡터 데이터 유형의 경우 면적 계산은 다른 방식을 가진다. 우선 벡터 유형의 폴리곤은 다양한 형태를 가지며, 따라서 복잡한 폴리곤의 형태를 쉽게 측정할 수 있는 모양으로 분할한 다음 부분 면적을 계산하여 합하는 것이 널리 사용된다. 그러나 일반적으로 GIS 소프트웨어에서는 폴리곤을 생성할 때 면적 정보 또한 산출해주고 있다.

둘레 길이/면적 비율

이 정보는 기존의 둘레 길이와 면적 정보를 이용하여 폴리곤의 복잡성 정보를 제공해준다. 즉 둘레 길이를 면적으로 나누는 것인데, 일반적으로 원형태의 공간객체는 가장 작은 값을 가질 것이며, 반대로 길쭉한 폴리곤은 상대적으로 큰 값을 가질 것이다.

폴리곤 모양 측정

폴리곤 모양의 측정과 관련하여 사용되는 주요한 방법으로는 공간 무결성(spatial

integrity)에 의한 방법이 있는데 이 방법은 지역의 단편성 정도를 계산하는 것이다. 공간 무결성은 율러 함수(Euler function)라고 불리는 방법으로 측정되는데 구멍을 가진 지역에서 구멍의 양을 측정하는 것이다. 그림 7.11은 율러 함수의 예를 보여주고 있다.

율러의 수 = (구멍의 수) – (지역의 수 – 1)

따라서 그림 7.11의 (가)의 경우를 수식에 대입하면 다음과 같다.

율러의 수 = (4) – (1 – 1) = 4

그림 7.11 율러 숫자의 예

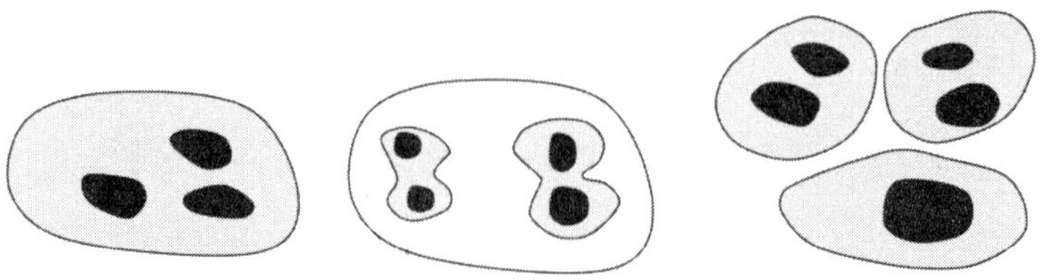

(가) 하나의 연속 지역에 4개의 구멍이 존재
(나) 하나의 연속 지역 두 개의 홀을 가진 두 개의 작은 소지역 존재
(다) 두 개의 구멍을 가진 소지역 둘, 하나의 구멍을 가진 소지역 하나 존재

출처 : DeMers, 1999, 219, figure 8.8

이러한 방식으로 (나)는 3 (=4–(2–1))의 값을 가지며, (다)의 경우는 3 (=5–(3–1))의 값을 가진다.

공간 자기상관 Spatial Autocorrelation

일반적으로 지리 데이터가 수집되는 방식은 2차원인 행정구역이나 공간단위로 데이터가 수집, 구축되는 것이 많다. 예를 들어 행정구역별로 인구, 산업체 수, 강수량, 생산량 등이 지역 단위로 수집되고 처리가 수행되는데, 이때 이들 데이터를 잘 살펴보면 인접한 지역간에 유사한 경향을 볼 수 있다. 즉 공간적으로 가까운 지역간에 서로 유사한 데이터 값들을 가질 때 이를 공간 자기상관(spatial autocorrelation)이 존재한다고 한다. 즉 공간상의 데이터가 분포할 때 인접한 지역간에는 속성이 유사한 경향을 보이며, 공간적으로 멀리 떨어진 지역과는 상대적으로 다른 경향을 보인다는 것이다. 이러한 공간 자기상관(spatial autocorrelation) 개념은 Moran 등에 의해 처음 정립이 시도되었고, 이후 지리학자로는 Tobler가 지리학 연구에 적용하였으며, 이후 다양한 공간 자기상관에 대한 연구가 활발하게 이루어지고 있다. 이러한 공간 자기상관 분석은 공간 확산, 분포의 경향성, 분포패턴의 변화를 살피는 데 유용한 도구가 되고 있다.

공간 자기상관 방법으로는 Moran의 *I* 측정 방법이 가장 널리 사용되고 있다. Moran의 방법에 의하면 공간상에 지역별로 데이터를 수집한다. 그런 다음 각 지역별로 인접하는 이웃 행정구역의 수를 계산한다. 그리고 다음 식을 이용하여 Moran *I* 를 구한다.

$$I = \frac{n\sum_{i}\sum_{j}W_{ij}\,(x_i - x)(x_j - x)}{(\sum_{i}\sum_{j}W_{ij})(\sum_{i}x_i - x)^2}$$

여기서 x_i는 각 지역의 데이터 값이며, x는 각 지역의 데이터 값의 평균이다. 그리고 W_{ij}는 가중치이다. 일반적으로 가중치 W_{ij}는 두 지역 i와 j가 인접할 경우 값이 1로, 인접하지 않은 경우 값이 0으로 적용된다.

예를 들어 그림 7.12와 같이 5개의 지역(A, B, C, D, E)이 있으며 이들의 값은 각각 20, 15, 39, 32, 24라고 하자.

그림 7.12 공간 자기상관 분석의 사례 지역

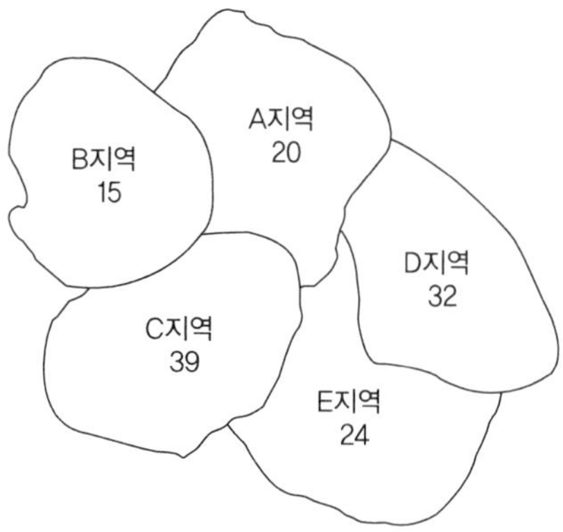

여기서 각 지역에서 그 지역과 인접하는 지역의 수를 구할 수 있는데, 예를 들면 A지역은 B, C, D, E 지역 모두와 인접하며, B지역은 A, C지역만 인접하고 있다. 이러한 방식으로 모든 지역별로 인접지역의 수를 계산한다. 그리고 각 지역 값(x_i)의 평균()을 구할 수 있는데, 이 평균은 26(=(20+15+39+32+24)/5)이다. 이 평균을 이용하여 각 지역의 편차를 구할 수 있다.

표 7.6 Moran *I* 산출 과정의 주요 값들

지역	지역이 가지는 값(xi)	인접하는 지역의 수(L)	$x_i - x$
A	20	4	-6
B	15	2	-11
C	39	3	13
D	32	2	6
E	24	3	-2

이제 Moran *I*의 식을 이용해보자. 즉 위의 식에서 분자 부분은 다음과 같이 구할 수 있다. 즉 지역의 수(N)는 5이며, 각 지역마다 인접하는 지역의 가중치(W_{ij})는 1, 인접하지 않는 지역의 가중치(W_{ij})는 0으로 주어 그 값의 차이를 곱하여 합한 것이다. 즉

분자 = 6 {1×(20−26)(15−26) + 1×(20−26)(39−26) + 1×(20−26)(39−26) + 1×

(20−26)(32−26) + 1×(20−26)(24−26) + 1×(15−26)(20−26) + 1×(15−26)(39−26) + 0×(15−26)(32−26) + 0×(15−26)(24−26) + ⋯. + 0×(24−26)(15−26) + 1×(24−26)(39−26) + 1×(24−26)(32−24)} = −1740

여기서 보는 것처럼 $(x_i - x)(x_j - x)$가 계산되지만 가중치는 인접하는 지역일때는 1이 곱해지고, 인접하지 않는 지역에 대해서는 0이 곱해진다. 이렇게 해서 분자의 값은 −1740이다. 그리고 분자의 값을 구해보자. 우선 분자 중 가중치의 합은 6개이며, 계산하면 다음과 같다.

분모 = 6 {(−6)2 + (−11)2 + (13)2 + (6)2 + (−2)2} = 6 × 266 = 1596

따라서 결과로서의 Moran I 지수는 −1.115(= (−1740)/1560)이다.

일반적으로 (+)인 공간 자기상관이 존재하는 경우, I 값은 −1/ (n−1)보다 크게 나타나며, (−)인 자기상관이 존재하는 경우 I 값은 −1/(n−1)보다 작게 나타난다. 위의 경우 지역의 수가 5이므로 −1/(n−1)은 −0.25이며, I 값이 작게 되어 (−)인 공간 자기상관이라고 말할 수 있다. 이와 같은 Moran I 측정방법 외에도 Geary에 의한 방법, Cliff와 Ord에 의한 변형 방법 등 다양한 측정 방법들이 있다. 주요 공간분석을 지원하는 GIS 소프트웨어들로는 다음과 같은 것들이 있다.

표 7.7 주요 공간분석 툴 리스트

소프트웨어	개발자 및 WWW	소프트웨어 유형	주요 지원 기능
ARC/INFO	ESRI사 http//www.esri.com	벡터 및 래스터	Descriptive stats, regression, correlation, spatial autocorrelation, interpolation, trend analysis 등
IDRISI	Clark University http://www.idrisi.clarku.edu	래스터	Descriptive stats, regression, correlation, spatial autocorrelation, interpolation, trends analysis등

S+ SpatialStats	MathSoft사 http//www.mathsoft.com	벡터	Variogram, Kriging, spatial autocorrelation, spatial regression, trend analysis
SpaceStat	Anselin, www.rri.wvu.edu/spacestat.html	벡터	Exploratory spatial data analysis, Moran scatterplot 등
GSLIB	Deutsch, Journel,	벡터	Variogram, Kriging, simulation
CrimeStat	National Inst. of Justice	벡터	Descriptive stats, nearest neighbor analysis, interpolation, spatial autocorrelation 등
Geoda / Pysal	Geoda Center, http:// geodecenter.asu.edu	벡터	Descrptive stats, spatial autocorrelation, spatial regression 등

출처 : Malcsewski, 1999, 58, Table 2.1에 추가

2 공간 분석

공간 분석은 앞서 살펴본 공간 처리 방법에서 한 단계 더 나아가서 고급 정보를 제공해준다. GIS 데이터가 가지고 있는 속성 데이터, 공간 데이터(기하학, 위상구조 포함), 데이터들 간의 맥락 정보(연관성, 내용적 관계성 등) 등 다양한 정보를 통합할 뿐만 아니라, 데이터를 통합, 결합하며 연산하는 과정도 다양하게 존재한다. 여기서는 기본 공간분석과 고급 공간분석으로 나누어 살펴보고자 한다.

1) 기본 공간분석 기능

중첩 Overlay

중첩(overlay)은 GIS에서 가장 많이 사용되는 공간 처리 및 분석 방법 중의 하나이다. 중첩은 기본적으로 동일 공간 범위를 가지는 두 개 이상의 레이어로 수행된다. 즉 한 지역의 다른 주제(예, 식생, 토양, 토지이용 등)를 가진 레이어를 중첩함으로써 다양한 공간 정보를 얻게 된다. 중첩에 사용되는 레이어는 벡터 또는 래스터 데이터 유형을

나타내며, 중첩을 수행할 때는 한 가지 데이터 유형으로 통일되어 있어야 수행이 가능하다. 즉 두 레이어가 둘다 벡터 데이터 유형이거나 래스터 데이터 유형이어야 하며, 만일 두 레이어가 서로 다른 데이터 유형일 경우에는 데이터 변환을 통해 통일해주어야 한다.

벡터 데이터 중첩

벡터 데이터 유형의 중첩(overlay)은 중첩에 사용되는 레이어가 벡터 데이터 유형일 경우를 말한다. 즉 레이어는 점, 선, 면형 공간객체 유형의 레이어를 대상으로 한다. 일반적으로 한 레이어는 한 가지 공간객체 유형을 가지고 있는 것이 보통이다. 즉 0, 1, 2차 공간객체 유형 중 한 가지 유형으로 레이어가 구성되어 있는 것이 바람직하다(예, 도로 레이어, 빌딩 레이어, 하천 레이어 등). 그리고 내용 측면에서도 다양한 공간사상들이 한 레이어에 존재하는 것보다는 한 가지 분류 유형을 가지도록 나누어 레이어로 구성되는 것이 바람직하다. 따라서 한 레이어에 도로(1차원), 하천(1차원), 주택(0차원), 논(2차원) 등이 함께 존재하는 것보다는 개별적으로 레이어를 구성하는 것이 중첩에 적합하다.

그림 7.13은 점, 선, 면형 공간객체 유형들간의 중첩 유형 중 교차(intersection) 관

그림 7.13 점, 선, 면형 공간객체 유형들 간의 교차(Intersection) 관계

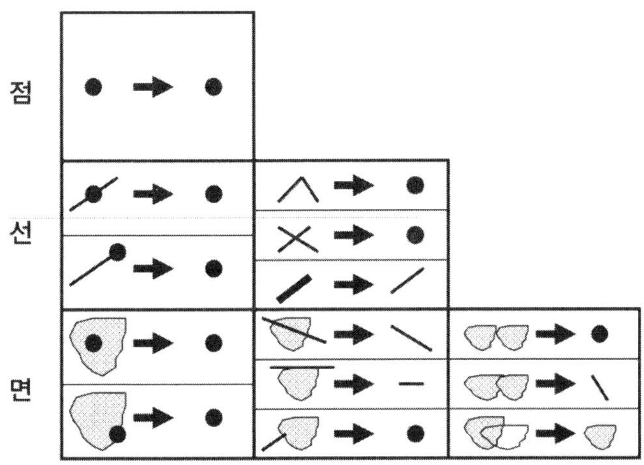

계를 보여준다. 그림 7.13에서 보는 것처럼 다양한 공간객체 유형의 중첩에 따른 다양한 교차 결과들이 생성된다. 이외에 벡터 데이터 중첩은 크게 폴리곤 레이어 중첩, Line-in-Polygon 중첩, Point-in-Polygon 중첩 등이 많이 사용된다.

그림 7.14 레이어 중첩과 속성 데이터 처리

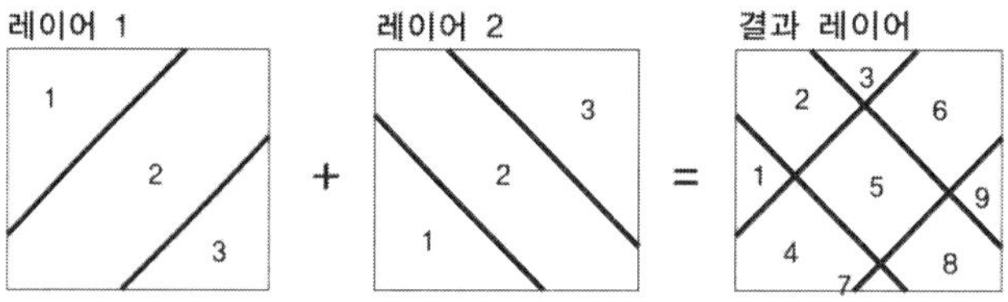

ID	속성
1	택지
2	농지
3	산림

ID	속성
1	개발완료
2	개발 중
3	준비 중

ID		속성		속성
1	1	택지	1	개발완료
2	1	택지	2	개발 중
3	1	택지	3	준비 중
4	2	농지	1	개발완료
5	2	농지	2	개발 중
6	2	농지	3	준비 중
7	3	산림	1	개발완료
8	2	산림	2	개발 중
9	3	산림	3	준비 중

그림 7.14는 폴리곤 레이어 중첩의 예를 보여준다. 두 레이어가 중첩되어 새로운 레이어를 생성하였다. 이때 레이어내에는 폴리곤을 구성하고 있는 선들이 존재하는데, 중첩되면서 '레이어 1'의 선들과 '레이어 2'의 선들이 교차될 수 있다. 이때 교차점이 생성되며, 두 레이어가 가지는 폴리곤의 중첩에 의해 생성되는 레이어에는 새로운 폴리곤들이 존재할 수 있다. 이후 새로운 폴리곤을 위한 새로운 위상구조의 생성과정이 수반된다. 즉 두 레이어가 가지고 있는 폴리곤의 기하 정보를 토대로 새롭게 교차점을 생성하고, 폐합된 폴리곤을 생성한다.

그 다음 중요한 사항은 기존 레이어가 가지고 있는 속성 데이터를 어떻게 처리하느냐 하는 것이다. 즉 새롭게 생성되는 레이어내의 폴리곤의 속성을 어떻게 부여할 것인지와 관련되며, 기존 레이어의 속성과 분석 기준에 따라 결과가 달라진다. 그림 7.14에서는 두 레이어(토지이용, 토지계획)의 중첩을 통해 생성되는 레이어의 폴리곤 특성을 알려준다. 예를 들어 결과 레이어의 1번 폴리곤은 '택지'이면서 '개발완료'된 속성을 가진다.

두 번째 유형의 중첩은 Point-in-Polygon이다. 이 공간분석 유형은 점형 데이터 레이어와 폴리곤형 데이터 레이어를 대상으로 한다. 즉 어떤 폴리곤내에 어떤 점들이 있는지를 알기위해 수행되는 중첩으로 폴리곤내 점들의 수뿐만 아니라 점들의 속성까지 고려한 중첩이다. 점이 폴리곤 안에 위치하는지, 아니면 폴리곤 외부에 위치하는지 확인해야 하는데, 많이 사용되는 방법으로는 그 점에서 선을 그려 확인하는 방법이다(그림 7.15). 즉 각 점에서 어떤 방향으로든 선을 확장하여 그린다. 그러면 그 선과 폴리곤을 구성하는 선과 만나는 점들이 존재할 것이다. 만일 만나는 교차점의 수가 홀수(1, 3, 5, …)이면 그 점은 폴리곤 안에 위치한 것이고, 교차점의 수가 짝수(0, 2, 4, …)이면 그 점은 폴리곤 외부에 위치하게 된다. 그런데 만일 점을 확장시켜 그린 선이 폴리곤의 중간점(vertex)을 지날때에는 주의해서 확인하는 것이 좋다. 예를 들어 점에서 그린 선이 폴리곤의 모서리 등을 지날 때 교차점의 수가 홀수이면서 폴리곤의 외부에 위치할 수 있다.

그림 7.15 Point-in-polygon 검사 방법의 예

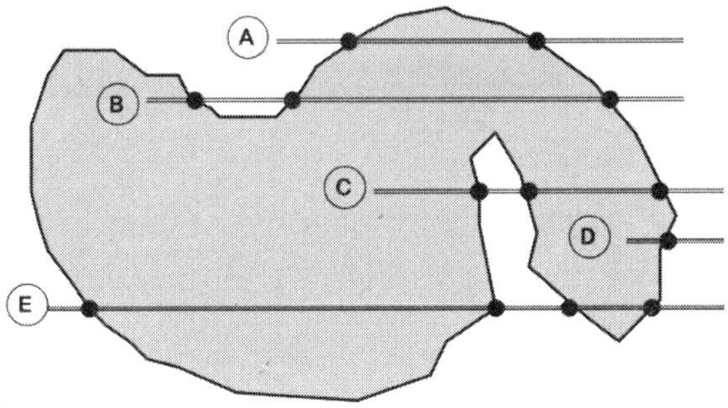

공간 데이터의 기하 정보를 이용하여 점들을 특정 폴리곤에 부여할 수 있다. 중첩의 결과 두 가지 정보를 얻을 수 있는데, 첫 번째는 각 점이 어떤 폴리곤내에 존재하는지에 대한 정보이다. 즉 각 점은 자신이 포함된 폴리곤의 번호(ID)뿐만 아니라 폴리곤의 속성 정보를 테이블의 변수로 가질 수 있다. 이러한 분석은 다양한 응용분야에 활용될 수 있는데 각 소비자가 어떤 상권에 포함되는지 상권 권역 문제, 학생이 어떤 학군에

포함되어야 하는지의 배정문제, 각 빌딩의 토지이용 권역에 대한 문제 등 다양하게 적용할 수 있다(그림 7.16).

그림 7.16 Point-in-Polygon 중첩의 예

0차원 공간객체 유형

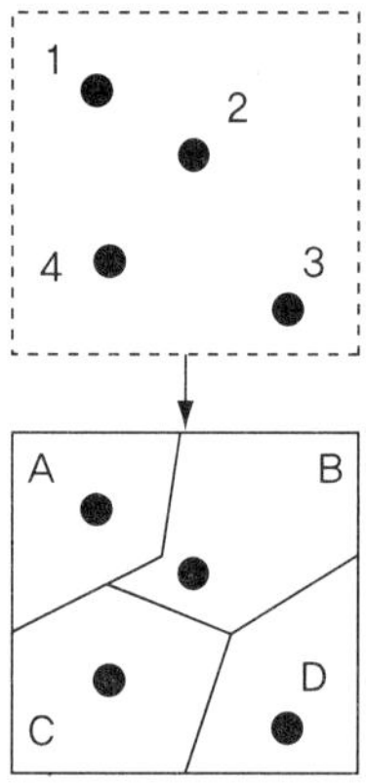

Point-in-Polygon

ID	건물번호	폴리곤 명	토지이용
1	100	A	주거
2	200	B	상업
3	300	D	주거
4	400	C	복합

두 번째 정보는 폴리곤의 입장에서 각 폴리곤이 가지는 점들에 대한 정보이다. 즉 Point-in-Polygon 중첩을 통해 어떤 폴리곤이 어떤 점을 포함하고 있는지를 알 수 있다. 이 정보를 이용하여 각 폴리곤이 몇개의 점을 가지는지, 그 점의 속성은 어떠한지를 분석할 수 있다. 이 분석도 다양하게 활용될 수 있는데, 지역별 상점의 수 및 특성을 파악할 수 있으며, 지역 또는 권역별 시설물에 대한 정보를 얻을 수 있다.

많이 활용되는 중첩 유형의 하나로 line-in-Polygon을 들 수 있다. 즉 선형 레이어와 폴리곤 레이어를 대상으로 중첩함으로써 폴리곤과 선과의 관계를 알 수 있다. 이 중첩을 위해서는 폴리곤간의 중첩 유형처럼 폴리곤과 선이 교차되는 교차점을 생성하고, 새로운 위상구조를 생성하게 된다. 그렇다면 선이 폴리곤과 만나는지를 어떻게 검사할 수 있을까? 다양한 경우가 존재하지만 그림 7.17처럼 간단히 알 수 있다. 우선 폴리곤을 외부에서 둘러싸는 최소 크기의 사각형(Minimum Bounding Rectangle)을 구할 수 있다. 이 사각형은 폴리곤을 구성하는 중간점들의 x, y 좌표값들을 비교하여 최소, 최대값을 구하고 선과 최소 크기 사각형, 그리고 폴리곤과의 교차 여부를 확인할 수 있다. 우선 선의 양 끝점(노드: node)이 어디에 있는지를 확인할 필요가 있다. 양끝점이

사각형 밖에 있다면 (선 B) 그 선은 완전히 폴리곤내에 존재할 수 없으며 경우에 따라서 부분적으로 폴리곤과 교차할 수 있다. 한편 사각형내에 선의 양끝점이 있는 경우는 다시 두 가지 경우로 나누어지는데, 선의 양끝점이 폴리곤 외부에 있는 경우와 폴리곤 내부에 있는 경우이다. 폴리곤 외부에 있는 경우(A, C), 선 A는 폴리곤과 교차하지 않지만, 선 C는 두 교차점을 가지므로 부분적으로 포함된다고 할 수 있다. 반면 선의 양끝점이 폴리곤 내부에 있는 경우(D, E), 선 E는 폴리곤과 두 교차점을 가지므로 부분적으로 포함된다고 할 수 있으며, 선 D의 경우는 폴리곤과 교차점을 가지지 않으므로 비로소 완전히 폴리곤 내부에 포함된다고 할 수 있다.

그림 7.17 Line-in-polygon 검사 방법의 예

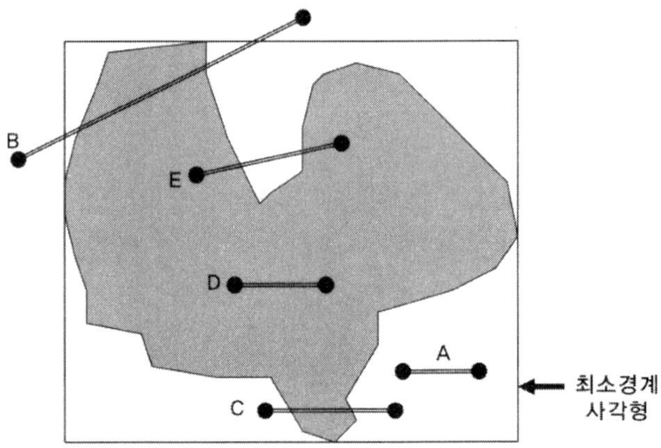

결과로 두 가지 유형의 정보가 얻어지는데, 첫 번째는 각 선이 어떠한 폴리곤내에 존재하는지에 대한 정보를 얻는다. 그림 7.17처럼 각 선은 포함하고 있는 폴리곤의 번호(ID) 뿐만 아니라 폴리곤의 속성(예, 행정구역명)을 알 수 있다. 두 번째로 폴리곤은 어떠한 선을 내부에 가질 수 있는지 알 수 있다. 각 폴리곤 별로 선의 수와 속성을 계산할 수 있다. 이러한 중첩 유형 또한 다양하게 활용될 수 있는데, 예를 들어 행정구역별 도로 정보의 생성, 가스, 통신, 상하수도 등 선형 시설물의 권역별 정보 관리 등에 효과적으로 활용될 수 있다(그림 7.18).

그림 7.18 Line-in Polygon 중첩의 예

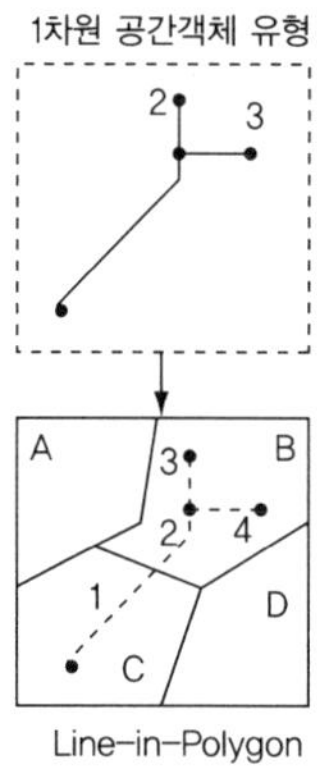

ID	Line	폴리곤 명	행정구역
1	1	C	가
2	1	B	나
3	2	B	다
4	3	B	라

래스터 데이터 중첩

중요한 공간 데이터 유형인 래스터 데이터 중첩은 중첩하려는 레이어들이 모두 래스터 데이터 유형을 가진다. 또한 래스터 데이터 중첩을 하려면 대상인 레이어간의 호환이 있어야 한다. 즉 공간 범위와 래스터 구조(단위 셀 크기, 셀의 행렬 수)가 동일해야 한다. 즉 래스터 데이터 중첩은 각 위치에 해당하는 셀간의 일대일 대응을 통해 중첩을 수행한다. 따라서 서로 다른 공간 범위 및 해상도를 나타내는 래스터 데이터들 간의 중첩을 위해서는 우선 데이터 변환 및 수정을 통해 데이터 구조를 통일해 주어야 한다.

그림 7.19 래스터 데이터 중첩의 예

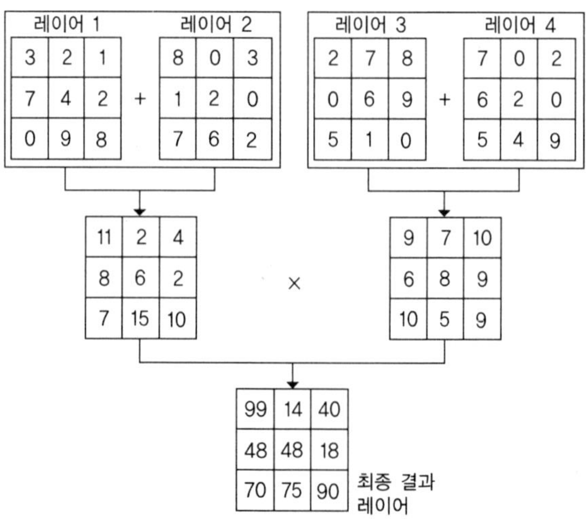

그림 7.19는 래스터 레이어들 간의 중첩 과정의 예를 보여준다. 그림 7.19에서 4개의 레이어(레이어 1, 레이어 2, 레이어 3, 레이어 4)가 있다. 레이어 1과 레이어 2는 각 셀의 합(+)을 구하는 중첩을 수행하며, 또한 레이어 3과 레이어 4도 각 셀의 합(+)을 구하는 중첩을 수행한다. 각 결과로서 생성되는 두 레이어는 다시 각 셀의 값을 곱(×)하는 중첩을 수행하여 최종 결과로 생성되는 레이어(맨아래 그림)를 얻을 수 있다.

래스터 데이터 중첩 방식은 벡터 데이터 중첩에 비해 처리 방식이 간단하고 명료하며 보다 빠르게 분석을 수행한다는 장점이 있다. 반면 셀단위로 연산처리 해야하는 한계를 가지고 있으며, 같은 레이어 유형이라도 데이터 구조를 통일시켜 주어야 한다는 번거로움이 있다. 그러나 보다 손쉽고 다양하게 활용될 수 있기때문에 공간 분석 및 모델링에 많이 활용되고 있다.

버퍼 Buffer

많이 사용되는 공간 분석 방법으로 버퍼 방법이 있다. 버퍼는 특정 공간사상에서 특정 거리내의 공간을 말하는데, 기존 공간사상의 위치, 모양, 방향 등에 토대하여 생성된다. 단순한 버퍼는 특정 공간사상의 기하 거리를 계산하여 이를 포함한 폴리곤을 형성하는데, 경우에 따라 단순 기하 거리 이상의 의미를 내포한다. 즉 버퍼를 생성할 때 거리뿐만 아니라 마찰 표면, 장벽 등의 고려요소 등이 적용되기도 한다.

버퍼링 방법은 공간사상으로부터의 거리를 계산하여 버퍼를 생성하는 것인데, 공간사상이 0차원일 경우 기하 거리를 계산하여 원이 만들어진다. 또한 1차원 공간사상의 경우는 선을 따라서 기다란 다각형 폴리곤이 생성되며, 2차원 공간사상의 경우 폴리곤 경계로부터 특정 거리를 따라 외부에 버퍼가 형성된다.

그림 7.20 선형 공간사상을 대상으로 한 버퍼의 예

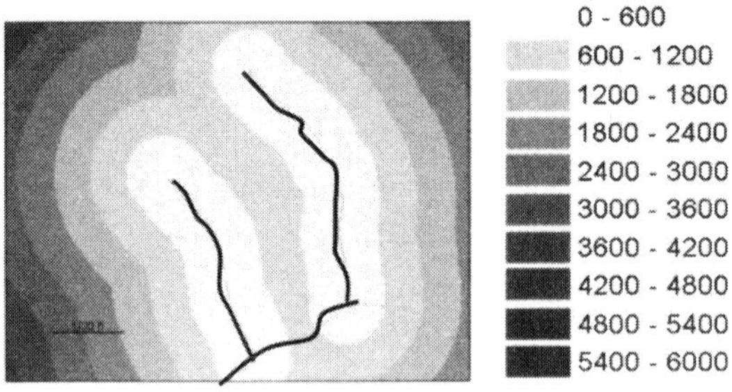

(가) 두 하천으로부터 거리에 따른 버퍼 생성

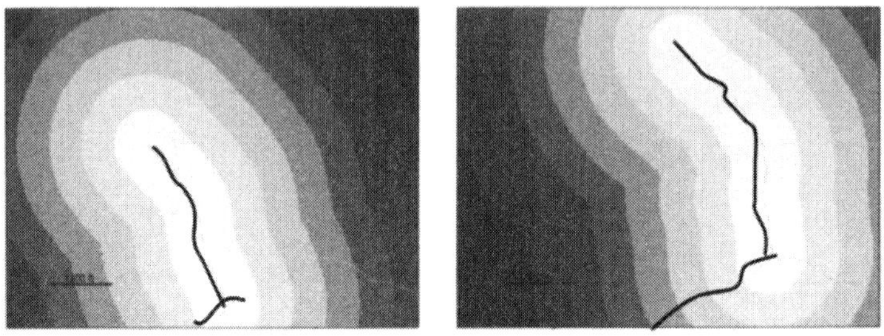

(나) 한 하천만 중심으로 한 버퍼 생성

출처 : Mitchell, 1999, 134

2) 인터폴레이션 Interpolation을 통한 데이터 생성

실제 지표상에 존재하는 모든 공간사상을 수집하기는 어렵다. 물론 전수 조사를 통해 얻어진 데이터들은 실세계 공간사상을 잘 표현할 수 있지만 그만큼 시간과 비용이 많이 들게된다. 따라서 전수 조사보다는 샘플조사를 통해 데이터를 획득하는 방법이 많이 사용된다. 이렇게 얻어진 샘플 데이터를 토대로 하여 전체 데이터의 분포와 특성을 알고 싶을 때 유용하게 사용되는 방법이 인터폴레이션(interpolation)이다. 즉 실세계에 연속적으로 분포하는 점형 공간사상이 가지는 다양한 속성값들 (예, 등고, 지가, 환경오염수치 등)은 지표의 공간 특성을 효과적으로 나타내 주지만 이들 점만의 정보로는 연속적인 공간 분포와 패턴을 알기 힘들다. 종종 제한된 공간 정보를 이용하여 전체적인 공간 분포와 패턴을 알고 지도화하고 싶을 것이다. 이처럼 기존의 알려진 점들을 이용하여 알려지지 않은 공간 분포와 패턴을 추정하는 것을 인터폴레이션이라 한다.

그림 7.21은 공간 인터폴레이션의 예를 보여준다. 왼쪽 그림에서 보는 것처럼 가지고 있는 점형 데이터들이 많더라도 전체 지역의 분포를 완벽하게 아는 데는 한계가 있다. 점들의 분포도를 보고 어디에 점들이 밀집되어 있고 어디가 상대적으로 덜 밀집되어 있는지를 알 수 있으나 점형 데이터가 지닌 속성의 분포를 지도화하여 알기는 어렵다. 따라서 이들 샘플 데이터를 이용하여 다른 공간 위치의 속성값을 유추할 수 있으며, 지역 전체의 분포와 패턴을 보는 데 유용하다. 가운데 지도는 인터폴레이션을 통해 등치선을 생성한 것이다. 즉 샘플 점들의 지가 정보를 이용하여 등고선과 유사한 지가 등치선(선형 벡터 데이터 유형)을 생성할 수 있다. 그리고 오른쪽 지도 또한 인터폴레이이션을 이용하여 지가분포를 지도화해주는데 이 경우 결과 데이터가 래스터 데이터 유형을 가진다.

그림 7.21 공간 인터폴레이션의 예:미국 뉴욕주 이리 카운티(Erie County)의 지가 분포(1998)

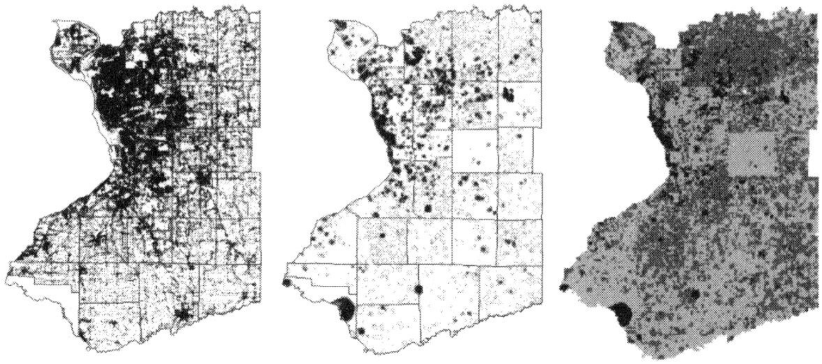

왼쪽 지도 : 인터폴레이션 전 : 포인트(points)
중간 지도 : 인터폴레이션을 통한 등치선 생성
오른쪽 지도 : 인터폴레이션을 통한 래스터 데이터 생성

샘플 데이터를 이용하여 다른 알려지지 않은 데이터를 생성하는 인터폴레이션 원리는 수학적 계산 과정을 이용하여 이루어진다. 인터폴레이션 과정은 개념적으로는 간단하지만, 여러 전제와 가정을 요구한다.

선형 인터폴레이션(linear interpolation)의 예를 들어보자. 위의 tip에서 언급한 수

TIPS 수학적 계산-인터폴레이션

인터폴레이션은 수학적 계산 과정을 통해 이루어진다. 우선 다음과 같이 1부터 10까지 연속되는 숫자들이 존재한다. 즉 1부터 10까지 1씩 증가하는 수학적 패턴을 보인다.

1 2 3 4 5 6 7 8 9 10

그리고 다음 수들의 연속은 10부터 100까지 10씩 증가하는 수학적 패턴을 보여준다.

10 20 30 40 50 60 70 80 90 100

이처럼 연속되어 있는 수들의 연속은 금방 다음의 연속적인 패턴을 짐작하기 쉽다. 그런데 만일 수들이 연속에서 중간이 빠져버린 경우 그 빠져버린 수가 과연 어떤 수일지를 판단할 필요가 있다. 그 빠진 수를 연속적인 수학적 패턴을 이용하여 찾아내는 것이 인터폴레이션이라 할 수 있다.

들의 연속을 통해 우리는 수학적 패턴을 찾아내기 쉽다. 그런데 다음과 같이 중간에 연속적인 증가를 가져야 하는 수가 빠져 있는 경우가 있다.

위의 연속적인 수열을 보고 빠져있는 수가 40과 60 사이, 그리고 80과 100 사이에

30 40 60 70 80 100

놓여있다는 것을 알 수 있다. 이 수열은 선형 패턴을 나타내므로 우리는 쉽게 50(=40+10)과 90(=80+100)이라는 것을 알 수 있다. 이러한 방식은 알려진 지역의 수치들간에 값을 이용하여 그 사이의 값을 부여하는 선형 인터폴레이션(linear interpolation)과 동일한 방식이다.

이러한 방식을 공간에 확장하여 적용할 수 있는데, 즉 샘플 등고 데이터가 있는 경우 이들 샘플 점들을 이용하여 주변의 등고 정보를 유추할 수 있다. 이럴 때 간단한 선형 인터폴레이션 방법을 이용하여 쉽게 사이의 점의 값을 유추할 수 있다. 그러나 공간 인터폴레이션은 위의 수학적 선형 인터폴레이션과는 다르게, 주변의 다양한 공간 위치에 존재하는 샘플 점들의 데이터 상관관계를 고려하여 계산하는 특징이 있다.

현재 GIS분야에서는 다양한 공간 인터폴레이션 알고리즘들이 개발되어 사용되고 있다. 이들 알고리즘들은 크게 두 가지 유형으로 분류될 수 있는데, 하나는 공간 데이

터의 전역적(global) 측면을 고려한 것이고 또 다른 하나는 공간 데이터의 국지적(local) 측면을 고려한 것이다. 잠시 후에 이에 대한 설명을 할 예정이다. 또한 인터폴레이션 계산 방식으로 거리에 따른 가중치를 부여하는 방법도 많이 사용된다. 즉 특정한 위치의 속성을 알고싶을 때, 이를 계산하기 위해 주변의 많은 점들이 사용되는데, 그 점에서 가까운 거리에 있는 점의 속성에 가중치를 많이 줄 수 있는 반면, 거리가 먼 점의 속성에는 가중치를 덜 줄 수 있다. 이는 거리에 따른 영향력 또는 상호작용의 차이를 인터폴레이션 연산에 고려하는 것으로 많이 사용되고 있다.

또한 알려지지 않은 속성을 계산하기 위해 모든 샘플의 점들을 다 계산에 포함시키는 경우도 있지만, 실제로 컴퓨팅 환경에서는 잘 사용되지 않는다. 한 점에서의 속성을 계산하기 위해 모든 점들의 속성을 다 연산하는 경우, 이는 하드웨어 측면에서 컴퓨터 성능이 이를 뒷받침하기 힘들게 된다. 따라서 제한된 샘플 점을 대상으로 인터폴레이션을 수행하는 것이 일반적인데, 이와 관련하여 근린을 결정해야 한다. 즉 한 점의 속성을 인터폴레이션하기 위해 주변의 어느 점까지 근린으로서 연산에 포함시킬 것인지를 결정해야 하는데, 주요 기준으로 ① 샘플 점의 수를 정하는 방법(예로 주변에서 가까운 10개의 점들) ② 특정 거리내에 존재하는 점들로 정하는 방법(예로 10미터 내의 모든 점들) ③ 가변 거리내에 존재하는 점들로 정하는 방법(어떤 점은 10미터 어떤 점은 20미터 거리로 한정), ④ 방향을 고려한 샘플링 방법 등이 있을 수 있다.

그림 7.22 인터폴레이션 수행시 근린의 주요 탐색 방법

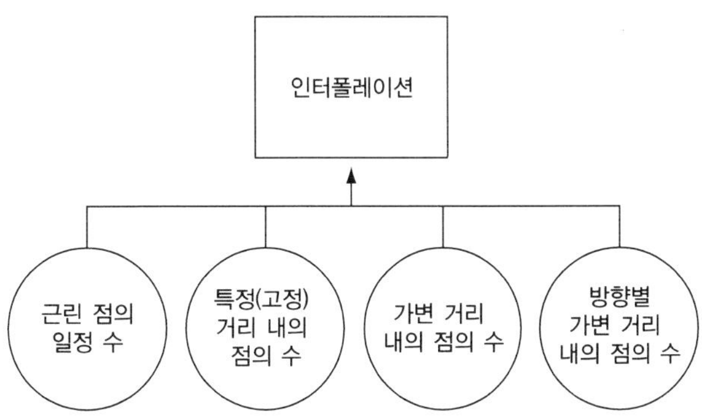

전역적 공간 인터폴레이션 Global Spatial interpolation

전역적 공간 인터폴레이션 방법(global spatial interpoation)은 우리가 일반적으로 사용하는 인터폴레이션 방법으로 주변 샘플 점들의 속성 정보와 거리 등의 정보를 이용하여 특정 위치의 속성을 인터폴레이션하는 방법이다. 일반적인 속성 데이터를 이용하여 인터폴레이션하게 되며, 지역내의 전반적인 패턴이나 경향을 알고싶을 때 사용하고 있다. 여기서는 중요한 방법으로서 IDW(Inversed Distance Weighted) 방법과 경향면 분석(Trend Surface Analysis) 방법을 살펴보기로 하자.

IDW(Inverse Distance Weighted interpolation) 방법은 거리의 가중치를 두어 인터폴레이션 하는 간단한 방법이다. 즉 주변의 샘플 점들을 이용하여 인터폴레이션하는데, 거리가 가까운 샘플 점에 대해서는 가중치를 많이 주고, 거리가 먼 샘플 점에 대해서는 가중치를 적게 주어 인터폴레이션을 한다. 이 방법은 알려지지 않은 점의 속성값은 특정 거리내에 존재하는 점들에서 가장 가까운 m개의 점들로부터, 역 가중치를 준 평균값(inversed-weighted average of values)으로 예측된다. 이럴때 가중치(weights)는 기준이 되는 점(r)으로부터의 거리와 반비례(inversely proportional)한다.

그림 7.23는 IDW를 이용한 인터폴레이션의 예이다. 그림에서처럼 6개의 알려진 점들이 있고 각 점마다 z 속성값을 가지고 있다. 이 점들을 이용하여 (2, 3)위치의 z 속성

그림 7.23 IDW를 이용한 인터폴레이션 방법의 예

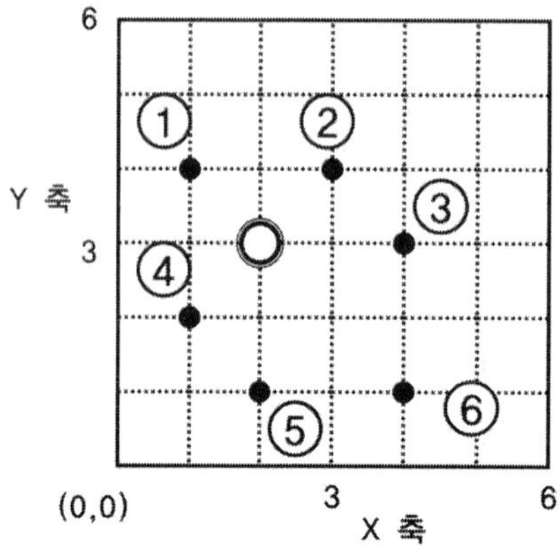

	(x,y)	z-값
Point 1	(1,4)	40
Point 2	(3,4)	24
Point 3	(4,3)	30
Point 4	(1,2)	24
Point 5	(2,1)	32
Point 6	(4,1)	25

point (2,3)에서
Z-값 추정

값을 계산하고자 한다. IDW를 주변 점들간의 거리에 역비례하여 가중치를 주고, 이들 가중치를 속성값에 곱합으로써 인터폴레이션 값을 구한다. 그리하여 점 (2, 3)에서 알려지지 않은 속성값을 인터폴레이션하기 위해, 가중치를 단순거리의 역비례로 가정하고 계산하면 다음과 같다.

$$Z(2, 3) = \sum_{i}^{n} w_i * z_i \ / \ \sum_{i}^{n} w_i$$

$$= [(1/1.4)*40 + (1/1.4)*24 + \cdots + (1/2.8)*25]/[(1/1.4) + (1/1.4) + \cdots + (1/2.8)] = 29.4$$

$W_i = 1/d_i$ (d_i = 각 점에서 점 (2, 3)까지의 거리)
Z_i = 각 점에서의 z 속성값

여기서 인터폴레이션된 점 (2, 3)의 값은 29.4이다. 물론 가중치를 구하는 방법은 다양하다. 거리의 역비례를 하지만, 다양한 패러미터 값을 적용하여 거리에 따른 영향력을 계산할 수 있다.

두 번째 인터폴레이션 방법으로 경향면 분석(trenad surface analysis)이 있다. 이 방법은 공간 데이터 속성의 일반적인 경향(general trends)을 알고싶을 때 사용하게 된다. 예를 들어 전 국토의 인구 분포 경향이나 지형의 경향 등을 알고 싶을 경우가 있으며 이 경우 작은 미세한 부분은 전체적인 경향을 위해 제거될 필요가 있다. 기본적인 수행방법은 가중치 방법과 유사하다. 즉 특정 점의 값을 구하기 위해 점을 샘플하는 방법이 같으며 또한 가중치 방법에서 사용된 연산을 사용한다. 이 방법에 폴리노미얼(polynomial) 또는 스플라인(spline)과 같은 수학 연산을 이용하여 일반화된 표면(surface of best fit)을 계산한다. 이들 수학 연산은 커브 또는 여러 수학적 형태와 근접시키는 비선형 회귀분석이라고 할 수 있다. 이처럼 일반적인 경향면을 생성하기 위해 샘플 점들의 속성값들을 계산하여 수학 방정식에 적용한다. 일반화된 수식이 구해지면 모든 샘플 점들뿐만 아니라 지역내 모든 위치에서의 속성값을 구할 수 있으며, 결과로서 하나의 연속적인 경향면이 생성되어진다.

그림 7.24 경향면의 차수 정도

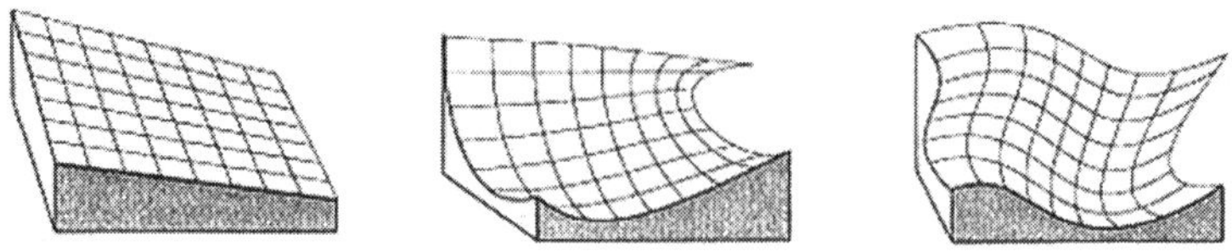

* 다항 방정식 (polynomial) 에 의한 1차, 2차, 3차 경향면 (그림 왼쪽부터)
출처 : DeMers, 1999, 269, Figure 10.7

연산의 결과로서 생성되는 경향면은 전체 지역에 걸쳐 전역적 경향(global trend)을 나타내는데 그 경향면 차수에 따라 평평한 형태일 수도 있고 상대적으로 복잡한 형태를 나타낼 수도 있다. 그리고 사용되는 연산 유형은 지표면의 굴곡의 양을 결정할 것이다. 따라서 경향면이 단순해 보이면 보일수록, 그만큼 낮은 차수를 가질 것이다. 그림 7.24에서처럼 경향면 차수가 증가되면 될수록, 경사의 굴곡 정도는 더 복잡하게 나타날 것이다.

국지적 공간 인터폴레이션 Local Spatial Interpolation

국지적 공간 인터폴레이션(local spatial interpolation) 방법은 전 지역에 걸친 일반화된 경향(trend)보다는 그 경향에서 벗어난 국지적 차원의 공간변이에 초점을 둔다. 즉 국지적 방법은 공간사상들 간의 상관관계를 기초로 하여 공간 인터폴레이션을 수행한다. 즉 공간 자기상관(spatial autocorrelation) 개념에 바탕을 두고 국지적 변이(local variation)를 인터폴레이션 과정의 중요한 요인으로 채택한다. 즉 지표상의 공간사상의 특성은 일반적 경향과 국지적 변이로 구성된다고 할 수 있다. 국지적 변이는 단순한 에러나 노이즈가 아니라 공간 상관에 기인한 변이로서 중요한 특성이다. 즉 국지적인 점들의 클러스터나 특정 국지적 영역에서의 동질성 등은 단순히 평균이나 경향에서 벗어난 에러나 노이즈로 설명하기 어려우며 공간적 상호작용에 기인한 것이므로, 인터폴레이션하는 과정에서도 이러한 국지적 변이를 경향에서 분리하여 다루는 것이 국지적 인터폴레이션이다.

공간 자기상관과 관련되어 다양한 공간분석 및 공간통계 알고리즘이 개발되었는데, 이런 일련의 연구들을 지오스타티스틱스(geostatistics)라 한다. 즉 공간 인터폴레이션을 수행할 때 단순히 기하적인 거리만을 고려하여 인터폴레이션하는 것이 아니라, 공간 데이터간의 자기상관에 의한 공간변이가 적용되어 값이 추정되는 것이다. 이러한 국지적 인터폴레이션 과정은 두 과정으로 구성되는데, 첫 번째 과정은 기존의 공간 분포 및 패턴을 토대로 이들 간의 공간 상관관계(spatial correlation) 등을 밝혀내고 이러한 분포를 가장 적합하게 설명하는 이론적 모델을 찾아 선택하는 것이다. 즉 데이터 특성 중 전반적인 경향이나 평균에서 공간 자기상관에 기인한 공간변이를 분리하는 과정인데, 이러한 과정에서 생성된 배리오그램(variogram)이라는 그래프는 이것은 전체 지역내 존재하는 공간 데이터의 공간 관계 및 상관성을 설명해준다. 두 번째 과정에서는 첫 번째 과정에서 얻어진 결과에 토대하여 인터폴레이션을 수행하는데, 앞서 배리오그램 등을 통해 밝혀진, 기존 공간 데이터들간의 관계를 바탕으로 여러 패러미터들이 얻어졌으며, 이를 토대로 알려지지 않은 위치의 속성값을 추정하게 된다.

그림 7.25는 크리깅(kriging) 방법의 배리오그램을 보여주고 있다. 즉 한 점에서 다른 모든 점들 간의 거리와 속성의 차를 구한뒤, 이들 두 변수를 축으로 하여 배리오그램을 그릴 수 있다. 일반적으로 점들 간의 거리가 가까울 수록 속성값의 변이는 작지만, 거리가 증가할수록 속성 변이는 증가하게 된다. 이때 거리에 따른 속성변이의 증가 관계를 이론적 모델화할 수 있으며, 이 관계는 선형 관계일 수도, 비선형 관계일 수도 있으며 이런 모델을 토대로 하여 경향과 국지적 변이를 분리한다.

그림 7.25 크리깅 방법의 배리오그램(Variogram)

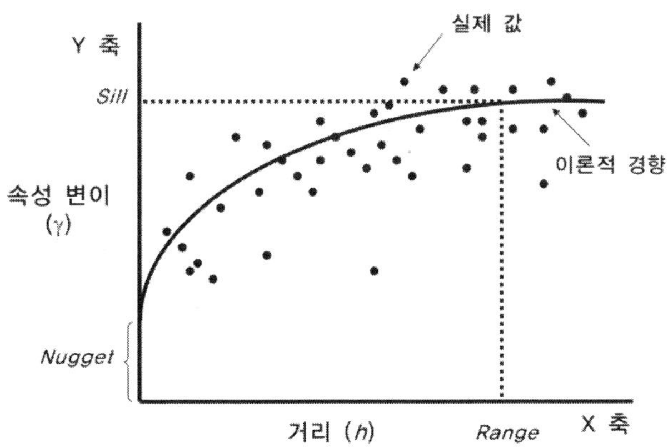

크리깅(kriging) 방법은 이러한 연구 방법에서 가장 널리, 그리고 가장 많이 수행되는 국지적 공간 인터폴레이션 방법이다. 크리깅은 전역적 인터폴레이션 방법과는 달리 공간 자기상관 효과를 이용하여 알려지지 않는 점들의 속성값을 산출한다. 즉 알려지지 않는 점들의 속성값을 산출하기 위해 주변 점들의 속성값을 이용하는데, 모든 사례 지역에 걸쳐서 동일한 패러미터가 적용되는 것이 아니라, 국지적 특성에 따라 각기 다른 패러미터가 적용된다.

다음은 크리깅을 이용한 국지적 인터폴레이션의 예이다. 크리깅에서도 다양한 조건에 따른 다양한 크리깅 알고리즘들이 있는데 여기서는 오디너리 크리깅(Ordinary Kriging) 방법이 사용되었다. 그림 7.26에서 보는 것처럼 다섯 개 점의 속성값을 토대로 점 (1, 4)에서의 속성값을 인터폴레이션하려고 한다.

그림 7.26 크리깅 인터폴레이션 방법의 예

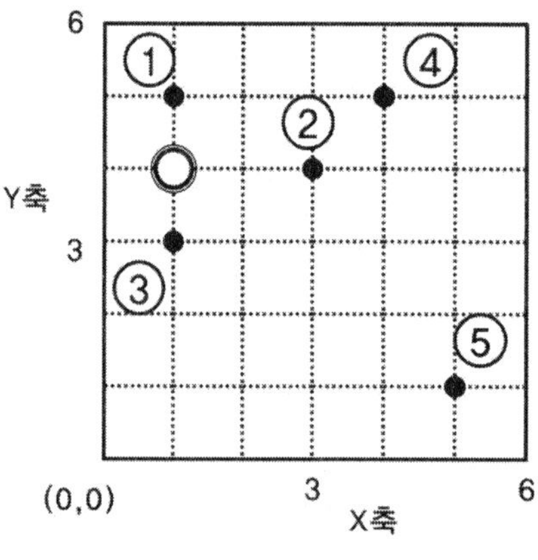

	(x,y)	z value
Point 1	(1,5)	100
Point 2	(3,4)	105
Point 3	(1,3)	105
Point 4	(4,5)	100
Point 5	(2,1)	115

point (1,4)에서
Z-값 추정

우선 구하고자 하는 점의 속성값은 평균과 국지적 변이로 나눌 수 있다. 이때 국지적 변이를 구하는 것이 초점이다. 그리고 구하려는 점의 속성값은 앞의 인터폴레이션 방법과 마찬가지로 주변 점들의 속성값을 토대로 가중치를 부여하여 얻은 값이다. 여기서 각 점의 속성에 곱해질 가중치를 구해야 하는데, 이를 위해 배리오그램을 산출한다.

즉, $Z(s) = \sum_{i=1}^{N} \lambda_i Z(s_i)$

$Z(s)$: 구하려는 점의 예측 속성값, λ: 가중치, $Z(s_i)$: 주변 점들의 속성값

각 점마다 가중치 λ을 구하기 위해서는 배리오그램에서 얻어진 값이 있어야 하는데, 이를 위해 주변 점에서 구하려는 점 (2, 3)까지의 거리 및 속성값의 차이를 계산한다 (표 7.8). 그리고 이들 값을 토대로 세미 배리언스(semi-variance)를 다음 식에 기반하여 계산한다.

세미 배리언스(Semi-variance) = $1/2 \left(\frac{\sum_{i=1}^{N}\sum_{j=1}^{N}(z(s_i) - z(s_j))^2}{N} \right)$

$Z(s_i)$: 각 점의 속성 값, $Z(s_i) - Z(s_j)$: 두 점간의 속성 차

N: 점의 수

표 7.8 점들 간의 거리 및 속성 차

두 점의 좌표	거리계산	거리	거리의 제곱	세미 배리언스
(1,5), (3,4)	Sqrt[(1−3)2+(5−4)2]	2.236	25	12.5
(1,5), (1,3)	Sqrt[02+22]	2	25	12.5
(1,5), (4,5)	Sqrt[32+02]	3	0	0
(1,5), (5,1)	Sqrt[42+42]	5.657	225	112.5
(3,4), (1,3)	Sqrt[22+12]	2.236	0	0
(3,4), (4,5)	Sqrt[12+12]	1.414	25	12.5
(3,4), (5,1)	Sqrt[22+32]	3.606	100	50
(1,3), (4,5)	Sqrt[32+22]	3.606	25	12.5
(1,3), (5,1)	Sqrt[42+22]	4.472	100	50
(4,5), (5,1)	Sqrt[12+42]	4.123	225	112.5

이처럼 배리오그램을 그려 데이터의 특성을 파악한 후, 적합한 데이터 모델을 선택해야 한다. 이론적으로 점들 간의 거리와 속성 변이간의 관계를 규정하는 여러 모델이

존재하는데, spherical model, exponential model 등이 많이 사용된다. 각 모델마다 구체적인 상수와 패러미터를 가진 수식을 정의하고 있다.

만일 채택된 이론적 모델이 다음과 같다면,

Semivariance = 13.5 * h

h: 두 점간의 거리

이 식을 이용하여 각 점들간의 감마 매트릭스를 생성할 수 있다.

Semivariance = 13.5 * 2.236 = 30.19 (← 두점 (1, 5), (3, 4)의 경우)

표 7.9 감마 매트릭스(Gammer matrix)

Point	(1, 5)	(3, 4)	(1, 3)	(4, 5)	(5, 1)	
(1, 5)	0	30.19	27.0	40.5	76.37	1
(3, 4)	30.19	0	30.19	19.09	48.67	1
(1, 3)	27.0	30.19	0	48.67	60.37	1
(4, 5)	40.5	19.09	48.67	0	55.66	1
(5, 1)	76.37	48.67	60.37	55.66	0	1
	1	1	1	1	1	0

그런 다음 위의 세미 배리언스 모델을 이용하여 각 점에서 점 (1,4)까지의 거리를 이용한 g 매트릭스를 구할 수 있다.

표 7.10 g 벡터 매트릭스(점 (2, 3)에 대한)

점	거리	점 (1, 4)의 g 벡터
(1, 5)	1	13.5
(3, 4)	2	27.0
(1, 3)	1	13.5
(4, 5)	3.162	42.69
(5, 1)	5	67.5

이제 가중치 l을 구하기 위해 감마 매트릭스와 g 매트릭스가 준비되었다.

$$\lambda = \Gamma - 1 * g$$

Γ−1 : Γ의 역행렬

얻어진 값들을 바탕으로 각 점마다 가중치와 각 속성값을 구할 수 있으며 이들 값을 다 합하면 우리가 얻고자 한 점 (1, 4)에서의 예측 값 (102.6218)을 얻을 수 있다.

표 7.11 점 (1, 4)에서의 예측 속성값

Weight (λ_i)	각 점에서의 Z 속성값	$\lambda * Z(s_i)$
0.46757	100	46.757
0.09834	105	10.3257
0.46982	105	49.3311
−0.02113	100	−2.113
−0.0146	115	−1.679
(1, 4)의 예측값		102.6218

3) 맵 알지브라 Map Algebra 방법

래스터 데이터 유형을 처리하는 방법으로 맵 알지브라(Map Algebra)가 많이 사용된다. 맵 알지브라는 Tomlin에 의해 개발된 Map Algebra 개념을 토대로 하여 만들어진 일종의 언어이다. 맵 알지브라는 그리드 형태의 데이터를 이용하여 지도학적 공간 분석을 수행하는 고급의 컴퓨터 언어라 할 수 있다. 맵 알지브라는 특정한 규칙의 수식과 입력을 제공하면 그 연산 결과로서 특정한 값을 제공받는 것으로 수학식과 비슷한 방식으로 사용된다. 그리고 이들 결과의 값은 다시 그리드 형태의 공간 데이터에 부여된다. 이때 사용되는 연산식은 입력대상으로서의 객체(object)와 연산자(operator), 그리고 여러 함수(function) 등으로 구성된다.

그림 7.27은 맵 알지브라의 한 예를 보여주고 있다. 즉 입력 대상으로서 두 개의 래스터 데이터 레이어들(ingrd1, ingrd2)이 있으며, 이들 두 레이어가 (+)라는 산술 연산에 의해 각 상응하는 위치에 있는 셀간의 연산을 통해 더해진 결과가 새로운 'outgrd'라는 레이어에 저장된다. 이때 만일 특정 셀이 값의 감이 없는 경우 이를 NODATA라 하며, 이 셀의 연산은 하지 않는다. 이러한 연산 방식으로 하나 이상의 레이어가 입력 대상으로 사용 가능하며, 다양한 연산자 및 함수의 사용이 가능하다.

TIPS 맵 알지브라 연산식의 주요 구성 요소

객체 (object) 연산식에 사용되는 입력 대상으로, 주로 그리드 데이터가 사용되며 벡터 데이터도 사용된다.

연산자 (operator) 실질적인 연산을 수행하여 새로운 결과를 생성하게 되는데, 산술, 부울룬, 관계, 비트방식, 논리 연산자 등 다양한 연산자들이 사용된다.

함수 (function) 함수는 연산식에서 전문적인 목적을 수행하는 데 사용되는데, 등고 데이터를 이용한 경사계산 등이 가능하다. 이때 함수가 적용되는 공간 범위에 데이터 전체 레이어, 일부분, 국지적인 구성 셀 등이 지정된다.

(예) Grid_1 = (grid_2 + grid_3) / grid_4

그림 7.27 맵 알지브라의 예

5	3	7		18		3	2	3	6	9		2	1	4		9
	10	13	14	15			7	8	9	8		8	3	5	5	7
13	11		11	6	=	7	3		8	2	+	6	8		3	4
11	8	15	14	8		9	7	5	5	7		2	1	10	9	1
16	1	6	13	15		9	1	2	7	10		7	0	4	6	5

[Out_grid] = [In_grid_1] + [In_grid_2]

또한 다양한 맵 알지브라의 함수들이 사용된다. 이러한 함수들은 공간 통계, 거리 계산, 선택, 수학적 연산 등 다양한 목적이 있으며 또한 사용자의 요구에 따라 알고리즘을 적용하여 연산이 가능하다. 그런데 이러한 연산을 수행할 때 입력 대상으로서 사용되는 래스터 데이터의 공간 범위에 따라 함수는 크게 4가지 유형으로 나누어지는데, 로컬(local), 포컬(focal), 조널(zonal), 글로벌(global) 이다. 그림 7.28에서처럼 이러한 유형의 분류는 연산에 참여하는 데이터의 공간 범위에 따라 이루어지는 것으로 연산에 단 하나의 셀 단위로만 참여한다면 그것을 로컬(local) 함수라 한다. 한편 하나의 셀과 인접하는 셀들로 구성되는 단위가 연산에 참여하는 경우 그것을 포컬(focal) 또는 블록(block) 함수라 하고, 동일한 값의 셀 집합이 연산에 사용되는 경우 조널(zonal) 함수라 한다. 마지막으로 연산에 레이어 전체가 사용되는 경우 그것을 글로벌(global) 함수라 한다.

그림 7.28 맵 알지브라의 공간 영역 분류

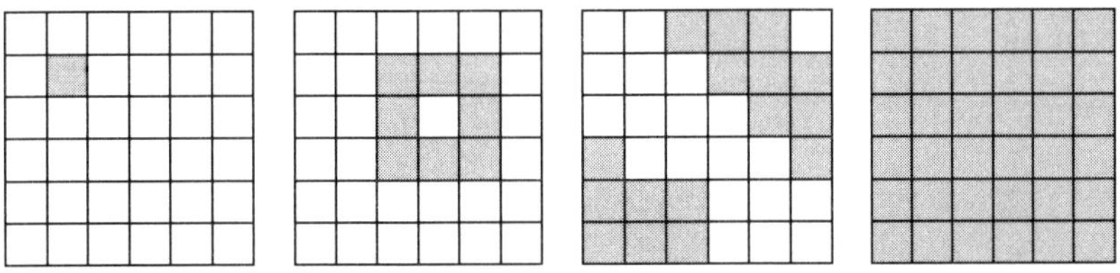

윈도우를 이용한 재분류 Reclassification

재분류(reclassification)는 지도 연산 방법의 대표적인 것으로, 이미 존재하고 있는 공간 정보와 이와 연결된 속성 정보를 바탕으로 셀의 값을 재분류하는 것이다. 이러한 재분류 방법을 통해 새로운 공간 패턴 정보를 도출해 내거나 기존의 패턴을 보다 명확하게 나타낼 수 있다. 즉 기존의 래스터 데이터를 토대로 다양하고 유용한 정보의 생성을 원하거나 보다 명확한 공간 패턴을 필요로 할 경우가 있다. 이때 3×3 또는 5×5 셀들로 구성된 일종의 윈도우(window)를 이용하여 재분류가 가능하다. 이때 윈도우는 재분류 목적에 따라 각기 다른 속성값들로 구성될 것이다. 윈도우는 대상 래스터 레이어의 모든 셀위를 연속적으로 이동하면서 규정된 연산을 하고 연산한 결과를 다시 래스터 데이터에 반환하거나 새로운 래스터 레이어에 저장한다.

그림 7.29 이동 윈도우(필터)

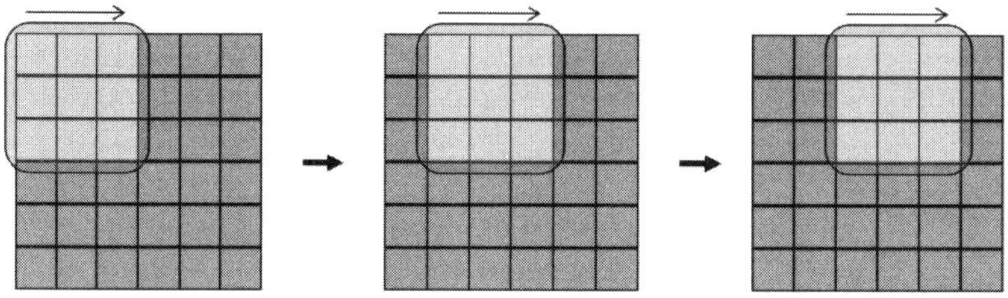

이동 필터는 3×3 또는 5×5 등의 셀들로 구성되며, 각 셀의 위치에는 주어진 속성값이 존재하며 시간이 지남에 따라 연속적으로 이동하면서 래스터 셀 데이터와 연산을 하게 된다.

출처: DeMers, 1999, 242, Figure 9.2

이 윈도우는 필터(fiter)로도 불리는데, 필터는 그 목적에 따라 하이패스(high pass) 필터, 로패스(low pass) 필터, 방향(directional) 필터 등으로 유형화된다. 필터를 이용하여 기존 래스터 셀들이 지니는 속성값의 경향을 강조할 수 있으며, 셀 속성값이 가지는 방향 정보를 계산하거나, 상세한 속성정보를 강조할 수 있다.

하이패스(high pass) 필터는 래스터 데이터가 가지고 있는 속성정보와 관련하여 주변 셀들의 값과 유사한 값을 가짐으로써 명확하게 드러나지 않는 상세한 부분을 명확하게 드러내는 목적을 가진다. 그림 7.30에서 보는 것처럼 하이패스 필터는 3×3의 윈도우를 가지고 있으며, 각 셀에는 속성값이 부여되어 있다. 가운데 셀은 '9'의 값이 부여되어 있으며 나머지 셀들은 '-1' 값이 부여되어 있다. 이 윈도우가 래스터 레이어로 이동하여 왼쪽 상단에 위치한다. 그런 후 대응되는 셀끼리 곱하고, 이들 값을 합하여 윈도우 중앙에 위치한 셀에 결과를 부여한다.

그림 7.30 하이패스(high pass) 필터링의 예

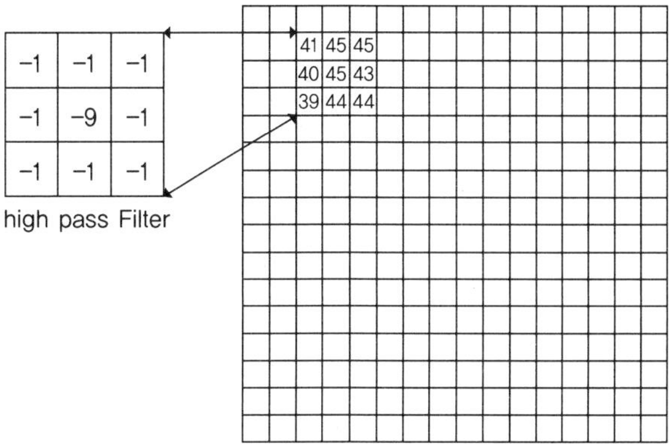

하이패스 필터 윈도우가 래스터 레이어상을 이동하면서 연산을 수행한다.

> (2, 2) 셀의 기존 값은 45인데, 3×3 필터와 다음과 같은 연산을 통해 64라는 새로운 값을 가지며, 그 값이 새로운 데이터 레이어 셀에 저장된다.
> ⇨연산(필터링): (41∗(−1)) + (45∗(−1)) + (40∗(−1)) + (45∗9) + (43∗(−1)) + (39∗(−1))
> + (44∗(−1)) + (44∗(−1)) = 64

윈도우는 오른쪽으로 이동하여 연산하고 그 결과를 다시 해당 셀에 부여하는데 이러한 방식으로 계속 윈도우가 이동하면서 계산을 수행한다. 이렇게 윈도우를 이용하여 필터링을 하면 필터 유형에 따라 다른 결과의 래스터 데이터를 얻을 수 있다.

그림 7.31 이동 윈도우를 이용한 다양한 공간 필터링

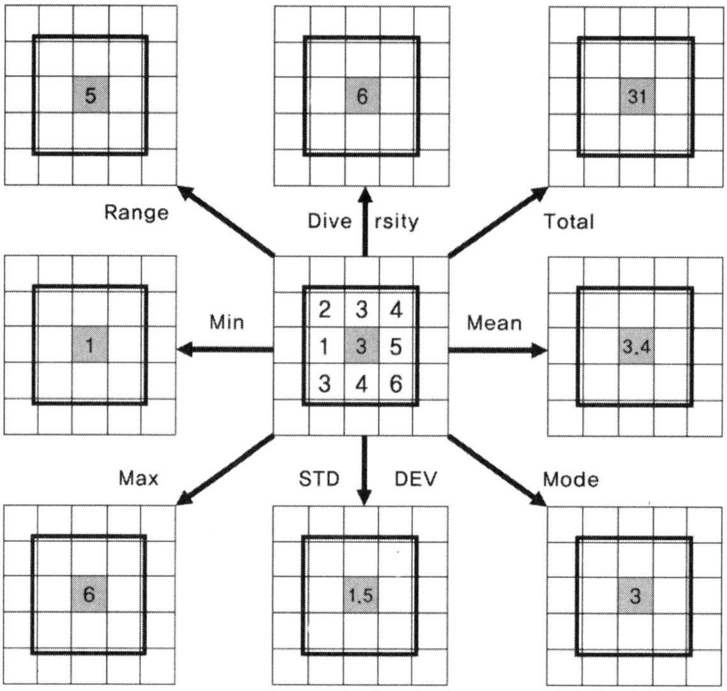

출처 : Burrough and McDonnel, 1998, 187, Figure 8.3을 수정

그림 7.31은 이동 윈도우(moving window)를 이용하여 그리드 셀의 값을 필터링하는 다양한 병법을 보여주고 있다. 즉 다양한 연산방법을 윈도우에 적용함으로써 해당 중앙 셀의 값을 변경하는 것인데, 이동 윈도우내에 속하는 셀들이 연산의 대상이 되며 연산 결과가 중앙 셀의 이전 값을 대체하게 된다. 즉 중앙에 있는 그리드에서 'Total' 이라는 연산방법을 선택하면 윈도우내의 9개 셀의 값을 모두 합하여 그 값을 (31=2+3+4+1+3+5+3+4+6) 중앙 셀에 기록한다.

4) 지표면 분석 Surface Analysis

지표면(surface)은 주요한 공간사상 유형 중 하나로서 지표에 걸쳐 분포되어 있으며, z값으로 불리는 높이 값을 지닌다. 높이 값은 등고값으로도 불리지만 반드시 등고

값만을 의미하지는 않는다. 경우에 따라서는 z값이 인구, 밀도, 수입 등의 속성값이 될 수 있기 때문이다. 이 지표는 z값이라는 속성값을 가지고 있고, 이 z값이 공간사상을 통계적으로 표현하기 때문에 통계적 지표(statistical surface)로 불리기도 한다. 이러한 지표는 등고값을 가지는 지형적인 지표일 수도 있으며 다른 사회, 경제적 지표가 될 수 있다.

통계적 지표의 샘플링

이러한 z값을 가진 표면 데이터를 샘플링하는 두 가지 중요한 방법이 있다. 우선 선택된 점들을 취하며, 이때 같은 z값을 가진 점들끼리 연결하여 등치선(isoplethic line)을 생성한다. 이 방법은 등고선 생성 등과 같이 등고 데이터에 자주 사용되는 방법이다. 그리고 기온, 기압 정보를 가진 점들을 이용하여 등온선과 등압선을 작성하는 데도 사용된다. 한편 작은 지역에 밀집되어 있는 점 데이터를 이용하여 작업을 수행할 수 있는데, 행정구역이나 도시별 인구 데이터를 이용하여 인구밀도를 계산하는 것이다. 이런 경우 각 단위 지역을 점으로 가정하고 같은 종류의 등치선도를 작성하게 된다. 이러한 방법의 경우 우선 대상 지역들로부터 그 지역을 대표하는 점을 추출해야 하는데, 기하적인 중심점(centroid) 또는 가중치 중심을 구한다.

이렇게 만들어진 점들은 규칙적인 간격의 공간 분포를 나타내는 경우가 있는 반면 불규칙한 간격으로 분포할 수 있다. 첫 번째의 경우는 규칙적 래티스(regular lattice)라 하며 각 점은 동일한 공간 간격을 가지고 규칙적으로 분포하고 있다. 물론 이들 점은 x, y 좌표값뿐만 아니라 z값을 가지고 있다. 규칙적인 래티스 방법은 점들이 어디에 놓여야 하는지 등을 결정할 필요없이 바로 사용할 수 있다는 장점이 있다. 그러나 공간상의 특정 주제나 속성값의 분포가 과연 그렇게 규칙적인 점들의 수집으로부터 제대로 표현될 수 있는지는 명확하지 않다. 즉 지표의 보다 올바른 이해를 위해서 이 지표의 공간 특성 및 z속성의 분포 특성을 반영하는 방법이 요구되는데 이러한 방법을 불규칙 분포라 한다. 불규칙한 분포는 수집된 점들이 공간적으로 불규칙하게 분포되어 있으며, 따라서 어떤 지역은 상대적으로 밀집되게 또 어떤 지역은 상대적으로 소원하게 분포되기도 한다.

래스터 데이터 유형은 실세계의 공간사상을 일정한 격자를 가진 셀들로 표현한다.

따라서 지표도 래스터 데이터로 표현할 수 있는데 차이가 있다면 각 래스터 셀들이 z값을 가진다. 등고값을 가지는 래스터 데이터는 각 셀들이 등고값을 가지고 있으며 단위 셀 크기의 정도에 따라 지표를 표현하는 정도가 달라진다. 즉 단위 셀 크기가 작으면 공간 해상도가 높아져 보다 정교하게 지표를 표현할 수 있다 (그림 7.32).

그림 7.32 여러 유형의 데이터 샘플링 방법

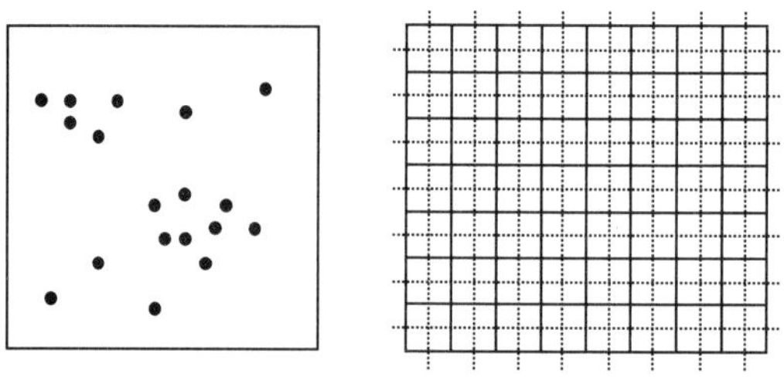

(가) 불규칙 샘플링 (나) 래티스 샘플링 (다) 래스터 샘플링

지표의 슬라이스 Slice 생성

지표의 특성을 살펴보는 다른 방법은 등고를 가진 지표를 특정 등치선 간격을 따라 슬라이스를 생성하는 것이다. 이러한 가정은 등고값들이 연속적인 변화를 보인다. 이 중에서 슬라이스를 위한 간격은 지형의 특성을 가장 잘 디스플레이하기 위해 선택된다. 이러한 등치선의 간격은 사용자의 요구에 따라 다양하게 설정될 수 있다.

그림 7.33 지표의 슬라이스 만들기

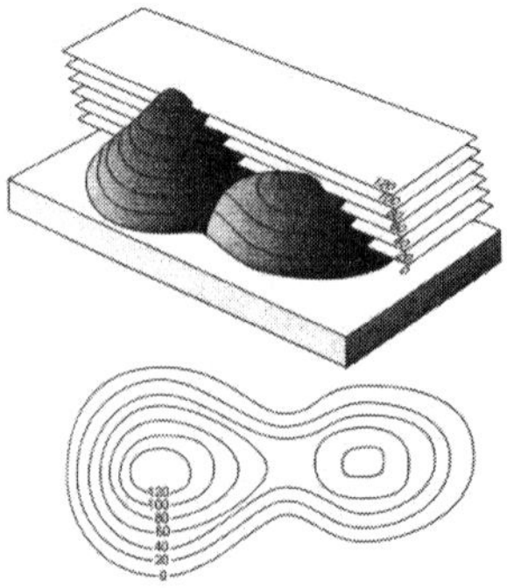

슬라이싱은 지표의 특성을 다양하게 보기 위해 등치선의 간격을 선택하는 것이라 할 수 있다. 어떤 경우는 일반적인 경향을 금방 파악하기 위해 등치선의 간격을 크게

할 수 있으며, 반면 상세한 등고의 변화를 어느 정도 살리기 위해 등치선의 간격을 상대적으로 작게 할 수 있다.

자르기 Cut 와 채우기 Fill

지표면을 분석하는 방법중에서 또 다른 방법은 자르기와 채우기이다. 지표면의 볼륨과 관련된 문제를 해결하기 위해 고안된 이 방법은 특정 지표를 3차원으로 가정하여 이 볼륨을 평평한 표면으로 만들기 위해 어느 부분을 어느 정도 자르거나 채워야 하는지를 분석하는 것이다. 따라서 두 가지 과정은 밀접한 관련성을 가지지만 지표아래 부분과 지표상위 부분의 정보를 요구한다. 예를 들어 150m²의 넓이에 깊이가 2m인 야외 수영장의 볼륨은 300(=2×150)m³일것이다. 따라서 수영장을 평평하게 만들기 위해서는 300만큼의 체적이 필요하다.

그림 7.34 자르기와 채우기

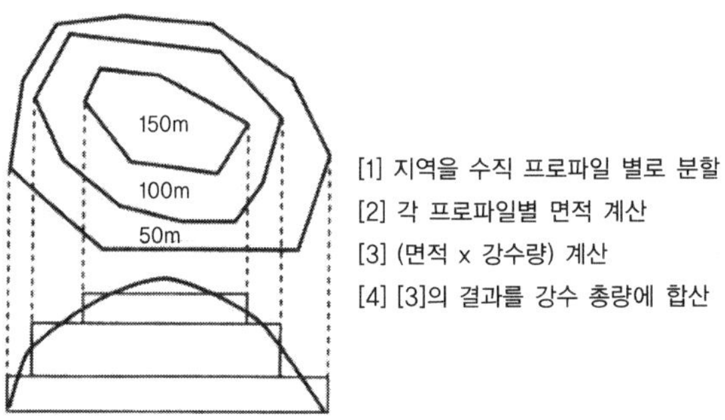

출처 : DeMers, 1997, 279, Figure 10.16

그러나 실제 지형 지표는 균일하고 단순한 기하학 형태가 아니다. 강수의 예를 들어 면적이 약 100㎢ 지역에 15개 강수 측정기가 있다고 하자. 이러한 강수에 대한 데이터를 얻은 후 우리는 한 해의 총 강수량을 얻기를 원할 것이다. 그러나 강수의 다양함 때문에 약 50cm에서 150cm까지의 범위를 나타낼 것이다. 총강수량을 얻으려면 계산을 단순화할 필요가 있는데, 이때 모든 값들을 총합하는 ordinate 방법을 사용할 수 있다. 이들 값을 총합하여, 수영장을 평평하게 하는 것처럼 평평한 표면을 생성할 수 있다. 즉 평균 강수가 100cm(1m)라 하면, 1,000,000m³(1미터×1,000,000 ㎢)의 볼륨을 얻을 수 있다.

정확한 계산은 그림 7.33의 과정을 통해 이루어진다. 즉 첫 번째 단계로는 각 부분의 면적을 계산하고, 그 다음 강수의 양을 면적과 곱한다. 마지막 단계로 이들 부분의 계산을 합하면 전체의 값을 얻을 수 있다. 이러한 방법은 산이나 언덕 등의 계산이나 호수 등의 체적을 계산하는 데 유용하게 사용된다.

사면 Slope, 향 Aspect, 단면 Profile 계산

실세계의 다양한 공간사상의 지리적 위치뿐만 아니라 높이 정보 또한 공간을 이해하는 데 중요한 역할을 한다. 예를 들어 등산길에서 얼마나 사면이 가파른지 스키장 슬로프가 얼마나 경사가 졌는지 궁금해 본 적이 있을 것이다. 또한 지형의 높이가 어떤 방향으로 낮아지거나 높아지는지에 대한 궁금증도 있을 것이다. 우선 이러한 궁금증을 푸는 실마리는 간단하다. 즉 알고자 하는 지역이나 장소의 수평 거리와 높이(수직적 거리)간의 관계를 알고 있으며, 높은 곳에서 낮은 곳까지의 고도의 수직 변화를 알고 있다면 이러한 궁금증을 풀 수 있을 것이다.

사면(slope)을 표현하는 공통적인 방법은 수평 거리(reach)에 대한 수직 높이(rise)의 비율로 표현될 수 있다. 수직 높이는 등고 높이의 차이를 의미하며, 수평 거리는 수평적인 거리를 의미한다. 사면을 계산하는 일반적인 방법은 주변과의 단위 수평 거리당 높이의 차이를 계산하는 것이다. 중요한 GIS 소프트웨어에서는 사면을 계산해주는 기능을 제공하고 있다.

또 하나의 중요한 지표면의 정보는 향(aspect)이라 할 수 있다. 향은 사면과는 물리적 측면이나 분석 측면에서 분리할 수 없는 관계가 있다. 즉 사면에 대한 정보 없이는 향을 알기 힘들다. 향은 방위(azimuth) 또는 방향(orientation)이라는 용어와 함께 사용하는데, 2차원 공간사상에서 지형을 분석하는 데 중요하게 사용되고 있다. 예를 들어 사면이 동쪽 방향인지 아니면 북서쪽 방향을 가진다는지 하는 것은 향에 대한 정보를 표현한 것이다. 향은 각 사면 표면과 관련하여 나침반 방향으로 정의되는데, 즉 사면이 정북 방향으로 되어 있다면 360도로 표현되고, 정동쪽 방향이면 90도로 표현된다. 또한 향의 값이 165도와 195도 사이에 있다면 남쪽 방향이라고 할 수 있다. 이처럼 향에 대한 계산은 시계 방향으로 0~360도의 값을 가진다.

지표에 대한 또다른 유용한 분석은 지형의 형태를 측정하는 것이다. 지표면을 비주얼화하는 가장 단순한 방법은 지표의 단면도(profile)를 생성하는 것이다. 단면의 생성은 두 점간의 직선을 따라 생성되며, 그래프상에서 등고에 대한 정보가 y축을, 두 점간의 거리가 x축을 기준으로 단면이 그려진다.

5) 가시권 분석 Visibility Analysis

관찰자가 다양한 지형에서 볼 수 있는 지역과 볼 수 없는 지역으로 구분할 수 있다. 가시권 분석(visibility)은 특정 지점에서 가시적인 지역과 비가시적인 지역을 분석하여 도출하는 것으로, 지형의 등고 정보를 이용하여 수행된다. 이러한 가시권 분석은 TV, 라디오 전파 분석, 휴대폰 기지국 권역 설정 등의 분야에 적용되고 있다.

단순한 방법의 가시권 분석은 그림 7.35에서 보는 것과 같다. 우선 관찰자의 위치가 정해지고 관찰자가 바라보는 방향이 결정된다. 그런 다음 관찰자 위치에서 가시권을 위해 원의 호 모양으로 권역을 탐색하게 된다. 중간에 등고가 높은 지점이 생기면서 이 높은 지점 뒤에 있는 부분은 시야에서 가려져 비가시권역이 된다. 그러나 이후 다시 등고가 높은 지점이 나오게 되면 그 부분은 다시 가시권역에 포함되기도 한다.

그림 7.35 가시권 분석(visibility analysis)

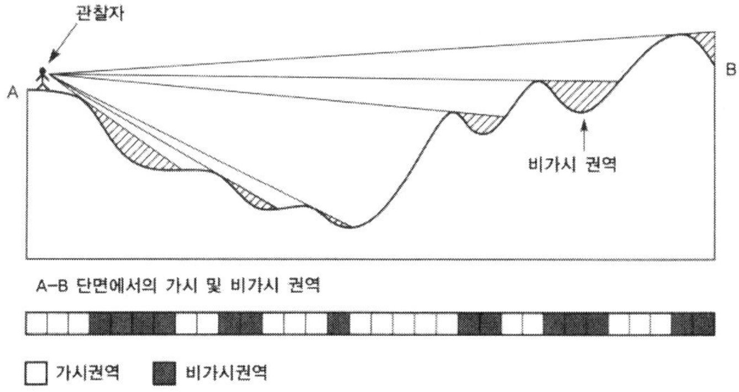

관찰자 위치에서 경사진 사면을 바라볼 때 관찰되는 지역(visible area)과 관찰되지 않는 지역(invisible area)으로 권역이 나누어진다.

출처 : Heywood et al., 1998, 123, Figure 6.12

6) 네트워크 분석

많은 GIS 소프트웨어들은 선형 벡터 데이터 유형으로 구축된 네트워크 분석 기능을 제공하고 있다. 실제 세계의 많은 공간사상들이 선형 네트워크로 표현되는데, 예를 들어 도로 네트워크, 전력 네트워크, 상하수도 네트워크, 가스 네트워크 등이 그러하다. 이러한 선형 네트워크를 기반으로 하여 다양한 공간사상들이 표현된다. 일반적으로 네트워크 분석은 두 가지 중요한 기능을 제공하는데, 즉 ①선형 네트워크상에서 자원의 이동(movement)과 배치(location), 그리고 ②중심지를 중심으로 네트워크간의 자원을 할당(allocation)하는 것이다.

실제로 네트워크 분석은 기존의 선형 공간사상을 데이터로 구축하면서 위상구조 또한 생성하여 저장한다. 따라서 이전에 언급한 것처럼 네트워크는 선형 링크와 링크들의 결절점 또는 끝점으로서 노드를 이용하여 구축된다. 이러한 선형 네트워크의 네트워크 분석은 기존 선형 공간사상의 데이터 구축 및 유지관리뿐만 아니라, 구축된 데이터를 이용하여 최단거리 분석, 최적경로 분석, 선형 네트워크를 중심으로 자원의 이동과 배치, 할당(또는 분배) 등을 산출한다. 물론 선형 네트워크 데이터는 단순한 링크, 노드의 위상구조 정보뿐만 아니라, 중간에 네트워크상의 흐름을 위한 정보로서 이동방향에 대한 정보(일방향 또는 양방향), 결절 노드 지점에서 연결 링크들에 대한 정보(왼쪽, 중앙, 오른쪽 링크들과의 연결 여부), 선형 네트워크상에서 흐름에 장애가 되는 장애물(barrier)에 대한 정보 등을 추가하여 보다 실제적인 네트워크 분석을 수행할 수 있다. 이들 부가 정보를 바탕으로 도로 네트워크상에서 공사 구간 및 사고지점 등을 고려한 최단거리 분석, 상하수도 연결 상태, 상황 등을 고려한 상수도 공급 분석 등을 수행할 수 있으며 시뮬레이션도 가능하다.

그림 7.36 선형 네트워크 경로 분석의 예.

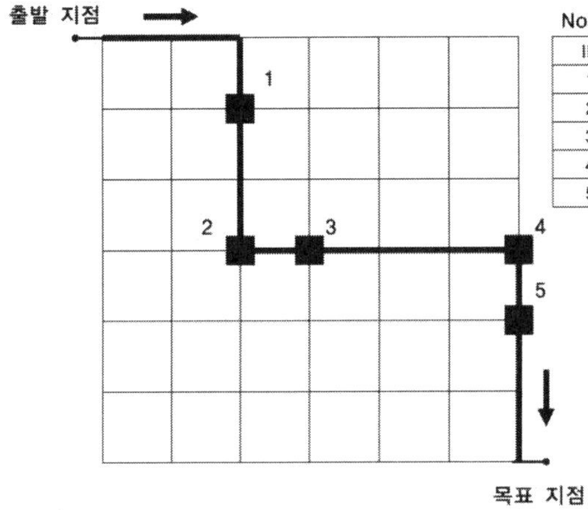

Node Table

ID	승객
1	30
2	45
3	-25
4	10
5	20

출발 지점에서 중간결절 지점 들을 거쳐 목표 지점까지의
최적경로를 산출해주며 중간결절 지점에서의 교통량 분석을 해준다.

그림 7.36은 선형 네트워크에서 최단경로를 찾는 과정을 보여주고 있다. 그림 7.37에서는 노드(node)들이 네트워크로 연결되어 있으며, 각 선형 링크들은 노드간의 거리를 가지고 있다(예를 들어 노드 A와 D간의 링크 거리는 3이고, 노드 B와 H간의 링크 거리는 2이다). 그림 (가)에서는 노드 A에서 Z로 가기 위한 최단 경로를 찾으려 한다. 최단경로을 찾는 과정에서 우선 출발점인 노드 A에서 연결된 노드는 B와 D 두가지인데, 각각 거리가 4, 3이다(그림 나). 이 두 가지 거리를 비교하여 가장 가까운 거리에 있는 노드 D가 우선 선택되었다(그림 다). 그 다음 단계로 노드 D와 연결되어 있는 노드는 C와 G이며, 노드 A에서 B, C, G까지의 거리를 구하면 각각 4, 5(=3+2), 6(=3+3)이다. 이 비교에서 노드 A에서 B간의 거리가 가장 짧다. 다음 단계에서는 노드 B와 연결되어 있는 노드 E, H를 다시 노드 C, G와 비교하여 노드 A에서부터 합산된 거리를 계산한다. 이처럼 출발점인 A에서 시작하여 연결된 노드간의 거리들을 비교하여 선택된 노드에서 다시 연결된 노드들의 경우를 추가하여 다시 거리를 비교하는 등의 과정을 반복하여 최종적으로 종착점인 Z에 이르는 최단 거리를 구하고 그 최단 거리의 경로를 구할 수 있다. 그림에서는 노드 A-D-G-K-Z에 이르는 경로가 최단 경로이며, 이 경로의 최단 거리는 10(= 3+3+2+2)이다.

그림 7.37 최단경로 분석의 예

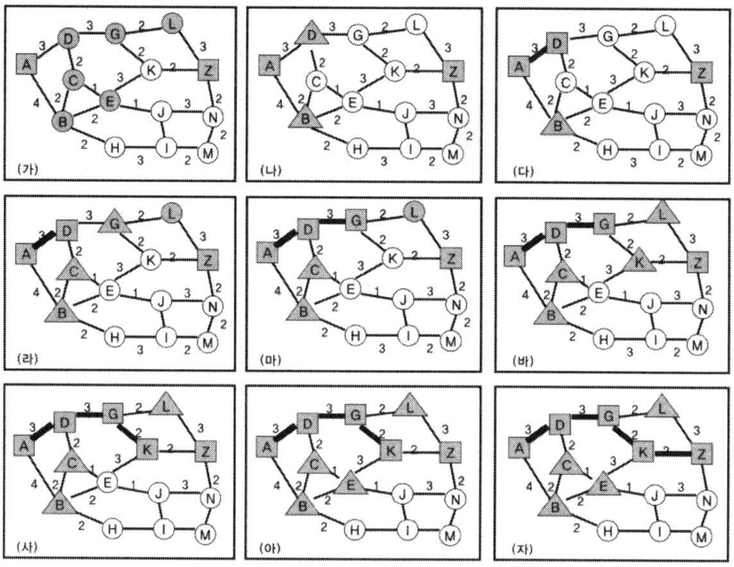

출처 : Jones, 1998, 226, Figure 13.10

7) 입지 할당 분석 Location / Allocation Anaysis

공간 분석 중에서 많이 사용되는 것 중의 하나가 입지 할당 분석(location/ allocation analysis)이다. 경제지리, 도시지리, 사회지리 분야에서 많이 사용되어 온 입지 할당 분석은 상권 분석, 학군 배정, 백화점, 병원 등의 시설물 중심지, 행정 중심지 등 중심지의 입지 선정, 중심지를 중심으로 한 자원의 할당 등 다양하게 활용될 수 있다.

입지 할당 분석을 위해서는 자원(source) 성격의 대상 데이터와 중심지 데이터가 필요하다. 중심지는 상점, 백화점, 학교, 병원 등이 될 수 있으며, 중심지들 간에는 보완 또는 경쟁 관계가 있을 수 있다. 또한 중심지들 간에는 위계(hierarchy)가 있을 수 있으나, 서로 다른 위계를 가진 중심지의 영향력은 다를 수 있다. 그리고 입지 분석을 위해서 중심지의 수와 위치가 고정되어 결정되거나 여러 중심지 후보들이 존재할 수 있다. 중심지의 수는 이미 고정되어 있는 경우도 있으며 이 경우 존재하는 중심지의 영향권을 분석할 수 있고, 또한 이러한 영향권은 다양한 환경 및 중심지 특성의 변화에 따라 달라질 수 있다. 중심지들이 고정되어 있지 않으며 여러 후보지 중에서 어떤 것이 기준에 적합한 것인지 분석할 수 있다.

그림 7.38 입지 할당 분석 과정의 예

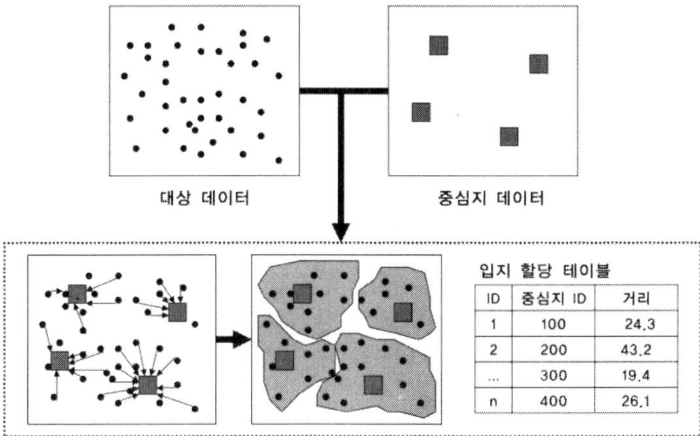

그리고 자원 데이터들도 다양하게 결정될 수 있는데 예들 들어 인구, 소비자, 학생 등이 있을 수 있다. 이러한 자원 데이터들은 공간 위치와 속성을 가지고 있으며, 관련된 중심지 정보와의 관계에 초점을 둔다.

이렇게 준비된 두 가지 유형의 데이터, 즉 자원 데이터와 중심지 데이터를 이용하여 입지 및 할당 분석을 수행할 수 있다. 그림 7.38은 입지 할당 분석의 예를 보여주고 있다. 우선 중심지가 선정되지 않았다면 후보 중심지 중에서 대상 데이터 및 환경 변수들을 고려하여 기준에 맞는 중심지들을 선택한다. 그런 후 중심지가 결정되었다면, 어떠한 자원들이 어떤 중심지에 할당되는지에 대한 분석을 수행한다. 이 과정에서 사용되는 것이 각 자원에서 중심지간의 거리와 중심지와 자원이 가지고 있는 속성 등이다. 자원에서 중심지간의 거리는 단순한 기하 거리가 될 수 있으며, 이 거리에 다양한 패러미터들이 적용될 수 있다. 또한 도로상에서의 여행 거리(travel distance)나 시간 거리(time distance)가 사용될 수 있다. 또한 중심지의 다양한 속성, 예들 들어 규모, 크기, 매출액 등이 사용될 수 있다. 반면 자원의 속성으로서 소비자, 인구, 자원 등의 환경, 속성 등이 활용될 수 있다.

입지 할당 분석 알고리즘은 다양하게 개발되어 사용되고 있다. 기존에 많이 사용된 방법 중의 하나는 중력 모델에 토대한 공간 상호작용 모델이다. 이는 중심지간의 중력과 같은 공간 상호작용(spatial interaction)이 있다는 가정하에 거리에 따른 상호작용을 계산한다. 또다른 방법으로는 선형 네트워크상에서의 분석을 수행하는 방법도 있는데, 도로 네트워크상에서의 여행 거리를 산정하여 중심지의 영향권을 분석해준다.

8) 공간 모델링 및 의사결정 지원

GIS 분석에서 또한 많이 사용되는 것으로서 수학 모델을 이용한 것이 있다. 이는 기존의 지리학 분야에서 사용되는 많은 수학적 모델뿐만 아니라, 다른 분야의 수학적 모델을 GIS 분야에서 사용하거나 이를 결합시키는 방식으로 수행되고 있다. 이렇듯 GIS 환경내에서 사용되는 수학적 모델링은 크게 두 가지가 있는데 하나는 최적화(optimization)이고 다른 하나는 시뮬레이션(simulation)이다.

최적화 Optimization 모델

최적화 모델은 주어진 의사결정 문제에 대한 최고의 솔루션을 확인하는 규범적인 접근 방식(normative approach)으로서, 이러한 방법은 잘 정의된 문제에 대한 최고의 솔루션(예, 최대 이윤 또는 최소 비용이라는 솔루션)을 추구하는 모델링 방법이다. 일반적으로 최적의 솔루션은 최대값 또는 최소값을 구하기 위한 목적의 조건을 가진다. 예를 들어 교통 문제를 해결하는 솔루션으로서 총 운송비를 최소화하는 것이다. 또한 최적화 문제는 의사결정 변수에 부여되는 몇가지 제약들(constraints)이 있다. 즉 최적화 방법은 다음과 같이 수식으로 나타낼 수 있다.

Minimize or maximize $f(x)$
Subject to $x \in X$

여기서 f(x)는 critierion function이고, x는 의사결정 변수, X는 가능한 대안 집합

그림 7.39 최적화 방식의 모델링 과정

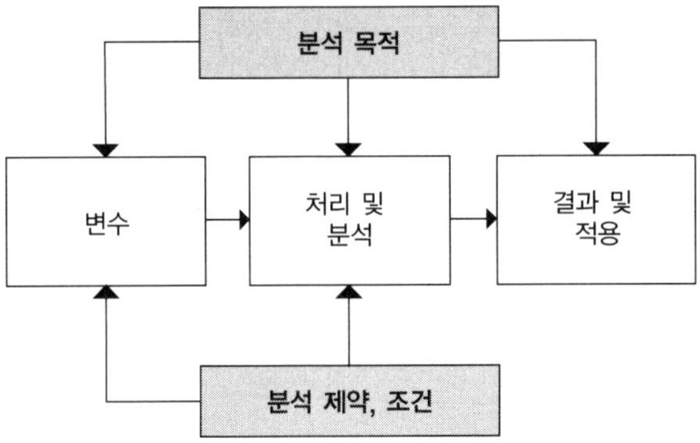

이러한 최적화의 한 유형이 선형 프로그래밍(linear programming)으로서, 이는 경영 관리와 관련하여 수학적인 의사결정 모델 개발을 다루는 분야에서 개발된 툴이다. 선형 프로그래밍에서는 목적 함수(objective function)와 제약 조건(constraint)들이 모두 선형이면서 추가될 수 있다. 이러한 대부분의 선형 프로그래밍 문제는 이윤, 비용, 순이익 등과 같은 경제학적 개념을 최적화하는 데 사용되는 경제 목적 함수를 가지고 있다. 즉 선형 프로그래밍의 주요 목적은 정해진 자원을 경쟁적인 수요와 관련시켜 적절하게 최적화하여 배분하는 것이다.

이러한 선형 프로그래밍 방법은 공간에도 적용되는데, 즉 제약조건은 가능한 모든 솔루션을 포함하는 의사결정 공간(decision space)으로 알려진 기하 공간(geometric space)을 형성한다. 그래서 그 솔루션 공간 외부에 있는 지점은 불가능한 것으로 여겨진다. 이러한 기본적인 선형 프로그래밍이 발전하면서 다양한 여러 방법이 개발되었는데, 즉 정수 프로그래밍(integer programming), 혼합정수 프로그래밍(mixed integer programming), 0-1 정수 프로그래밍(integer programming), 네트워크 최적화 방법 등이다.

이 중 정수 프로그래밍은 가장 먼저 전문화된 선형 프로그래밍으로서, 모델구조는 기본 모델과 유사하나 기존 방법이 simplex 방법을 이용하여 문제를 푸는 반면, 정수 프로그래밍은 simplex 방법과 branch-and-bound 방법을 이용하여 문제를 푼다. 한편 혼합정수 프로그래밍 방법은 정수 프로그래밍 방법의 변형으로서 정수값으로 한정된 의사결정 변수의 일부만으로 문제를 푸는 것이며, 또한 0-1 정수 프로그래밍 방법은 모든 의사결정 변수들이 0 또는 1의 값만을 가지는 것을 말한다. 그리고 네트워크 최적화(network optimization)는 널리 사용되는 공간 의사결정 모델로서, 결절점(node)과 경로(arcs)로 구성된 네트워크를 대상으로, 네트워크상에서 자원의 최적 배분을 목적으로 한다. 이외에도 동적 프로그래밍(dynamic programming) 방법은 최적화 문제를 여러 연속된 단계로 나누고, 각 단계에서 소단위 최적화 문제를 해결하는 것을 목적으로 한다.

다음은 이러한 다양한 최적화 방법을 제공하는 소프트웨어에 대한 정보이다.

표 7.12 최적화 방법을 제공하는 주요 소프트웨어

소프트웨어	개발자 및 WWW	소프트웨어 유형	최적화 기능
ArcGIS	ESRI www.esri.com	Vector GIS	Network Analysis, location-allocation, districting, routing problem
MapInfo	MapInfo Co. www.mapinfo.com	Vector GIS	Network analysis, districting, routing problems
TransCAD	Caliper Co. www.caliper.com	Vector GIS	Network analysis, shortest path, transportation problem, spatial interaction, location-allocation, stochastic problems
LINDO	LINDO Systems, Inc. www.lindo.com	General purpose solver	Linear, mixed integer, nonlinear programming
What's Best	LINDO Systems, Inc. www.lindo.com	Add-in to Excel, Lotus, Quattro Pro	Linear, mixed integer, nonlinear programming
MatLab	Mathworks, Inc. www.mathworks.com	Interface to MatLab's Image processing and mapping toolbox	Linear, mixed integer, nonlinear programming
CPLEX	CPLEX Optimization Inc. www.cplex.com	General-purpose solver	Linear, mixed integer, nonlinear programming

출처 : Malcsewski, 1999, 70, Table 2.2 정리

시뮬레이션 Simulation

넓은 의미에서 시뮬레이션은 실세계 시스템의 모델을 이용하여 실험을 하는 방법이라 할 수 있다. 최적화 방법이 목적을 정의하고, 최적화 수준에서 목적을 만족시키는 행위를 규정하며, 최적화 조건에 따라, 최적 지점을 중심으로 변이효과를 결정하기 위해 분석되는 반면에, 시뮬레이션 방법은 다양한 외부 조건하에서 다양한 정책을 테스트함으로써, 전반적인 시스템 목적에 대한 그것들의 영향을 연구한다. 시뮬레이션은 의사결정 문제에 대한 탐색적 접근방법으로서, 프로세스를 재생산하거나 많은 가능한 결과들의 샘플을 얻는다. 즉 모델은 각 시뮬레이션 마다 다양한 패러미터와 다양한 의사결정 변수를 적용하여 반복함으로써 그 결과 최적의 것을 얻는 것이다.

이러한 시뮬레이션 방법은 수학 모델을 토대로 하며, 크게 두 가지 측면에서 분류되는데, 즉 정적 대 동적, 결정론적 또는 확률론적인 시뮬레이션이다. 정적 시뮬레이션(static simulation)은 시간측면에서 의존하지 않는 변수로 수행되는 반면, 동적 시뮬레이션(dynamic simulation)은 시간이 변함에 따라 변화하는 시스템을 포함한다. 한편 결정론적 시뮬레이션(deterministic simulation)은 확실성을 가지고 고정되고 알려진 변수와 패러미터를 수반하는 반면, 확률론적 시뮬레이션(stochastic simulation)은 변수와 패러미터가 확률론적 분포를 나타내는 것을 전제로 한다. 이러한 유형의 시뮬레이션은 확률론적인 문제를 해결하는 데 강력한 툴을 제공하는데, 무작위 변수를 하기 때문에 몬테카를로(Monte Carlo) 시뮬레이션이라고도 한다. 다음은 중요한 시뮬레이션 툴에 대한 정보이다.

표 7.13 주요 시뮬레이션 소프트웨어

소프트웨어	개발자 및 WWW	소프트웨어 유형	최적화 기능
LUCAS /GRASS	Dep. Of Computer Science, Univ.of Tennessee, www.cs.utk.edu/~lucas	Raster GIS	공간시뮬레이션 모델링
Spatial Modeling Environment (SME)	Center for Environmental Science, Univ.of Maryland, kabir.cbl.umces.edu/SME3	Raster GIS	공간시뮬레이션 생성

SIMULINK	Mathworks, Inc. www.mathworks.com	General-purpose simulation software	Interface to MatLab's Image processing and mapping toolbox
STELLA II	High Performance Systems, Inc. www.hps-inc.com	General-purpose simulation software	system dynamics diagram을 이용한 모델링

출처: Malcsewski, 1999, 74, Table 2.3을 수정

공간 의사결정 지원 시스템 Spatial Decision Support System: SDSS

공간 의사결정 지원 시스템은 사용자에게 실제 생활에서 발생하는 공간문제를 해결하고 공간 의사결정을 하는 데 도움을 주는 시스템이다. 일반적으로 공간 의사결정은 다양한 측면과 요소를 고려하여 결정되며, 결정과정에서 다양한 선택사항들이 존재할 수 있으며 이들 중에 가장 적합한 것을 결정할 수 있다. 이러한 공간 의사결정을 효율적으로 지원하는 시스템은 GIS의 가장 고급 기능이라 할 수 있다. 필요에 따라서는 GIS와 관련 여러 분야의 모델, 기술, 방법론 등이 통합되어 사용될 수 있으며, GIS 데이터를 토대로 다양하고 복잡한 처리 및 분석, 또는 공간 모델링 과정이 수반되기도 한다.

그림 7.40은 공간 의사결정 지원 시스템의 일반 구조를 보여준다. 공간 의사결정 시스템의 핵심은 일명 전문가 시스템(expert system)이며, 이 시스템과 관련하여 네 가지 요소가 존재하는데 DBMS, MBMS(Model Base Management System), 사용자, 전문가(expert) 등이다. 우선 공간 의사결정 지원을 위해 사용자의 문제 제기가 필요하며, 이때 문제 제기를 시스템에서 사용할 수 있는 방식으로 정리하고 체계화하여 구조화하는 등의 가공이 필요하기도 한다. 문제에 따라 데이터를 수집하거나 기존의 데이터에서 추출되는데 이러한 데이터들을 관리하는 시스템으로 DBMS가 필요하다. 한편 어떻게 문제를 해결하기 위한 모델을 설정할 것인가와 관련하여 기존의 모델들을 이용, 발전시키거나 또는 기존 모델을 이용하여 새로운 모델을 제시할 수 있다. 이때 모델들을 관리하는 시스템(MBMS)이 요구된다. 마지막으로 해당분야 또는 특정한 사안에 대한 전문 지식이 요구되기도 하며 전문가가 전문지식을 담당하게 된다.

그림 7.40 공간 의사결정 지원 시스템의 일반 구조

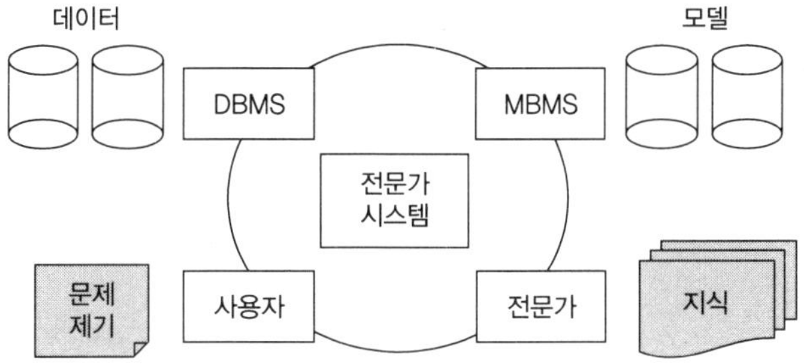

출처 : Leung, 1997, 7, Figure 1.2

3 원격탐사 이미지의 처리 및 분석

인공위성 이미지의 처리는 원격탐사 과정의 중요한 부분으로, 궁극적인 목적은 인공위성 등에서 얻어진 이미지 데이터를 처리하여 여러 분야나 분석 등에 사용가능한 데이터로 만들거나, 이후 다양한 목적을 가진 응용분야를 위해 처리를 수행하는 것이다. 원격탐사 이미지 데이터의 처리는 이미지 종류나 유형, 이용 목적, 관심 정보 유형, 처리하는 소프트웨어의 특성 등에 따라 다양하지만, 일반적으로 세 가지 유형, 즉 전처리(preprocessing), 정보 향상(information enhancement), 정보 추출(information extraction) 등으로 분류할 수 있다.

전처리 Preprocessing

원격센서를 이용하여 수집된 이미지 데이터가 다양한 분석이나 처리에 적용되기 전에 어느 정도의 전처리 과정이 필요하게 된다. 전처리 과정은 일반적으로 가공되지 않는 상태의 인공위성 이미지 데이터에 올바른 기하 정보를 제공하고 실세계의 좌표를 등록하여 올바른 좌표체계 정보를 데이터에 저장해둔다. 또한 분석을 위해 데이터의 복사 에너지와 관련한 부분에 대해 교정한다. 기하 교정과 관련하여 동일한 지역에 대한 이미지 데이터라도, 다른 시점에 얻어진 데이터들이 올바른 좌표값이나 투영법 및 좌표체계 정보를 가지지 않을 수 있다. 따라서 해당 지역에 대한 올바른 좌표정보와 좌표체계 정보 등을 이미지 데이터에 교정하여 저장해 주는 것이 필요하다. 또한 특정 지역에 대한 다양한 유형의 이미지 데이터들이 존재하게 되는데, 특정 분석이나 처리를 위해 이들 데이터들이 동일한 해상도와 단위 셀 크기로 조정되어야 하는 경우가 있다. 이때 재샘플링(resampling) 처리 과정[2]을 통해 이미지 데이터의 단위 셀 크기를 조정하여 공간 해상도를 변경할 수 있다.

두 번째로 복사 정보의 교정은 주로 동일 지역에 다양한 시간에 얻어진 다중 이미지 데이터를 전처리하는 데 사용되며, 이들 여러 시간에 걸쳐 얻어진 이미지 데이터를 함께 처리하기 위해서는 이들 데이터들이 동일한 복사 환경을 가져야 한다. 즉 대기환경의 다양성이 제거되어야 하며(구름이나 안개 등의 장애물 제거 등), 이미지에 적용된 태양의 각도 등도 동일하게 적용되도록 교정되어야 한다. 이외에도 올바른 이미지 데이터를 얻기 위해 이미지에 포함될 수 있는 잡티나 줄 등도 분석이나 처리 전에 제거되는 것이 바람직하다.

이미지 향상 Image Enhancement 기능

이미지 향상 기능은 한 신(scene)으로서의 이미지내에 존재하는 공간객체들 간의 구별을 명료화하거나, 분석에 필요한 특정 영역이나 범주의 값들을 추출 또는 부각시키는 목적을 위해 사용된다. 이미지 향상 기능으로는 대조 기능, 공간객체 조작 기능, 다중 이미지 조작 기능 등이 있다. 대조(contrast) 기능과 관련해서는 gray-level threshold, level slicing, constrast stretching 등의 방법이 있다. Gray-level slicing 방법은 한 이미지 신(image scene)을 DN값에 기반하여 두 개의 클래스로 나누어 이진 마스크로 만드는 것이다. 결과로 생성된 이미지는 다른 부가적인 분석이나 처리를 위한 마스크

---

2) 주로 사용되는 재샘플링(resampling) 방법으로는 최근린 재샘플링, bilinear interpolation, cubic convolution resampling 등이 있다. 최근린 재샘플링은 결과 이미지의 특정 픽셀의 DN값이 원래 이미지에 대응되는 가장 가까운 픽셀의 DN으로 부여되는 방식이며, 두 번째 bilinear interpolation 방법은 특정 픽셀과 가장 가까운 4개의 픽셀의 DN값들을 토대로 거리에 반비례한 평균값을 하여 부여하는 방식이다. 마지막으로 cubic convolution resampling 방법은 bilinear interpolation 방법과 유사하나 특정 픽셀에서 가장 가까운 16개의 픽셀을 사용한다는 점이 다르다.

(mask) 역할을 한다. 그리고 레벨 슬라이싱(level slicing) 방법은 한 이미지에 있는 다양한 범주의 DN값을 여러 개의 클래스(슬라이스)로 나누는 것이다. 즉 한 지역에 대한 정보를 지닌 이미지는 관련 지역의 공간 특성을 반영하는 다양한 DN값들로 저장되는데, 이들 DN값을 몇 개의 슬라이스로 나누어 이후 처리에 적용한다. 세 번째는 대조 스트레칭(constrast stretching) 방법인데, 대부분의 이미지는 제한된 범주의 DN값을 가지게 마련이며, 이를 정해진 범주에서 표현하는 경우 그만큼 작은 DN값의 차이를 구별하기가 힘들다. 따라서 이들 얻어진 이미지의 DN값들을 완전한 0-255 레벨로 확장하여 DN값을 다시 부여하는 것이다. DN값을 부여하는 방법은 크게 3가지가 있는데, 첫 번째는 원래 이미지가 가지는 DN값의 범주를 0-255 레벨로 선형 스트레칭(linear stretching) 하는 것이다. 두 번째 방법은 히스토그램-균등화 스트레칭(histogram-equalized stretch)으로서, 이미지가 가지는 DN값의 분포를 히스토그램으로 표현할 수 있으며, 이 히스토그램에서 나타나는 빈도 분포에 따라 DN값을 0-255 레벨로 스트레칭하는 것이다. 세 번째 방법은 특정 범주의 스트레칭(special stretch)으로서 원래 이미지의 특정 범주의 DN값들 만을 0-255레벨로 스트레칭하는 것이다.

그림 7.41 이미지 대조 스트레칭(Constrast Stretching) 원리

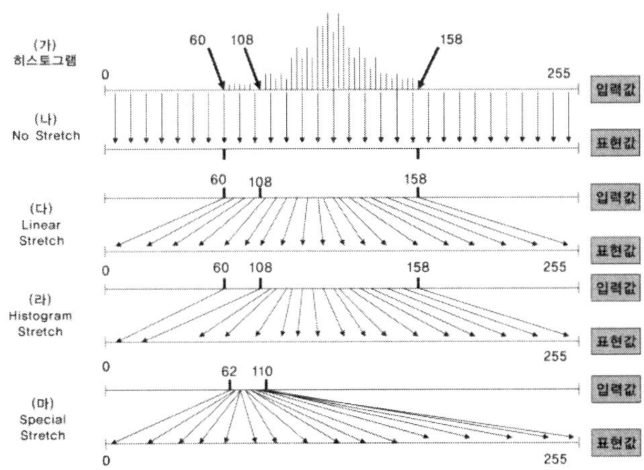

(가) 이미지가 지닌 셀값의 히스토그램 (나) No Stretch
(다) Linear Stretch (라) Histogram Stretch (마) Special Stretch

공간객체 조작 기능은 이미지상에 공간객체 특성이나 지표상의 변화를 반영하는 DN값들을 의미있게 만드는 것으로서, 대표적인 것으로 공간 필터(spatial filter) 방법이 있다. 공간 필터 방법은 특정한 값을 가지는 커널로서의 윈도우가 이미지상의 각 픽셀과 연산을 통해 새로운 이미지를 만드는 것이다. 이러한 공간 필터 기능 중 로-패스 필터(low pass filter)는 이미지상에 낮은 빈도의 공간객체를 강조하는 데 사용되며, 하이패스 필터(high pass filter)는 상세한 부분을 강조하는 데 사용된다. 또한 경계 강조 기능(edge enhancement)은 이미지상에서 공간객체들 간의 경계를 강조하기 위해 사용되며, directional first differencing 기능은 이미지내 인접한 픽셀들 간의 차이를 명료화하기 위한 것으로, 수직, 수평, 대각선 방향의 인접 픽셀간의 차이를 보다 명료화하기 위해 특정값을 가지는 커널 윈도우가 이동하면서 이미지내의 픽셀과 연산을 수행한다.

그리고 다중 이미지 조작 기능은 동일 지역에 대해 여러 시점에 걸쳐 얻은 이미지들이나 한 이미지내의 여러 밴드(band)간의 연산을 통해 의미있는 이미지 데이터를 생성하는 것이다. 대표적인 것이 spectral ratioing 기능인데, 동일 지역을 포함하는 한 이미지의 여러 밴드들 간의 비를 계산하는 것이다. 이는 각 밴드별로 지역에 대한 특성 정보를 반영하지만, 다른 전자기 스펙트럼 부분을 가지고 있다. 지역의 지형적 차이로 인한 태양 복사에너지의 차이가 이미지의 DN값에 반영되기 쉬운데, 스펙트럼비 계산을 통해 이러한 효과를 없앨 수 있다. 또한 다양한 이미지 밴드들의 연산을 통해 원하는 특성이나 값을 가지는 새로운 이미지 밴드를 생성할 수 있는 장점이 있다.

정보 추출

· **주성분 분석** Principal Components Analysis : 주성분 분석은 상이한 스펙트럼 밴드들을 변형하여 설명력있는 주성분으로서의 밴드를 생성하는 기법이다. 기존의 통계에서 사용되는 주성분 분석 방법을 이미지 데이터에 적용한 것인데, 여러 밴드들로 구성된 이미지들로부터 설명력있는 성분을 추출하기 위한 방법으로 변이를 가장 잘 설명하는 축을 만드는데 이를 주성분이라 한다. 첫 번째 주성분은 이미지 데이터가 가지고 있는 다양한 변이들에 대해 가장 큰 비율의 설명력을 가지며, 두 번째 주성분은 첫 번째

주성분이 설명하는 변이를 제외한 것들 중에서 가장 많은 설명력을 가진다. 이러한 방식으로 n번째 주성분이 만들어진다. 한편 서로 연속적인 주성분들끼리는 직교하는 특성이 있어 인접한 주성분들끼리는 서로 상관관계가 없다. 원격탐사에서 주성분 분석은 이후 이미지 분류 및 처리를 위해 의미있는 새로운 밴드들을 생성하는 데 사용된다.

· **테셀드 캡 변형** Tasseled Cap Transformation : 테셀드 캡 변형 방법 또한 기존의 이미지 밴드들을 이용하여 새로운 밴드들을 생성하는 것으로, 이 방법을 이용해서 brightness, greenness, yellow stuff, non-such라는 새로운 밴드를 생성한다. 이 중 처음 두 개의 밴드가 원래 이미지 밴드들이 나타내는 변이들에 대해 90% 이상을 설명하곤 한다. Brightness 밴드는 나지토양(bare soils)의 지표현상과 관련성을 가지며, greenness 밴드는 녹색 식생의 양과 관련된다.

· **IHS 변형** Intensity-Hue-Saturation Transformation : 이 방법은 색의 향상을 위해 기존의 이미지가 가지는 RGB(Red-Green-Blue) 방식을 IHS(Intensity-Hue-Saturation) 방식으로 변형하는 것이다. 변형을 위해 RGB가 가지는 큐브 모양의 모델을 평면으로 투영하여 육각형뿔 모델(hexcone model)을 만든다. 여기서 만들어진 명암(Intensity)은 색의 밝기와, 색상(Hue)은 색상과, 채도(Saturation)는 순수성과 관련된다. 이 육각형뿔 모델에서 면은 그레이 선(gray line)과 수직으로 존재하며, 큐브와는 탄젠트로 위치한다.

· **감독 분류 방법** Supervised Classification : 분류 방법은 원격탐사 분야에서 가장 많이 수행되는 절차인 동시에 결과가 다양하게 응용분야에 적용된다. 분류방법은 사용자가 분류 과정에 얼마나 참여하느냐에 따라 감독 분류와 무감독 분류 방법이 존재한다. 감독 분류 방법은 사용자가 분류과정에서 대화식의 방법으로 적절한 정보를 소프트웨어에 제공해 주는 방식이다.

그림 7.42 감독 분류(Supervised Classification) 과정

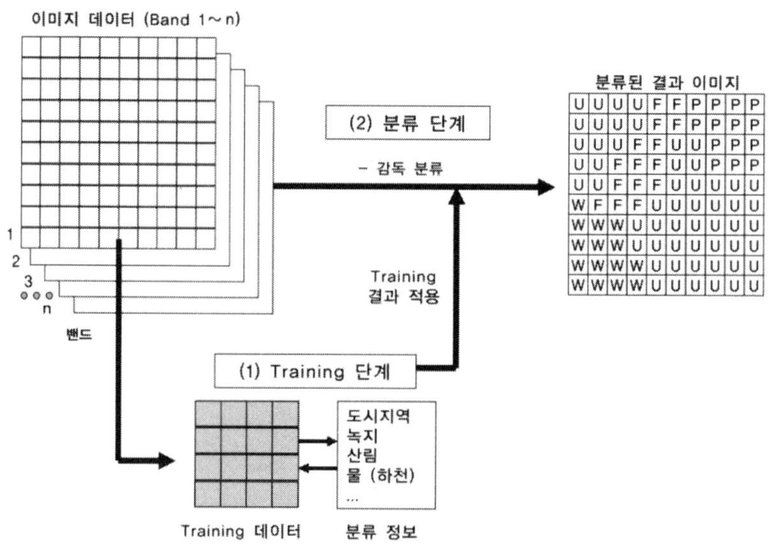

중요한 감독 분류 방법으로 최소거리 분류방법(minimum-distance classifier), 패러렐파이프 분류방법(parallelpiped classifier), 그리고 가우스 최대 가능성 분류방법(gaussian maximum likelihood classifier) 등이 있다. 이들 방법은 두 밴드들의 변이 분포를 xy 그래프상에서 디스플레이하면서 시작되는데, 한 축은 하나의 밴드를, 또 하나의 축은 나머지 밴드를 나타낸다. Xy 그래프상에는 다양한 변이들의 분포가 나타나며, 이들을 그룹화 알고리즘과 패러미터값에 따라 분류된다. 먼저 최소거리 분류방법은 각 밴드가 가지는 몇 가지 카테고리마다 평균(mean vector)을 구하고, 카테고리별 평균이 구해지면, 알려지지 않은 픽셀과 각 카테고리 평균과의 거리를 계산한다. 이들 거리 계산 중 가장 작은 값은 그 픽셀과 특정 카테고리 평균과의 거리가 가장 가까운 것을 의미하는데 그 픽셀을 가장 가까운 거리를 가진 평균이 있는 카테고리로 편입시킨다. 이러한 방식으로 카테고리화되지 않은 픽셀들을 최소거리를 가지는 평균을 가진 카테고리로 편입시키는 것이다. 이러한 방식은 간단하고 빠르게 수행되는 반면, 자칫 카테고리별로 가질 수 있는 변이의 다양성을 무시하는 단점이 있다. 두 번째 방법에 따르면, 이는 각 카테고리별로 변이들의 최소값과 최대값을 이용한 직사각형 영역을 생성한다. 그런 다음 알려지지 않는 픽셀이 특정 직사각형 영역 안에 포함된다면,

그 픽셀을 그 카테고리로 편입시키며, 만일 모든 직사각형 영역 밖에 존재한다면 미분류로 규정한다. 이 방법은 간단하고 빠른 알고리즘으로 변이에 대한 차이를 고려하는 장점은 있지만, 카테고리별 직사각형 영역들이 중첩되는 경우(카테고리별 상관성이 존재하는 경우) 비효율적인 단점이 있다. 세 번째 방법은 확률 개념을 이용한 것으로, 각 카테고리별로 평균이 존재하며 평균에서 멀어질수록 확률이 낮아진다. 따라서 카테고리별로 평균을 중심으로 확률 등치선을 가정할 수 있다. 그런 다음 알려지지 않은 픽셀은 여러 카테고리의 다양한 확률 값을 나타낼 수 있다. 이들 값을 비교하여 가장 높은 확률값을 가지는 카테고리로 편입되는 방법이다.

그림 7.43 이미지 분류 방법에 의한 공간사상 분류

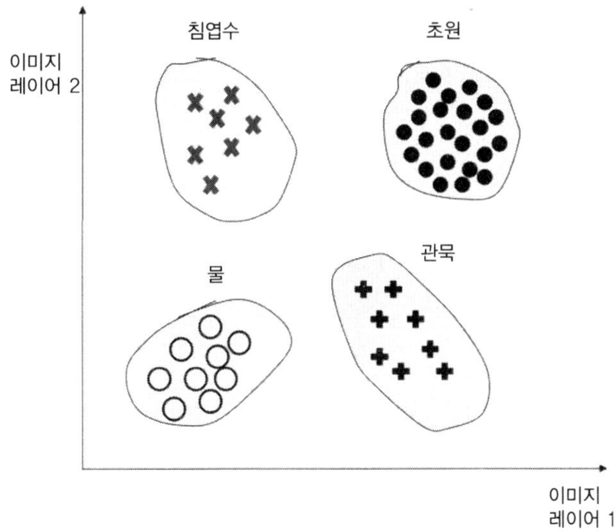

출처 : Groot and McLaughlin, 2000, 211, Figure 12.11

· **무감독 분류 방법** Unsupervised Classification : 이 방법은 사용자에 의한 개입을 최소화시키면서 분류하는 방법으로서, 분류하고자 하는 이미지에 대한 정보를 알기 힘든 경우에 많이 사용한다. 중요한 무감독 분류 방법으로는 체인 방법(chain method)과 ISODATA 방법이 있다. 체인 방법은 전통적인 방법으로서 두 가지 과정을 통해 분류를 수행하는데, 첫 번째 과정에서는 다양한 변이들을 그룹화하여 클러스터를 형성한 다

음, 클러스터들에 대한 평균을 계산하게 된다. 우선 픽셀들을 공간적으로 인접한 것들끼리 연속적으로 탐색한 후, 특정 거리(R) 내에 존재하는 점들을 묶어 하나의 클러스터로 결합시킨다. 이러한 클러스터링 방식이 계속되다가 한 클러스터내의 수가 일정한 수(N)에 도달하면 클러스터 결합을 멈춘다. 이러한 방식이 계속 진행되며 클러스터를 생성해 가는데, 만일 인접한 두 클러스터간의 거리가 정해진 거리(C)내에 있다면 두 클러스터가 합쳐지게 된다. 이러한 연산이 계속되다가 더 이상 변화가 없으면 클러스터 생성작업이 끝나게 된다. 이후 두 번째 과정에서는 각 픽셀을 최소거리 방법을 이용하여 적합한 클러스터에 할당한다. ISODATA 방법은 Interactive Self Organizing Data Analysis Technique의 약어로서, 반복 과정을 통해 계속 각 클러스터에 대한 평균계산 및 이에 따른 클러스터의 재계산을 하게 된다.

chapter 8

GIS의 주요 주제
: 시공간 GIS와 GIS 표준

1. 시공간 GIS (Spatio-temporal GIS) *325*

2. GIS 표준 *343*

1 시공간 GIS (Spatio-Temporal GIS)

시간과 공간 개념은 오랜 역사를 통해 주요 주제로 다루어져 왔으며, 지리학에서 다양한 접근으로 연구되어 왔다. GIS의 발전과 함께 GIS에서 공간뿐만 아니라 시간 개념을 함께 통합하려는 시도가 있어왔다. 이러한 연구와 더불어 시간 GIS(Temporal GIS) 또는 시공간 GIS(Spatio-temporal GIS) 등의 용어가 많이 사용되기 시작되었다. 시간과 공간을 함께 GIS에서 고려하려는 시도는 기존의 정적인 GIS 연구 경향을 벗어나, 보다 동적인 실제 세계에 보다 한 발자국 더 다가서려는 움직임이라 할 수 있다.

1) 시공간 GIS Spatio-Temporal GIS 란?

우선 시공간 GIS는 그 유래를 시공간 지리학(spatio-temporal geography) 또는 시간 지리학(time geography)에서 찾을 수 있다. 오래전 그리스 시대의 아리스토텔레스는 저서 『Physics』에서 시간과 공간에 대한 체계적인 이론을 정립하였고 이후 지리학자들은 다양한 지지 및 계통지리 연구에서 이 두 개념을 함께 고려하였다. 1950년대 이후로 지리학에서는 계량혁명을 통한 공간분석 등이 강조되면서 상대적으로 시간 개념이 공간보다 덜 중시되었다. 그렇지만 이러한 계량화된 분석 중심의 지리학 연구 경향에서도 공간 분포, 공간 패턴의 변화, 시간 변화에 따른 공간 프로세스 등이 주요 주제 중의 하나였다.

1960년대 중요한 시공간 연구로 헤거스트란트(Hagerstrand)의 시간 지리학(time geography) 연구를 들 수 있다. 헤거스트란트의 연구는 시간과 공간을 두 축으로 보고 시공간상에서 개인, 집단의 이동 및 변화를 경로화하여 표현하고자 하였다. 즉 시간과 공간을 하나의 축으로 보고 이 속에서 개인 및 집단의 시공간 프로세스를 도식화하려 하였으며, 또한 개인간의 시공간상에서의 만남, 개인 활동의 개념화, 시공간 이동의 경로화 및 경로 구조화를 통해 동적인 시공간 지리 연구를 제시하고 있다. 헤거스트란트(Hägerstrand)의 시공간 연구는 이후 지리학 연구에 중요한 영향을 끼쳤을 뿐만 아니라, GIS 분야에서 시공간 연구의 초석이 되었다.

1980년대 이후 GIS 분야에서도 시간 개념에 대한 관심이 많아지면서 시간을 GIS 연구에 포함시키려는 노력이 도입 되었다. 우선 GIS의 지도학 관점에서 시간 개념을 사용하였는데 가장 대표적인 것이 스냅샷 접근방법(snapshot approach)이다(Langran, 1992). 나중에 자세히 설명하겠지만 스냅샷 접근방법은 시점(temporal spot) 별로 공간 레이어가 구성되어 시점간의 공간 레이어 내용의 변화를 분석하려는 연구 경향이다. 다른 한편으로는 셀룰러 오토마타(cellular automata)를 이용한 GIS 연구인데, 즉 시간이 지남에 따라 공간 현상이 어떻게 변화하는지를 래스터 데이터 유형으로 분석, 시뮬레이션하는 연구 경향이다. 이후 최근 들어 셀룰러 오토마타를 이용한 연구는 시공간 시뮬레이션 연구에서 중요한 주제 중의 하나가 되고 있다. 다른 연구 경향으로는 GIS 데이터베이스 연구에 시간 개념을 도입하는 것으로서 일명 시점 데이터베이스(temporal database) 접근방법이다. 즉 GIS 데이터베이스를 디자인, 구축하는 과정에서 시간 개념을 적용하여 연구를 수행하게 되는데, 시공간 객체의 정의 또는 시점 데이터베이스 디자인 등 다양한 연구들이 이루어지고 있다. GIS에서 가장 중요한 연구는 시공간 측면을 고려한 데이터 모델에 대한 것으로 시공간 데이터 모델, 시공간 변화 모델에 대한 연구가 활발히 이루어지고 있다

2) 시공간의 개념

지리학과 GIS측면에서 볼 때 시간과 공간은 여러 특성이 있다.

첫 번째로 시간(time)과 공간(space)은 오랜 기간 동안 연구 대상이었는데 절대적인 측면과 상대적인 측면에서 살펴볼 수 있다. 절대적 관점(absolute perspective)에서 시간과 공간은 모든 것을 '담고 있는' 커다란 틀 또는 기본 축으로 여겨지는 반면, 상대적 관점(relative perspective)에서는 시간과 공간이 상호작용하면서 서로 밀접한 관련성을 가지는 것으로 여겨진다. 이때 절대적인 시간과 공간은 주로 큰 범위(macro scale)에서 상대적인 시간과 공간은 주로 작은 범위(micro scale)에서 고려된다.

두 번째는 GIS 데이터 모델에서 시간과 공간을 어떻게 규정할 것인지에 대한 것인

데, 전통적인 GIS 수행에서는 공간 데이터와 속성 데이터만이 고려되었으며, 시간 요소는 공간 데이터에 부가적인 요소나 시간 변화에 따라 공간 데이터 레이어들을 고려하는 측면이었다. 그림 8.1은 시공간 차원에 대한 예를 보여준다. 왼쪽 그림은 시간을 한 축으로, 2차원 공간을 두 축으로 하고 있다. 2차원 공간은 시간에 따라 시간 레이어(time layer) 개념으로 정의될 수 있으며, 시간 변화에 따라 레이어들이 여러 개 '쌓일 수 있다'. 이러한 관점은 전통적인 GIS 연구 경향에서 2차원 공간을 한 차원 더 확장한 개념이다. 오른쪽 그림은 실제 세계를 구성하는 지리적 사상을 시간(time), 공간(space), 속성(attribute) 3가지 요소로 표현하는 것이다.

그림 8.1 다차원에서의 시간, 공간 모형

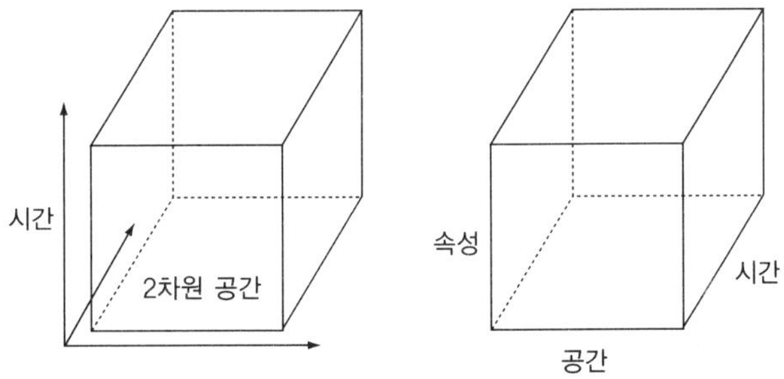

출처 : Ott and Swiazcny, 2001, 4, Figure 1.2

표 8.1 GIS에서의 차원 분류

차원	값		유형
2	X 좌표	경도	공간 (2차원)
	Y 좌표	위도	
3	Z 좌표	등고 또는 높이	공간 (3차원)
4	시간 좌표	시간 또는 시점 요소	시간 또는 시점
5	속성값	속성 데이터 값	속성 내용

출처 : Ott and Swiazcny, 2001, 54, Figure 2.29

표 8.1은 GIS에서 여러 차원의 분류에 대한 것을 보여주고 있다. 전통적으로 GIS에서는 X, Y 좌표 축을 기준으로 한 2차원 공간을 주로 규정하였다. 여기에 Z공간 좌표를 추가하여 3차원 공간 차원을 고려할 수 있다. 공간 차원에 다시 시간 좌표를 추가하여 4차원을 생성할 수 있으며, 속성을 하나의 차원으로 인정하여 5차원까지 확대할 수 있다.

세 번째 특성으로, 전통적인 GIS의 기능과 최근에 연구되는 시공간 GIS의 기능간에는 차이가 있다. 이러한 기능적 차이는 데이터 모델, 데이터 수집 및 저장, GIS 처리 및 분석, 지도화 및 시각화 등에서 과정과 결과가 다르게 나타난다. 시간 차원이 추가되면서 단순히 기존의 것이 더 복잡해진 것이 아니라 기존과는 전혀 다른 시각에서 이루어지는 것이 많다.

또 다른 시공간에 대한 특성의 비교는 표 8.2에서 보여준다. 시간 측면을 볼 때 공간상에서 공간사상에 해당하는 것이 버전(version)이며, 버전은 시간상에서 시작과 끝을 가지고 있으며, 특성으로 시간적 길이를 나타내는 지속(duration)이 있다. 그리고 공간사상이 좌표로 위치를 표현하는 것처럼 시간에서는 버전의 시작, 종료 날짜 또는 시간 등으로 표현된다.

표 8.2 시간, 공간 연구 패러다임 비교

구분	공간 (Space)	시간 (Time)
전반적 구성	지도 (레이어)	상태 (state)
샘플 단위	객체, 셀	날짜, 시간
구성 단위	객체, 셀	버전 (version)
구성 단위의 분리	객체의 경계 (boundary)	변화 (mutation)
구성 단위의 크기 측정	길이, 면적 등	지속 (duration)
구성 단위의 위치 표현	공간 좌표	날짜, 시간

출처 : Langran, 1992, 32, Table 3.1

이러한 시간 측면의 패러다임은 공간 위상구조처럼 시간 위상구조(time topology) 정보를 가지고 있다. 즉 시간상에서 엔터티인 버전(version)간의 시간 관계(time relationship)를 표현하는 정보인데, 그림 8.2에서 보는 것처럼 객체들마다 서로 다른 버전(version)들로 구성된다. 또한 특정 객체에 시간 버전들이 연속하여 있을 때 버전들이 바뀌는 경우, 시점변화(mutation)가 발생한다. 서로 다른 객체들은 하나의 지도로 표현할 수 있는데 이는 공간 측면에서 서로 다른 공간사상들을 함께 지도에 표현하는 것과 같다. 시간 위상구조 정보는 버전별로 시작 시점(start time), 종료 시점(end time), 그리고 그 지속 (duration) 동안에 존재하는 객체들에 대한 정보를 가지게 된다.

그림 8.2 시간 위상구조(time topology)의 예

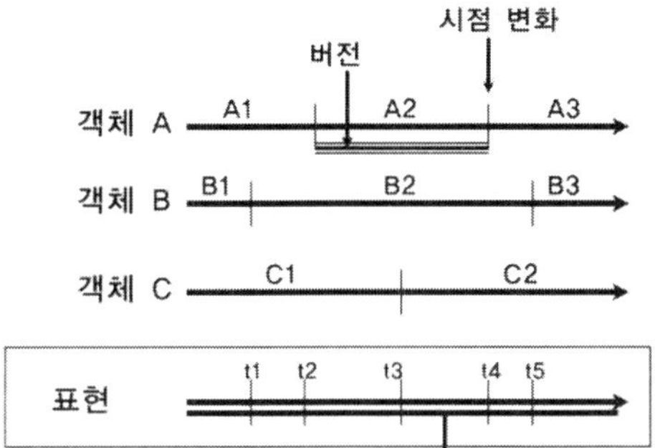

시작 시점	종료 시점	객체
t3	t4	A2, B2, C2

출처 : Langran, 1992, 32, Table 3.1

그렇다면 공간 측면에서 공간사상의 시간적 변화를 어떻게 표현할 수 있을까? 그림 8.3은 실세계의 공간사상과, 이를 추상화한 공간객체를 비교하여 시간적 변화의 표현 방식을 보여준다. 우선 공간사상은 시간 변화에 따라 그 위치가 변하거나 새로운 공간사상이 생성 또는 제거될 수 있다(위의 세 그림). 이를 공간객체로 표현하면(아래 세 그림), 점, 선, 폴리곤 등으로 나타나는데, 그 공간객체의 위치 좌표 정보는 시간 변화에 따라 없어지지 않고 저장된다. 따라서 지도로 표현하는 데 있어서 공간사상의 측면에서 볼 때 시간이 지남에 따라 각 시점에서의 공간사상의 위치, 속성 표현 등이 이루어지는 반면, 공간객체 표현은 물리적인 유지관리, 저장을 위해 시점별로 구성되는 레이어의 변화들을 다 가지게 된다.

그림 8.3 공간객체(spatial object)와 공간사상(spatial feature)별 시공간 표현 차이

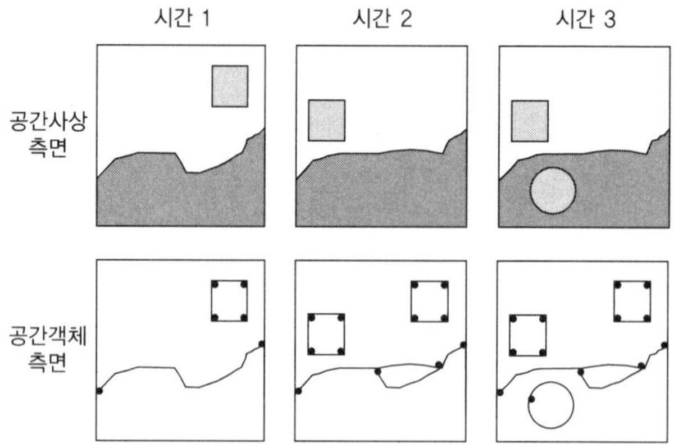

출처 : Langran, 1992, 53, Figure 4.8

3) GIS의 시간 모델

GIS에서 시간을 개념화하는 여러 방식들이 있는데, 여기서는 위치 중심의 모델(location-based model), 엔터티 중심의 모델(entity-based model), 시간 중심의 모델(time-based model) 등을 다룬다.

위치 중심의 모델 Location-Based Model

위치 중심의 모델(location-based model)은 일명 스냅샷 접근방식(snapshot approach) 이라고도 하며, 2차원 GIS에서 공간 레이어 단위를 수행하는 데 많이 사용되고 있다. 즉 시간의 시점마다 공간 레이어가 존재하며, 시간이 지남에 따라 동일지역에 여러 공간 레이어가 일종의 스냅샷(snapshot)처럼 존재한다. 이러한 일련의 레이어들이 모여서 시공간 변화를 표현해준다. 이 모델은 대부분의 경우 래스터 데이터 유형에 잘 적용되는데, 즉 복잡한 벡터 공간객체들의 시공간 표현보다는 동일한 데이터 구조를 가지는 래스터 데이터 레이어들에 적용함으로써 보다 쉽게 시공간 변화를 파악할 수 있다. 이 모델은 가장 간단하면서 손쉬운 방식을 채택함으로써 기존 GIS에서 많이 사용되어 왔다. 또한 쉽게 기존 데이터를 적용할 수 있다는 장점이 있다. 그러나 데이터 용량이 큰

반면, 그 데이터 변화의 양이 작을 경우 비효율적이며, 시공간 변화가 래스터 셀 단위로 저장됨으로서 실제 객체의 변화를 반영하지 못할 수 있다. 이러한 래스터 레이어 방식을 보완하기 위해 여러 연구들이 수행되었는데, 예를 들어 한 셀이 하나의 속성 변화값을 가지는 것이 아니라 여러 속성값(가변 속성 리스트) 들을 가질 수 있도록 한다.

엔터티 중심의 모델 Entity-Based Model

엔터티 중심의 모델(entity-based model)에서는 공간 변화가 위치(location)와 관련되는 것이 아니라 공간 엔터티(spatial entity)와 관련된다. 즉 공간 엔터티가 주 핵심이며, 공간객체 단위로 시공간 변화를 고려하여 저장, 표현한다. 물리적인 표현에서는 래스터 데이터 유형보다는 벡터 데이터 유형이 사용되며, 각 공간 엔터티 단위로 기하 변화, 속성 변화 등이 다루어진다. 이 모델에서는 시간 변화는 엔터티의 속성으로 취급되며, 공간 변화는 위상구조 등이 적용되어 다루어지기도 한다. 이 모델은 개별 엔터티 단위로 시공간 변화를 다루기 때문에 보다 명료한 구조를 가지며, 엔터티의 위상구조 변화를 표현하는 데 적합하다.

그림 8.4는 엔터티 모델을 이용하여 시간 변화에 따른 객체를 심볼화하여 보여주고 있다. 그림에서 객체는 시공간상에 존재 하거나(가), 또는 전혀 존재하지 않을 수 있으며(나), 때로는 부재하지만 과거 기록이 있을 수 있다(다). 또는 엔터티 정체성이 변화할 수 있다. 시간이 지남에 따라 존재하였던 엔터티가 존재하지 않을 수 있으며, 또는 부재하였지만 과거 기록이 있던 엔터티가 생성될 수 있다.

엔터티 중심의 모델을 구현하는 데 객체지향 접근방식(object-oriented approach)이 많이 사용되고 있다. 즉 엔터티 단위로 시공간 변화를 다루며, 객체는 통합적 요소로서 속성, 방법, 공간 관계 등을 효율적으로 다룰 수 있는 장점이 있다.

그림 8.4 엔터티의 시간 변화를 위한 심볼 유형

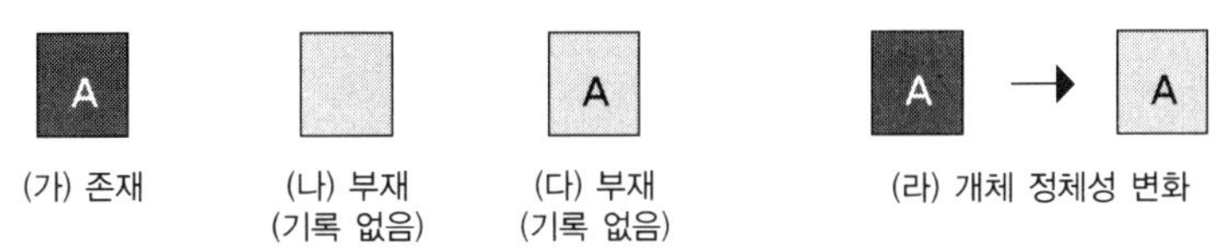

시간 중심의 모델 Time-Based Model

시간 중심의 모델(time-based model)은 시공간 변화에서 시간에 초점을 두고 있다. 즉 시간과 관련된 변화에 비중을 두어 표현하는데, 시점 순서(temporal order), 시간 구간(temporal interval), 시점 위상구조(temporal topology) 등에 적용하여 시간 변화를 저장하고자 한다. 물론 시간 측면에서 저장된 변화들이 위치, 엔터티와 관련될 수 있다. 그러한 변화들도 시간상에서 배열되며, 배열된 시간적 순서에 따라 저장, 유지관리된다.

4) 시공간 데이터 모델 Spatio-temporal Data Model

지금까지 다양한 시공간 데이터 모델들이 제안되어 왔다. 어떤 모델은 시공간상에서 공간사상(spatial feature)을 하나의 객체(object) 또는 엔터티(enitity)로 표현한다. 이는 GIS 데이터 모델에서 볼 때 일관성을 가지는 것으로, 개념적 모델(conceptual model)에서 엔터티를 사용하며, 논리적 모델(logical model)에서 객체(object)로 표현된다. 한편 시간 측면에서 볼 때, 시간 특성(time property)을 속성(attribute) 또는 객체의 일부로 간주한다. 시공간 GIS의 개념적 차원에서의 데이터 모델은 레이어 모델(layer-based model), 기본-보완 레이어(base state with amendment) 모델, 시공간 복합(space-time composite) 모델, 시공간객체(spatio-temporal object) 모델, 객체-관계(object-relational) 모델 등이 있다.

레이어 모델 Layer-Based Model : 스냅샷, 시간 슬라이스

레이어 모델(layer-based model)은 스냅샷(snapshot), 시간 슬라이스(time slice)라고도 불리는데, 즉 2차원 공간으로 공간 레이어가 구성되며, 그 공간 레이어는 특정 시점(temporal spot)에서의 공간사상을 담고 있다. 시간 흐름에 따라 이러한 공간 레이어는 하나가 아니라 여러 시점에 따라서 복수의 레이어들이 존재하는데, 동일지역의 레이어들이 연속되면서 일련의 시간 스냅샷 효과를 가진다. 따라서 단일 레이어는 공간 정보를, 그리고 레이어의 연속은 시간 측면을 가지고 있으며, 이들이 통합되어 연속적인 시공간 변화를 표현하게 된다. 레이어 모델은 논리적으로 래스터 또는 벡터 데이터 모델이 사용될 수 있으며, 이때 공간객체나 셀이 속성을 가지게 되고, 시공간 변화에 대한 정보를 포함하게 된다.

그림 8.5는 레이어 모델에 의한 시공간 변화를 보여주고 있다. 즉 공간 레이어에는 도시지역과 농촌지역이 존재하는데, 시간이 지남에 따라(T1 → T2 → T3 → T4), 도시지역과 농촌지역의 공간 변화가 이루어지고 있다. 이는 연속적인 시점에서의 레이어 비교를 통해 변화를 알 수 있다. 각 레이어는 이러한 시공간 변화를 포함하고 있다. 물론 레이어에는 시공간 변화 정보만 존재하는 것은 아니고, 변화하지 않는 정보도 포함하고 있다. 이 모델은 간편하고 쉽게 구현될 수 있기 때문에 많이 활용되고 있다. 다만 변하지 않는 정보도 레이어에 포함되기 때문에 중복되어 저장되는 번거로움이 있고, 시점단위로 레이어가 저장되므로, 특정한 공간사상의 변화가 발생한 시점이 다른 경우 변화 시점과 레이어 시점이 불일치함으로해서 잠재적인 문제가 발생할 수 있다.

그림 8.5 레이어 스냅샷 모델

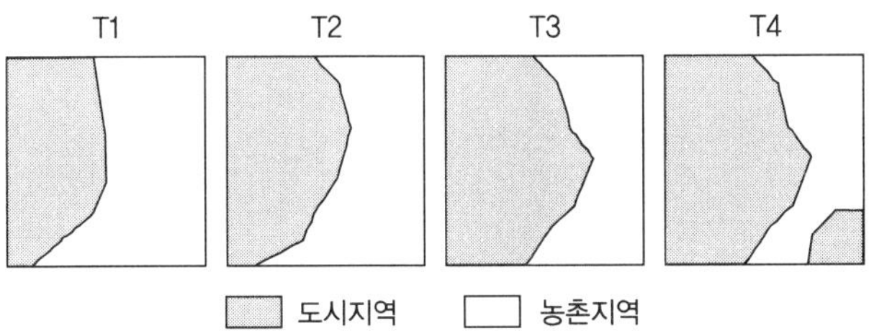

출처 : Langran, 1992, 39, Figure 3.4

기본-보완 Base State with Amendment 레이어 모델

기본-보완(base state with amendment) 레이어 모델은 위에서 언급한 레이어 모델과 유사하지만 보완 정보만이 다루어진다는 점에서 차이가 있다. 즉 기본적으로 레이어 모델을 채택하고 있는데, 연속적인 시점들에서 공간 레이어들이 생성된다. 그런데 이 모델에서는 각 공간 레이어가 포함하는 내용은 모든 공간사상의 정보가 아니라, 바로 이전 시점의 공간 레이어 내용과 차이가 되는 변화만을 다음 레이어에 포함한다.

그림 8.6은 이 모델에 대한 예를 보여주고 있다. 첫 번째 시점(t1)의 공간 레이어는 변화 이전의 공간사상을 포함하고 있다. 그런데 시간이 지남에 따라 공간 변화가 이루어지는데, 다음 시점(t2, t3, t4)에서는 각 변화 자체만을 레이어에 포함하고 있다. 이 모델을 이용함으로써 시점 구조(temporal structure)가 명료하고, 변화와 관련없는 불확실한 부분이 금방 확인되기 때문에 에러에 대한 관리가 손쉬워진다. 그리고 필요한 변화 부분만을 저장하기 때문에 데이터 저장의 중복을 막을 수 있는 것이 가장 큰 장점이다.

그림 8.6 기본-보완 레이어(base with amendment) 모델의 예

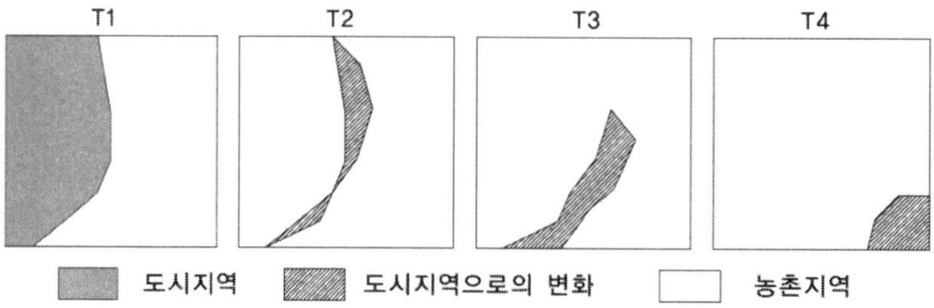

출처 : Langran, 1992, 40, Figure 3.5

시공간 복합 Space-Time Composite 모델

위의 기본-보완 모델은 시공간 변화와 관련하여 공간객체의 기하학적 변화에 초점을 두어 변화 부분별로 레이어에 저장하는 방식이었다. 시공간 복합(space-time composite) 모델은 한 단계 더 나아가 시공간 변화의 부분들이 개별 객체처럼 여겨진다. 즉 변화의 각 부분들은 원래의 공간객체와 분리하여 존재하며, 그 부분 자체가 하나의 개별 객체(discrete object)로 정의되며 자체의 기록을 가진다.

그림 8.7은 시공간 복합 모델의 예를 보여준다. 시점 T1에서 시점 T4까지 시간 흐름이 있으며 이 시기 동안 지역 변화가 있다. 왼쪽의 지도는 변화없는 폴리곤 1개와 서로 다른 시점에서의 변화를 가진 폴리곤 3개가 함께 존재한다. 각 폴리곤은 하나의 개별 객체로 표현되며, 각 객체는 속성으로서 시간 변화에 따른 속성 변화를 보인다. 시공간 복합 모델은 객체 단위로 시공간 변화 부분을 다룬다는 점에서 장점을 가지고 있다. 실세계에서 많은 시공간 변화들을 객체단위로 표현할 때 더 효율적일 수 있다.

그림 8.7 시공간 복합(space-time composite) 모델의 예

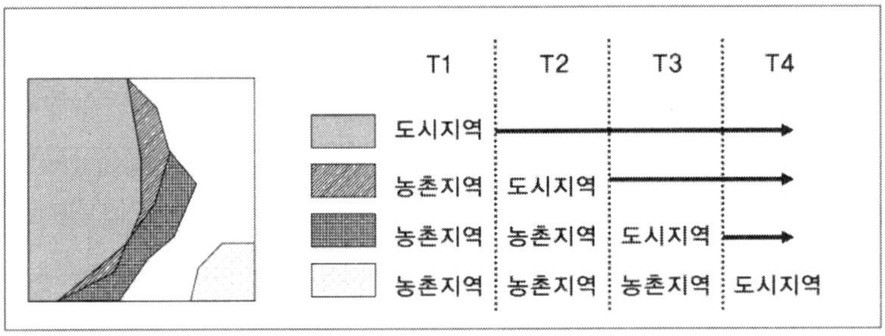

출처 : Langran, 1992, 41, Figure 3.6

시공간객체 모델 Spatio-Temporal Object Model

시공간객체(Spatio-temporal objects)는 3차원 공간상에서 시간 흐름에 따라 엔터티의 공간 변화를 시간과 함께 다룬다. 따라서 객체는 공간 측면뿐만 아니라 연속적인 시간 측면에서 다루어지는데, 시간 변화가 있기 전까지의 기간은 연속적인 것으로 간주되며 객체는 시공간상에서 막대바와 같이 연속적인 경로 표현으로 객체의 시공간 변화를 다룰 수 있다.

한 단계 더 나아가서 객체-관계(object-relational) 모델이 있는데, 이 모델에서는 유사한 객체들을 하나의 클래스로 그룹화하며, 위계적인 구조 관계에서 객체들을 조직화한다. 이러한 모델은 데이터 구조에 있어서 일관성을 가질 수 있고, 데이터 저장의 중복을 막을 수 있다. 기존의 레이어 모델과 비교할 때, 객체 모델은 객체들 간의 공간 관계를 직접 다룰 수 있으며, 공간객체를 위계적 구조로 구성함으로써 보다 체계적인 방식을 가질 수 있다.

5) 시공간 변화에 대한 접근방법

시공간 변화에 접근방법은 여러 가지가 있다. 여기서는 7가지 방법을 살펴보는데, 즉 시점 점형 지도(Temporal point maps), 색인 방법(Gazetteer method), 래스터 셀 방법(Raster cell spatio-temporal GIS), 과거 포함 현재 스냅샵(Past in present snapshots), 시간 슬라이스 중첩(Time slice overlay) 방법, 최소 공유 기하학 방법(Least common geo-metries method), 가상 객체 방법(Pseudo-object GIS) 등이다.

시점 점형 지도 Temporal Point Maps 방법

점(point) 형 데이터 유형은 시공간 GIS에서 가장 많이 사용되는 데이터 유형으로서 시공간 변화를 모델화하고 표현하는 데 가장 쉽고 간편하다. 즉 공간객체를 점형 데이터로 표현하며, 시간적 변화를 지도화하는 데, 다음과 같이 4가지 방법에 의해 데이터 획득이 가능하다. 첫 번째는 속성 데이터처럼 점의 x, y 좌표 정보가 속성처럼 입력되는 것이며, 두 번째는 디지타이징 과정을 거쳐 데이터가 입력된다. 세 번째는 면형 공간객체에서 점을 생성하는 방법(중심점을 구하여 이를 점으로 생성), 네 번째는 주소 매칭 방법(address-matching method)을 이용하여 점을 생성하는 방법이다. 이렇게 입력된 점형 공간객체는 시간적 변화 정보를 가지는데, ① 사건이 발생한 시점(temporal point) ② 두 시점간의 변화, ③ 시간적 연속(temporal sequence)이다.

그림 8.8은 시점 점형 지도의 예를 보여준다. 왼쪽 그림에서는 하나의 객체가 시간이 지남에 따라 공간 위치가 변하고 있다. 이러한 시공간 변화를 한 지도상에서 각 시점에서의 점 위치의 변화를 함께 보여주고 있다. 반면 오른쪽 그림은 여러 공간사상 클래스들을 원, 사각형, 마름모의 심볼로 표현되며, 서로 다른 기간 동안의 변화를 표현하고 있다.

그림 8.8 시점 점형 지도의 예

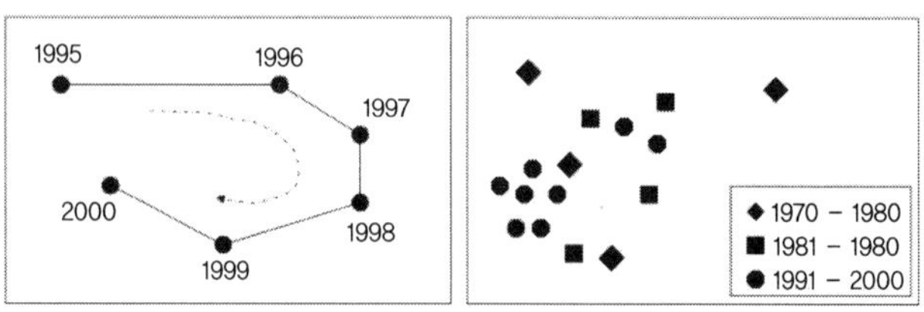

(가) 시간 변화에 따른 단일 객체의 변화 (나) 특정 기간 동안의 여러 객체의 특성

출처 : Ott and Swiaczny, 2001, 109, Figure 4.17 & 4.18

지명 색인 Gazetteer 방법

지명 색인(Gazetteer)방식은 지역, 장소와 결부된 지리적 이름(geographic name)과 관련이 있다. 일반적으로 오랜 시간을 통해서 지리적 위치나 사상에 대해 고유한 이름이 부여되지만, 그 이름이 동일하게 유지되지 않고 여러 이름으로 다르게 불릴 수 있다. 동일한 지리적 대상에 대해 서로 다른 이름들이 사용되었다면, 이 정보를 데이터화하고자 할 때 그 대상에 대한 ID를 확인하기 어려울 수 있다. 따라서 이름 색인 방식에서는 동일한 지리적 대상에 대한 이름 정보를 리스트화하여 기록한다.

실제 데이터를 다룰 때 동일한 지리적 대상이 중복되어 저장되거나(실제로는 하나이지만), 또는 다양한 공간 축척에서 다른 이름들이 사용될 수 있거나, 또는 이름 정보를 입력할 때의 에러 등의 경우가 많다. 시간이 지남에 따라 동일한 지리적 대상의 이름을 확인하는 여러 방법이 있는데, ① 지리적 대상의 공간 위치가 동일하거나 유사한지 확인하거나 ② 주변 지리적 대상과의 공간 관계를 토대로 유추하거나 ③ 지리적 대상의 이름을 역사 문헌 등을 통해 동일 여부를 확인하는 등 여러 방법이 존재한다. 이렇게 확인된 지리적 대상은 고유한 ID를 부여받으며, 관련 시공간 변화 정보를 데이터베이스에 입력, 저장한다. 이 지명 색인 방법은 시간차원의 통계 데이터나 센서스 데이터 등을 이용하여 지리적 대상의 역사적 변화를 살펴보는 데 많이 사용된다.

래스터 셀 방법 Raster Cell Spatio-Temporal GIS

벡터 데이터 유형으로 시공간 변화를 표현하고 처리하는 것은 상대적으로 복잡하고 제약이 많다. 반면 래스터 방식을 사용할 경우 이러한 제약과 문제를 쉽게 극복할 수 있다. 따라서 벡터 데이터 유형으로 된 시공간 변화 정보를 래스터 유형으로 변환하여 데이터 구축하는 과정이 많이 사용된다. 예를 들어 시공간 변화 정보를 가지는 일련의 벡터 레이어들은 래스터 레이어들로 변환되며, 레이어내의 각 셀들은 시공간 변화와 관련된 속성값을 가지게 된다. 그리고 동일한 셀 및 레이어 구조를 가지고 있는 래스터 데이터 구조는 시공간 변화를 위한 처리 및 분석에 있어서 빠른 수행능력을 보인다. 그렇지만 객체단위로 시공간 변화를 보여주지 못하고 위치 중심으로 시공간 변화 정보를 보여준다는 단점이 있다.

그림 8.9는 래스터 데이터 방식으로 시공간 변화를 저장하는 세 가지 예를 보여준다. 첫 번째 그림은 레이어인 스냅샷에 속성값을 저장하고 있는 방식이며(가), 두 번째 그림은 각 셀위치별로 속성값을 리스트하여 저장하는 방식이다(나). 세 번째 그림은 스냅샷 방식은 유사하지만 모든 속성값을 저장하는 것이 아니라, 변화된 속성값만을 해당 시점의 레이어에 저장하는 방식이다(다).

그림 8.9 래스터 데이터의 저장 방법

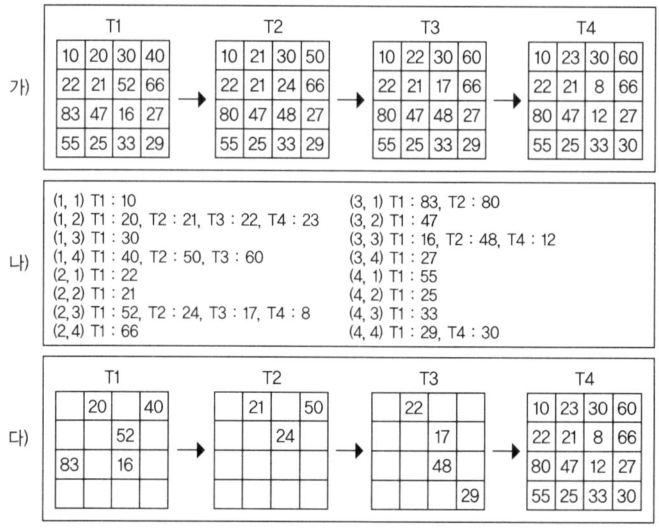

(가) 연속된 스냅샷(snapshot)을 저장 (나) 셀 값의 리스트 방식으로 데이터 저장
(다) 변화된 정보만 스냅샷에 저장하는 방식

출처 : Langran, 1992, 79, Figure 6.5

과거 포함 현재 스냅샷 Past in Present Snapshots 방법

과거 포함 현재 스냅샷(Past in present snapshot) 방식은 기본적으로 스냅샷 방식과 유사하다. 그러나 차이는 현재 스냅샷에는 현재의 속성을 저장할 뿐만 아니라, 과거의 속성도 저장한다는 점이다. 즉 지리적 대상의 연령(age), 발생 시점(creation time) 등의 정보를 저장하는 데 유용하게 사용된다. 예를 들어 도시지역의 발달을 시간이 지남에 따라 도시영역 폴리곤들을 한 지도에 함께 표현하여 변화 과정 및 패턴을 볼 수 있으며, 지형 변화와 관련하여 시공간 변화를 한 지도 (레이어)에 표현하는 것이 효율적일 수 있다.

시간 슬라이스 중첩 Time Slice Overlay 방법

시간 슬라이스 중첩(Time Slice Overlay) 방법은 서로 다른 시점의 레이어(슬라이스)를 중첩하는 방법으로, 이 방법을 통해 개별 레이어가 가지는 벡터 데이터의 변화를 다룬다. 예를 들어 두 시점에서 폴리곤의 경계가 바뀌었다면, 이 두 레이어를 중첩함으로써 경계 변경에 따른 정보를 계산할 수 있다. 중첩의 결과로 새로운 폴리곤이 생성될 수 있으며, 이 폴리곤에 대한 속성 부여도 두 시점의 폴리곤 형상 및 속성 정보를 이용하여 이루어진다. 그림 8.10은 이 방법의 예를 보여주고 있다. 위의 두 레이어는 시점 1, 2에서의 공간 레이어를 보여준다. A, B 두 개의 폴리곤이 있는데 시간이 지남에 따라(시점 1 → 시점 2) 변화가 발생하였다. 이러한 변화를 처리하기 위해 두 시점 레이어를 중첩(overlay)하면, 결과로 세 개의 폴리곤이 만들어진다(그림 8.10의 아래 부분). 이들 세 폴리곤은 두 시점간의 변화에 의해 만들어진 것이다. 다음 문제는 생성된 폴리곤에 속성을 어떻게 부여할 것인지와 관련하여, 여기서는 폴리곤의 면적 정보에 기초하여 속성값을 재계산한다.

그림 8.10 시간 슬라이스 중첩 방법 (Time Slices Overlay)

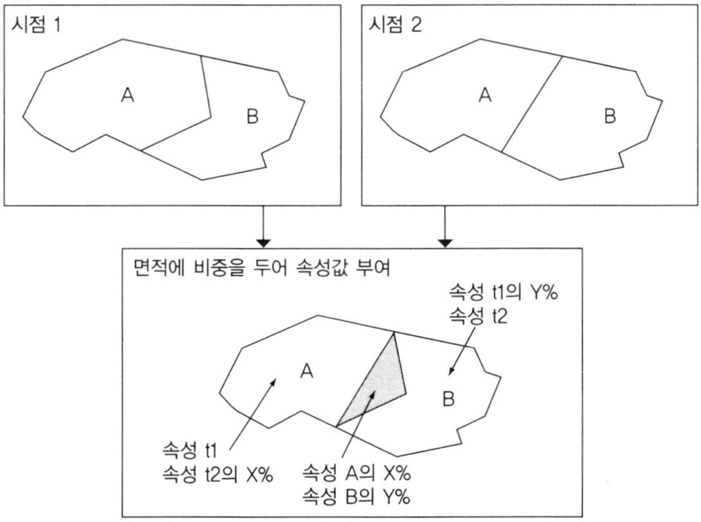

출처 : Ott and Swiaczny, 2001, 119, Figure 4.26

최소 공유 기하학 Least Common Geometries 방법

최소 공유 기하학 방법은 준연속적인 시공간 복합(a quasi continuous space-time composite) 방법을 토대로 시공간 변화에 따른 결과에 대해 최적으로 기하 정보를 표현한다. 연속적인 시공간 복합은 시간 슬라이스뿐만 아니라 연속적인 변화를 다루며, 레이어 유형의 데이터에 효율적으로 적용된다. 시간 변화에 따라 시점별 레이어가 존재하며, 레이어에는 다양한 공간객체들이 포함된다. 공간객체의 기하학적 변화가 수반되는 경우, 이러한 공간 변화의 최적을 다루기 위해 최소 공유 기하 방법이 사용되는데, 레이어 중첩을 통해 폴리곤들 간의 분할이 이루어지며 새로운 위상구조 생성과 더불어 새로운 폴리곤들이 생성된다. 이때 생성된 폴리곤들의 정보를 시공간 변화 관점에서 효율적으로 관리해준다.

이 방법을 수행하는 과정은 다음과 같다. 첫 번째로, 폴리곤 경계의 정보가 시점 별로 입력되어 시점별로 레이어가 생성된다. 그 다음 단계로 처음 두 시점 레이어간에 중첩을 하며, 그 결과 새로운 폴리곤들이 생성되며 데이터베이스에 저장된다. 그 결과와 다음 시점의 레이어와 중첩을 수행하며 그 결과를 그 다음 시점의 레이어와 중첩한다. 이러한 과정을 반복하면 최종적으로 하나의 결과 레이어가 생성되며 모든 중첩에 따라 생성된 폴리곤들과 폴리곤 정보가 저장된다. 이때 마지막 레이어는 폴리곤의 변화와 관련하여 중복이 없는 효율적인 데이터 저장을 하게 된다.

그림 8.11은 이 방법의 예를 보여준다. 시점 1과 2의 레이어가 존재하며, 폴리곤 A와 B가 경계를 공유하고 있다. 시간이 지나면서 폴리곤의 경계가 변하였는데, 중첩을 통해 새로운 레이어가 생성되었으며, 기존의 A, B 폴리곤 외에 새롭게 폴리곤 C가 생성되었다. 결과 레이어는 폴리곤 경계와 관련한 모든 변화 정보를 가지고 있으면서도 시점별 레이어 정보를 가지고 있다.

그림 8.11 최소 공유 기하학 방법

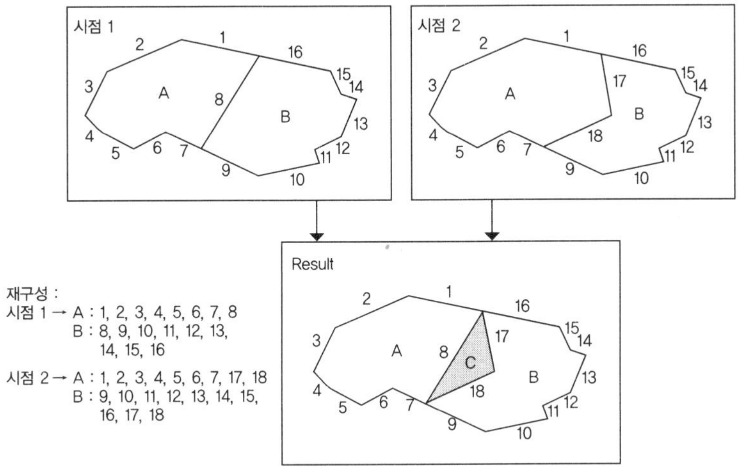

출처 : Ott and Swiaczny, 2001, 122, Figure 4.27

6) 시공간 변화의 검색 및 처리

시공간 GIS에는 다양한 처리와 검색 및 분석 방법들이 있으며 이들은 질적(qualitative), 양적(quantitative), 시각적(visual) 측면을 띤다. 질적 측면에서는 전반적인 시공간 변화의 패턴이나 분포를 기술적으로 표현하거나, 또는 개별 객체 유형의 시공간 변화를 역사적 관점에서 다룰 수 있다. 주로 계량화하기 힘든 고유한 특성을 가진 객체나 측정 수준이 명목척도(nominal scale)인 데이터 유형을 다룰 때 여기에 해당하게 된다. 두 번째는 양적 측면인데, 시공간 GIS의 대다수가 이 유형에 속할 정도로 많은 방법과 알고리즘 등이 개발되어 왔다. 대표적인 예로 시공간 데이터베이스 구축을 통해 다양한 시공간 변화의 통계 처리 및 검색이 가능하며, 셀룰러 오토마타, 3차원 경로 분석 등 다양한 계량적 모델들이 제안되었다. 마지막은 시공간 변화를 효율적인 방식으로 시각화(visualization)하는 방법이다. 시각화(visualization)는 매우 중요한 GIS 주제 중의 하나이며 지도학에서도 핵심 주제이다. 단순히 2차원 평면 공간을 넘어서 다차원 측면을 고려한 변화를 어떻게 효율적으로 표현할 것인가는 처리 및 분석 못지않은 중요한 일이다. 효율적인 시각적 표현에 따라 이전에는 불가능하였던 동적인 시공간 특성이나 패턴을 파악할 수 있다.

컴퓨터 기술이 발전되면서 다양한 시각화 기법이나 도구들이 개발되어 왔고, 이들 중 많은 것들이 GIS에 적용되거나 결합되기도 하였다. 우선 시공간 측면을 시각적으로 표현하기 위해 3차원 렌더링 모델, 가상 공간 내비게이션 모델, 3차원 그래프 및 지도 표현 기법, 인터넷상의 3차원 시공간 표현 기법 등이 개발되고 있다.

그림 8.12는 간단한 시공간 질의검색의 예들을 보여주고 있다. 그림 (가)는 특정 시점과 공간에서의 객체 특성을 파악하기 위한 검색이며(예, 특정 시간에 특정 위치에 있는 공간사상의 특성 파악), 그림 (나)는 특정 기간동안 (두 시점 사이) 특정 점 P를 포함하고 있는 폴리곤 검색이다(예, 특정 점 위치를 포함한 여러 폴리곤들이 시간이 지남에 따라 변화되었는데 어떤 시점에 어떤 폴리곤이 그 점 위치를 포함하는지에 대한 검색). 그림 (다)는 특정 객체가 시간이 지남에 따라 공간 위치가 변화하는지를 파악하는 검색이며(예, 자동차가 시간이 지남에 따라 공간 위치가 바뀌는 것에 대한 검색), 그림 (라)는 특정 크기 이상의 폴리곤을 검색하여 이들 폴리곤들의 시공간 특성을 파악하는 것이다. 그림 (마)는 시간이 지남에 따라(두 시점 사이) 특성 또는 속성이 변화하는 폴리곤의 시간에 따른 변화를 알아보는 것이며, 그림 (바)는 공간 패턴의 시간적 변화를 검색하는 것이다.

그림 8.12 시공간 검색의 예

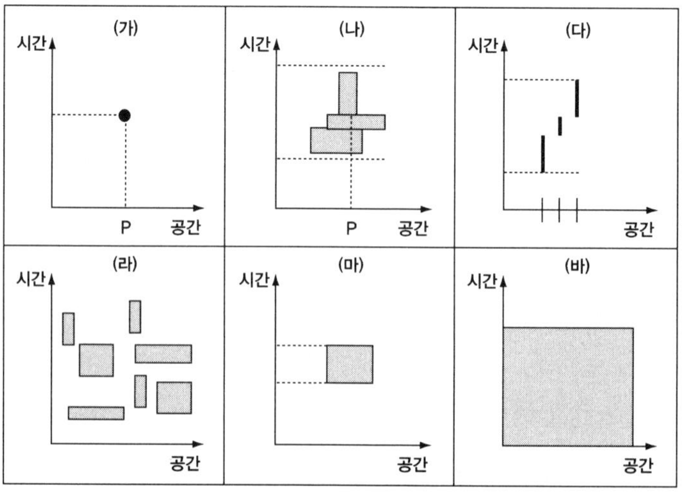

2 GIS 표준

최근 정보 관련 산업의 발달과 더불어 GIS 정보가 점점 중요시되고 있는데, 즉 최근 GIS 정보 구축의 중복, 시간, 비용의 비효율성에 대한 인식의 증대와 함께, 국가 차원에서 표준화된 GIS 정보를 제공함으로써 다양한 사용자들이 필요한 GIS 정보를 빠르게 획득하여 사용하는 것을 요구하고 있다. 이러한 GIS 정보 공유에는 표준화가 필수인데, 표준화된 GIS 정보는 획일화된 포맷의 GIS 정보를 사용자에게 강요하는 것이 아니라, 가장 보편적이고 일반적인 표준 방식으로 GIS 정보를 공유함으로써 사용자는 자신의 업무에 적합한 GIS 정보를 얻을 수 있으며, 제공자나 유지관리자도 표준화된 방식으로 인해 공유나 관리의 효율성을 가질 수 있다. 합리적이고 적절한 표준의 설정은 GIS 정보 관련 제반 과정에 매우 밀접한 연관성을 가진다.

표준(standard)은 공식 표준(de jure standard)과 실질적 표준(de facto standard)으로 분류될 수 있다. 공식 표준은 정부 기관이나 국제 표준화 기구 등 공식 조직에서 주도하여 설정되는 표준으로서 ISO와 같은 국제 표준, KS와 같은 국가 표준 등이 그러하다. 공식 표준은 공식 표준화 조직에서 독자적으로 추진하여 제정되는 경우도 있으며, 반면 기존에 존재하는 실질적 표준(de facto standard)을 토대로 설정되는 경우도 있다. 정보기술 분야는 대부분의 경우 실질적 표준들이 주를 이루고 있으며 때로는 공식 표준이 있다하더라도 실질적 표준이 더 큰 영향을 나타내기도 한다. 민간업체, 학계, 이익집단들이 모여 구성된 조직 등에서 표준을 제정하기도 한다.

정보기술 분야의 표준화 조직들은 국가, 독립적인 조직, 산업 콘소시엄, 전문조직 등의 측면에서 분류될 수 있다. 우선 국가 정부 기관이나 조직에 의해 인증된 정보 표준들이 있는데, 예를 들어 미국의 NIST(National Institute of Standards and Technology), 캐나다의 CGSB(Canadian General Standards Board) 등이 있다. 위의 두 조직은 정보기술 분야의 전반적인 표준들을 제정하거나 관리하지만, 어떤 국가 정부 조직은 지리정보 만을 위한 표준을 다루기도 하는데, 예로 미국의 FGDC (Federal Geographic Data Committee)와 캐나다의CGSB(Canadian General

Standards Board)등이 있다.

반면 독립 표준화 조직에서 표준을 제정하거나 관리하는 경우도 있다. 이 경우에는 정부 조직, 전문 조직, 민간 회사 등이 조직을 결성하는데, 대표적인 예로 ANSI (American National Standards Institute), IEEE(Institute of Electrical and Electronic Engineers), ITU(International Telecommunications Union), CEN(European Committee for Standardization), ISO(International Organization for Standardization) 등이 있다. 정보기술 컨소시엄은 특정 목적을 위해 결성되는 경우가 많으며 그만큼 특정 이익이나 목적, 특정한 정보기술 분야의 시장을 설정하게 된다. 대표적인 예로서 Open Group(이전의 X/Open), OMG(Object Management Group), OGC(Open Geospatial Consortium) 등이 있다. 이외에도 회원들간의 교육이나 교류, 제안된 표준의 검토 등 특정한 목적을 위한 전문 조직들이 결성되는 경우도 많다. 대표적인 예로 URISA(Urban and Regional Information Systems Association), IAAO(International Association of Assessing Officers), ACM (Association for Computing Machinery) 등이 있다.

1) GIS 표준 유형

GIS 분야에서 다양한 측면과 기준을 중심으로 표준을 유형 분류할 수 있다. 이러한 표준은 GIS 데이터 교환 표준, 메타데이터 표준, GIS 용어 표준 외에도 GIS 데이터 정확도 표준, 장비측정 표준, 측지 표준 등 다양하게 포함되며, 표준의 영역 범주 측면에서도 국제 표준, 국가 연합 표준, 국가 표준, 지자체 표준 등이 있다. 이러한 표준화 분류에 대한 고찰은 표준 성격과 특성을 이해하는 데 도움이 된다. GIS 표준 유형 분류는 여러 가지 측면에서 다양하게 카테고리화 될 수 있는데, 여기서는 GIS의 기능 측면, 데이터 측면, 표준 영역 측면 등에서 살펴보고자 한다.

GIS 표준들을 기능 측면에서 분류하는 것으로, 대표적인 것이 미국 국가 GIS 표준화 활동을 주도하는 FGDC에서 정의한 분류이다. 즉 GIS 표준을 데이터, 기술, 프로세스, 조직의 4가지 측면에서 분류하고 있다.

첫 번째, 데이터(data)는 가장 널리 인식되는 표준화된 요소이면서 정보 기술이다. 데이터 모델링은 데이터가 의미있는 방식으로 적용될 수 있도록 정의 방식과 구조화 방식을 규정하고 있으며 현재 많은 표준 등이 이 유형에 해당된다. 두 번째로, 프로세스 표준은 서비스 표준으로도 불리며 정보와 기술이 사용되는 방식의 표준화와 관련된다. 이 표준은 최소한으로 채택되는 데이터의 한계치를 설정하고, 특정 업무와 관련된 최적, 최고의 데이터를 결정하며, 상호운영성(interoperability)을 증진시키고, 폭넓은 토대의 데이터 사용 증진을 목적으로 한다. 세 번째로, 조직 표준은 과업을 수행하고 기술을 사용하는 사람의 책임, 권한과 관련된 규칙들로 구성된다. 이 표준에 과업수행 담당자, 필요한 데이터 종류 및 유형, 요구되는 기술 등이 포함된다. 조직화 방식, 커뮤니케이션 방식, 책임소재 확인, 조정역할 등은 조직 표준의 좋은 예이며, 실제 물리적 표준과 떨어져 있어서 많이 간과되는 경향이 있다. 마지막으로 기술 표준은 소프트웨어, 하드웨어, 시스템 프로토콜 등과 같은 것들을 포함한다. 기술 표준은 정보기술 규약으로도 불리며 데이터 표준을 제작, 조작, 유지관리, 조직화, 제공하는 툴의 역할을 수행한다. 이러한 표준은 GIS 분야에서 표준화하는 경우도 있지만, 많은 경우 정보기술 분야의 표준화 결과를 GIS 표준으로 통합시켜 사용하는 경향이 있다. 예로 OGIS의 CORBA, ODBC, SQL 등과 관련한 표준은 정보기술 분야의 주요 표준 결과와 GIS 표준을 결합시킨 예이다.

다음은 GIS 데이터 측면으로 크게 7가지 유형으로 데이터 표준 유형을 분류할 수 있다. 즉 데이터 모델 표준, 데이터 내용 표준, 데이터 수집 표준, 위치참조 표준, 데이터 품질 표준, 메타데이터 표준, 데이터 교환 표준이다. 이중 데이터 모델 표준, 데이터 내용 표준, 메타데이터 표준은 데이터 내부 측면에 해당하며, 데이터 품질 표준, 데이터 수집 표준, 위치참조 표준은 데이터의 외부 측면에 해당된다

데이터 모델 표준(data model standard)은 공간 데이터의 개념적, 논리적 틀을 정의한다. 즉 데이터 개념화, 모델화 방식, 논리적 구성방식을 정의하는데, 표준화된 데이터 모델을 설정함으로써 데이터 표준의 아키텍처와 교환 방식, 서비스 방식이 결정된다. SDTS, DIGEST, OGIS, ISO/TC 211 등의 주요 표준들은 각 표준내에 데이터 모델을 정의하고 있다. 두 번째는 데이터 내용 표준으로, GIS 사용자들이 GIS 업무를 수

행할 때 다양한 공간사상에 대한 서로 다른 용어와 정의를 사용하여 모호성과 불일치성을 수반하는 경우가 많기 때문에 필요성이 강조된다. 따라서 데이터 내용 측면에서 표준화되고 공통되는 용어에 대한 정의 및 카테고리 작업이 요구된다. 대표적인 데이터 내용 표준은 미국 FGDC가 각 주제도와 관련된 내용 표준을 개발하여 사용하도록 하고 있으며, 또한 GIS 용어 표준으로서 SDTS Part 2, DIGEST Part 4 등이 사용되고 있다. 세 번째는 데이터 수집 표준(data collection standard)으로 공간 및 속성 데이터를 수집하는 다양한 방식과 관련된 표준을 설정함으로써 특정한 규약에 적합한 데이터를 확보할 수 있게 된다. 항공사진 측량, 스캐닝, 디지타이징 등의 과정에서 가능한 오차를 제한하면서, 특정 데이터 품질에 적합한 규격화된 데이터를 얻는 표준 설정이 가능하게 된다. 네 번째는 위치참조 표준으로, 좌표체계를 구성하는 투영법, 기준점, 타원체, 적용되는 좌표변환 방법 등에 대한 표준화된 규격이 존재함으로써 공간 데이터의 정확성, 신뢰성, 품질 보증이 가능하게 된다. 측지 · 측량 부문, 지도학 부문의 좌표체계 등의 올바른 적용 및 표준화 작업이 데이터 표준에서 중요한 위치를 차지하게 된다. 각 주요 GIS 표준에는 적용되는 위치참조 표준을 포함하고 있으며, 국제 기구 또는 국가 차원에서 적합한 위치참조 표준을 제정, 사용하고 있다. 다섯 번째는 데이터 품질 표준(data guality standard)으로, 데이터 구축시 데이터 품질 표준을 설정한 후 이에 대한 정보를 실제 데이터와 함께 사용자들에게 제공할 때, 사용자는 데이터 정보를 보다 빠르게 확인하고, 적용할 업무에 대한 의사결정이 가능하게 된다. 데이터 품질 정보는 크게 위치 정확도, 속성 정확도, 논리적 일관성, 무결성, 이력 등으로 구성되며 이에 대한 품질 표준이 있으므로, 데이터 제작, 유지관리, 유통 등에 상당한 영향을 주게 된다. 여섯 번째는 메타데이터 표준(metadata standard)으로, 실제 데이터의 중요성뿐만 아니라 그 데이터에 대한 상세한 정보를 카테고리화하여 제공하는 메타데이터 중요성이 최근에 대두되고 있다. 즉 실제 데이터에 대한 이력 정보, 품질 정보, 데이터 유형, 데이터 특성 등 다양한 정보를 효율적인 방식에 의해 제공함으로써 사용자의 데이터에 대한 의사결정에 보다 효율적으로 도움을 주게 된다. 대표적인 예로서 미국의 메타데이터 표준, ISO/TC 211, CEN/TC 287 표준 등은 각각 공통적인 메타데이터 구성을 가진다. 일곱 번째는 데이터 교환 표준으로, 실제 데이터의 공유, 호환을 가능하게 하는 표준으로서 서로 다른 환경의 다양한 데이터 포맷들 간의 변환을 가능하게 한다. 따라서 매우 다양한 변환 기능을 통한 데이터 손실, 왜곡을 막는 방법으로, 효율적인 데이터 교환 표준을 두어 이를 통해 공통 변환 인터페이스를 이용한 효율적인 데이터 전달이 가능해지게 된다.

마지막으로 GIS 표준의 범위 측면인데, 즉 가장 작은 공간 범주에서 4가지 영역으로 나누면, 국지적 범주(조직간 측면), 국가 범주, 국가간 범주(국제 분야 기구 차원), 국제 범주이다. 국지적 범주 표준은 가장 작은 공간 영역의 표준이며, 이 표준에 관련된 GIS 관련 주체들이 특정 공간 영역내에 존재하여 표준을 수행하는 경우이다. 특정 분야내에 특정 사안과 관련된 문제를 해결하기 위해 결성되었으며, 주로 민간 부문의 주체들이 모여 단기간내에 표준의 결과를 도출하는 경우가 많다. 그러나 이 범주가 일반화되면 실제 국가 범주의 표준과 같은 영향력을 가지는 경우도 있는데, 독일, 캐나다 등에서는 주차원에서 표준화 개발 및 사용을 하고 있다. 한편 최근 국가 차원에서 국가 공간 정보 구축 추세가 확산되면서 국가 범주 표준이 많이 만들어지고 있다. 이러한 표준 작업은 각 해당 나라에서 자신들의 여러 가지 환경을 검토하여 가장 적합한 표준을 채택하는 경우가 많다. 국가 범주의 표준은 실제로 물리적, 기술적 표준은 공통점을 지니고 있는 반면, 데이터 용어 표준, 좌표체계 등의 서로 다른 점을 보완, 변경하여 표준을 채택하는 경우가 많으므로, 실제로는 국가 표준간의 공통점을 가지고 있는 부분이 많다. 대표적인 예로 미국의 NSDI의 차원에서 수행되는 각종 GIS 표준(공간 데이터 교환, 메타데이터, 각 주제도 내용 표준 등)과 한국의 NGIS 표준, 호주의 국가 표준 AS-2490 등이 그러하다.

국가간 범주(국제분야 기구 차원) 표준은 국가 범주를 넘어서 여러 국가들 간의 공통적인 목적으로 표준화하는 경향이다. 이러한 범주는 특정 분야에 한정하여 표준화 활동을 하는 경우와 GIS 분야 전반에 걸친 표준화 활동을 하는 경우가 있다. 전자는 국방 분야, 해도 분야 등의 분야로 한정된 국제 표준을 제정하여 사용하는 경우인데, 대표적인 예로 나토 국가들 간의 국방 표준으로 사용되는 DIGEST와 국제 해도 분야에서 사용되는 해도 표준인 DX-90(S-57)등이 있다. 그리고 후자에 해당되는 것으로는 유럽 국가들의 표준화 기구인 CEN에서 GIS 표준으로 제정하는 CEN/TC 287이 대표적이다.

마지막으로 국제 범주 표준은 ISO에서 주로 다루어지고 있으며, 각 국가 대표 기관들의 동의와 협의하에 공통적인 과업 수행을 하고 있다. GIS 표준 또한 ISO/ TC211에서 수행되고 있으며, 이 위원회의 표준화 결과로서 ISO 15046이 있다. 이 표준은 국제 표준으로 작업되고 있다.

표 8.3 미국의 주요 GIS 표준 현황

표준명	상태	날짜	문서번호	관리주체
디지털공간 메타데이터 내용표준 (버전 2.0)	FGDC 승인표준	1998	FGDC-STD-001-1998	FGDC
디지털공간 메타데이터 내용표준 (생물학 데이터 프로파일)	FGDC 승인표준	1999	FGDC-STD-001.1-1999	USGS
디지털공간 메타데이터 내용표준 (해안 데이터 프로파일)	FGDC 승인표준	2001	FGDC-STD-001.2-2001	NOAA
Spatial Data Transfer Standard (SDTS) (Parts 1-4)	FGDC 승인표준	1998	FGDC-STD-002	USGS
SDTS (Part 5: 래스터 프로파일)	FGDC 승인표준	1998	FGDC-STD-002.5	USGS
SDTS (Part 6: 포인트 프로파일)	FGDC 승인표준	1998	FGDC-STD-002.6	National Geodetic Survey
SDTS (Part 7: CADD 프로파일)	FGDC 승인표준	2000	FGDC-STD-002.7	U.S. Army Corps of Engineers
지적 데이터 내용 표준	FGDC 승인표준	2003	FGDC-STD-003	Bureau of Land Management
Classification of Wetlands and Deepwater Habitats in the UnitedStates	FGDC 승인표준	1996	FGDC-STD-004	Fish and Wildlife Service
식생 분류 표준	FGDC 승인표준	1997	FGDC-STD-005	Forest Service
토양 데이터 표준	FGDC 승인표준	1997	FGDC-STD-006	Natural Resources Conservation Service

공간위치정확도 표준 (Part 1)	FGDC 승인표준	1998	FGDC-STD-007.1-1998	National Geodetic Survey
공간위치정확도 표준 (Part 2)	FGDC 승인표준	1998	FGDC-STD-007.2-1998	National Geodetic Survey
공간위치정확도 표준 (Part 3)	FGDC 승인표준	1998	FGDC-STD-007.3-1998	USGS
공간위치정확도 표준 (Part 4)	FGDC 승인표준	2002	FGDC-STD-007.4-2002	U.S. Army Corps of Engineers
공간위치정확도 표준 (Part 5)	FGDC 승인표준	2005	FGDC-STD-007.5-2005	Office of Coast Survey
Digital Orthoimagery 내용 표준	FGDC 승인표준	1999	FGDC-STD-008-1999	USGS
Remote Sensing Swath Data 내용 표준	FGDC 승인표준	1999	FGDC-STD-009-1999	NASA
유틸리티 데이터 내용표준	FGDC 승인표준	2000	FGDC-STD-010-2000	U.S. Army Corps of Engineers
국가 그리드 표준	FGDC 승인표준	2001	FGDC-STD-011-2001	Public XY Project
디지털 공간 메타데이터 내용 표준	FGDC 승인표준	2002	FGDC-STD-012-2002	NASA
시설물 위치 내용 표준	최종안	1998/12		
프레임워크 등고 데이터 내용 표준	최종안	1999/01		
지질도 심볼화 지도 표준	최종안	2005/12		
도로 데이터 표준	진행중	2005/12/01		
프레임워크 교통위치 확인 표준	공공열람안	2000/12		
수문 데이터 내용 표준	공공열람안	2000/01		
지표 분류 표준	프로포절	1999/09/13		
메타데이터 인코딩 표준	진행중	2000/02/17		
지질 데이터 표준	프로포절	2001/10/10		
해안 데이터 내용 표준	진행중	2006/08		
수문 프레임워크 데이터 내용 표준	프로포절	2000/12/12		
행정구역 데이터 내용 표준	프로포절	1997/11		
수문 단위 연방 표준	진행중	2003/12/23		

2) GIS 데이터 교환 표준 GIS Data Exchange Standard

현재 GIS 데이터 교환 표준은 국가 차원에서 여러 종류가 있다. 미국, 한국, 뉴질랜드, 호주의 국가 GIS 데이터 교환 표준인 SDTS(Spatial Data Transfer Standard), 국방 분야의 GIS 데이터 교환 표준으로서 미국을 비롯한 주요 나토 국가들이 채택하여 사용하는 DIGEST(DIgital Geographic Exchange Standard), 기타 국가 수준의 GIS 데이터 교환 표준 등을 살펴본다.

미국 국가 표준 : Spatial Data Transfer Standard SDTS

지금까지 GIS 데이터 교환 표준 노력은 미국을 중심으로 활발히 진행되어 왔다. 즉 표준화된 데이터 공유방식을 채택함으로써 다양한 포맷들로 되어 있는 GIS 데이터를 원할하게 서로 공유할 수 있을 뿐만 아니라, 데이터 변환, 호환에 필요한 많은 시간과 노력을 절감할 수 있게 되었다. 미국의 국가 디지털 지도 포맷으로 사용되는 SDTS는 미국 국가 지도 제작기관인 U.S Geo logical Survey(USGS)를 중심으로 다양한 이해관계를 가진 국가기관, 연구소, 학계, 업계 등의 주체들이 모여 가장 일반적이고 합리적인 방안을 수렴하여 표준을 도출하였다. 1993년 미국의 공간 데이터 교환 표준으로 제정된 SDTS는 단순한 데이터 교환을 위한 표준이 아니라 국가 공간 정보 서비스 역할을 담당한다. 즉 국가 수치지도 자료 제작 및 유지관리, 유통, 사용에 이르는 광범위한 기능과 역할을 담당하고 있다. USGS에서는 이미 구축된 국가 수치지도 포맷을 SDTS 표준 포맷으로 변환하고 있으며, 현재 미국 국가 기본도 수치지도로서 제공되는 1:24,000, 1:100,000, 1:2,000,000 DLG데이터는 SDTS 포맷으로 변환하여 인터넷을 통하여 온라인으로 제공된다(http://www.usgs.gov).

SDTS는 현재 4부분으로 구성되어 있는데 Part 1, 2, 3은 공간 데이터 전환을 위한 일반 규약이며 Part 4는 Part 1, 2, 3 규약을 보다 구체적, 물리적인 수준에서 교환하도록 설계한 프로파일(profile)이다. Part 1은 공간 데이터 교환의 개념적, 논리적인 규약 부분으로 3부분으로 구성된다. 즉 첫 번째 부분은 교환될 공간 데이터 모델로서 공간현상 모델, 공간객체 모델, 공간사상 모델을 바탕으로 다양한 공간객체 유형들을 정의하고 있다. 두 번째 부분은 교환하고자 하는 데이터가 사용자 사용에 얼마나 적합한지에 대한 정보로서 데이터 품질(data quality) 규약이 있으며 이는 메타데이터 규정과 관련된다. 세 번째는 개념적, 논리적 규약을 구체적, 물리적 수준으로 전환하는지 에 대한 중간 과정의 규약이다. SDTS는 데이터를 모듈 형식으로 저장하며 모듈 형태로 전환한다. SDTS는 총 34개 모듈로 정의되며, 모듈, 레코드, 필드, 하위필드의 위계로 구성되어 이외에도 각 모듈 정의 규약, 좌표체계, 데이터 사전, 그래픽 표현 등의 규약을 하고 있다.

Part 2는 SDTS의 내용 측면으로서, 전환에 사용되는 공간 용어와 속성 용어를 정의하고, 그 리스트를 제공한다. 사용자들이 다양한 공간사상을 표현할 때 서로 다른 용어로서 이야기하는 것이 아니라 동의된 표준 용어로서 데이터를 공유함으로써 전환 내용의 표준화를 기하고 있다. SDTS 전환과 관련하여 사용되는 공간 용어와 속성 용어는 불변의 성격이 아니라, 상황, 조건, 내용 측면에 따라 알맞은 데이터 사전이 사용가능하며, 현재 국가지리정보체계 사업에서 국가 기본도 표준 등이 사용가능하다. Part 3은 Part 1, 2에서 규정한 개념적, 논리적인 규약을 물리적인 수준으로 전환하려는 목적에 있다. 즉 SDTS에서 논리적 모듈은 파일이라는 물리적 형태를 가지며, 모듈 레코드 또한 레코드라는 구체적 형태로 저장된다. 그리고 어떠한 미디어에 어떤 방식으로 교환되는지, 전환시 레코드, 필드, 하위필드는 어떻게 정의되는지에 대한 정보를 가지고 있다. 이 전환방식은 SDTS 자체적으로 만든 것이 아니며, 기존에 널리 사용되고 있는 공간 데이터 처리 표준인 ISO 8211을 그대로 채용하여 사용한다.

표 8.4 SDTS 부문별 구성

SDTS 구성	내용
Part 1 : 논리 규약	– 크게 3부분으로 구성 (개념 모델과 공간객체유형, 데이터 품질, 모듈 규약)
Part 2 : 데이터 사전	– SDTS 전환에 사용되는 공간 용어와 속성 정의 및 리스트
Part 3 : 전환 인코딩	– SDTS 전환의 물리적 규약, ISO 8211 표준을 그대로 사용
Part 4 : Topological Vector Profile	– Part 1,2,3의 일반 규약을 토대로 구체적인 데이터 전환 목적 – 위상구조 벡터 데이터 전환 규약
Part 5 : Raster Profile	– 래스터 데이터 전환 규약

GIS 데이터 교환 표준을 구체적으로 사용가능하도록 규정, 설계되어 있는 것이 프로파일인데, 이를 통해 비로소 다른 데이터 포맷들과 교환이 가능하다. 즉 위상구조를 가진 벡터 데이터 사용을 위한 'Part 4' 로서의 TVP 프로파일, 래스터 데이터 사용을 SDTS내에서 가능하도록 구현된 'Part 5' 로서의 Raster profile, 그리고 0차원 데이터에 초점을 맞추어 사용 가능하도록 구현된 것이 'Part 6' 으로서의 Point profile이며, 이외에도 교통 응용을 위한 프로파일인 Transportation Net-work profile, 다른 교환표준과의 호환을 위해 개발되고 있는 DX-90 profile, DIGEST profile 등이 있다(표 8.3).

국방분야 표준 : Digital Geographic Exchange STandard DIGEST

SDTS와 더불어 주요 GIS 데이터 교환 표준인 DIGEST(Digital Geographic Exchange Standard)는 원래 미국의 국방 분야 지도제작 기관인 Defense Mapping Agency(DMA, 이후 NIMA로 변경됨)가 주도적으로 개발한 데이터 교환 포맷인 Vector Product Format(VPF)가 발전된 형태이다. 즉 VPF를 발전시켜 미국뿐만 아니라 나토 국가들 간에 통일된 규약에 의한 공간 데이터를 제작하고 사용할 목적으로 제정하였으며, 우리나라에서도 국방 분야에서 표준으로 사용되고 있다.[3] DIGEST는 NATO 기구 산하에 존재하는 Digital Geographic Information Working Group (DGIWG) 위원회를 구성하는 9개국[4] 지도제작 기관들이 모여 만든 표준으로 1991년 6월에 공포되었으며, 1.2 버전은 1993년 개정되었다.

DIGEST의 구성은 크게 Part 1, 2, 3, 4로 이루어진다. Part 1은 교환표준의 논리적 규약을 제공하며 Part 2는 표준의 개념적 모델과 교환구조, 전환 방식을 정의하며, 별첨으로 구체적인 전환 방식과 프로파일(VRF: Vector Relational Format)이 규약되어 있다.[5] Part 3은 교환표준에 사용되는 코드, 패러미터, 태그 규약 리스트를 포함한다.

---

3) 우리나라의 군사 수치지도 제작과 관련하여 한미연합사, 국방과학연구소(ADD), 육군지형정보단 등이 업무를 수행하며, 현재 VPF(DIGEST) 표준을 참조한 지도제작 및 활용을 하고 있다. 이는 전 세계 국방 분야의 통일된 지도 데이터의 사용과 관련한다.

4) 9개국: 벨기에, 캐나다, 프랑스, 독일, 이탈리아, 네델란드, 스페인, 영국, 미국

5) VRF는 VPF가 발전된 규약이며 따라서 규약이 거의 동일하다. VRF는 DIGEST의 실질적인 사용 프로파일로서, 이러한 측면에서 볼 때 DIGEST 일반 규약은 SDTS와 같은 레벨이며, VRF는 SDTS의 TVP 프로파일과 같은 기능을 수행하고 있다.

Part 4는 공간사상과 속성을 코드화하여 리스트한 것이다. 공간사상과 속성 코딩 카탈로그(FACC: Feature Attribute Coding Catalog)를 규약하고, 이 규정에 의한 리스트를 별첨 A는 공간사상 코드를, B는 속성코드를, C에서는 공간 관련 속성 리스트를 제공한다.

DIGEST의 핵심 부분으로서 사용되는 VPF의 주요 특성을 살펴보면 다음과 같다. 첫째, VPF는 연속 도면으로서 복수의 수치지도 데이터를 논리적이고 연속적인 위상구조를 유지관리할 수 있으며, 둘째, VPF는 특정 소프트웨어 제품 포맷에 의존하지 않는 중립적인 성격을 띤다. 셋째, 다른 그래픽 포맷과는 달리 속성 부분도 통합하여 다루며, 넷째, 공간사상 및 속성의 표준화된 공유를 위해 데이터 사전을 제공한다. 다섯째, 위계적인 데이터베이스 레벨에 따라 다양한 메타데이터 파일을 제공하며, 여섯째, 구축된 VPF 데이터의 효율적이고 빠른 검색을 위한 색인 기능을 제공한다. 일곱째, 필요한 데이터를 보기 위해 다른 포맷으로 변환하지 않고 저장된 데이터를 바로 액세스할 수 있으며, 여덟째 매우 유연하고 일반적인 성격의 데이터 모델을 지원한다. 그리고 실제 데이터뿐만 아니라 데이터 품질에 대한 정보도 제공하며, 마지막으로 다양한 레벨과 차원의 공간사상을 정의한다

DIGEST의 데이터 모델은 공간데이터 구성, 데이터 모델 구조, 공간데이터 모델을 정의한다. VPF 포맷 구조는 가장 물리적 레벨에서부터 데이터 구문, 캡슐화, 데이터 구조, 데이터 모델 정의를 규약한다. 이러한 포맷 구조는 데이터 모델로서의 VPF 구조 레벨을 정의하는 토대가 되는데, 즉 VPF의 가장 기본이 되는 낮은 레벨인 feature class에서 최상위 레벨인 database에 이르기까지 위계적 구조를 가진다. 가장 낮은 레벨에서는 다양한 공간사상을 추상화하는 feature class로서 point, line, area, text 등을 정의하며, 이들을 통해 표현된 공간사상들이 모여 상위 레벨인 coverage를 구성한다. coverage는 0~3레벨의 위상구조 레벨(spaghetti, non-planar graph, planar graph, full topology)이, 이를 통해 레이어로서의 공간 정보를 가지게 된다. 다양한 레이어 또는 인접 도면들이 모여서 상위 레벨인 library를 구성하며, 이들 library들이 모여서 최상위 레벨인 database를 구성한다.

세계 해도 표준 S57/DX-90

세계 해도 표준인 S-57은 DX-90으로도 불리는데, 국제 해도 분야의 표준이다. 국제수로기구(International Hydrographic Organization: IHO)의 Committee on Hydro-graphic Requirement for Information System(CHRIS)의 데이터베이스 그룹에 의해 개발된 국제 해도 관련 수치지도 표준으로, 1992년 5월 IHO 제16차 회의에서 공식적인 IHO 표준으로 DX-90을 채택한 후 1994년 3월 버전 2.0을 발표하였으며, 1996년에는 버전 3.0을 개발하였고 지금은 이름이 S-57로 불리고 있다. 기본적인 데이터 모델과 파일 구조 형식은 SDTS와 유사하며, 구축된 S-57 데이터를 직접 디스플레이할 수 있도록 되어 있다

이 표준 규약은 크게 3부분으로 구성되는데, Part 1은 일반적인 소개 부분으로 S-57의 영역, 표준 구조, 물리적 저장방식인 ISO/IEC 8211, 참고문헌, 정의, 적합성, 유지관리를 규정하고 있다. Part 2는 이론적, 개념적 데이터 모델로서, 수문 관련 실세계 공간현상들을 추상화, 개념화하여 모델링한다. 즉 실세계 엔터디(entity)를 공간 특성과 기술 특성의 결합으로 정의하며, 이들 특성을 공간객체(spatial object), 사상객체(feature object)로 정의한다. 데이터 모델을 살펴보면 형상객체로서 Meta, Carto, Geo, Collection이 구성되며, 공간객체 유형은 벡터, 래스터, 매트릭스가 있다. 이 중 벡터는 0, 1, 2차원인 node, edge, face가 정의된다. Part 3은 데이터 구조로, 데이터 모델이 실제로 구현되는 방식으로는, 파일, 레코드, 필드, 하위필드가 위계적 구조를 가지고 구성된다. 실질적인 공간 데이터 교환 방식은 보편적인 표준인 ISO/ IEC 8211이 사용되며, 이 방식에 의해 데이터가 저장되고 교환된다.

우리나라 GIS 표준화 현황

우리나라에서 추진하고 있는 GIS와 관련된 국가표준으로는 정보통신표준(KICS)과 한국국가 산업표준(KS)이 있다. 정보통신표준은 '정보화촉진기본법' 에 기반하여 정보통신부가 주관하는 표준으로 그림과 같은 조직을 가지고 있다. 정보통신표준은 정보통신부 산하 정보통신기술협회가 단체 표준개발기관이며, 표준에 대한 전반적인 연구는 한국정보사회진흥원(NIA)이 수행하며, 표준화와 관련된 작업은 한국전자통신연구원

(ETRI), 한국정보보호진흥원 등에서 수행하고 있다. 한편 한국국가산업표준(KS)은 '국가표준기본법', '산업표준화법'에 의거하여 산업자원부 소관하에 수행되고 있다. 국제표준화기구(ISO)와 협력, 연계하여 표준화 작업을 수행하고 있으며, 그림 8.13에서처럼 기술표준원, 산업표준심의회, 한국표준협회, 한국산업표준원과 협의하여 수행되고 있다.

그림 8.13 우리나라 국가표준 조직

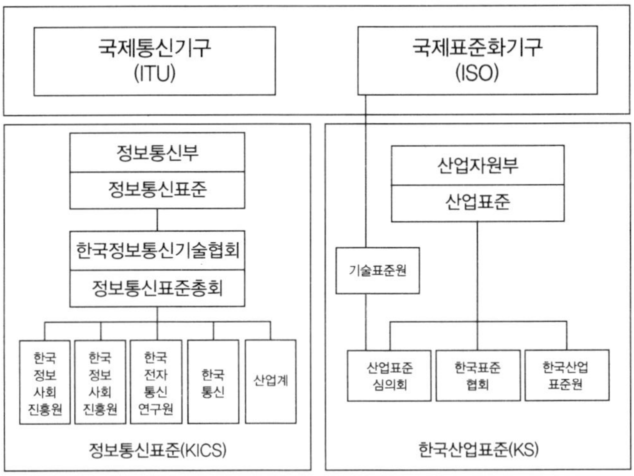

출처: 국토연구원, 2007, 국가GIS중장기계획안, 그림 1-1

1995년부터 1, 2차에 걸쳐 수행된 국가 GIS 사업의 핵심 중의 하나가 GIS 표준에 대한 것이다. 1단계 사업에서의 국가GIS 표준은 지형도, 공통 주제도 등의 수치지도를 공동 활용하고 다양한 활용을 위해 관련 과정과 내용, 항목에 대한 표준화 계획을 수립하였다. GIS 표준의 설정, 확립을 위해 정보통신부 산하 한국정보통신기술협회가 표준화분과위원회를 담당하여 GIS 관련 표준들이 한국정보통신 표준, 정보통신단체 표준 등의 표준화 작업을 수행하도록 하였다. 표준화 분과에서는 공간데이터 구축관련 표준, 정보유통관련 표준, GIS 시스템 활용 관련 표준에 대한 사업을 추진하였다. 1차 계획기간 동안 정보통신부와 한국전산원(현 한국정보사회진흥원)이 중추적인 역할을 담당하였으며, 그 결과 국가기본도, 주제도, 지하시설물도 등에 대한 표준과 각 개별 사업별 표준을 제정하였다.

이후 2001년부터 시행된 2차 국가GIS 사업에서는 GIS 데이터의 공유, 활용을 위한 표준화 작업에 주안점을 두었다. 즉, 국가 차원에서 GIS 데이터를 공유, 유지관리, 활용하기 위한 계획을 수립하였다. 표준화 작업을 수행하기 위해 표준화분과위원회 아래 기반정보연구반(국토지리정보원 담당), 정보서비스 연구반(한국정보사회진흥원 담당), 기반기술연구반(한국전자통신연구원 담당), 해양정보연구반(한국해양연구원 담당)으로 나누어 각각 기반정보 구축 및 관리, 공간정보 유통 및 응용(서비스), 개방형 GIS 및 관련 기술, 해양정보 표준에 대한 표준화 활동을 수행하였다. 지금까지 정보통신부와 산업자원부 주관으로 추진된 국가 GIS 관련 표준은 정보통신 표준 2건, 한국산업 표준 16건, 단체 표준 30건 등 총 48건이 등록되어 있다.

표 8.5 국가 GIS 표준 제정 현황(1996~2004)

표준명	표준종류	제정시기
공통데이터교환포맷 표준	KICS 123	'96. 6
국가 기본도 표준 Ver.1.0 – 지형지물 및 속성부호	KICS 124	'96. 6
국가 기본도 표준 Ver.1.0 – 축척별 구분 및 데이터형태	TTAS.KO-10.0082	'97. 8
지하시설물도 표준 Ver.1.0 – 상하수도, 전기, 통신, 가스, 난방, 송유관, 가스	TTAS.KO-10.0083	'97. 8
지하시설물도 표준 Ver.1.1 – 상하수도, 전기, 통신, 가스, 난방, 송유관, 가스	TTAS.KO-10.0083	'99. 5
공통주제도 표준 – 토지이용계획도, 도시계획도	TTAS.KO-10.0084	'97. 8
주제도 표준 Ver.1.1 – 국토이용계획도/도시계획도	TTAS.KO-10.0084	'99. 8
국가 기본도 및 표준수치도 표준 Ver 1.1 – 지형지물 및 속성부호	TTAS.KO-10.0093	'99. 4
지하시설물도 표준 Ver.1.0 – 축척별 구분 및 데이터 형태	TTAS.KO-10.0094	'99. 4
주제도 표준 – 행정구역도	TTAS.KO-10.0095	'99. 6
수치지도 통합표준 – 국가 기본도, 지하시설물도	TTAS.KO-10.0096	'99. 6
공통데이터교환형식(SDTS) 표준 – 위상벡터데이터 프로파일	TTAS.KO-10.0097	'99. 6
자료이력서(메타데이터) 잠정표준	TTAS.KO-10.0098	'99. 6
기본지리정보 데이터모델 설계지침	TTAS.OT-10.0022	'04. 12

기본지리정보 데이터모델 – 수자원, 교통, 시설물, 행정경계	TTAS.OT-10.0021, 23, 24, 25	'04. 12
지리정보 유통목록 표준	TTAS.KO-10.0139	'02. 12
지리정보 DB의 설계지침	TTAS.IS-19109	'02. 2
지리정보 DB의 설계지침 Ver.2.0	TTAS.IS-19109	'03. 12
지리정보 관리용 메타데이터 표준	TTAS.IS-19115	'03. 12
지리정보 관련 용어표준	TTAS.KO-10.0156	'03. 12
지리정보 품질표준	TTAS.KO-10.0157	'03. 12
GML3.0기반 지리정보 인코딩 표준	TTAS.OG-GML3.0	'03. 12
GIS개발지침	TTAS.KO-10.0159	'03. 12
모바일GIS 서비스 기능	TTAS.KO-10.0176	'04. 12
GIS 사업적용을 위한 표준적용 참조 모델 및 프로파일	TTAS.KO-10.0177	'04. 12
기존 GIS DB를 활용한 모바일 서비스용 GIS DB 구축지침	TTAS.KO-10.0178	'04. 12
CORBA를 위한 개방형 GIS인터페이스 표준 – 단순지형지물 사양	TTAS.OG-SFCORBA	'02. 2
OLE/COM을 위한 개방형 GIS인터페이스 표준 – 단순 지형지물 사양	TTAS.OG-SFOLECOM	'02. 2
SQL을 위한 개방형 GIS인터페이스 표준 – 단순지형지물 사양	TTAS.OG-SFSQL	'03. 12
지리정보-개념적 스키마 언어	KSXISO19103	'04. 10
지리정보-적합성 및 시험	KSXISO19105	'02. 8
지리정보-프로파일	KSXISO19106	'04. 10
지리정보-공간객체 스키마 표준	KSXISO19107	'04. 11
지리정보-시간개요	KSXISO19108	'02. 8
지리정보-좌표에 의한 공간참조	KSXISO19111	'02. 8
지리정보-지리식별인자에 의한 공간참조	KSXISO19112	'02. 8
지리정보-품질원칙	KSXISO19113	'02. 8
지리정보-품질평가과정	KSXISO19114	'04. 11
지리정보-메타데이터	KSXISO19115	'04. 11
지리정보-인코딩	KSXISO19118	'04. 10
지리정보-서비스	KSXISO19119	'04. 10
지리정보-단순피처(특징)접근-공통구조	KSXISO19125-1	'02. 8
지리정보-웹맵서버 인터페이스	KSXISO19128	'04. 10
지리정보-기능표준	KSXISOTR19120	'02. 8
지리정보-영상과 그리드데이터	KSXISOTR19121	'02. 8

출처 : 건설교통부, 2005, 제3차 국가GIS 기본계획수립연구, 표 2-8

3) GIS 모델 표준

ISO/TC Technical Committee 211 표준

GIS와 관련된 직접적인 국제 표준화 기구는 ISO 산하의 전문위원회(Technical Committee)인 ISO/TC 211로서 지리 현상과 사물에 대한 표준을 수립하는 것이 목적이다. ISO/TC 211은 1994년 ISO에서 지리정보 분야의 표준화를 위해 구성된 기술위원회로 현재 20개국의 정회원국(P-member)과 준회원국(O-member)[6]으로 구성되어 있다. ISO/TC 211은 산하에 5개의 실무 그룹이 있는데, 이들은 각 주요 분야의 표준화 작업을 수행하고 있다. ISO/TC 211 표준화의 큰 방향은 크게 4가지다. 즉 각종 정보기술 표준의 수용 및 연계 강화, 개방형 시스템 환경에 적합한 표준 개발, 시스템간의 상호운영성, 이식성, 호환성 강조, 표준들 간의 구조화된 접근 및 연관성의 지속적 발전이다. ISO/TC 211의 표준화 노력은 ISO 15046의 결과로 나타난다. 이 표준은 수치 지리정보 분야를 표준화하기 위해 규약된 것으로, 지표상의 공간객체나 현상과 관련된 정보에 대한 구조화된 표준을 구축하는 데 목적이 있다. 이 표준은 서로 다른 사용자, 시스템, 위치간에 디지털 데이터를 획득, 처리, 분석, 액세스, 표현, 전환하는 방법, 툴, 서비스를 규약한다.

CEN/TC 287표준

국제 지리정보 표준 개발의 핵심적인 주도권은 CEN/TC287, ISO/TC211에서 수행되고 있다. 이 중 22개 회원 국가와 4개 준회원 기관들[7]로 구성된 CEN/TC 287은 지리정보 분야의 표준화 활동을 수행하고 있다. 현재 중요한 CEN 표준은 공공의 검토를 위해 표준안이 작성되고 제출되어 있는 상태이다. ISO/TC 211과 CEN/TC 287은 기술위원회 수준

---

6) 정회원국가는 20개국으로 투표권을 가지며, 준회원국가는 13개 국가로 참가자격만을 가진다.
정회원국: 한국, 미국, 호주, 뉴질랜드, 오스트리아, 노르웨이, 캐나다, 아프리카, 스페인, 프랑스, 스웨덴, 이태리, 터어키, 자마이카, 영국, 일본, 모로코, 체코, 핀란드, 독일
준회원국: 벨기에, 말레이지아, 중국, 네덜란드, 덴마크, 파키스탄, 폴란드, 헝가리, 포루투갈, 아이슬란드, 스위스, 인도, 유고슬라비아

7) 정회원국 : 오스트리아, 벨기에, 체코, 덴마크, 핀란드, 프랑스, 독일, 그리스, 헝가리, 아일랜드, 아이슬란드, 이탈리아, 룩셈부르크, 네덜란드, 노르웨이, 폴란드, 포르투갈, 스페인, 스웨덴, 스위스, 터키, 영국
준회원 기관 : DGIWG, CERCO, IHO, CEN/TC278(교통분과)

에서 서로 표준 활동을 공유하고 공동작업 등을 통해 얻은 결과를 활용하고 있다. TC 287의 작업 프로그램은 기반 부문(fundamentals), 데이터 부문(data description), 참조 부문(referencing), 프로세싱 부문(processing)등 4가지 주요 부문으로 구성된다.

OGIS Open Geodata Interoperability Specification

GIS 분야의 지리공간 데이터 및 지리 프로세싱의 상호운영성(interoperability)을 목적으로 1994년 OGC(Open Geospatial Consortium)가 결성되었으며, 이 조직의 표준화 노력은 OGIS(Open Geodata Interoperability Specification)로 나타나고 있다. GIS의 상호운영성을 위해 OGC는 다음과 같은 세 가지 주요 목적이 있는데, 즉 ① 상호운영 가능한 지리 프로세싱 기술 규약을 공동 개발하고, 상호운영 가능한 제품의 제공을 증진시키는 작업을 하는 것과 ② 오픈 시스템, 분산 프로세싱 및 컴포넌트 환경의 프레임 워크를 토대로 현재 또는 향후의 정보 기술과 지리 프로세싱 기술을 동등한 위치에 놓도록 하는 것이다. 그리고 마지막으로 ③ 분산 지리 프로세싱과 관련된 협력 비즈니스 개발 노력을 증진시키는 포럼을 제공하는 것이다.

OGC에는 Microsoft, IBM, HP, Oracle, SUN, ESRI, Intergraph, MpaInfo 등 94개 이상의 주요 GIS 관련 분야 조직 및 기관, 업체 등이 구성원으로 참여하고 있으며, Open GIS Guide를 제작, 발표하였으며, 단순 공간사상, 복합 공간사상, 이미지 데이터의 액세스 및 프로세싱을 위한 규약 작업을 수행하고 있다.[8] 즉 'Simple Feature Data Access & Manipulation' 에 대한 RFP(Request for Proposals)가 채택되었고, 'Imagery' 와 'Catalog Services Interface' 에 대한 RFI (Request for Information) 등이 진행 중이다. 이러한 OGIS의 구현은 CORBA, DCE, OLE[9])와 같은 인터페이스 상에서 수행되며, OGIS의 성공은 이들 세 표준(CORBA, DCE, OLE/COM)의 완전무결성, 안정성, 개발 일정, 시장 채택 등에 의존한다고 해도 무리가 아니다.

---

8) Simple Features에 대한 RFP는 크게 4가지 항목으로 구성되어 있다. 즉 (1) Simple Feature Data Access for ODBC, (2) Simple Feature API for OLE, (3) Simple Feature API for CORBA, (4) Simple Feature API for the Internet이다.

9) CORBA: Common Object Request Broker Architecture, DCE: Distributed Computing Environ-ment, OLE: Object Linking & Embedding

4) GIS 메타데이터 표준

공간 데이터의 양이 많아지고 다양해짐에 따라, 그것을 효과적으로 공유하고 관리하는 방안이 강구되었고, 이러한 목적에서 공간 데이터 관련 정보를 구축하기 위해 메타데이터(metadata)가 GIS에 사용되었다. 메타데이터란 데이터에 대한 정보(data about data)로 GIS 분야에서 이 개념은 공간 데이터와 관련된 정보를 말한다. 즉 언제 공간 데이터가 존재하며 어떻게 수집되고 처리되어 변환되는 방법을 이야기하며, 데이터를 가지고 있는 사람, 데이터의 성질과 품질 또한 포함한다.

메타데이터는 실제 GIS 분야에서 사용되는 데이터 구축, 제공과 관련하여 점점 중요해지고 있으며, 이러한 메타데이터의 중요성은 다음과 같이 요약될 수 있다. 즉 보유하고 있는 공간 데이터의 효율적인 목록화와 이로 인한 데이터 공유 촉진, 대용량 공간 데이터를 전수조사하고 확인하는 노력의 절감, 사용하려는 데이터에 대한 유익한 정보를 체계적으로 제공, 표준화된 방식과 내용으로 제공 등이다. 현재 미국 메타데이터 표준, ISO/TC 211 표준, CEN/TC 287 표준 등이 있으며, 국가 표준은 아직 제정되어 있지 않다.

메타데이터 표준화 현황

메타데이터에 대한 요구는 GIS 초창기 이래로 주요한 과제로 인식되어 온 분야이다. SDTS 표준의 경우 디지털 공간 데이터를 네트워크를 통해 다른 시스템으로 데이터의 손실없이 보내는 것이 가능하다. 이를 위하여 각 기관들은 자신의 시스템에 맞는 메타데이터들을 수집하고, 정부는 메타데이터 내용의 표준화를 위해 노력하고 있다. 그러나 공간 메타데이터에 관한 이러한 필요성에도 불구하고 1990년이 되어서야 미국에서는 FGDC가 결성되어 수치 공간 메타데이터를 위한 내용 표준 개발작업을 시작하였다.

또한 미국 FGDC의 메타데이터 표준은 ISO/TC 211의 지리정보 표준인 ISO 15046 중 메타데이터 부분인 Part 15의 토대로 사용되었다. 즉 ISO 메타데이터 표준 15046 Part 15안은 FGDC 메타데이터 표준을 토대로 작성되었으며, 일부 변경사항이 추가되었다. 이후 계속적인 표준 개발과정 이후 현재 ISO안은 미국 메타데이터 표준과는 동일하지 않지만 일관성을 유지하고 있다. 우리나라는 아직 국가 표준은 제정하지 않았으나, 서울시에서 미국 FGDC 메타데이터 표준을 토대로 서울시 메타데이터 표준을 제정하였다.

미국 메타데이터 표준

미국 FGDC의 주도로 이루어지고 있는 메타데이터 표준으로는 CSDGM(Content Standards for Digital Geospatial Metadata)이 있다. 이 표준은 디지털 공간 데이터에 대한 메타데이터 내용을 정의하며, 메타데이터와 관련한 공통적인 방법과 정의를 제공하고 있다.

표 8.6 주요 메타데이터 내용 카테고리

주요 카테고리	정 의
데이터 연혁 정보 (Identification Information)	데이터에 대한 기본적이고 개관적인 정보로서, 제목, 지리적 영역, 데이터 획득방법 등을 포함
데이터 품질 정보 (Data Quality Information)	데이터 품질 평가 정보로서, 위치 정확도, 속성 정확도, 일관성, 처리이력 정보 등이 포함
공간 데이터 조직 정보 (Spatial Data Organization Information)	데이터의 공간 정보를 표현하는 메카니즘으로, 직간접으로 공간위치를 표현하는 방법, 공간객체의 수정보 등 포함
공간 참조 정보 (Spatial Reference Information)	공간 데이터의 참조틀, 인코딩, 좌표수단을 기술하며, 예로서 투영법, 좌표체계, 타원체, 좌표체계 정보 등을 포함
엔터티/속성 정보 (Entity and Attribute Information)	엔터티 유형, 이와 관련된 속성 및 관련 내용을 포함
제공 정보(Distribution Information)	데이터 유통 방법에 대한 정보로서, 데이터 배포자, 사용가능한 포맷, 데이터 획득방법(미디어 또는 통신수단 등)을 포함
메타데이터 참조 정보 (Metadata Reference Information)	메타데이터를 제공하는 조직 및 메타데이터 관련 정보를 포함
참조 정보(Citation Information)	공간 데이터와 관련된 참조정보
시간 정보(Time Period Information)	공간 데이터 제작 및 갱신 날짜, 주기에 대한 정보를 포함
연락 정보(Contact Information)	데이터 유통에 필요한 담당자 및 관련 정보를 포함

FGDC는 1992년 지리공간 메타데이터에 대한 포럼을 통해 이 표준에 대한 작업을 시작하였으며, 포럼 참가자들은 지리공간 데이터에 대한 메타데이터 내용 표준의 필요성에 모두 동의하였다. 이 위원회는 메타데이터 표준안을 개발하기 위해 기존의 ASTM (American Society for Testing and Materials) Selection D18.01.05를 일부 수정하여 1992년에서 1993년까지 심의, 수렴과정을 거쳤고, FGDC Standards Working Group에 의해 최종 수정되어, FGDC 표준으로 1995년 1월 이래로 모든 연방기구에서 필수로 사용되고 있는 실정이며, 1997년 4월 수정된 메타데이터안이 발표되었다. 메타데이터 내용은 크게 10개 섹션(Section)으로 구성한다. 각 섹션은 섹션의 정의, 요소(element), 정의(definition), 유형(type), 값(value)의 리스트, 그리고 필수 또는 반복 정보로 구성된다. 이들은 필수, 선택적 필수, 선택의 유형으로 정보를 기록, 유지관리한다.

ISO/TC 211 표준안 : ISO 15046 - Part 15

ISO/TC 211 표준 중 메타데이터 부분은 ISO 15046 중 part 15에 해당하며, 메타데이터 표준화 작업은 1996년 2월 초안작업(1.0)으로 시작하였다. 이후 1996년 10월 1.1 버전의 개정안을 발표하였고, 1997년 1월 2.0 버전이 발표되었다. 이 표준안은 FGDC의 메타데이터 표준을 토대로 작성되었으며, 이후 개정작업을 통해 표준을 발전시켜 나가고 있다. 이 표준의 내용 구성은 FGDC 표준과 크게 다르지 않으며, 9가지 카테고리로 구성된다.

이 메타데이터 표준의 주요 구성은 주요 카테고리내에 주 항목들이 위계적으로 조직화되어 있으며, 이들 항목은 필수적으로 필수, 선택적 필수, 선택 등으로 구분되어진다. 각 메타데이터 요소들은 속성에 따라 구별되며 메타데이터 요소 특성은 ISO 11179 규약에 따라 정의되었다. ISO/TC 211 표준은 내용 표준뿐만 아니라 공간정보 서비스 측면까지 포함되어 있으며, 따라서 메타데이터 내용 표준뿐만 아니라, 구체적인 구현방식에 대한 규약 또한 제공한다. 즉 메타데이터 카탈로그 또는 내용을 인코딩하는 데 SGML(Standard Generalized Markup Language:ISO 8879)을 사용해야 하며, 분야별 검색 또는 메타데이터 활용을 위해 Search and Retrieve(ISO 10163)라는 Open System Interconnection 프로토콜을 활용한다.

CEN/TC 287 메타데이터 표준

CET/TC 287표준에서 메타데이터 표준은 CEN 287009의 표준안 형태로 존재하며, 내용적 구성은 주요 카테고리내에 항목들이 위계적으로 구성되어 있다. 이들 항목들은 필수 또는 선택 유형으로 정의되고 있으며, 주요 내용 구성은 다음과 같다.

표 8.7 CEN/TC 287 메타데이터 표준 내용 구성

주요 카테고리	구성 하위 카테고리
데이터 연혁	데이터 제목, 대체 제목
데이터 개요	개요, 제작 목적, 사용법, 공간 하위 스키마 유형, 공간 참조 체계 유형, 데이터 용어, 샘플, 관련 데이터
데이터 품질 요소	출처, 위치 정확도, 주제 정확도, 시간 정확도, 논리적 일관성, 무결성
공간 참조 체계	간접 공간 참조체계, 간접 공간 참조 체계 유형, 참조일, 직접 공간 참조체계, 데이텀, 타원체, 투영법, 고도 참조 체계
공간 범위	데이터의 공간 범위, 범위 정보일, 범위 상태, 평면 범위, 경계 XY, Min Xy, Max Xy, 경계 영역, 제약, 지리적 영역, 간접 공간 참조체계 유형, 영역 단위 명, 영역 단위의 Id 코드, 커버리지, 수직 범위, 최소 등고값, 최대 등고값, 시간 범위
데이터 정의	응용 스키마 id, 응용 스키마 텍스트, 객체 유형, 객체 유형명, 객체 유형 정의, 객체 유형 코드, 위치 정확도, 주제 정확도, 완전무결성, 속성 유형, 속성 유형명, 속성 유형 정의, 속성, 유형 코드, 속성 유형 도메인, 연계 유형, 연계 유형 명, 연계 유형 정의, 시작 객체 유형, 제약, 공간 특성, Geometric primitive types, Topological primitive types
분류	용어, 정의, 유사어, 관련 용어, 광의 용어, 협의 용어
행정 및 연락 정보	조직 및 조직 역할, 조직명, 약식 조직명, 조직 주소, 조직 역할, 대체 조직명, 조직 기능, 연락처, 연락자, 연락 주소, 연락자 역할, 배급, 사용시 제약, 소유권, 가격 정보, 배급 단위, 데이터 미디어, 포맷, 온라인 액세스, 주문, 지원 서비스
메타데이터 참조	입력일, 최종 확인일, 최종 갱신일, 향후 검토일, 메타데이터의 공간참조 체계
메타데이터 언어	메타데이터 언어

5) GIS 용어 표준

공간 데이터의 좌표 정보나 공간사상 유형 등의 올바른 전환 표준과 데이터 내용, 응용 내용의 효율적인 공유를 위한 표준은 매우 중요하다. 그러나 실제로 데이터의 내용 측면에 실세계의 다양한 공간사상을 추상화, 개념화하여 제공하며, 이때 공통 합의에 의한 표준화된 공간, 속성 용어 정의 및 사용 또한 매우 중요하다. 이러한 측면에서 GIS 용어 표준이 매우 중요시 되며 GIS 데이터 교환 표준, 그리고 수치지도 표준 등에 포함되어 사용되고 있다.

GIS 용어 표준은 단순히 실제 다양한 공간사상들을 수치형태로 일대일 대응하여 경험적으로 목록화하는 것 보다는 체계적인 아키텍처를 구성한후 이를 토대로 카테고리화하여 올바른 용어 정의 및 선택, 용어들 간의 관계 규정이 이루어지는 것이 효율적이다. 실제 사용되는 GIS 용어 표준은 이러한 학문적 토대를 배경으로 하기보다는 각 응용 분야 실무자들의 경험적인 용어 목록화 경향을 갖는 것이 많다. 이는 올바른 GIS 용어 표준 정립을 통해 수정되어야 할 것이며, 이를 통해 보다 완벽한 데이터 공유가 가능할 것이다. 여기에서는 GIS 용어 표준으로서 기존에 사용되고 있는 SDTS, DIGEST 내의 용어 표준과 미국 수치지도의 용어 표준, 그리고 한국의 수치지도 용어 표준을 살펴본다.

미국 FGDC 용어 표준

미국의 국가 공간 데이터 교환 표준인 SDTS는 효율적인 데이터 공유와 호환을 위해 표준화된 모델과 전환 모델뿐만 아니라, 표준화된 GIS 용어 표준 부분을 포함하고 있다. 즉 Part 1, 2, 3, 4 등으로 구성된 SDTS는 Part 2에서 표준화된 공간 용어 정의 리스트와 속성 용어 정의 리스트, 그리고 부가적인 용어 정의를 하고 있다. 이러한 SDTS 용어 표준은 다른 표준들과 달리 표준화된 용어 코드 형태로 되어 있지 않으며, 사용자 정의나 다른 표준화된 GIS 용어 목록을 그대로 사용 가능하도록 호환성을 확보하고 있다. 이러한 SDTS 용어 표준(일반 측면으로 Part 2)을 간략히 살펴보면 표준화된 공간 용어 199개, 속성 용어 197개가 정의되어 있으며, 공간/속성 용어가 연계된 리스트를 제공한다.

SDTS는 기본도 수치지도 교환 목적뿐만 아니라, 다양한 주제도 수치지도 교환에도 사용되므로 각 수치지도의 내용으로 포함되는 GIS 용어 표준을 함께 사용할 수 있다. 따라서 프레임워크 데이터로 카테고리화되는 미국 주제도 표준인 Base Cartographic, Bathymetric, Cadastral, Cultural and Demographic, Geodectic, Geologic, Ground Transportation, Soils, Vegetation, Wetlands 등은 SDTS 형태로 전환하고 그대로 해당 용어 표준을 적용할 수 있다. 각 프레임워크 데이터 표준은 각 분야에 맞는 데이터 분류를 위해 데이터 분류 표준을 참조하여 분류된 카테고리로 표준화된 용어 리스트를 가지게 되어 데이터를 구성하게 된다.

DIGEST 용어 표준

나토기구 국방 표준인 DIGEST에서도 표준화된 GIS 용어 부분을 정의하여 사용하고 있다. 특히 DIGEST 국방 분야에 적합한 용어 정의 및 목록화를 하였으며, 공간 용어, 속성 용어를 코드화하여 사용하고 있다. DIGEST는 SDTS와 마찬가지로 Part 1, 2, 3, 4 등으로 구성되어 있는데, 이 중 Part 4는 공간 용어와 속성 용어를 코드화하여, 이를 FACC라 하며, 이 규정에 의해 별첨 A에서는 공간 용어 코드를, B에서는 속성 용어 코드를, 그리고 C에서는 공간 용어와 연결된 속성 리스트를 제공하고 있다. 공간 용어 코드는 5문자 코드로 표현되는데, 첫 번째 문자는 대범주이며 알파벳이고 A – Z까지 사용가능하다. 현재 10개 카테고리로 구성되며, 이 중 S는 특정 용도를 위해 사용되었다.

미국 GIS 용어 표준

미국 기본도 수치지도는 DLG(Digital Line Graphs) 포맷으로 제작, 유통되고 있으며, 1:24,000, 1:100,000, 1:2,000,000 축척으로 제공하고 있다. DLG 또한 GIS 용어 표준을 제공하고 있는데, 사용도는 레이어를 9가지로 카테고리화하였으며, 이를 토대로 구체적인 공간, 속성 용어를 표준목록화하고 있다. 속성 코드(attribute code)는 공간사상 코드(feature code), 분류 속성(classification attribute)이라고도 불리는데, 점, 선, 면에 의해 표현되는 지도 정보를 설명한다. 속성 코드는 크게 2가지 주요 수치

필드로 구성되는데, 첫 번째는 3비트 major 코드로서 공간 현상이 속하는 대분류 카테고리를 명시한다. 두 번째는 4비트 minor 코드는 공간사상의 상세한 속성 정보를 제공한다. Major code 중 첫 두 비트는 요소가 속하는 카테고리를 명시하며, 세 번째 비트는 두가지 방식으로 minor 코드를 수정하는 데 사용된다. 즉 세 번째 비트가 0인 경우, minor 코드는 요소의 설명 또는 분류를 나타내며 0이 아닌 경우, 각 카테고리와 관련하여 코드 규약 명시에 따라 특별한 해석을 요하는 패러미터이다.

한국 GIS 용어 표준

현재 국가 GIS사업의 일환으로 수행되는 국가 수치지도 구축 사업에 사용되는 표준코드는 수치지도를 구성하는 도엽 코드, 레이어 코드, 지형 코드로 구성되어 사용된다. 현재 이미 구축되었거나 제작되는 국가 기본도 수치지도는 이 표준 코드를 사용하며, 국립지리원의 수치지도 작성작업규칙에 근거하여 사용된다. 이 표준코드에 따르면 레이어는 9개로 분류되어 1~9까지 순차적으로 코드를 부여하였는데, 1번부터 순서대로 철도, 하천, 도로, 건물, 지류, 시설물, 지형, 행정 및 지역경계, 주기 등으로 구성된다. 이 대분류 코드를 중심으로 위계적으로 코드가 세분화되는데, 즉 대분류, 중분류, 소분류, 세분류로 구분되며, 이들 4자리로 각 공간객체들을 표현하고 있다.

이후 국가지리정보체계 표준화분과위원회에서 국가 기본도 표준화를 추진하면서 내놓은 「국가 지리정보체계(국가지리정보체계)의 국가 기본도 표준-지형지물 및 속성부호-버젼 1.0」은 사상코드와 속성코드 2가지로 분류하여 사용하는 것을 골자로 한다. 우선 사상코드는 5자리 코드를 사용하는데, 첫 번째 코드는 대분류, 두 번째 코드는 중분류로 둘다 알파벳이 사용되며, 나머지 세 자리는 소분류로서 숫자가 사용된다. 이러한 기본도 지형지물 대분류는 7가지로 A부터 순서대로 시설물, 수계, 지형/지질, 식생, 행정/경계, 지적, 일반 등이 사용된다. 한편 속성코드는 6자리 코드를 사용하는데, 6자리 코드 중 앞의 3자리는 속성코드로 알파벳이 사용되며, 나머지 3자리는 속성자료 내용이 사용된다.[10] 그러나 이 표준안 역시 수치지도 데이터 포맷의 한계 때문에 제대로

10) 정보통신부, 1996, 「국가 지리정보체계 (국가지리정보체계)의 국가 기본도 표준-지형지물 및 속성부호-버전 1.0」, 한국전산망 표준 KIS 124('96)

쓰이지 못하므로 진정한 공간 데이터베이스 설계에 입각한 코드를 사용하지 못하는 단점이 있다. 속성 정보 표현시 속성 부호의 구분은 3byte를 사용하며, 속성 부호에 대한 속성값은 숫자 3자리를 이용한다. 이때 속성값의 숫자 3자리는 000부터 999까지를 사용하는데, 000은 미분류, 999는 기타를 의미한다.

현재 국가지리정보체계 표준화 사업 중 기본도 용어 표준은 다음과 같은 대분류, 중분류, 소분류의 카테고리 구성을 가진다. 또한 국가지리정보체계 용어 표준에서는 국가 기본도 수치지도인 1:1,000, 1:5,000, 1:25,000 축척에 따른 표준 용어의 사용여부, 데이터 형태(점, 선, 면)를 규정하고 있다.

chapter 9

공간 데이터 인프라와 GIS

1. 공간 데이터 인프라의 이해 *371*

2. NSDI 와 GSDI *373*

3. 국가 GIS 계획 *377*

4. 공공참여 GIS PPGIS *384*

1 공간 데이터 인프라의 이해

사회가 발전함에 따라 다양한 정보 사용에 대한 중요성이 부각되고 있다. 그러나 곳곳에 산재하고 있는 다양한 형태의 각종 정보는 개인이 일일이 취득, 사용 및 활용하기에는 비효율적이다. 따라서 공공 서비스 차원에서 정보는 더 이상 개인의 측면을 떠나 국가 차원에서 유용한 정보를 구축, 유지관리, 유통하여 사용자가 손쉽게 필요한 정보를 사용, 활용하도록 성격이 변화하고 있다. 이러한 국가 차원의 정보 인프라는 오프라인 방식의 아날로그 정보뿐만 아니라 온라인 방식인 디지털 정보의 비중과 중요성이 증대되고 있다. 특히 전자정부(e-government)를 통한 대민 정보서비스에 비추어 디지털 정보의 비중은 크다고 할 수 있다.

특히, GIS 발전에 따라 공간 데이터의 이용이 원활해짐에 따라 정보 인프라의 유형이 다양해지고 고도화되고 있다. 즉 국가 차원에서 공간 정보의 인프라 구축이 1990년대 초반부터 추진됨에 따라 다양한 대규모 공간 데이터베이스가 구축되기 시작하면서, 사용자에게 제공됨에 따라 다양한 정보의 활용이 가능해지고 있다. 이러한 측면에서 공간 데이터 인프라(Spatial Data Infrastructure: SDI)는 GIS 발전의 산물일 뿐만 아니라 선진 사회의 기반이 되고 발전의 핵심 동력이 되고 있다. SDI는 단순히 구축된 대규모 공간 데이터베이스만을 의미하는 것은 아니며 이와 관련된 다양한 요소들을 함께 지칭한다. 즉 공간 데이터의 사회적 활용을 위해서는 다음과 같은 요소들이 필요하다.

① 지리 데이터(geographic data): 핵심이 되는 물리적인 지리 데이터와 정보
② 메타데이터(metadata): 지리 데이터의 특성을 설명하는 정보
(예, 지리 데이터의 내용, 품질, 조건, 구조 등)
③ 프레임워크(framework): 지리 데이터의 기반이 되는 정보 구성
(예, 기본 레이어, 레이어의 구성 내용 및 요소 정의)
④ 서비스(service): 지리 데이터의 제공, 탐색 등을 위한 서비스
⑤ 클리어링하우스(clearinghouse): 지리 데이터의 제공, 전달을 위한 유통

(distribution) 체계(법제도 및 기술적 구성 포함)

⑥ 표준(standard): 지리 데이터와 관련한 표준 제정, 유지관리, 시행

⑦ 협력(partnership): 지리 데이터 구축, 유지관리, 유통, 활용과 관련한 조직, 기관, 개인 등간의 협력관계

⑧ 교육(education): 지리 데이터 사용, 활용, 그리고 향후 GIS 인력양성을 위한 다양한 교육

공간 데이터 인프라(SDI)가 성공하기 위해서는 다양한 측면이 고려될 필요가 있다. 우선 사용자에게 필요한 지리 데이터의 구축이 필요하다. 이를 위해서 사용자에게 필요한 공간 데이터의 주제와 분야를 설정하고 이에 적합한 내용 구성에 대한 연구가 필요하다. 이와 관련하여 프레임워크에 대한 전략과 실행계획이 매우 중요하다. 둘째, 구축된 지리 데이터에 대한 효율적인 유지관리가 필요하다. 한번 구축된 지리 데이터는 일정한 주기로 지속적인 갱신, 수정작업이 필요하며, 이는 데이터의 내용뿐만 아니라 데이터 기하, 위상구조 요소, 데이터 포맷이나 기술요소 등을 포함한다. 특히 데이터베이스 유형으로 유지관리되는 경우, 이를 유지관리할 수 있는 DB 기술도 포함된다. 셋째, 사용자에게 제공, 유통되는 방식, 제도에 대한 고려가 필요하다. 보다 많은 사용자들이 원하는 정보를 손쉽게 얻고 활용하기 위해서는 사용자 편의, 효용성에 초점을 두어 유통체계를 확립할 필요가 있다. 구축된 지리 데이터나 관련 메타데이터는 온라인 또는 오프라인 방식으로 제공될 수 있으며, 온라인의 경우 사용자에 편리한 사용자 인터페이스로 필요한 정보를 검색하고 탐색할 수 있어야 한다. 또한 사용자들이 필요로 하는 지도 데이터를 무료 또는 저렴한 가격에 제공하는 것이 데이터의 보급 및 활용을 극대화할 것이다. 또한 공간 데이터의 유통과 관련한 법제도의 정비도 필요하다.

이러한 공간 데이터 인프라(SDI)는 국가 단위로 수행되는 경우와 세계의 다양한 국가들의 협력으로 수행되는 경우가 있다. 한 국가내에서 공간 데이터 인프라 사업을 추진하는 경우, 중앙정부가 사업에 대한 큰 틀과 추진전략을 제시하며, 구체적인 사업이 수행될 때 지방정부(지방자치단체)나 관련 공공기관 등이 협력해서 역할을 분담하고 있다. 반면 국가 차원의 SDI가 추진되면서 이를 전세계로 연계, 통합하려는 시도가 되

고 있으며 이는 GSDI(Global Spatial Data Infrastructure) 프로젝트로 진행되고 있다.

2 NSDI와 GSDI

국가 차원의 공간 데이터 인프라를 구축하는 구상은 1990년대 미국, 캐나다, 호주, 영국 등을 중심으로 추진되어 왔다. 특히 미국은 NSDI(National Spatial Data Infrastrucure) 프로젝트를 수행하였으며, 이후 다른 국가들이 이 사업 모델을 참조하여 수행하고 있다. 미국의 NSDI는 1994년 당시 대통령인 클린턴에 의해 시행된 Executive Order 12906에 의해 수립되었다. 시민들이 정부 부문의 공공 정보에 대한 접근성을 향상시키고 활용에 도움을 줌으로써 국가 역량을 향상시키려는 목적으로 수행된 NSDI는 이미 구축된 기존의 공간 정보를 디지털화하고 또 필요한 공간 데이터를 신규 구축하는 사업을 수행하였다. 이 NSDI 사업을 추진하기 위해 14개 정부기관들로 구성된 추진위원회인 FGDC(Federal Gographic Data Committee)가 설립되었고, 1994년 NSDI를 위한 전략방안(Strategic Plan for the NSDI)이 수립되어, 1997년에 수정보완되었다. NSDI의 주요 전략은 다음 4가지 목표로 설정되었다. 첫 번째 목표는 다양한 교육, 홍보 등의 활동을 통해 NSDI의 중요성과 장점을 이해시키는 것이며, 두 번째는 다양한 사용자(또는 사용자 집단)의 요구에 맞는 공간 데이터의 구축, 발견, 접근, 사용에 대한 방안을 개발하는 것이다. 세 번째 목표는 사용자의 공간 의사결정에 도움이 되는 공통적인 공간 데이터 유형을 개발, 유지관리하는 것이고, 네 번째 목표는 NSDI의 지속적인 지원을 위해 관련 조직, 기관간의 협력 관계를 구축하는 것이다.

그림 9.1 미국 FGDC(Federal Geographic Data Committee)의 홈페이지 (http://www.fgdc.gov)

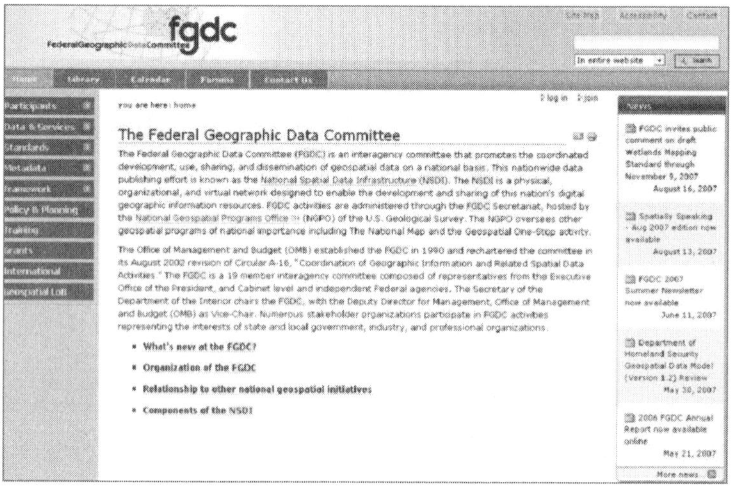

NSDI는 목표를 달성하기 위해 다음과 같은 주요 사업을 수행하고 있다. 첫 번째는 다양한 공간 데이터 공급자들에 의해 공간 데이터들이 구축, 유지관리되고, 이를 사용자에게 제공하기 위해 클리어링하우스(clearinghouse)를 통한 유통망을 형성하고 있다. 특히 Geo-one-stop 포털(http://www.geodata.gov)을 구축하여 데이터와 관련된 서비스를 사용자에게 제공한다. 두 번째는 공간 데이터와 관련한 각종 표준을 제정하고 이 표준을 GIS 데이터와 서비스에 적용하는 것이다. 세 번째는 공간 데이터와 연결된 메타데이터 규약을 설정하고 이를 적용하는 것이며, 네 번째는 공통적으로 사용되는 필수적인 공간 데이터를 규정하는 프레임워크(framework) 작업을 하고 있다.

그림 9.2는 미국 FGDC의 조직 구성을 보여준다. 운영위원회(Steering Committee)는 FGDC 위원회의 전체적인 방향, 일정, 사업 계획 및 전략 등을 수립하는 역할을 담당하며, 실무위원회(Coordination Group)는 운영위원회에서 결정된 사항을 토대로 실무적인 실행 계획 및 사업에 대한 조언과 일을 수행한다. 실질적인 FGDC의 실무 구성은 각 분야별로 구성된 소위원회(subcommittee)와 GIS 사업 유형별로 구성된 워킹그룹으로 이루어진다. 특히 소위원회와 워킹그룹은 공간데이터에 대한 개별 업무를 공유하게 된다.

그림 9.2 미국 FGDC의 조직구성

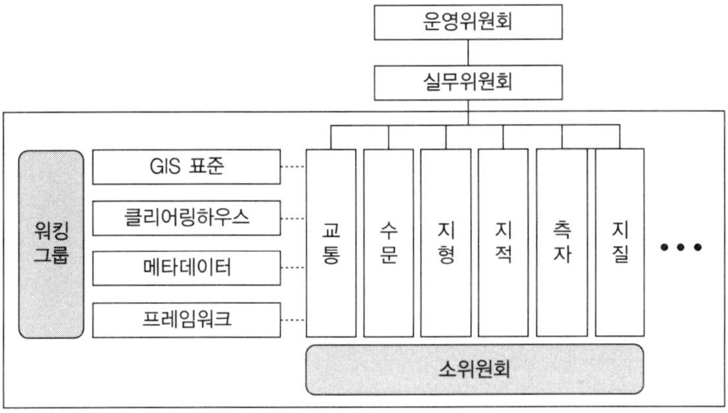

출처 : http://www.fgdc.gov/organization

반면 GSDI(Global Spatial Data Infrastructure)는 전세계에 걸쳐 공간 데이터 인프라(SDI)의 개념을 공동으로 발전시키고 협력하고자 하는 취지에서 50여개 이상의 국가들이 모여 GSDI Association이라는 비영리 조직을 중심으로 수행되는 프로젝트로서, 각 국가별 또는 전세계의 공간 데이터 구축과 연계, 관련 기술과 제도 등의 공유를 목적으로 다양한 사업을 수행하고 있다. GSDI는 국가차원의 활동을 넘어서 ISO/TC211의 활동, OGC의 활동과 연계하여 공간 데이터 구축, 표준화, 유통, 연계 등의 노력을 하고 있다. 즉 NSDI 프로젝트와 유사하게 GSDI의 주요 사업은 지리 데이터, 메타데이터, 프레임워크, 서비스, 클리어링하우스, 표준, 협력에 초점을 맞추고 있다.

그림 9.3 GSDI(Global Spatial Data Infrastructure) Association의 홈페이지 (http://www.gsdi.org)

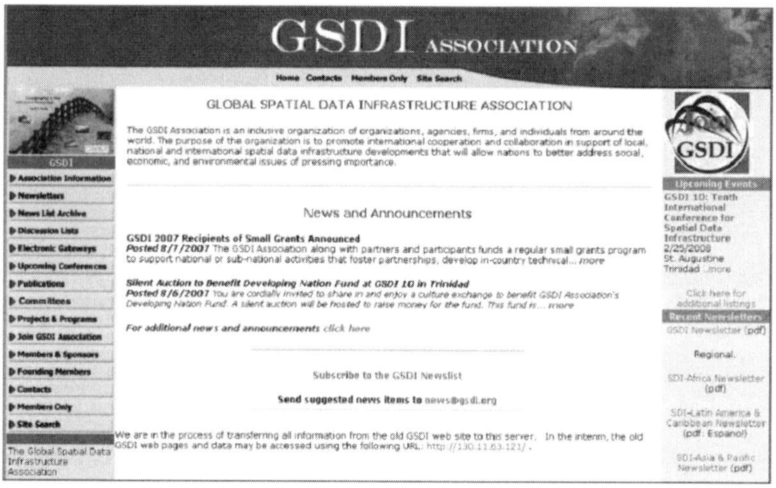

그림 9.4 GSDI Association의 조직구성

출처 : http://www.gsdi.org

3 국가 GIS 계획

최근 50여년 동안 산업사회에서 정보화사회로 발전하면서 사회는 급격한 변화를 겪고 있다. 특히 정보통신 기술, 교통의 발달로 인해 사회구조는 매우 빠르게 고도화되고, 산업시대에 구성되었던 국토의 공간구조는 빠르게 정보화 시대에 맞게 재편되고 있다. 이러한 변화된 국토의 공간구조 속에서 다양한 정치, 경제, 사회, 문화 현상이 일어나는데, 변화된 공간구조에서 발생하는 다양한 프로세스의 효율화와 제반 문제들에 대한 효율적인 대처가 중요하게 대두되고 있다.

우리나라도 1990년대부터 본격적으로 국가 기반시설과 정보의 필요성을 인식하고, 개별적, 산발적으로 수행되는 공간정보의 효율적인 구축 및 관리, 국가 공공기반시설에 대한 효율적인 관리 등을 목적으로 국가차원의 GIS 사업을 추진하였다. 즉 1995년 5월 '국가지리정보체계 구축 기본계획' 을 수립하고 본격적인 국가 GIS 구축사업을 시작하였다. 국가 GIS 구축사업은 지리정보의 구축에서 유지관리, 활용, 기술개발 등 다양한 범위를 포괄하며, 건설교통부, 행정자치부, 정보통신부, 산업자원부, 농림부, 해양수산부, 환경부 등 국가 대부분의 부처와 공공기관이 참여하는 사업으로 추진되고 있다. 또한 국가 GIS사업은 특정 기간 동안만 수행되는 것이 아니라 장기간에 걸쳐 추진되고 있다. 즉 국가 GIS사업은 '국가지리정보구축및활용에관한법률' 에 의거하여 추진되고, 1995년부터 3단계에 걸쳐 추진되고 있다.

그림 9.5 국가 GIS 구축사업 일정

그림 9.6 제1차 국가GIS사업 추진체계

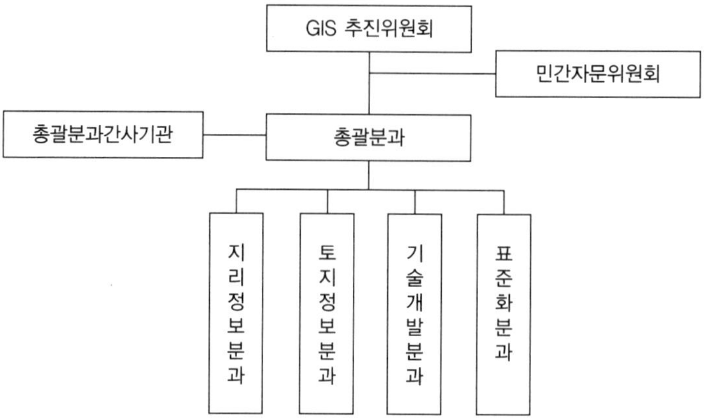

출처 : 건설교통부, 2006, 제2차 국가GIS사업백서, 그림 2-1

그림 9.7 제2차 국가 GIS사업 추진체계

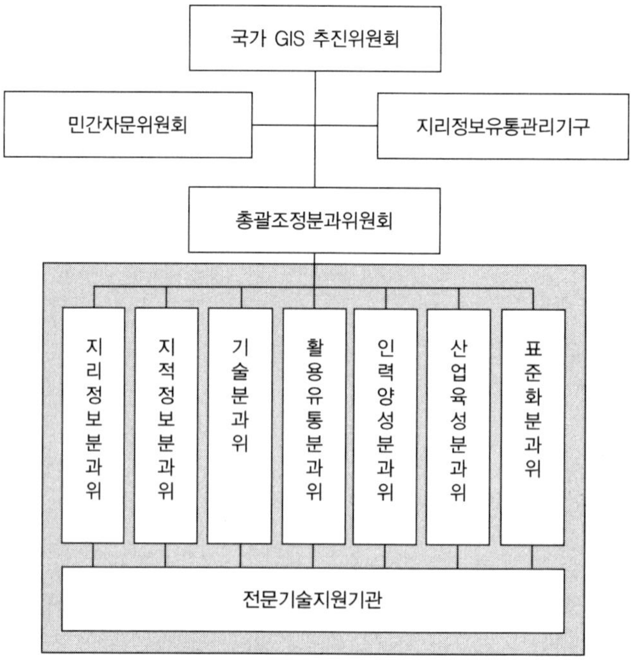

출처 : 건설교통부, 2006, 제2차 국가GIS사업백서, 그림 2-2

국가 GIS 기술개발

1995년부터 수행되어온 국가 GIS 기술개발은 국가 GIS 사업의 근간이 되고 핵심 기술이 되는 사업이다. 국가 GIS 기술개발 사업은 1차사업 기간에는 과학기술부가 4개 영역을 중심으로, 그리고 2차사업 기간에는 정보통신부가 5가지 연구영역을 중심으로 수행되었다. 1차 기간에는 국가 GIS 데이터의 수집, 처리, 유통, 활용에 필요한 다양한 기술을 개발하여 기여하였으며 DBMS, 지도제작 기술, DB 툴, GIS 시스템 통합 기술 등이 개발되었다. 2차년도에는 정보통신부의 지원으로 개방형 GIS 기술, 3차원 GIS 기술, 초정밀 위성영상 및 영상정보 처리 기술들이 중점적으로 개발되었다.

표 9.1 제1, 2차 국가 GIS 기술개발 추진실적

구분	과제명	기간	주관	예산 (백만원)
제1차 국가 GIS 기술 개발 사업	DBMS Independent GIS 기본 S/W - GIS용 API 개발 - GIS용 분석 S/W 개발 - GIS용 조작 S/W 개발 - GIS용 User Interface 기술개발	1995~1999	과학기술부	18,900
	맵핑기술개발 - 자료획득 및 수정 S/W 개발 - 자료처리 및 3차원 지형분석 S/W 개발 - 지도출력 및 지도설계 자동화 S/W 개발			
	DB Tool - 공간객체 관리시스템 개발 - 공간객체 저장시스템 개발 - RDBMS Interface 개발 - OODBMS Interface 개발			
	GIS 시스템통합 - 시스템통합기술개발 - GIS선진기술 모니터링 및 기술확산 - 공공시설물관리 GIS 응용소프트웨어 개발 - GIS 자료편집 및 통합관리 기술개발 - 인터넷 환경하에서의 3차원 공간분석 S/W개발			

제2차 국가 GIS 기술 개발 사업	개방형 GIS 컴포넌트 기술개발	1999~2001	정보통신부	2,200
	3차원 GIS S/W 기술개발	2000~2002		2,573
	고정밀 위성영상 처리기술 개발	2001~2003		7,700
	공간정보(4S) 연계기술 지원 사업	2001~2003		11,090
	멀티센서 공간영상정보 통합처리 기술개발	2004~2006		4,000
합계	9개 사업	-	-	46,463

출처 : 건설교통부, 2005, 제3차 국가GIS 기본계획수립연구, 표 2-13

국가 GIS 활용체계 구축

국가 공간정보 기반 구축을 목적으로 국가 GIS사업이 시작되었다. 1차에서 중점적으로 구축된 국가 GIS 데이터의 효율적인 활용을 위한 다양한 사업들이 계획되고 추진되었다. 특히 정부 부처와 공공기관의 실제 업무에 적용되어 공공시설물이나 정보의 효율적인 관리와 체계화, 대민정보서비스의 품질 향상 등의 목적을 추구하였다. 1차 국가 GIS 활용체계의 추진방향은 기본 공간정보 데이터베이스의 구축 및 보완, 정부 차원의 GIS 활용체계 개발, 개발된 활용체계의 활용, 관련 제도 및 법규의 정비 등으로 요약된다. 한편 2차 국가 GIS 활용체계의 중점 추진방향은 1차 사업의 지속적인 추진과 연계성 확보를 목적으로, 공공의 GIS 활용방안 수립, 분야별 활용체계 구축, 활용체계를 위한 모델 연구, 표준 제정, 법제도 정비 등이 있다(표 9.2 참조).

표 9.2 1, 2차 국가 GIS 활용체계 구축사업

제1차 국가GIS 활용체계			제2차 국가GIS 활용체계			
분과	사업명		분과		사업명	주관부처
총괄	지하시설물 관리체계 개발 시범사업 (1996~1997)		활용	토지이용지리정보	토지종합정보망	건교부
					농촌지형정보체계	농림부
	공공GIS 활용체계 개발 사업 (1998~2000)	토지관리정보 시스템			통계지리정보시스템	통계청
					건축행정정보체계	건교부
					산업지리정보체계	산자부
					3차원 공간정보구축 시범사업	건교부
		토양자원정보시스템 (농업토양환경정보 DB화 웹서비스 시스템)		지하지리정보	도로와 지하시설물공동구축	건교부
					광역상수도종합관리시스템	건교부
					항만지하시설물DB구축	해수부
					산업단지GIS	산자부
					국토지반정보DB구축	건교부
					폐탄광지리정보시스템	산자부
		산림지리정보시스템		수자원지리정보	하천지도전산화	건교부
					지하수정보관리시스템	건교부
					농촌용수 물관리정보화사업	농림부
					물환경정책시스템	환경부
		지하수 정보관리 시스템 개발		환경 및 농림 지리정보	토지피복지도구축	환경부
					자연환경종합GIS	환경부
					대기환경예측 평가시스템	환경부
					화학물질사고대응 정보시스템	환경부
					폐기물적법처리입증시스템	환경부
		지질정보 관리 시스템 개발			수도권매립지 지리정보 시스템	환경부
					산림지리정보시스템	산림청
					농업토양환경정보DB구축	농진청
				해양지리정보	연안관리정보시스템	해수부
					해양관광정보 관리시스템	해수부
					연안해양정보 실시간 제공 시스템	해수부

출처 : 건설교통부, 2005, 제3차 국가GIS 기본계획수립연구, 표 2-15

지리정보유통체계 구축

지리정보유통체계란 다양한 공급자가 생산한 디지털 지리정보를 인터넷을 기반으로한 네트워크상에 연결하고 이를 사용자에게 제공하는 기반을 의미한다. 이 사업은 2000년 시범사업을 거쳐 2차 GIS 계획 기간에 본격적으로 시행되었다(표 9.3 참조). 지리정보유통 활성화를 위한 정책, 기술 연구 수행과 관련 법제도 정비, 지리정보유통관리 기구설치 및 운영 등을 주요 사업 골자로 하고 있다. 국가지리정보유통체계는 4가지 요소로 구성되있는데, 지리정보유통센터(중심기관), 지리정보통합관리소(권역별 거점기관), 지리정보유통노드(자체 유통시스템을 유지관리하는 기관), 지리정보공급자 등이다.

표 9.3 국가지리정보유통망의 지리정보 공급 현황 (2005년 7월 현재)

연 도	내 용
시범망구축사업 (총 1,417건)	- 정밀토양도 69건 - UIS기본도 2건 - 하수시설물 22건 - 산림이용기본도 22건 - 임도망도 21건 - 토지이용현황도 29건 - 녹지자연도 206건 - 식생도 234건 - 토지피복분류도 238건 - 수치고도자료 245건 - 임상도 23건 - 1:5000 지형도 120건 - 1:25000 지형도 29건 - 토지특성도 157건
1차년도 본사업 (2001. 8 ~ 2002. 6) (총 95,890건)	- 지형도 2만 9618건 -토지특성도 9714건 - 인천시 UIS 기본도 71건 -대구시 지형도 1만 8629건 - 대구시 용지도 2만 763건 -대구시 지하시설물도 1만 7095건
2차년도 본사업 (2002. 9 ~ 2003. 8) (총 113,854건)	- 대전시 수치지형도 5449건 - 광주광역시 수치지형도 외 5종 1만 5582건 - 부산광역시 수치지형도 5만 2401건, 도로망도 1만 7409건 외 지자체지리정보 2만 3013건
3차년도 본사업 (2003. 10 ~ 2004.8) (총 348,929건)	- 서울시 지형도 외 9종 26만 981건 - 제주도 토양도 외 21종 7만 7964건 - 위상영상데이터 3619건 외 지자체 추가지리정보 6365건
4차년도 본사업 (2004. 7 ~ 2005. 4) (총 130,097건)	- 강원도 77종 5만 3750건 - 서울시지리정보 2245건 외 지자체 추가지리정보 7만 4102건
2005년 7월 (총 62,890건)	- 지형도 5만 8765건 - 토지이용현황도 1건 - 도로망도 4124건
총 계	75만 3077건

출처 : 건설교통부, 2005, 제3차 국가 GIS 기본계획수립연구, 표 2-16

GIS 교육 및 홍보

국가 GIS 사업을 추진하는 과정에서 필요한 GIS 전문인력 육성과 GIS 발전 결과의 대국민 홍보 사업도 중요한 핵심 사업이다. 1차 국가 GIS 기본계획에서는 GIS 전문인력 육성을 위한 지원사업 계획 수립을 과학기술처 주관하에 기술개발분과에서 담당하였다. 2차 국가 GIS 기본계획에서는 GIS 교육기관 강화, GIS 교육의 내실화에 중점을 두었다. 2차 기간에서는 오프라인 교육, 온라인 교육, 교재 및 실습프로그램 개발 등을 수행하였으며, 전국을 수도권, 중부권, 강원권, 호남권, 영남권, 제주권 등 6개 권역으로 나누어 GIS 교육을 수행하였다. 온라인 교육을 위해 2002년 온라인 교육시스템(http://www.e-gis.or.kr)을 구축하고 자료실 및 교육포털 사이트를 개설하였다.

표 9.4 제 1, 2차 GIS 전문인력 양성실적 비교

구분	제1차 국가 GIS 기본계획	제2차 국가 GIS 기본계획
교육실적	- 4,181명 오프라인 교육 (1996~2001)	- 2,714명 오프라인 교육(2003~2004) - 12,353명 온라인 교육 (2003~2004)
교육 인프라 구축실적	1995년 GIS 인력 수급현황 조사를 토대로 장단기 차원의 GIS 전문인력 육성방안 수립	- GIS 교재 개발 - GIS 실습프로그램 개발 - 온라인 교육시스템 개발 - 관련 연구 2건 수행
투자실적	76억원	31.8억원

출처 : 건설교통부, 2005, 제3차 국가GIS 기본계획수립연구, 표 2-33

GIS 산업육성

GIS 산업 분야에 대한 국가 차원의 육성 계획은 우리나라 GIS의 균형발전을 도모한다는 점에서 매우 중요하다. 제1차 국가 GIS 기본계획에서는 GIS 산업 육성관련 계획이 수립되지 않았으나 제2차 계획에서는 '국토정보의 디지털화라는 국가 GIS 기본계획의 비전과 목표에 상응하는 GIS 산업 육성을 목표' 로 계획이 수립되었다. 그동안 직접적인 GIS 산업 육성사업이 수행되기 보다는 기본지리정보 구축, 활용체계 구축, 지리정보유통체계 구축 등 타부문의 국가 GIS 구축사업을 추진하는 과정에서 대규모 공공투자를 통한 간접적인 지원이 이루어졌다. 즉 1차 기간(1995~2000)과 2차기간

(2001~2005)에 각각 2,787억원, 4,987억원이 투입되었다. 따라서 1995년부터 2004년까지 GIS 산업현황을 조사해본 결과, GIS 분야의 매출은 1995년의 49.9억원에서 2004년 1406.9억원으로 증가하였고, GIS 분야 종사자수도 1995년 171명에서 2004년 2,416명으로 증가하였다.

특히 2006년부터 시작된 3차 국가 GIS 사업은 변화된 국토환경에 맞추어 국가공간정보의 구축과 디지털국토를 목표로 계획이 수립되었다. 즉 '유비쿼터스 국토실현을 위한 기반조성'이라는 비전을 달성하기 위한 3가지 목표를 세웠는데, 공공부문의 GIS 기반 전자정부 구현, 시민부문의 지리정보서비스를 통한 삶의 질 제고, 그리고 산업부문의 GIS를 이용한 뉴비즈니스 창출이 그것이다. 이를 구현하기 위한 4가지 추진 전략으로 국가GIS 기반 확대 및 내실화, 국가 GIS 활용가치 극대화, 수요자 중심의 국가 공간정보 구축, 국가 정보화사업과의 협력적 구축을 수립하였고, 중점 추진과제로는 기본지리정보의 구축 확대 및 내실화, GIS 활용극대화, GIS 핵심기술 개발 추진, 국가 GIS 표준체계 확립, GIS 정책의 선진화 등이다.

4 공공참여 GIS

GIS의 발전은 사회에 밀접한 영향을 미치는데, 첫 번째는 사회의 정책 의사결정에 GIS를 통해 구축, 수립된 정보가 핵심적 역할을 수행한다. 도시계획, 지역계획, 환경보존 계획 수립 등과 공공기관의 입지와 공공 시설물의 유지관리 등에 공간 정보는 매우 유용한 도움을 준다. 두 번째, 정책의사결정 후 그 결과의 집행과 실행에 GIS가 도움을 준다. 실제 도시계획을 바탕으로 도시가 건설됨에 따라 다양한 도시 시설물의 위치정보와 관련 속성 정보들이 디지털 공간 정보로 저장되며, 필요시 공간 시뮬레이션을 통해 최적화된 도시건설에 도움을 준다. 마지막으로 정책결정 결과를 국민에게 홍보하는 수단으로서 GIS는 매우 적극적인 역할을 수행한다. 각 공공기관과 지방자치단체들은 각기 홈페이지를 통해 다양한 지역정보, 공간정보 서비스를 수행하며, 동시에 정책결정에 대한 적극적인 홍보를 수행한다.

그림 9.8 GIS가 사회에 미치는 긍정적 역할

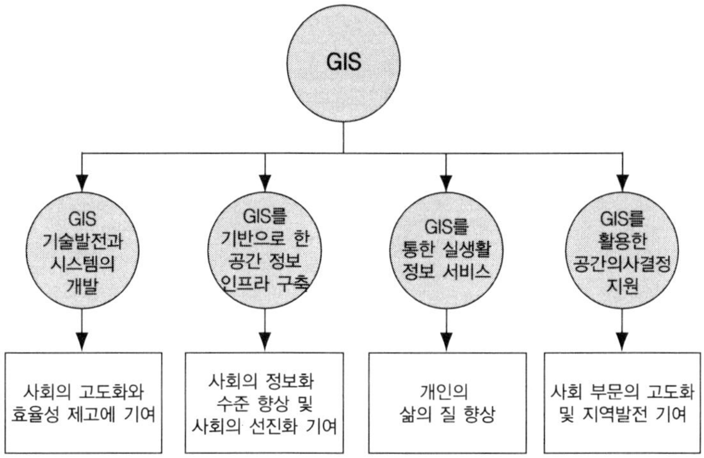

그러나 GIS와 사회와의 관계를 살펴보면 반드시 GIS가 긍정적인 역할만 수행하는 것은 아니다. 즉 사회를 구성하는 개인이나 커뮤니티에게 정보화 수준의 향상을 통한 역량을 강화(empowering)하는 긍정적인 측면이 있는 반면, 정보 격차에 따른 사회적 양극화를 심화(maginalizing)시켜 사회의 갈등을 조장하는 부정적인 측면도 있다. 지금까지는 GIS가 사회에 미치는 긍정적인 효과에 주로 초점을 두어온 반면, 최근에 들어서는 사회에 대한 부정적인 영향에 대한 주장이 대두되면서 사회의 건전한 발전을 위한 GIS의 역할에 대한 연구가 진행되고 있다. 이러한 연구들은 비판 GIS(critical GIS) 또는 공공참여 GIS(Public Participation in Geographic Information System: PPGIS) 등을 중심으로 논의되고 있다.

비판 GIS는 GIS의 발전에 따라 보다 많은 공간정보 서비스가 이루어져 왔으나, 정보 격차(digital divide)에 따른 정보 액세스의 양극화로 인해, 정보의 부익부 빈익빈 현상이 심화되었다고 주장한다. 따라서 GIS 발전에 따른 다수의 수혜자가 존재함에도 불구하고 소수의 공간정보 약자의 소외로 인해 사회의 건전한 발전이 저해된다고 이야기 한다. 이러한 사회적 역할에 영향을 주는 주요 요인으로는 그 사회의 역사적 조건, 정치적 조건, 사회적 조건, 기술적 조건 등이 있다.

공공참여 GIS는 개인과 커뮤니티에 초점을 맞추어 이들의 정보화 수준을 향상시키

그림 9.9 GIS의 사회적 역할에 영향을 주는 요인들

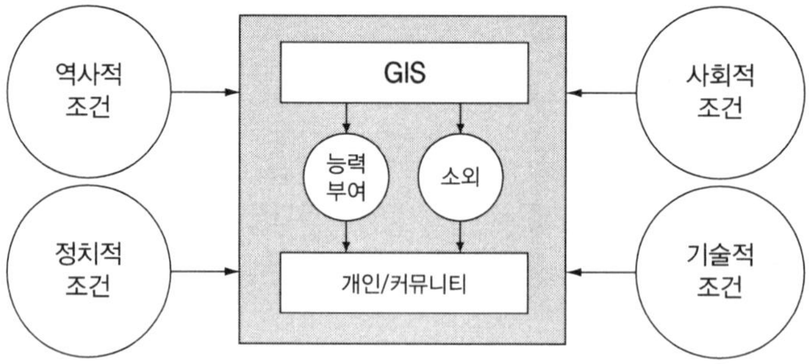

기 위한 목적의 GIS 시스템 구현 및 서비스 제공을 목적으로 한다. 즉, 공공참여 GIS는 커뮤니티와 개인에게 보다 많은 공간 정보를 제공하고, 이를 활용할 수 있는 능력을 제공함으로써, 사회의 의사결정에 보다 적극적으로 참여할 수 있으며 이를 통한 자아실현이 목적이다. 이를 위해 정부정책의 투명성을 제고하고, 정부정책에 대한 민주화를 도모하기 위해, 사회적으로 소외된 계층을 최소화하기 위한 GIS 영역 확대와 역할 변화를 도모하고 있다. 또한 단일 사회에서의 소외계층뿐만 아니라, 국가 차원에서 소외되는 개발도상국과 제3세계 국가에 대한 GIS의 지원이 큰 비중을 차지하고 있다.

그림 9.10 공공참여 GIS(PPGIS)의 구성과정

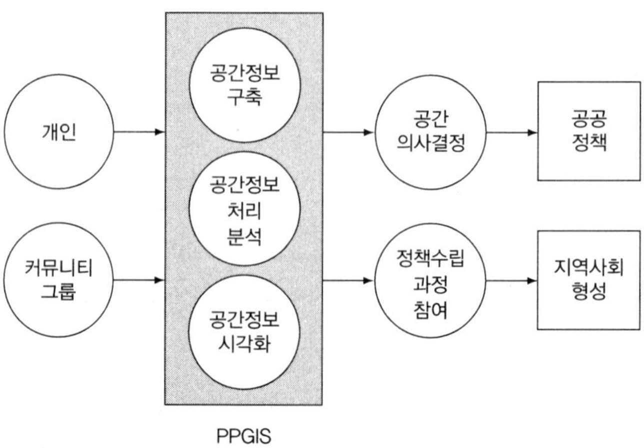

그림 9.10은 공공참여 GIS의 구성 과정을 보여주고 있다. 개인이나 커뮤니티 그룹은 GIS를 이용하여 공공정책에 대한 정보의 수집, 처리 및 분석, 시각화의 서비스를 제공받으며, 이를 통해 얻어진 지식을 토대로 공공의사 결정과정에 참여하거나, 정책수립과정에 영향을 미칠 수 있다. 또한 소외계층에 대해서는 공공참여 GIS를 통해 이들 계층을 위한 공간정보화의 양과 수준을 향상시켜 다수의 사회와 통합하면서, 공공정책 과정에 소수 의견을 개진하고 반영하도록 함으로써 합리적인 공공정책이 수립되고 시행되도록 한다.

그림 9.11 소외계층을 위한 공공참여 GIS 역할

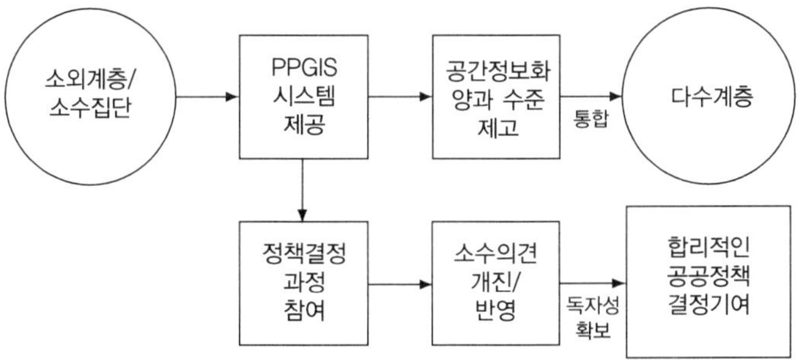

chapter 10

GIS와 지도학
: 지도화 및 시각화

1. 지도학의 특성 391
2. 지도 제작 과정 401
3. 지도 제작 요소 및 구성 407
4. 다양한 결과 방식 416
5. 지도 일반화 420
6. GIS 데이터 클리어링하우스 436

1 지도학의 특성

지도학의 관점에서 볼 때 지도는 사용자간에 중요한 공간 정보를 전달하고, 제공해주는 커뮤니케이션 역할을 수행한다. 다른 한편, 지도는 공간 정보를 기반으로 수행되는 지리적 관점의 작품으로 생각될 수 있다. GIS는 이러한 커뮤니케이션 기능뿐만 아니라 기능적, 예술적 측면의 결과인 지도 생성을 더욱 효율적으로 만들고 있다. GIS를 이용함으로써 기존에는 불가능하던 고차원 또는 맥락적 공간 정보를 공간 처리 및 분석 과정을 통해 생성할 수 있으며, 방대한 GIS 데이터베이스에서 빠른 시간과 처리과정을 거쳐 필요한 공간 정보를 효율적인 방식으로 사용자에게 제공해준다.

GIS와 지도학의 관계를 단편적인 측면만을 보면 GIS 발전이 지도학의 쇠퇴를 야기했다고 생각할 수도 있다. 그렇지만 이는 사실이 아니다. 물론 최근의 지도 제작 방식은 더 이상 기존의 전통적인 지도학 방식은 아니며, GIS의 발전에 따른 새로운 방식과 기술들이 적용되어 왔다. 하지만 실질적으로 GIS와 지도학은 서로 밀접한 영향을 주고 받으며 더불어 발전해 왔다고 보아야 할 것이다. 단순히 GIS 데이터베이스 구축이나 공간 처리 및 분석에서 끝나지 않고, 결과로서의 유용한 공간 정보를 사용자에게 효율적인 방식으로 표현하기 위해서는 지도학의 철학, 원리, 방법론 등이 필요하기 때문이다. 즉, GIS의 발전을 위해서 지도학의 방법론 및 모델, 지도제작 기법 등이 필요하며 또한 지도제작 방식도 GIS 기법이 적용됨으로써 향상된다. 실제로 GIS 소프트웨어를 사용하는 많은 사용자들이 단순히 소프트웨어에서 제공하는 메뉴를 통해 지도를 얻지만 과연 어떠한 목적으로 지도를 생성하고, 어떠한 요소들이 결과에 포함되어야 하는지, 또한 다양한 공간 데이터베이스에서 어떠한 과정을 거쳐 지도 결과를 얻을 것인지에 대한 지식이 없기 때문에 소중하고 비싼 소프트웨어와 데이터를 가지고 있으면서 단순한 수준의 결과만을 얻고 있는 것도 주지의 사실이다. 최근 인터넷에 범람하는 다양한 GIS 서비스의 상당부분은 GIS 데이터를 이용하여 지도화하고 있지만 많은 경우 지도학의 기본적인 기초지식 없이 수행되고 있으며 그만큼 많은 오류를 양산하고 있는 실정이다. 따라서 GIS의 질적인 발전을 위해서라도 지도학의 상호작용과 조화가 요구된다.

일반적인 결과로 생성되는 지도의 유형은 일반 기본도(general reference map)와 주제도(thematic map)로 구성된다. 일반 기본도는 여러 유형의 지도 중에서 기본이 되고 핵심이 되는 공간사상을 지도화하는 것으로, 국토지리정보원에서 발행되는 1/25,000, 1/50,000, 1/250,000 축척 등의 기본도가 이에 속한다. 일반도에는 등고선, 토지이용, 도로, 하천, 주택, 빌딩 등에 대한 정보가 포함된다. 반면 주제도는 특정 목적에 따라 제작되는데 예를 들어 도로에 대한 정보를 가지는 도로교통도, 지적에 대한 정보를 가지는 지적도, 식생의 분포 및 패턴에 대한 정보를 가지는 식생도, 토지이용에 대한 토지이용도 등이 그 예이다.

그림 10.1 지도 분류 유형의 여러 측면

일반적인 지도 디자인 과정에는 지도 레이아웃 구성, 공간사상과 적합한 심볼의 선택, 생성, 배치 등의 과정이 포함되며, 이러한 과정을 통해 목적에 부합되도록 중요한 공간사상을 부각시켜 표현하고, 필요하다면 공간사상들 간의 공간관계나 패턴을 표현하게 된다. 지도화 과정에서 데이터베이스에 포함되는 모든 공간사상을 다 표현할 필요는 없다. 만일 그러하다면 지도 전체가 복잡하고 빽빽히 표현된 공간사상들 때문에 원하는 목적에 맞게 필요한 패턴이나 공간사상의 표현이 어렵게 된다. 이 과정에서 불필요한 공간사상은 삭제하거나 부각시키지 않는 것이 좋으며, 반대로 필요한 공간사상들을 선택하여 지도에 포함시키고 이들의 표현방식을 고려해야 한다.

이처럼 지도화 결과를 얻기 위해 필요한 지도 디자인 과정은 매우 복잡하며, 다양한 목적과 기능이 개입되는데, 디자인 과정에서 이들 목적과 기능이 서로 상충되는 경우도 있을 수 있다. 예를 들어 하천을 따라 배열되어 있는 주택들을 심볼로 표현할 경우, 주택들의 정확한 위치에 표현하고자 할 것이다. 그런데 하천의 심볼 표현 때문에 주택의 심볼 표현이 제대로 표현되지 않는 경우가 있다. 이때 주택들의 실제 위치를 조금씩 이동시켜 하천 표현과 겹치지 않도록 표현해야 하는 경우도 있다. 또한 지도상에서는 다양한 공간사상들이 주기(annotation)와 함께 표현될 수 있는데 일반적으로는 공간사상의 배치가 주기의 배치보다 우선되지만, 실제적으로 공간사상의 표현과 주기의 배치가 겹치는 등 표현의 비효율성이 나타나는 경우가 있으므로, 이때에도 일정한 기준과 경험을 통해서 적합한 방법을 찾을 수 있다(그림 10.2).

그림 10.2 다양한 지도 디자인 결과의 예

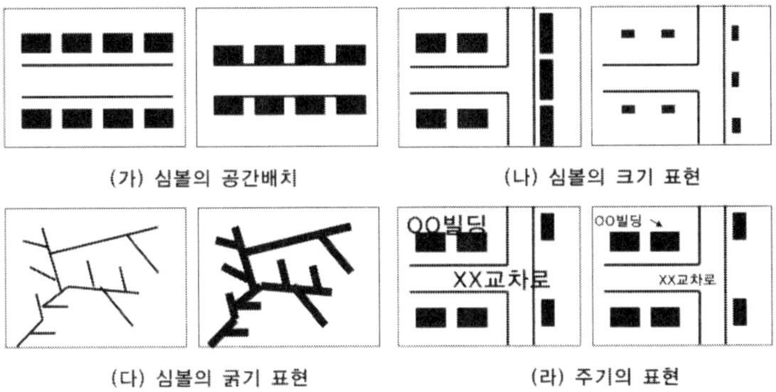

지도학의 특성

지도는 실세계 공간사상의 모델이다. 즉 실세계의 다양한 공간사상을 특정 목적에 맞게 표현하기 위해 일반화, 추상화, 단순화, 심볼화 등의 과정을 거쳐 이루어진다. 그런데 종종 일부 사람들은 지도를 만들 때 특정 지역의 모든 정보를 한 지도에 담으려고 하는 경우가 있다. 그러나 지도는 모든 정보를 작게 표현하는 축소판이 아니다. 이러한 오해는 종종 지도를 많이 접한 사람에게도 발생하는 데, 어떤 지역의 축척 도로지도를 보며 도로상의 필요한 정보가 표시되지 않았다고 불평하기도 한다. 사실 특정 축척이나 특정 목적의 지도에서 표현되는 공간 정보가 또 다른 축척, 목적의 지도에서는 표현되지 않을 것이다. 이는 지도가 모든 공간사상을 단순히 축척만 줄여서 작게 표현하는 것이 아니라 여러 가지 목적과 과정을 거쳐서 일반화, 추상화된 결과라는 것을 말해준다. 즉 지도 제작 과정에서 고려되는 지도 제작 목적, 대상 사용자, 지도에 적용될 특성, 추상화 정도, 심볼화 방법, 제작 과정 등이 결합되어 비로소 하나의 지도가 만들어진다.

지도와 관련된 학문으로서 지도학은 오랜 역사를 통해 발전해왔다. 지리학의 하위 분야로 분류되는 지도학은 단순히 지도를 제작하는 기술적인 기법만을 포함하는 것은 아니며, 지도와 관련된 철학, 이론을 포함하고 있는 학문이다. 사실 지도학의 패러다임은 최근 들어 상당히 급격하게 변화하고 있으며, 어느 정도는 GIS와의 밀접한 상호작용의 결과로서 이루어진 것이라 할 수 있다.

지도학 패러다임의 변화

지도학 분야는 최근 20여년 동안 매우 급격한 속도로 발전하고 있다. 특히 아날로그 지도 중심에서 디지털 지도로 변화함에 따라 결과로서의 지도뿐만 아니라 지도제작 목적과 방식, 지도제작 과정과 기능, 지도 전달 및 의사소통 방식, 지도화 기능과 서비스 유형 등이 이전과 다르게 발전하고 있다. 지도학의 연구 패러다임은 지도 커뮤니케이션(map communication) 중심에서 지리시각화(geovisualization) 패러다임으로 변화하고 있다. 지도 커뮤니케이션 접근 방법은 지도를 매개로 지도 제작자가 전달하고자 하는 공간정보를 지도에 담아 사용자에게 제공하는 것을 주 목적으로 한다. 따라서 지도는 특정 지도 제작 목적에 따라 공간정보 유형, 정보의 양, 심볼화 등이 결정되는 경향이 있다. 이러한 지도 커뮤니케이션 패러다임은 1990년대 중반까지 지도학 연구의 중심을 이루었다. 그러나 이후 컴퓨터와 정보기술의 발달, 사회의 급격한 변화는 지도 서비스에 대한 새로운 도전과 변화를 요구하고 있다.

그림 10.3 최근 지도학 패러다임의 변화

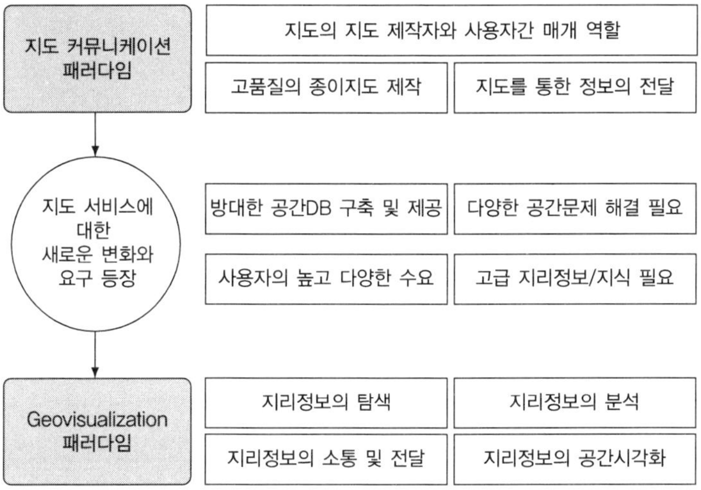

이러한 지도학 분야의 새로운 변화 요구는 크게 4가지로 정리될 수 있다. 첫째는 GIS 발달과 국가 차원의 GIS사업 결과로 인해 방대한 규모의 공간 데이터베이스가 구축되고 있다. 그러나 이렇게 구축된 공간 데이터베이스를 효율적으로 지도와 연결하여 사용하는 방안과 방법이 부족한 현실이다. 둘째, 사회가 급속도로 변화하면서 다양한 공간문제들이 발생하고 이에 대한 효율적인 해결 방안이 필요하게 되었다. 예를 들어 지역계획, 도시계획, 국토 균형발전과 지역 양극화라는 사회, 도시 문제의 해결은 공간적 접근이 핵심을 이루어야 하며 이에 대한 효율적인 공간적 성찰과 해결책이 요구되고 있다. 셋째, GIS 및 공간 데이터 사용자의 요구 수준이 높아지고 요구 범위가 다양해지고 있다. 따라서 기존의 제한된 일률적 지도 서비스 방식으로는 이러한 다양하고 높은 사용자의 요구 수준을 충족시키기 어렵게 되었다. 마지막으로 낮은 수준의 공간 데이터가 아니라 고급의 공간 정보와 지식이 요구되고 있다. 단순히 공간 데이터베이스를 지도화하여 디스플레이하는 수준은 이미 높은 수준의 사용자 요구를 충족시키지 못하고 있으며, 나아가 다양한 공간 모델, 분석, 프로세싱을 통해 산출된 고급 공간 정보와 지식을 효율적으로 다루지 못한다.

이러한 새로운 변화와 요구에 대처하기 위해 지리시각화(geovisualization)의 탐색, 분석 중심 패러다임이 등장하였다. 정보 시각화(information visualization), 과학적 시각화(scientific visualization)에 영향을 받아 지도학 연구는 지도를 더 이상 단순한 정보전달의 매개 역할을 넘어서 사용자에게 많은 유용한 지도 기능과 다측면, 고품질의 공간정보를 제공해주는 서비스 역할로 규정하고 있다. 즉 지리시각화는 지리정보를 탐색 및 분석/처리하며, 이를 통해 얻어진 유용한 지리 정보를 사용자에게 효과적인 시각화 방식으로 제공하며, 궁극적으로는 사용자에게 지리정보에 대한 풍부하고 다양한 이해를 도모한다. 이처럼 지리시각화 접근방법은 지리정보의 분석측면에 보다 초점을 두며, 다양한 정보기술의 적용으로 사용자에게 효율적인 의사소통과 전달을 위한 시각화 방법을 제공한다.

지리시각화 Geovisualization 연구

지리시각화(geovisualization)는 시각화(visualization)의 한 유형으로 정의될 수 있다. 지리시각화의 용어는 1987년 미국 NSF(National Science Foundation)의 'Graphics, Image Processing, Workstations' 패널에 의해 시작되었는데, 즉 시각화를 '복잡한 다차원 데이터로부터 이미지를 생성하고 해석하는 컴퓨팅 방법 또는 툴' 로 정의하였고, 이를 위해 많은 시각화 방법을 통해 새로운 통찰력을 제공함으로써 기존의 과학적 방법을 향상시키는 목적을 가진다고 규정하였다. 이후 이러한 시각화 방법을 지도학 분야로 확장하는 다양한 연구들이 수행되었으며, 대표적으로 MacEachren 등(1992)은 시각화를 단순히 컴퓨팅 방법으로만 제한하는 것이 아니라, 패턴의 인식, 질서 생성, 부여하는 인지행위와 인간의 표현 능력으로 그 범위를 확장하였다. 따라서 지리시각화는 공간 데이터의 시각화를 위한 이론, 툴, 방법뿐만 아니라, 이러한 툴과 방법이 가정설정, 패턴 인식, 지식 구축, 의사결정 등에 사용되는 방법이라 할 수 있다 (Buckley et al., 2005).

이러한 지리시각화는 다음과 같은 여러 특성을 가진다.

첫째, 지리시각화는 결과 산출물인 지도의 표현에만 국한되지 않고, 다양한 지리연구 목적과 과정에 적용, 사용될 수 있다. 그림 10.4에서처럼, 지리시각화는 가설 설정, 데이터 수집, 데이터 처리 및 분석, 지식발견(knowledge discovery), 결과 해석 및 평가 등의 과정에 적용되어 각 부문에 기여할 수 있다.

그림 10.4 지리시각화(geovisualization)의 적용 범위

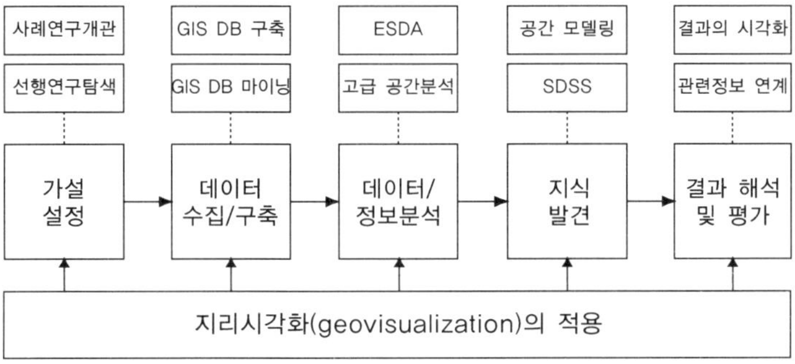

둘째, 지리시각화는 기존 지도서비스와는 달리 보다 동적이고 유연한 GIS 서비스를 지향한다. 실세계 공간현상의 효율적인 표현과 다양한 정보의 전달을 위해서는 기존의 평면, 단편적인 지도 시각화 방법으로는 부족하다. 사용자의 다양한 요구를 제대로 만족시키기 위해서는 지리시각화 기능이 다측면을 고려하여 보다 동적이고 유연하게 구성되어야 한다.

셋째, 다차원, 고품질의 지도 제작이 가능하다. 예를 들어 3차원 입체 지도, 시공간 표현 지도 등 다양한 차원의 지도 시각화가 가능하다. 또한 지리시각화 패러다임에서 지도 제작에 고려되어야 할 다양한 지도학 요소의 고려와 적용을 통해 고품질의 지도 표현이 가능하다.

넷째, 다양한 공간 처리 및 분석의 결합이 가능하다. 예를 들어, 대용량의 공간 데이터를 특정 목적을 위해 지도 시각화할 때, 특정 구현 환경에 불필요한 기하, 위상구조 요소를 즉시적으로 공간처리하여 해당 데이터를 환경에 최적화할 수 있다. 즉, 지도 데이터의 일반화, 투영 및 좌표변화, 스케일 변화에 따른 데이터 최적화 등이 실시간 또는 사용자 요구사항에 맞게 즉시적으로 수행가능하다. 또한 지도의 정보탐색을 위해 다양한 공간처리 및 분석 방법이 즉시적으로 수행될 수 있다.

다섯째, 최근 중요하게 인지되고 있는 탐색적 분석 방법에 상호작용적이고 동적인 데이터의 시각화가 중요하다. 특히 상호작용적이고 동적인 지도의 시각화는 종이지도 형태로는 한계가 있으며, 디지털 방식의 처리에서 그 효과가 더욱 크게 나타난다.

여섯째, 지리시각화의 구현은 여러 가지 측면을 고려하여 구성기능이 결정된다. 그림 10.5에서처럼, 지리시각화의 업무, 대상 사용자, 상호작용의 정도 등에 따라 그 구체적인 구현 기능의 성격과 수준 등이 달라지게 된다. 예를 들어, 가장 단순하고 낮은 수준의 지리시각화의 기능은 정보공유를 목적으로 하며 일반 사용자를 대상으로 하고 상호작용 수준이 낮게 구성될 수 있다. 반면 가장 고급의 지리시각화 기능은 지식 창출, 전문가, 높은 상호작용 수준을 기반으로 할 수 있다.

그림 10.5 지리시각화의 세 가지 주요 구현 기능 측면

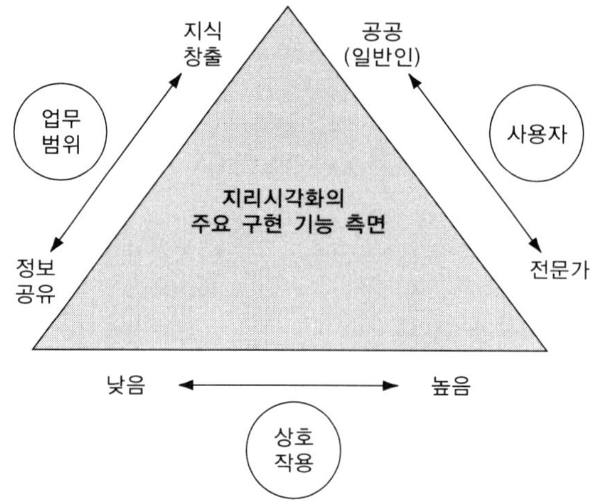

출처 : MacEachren et al., 2003을 수정 편집

지리시각화에 대한 최근 연구 경향은 공간분석 관점, 지식발견(knowledge discovery)과 데이터 마이닝(data mining) 관점, 공간 데이터 표현, 인지적 접근 방법, 공동 연구, 기술적 측면으로 구성된다. 첫째 공간분석(spatial analysis) 관점에서 시각화는 탐색(exploration)에서 확증(confirmation)에 이르는 과학적 분석 과정의 일부분이며, 데이터 수집, 처리, 분석, 결과 해석 등의 모든 과정에 통합되어 수행된다. 예를 들어 대규모의 복잡한 데이터를 요약하거나 필요한 정보를 추출할 수 있으며, 3차원, 시공간 등의 측면에서 데이터를 정렬, 시각화할 수 있다. 또한 데이터 디스플레이 단계에서 다양한 커뮤니케이션 방법을 이용하여 단편적인 방식에서는 발견하기 힘든 정보나 맥락을 도출할 수 있다.

공간분석은 정보화의 수준 관점에서 공간 알고리즘, 공간 처리 및 분석, 공간 모델, 그리고 공간의사결정지원체계(SDSS)로 구성된다. 어떠한 위계에서 공간 데이터를 정보화 하느냐에 따라 낮은 수준의 데이터에서 높은 수준의 지식 생성이 가능하다(그림 10.6 참조). 둘째, 지식발견과 데이터 마이닝 관점은 대규모 GIS 데이터베이스의 구축과 활용을 기반으로 하는 경우가 많다. 수많은 데이터에서 목적과 관심에 맞는 정보를 찾아내거나 분석 등을 통한 고급 정보/지식의 발견이 그 목적이다. 이러한 측면에서 공간분석 관점과 밀접한 관련성이 있으며, 좀더 상위개념에서의 지식 발견 과정에 초점을 둔다.

그림 10.6 지리시각화의 GIS 정보화 처리과정

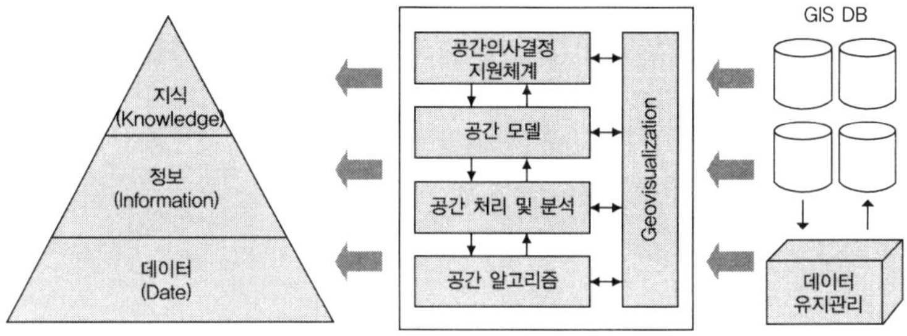

셋째, 공간데이터 표현 관점은 실세계의 공간사상을 어떻게 일반화, 추상화하여 디지털 방식으로 표현하느냐와 관련된다. 특히 공간 데이터를 정의, 개념화하는 방법이다. 이를 표현하기 위한 구체적인 방식과 관련되며, 데이터와 시각화 방식에 대한 연계도 중요하다. 특히 대규모 데이터베이스인 경우 레이어 구성과 한 레이어의 내용 구성, 최적화된 정보의 표현방식, 공간 스케일, 해상도 등의 구성이 중요하다. 넷째, 다른 중요한 연구경향은 시각화와 공간인지(spatial cognition)에 대한 것이다. 이는 지리시각화의 공간인지 과정을 구성하고, 지리시각화가 사용자에게 이해되는 방식에 대한 연구가 중요하다. 최근 시각화 툴과 기술의 발전, 그리고 인간의 인지과정에 대한 연구에 힘입어, 공간 또는 시공간 차원에서 지리정보의 시각적 프로세싱에 대한 개념적, 기술적 관심이 높아지고 있다.

다섯째 관점은 데이터를 디스플레이하는 데 있어서 큰 공간 범위, 다중 변수, 시공

간 측면의 표현과 관련된다. 이러한 탐색에 있어서 컴퓨터 공학, 통계학, GIS 및 지도학자의 전문적 연구의 협동연구가 중요하게 되었다. 보다 복잡해지고 있는 데이터 구축, 저장, 유지관리, 처리 과정을 효율적으로 수행하기 위해서는 관련된 다양한 협동연구가 필요하며 특히 지리시각화에 있어서도 관련 연구자, 개발자, 사용자들 간의 커뮤니케이션과 협력이 요구된다. 마지막은 지리시각화의 기술 관점의 연구이다. 지리시각화 발전과 관련하여 최근에 등장하는 기술과 영향에 대한 연구들이 있으며, 대표적인 것으로는 컴퓨터 하드웨어와 소프트웨어(빠른 그래픽 처리와 시각 처리 등 포함), 디스플레이 미디어(다중 포맷 디스플레이, 디스플레이 포맷과 구현방식 등), 인터넷 및 네트워크 기술(웹기반의 유무선 네트워크 기술), 모바일 단말기(PDA, 소형 등), 가상공간 및 시각화 기술, 실시간 공간정보 기술(GPS, navigation 포함), 유비쿼터스 시각화 기술(입는 컴퓨터, 자유로운 소재의 디스플레이 등), 시각화 데이터 입력 표준(XML, GLS, SMIL, SVG 등)등이 있다.

이외에도 지리시각화에 대한 많은 다양한 연구들이 수행되거나 준비 중에 있다. 이러한 연구들은 첨단 정보기술의 구현여부, 연구의 성숙 정도, 사회적 여건, 해당 방법 및 기술에 대한 수요 정도 등에 따라 우선순위가 달라지게 된다. 지리시각화의 연구 주제를 단기, 중기, 장기 세 가지 시기로 나누어 살펴보면 그림 10.7과 같다.

그림 10.7 지리시각화의 시기별 주요 연구과제

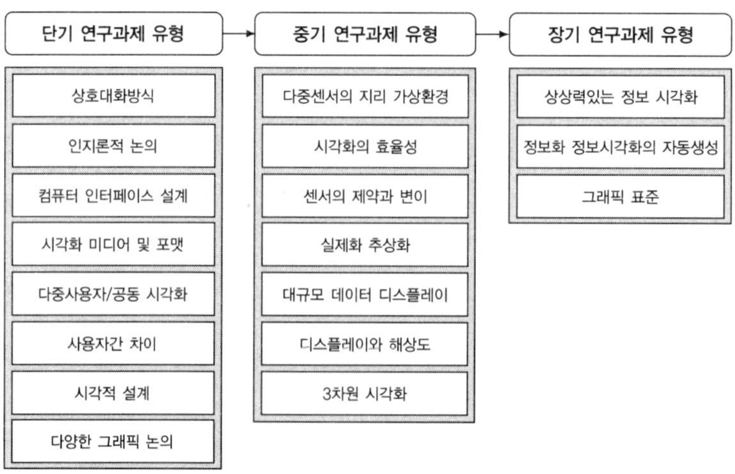

자료: Buckley et al., 2005

2 지도 제작 과정

다양한 GIS 기능과 분석 등의 결과를 어떠한 방식으로 제공하는 것도 중요한 과정이다. 그 결과는 목적에 따라 다양한 방식으로 제공되는데, 전통적인 방식으로는 결과를 종이지도로 출력하여 사용자에게 제공할 수 있으며 또한 모니터상에서 결과를 보거나 인터넷 등을 통해 그 디지털 형태로 결과를 많은 다른 사용자에게 제공할 수 있다. 제공되는 방식에 따라 구성 내용과 형식, 포맷, 설계 등은 다양하게 나타난다.

그림 10.8 지도 제작 과정의 예

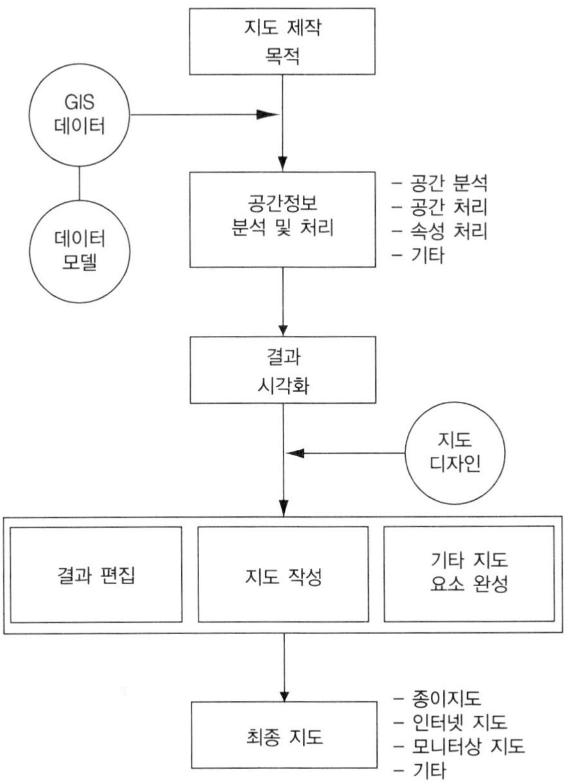

그림 10.8은 지도제작 과정의 예이다. 일반적인 지도제작 과정과 GIS에서의 지도제작 과정은 유사하지만 동일하지는 않다. GIS를 이용하여 지도제작을 수행하는 경우는 디지털 방식의 GIS 데이터가 포함되며, 이 데이터를 이용하여 다양한 공간분석 또는 처리 과정을 거쳐 결과를 생성한다. 그러나 이 결과 자체가 지도가 되지는 않는다. 보통 GIS를 수행하는 사람은 이처럼 공간처리 직후의 결과가 모니터에 나타나는 경우 이를 지도라 혼동하는 경우가 많다. 지도학 측면에서 볼 때 이는 지도제작의 중간단계에 지나지 않는다. 이 결과를 최종지도로 만들기 위해서는 지도제작 목적에 맞도록 지도 디자인 단계를 거쳐, ① 결과를 편집하고 ② 지도를 작성하고 (분류, 일반화, 심볼표현 등의 과정 수반) ③ 그리고 지도 외의 나머지 요소(예를 들면 지도명, 방위, 축척 등) 등을 완성한다. 이 과정을 거쳐 최종 지도는 다양한 방식으로 제공될 수 있는데, 즉 출력을 통해 종이지도를 만들어내거나, 인터넷상에서 서비스 되는 지도, 또는 컴퓨터 모니터상에서 구현되는 지도, CD 등의 매체를 통해 제공되는 지도가 있을 수 있다.

지도 데이터 모델

일반적인 GIS 데이터 모델은 지도제작 과정에 그대로 사용되지만 그 과정은 지도 디자인에 따라 조금씩 다를 수 있다. 즉 실세계의 공간사상이 지도로 어떻게 표현되는지는 지도 그림 10.9와 같은 과정을 가진다. 그림 10.9에 따르면, 실세계 다양한 공간사상은 GIS에서 공간객체로 표현된다. 예를 들어 빌딩, 학교, 레스토랑과 같은 점형 공간사상은 많은 경우 0차원 공간객체로 표현되며, 도로, 하천 등은 1차원 공간객체로 주로 표현된다. 이들 공간객체는 공간사상 분포 유형을 지니는데, 분포에 있어서 이산적이거나, 불연속적일 수 있으며, 또는 연속적이거나 모자이크적일 수 있다. 또한 공간사상들의 속성은 측정 수준에 따라 명목, 서열, 등간, 비율 등으로 분류될 수 있다. 공간사상이 지도에 표현되려면 공간사상이 지닌 속성의 특성에 따라 서로 다른 표현방식을 가지기 때문이다.

이러한 공간사상 정보는 지도화 과정에서 심볼 표현이 되는데, 심볼의 그래픽 요소들이 적용된다. 이때 공간사상을 점 또는 선, 아니면 면으로 표현할 것인지를 결정하며, 그런 다음에는 각 유형별로 적용되는 심볼 표현이 달라진다. 심볼 표현에는 속성에 따른 크기, 형상, 모양, 패턴, 색채 등의 요소가 적용된다. 예를 들어 학교는 0차원 공간 객체 유형으로 정의되고, 불연속적인 공간 분포 유형을 가지며, 측정 수준에서는 명목 척도로 정의된다. 그리고 지도 표현에 있어서는 점으로 나타나며 점의 크기나 형상, 색 등의 요소가 적용되어 지도에 표현된다.

그림 10.9 공간사상 유형과 지도화 과정에서의 심볼 유형

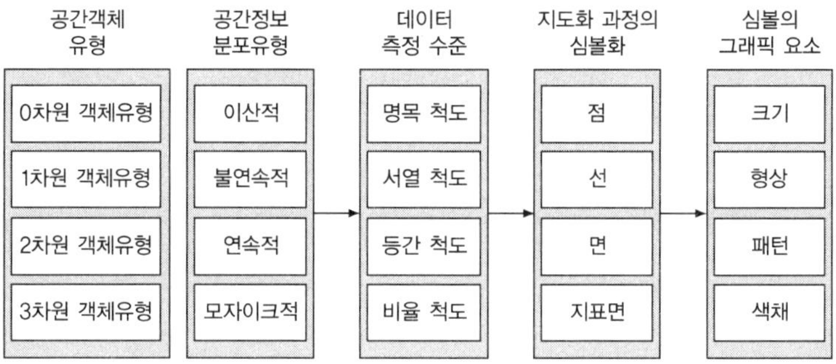

공간 객체 차원 Spatial Object Dimensionality

다양한 실세계의 공간사상(spatial feature)을 지도에서 표현할 때 공간 객체(spatial object)로 추상화할 수 있다. 즉 빌딩, 레스토랑 등은 0차원 공간객체로, 도로, 하천 등은 1차원, 지역, 행정구역 등은 2차원 등으로 추상화될 수 있다. 물론 이러한 추상화가 절대적으로 동일한 것은 아니며, 지도의 목적과 축척에 따라 공간차원으로의 추상화 방법은 달라지게 된다. 따라서 대축척에서 2차원으로 표현되는 빌딩이 소축척에서는 0차원으로 표현되기도 한다.

공간사상의 범주화

지도 표현에 있어서 중요한 측면 중의 하나는 다양하고 복잡한 실세계의 공간사상들을 여러 클래스로 범주화하는 것이다. 이는 분석적 패러다임에서 더 중요하게 다루어지고 있는데, 각 공간사상의 속성을 토대로 몇 개의 클래스로 나누어 지도에 표현하는 것이다. 카테고리화 하는 방법은 계량적인 방법을 이용하여 속성값이 크고 작음에

따라 분류할 수 있으며, 또한 특성이 유사한 것끼리 클래스화 하는 등 다양한 방법이 있다.

공간사상의 심볼 유형

공간사상을 지도에서 표현하는 데 사용되는 것을 심볼(symbol)이라 하며, 공간사상의 내용, 유형, 특성에 따라 다양한 심볼이 사용된다. 지도에서 사용되는 심볼은 크게 세 종류가 있는데, 아이콘 심볼, 언어적 심볼, 추상적 심볼이다. 아이콘 심볼(iconic symbol)은 실제 공간사상을 닮은 그림을 지도에 표현하는 것으로, 학교, 공항, 병원 등이 그 예이며, 지도를 보는 사람들이 쉽게 인식할 수 있는 장점이 있다. 두 번째는 언어적 심볼(linguistic symbol)로, 문자를 사용하여 공간사상을 표현하는 것이다. 세 번째는 추상적 기호(abstract symbol)로서 원, 네모, 세모 등의 추상적인 기호를 사용하여 공간사상을 표현한다.

그림 10.10 공간사상의 주요 심볼 유형

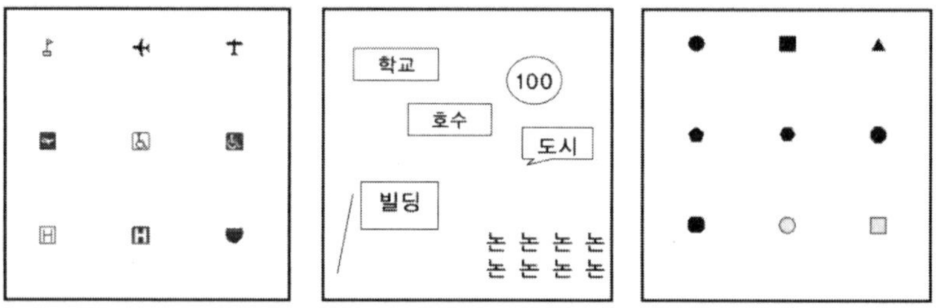

*왼쪽부터 아이콘 심볼, 언어적 심볼, 추상적 심볼

그림 10.11은 GIS 데이터의 지도 표현 과정의 예를 보여준다. 즉 공간 벡터 데이터는 속성 테이블을 가지고 있는데, 지도 표현을 위해 룩업(lookup) 테이블과 심볼 테이블을 연결하여 색, 크기 등을 선택하게 된다.

그림 10.11 속성 데이터의 지도 표현 과정

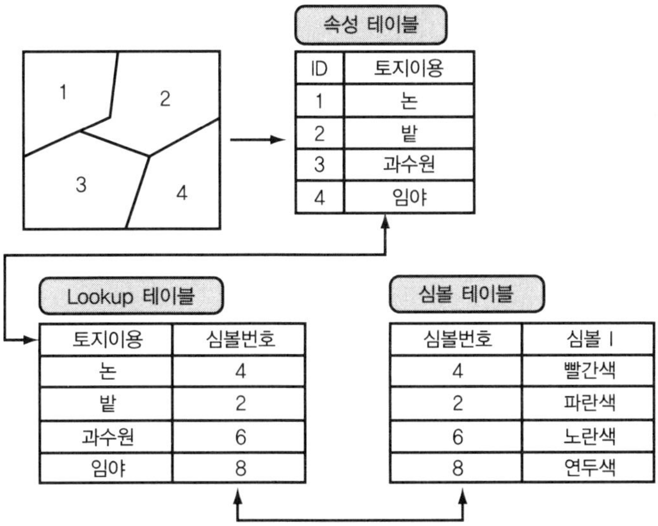

지도 디자인 Map Design

지도 디자인(map design)의 전통적인 방법은 기본적인 지도 구성요소와 심볼에 대한 이해와 더불어, 지도에 대한 심상 이미지를 결합시키는 것이다. 우선 지도 레이아웃(map layout) 유형을 선택하고, 지도에 표현될 공간사상을 선택한다. 이외에 지도에 포함될 요소들 (지도명, 축척, 범례, 방위, 참조지도 등)을 선택하며, 지도 레이아웃에 이들을 적절한 위치와 크기로 배치한다. 지도 레이아웃 배치와 관련하여 여러 지도학 원리들이 있으며, 어떤 것은 직관적인 시각적 배열의 반복을 통해 균형, 안정감 등의 요소에 맞도록 지도 레이아웃을 계속 고쳐본다. 지도에 포함될 공간사상의 표현과 관련하여, 어떤 심볼이 어떻게 사용될지를 결정하고, 심볼 유형, 크기, 색 등을 다른 심볼과 비교하면서 결정한다. 심볼의 선택과 사용은 종이지도 출력, 모니터 디스플레이 등에 따라 달라지며 지도 목적, 관련 공간사상의 심볼 등에 따라 달라질 수 있다.

마지막 단계는 위의 작업 결과를 좀더 섬세하게 조정, 변화시켜 원래의 목적에 맞도록 결과를 마무리하는 것이다. 이 과정에서 근본적인 변화는 없으며 정해진 기준이나 규정에 따라 변경 가능하며 종이지도를 원할 경우 출력이전에 모니터상에서 최종 결과를 검토해보는 것이 좋다. 그러나 모니터상에 나타난 지도와 플로터나 프린터를 통해 출력되는 지도가 동일한 경우는 별로 없다. 즉 모니터상에서 본 결과가 다른 패턴, 색, 질감, 폰트 등으로 표현되는 경우가 많은데, 이는 출력 장치에서 지원하는 선택 사항이 다양하기 때문이며, 또한 모니터의 성능에 따라 그래픽의 재현 결과도 다양하기 때문이다.

궁극적으로 GIS 분석 등을 통해 얻어진 결과를 지도화하는 데 있어서, 공간사상을 점, 선, 면의 공간객체 유형으로 표현하는 그래픽 심볼을 효과적으로 다룰 수 있어야 한다. 이들 심볼을 다루는 중요한 그래픽 요소로는 모양(shape), 크기(size), 방향(orientation), 색(color), 패턴(pattern), 질감(texture) 등이 있다. 이들 요소는 공간사상 정보를 사용자에게 효과적으로 전달하는 데, 심볼 요소를 결정하는 원리로는 인식의 효율성, 가시적인 대조의 용이성, 위계적 구조화, 부각되는 공간사상과 배경으로 사용되는 공간사상간의 조화 등이다. 첫 번째로 지도에 포함된 공간사상들이 쉽게 인식되고, 포함된 문자가 읽기 쉬워야 하며, 공간사상을 표현하는 심볼은 명료하게 식별되어야 한다. 두 번째로 지도는 공간사상을 표현하는 심볼과 텍스트가 쉽게 인식될 수 있도록 가시적인 대조가 강조된다. 즉 특정 공간사상은 그 배경이 되는 공간사상이나 인접한 공간사상과 식별될 필요가 있으며, 이에 맞도록 심볼 요소들을 선택하여 디자인해야 한다.

세 번째는 부각시키는 공간사상과 배경이 되는 공간사상을 분리하여 표현하는 것이다. 현재 많은 그래픽 메카니즘들이 이러한 분리효과를 위해 사용되고 있는데, 즉 서로 다른 심볼 패턴과 색의 사용은 지도의 중요한 공간사상이 주변 배경이 되는 공간사상과 분리되어 효과적으로 표현되도록 한다. 이는 단순히 주변 배경이 되는 공간사상들이 심볼이 없다는 것이 아니라, 두 유형간의 다른 배치를 적용함으로써 시각적 대조를 강조하는 것이다. 그림 10.12는 북유럽의 스칸디나비아 반도를 표현한 것으로, 폴리곤 음영의 변화, 대조를 통해 표현의 차이를 나타내고자 하였다. 네 번째는 심볼 표현시 위계적 구조를 적용하는 것으로, 속성값에 따라 심볼 변화를 주어 공간패턴의 차이를 보여주는 것이다. 이러한 경우는 인구밀도, 곡물 생산과 관련된 지도를 표현할 경우 속성값에 따라 여러 등급을 만든 후 등급별로 다른 심볼 표현을 적용하여 표현하는 것이다.

그림 10.12 부각되는 공간사상과 배경이 되는 공간사상간의 관계

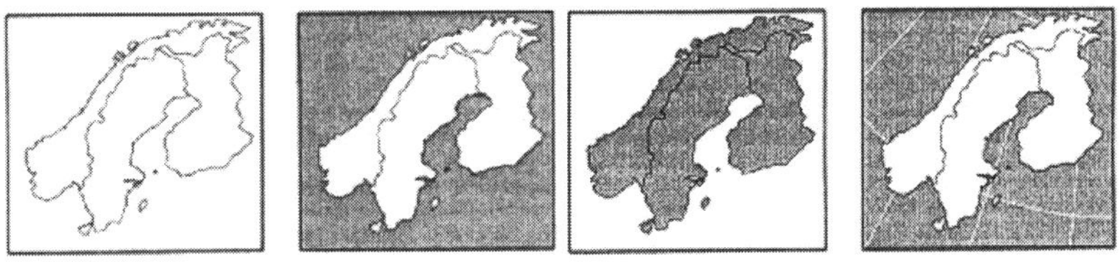

출처 : DeMers, 1997, 397, Figure 14.7

3 지도 제작 요소 및 구성

지도 구성 요소

지도의 유형은 다양하게 존재하지만 일반적으로 지도 레이아웃을 구성하는 요소는 지도, 축척, 참조지도, 방위, 지도명, 범례, 부가정보, 참조 그리드 등이 있다(그림 10.13). 그림에서 보는 것처럼 여러 요소들이 지도를 구성하는 데, 이 모든 요소가 모든 경우의 지도에 다 포함되지 않을 수 있다. 그러나 이들 요소는 기본적으로 지도 구성에 필요하거나 지도를 설명하는 중요 정보를 포함하기 때문에 가급적 지도에 포함되는 것이 좋다.

그림 10.13 지도 레이아웃 구성 요소

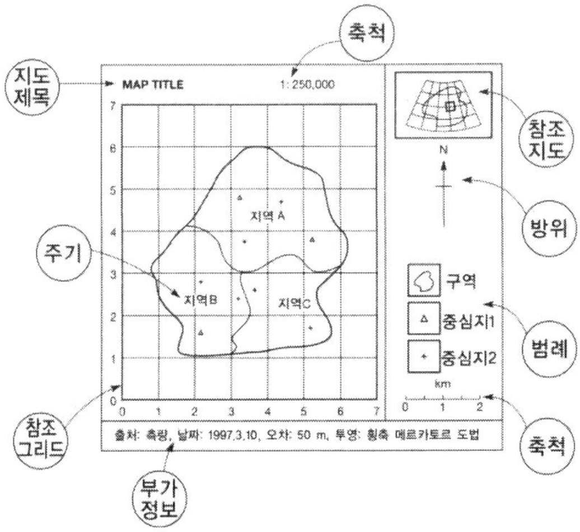

출처 : Jones, 1997, 148, Figure 8.1

지도의 그래픽 요소

지도를 제작할 때 그 결과를 있는 그대로 출력하는 것보다는 목적에 맞도록 결과를 잘 표현하는 것이 필요하다. 때문에 GIS에서는 매핑(mapping)이란 용어와 지도학(cartography)은 엄격히 구분되고 있다. 지도를 제작하는 데 있어서 고려되어야 할 주요한 그래픽 요소들로는 크기(size), 명도(density), 색(color), 모양(shape), 조직(texture), 방향(orientation) 등이 있다(그림 10.14). 이들 요소를 고려하여 공간사상을 잘 표현해야 지도에서 원하는 목적의 효과를 얻을 수 있다.

우선 첫 번째는 크기(size)인데, 크기에 변화를 줌으로써 지도 사용자에게 직관적인 시각적 효과를 제공한다. 즉, 공간사상이 가지는 속성값의 크고 작음이나 중요도의 크고 작음을 크기를 조절함으로써 표현하는 효과이다. 그러나 크기를 조정할 때는 지도의 크기, 지도에 표현되는 공간사상의 수와 밀도 등을 고려해야 할 필요가 있다. 예를 들어 많은 점들의 크기를 너무 크게 표현하면 지도에서 어떤 패턴을 파악하기 힘들다. 따라서 최소 크기와 최대 크기, 그리고 중간 크기의 변화를 잘 설계하는 것이 좋다.

두 번째는 명도(density)인데, 공간객체의 흑백 색의 표현에서 색의 차이(difference of lightness)를 말한다. 밀도는 색의 명도(lightness)와 맥락이 같은데 색의 밝고 어두운 정도를 통해 공간사상이 지닌 속성의 차이를 표현한다. 일반적으로 색이 밝으면(예, 흰색에 가까움) 낮은 속성값을, 색이 어두우면(예, 검은색에 가까움) 높은 속성값을 표현한다. 그리고 최소값에서 최대값까지 등급을 몇개로 나누어 표현할 것인지는 명도에 따라 색의 명암 등급을 어떻게 나눌지와 관련된다. 등급을 너무 세분화하거나, 인접 등급에 적용되는 명도의 차이를 제대로 나누지 않으면 사람의 눈으로 그 차이를 잘 파악하지 못할 수 있으므로 주의해야 한다. 그리고 만일 명도에 의해 표현된 지도가 모니터상에서는 제대로 식별되지만 이를 프린터로 출력할 경우 모니터에서 보는 것과 다르게 나타날 수 있으므로, 프린터 출력시 프린터의 특성을 잘 파악한 후 명도 적용을 하는 것이 좋다(그림 10.14).

그림 10.14 지도의 중요한 그래픽 요소

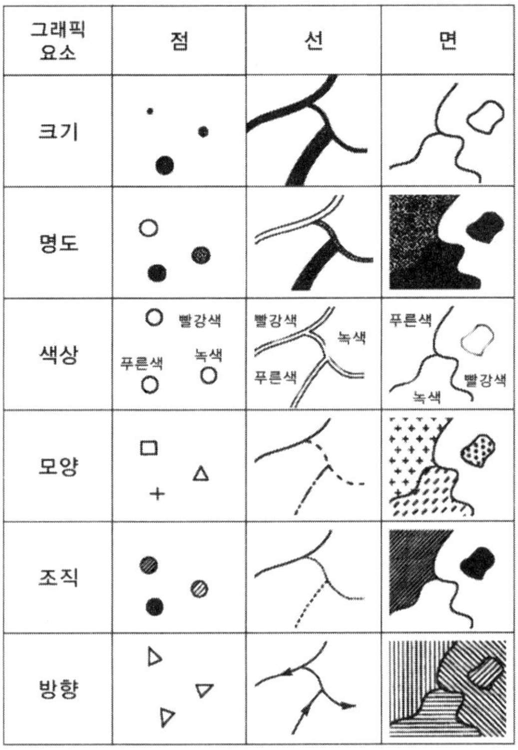

출처 : Bernhardsen, 1999, 275, Figure 16.1

그림 10.15 명도 분류에 따른 차이

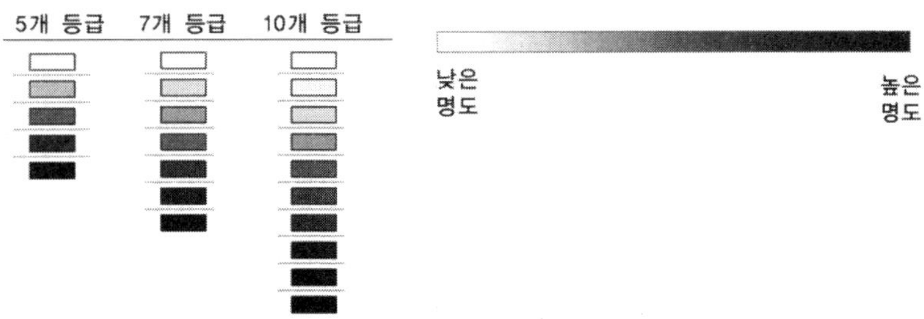

세 번째는 색(color)으로서, 색의 색상(color value)과 색의 채도(color saturation, 색의 순도)를 기반으로 표현하는 것을 말한다. 색상과 색상의 채도를 다양하게 하여 공간사상을 표현하면 보다 효과적인 시각적 효과를 줄 수 있을 것이다. 그런데 색상 요소를 지도에 적용할 때 데이터의 측정 수준에 따라 달리 적용하는 것이 바람직하다. 즉 서열, 등간, 비율 척도를 가진 데이터에 색상을 잘못 적용하는 경우 문제점이 발생할 수 있다. 또한 너무 많은 색상을 선택하는 경우 지도의 패턴이나 두드러진 경향을 파악하는 데 오히려 혼란스러울 수 있으며, 너무 작은 경우 그 차이를 제대로 변별하지 못할 수 있다. 또한 색상간의 서열, 데이터의 속성에 따른 특성 등을 고려하여 적절한 색상, 색상의 수, 적합한 채도 등을 결정해야 한다.

그림 10.16 RGB 색 모델

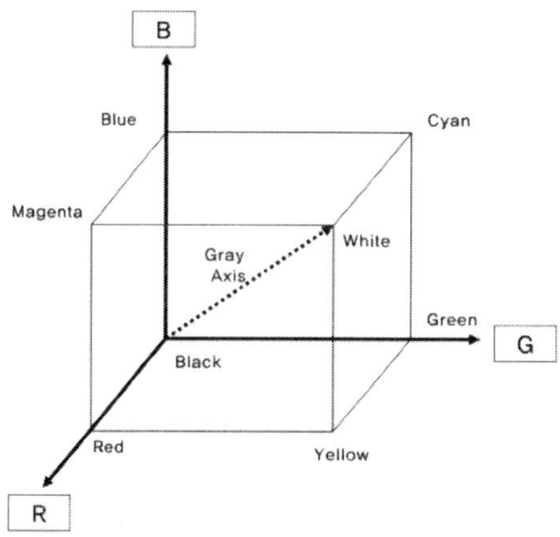

*R(Red), G(Green), B(Blue)

네 번째는 모양(shape)은 공간사상을 표현하기 위해 어떤 모양을 선택하는 것으로써 여기에는 네모, 세모, 원, 마름모 등의 점형 심볼과, 굵은 선, 일점 쇄선 등 선형 심볼 등이 있다. 공간사상을 위해 선택한 모양은 사용자의 직관에 매우 직접적인 영향을 주기 때문에 강조하거나 의도된 지도 패턴이나 경향을 보여주기 위해서는 적절한 모양을 선택해야 한다. 물론 모양은 크기와 색상 등을 함께 고려하여 선택하는 것이 더 효율적이다.

다섯 번째는 패턴의 조직(texture)으로 공간사상의 속성값의 차이를 표현하는 데 용이하다. 패턴의 조직은 면형 공간객체의 표현에 더욱 적합한데, 즉 지역별 차이를 나타낼 때 서로 다른 조직을 적용함으로써 지역간 차이를 보여줄 수 있다.

마지막은 방향(orientation)인데, 방향의 차이는 점, 선형 공간객체 유형에서 더욱 효과적으로 나타나며, 공간사상이 지닌 속성의 차이를 표현하는 데 효율적이다.

표 10.1 심볼화에 적합한 그래픽 요소의 특성과 분류

소프트웨어	제공 조직/회사	웹사이트
World Construction Set	3D nature LLC	www.3dnature.com
Autodesk 3D Studio Viz	Autodesk Inc.	www.autodesk.com
Environmental Visualization System for ArcView	C Tech Development Corp.	www.cteck.com
ERDAS Virtual GIS 8.5	Leica	www.erdas.com
ArcView 3D Analyst	ESRI	www.ersi.com
E&S RAPIDsite Explorer	Evans & Sutherland	www.es.com
Genesis II	Geomantics Ltd.	www.geomantics.com
Manifold 3D View Studio	Manifold Net Ltd	www.manifold.com
Virtual Frontier	Northwood technologies	www.northwoodgeo.com

출처 : 이희연, 지도학, 241, 표 5.12 (MacEachren, 1994, 31)

지도 요소의 구도와 배치

지도제작 작업은 단순히 공간 데이터를 디스플레이하는 것이 아니라 특정 목적에 맞도록 어떻게 효율적으로 지도 정보를 표현하는지와 관련된다. 이러한 과정에서 지도의 디자인이 중요하며 지도를 구성하는 요소의 구도와 배치는 필수 작업이다. 지도는 하나의 공간 레이어로 표현될 수 있으며, 또한 여러 공간 레이어가 복합적으로 표현될 수도 있다. 따라서 한 레이어의 관점에서 지도 요소들의 구도와 배치뿐만 아니라 여러 레이어간의 관계를 고려한 배치도 필요할 수 있다.

지도 요소들의 시각적 조직화와 관련된 고려 요소로는 균형, 내부 대비, 주의 집중을 들 수 있다. 균형은 지도 레이아웃내에 표현된 지도 요소들의 배열이 공간적으로 적절하게 균형을 이루는 것을 말한다. 즉 지도 요소들이 한쪽으로 치우치거나 중심이 한쪽으로 기울면 균형이 효율적으로 이루어지지 않음을 보여준다. 즉 지도 요소들의 모양, 크기, 위치, 색, 특성 등이 공간적인 측면뿐만 아니라 시각적인 균형에 영향을 미치므로 이들을 고려하는 것이 좋다. 지도 균형을 이루는 좋은 방법 중의 하나는 지도 요소들의 중심점을 중심으로 공간을 분할하여 적절하게 배치하는 데 경우에 따라서는 균등 분할이나 불균등 분할이 더 효과적일 수 있다.

두 번째 요소는 내후 대비로서 지도의 내적 측면에서 지도 요소들이 정렬되었을 경우를 말한다. 예를 들어 공간사상을 표현하는 모양이나 방향이 어떤 질서감을 주는 것이 더 효율적인데, 만일 모양이나 방향 등이 제각각인 경우 무질서감을 느끼게 되어 정보 표현에 비효율적일 것이다. 세 번째 요소는 지도를 보는 사용자의 주의집중과 관련되는데 일반적으로 사용자의 시각은 지도의 왼쪽에서 지도의 오른쪽으로 이동하는 것으로 알려져 있다. 따라서 지도에 중요한 정보를 표현하게 될 때 이러한 주의시선의 이동 경향을 고려하여 대상물을 배치하면 더 효율적일 것이다.

그림 10.17 시각적 계층화의 그룹화 방법

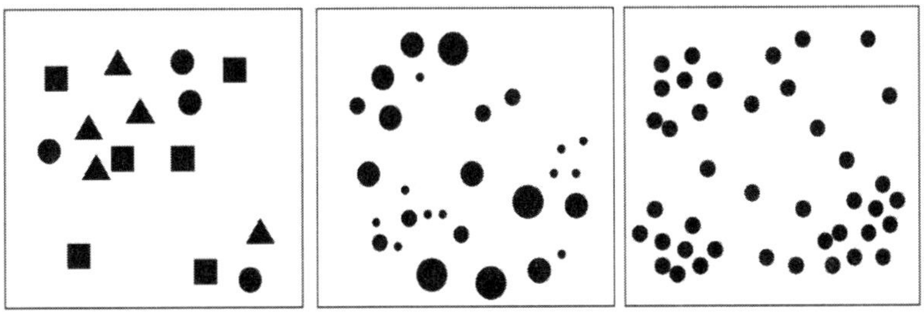

왼쪽 그림부터 (가) 유사한 모양에 의한 그룹화 (나) 유사한 크기에 의한 그룹화 (다) 접근성에 의한 그룹화

그리고 시각적 계층화(visual hierarchy)도 중요하게 고려되는데, 중요한 요소나 대상은 주변과 상대적으로 대조를 이루도록 표현하는 것이 좋으며, 상대적으로 덜 중요한 요소는 주변과 대조를 줄임으로써 계층적으로 낮게 표현하는 것이다. 이러한 대조는 심볼 요소 중에서 크기, 색, 모양 등의 변화를 통해 가능하다. 시각적으로 그룹화하여 표현하는 유용한 방법인 시각적 계층화 방법에서는 지도에 표현될 공간사상은 속성에 따라 위계가 존재하며, 이 위계적 속성을 표현하기 위해 시각적 계층화 방법이 사용될 수 있다. 이때 유사한 공간사상끼리 그룹을 분류할 필요성이 있는데, 그룹화 원리가 3가지 있다. 즉 유사한 공간사상을 모양, 크기, 접근성에 따라 그룹화하는 것이다.

주요 요소들의 배치 원리를 간단히 살펴보자. 우선 지도 제목(map title)은 지도의 이름이므로 중요하다. 지도 제목은 명료하게 사용자에게 전달되어야 하고 경우에 따라서는 부제 및 관련 설명이 추가될 수 있다. 지도 제목에 대한 절대적 기준은 없으나 쉽게 지도 제목을 볼 수 있도록 크고 두드러지게 하며 위치는 가장 쉽게 파악될 수 있도록 하는 것이 좋다. 전통적으로 지도 제목의 위치는 지도 중앙 위에 존재하였지만 공간활용 및 균형 등의 요소를 고려하여 다른 위치에 둘 수도 있다. 두 번째 요소는 범례(legend)로, 지도에 표현되어야 할 필수 요소인데 지도화된 공간사상에 대한 기호 및 속성의 정보를 나타낸다. 전통적으로 범례의 위치는 지도 하단 오른쪽이나, 사용자가 보다 쉽게 볼 수 있도록 배치하는 것이 기본 원칙이기 때문에 지도 레이아웃내 공간 활용 및 균형 등을 고려하여 위치를 잡을 수 있다. 범례내의 여러 공간사상에 대한 정보들이 함께 표현될 수 있는데 이때 이들의 분류 기호나 정보를 일관성있게 표현하는 것이 바람직하다 (예: 작은 값에서 큰 값으로, 작은 공간범위에서 큰 공간범위 등).

세 번째 요소인 축척(map scale)은 지도 내용이 실제보다 얼마나 축소되었는지를 나타내는 정보이다. 여러 축척 방법 중 막대바를 이용하여 표현하는 방법이 일반적이며, 이외에도 문자나 숫자로 표시될 수도 있다. 일반적으로 사용자들은 축척을 이용하여 거리, 면적 등을 추정하므로 문자, 숫자보다는 막대바로 축척을 표현하는 것이 더 효율적이다. 막대바로 축척을 표현하는 경우도 그 세부 단위를 어떻게 표현할 것인 지도 표현 목적 및 공간 단위 등을 고려하여 결정하는 것이 좋다. 축척의 위치는 전통적으로 지도의 하단에 놓여졌는데, 지도 요소의 배열에 따라 하단의 왼쪽 또는 중앙, 오른쪽에 존재할 수 있다. 삽입지도(inset map)는 지도의 참조 정보를 담은 것으로 필요에 따라 지도에 포함될 수 있다. 삽입지도는 지도의 공간 범위 및 전반적인 경향을 보여줄 수 있으며, 또는 특정 지역을 확대하여 표현할 수도 있다. 예를 들어 섬이나 도서지방 등을 전체 지역으로 지도에 다 포함시키기 어렵거나, 확대된 지도의 전체 지역에서의 위치를 보고자 할 때 효율적일 수 있다. 삽입지도의 위치는 다른 요소와의 관계를 고려하여 배치하는 것이 좋다.

지도 디자인 결정 요인

지도 디자인 원리들은 여러 요인들에 의해 결정되는데, 이들 요인은 생성되는 지도의 특성, 지도에 사용되는 그래픽 요소의 유형, 그리고 최종 결과를 만드는 데 역할을 하는 원리들을 결정한다. 이중 첫 번째 요인은 지도의 목적이다. 지도의 목적은 지도를 통해 보여주고자 하는 정보와 사용되는 데이터의 특성과 관련된다. GIS를 이용하여 생성되는 지도는 특정의 분석 결과를 표현하고자 한다. 따라서 단순, 명료한 것이 매우 중요한데, 결과에 초점을 맞출수록 더욱 쉽게 이해될 수 있기 때문이다. GIS를 이용하여 보다 저렴한 비용으로 많은 지도를 생성할 수 있으며 이때에는 지도의 목적에만 충실하게 관련된 공간사상만 지도에 포함되는 것이 바람직하다. 또하나의 지도의 목적은 지도의 표현과 관련된다. 일단 지도들이 표현되기로 결정되면, 필요한 메시지를 어떠한 형태로 전달하는지가 중요해진다.

두 번째 지도 디자인 결정 요인은 실재성(reality)인데, 이는 지도내 각 지역의 고유한 특성을 의미한다. 예를 들어 GIS 분석을 위해 선택된 지역들은 복잡한 자연, 사회, 경제적 특성을 가질 수 있으며, 이들을 구분하여 표현하는 것이 어려울 수 있다. 또한 지역의 모양과 크기가 텍스트 위치 및 크기에 영향을 줄 수 있으며, 이러한 여러 가지 지역 특성들이 심볼의 크기, 스타일, 패턴 유형 등에 영향을 줄 수 있다. 세 번째는 데이터의 특성인데, 일반적으로 GIS는 단순히 지도 결과를 위한 도구가 아니라 공간분석 툴이기도 하다. 대부분의 GIS 데이터베이스는 많은 양의 데이터뿐만 아니라 다양한 변수가 있다. 예를 들어 GIS를 이용하여 토지이용 지도를 생성할 때 분류가 많다면 이 결과를 사용자가 쉽게 이해하도록 디자인하기가 쉽지 않다. 따라서 이 경우 토지이용의 분류를 위계화하여 각 분류 위계에 따른 심볼 및 색의 선택이 바람직할 수 있다.

네 번째는 지도의 축척에 따른 표현인데, 지도의 축척이 소축척으로 갈수록 지도상에 표현해야 할 공간사상의 종류와 양이 많아질 수 있다. 축척이 소축척이 될 때 해당 지역의 모든 공간사상을 그대로 지도에 담는 것은 무의미하다. 따라서 축척이 변화함에 따라 공간 정보의 양이 축소될 필요가 있으며 또한 공간사상의 심볼 표현 방식도 변경되어야 한다. 이러한 측면에서 지도 일반화(map generalizaton)가 중요한 역할을 한다. 다섯 번째는 지도의 사용자인데, 어떤 사용자가 지도를 이용할 것인지에 따라 심볼 표현 및 디자인이 결정된다. 전문가를 대상으로 하는 지도와 초등학생을 대상으로 하는 지도는 대상지역과 공간사상이 같더라도 다른 결과의 지도를 가질 수 밖에 없다. 여섯 번째는 지도의 이용 조건인데 어떠한 환경이나 방식으로 지도가 이용되는지에 따라 지도 디자인이 달라지게 된다. 즉 종이지도의 출력형태로 사용될 때 종이지도의 크기에 따라 디자인이 달라지며, 또한 모니터상의 활용도 그 디자인이 달라진다. 또한 종이지도의 유형과 질도 지도 디자인에 영향을 줄 수 있다. 일곱 번째는 기술적 한계인데, 그 당시 사용되는 소프트웨어, 하드웨어의 한계가 지도 디자인에 영향을 주게 된다. 즉 GIS 소프트웨어가 제공하는 폰트, 심볼의 유형 및 종류의 한계가 있을 수 있으며, 출력되는 플로터, 프린터의 지원 기능의 한계가 지도 디자인시 반영되어야 한다.

4 다양한 결과 방식

기존의 전통적인 지도 표현 방식과는 달리, 컴퓨터 기술의 발전에 따라 다양한 지도 표현방식들이 등장하고 있다. 이러한 지도 표현 기능들은 GIS 소프트웨어뿐만 아니라 전문 소프트웨어에서 구현되고 있다. 이러한 방식 중의 하나는 지도를 입체적으로 디스플레이하는 것이다. 지도가 지닌 위치정보 외에 속성정보를 이용하여 3차원화시켜 지도 디스플레이를 하는 것인데, 마치 쇼케이스에 있는 진열된 물건을 돌려보는 것처럼 특정 지역의 정보를 입체적으로 보도록 하는 것이다. 이때 x,y 좌표 외에 z좌표로 표현되는 수직 속성 정보는 등고 높이 정보나 지가, 대기 오염수치 정보 등이 될 수 있으며, 입체적으로 디스플레이하기 위해 디스플레이 각도, 디스플레이 방향, 디스플레이 거리 등을 변화시키면서 달라지게 된다.

또 다른 디스플레이 방식으로는 지도 결과를 애니메이션화하여 제공하는 것인데, 마치 비행기를 타고 이동하면서 주변의 경관을 보는 것처럼 지형 경관에 대한 디스플레이를 할 수 있게 된다. 우선 이를 위해서는 3차원으로 지형경관을 생성할 수 있도록 각 공간사상이 x, y 위치 좌표 외에 z라는 속성값을 가지고 있어야 하며, 이들 값으로 3차원 지형을 생성한다. 물로 이외에 빌딩이나 주택 등도 z값을 이용하여 3차원 디스플레이가 가능하다. 그런 다음 경관을 탐색하기 위해 네비게이션의 시작 위치와 종착 위치를 지정하면 그 경로를 따라 입체 경관을 이동하면서 주변을 볼 수 있게 된다.

또 다른 지도 표현 방식으로 통계지도(cartogram)를 들 수 있는데, 이는 지도내에 포함되는 공간사상의 정확한 위치 및 모양 등을 그대로 사용하는 것이 아니라 각 공간사상의 통계값에 따라 표현되는 모양과 크기 등을 변경시켜 지도화하는 것이다. 이때 거리, 방향 등과 같은 공간 관계는 절대적이 아니라 상대적이게 된다. 이러한 대표적인 예가 지하철 노선도라 할 것이다. 지하철 노선도는 지하철의 역들을 연결하여 노선별 공간 분포를 나타내는데, 정확한 역의 위치를 표현하는 것이 아니라 지하철 노선도에서 인식하기 쉽게 위치를 이동하며 또한 역들간의 간격이 실제적인 거리가 아니라 교통 거리 또는 심볼 표현을 위한 기준에 따라 변경될 수 있다.

3차원 시각적 표현(visualization)은 3차원 공간을 GIS에서 구현하여 공간사상을 효과적으로 표현하고자 하는 데 목적이 있다. 현재 다양한 3차원 시각 표현 방법들이 개발되었는데, 유형에 따라 이미지 3차원 표현, 경관 생성, 건축적 표현, 사이트 이미지화, 지표 모델링 등이 있다.

첫 번째 유형인 이미지 3차원 표현(image draping) 방법은 3차원 시각 표현에서 가장 전통적인 기능으로, 이미지나 지도 데이터를 등고지도 위에 드레이핑(위에 올려놓고 디스플레이)하는 것이다. 따라서 표현되는 지도는 평면 형태의 지도가 아니라 3차원 공간 입체의 형태로 디스플레이 된다. 이를 위해 3가지 과정을 수행하는 데, 첫 번째 단계에서는 높이 정보를 가진 등고 데이터 파일을 디스플레이한다. 다음 단계로 그 위에 드레이핑될 이미지 파일(인공위성 이미지 또는 항공사진, 주제도 등)을 선택하여 디스플레이한다. 마지막 단계에서는 마우스 등을 이용하여 카메라 효과를 체험하는 것이다. 즉 마우스 등을 이용하여 지도상의 사용자 위치를 변경하면서 3차원으로 표현되는 지도 이미지를 관찰하는 것이다. 경우에 따라 사용자는 실제 지리공간상에서 마치 비행기를 타고 이동하는 것처럼 특정 출발점에서 목적지점까지 3차원 공간상을 이동하면서 지형을 볼 수 있다. 또한 실세계와 가까운 효과를 위해 안개효과나 거리효과 등을 추가할 수 있다. 대표적인 제품으로 Leica사의 Virtual GIS, Northwood Technologies사의 Virtual Frontier, ESRI사의 ArcView 3D Analyst 등이 있다.

두 번째는 경관 생성(creating landscape)으로서 프랙탈 같은 기법을 이용하여 경관이나 식생 등을 3차원적으로 생성한다. 이 유형의 소프트웨어들은 식물, 산림, 초원, 나무 등 다양하면서 실제와 매우 유사한 3차원 이미지를 생성한다. 또한 인공의 공간사상을 생성할 수 있으며 CAD 등에서 만들어진 3차원 공간객체를 추가할 수 있다. 이 유형의 소프트웨어들은 실세계 좌표값이 있으며, 다양한 벡터 또는 등고 데이터로부터 입력값을 얻을 수 있다. 등고 데이터는 프랙탈 지표면 생성과정에 사용되며, 벡터 데이터는 도로 등과 같은 공간사상에 사용된다. 이러한 분류의 대표적인 예로는 3D Nature사의 WCS(World Construction Set)와 Geomantics사의 Genesis 제품 등이 있다.

세 번째 건축적 표현(architectural rendering)은 건축 분야에서 많이 알려진 시각 표현 기능으로, 다양하면서 강력한 3차원 표현 기능들을 구현할 수 있다. 반면 이러한 기능이 생성하는 빌딩이나 이미지는 실세계 특정 공간 위치와 공간 특성과 연결시키지 못하는 단점이 있다. 이러한 기능은 CAD의 전통적인 2차원 드레이핑 모델을 3차원 모델로 확장한 것이다. 건축적 표현은 실제 빌딩과 유사하게 만들 수 있기 때문에 마치 실세계와 혼란을 일으킬 수 있을 정도로 효과가 있다. 대표적인 제품으로는 Autodesk 사의 Land Designer 2i, 3D Studio VIZ 등이 있다.

네 번째 유형은 사이트 이미지화(site and neighborhood imaging)로서, 특정 장소를 중심으로한 사이트(site) 또는 작은 공간 단위의 3차원 표현에 대한 것이다. 즉 특정 빌딩이나 공간사상으로 대상이 한정되지 않고 보다 넓은 범주로 3차원 공간 표현이 되는데, 예를 들어 특정 거리나 마을 등이 대상이 될 수 있다. 사이트 또는 근린 시각화 방법이 사용되는데, 즉 기존의 평면 사진으로부터 실감나는 3차원 공간 비행을 통한 시각적 표현 기능을 빠르게 생성시켜준다. 대표적인 예로는 Evans and Sutherland사의 E&S RAPIDsite 제품이 있다.

다섯 번째 유형은 지표 모델링(subsurface modeling)으로, 지질 또는 지표면 데이터를 이용하여 3차원 지표면의 생성 및 표현을 가능하게 한다. 이러한 기능을 제공하는 소프트웨어는 복잡한 인터폴레이션이나 모델링 기법들을 함께 제공한다. 대표적인 예로는 EVS for ArcView, EVS Pro 등이 있다.

표 10.2 3차원 시각적 표현 기능을 가진 주요 소프트웨어

소프트웨어	제공 조직/회사	웹사이트
World Construction Set	3D nature LLC	www.3dnature.com
Autodesk 3D Studio Viz	Autodesk Inc.	www.autodesk.com
Environmental Visualization System for ArcView	C Tech Development Corp.	www.cteck.com
ERDAS Virtual GIS 8.5	Leica	www.erdas.com
ArcView 3D Analyst	ESRI	www.ersi.com
E&S RAPIDsite Explorer	Evans & Sutherland	www.es.com
Genesis II	Geomantics Ltd.	www.geomantics.com
Manifold 3D View Studio	Manifold Net Ltd	www.manifold.com
Virtual Frontier	Northwood technologies	www.northwoodgeo.com

TIPS 3차원 공간객체 언어 – VRML

VRML(Virtual Reality Modeling Language)은 말 그대로 가상현실을 위한 3차원 공간객체 모델링 언어이다. VRML은 국제 표준화기구인 ISO/IEC 14772에서 인터넷상의 3차원 멀티미디어 표준이며, 첫 번째 버전(v.1)은 1995년 Silicon Graphics사에 의해 규정되었으며, 두번째 버전은 1996년에, 그리고 1997년에는 VRML _ 97로 이름이 변경되었다. 이후 VRML 표준 규약 개발을 수행하는 VRML 컨소시엄이 Web 3D 컨소시엄으로 이름이 바뀌면서 표준 규약도 X3D로 바뀌었고 XML 기능을 지원한다. VRML로 프로그래밍을 하면 인터넷상에서 3차원 공간 표현을 할 수 있으며, 사용자가 그 공간에 있는 것처럼 공간 탐색을 할 수 있는 장점이 있다.

5 지도 일반화 Map Generalization

최근 지도학 분야뿐만 아니라 GIS 분야에서 중요하게 부각되고 있는 주제 중의 하나는 지도 일반화(map generalization)이다. GIS가 발전되면서 그 중요성이 매우 강조되고 있는데, 지도 일반화는 원래 공간 데이터를 특정 목적에 맞도록 지도화하면서 단순화하는 과정이다. 지도 일반화는 기존의 지도학 분야에서 오랫동안 사용되어 왔으며 최근 GIS 분야에서 중요하게 여겨지고 있다. 즉 지도 일반화는 종이형태의 지도에 대한 일반화뿐만 아니라 디지털 형태의 지도 일반화까지 발전하여 왔다. GIS 분야에서 사용되는 지도 일반화는 '원래의 데이터(original data)로부터 공간 또는 속성 변형 과정을 통한 결과로서 일반화된 데이터를 얻는 과정'으로 정의될 수 있다. 일반화의 목적은 지도 목적 및 대상 사용자의 요구에 부응하는 지도 정보를 가지기 위해, 기존 데이터의 양, 유형, 특성 등을 감소하거나, 특정 지도 축척에 적합한 표현의 명료성을 가지는 것이다. 지도 일반화는 단순히 지도 데이터 양을 줄이는 기법만을 가리키는 것이 아니라, 일반화 과정이 이루어지는 방식 및 특정 응용 분야를 위해 추구되는 목적 등을 고려하는 철학을 기반으로 하고 있다.

디지털 방식의 지도 일반화 과정은 수작업 방식의 일반화 과정과는 몇 가지 점에서 차이가 있다. 첫 번째로, 수작업 과정은 매우 노동 집약적인 반면, 디지털 과정은 컴퓨터 조작을 통해 보다 빠르고 효율적으로 수행할 수 있다. 두 번째로, 수작업 과정은 다분히 주관적으로 흐르기 쉽기 때문에 일반화 방법의 선택에 있어서 개성기술적일 수 있는 반면, 디지털 과정에서는 이미 체계화된 컴퓨터 과정을 따름으로써 일관성 있는 일반화 과정을 수행할 수 있다. 세 번째로, 수작업은 인식과 실행이 분리되지 않고 총체적으로 결합되어 있는 반면, 디지털 과정에서는 세분화된 단위 과정들이 논리적으로 구성되어 있으며, 이들 개별 단위 과정들은 독립적으로 다루어진다.

주요 지도 일반화 모델

현재까지 지도학 분야에서 제안된 몇 가지 지도 일반화 모델들이 있다. 우선 첫 번째는 Ratajski 모델로, Ratajski는 두 가지 근본적인 유형의 일반화 과정을 발견하였는데, 하나는 양적 일반화(quantitative generalization)이며 다른 하나는 질적 일반화(qualitative generalization)이다. 양적 일반화는 축척 변화에 따라 지도 내용의 점차적인 축소를 수행하는 것이며, 질적 일반화는 보다 추상적인 형태로 기본 심볼화 방식의 변형을 통해 일어난다. 두 요소는 일반화 과정에서 서로 결합되어 구현되며, 이러한 과정의 결과로 공간사상의 추상적 표현이 연속적으로 이루어진다. 이렇게 연속적인 일반화 과정을 거쳐 일반화 지점(generalization point)에 도달하게 된다.

그림 10.18 Ratajski의 지도 일반화 모델

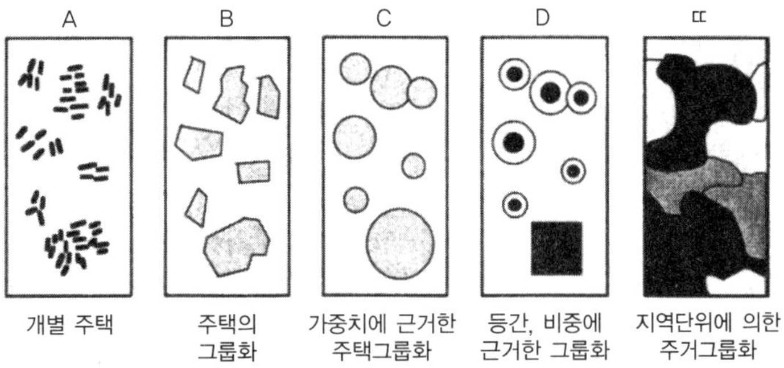

출처 : McMaster and Shea, 1992, 22, Figure 2.1

두 번째는 Morrison 모델인데, 1970년대 중반에 Morrison에 의해 개발된 이 모델은 Robinson 등이 제기한 4가지 일반화 요소들(단순화, 분류화, 심볼화, 유추화)간의 관계를 정립하였다. Morrison은 이들 각 요소를 요소 C 집합의 가능한 변형적 특성의 관점에서 보았는데, C는 SCR(sensory elements of the cartographer' s reality)의 부분집합으로 정의된다. SCR은 지도학자의 실제요소를, 그리고 PM (physical map)은 물리적인 지도를 나타내며, 어떻게 분류화, 단순화, 심볼화 등의 변형과정을 통해 지도 사용자와 PM이 관계되는지를 설명하고 있다.

그림 10.19 Morrison의 일반화 모델

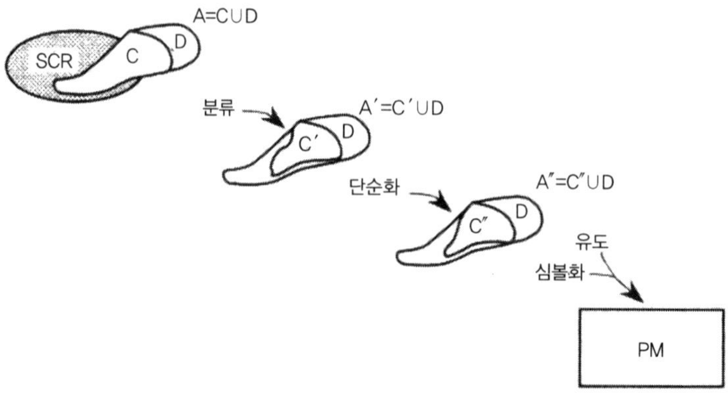

출처 : McMaster and Shea, 1992, 23, Figure 2.2

세 번째, 지도 일반화의 가장 상세한 개념적 모델 중의 하나는 스위스 취리히대학의 Brassel과 Weibel에 의해 개발되었다. 이 모델은 일반화 과정을 다섯 가지로 나누는데, 즉 구조 인식(structure recognition), 과정 인식(process recognition), 과정 모델링(process modeling), 프로세스 실행(process execution), 데이터 디스플레이(data display)이다. 구조 인식은 지도 객체, 공간관계, 중요성의 측정 등이 확인되는 행위이고, 프로세스 인식은 정확한 일반화 과정을 인식하며, 데이터 수정 유형 및 대상 구조 패러미터 등의 확인이 요구된다. 프로세스 모델링은 프로세스 라이브러리로부터 규칙과 절차들을 컴파일하며, 디지털 일반화는 프로세스 실행과 더불어 일어나는데, 앞의 규칙과 절차들이 데이터베이스에 적용되고 일반화된 결과를 얻는다. 그리고 데이터 디스플레이는 대상 데이터를 지도로 변환하여 디스플레이할 수 있도록 한다.

그림 10.20 Brassel과 Weibel의 일반화 모델

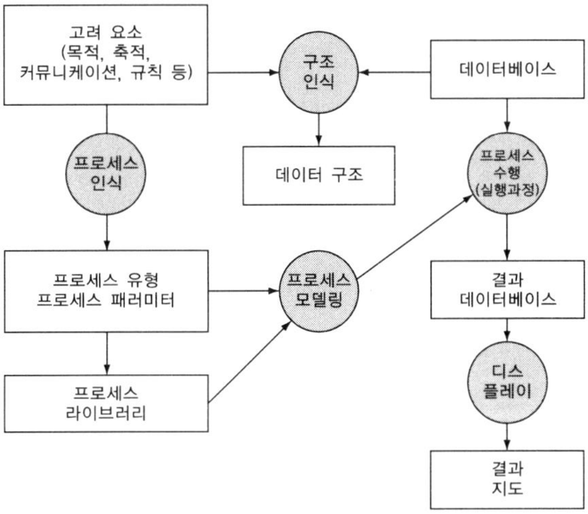

출처: McMaster and Shea, 1992, 24, Figure 2.3

네 번째로, Nickerson과 Freeman 모델은 1986년에 전문가 시스템을 지도 일반화에 적용하고자 개발된 것으로 중요한 개념은 중간단계의 축척 지도(intermediate scale map)이다. 원래 지도는 공간사상의 재배치(feature relocation)와 심볼 표현 확대 과정을 통해 중간단계의 지도(inetermediate map)로 변형된다. 이후 중간단계 축척의 지도는 다시 공간사상 재배치 및 심볼 표현, 축척 감소, 이름 표현 등의 과정을 통해 최종 결과 지도를 얻게 된다.

지도 일반화 과정의 고려요소

지도 일반화 과정에서 고려되어야 할 여러 요인이 있으며, 이들 요인에 대한 고려를 통해 지도 일반화 계획을 수립하는 것이 바람직하다. 고려 요인들은 이론적 측면, 적용 측면, 컴퓨팅 측면으로 나누어 살펴보고자 한다.

이론적 측면에서 지도 일반화의 첫 번째 고려요소는 복잡성 감소이다. 여기서 말하는 복잡성(complexity)은 한 지도내에 있는 다양한 그래픽 요소들의 시각적 상호작용의 측정이라 할 수 있다. 특정 지역내의 이러한 그래픽 요소들의 수와 다양성은 지도에 담긴 정보가 사용자들에게 전달되는 효력에 영향을 미친다. 따라서 적절한 수준에서

공간사상의 복잡성이 유지되어야 하는데, 실제로 복잡성 수준을 확인, 분석, 정의하는 것은 디지털 방식에서 지도를 일반화하는 데 가장 어려운 문제이다(많은 공간 및 속성 변형이 반복적으로 또는 동시적으로 적용되는 것을 요구하기때문). 따라서 지도 일반화 과정은 더욱 효율적인 지도 표현을 개발하고, 나아가 지도의 메시지를 사용자에게 전달하는 것을 향상시키기 위해, 복잡성을 감소시키는 것이 필요하다.

두 번째 요인은 공간 정확도 유지이다. 수치지도내에 포함되는 공간 객체와 현상의 양적, 질적 패러미터들이 실세계의 그것들에 얼마나 적합한지는 매우 중요하다. 특히 대축척 지도에서, 공간 객체 패러미터의 정확한 표현은 더욱 중요하게 여겨진다. 즉 지도에서 표현되는 공간 대상의 정확도는 매우 중요한데 공간 정확도는 원래의 공간사상과 일반화된 공간사상간의 차이를 나타내므로 그만큼 중요하다.

그림 10.21 복잡성 감소

그림 10.22 공간 정확도 유지

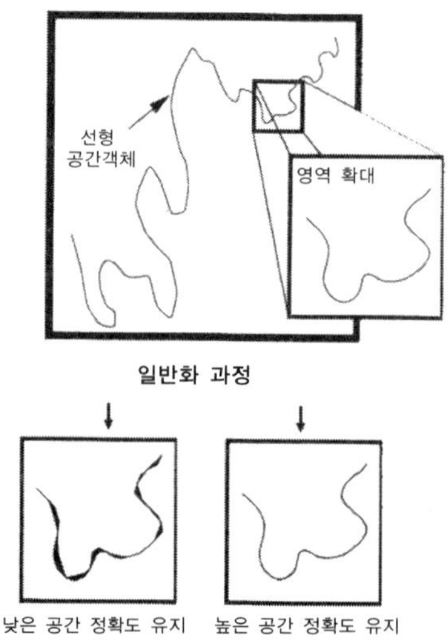

출처 : McMaster and Shea, 1992, 30, Figure 3.3; 31, Figure 3.4

그림 10.21은 1:100,000 축척의 지도가 1:50,000 축척으로 줄어드는 경우이다. 왼쪽 지도는 원래 축척에서의 공간사상을 그대로 표현하였고, 오른쪽 지도는 일반화 기법을 적용하여 복잡성을 감소시켰다. 그림 10.22는 공간 정확도와 관련한 것이다. 서로

다른 방법에 의해 일반화가 이루어졌는데, 원래의 선과 일반화된 선을 중첩시켜보면 다양한 두께의 선들이 디스플레이될 것이다. 두께가 얇은 것은 일치성이 높은 것인 반면, 두께가 두꺼운 것은 그만큼 일치하지 않음을 나타낸 것이다. 그림에서 보면 오른쪽 결과 지도가 일반화 결과로서 상대적으로 공간 정확도가 높다고 할 수 있다.

세 번째 요인은 속성 정확도 유지인데, 공간 정확도뿐만 아니라, 공간 객체의 표현과 연관되어 있는 속성 데이터의 정확도도 중요하게 다루어져야 한다. 이러한 목적은 대체로 데이터 값과 관련된 경우가 많으며, 통계분석 및 분류 방법과 관련하여 다루어지고 있다. 또한 일반화하면서 특정 공간사상과 관련된 속성값이 의도하지 않은 방식으로 대체되는 것을 최소화해야 하므로 주제도 작성에서 더욱 중요하게 여겨진다.

네 번째는 심미적 품질 유지로, 지도의 심미적인 품질은 다음과 같은 복합적인 요소들의 적절하고도 일관된 사용에 의존한다. 즉 공간사상-지표(figure-ground)와의 관계, 전반적인 균형, 레이아웃, 글씨체 스타일 및 위치, 색상 톤 등이다. 지도학자들은 적합한 지도 설계에 대한 지침서를 만들려고 상당한 노력을 해왔으며, 비록 좋은 설계와 관련한 구체적인 규칙을 정식화하는 것은 어렵지만, 일반적인 지침은 현재 구축되고 있는 중이다. 그런데 적절한 설계 지침서를 만드는 노력에도 불구하고, 지도 설계의 많은 근본적인 요소들은 여전히 어느 정도 주관적일 수 밖에 없다.

다섯 번째는 논리적 위계 유지이다. 지도는 그 안에 담겨지는 공간사상의 순서를 포함해야 한다. 예를 들어 대도시는 소도시보다 더욱 두드러지게 표현되어야 하며, 고속도로는 지방도와는 다른 위계를 가질 것이다. 그렇다고 지도 안에 포함될 공간사상의 위계가 바로 지도 표현으로 직접 연결되는 것은 아니다. 즉 공간사상간의 그래픽 위계의 중요한 결정요소는 지도의 목적이라 할 수 있다.

그림 10.23 속성 정확도 유지

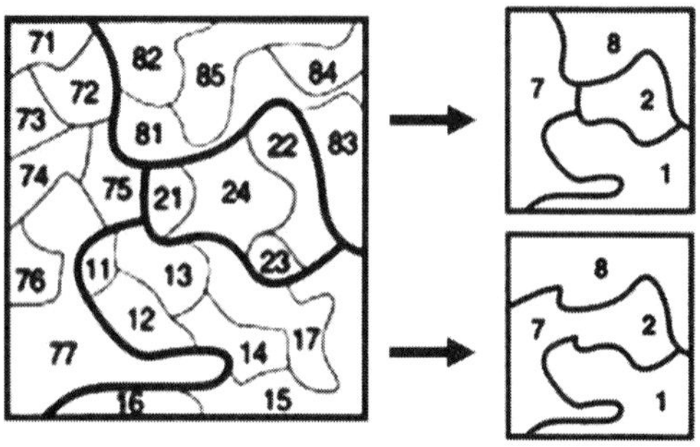

원래의 토지이용도는 일반화 과정을 통해 공통적인 카테고리로 그룹화될 수 있다.
결과로서 오른쪽 위 지도는 적합한 그룹화를 통해 일반화된 지도인 반면,
아래 지도는 올바르지 않는 카테고리화가 이루어졌다.

출처 : McMaster and Shea, 31, Figure 3.5

여섯 번째는 적용 규칙의 일관성이다. 많은 지도학자와 GIS 설계자들은 일반화 과정의 자동화가 주관성을 배제할 수 있을 거라고 믿고 있다. 그런데 수작업에서보다 디지털 방식에서 일반화 알고리즘의 다양한 선택과 응용이 있을 것이다. 따라서 일관되고 편향되지 않는 일반화를 얻기 위해서는 지도학자는 세 가지를 결정해야 한다. 즉 ① 정확히 어떤 알고리즘을 사용할 것인가, ② 이들 알고리즘이 적용되는 순서, ③ 특정 축척에서 특정 결과를 얻기 위해 요구되는 입력 패러미터이다. 사실 지도의 주관적이고 예술적인 요소를 제거하기 보다는 컴퓨터에 의해 더 잘 다루어지는, 반복적이고 시간소모적인 작업들에 의해 발생하는 번거로움에서 벗어나는 것이다.

지도 일반화 수행 측면에서 고려 요인을 살펴보면 다음과 같다. 우선 첫 번째는 지도 목적 및 대상 사용자이다. 대체로 지도는 특정한 목적으로 의도된 대상자를 염두에 두고 만들어지는데, 이들 두 가지는 지도의 전반적인 구조와 설계 요소의 선택에 영향을 준다. 비록 같은 데이터를 대상으로 하더라도 다른 응용을 지향한다면, 관련된 일반화 과정은 그 목적에 따라 달라질 것이다. 두 번째 요인으로는 축척의 적절성으로, 최종적인 지도 축척의 선택은 지도의 목적과 대상 사용자와 일치해야 한다. 이 대상으로서의 축척은 일반화 과정으로 나타나는 정보의 양과 유형을 결정할 것이다. 일반화 후에 존재하는 양의 정도는 대상 축척에 따라 다를 것이다. 즉 축척이 줄어듬에 따라 공

간사상의 절대 수도 감소해야 하며, 이외에도 축척의 감소는 공간사상이 심볼 표현되는 방식에 영향을 줄 것이다. 따라서 공간사상의 유형은 축척의 변화에 따라 달라질 것이다. 세 번째 요인은 명료성(clarity)이다. 명료성을 가진다는 것은 지도의 절대적인 가독성(legibility 또는 readability)을 말하는 것으로, 일반적으로 축척이 줄어드는 것과 더불어 원래의 정보를 그대로 보유한다는 것은 불가능하다. 지도의 명료성을 유지하는 놀라운 예는 공간사상의 크기와 범위가 눈의 가시적인 예민함을 초과하지 않는 정도로 축척을 감소하는 것과 관련된다. 따라서 한 지도내에서 객체의 감소는 애매할 수 없으며, 인간 눈의 예민함의 한계에서 결정되어야 한다.

지도 일반화를 위한 컴퓨팅 측면에서 볼때 첫 번째 고려 요인은 비용 효율적인 알고리즘이다. 디지털 방식에서 가장 우선적인 목표는 비용 효율적인 방식으로 정보를 감소시키는 것이다. 만일 알고리즘의 프로세스 속도만을 고려한다면, 이것을 이루기는 쉽지만, 결과의 적절성을 고려한다면 더욱 복잡할 것이다. 더불어 중요한 것은 일반화 품질 개념인데, 어느 점에서 품질의 보유가 프로세싱 시간에 종속되는지를 아는 것은 필수이기 때문이다. 따라서 일반적인 목표로서 컴퓨터 알고리즘 비용을 일반화 품질과 고려하여 균형을 유지하는 것이다. 즉 인문적 요소의 확인화, 계량화는 이러한 유형의 비용-손해 분석을 수행하는 데 필요하다. 두 번째 요인은 최대 데이터 감소이다. 디지털 방식에서 또 중요하게 여겨지는 것 중의 하나는 가능한한 많이 데이터 파일의 저장 용량을 감소시키는 것이다. 이는 적어도 다음 세 가지 요소에 의해 영향을 받는데, ① 지도의 최종 축척 감소 또는 결과 그래픽 디스플레이 ② 그래픽 장비의 출력 해상도 ③ 지도의 목적이다. 또한 지도 데이터의 저장 요구사항을 줄이는 것은 다음과 같은 방식에 의해 가능한데, ① 공간 개체를 표현하는 데 요구되는 좌표정보의 양을 줄이거나 ② 데이터 구조를 더 컴팩트한 방식으로 줄이는 것이다. 두 가지 경우 모두, 최소의 저장 요구사항을 만족시키면서 최대의 정보를 유지할 수 있는 노력이 되어야 한다. 세 번째는 최소 메모리/디스크 요구사항이다. 디지털 방식에서 가끔 간과되는 것이 일반화 변형을 수행하는 데 필요한 컴퓨터 메모리/디스크 요구사항을 줄이는 것이다. 다중 CPU와 대용량의 메모리 집약적, 프로세서 집약적인 알고리즘은 특정 알고리즘을 선택하는 데 제약이 없을 것이다. 그러나 예를 들어 적은 메모리와 낮은 성능의 CPU 등으로 인한 컴퓨터 수행능력 한계 때문에 상대적으로 느리거나 낮은 품질의 알고리즘을 선택해야 할 것이다.

지도 일반화 과정의 준비

지도 일반화를 수행하기 전에 대상의 지도가 어떤 특성을 가지고 있는지를 확인하는 것이 좋다. 다음은 기하학 측면에서 지도의 특성을 살펴보는 요인들이다.

첫 번째는 혼잡(congestion) 정도인데, 이 조건은 소축척으로 되면서, 지도상의 정해진 영역에 지나치게 많은 공간사상들이 표현되어야 하는 문제를 말한다. 이러한 결과 공간사상의 밀도가 너무 높기 때문에 심볼의 과도한 밀집이 일어나게 된다. 이러한 혼잡이 무시할 수 없는 정도가 되면, 그만큼 지도의 전반적인 커뮤니케이션 효율성이 떨어지게 된다. 따라서 커뮤니케이션 미디어로서 지도의 효율성을 유지하려면 일반화 과정에서 사려깊은 적용이 요구된다.

두 번째는 유착(coalescence) 정도인데, 지도 축척이 감소될 때 종종 지도에서 공간사상들이 지나치게 가까워지거나 부분적 또는 완전히 병렬되는 경우가 발생한다. 이러한 경우 두 인접 공간사상간의 거리가 출력 장치의 해상도보다 작은 경우, 또는 심볼화하는 과정에서 중첩되어 보이게 될 것이다. 따라서 이러한 조건을 피하기 위해서는 축척을 감소하기 전에 일반화 과정이 요구된다.

세 번째 요인은 충돌(conflict)로, 이 조건은 공간사상의 공간 표현이 그 배경과 논리적으로 충돌되는 상황이다. 예를 들어 선형 공간사상이 면형 공간사상의 경계와 겹쳐 있는 경우(다리와 도로가 겹치는 경우)가 있을 수 있다. 이러한 두 공간사상은 논리적인 관계를 가지고 있으며, 만일 일반화 과정을 통해 도로가 없어진다면 다리와의 관계 때문에 논리적인 충돌이 생기게 된다. 따라서 이러한 충돌 문제를 피하기 위해서는 논리적인 관계에 의거하여 심볼의 대체, 재배치, 제거 등의 과정이 요구된다.

네 번째는 복잡(complication) 정도로서, 어떤 경우 일반화 과정은 시간의 특정 시점에서 존재하는 특정한 조건에 의존하게 된다. 따라서 복잡은 이러한 특정 조건들의 결과로, 일반화 기법의 응용 또는 수행능력의 모호성과 관련된다. 일반화의 결과는 공간 데이터의 복합성, 시간성, 반복 기법의 선택, 허용오차 수준의 선택 등 많은 요소를 고려하게 된다.

다섯 번째는 비일관성(inconsistency) 요소로서, 비일관성의 보편적인 예로는, 대축척 지도로부터 개별 건물을 제거하는 것이다. 그런데 농촌지역에서는 단층 건물이 보편적으로 표현되지만 도시지역에서는 그렇지 않다. 오히려 도시지역의 단층 건물들이 하나로 합쳐지면서 때로는 도심지역 자체가 하나의 지역으로 표현되기도 한다. 이러한 경우 비일관성이 반드시 바람직스럽지 못한 조건이라기 보다는, 지도화된 이미지의 특정 부문을 강조하거나 약화시키는 데 사용될 수 있다.

마지막은 비지각성(imperceptibility)으로, 소축척으로 되어가면서, 특정 공간사상이 지도의 최소 표현 크기 이하로 되는 경우가 있다. 이러한 경우 그 공간사상은 제거되거나 아니면 확대되든지 과장되든지, 다른 것으로 변환되어야 한다.

이러한 요인들을 고려한 후 구체적으로 지도에 대한 측정이 요구된다. 다음은 공간적, 총체적 측면에서 여러 측정 방법을 열거하고 잇다. 아래에 언급될 다양한 공간사상들에 대한 측정 방법들은 일반화 과정에 적용되기 전에 원래 지도에 포함된 여러 특성 및 조건을 평가하는 작업이며, 이후 일반화 과정에서 적용될 여러 패러미터 및 조건들을 결정할 중요한 정보라 할 수 있다. 첫 번째는 밀도(density) 측정으로, 여러 공간사상간의 관계를 평가하는 데 사용되며, 또한 단위 영역 안에 있는 점, 선, 면 공간사상의 수, 평균, 밀도 등과 같은 벤치마크를 포함할 수 있다. 두 번째는 분포(distribution) 측정으로, 지도 공간사상의 전반적인 분포를 평가하는 데 사용된다. 예를 들어 점 공간사상은 분산(dispersion), 무작위성(randomness), 클러스터링(clustering)을 측정하는 데 사용될 수 있으며, 선형 공간사상은 선형 네트워크의 복잡성 등에 의해 평가된다. 또한 면형 공간사상은 공통 공간사상이나 위치로부터 상대적인 거리의 관점에서 비교될 수 있다. 세 번째는 길이 및 굴곡성(length and sinuosity) 측정으로, 개별 선형 또는 면형 경계 공간사상에 적용된다. 예를 들면 하천 네트워크의 거리를 계산하는 것인데, 특정 선 공간사상에 포함된 좌표의 전체 수, 인치당 좌표들의 평균 수 등이 계산될 수 있다. 또한 굴곡성 측정에는 전체 각의 변화, 인치당 평균 각의 변화, 음 또는 양 각의 합 등이 포함된다. 네 번째는 모양(shape) 측정으로 새로운 축척에서 한 면형 공간사상이 표현될 수 있는지 아닌지를 결정하는 데 유용할 수 있다. 모양 측정은 심볼화되거나 비심볼화된 공간사상 모두에 의해 적용될 수 있다. 일반적으로 가장 중요한 모양의 요소로는 폴리곤의 전체적인 연장, 면 경계의 굴곡성 등이다. 또한 공간사상의 기하학 정보, 면 공간사상의 둘레 길이, 선/면 공간사상의 중심(centroid), 면 공간사상의 x,y변이, 표준편차 등도 측정된다. 다섯 번째는 거리(distance) 측정으로 공간사상간의 거리를 평가하는 것으로, 이 거리 측정은 두 공간사상간에 최단 거리(또는 최단 수직 거리) 등을 계산하게 된다. 여섯 번째는 형태(gestalt) 측정으로 이종동형(isomorphism, 패턴과 그것을 전달하는 표현간에 존재하는 구조적인 관계)을 통해 공간사상 분포의 지각적인 특성과 관련된다. 이러한 관계의 대표적인 예로는 폐합(closure), 인접성(proximity), 유사성(similarity) 등이다. 마지막으로는 추상화(abstract) 측정이 있는데, 추상화 측정은 공간 분포의 개념적 특성을 평가하는 데 도움을 주며 가능한 추상화 측정으로는 복합성(complexity), 동질성(homogeneity), 대칭성(symmetry), 반복성(repetition), 순환성(recurrence) 등이 있다.

지도 일반화 과정

일반화 과정은 다양한 알고리즘을 채용한 일반화 연산방법의 적용을 통해 이루어진다. 올바른 일반화를 성공적으로 수행하기 위해서는, 일반화 연산들이 적용되는 순서가 알고리즘의 선택만큼 중요하다. 또한 특정 축척에서 특정 결과를 얻기 위해 요구되는 입력 패러미터는 일반화 과정에 중요한 역할을 수행한다.

· **일반화 연산 선택** : 일반화 연산자의 제어는 디지털 일반화 과정을 자동화하는 개념에서 가장 어려운 프로세스일 것이다. 이러한 제어 결정은 다음과 같은 다섯 가지를 토대로 이루어져야 한다. 즉 ① 개별 공간사상의 중요도(물론 지도의 목적과 대상 사용자와 관련), ② 공간사상내 또는 공간사상들 간의 관계의 복합성, ③ 지도의 커뮤니케이션 효율성에 대한 지도 구성 내용의 영향, ④ 일반화 양, 유형 또는 다양한 공간사상간의 순서를 다양화하려는 필요, ⑤ 일반화 연산자 및 컴퓨터 알고리즘의 이용 가능성 및 강건성 등이다.

· **알고리즘 선택** : 디지털 일반화에 대한 제한된 이해와 관련하여, 복합 일반화 알고리즘의 상대적인 모호성은 많은 개념들이 프로토타입화되고 검증되며, 실제 요구와 관련하여 평가되어야 할 필요성을 말하고 있다. 평가 과정은 대체로 무시되거나 피상적인 검토에 그치고 있다. 이와는 달리 선형 공간사상의 단순화 알고리즘에 대해서는 상대적으로 폭넓은 연구가 이루어져 왔다. 그렇지만 이러한 연구 경향도 최근에 알고리즘 선택과 지각적인 결과, 알고리즘과 특성간의 관계 등에 대한 노력이 이루어지고 있다. 알고리즘 선택은 계속적으로 관심을 가져야 할 중요한 것이다.

· **패러미터 선택** : 입력 패러미터의 선택은 위에서 언급한 것들보다 최종 결과가 더 다양하게 나타나는 것과 관련이 있을 것이다. 예를 들어 선형 데이터의 단순화 알고리즘과 관련하여 허용오차의 패러미터값에 따라 그 결과가 매우 다양하게 나타날 것이다. 이 다양한 결과들은 계량적인 평가뿐만 아니라 지각적인 관점에서도 그러하다.

McMaster와 Shea(1992)에 의해 제기된 일반화 방법에 대한 구분은 다음과 같이 나타낼 수 있다. 즉 데이터베이스를 지리적 요소와 통계적 요소로 구성된다고 보며, 선택의 과정을 통해서 실제적인 일반화 방법이 구현된다. 공간 데이터 유형과 관련해서는 우선 래스터 데이터 유형과 벡터 데이터 유형에 따라 다른 알고리즘과 연산 방법이 적용되고 있다. 이러한 다양한 알고리즘 및 방법들 중에서 다음과 같은 것을 살펴보도록 하자.

주요 지도 일반화 방법

지도 일반화 방법에는 단순화, 완만화, 집합화, 세련화, 과장, 향상, 이동 등 여러 가지가 있다.

첫 번째는 단순화(simplification)로, 이 방법은 표현하고자 하는 공간사상의 기본적인 모양, 위치, 특성 등의 정보는 그대로 유지한 채, 그 공간사상을 표현하는 데 필요한 점들의 수를 상대적으로 작게 보유하는 데 있어 유용하다고 할 수 있다. 예를 들어 디지타이징 과정에서 불필요하게 많이 입력된 좌표점들은 선택과정을 통해 감소되어야 하며, 이때 해당되는 공간사상을 가장 잘 대표하는 점들은 그대로 유지되어야 한다. 따라서 단순화 연산방법은 특징적이고 모양을 유지하면서 보유되어야 할 점들은 선택하고, 반대로 공간사상의 특성을 디스플레이하는 데 불필요하게 여겨지는 중복되는 점들을 제거하고자 할 것이다. 단순화 과정을 통해 얻어진 결과는 물리적인 조표들의 수가 감소되면서 데이터의 용량이 감소되며, 그만큼 출력시 시간이 단축되는 장점이 있다(그림 10.24).

두 번째 방법은 완만화(smoothing)로서 주로 복잡한 모양을 가진 선형 공간사상을 좀더 부드럽고 완만한 모양으로 재배치하거나 이동시키기 위해 사용된다. 즉 원래의 공간사상의 가장 중요한 경향을 그대로 유지하면서, 공간사상을 구성하는 점들 간의 큰 각도를 줄이려는 과정이다(그림 10.25).

그림 10.24 단순화 방법

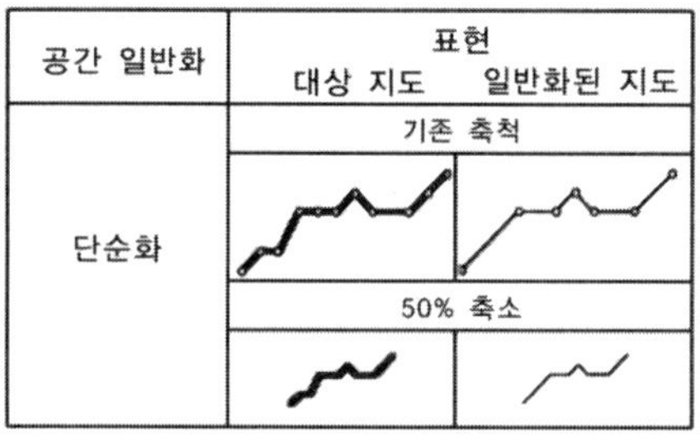

그림 10.25 완만화 방법

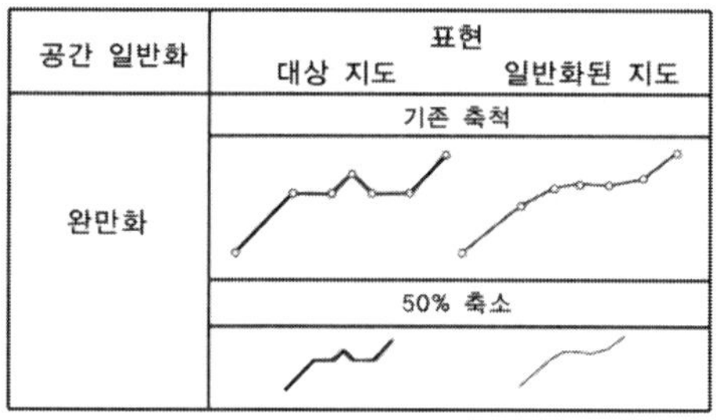

출처: McMaster and Shea, 1992, 56, Figure 3.12: 57, Figure 3.13

세 번째는 집합화(aggregation), 융합(amalgamation), 병합(merging)으로서, 이들 방법은 기하학적 방법으로 여러 공간사상을 함께 묶어 결합한다는 점에서 유사하나, 서로 다른 차원의 공간사상 유형을 다룬다는 점에서는 다르다고 할 수 있다. 우선 집합화는 인접하여 존재하는 0차원 공간사상들을 그룹화하여 하나의 연속적인 면형 공간사상으로 표현한다(0차원 연산자). 반면 융합은 연속하여 인접한 2차원 공간사상들을 합치는데, 이때 공유하는 선의 경계를 없애면서 하나인 것처럼 표현한다(2차원 연산자). 한편 병합은 두 개의 나란히 병행하는 선형 공간사상을 하나로 합치는데 이를 1차원 연산자라 한다.

그림 10.26 집합화 방법

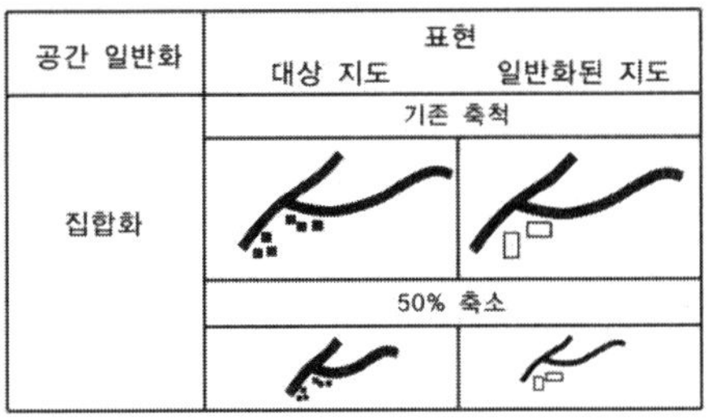

그림 10.27 융합 방법

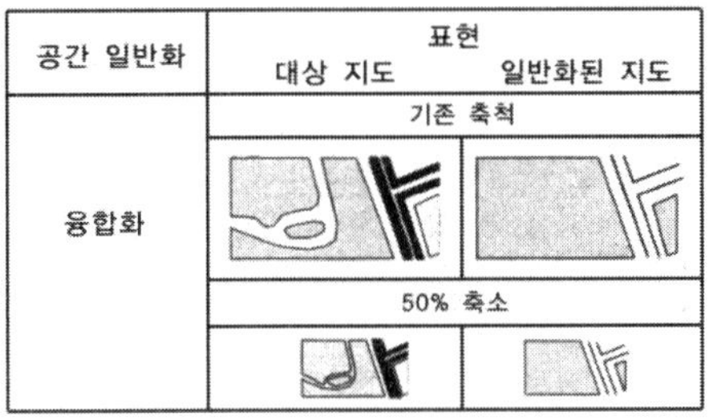

출처 : McMaster and Shea, 1992, 58, Figure 3.14; 59, Figure 3.15

네 번째는 붕괴(collapse)로, 지도의 축적이 감소됨에 따라, 많은 2차원 공간사상들은 점 또는 선으로 심볼 표현될 필요가 있다. 이처럼 선형 또는 면형 공간사상을 점형 또는 선형 공간사상으로 표현하는 것은 일반화 과정에서 보편적으로 발생한다. 즉 대축척에서 표현되는 공항, 하천, 호수, 빌딩 등은 종종 소축척에서 점형 또는 선형 공간사상으로 표현된다.

그림 10.28 병합 방법

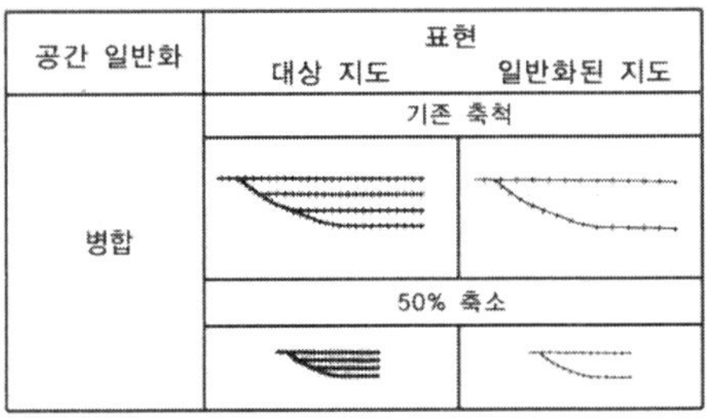

그림 10.29 붕괴 방법

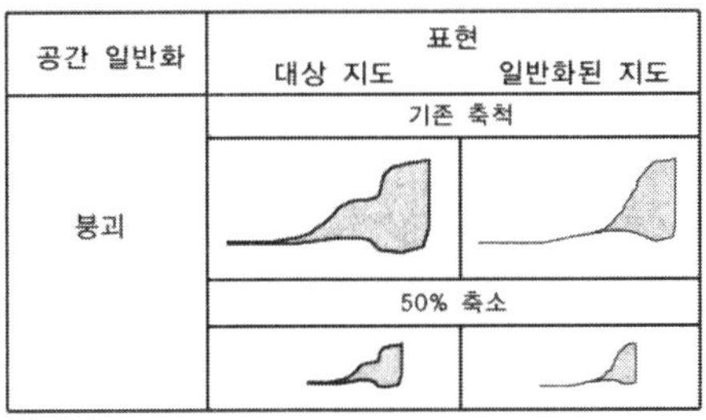

출처 : McMaster and Shea, 1992, 60, Figure 3.16; 61, Figure 3.17

다섯 번째는 세련화(refinement)로, 많은 경우에 너무 많은 수의 공간사상이 존재하거나 소축척에서 표현되기에는 너무 작은 공간사상이 있는 경우가 있다. 이런 경우 소축척에서 모든 공간사상을 그대로 표현한다는 것은 비효율적이며, 대신에 선택된 수와 패턴으로 표현되는 것이 바람직하다. 일반적으로 이것은 상대적으로 작은 크기의 공간사상을 제외하거나, 분포의 일반 유형에서 무의미한 것들을 제외하면서 가능하다. 이러한 결과로서 이전의 복잡하고 많은 수의 공간사상은 기본 골격의 형태를 남긴 채 일반화되며 대신에 일반화된 패턴만 유지된다.

여섯 번째는 과장(exaggeration)으로, 공간사상의 모양과 크기는 지도의 특정 요구사항을 만족시키기 위해 과장될 필요가 있다. 사실 지도의 많은 요소들은 과장될 필요가 있는데, 지도축척에서 그 요소들의 진짜 물리적인 크기는 사용자의 요구사항을 충족시키는 방식으로 묘사되지 않기 때문이다. 따라서 지도상에서 환경적인 공간사상을 과장하여 표현하는 것은 지도 추상화 과정의 중요한 부분이라 할 수 있다.

그림 10.30 세련화 방법

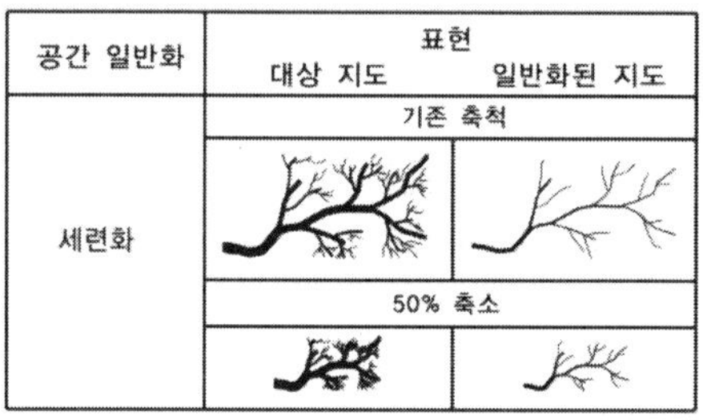

그림 10.31 과장 방법

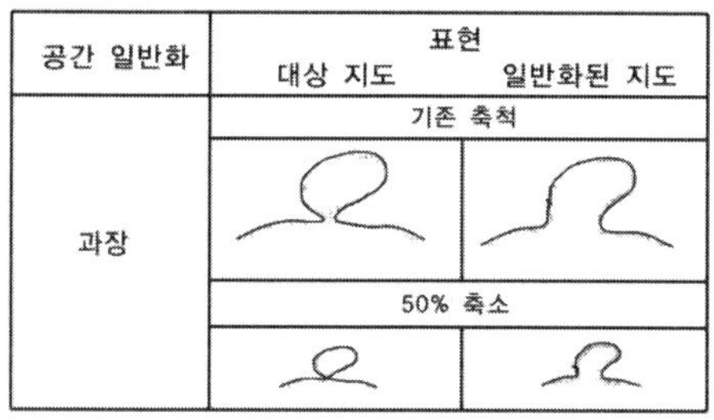

출처 : McMaster and Shea, 1992, 62, Figure 3.18 & 3.19

일곱 번째는 향상(enhancement)으로, 공간사상의 모양과 크기는 지도의 요구사항을 만족시키기 위해 과장 또는 강조될 필요가 있다. 앞에서 언급된 과장 연산방법과 비교하여, 이 향상 방법은 대체로 심볼화 요소를 다룬다. 예를 들어 기존의 도로에 겹쳐서 그려진 다리는 실제 거리보다 좀 떨어진 거리에서 표현될 수 있으며 이때 이러한 심볼의 표현은 그 의미를 강조하지 않으면서 공간사상들 간의 연관된 심볼표현을 향상시킬 수 있다.

여덟 번째는 이동(displacement)으로 둘 이상의 공간사상이 지도상에서 충돌(예로 근접, 중복, 일치 등)될 때 이를 해결해준다. 지도의 그래픽 제약은 그대로 표현하면 문제가 발생될 관련된 공간사상의 위치를 이동시킴으로써 해결될 수 있다.

그림 10.32 향상 방법

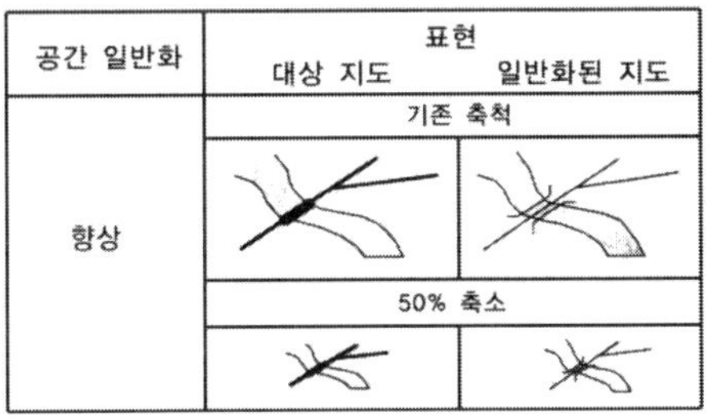

그림 10.33 이동 방법

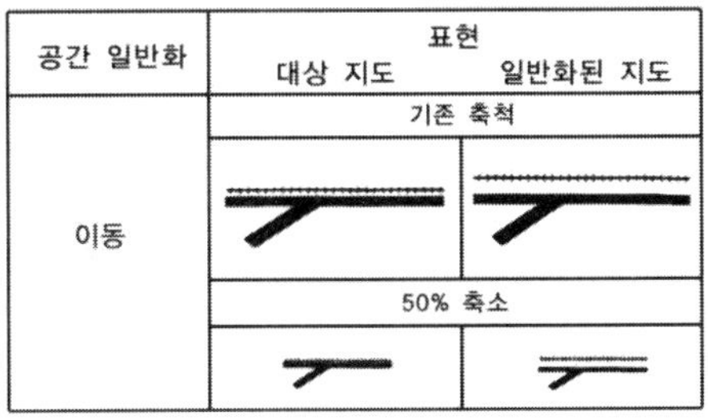

출처 : McMaster and Shea, 1992, 63, Figure 3.20; 64, Figure 3.21

표 10.3 공간객체 유형에 따른 일반화 방법 분류

공간객체 유형	주요 일반화 알고리즘
0차원 공간객체 유형	집합화(aggregation) 재배치(displacement)
1차원 공간객체 유형	단순화(simplification) 완만화(smoothing) 이동(displacement) 병합(merging) 향상(enhancement)
2차원 공간객체 유형	융합(amalgamation) 붕괴(collapse) 재배치(displacement)
3차원 공간객체 유형	완만화(smoothing) 향상(enhancement) 단순화(simplification)
총체적 유형	세련화(refinement)

출처: McMaster and Shea, 52, figure 3.10

6 GIS 데이터 클리어링하우스

미국 연방 GIS 담당 위원회인 FGDC에 의하면 GIS 데이터 클리어링하우스(GIS clearinghouse)는 디지털 지리 데이터를 발견, 평가, 다운로드를 유용하게 하는 소프트웨어, 제도, 조직의 시스템이라고 정의한다. GIS 데이터 클리어링하우스에서는 디지털 지리 데이터뿐만 아니라 이 데이터에 대한 정보인 메타데이터(metadata) 또한 유지관리하며 사용자에게 제공하고 있다.

메타데이터는 디지털 데이터에 대한 정보(data about data)를 말하는 데, 즉 데이터의 특성, 조건, 처리 이력, 정확성 등의 정보를 가지고 있다. 이 메타데이터는 사용자들이 디지털 데이터를 알 수 있는 정보일 뿐만 아니라 데이터 관리자가 데이터의 상태를 내부적으로 모니터링할 수 있는 수단이기도 하다. 즉, GIS 데이터가 사용자들 간에 공유되고 사용될 때, 내가 받은 데이터를 누가 만들었고, 언제 만들어졌으며, 어떠한 과정을 거쳐서 수정, 변화가 일어났으며, 또한 어떠한 특성을 가지고 무슨 내용을 담고 있는지 궁금해 할 것이다. 이러한 GIS 데이터에 대한 정보를 체계적으로 정리해서 담아 제공하는 정보가 메타데이터이다. GIS 분야에서 사용되는 메타데이터는 그 항목 및 내용 구성을 표준화하여 제시하는 데, 크게 ISO 15046-15 표준, CEN 표준, 미국 FGDC 메타데이터 표준 등이 있다. 미국 FGDC 메타데이터 표준에서 보는 것처럼 다양한 메타데이터 항목들은 크게 데이터 확인, 데이터 품질, 데이터 조직, 참조, 배포 등으로 유형화할 수 있다. 이들에 대한 자세한 설명은 GIS 표준화 중 메타데이터 표준에서 다루게 된다.

이러한 메타데이터는 제공하는 정보의 양에 따라 다르게 구축될 수 있고, 또한 위계성을 가지는 통합적인 시스템의 관점에서 구축될 수 있다. 즉 클리어링하우스에서는 다양한 목적으로 다양한 메타데이터를 구축, 유지관리할 필요가 있는데, 우선 디지털 데이터 사용자는 메타데이터를 통해 필요한 데이터에 대한 구매 판단을 하게 된다. 이 때 가장 먼저 필요한 데이터에 대한 간략한 메타데이터를 보고, 이들 중 필요한 데이터에 검색 및 판단이 이루어진다. 이후 특정 데이터에 대한 관심이 있는 경우 좀더 상세한 메타데이터를 보게 되며 이 메타데이터를 참조하여 최종 데이터 구매에 대한 결정을 하게 된다. 이후 데이터에 대한 상세한 기술적, 물리적 메타데이터까지 제공받음으로써 데이터 처리 및 사용에 대한 정보로 활용하게 된다.

그림 10.34 메타데이터 구성 레벨 및 시스템 아키텍처

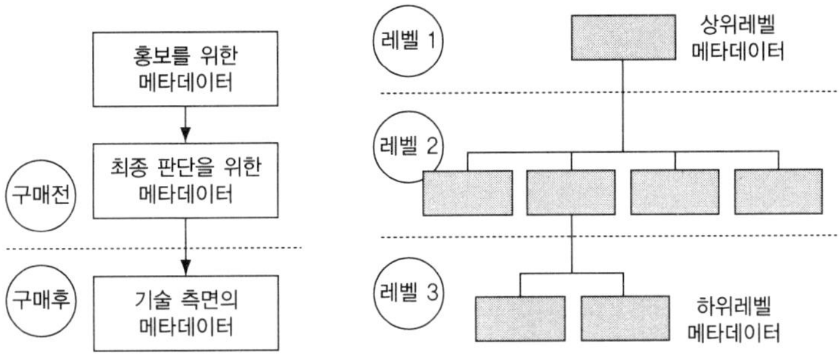

(가) 메타데이터 상세한 레벨

(나) 메타데이터 시스템 아키텍처

출처: Croot and McLaughlin, 2000, 148, Figure 9.8 & 9.9

한편 클리어링하우스는 다양한 사이트, 조직들을 결합한 형태이거나 디지털 데이터의 종류와 양 측면에서 다양하게 구성될 수 있다. 이때 이에 적합한 메타데이터의 위계적 구성이 요구되는데, 그림 10.34에서처럼 전체 클리어링하우스 레벨에서의 메타데이터가 존재할 수 있으며, 이후 하위 레벨에서의 메타데이터가 위계적으로 구성될 수 있다.

그림 10.35 GIS 데이터 클리어링하우스의 주요 시스템 유형

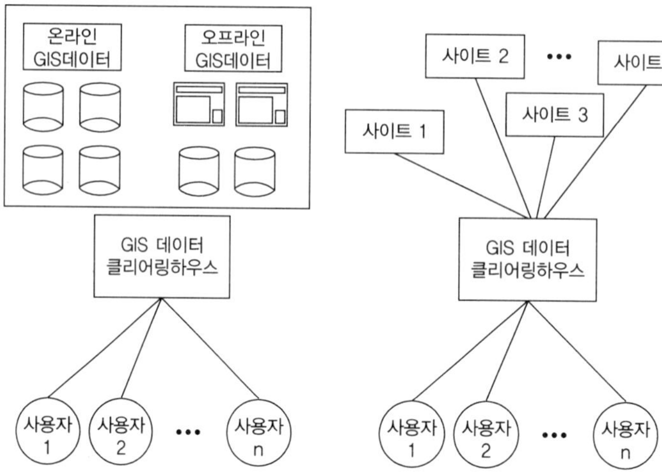

그림 10.35는 GIS 데이터 클리어링하우스의 시스템 유형의 예를 보여주고 있다. 왼쪽 그림은 GIS 데이터 클리어링하우스가 모든 GIS 데이터를 다 보유하고 있는 형태이다. 온라인 방식의 디지털 GIS 데이터베이스와 오프라인 방식의 종이지도, CD, 디지털 데이터들을 보유하고 있으면서 사용자에게 다양한 방식으로 제공해준다. 사용자에게 제공해주는 방식은 ① 인터넷 등을 통해 온라인으로 메타데이터와 데이터 정보만을 제공해주는 방식과 ② 온라인으로 디지털 형태의 GIS 데이터를 다운로드 받을 수 있는 방식이 있다. 또한 오프라인 방식으로 ③ 종이지도를 특정 지점에서 제공하는 방식이 있고, ④ 디지털 데이터를 CD, 테이프, 디스크 등의 미디어 방식으로 제공할 수 있다.

반면 오른쪽 그림은 다른 유형의 GIS 데이터 클리어링하우스 시스템을 보여주고 있는데, GIS 데이터 클리어링하우스가 직접 데이터를 보유할 수 있지만, 그보다는 데이터를 보유하고 있는 주요 사이트들을 연결, 통합하여 가상 네트워크를 구성한다. 사용자들에게는 이들 복잡한 관계가 왼쪽 그림처럼 하나의 시스템으로 여겨질 수 있다. 데이터를 보유한 여러 사이트들을 네트워크화함으로써 통합접근 방식의 시스템(왼쪽 그림)보다 비용 및 시간이 절감될 수 있으며, 개별 사이트에서 자신의 데이터를 지속적으로 수집, 제작, 유지관리함으로써 전문성을 강화할 수 있는 장점이 있다. 반면 왼쪽 그림에서의 통합 시스템은 데이터의 통합적 관리가 보다 효율적일 수 있다. 즉 다양한 주

체에서 데이터를 관리함으로써 발생할 수 있는 잠재적 문제점들을 해결하고, 하나의 통합 시스템이 모든 것을 관장함으로써 일관성 등을 보일 수 있다.

그림 10.36 국가지리정보 유통망 홈페이지(http://www.ngic.go.kr)

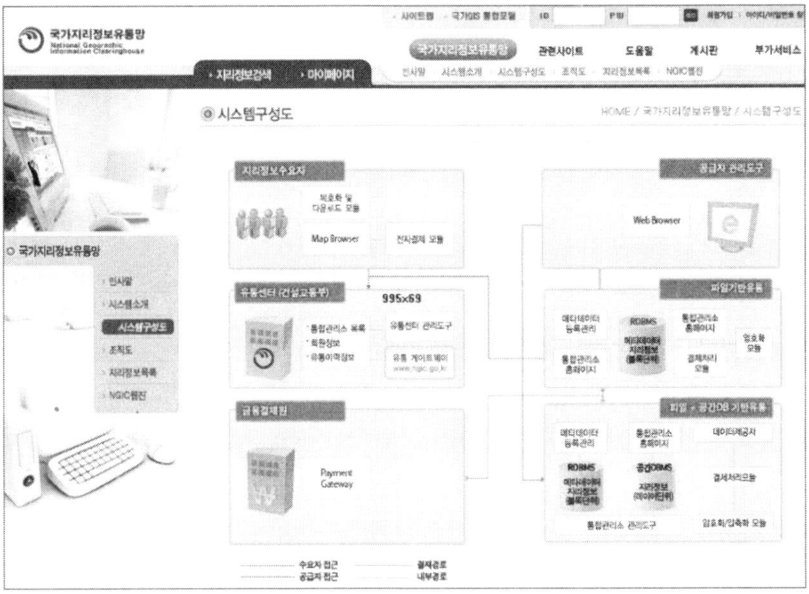

chapter 11

GIS 디자인 및 수행

1. GIS 프로젝트 설계의 필요성 444

2. GIS 프로젝트 고려 요소 445

3. GIS 프로젝트 수행 절차 454

GIS 수행은 프로젝트 방식으로 이루어지는 것이 일반적이다. GIS 프로젝트는 특정 목적을 위해 이루어지는데 새로운 하나의 GIS 시스템을 목적으로 할 수 있으며, 특정 분석이나 처리 과정을 목적으로 하거나, 개인이나 더 큰 규모의 조직 또는 부서단위에서 수행할 수 있다. 또한 GIS 프로젝트는 목적에 따라 다양한 분야에서 수행될 수 있는데, 지역계획, 도시계획, 환경, 교통, 통신, 지적, 자원 관리 등 다양하게 활용될 수 있다. 이처럼 다양하게 수행되는 GIS 프로젝트는 GIS를 실제로 구현함으로써 구체적인 경험이 요구된다. 또한 실제의 우리 생활이나 기존의 업무, 시스템을 보다 향상시키며, 공간 의사결정을 보다 합리적으로 할 수 있도록 지원해주는 공간정보를 제공한다는 점에서 매우 중요하다고 할 수 있다.

일반적으로 GIS 프로젝트 수행에는 비용과 이익의 측면을 고려할 수 있다. 특정 시점에서 특정 목적에 맞는 GIS 프로젝트를 구상할 때 예상되는 비용과 이익을 산출하여 이를 비교하여 프로젝트 수행 결정을 하게 된다. 그림 11.1에서 보는 것처럼 일반적으로 프로젝트 시작 초기에는 제반 비용이 많이 드는 반면 초기 이익은 상대적으로 적다. 그렇지만 시간이 지남에 따라 프로젝트 수행에 따른 이익은 점차 증가하며 이는 구체적인 매출 증가나 이익의 증가와 같은 가시적이고 직접적인 이익뿐만 아니라, 업무 비용의 절감이나 효율성 증대와 같은 내재적, 간접적인 이익으로 이어질 수 있다.

물론 GIS 프로젝트가 특정 시점에 완료되었다고 해서 이후 추가로 소요되는 비용이 없는 것은 아니다. 보통 GIS 시스템이 구축되더라도 구축 비용뿐만 아니라 장기적으로 요구되는 유지관리 비용, 시스템 갱신 및 확장 등에 소용되는 추가 비용이 예상된다. 반면 이익의 측면에서는 유형, 무형의 이익과 단기적, 장기적으로 창출되는 이익이 있다.

그림 11.1 GIS 프로젝트 손익 그래프

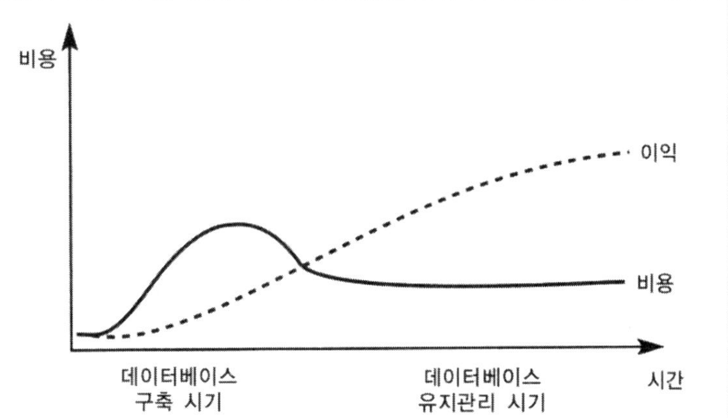

출처: Jones, 1997, 208, Figure 11.3

1 GIS 프로젝트 설계의 필요성

일반적인 경향은 GIS가 기존 업무를 보다 효율적으로 재구조화, 재조직화하거나, 새로운 업무 방식의 도입을 통한 기존 조직의 효율화를 가능하게 하여 많은 다양한 이익을 창출함에 따라 점차 GIS가 도입되고 있으며 그에 따라 각 조직의 특성이나 목표에 적합한 GIS 프로젝트가 수행되고 있다. 여기서는 GIS 프로젝트의 필요성 및 고려요소, 실제 수행 과정 및 특성 등에 대해 살펴보고자 한다.

GIS 프로젝트는 다양한 분야에서 다양한 목적에 따라 수행되고 있다. 그러나 GIS 프로젝트는 프로젝트 완료로 모든 것이 종료되는 것이 아니다. 프로젝트 결과로서 새로운 GIS 시스템 개발이나 GIS 분석 및 처리가 이루어졌다면 이들에 대한 적용, 운영, 유지관리, 향후 보완 등 다양한 측면을 고려해야 한다. 또한 시간이 지남에 따라 GIS 프로젝트와 관련하여 빠르게 발전하는 기술과 기능들을 GIS 시스템에 반영함으로써 지속적으로 효율적인 시스템 사용을 가능하게 하는 것이 필요하다. 따라서 GIS 프로젝트는 경험적인 수행보다 전반적인 측면에서 보다 체계적인 프로젝트 계획, 수행 및 관리가 요구된다. 즉 GIS 프로젝트를 무계획적으로 수행할 경우 수행과정에서 예기치 않은 문제가 발생하였을 때 어디에서 어떠한 문제점이 있는지를 파악하기 어려울 수 있다. 또한 무계획적인 프로젝트의 수행은 그만큼 비효율적인 프로젝트 수행 업무 및 과정을 수반하므로 그만큼 비용 및 시간의 낭비가 예상된다. 또한 향후 GIS 프로젝트 완료 후 사후 관리 및 다른 시스템과의 호환성 및 확장성과 관련하여 많은 문제를 야기할 수 있다.

따라서 체계적인 방법에 의거하여 GIS 프로젝트를 수행하는 것이 바람직하다. 따라서 현재 진행되는 대부분의 GIS 프로젝트는 일정한 체계적인 방법 및 절차에 따라 수행되고 있으며 이러한 과정 속에서 중간단계의 여러 산출물들이 도출되며, 산출물 검토를 통해 다음 단계의 방향을 설정하거나 수행을 하고 있다. 또한 유사한 분야와 목적으로 만들어진 GIS 시스템은 하나의 프로토타입(prototype)으로 개발되어 향후 유사한 프로젝트가 수행될 때 반영됨으로써 많은 인적, 비용적 손실을 줄이면서 효율적으로 프로젝트를 수행할 수 있는 장점이 있다.

2 GIS 프로젝트 고려 요소

GIS 모델링의 일반화와 특수화

GIS 프로젝트를 수행하는 데 있어 어떠한 프로젝트 모델을 적용하는가는 매우 중요한 일이다. 특정한 목적으로 수행되는 GIS 프로젝트는 목적에 적합한 모델을 만들어야 한다. 이때 기존 일반화된 모델을 프로젝트에 적용하여 구축하는 경우도 있으며, 반대로 구체적인 기존 사례에 적용되어 사용된 모델을 변형시켜 적용하는 경우도 있을 수 있다. 전자의 경우는 연역적인 방식으로서 추상화된 일반적인 모델을 구체적인 프로젝트에 적용하여 모델을 완성함으로써 그 이론적, 체계적 토대를 얻는 장점이 있으며 또한 일반화된 모델을 토대로 다양한 변화, 환경에 따른 결과를 예측하고 프로젝트 중간에 발생할 수 있는 문제점에 대한 대비를 할 수 있다. 또한 프로젝트 수행 후의 결과를 다시 일반화된 모델에 반영함으로써 프로토 타입으로서의 일반화된 모델을 좀더 완벽하게 할 수 있다는 장점이 있다. 반면, 후자의 경우는 구체적인 프로젝트에 적용된 유사한 모델을 수평 레벨에서 변형시켜 적용함으로써 빠른 시간내에 프로젝트를 수행할 수 있는 장점이 있다. 또한 이론적인 레벨이 아니라 구체적인 업무 레벨에서의 모델을 직접 다루기 때문에 실무 차원의 문제가 상대적으로 적을 뿐만 아니라 빠른 시일내에 그 문제들을 대처할 수 있는 융통성이 있다.

그림 11.2 프로젝트 모델 유형의 예

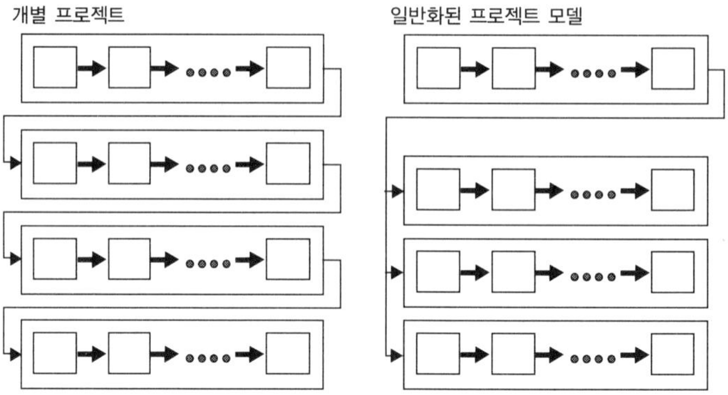

그림 11.2는 프로젝트 수행 모델의 주요 유형을 보여준다. (가) 유형은 특정 프로젝트 과정 및 결과를 확장 프로젝트나 다른 프로젝트에 적용하는 것을 특징으로 한다. 예를 들어 중장기 GIS 프로젝트를 수행할 때 1, 2차 프로젝트가 수행, 완료되면 그 과정 및 결과 등이 다시 다음 단계의 프로젝트에 적용되며 이러한 과정이 반복될 수 있다. 또는 특정 프로젝트를 유지관리하는 차원에서 기존 프로젝트를 참조하여 수행할 수 있으며, 관련 프로젝트에 기존 프로젝트 수행 과정 및 결과를 적용할 수 있다. 반면 (나) 유형은 일반화된 프로젝트 모델을 구축하고, 이 모델을 개별 프로젝트에 적용하는 것이다. 우선 일반화된 프로젝트 모델을 수립하는 것이 선행되며, 이것이 수립되었을 시에 구체적인 적용방법과 함께 구체적인 특정 프로젝트에 적용하는 방법이다.

필요한 요소의 선택

GIS 프로젝트 수행에 있어서 어떠한 요소들이 프로젝트에 포함되고, 어떠한 방식으로 구현되는지를 결정하는 것은 매우 중요하다. 일반적으로 프로젝트에 고려될 GIS 구성 요소로는 GIS 데이터, 소프트웨어, 하드웨어, 인적자원, 방법론 등이 있으며, 이외에도 관련 법률 및 규정, 업무 환경, 프로젝트에 사용되는 예산 및 자원 등이 고려될 수 있다. 각 요소 중 구체적인 요소 또는 세부 항목이 선택되고, 수행 방식, 그리고 제반 환경 및 수행 요인 등과 관련한 사항들을 프로젝트 목표 설정 및 시스템 정의와 관련하여 결정하는 것이 일반적이다. 따라서 프로젝트와 관련된 다양한 요소들에 대한 충분한 고려와 적합한 요소의 선택을 통해 GIS 프로젝트를 수행하는 것이 바람직하다. 예를 들어 GIS 기능을 개발하기 위해서는 개발자용 GIS 소프트웨어가 필요한 반면, 전문적인 GIS 기능의 직접적 사용을 위해서는 전문가용 GIS 소프트웨어의 구매가 필요하다. 또한 인터넷을 통해 서비스할 목적이라면 데스크탑용 시스템 구성보다는 인터넷 서비스를 위한 시스템 구성이 요구된다.

구현될 기능의 고려 및 선택

GIS 시스템은 그 목적에 따라 다양한 기능들로 구성될 수 있다. 이들 기능은 특정 목적을 충족시키기 위해 전문화되어 개발, 구현되기 때문에 다른 시스템들과는 특성이 다른 것이 일반적이다. 일반적으로 GIS 시스템을 구성하는 기능을 카테고리화 해보면 지도제작 기능, 데이터 저장, 관리 기능, 공간분석 및 처리 기능, 사용자 인터페이스 기능, 기타 기능 등이다.

첫 번째로 지도제작 기능은 GIS 시스템을 이용한 각종 다양한 공간 데이터 입력, 지도제작 등을 말한다. 디지타이저, 스캐너, 데이터 변환 등을 통해 공간 데이터를 생성하고, 관련된 속성 데이터를 입력하여 연결시키며, 이러한 데이터를 바탕으로 다양한 지도를 생성할 수 있다. 특정 분야에 따라 다양한 주제도 작성이 가능하며 이들 결과의 지도들은 컴퓨터 모니터뿐만 아니라 프린터 등을 통해 종이 형태로 출력될 수 있다.

두 번째 기능으로는 데이터 저장, 관리 기능인데, 시스템을 운영하면서, 주기적으로 데이터를 갱신하거나 새로운 데이터를 입력할 경우가 있다. 물론 처음 시스템을 개발하면서 데이터를 구축하여 저장, 관리하기도 하며, 이 데이터베이스에 추가 또는 갱신되는 경우가 있는데 이런 것들을 GIS 시스템을 통해 구현하는 것이다. 공간정보의 변경 및 관련 속성정보를 검색하여 바로 모니터상에서 변경할 수 있으며 변경된 내용은 데이터베이스에 저장, 관리되면서 다른 사용자들에게 공유된다.

세 번째 기능은 공간분석 및 처리 기능인데 이미 저장되어 있는 데이터를 이용하여 다양한 공간분석과 처리를 수행한다. 예를 들어 간단한 지적 정보의 검색, 교통량 분석 및 최적 경로 분석, 특정 시설 입지 선정을 위한 입지 분석, 혐오시설로부터의 접근성 분석 등이 가능하다. 이 기능은 각 프로젝트가 지향하는 업무 기능을 보다 고급화하는 목적으로 사용되며 기존의 데이터를 한 단계 높은 수준의 공간정보로 질적 변환시키는 역할을 수행한다.

네 번째 기능은 사용자 인터페이스(User Interface) 기능으로서, GIS 시스템을 사용하는 메뉴, 버튼, 그래픽 화면 등을 구성하는 것이다. 일반적으로 각 소프트웨어들이 제공하는 사용자 인터페이스가 있지만 각 GIS 시스템의 고유한 사용자 인터페이스는 필요하기 때문에 각 시스템에 적합한 메뉴 및 그래픽 설계가 이루어져야 한다. 따라서 복잡한 시스템 알고리즘이나 프로그래밍 명령어를 이해할 필요없이 GIS 시스템 완성 후 업무 운영자는 쉽고 친숙한 메뉴를 통해 기능을 사용할 수 있다.

다섯 번째는 기타 기능이다. GIS 외의 다양한 기능들이 시스템에서 구현될 수 있는데, 예를 들어 전자 문서 결제 기능 등이나 업무 관계자간의 전자회의 기능, 메일, 서류 작성 및 전송 기능 등도 포함될 수 있다.

그림 11.3에서 보는 것처럼 구현될 GIS 프로젝트의 난이도에 따라 결과로서의 손익(이익/비용) 비율이 달라질 수 있다. 즉 난이도가 낮은 프로젝트는 상대적으로 투입되는 비용에 비해서 이익이 낮으나, 난이도가 높음에 따라 예상되는 이익은 커진다. 그러나 실질적으로 고난도의 GIS 프로젝트를 수행하는 것은 쉽지가 않다.

그림 11.3 GIS 프로젝트 난이도와 손익비율과의 관계

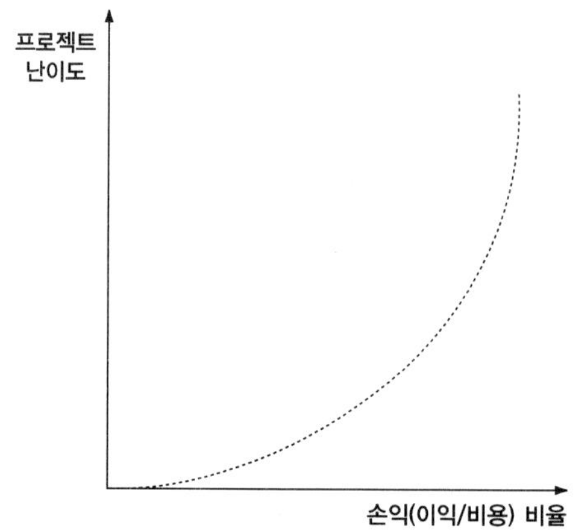

출처 : Bernhardsen, 1999, 24, Figure 1.19

대상지역의 선택

GIS 프로젝트시 고려 사항 중의 하나는 대상지역의 선정 및 정의이다. GIS 프로젝트의 목적과 관련하여 대상지역이 선정되는 경우가 많은데, 왜 특정 지역이 대상지역으로 선정되고 이 대상지역 또한 어떠한 공간 단위에서 다루어져야 하는지에 대한 정의가 요구된다. 또한 대상지역에 포함되는 수많은 공간사상 중에서 어떠한 것을 프로젝트에서 다루며 어떤 것들은 제외시킬 것인지를 결정해야 한다. 대상지역은 데이터 취득의 용이성, 프로젝트 결과의 적용 등 여러 측면을 고려하여 일반적으로 행정구역, 자연 경계 등을 중심으로 구분하는 경우가 많다. 또한 대부분의 자료들이 이들 지역 단위를 중심으로 구축되거나 취득이 쉽기 때문에 설계 과정에서 그대로 사용되는 경우가 대부분이다.

또한 GIS 프로젝트에 서로 다른 공간 단위의 지역들이 선정되어 적용되는 경우가 있는데, 예를 들어 대상지역 전체를 개괄적으로 다룬 다음에 그 중 특정 소지역을 좀더 상세하게 다루는 프로젝트가 있을 수 있다. 따라서 서로 다른 공간 단위에 따른 지역에 대한 정의 및 관련 데이터의 취득 및 처리 또한 다른 방식으로 이루어져야 할 것이다. 또 다른 경우로는 프로젝트에서 사용되는 공간 분석 및 처리의 특성에 따라 관심지역보다 넓게 대상지역 범위를 선정할 필요도 있다. 예를 들어 공간 검색이나 인터폴레이션 등을 할 때 대상지역 범위만 선정하여 수행하게 되면 올바른 결과가 나오지 않는 경우도 있다. 이때에는 대상지역을 포함한 보다 포괄적인 공간범위의 대상지역을 선정한 후, 공간 검색과 분석을 수행한 결과들에 대해서 대상지역을 한정하는 경우가 효율적일 수 있다.

대상지역의 크기인 공간 축척과 관련하여 데이터가 입력되는데, 어떠한 공간사상들이 포함되고, 또한 특정 축척에서 어떠한 표현방식으로 정의되어 표현되는지는 프로젝트의 결과에 중요한 영향을 미칠 수 있다. 예를 들어 대축척에서는 면으로 표현되는 빌딩이 소축척에서는 점으로 표현될 수 있으며, 대축척에서는 상세하게 표현되는 도로가 소축척에서는 하나의 선으로만 표현되는 경우가 있다. 또한 축척에 따라 같은 대상지역이라도 데이터의 양과 유형이 다르게 되는데, 일반적으로 소축척으로 갈수록 데이터의 에러가 크고 지도 일반화가 커지게 된다. 또한 래스터 데이터의 경우 단위 셀의 크기를 얼마로 할 것인지에 대한 결정이 매우 중요한 것은 데이터 처리 후 결과의 적합성 뿐만 아니라 데이터 처리과정에서의 처리속도 및 데이터 양의 관리에 있어서도 영향을 주기 때문이다.

그림 11.4 프로젝트 대상지역 선정시 고려 사항

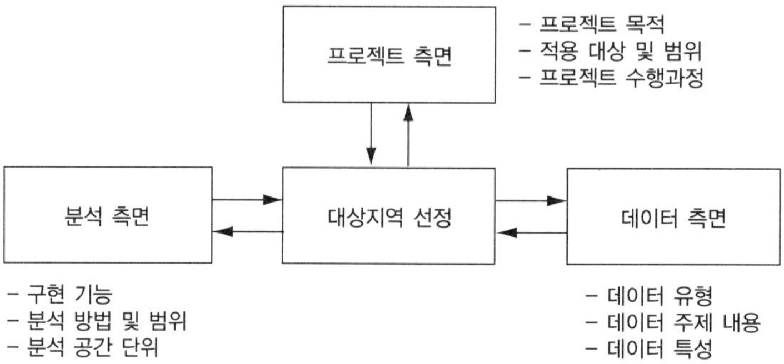

데이터의 특성 고려

GIS 프로젝트에서 고려되어야 할 것 중의 하나는 데이터의 특성이다. 앞에서도 잠시 언급하였지만 GIS 프로젝트 수행시 어떠한 데이터가 사용되어야 할지가 중요하다. 우선 어떤 데이터들이 사용될지를 결정해야 한다. GIS 프로젝트에서 요구되는 기능에 따라 필요한 데이터는 달라질 것이다. 어떤 경우 특정 분야에 한정된 데이터만을 요구할 것이며, 어떤 경우 다양한 분야의 데이터를 요구할 수 있다. 또한 데이터의 양도 목적에 따라 결정되는데, 어떤 경우에는 몇개의 데이터들로 수행되며, 어떤 경우에는 방대한 양의 데이터가 요구되기도 한다. 이렇게 사용될 데이터가 결정된 후, 그 데이터의 공간 데이터 유형이 결정되어야 하는데, 벡터 또는 래스터 데이터 유형, 그리고 벡터 데이터 유형에서는 0, 1, 2차 공간 객체 유형에 대한 정의가 필요하다. 예를 들어 인구 데이터를 사용하기로 결정되었다면 인구 연령별 데이터인가? 아니면 인구 소득별 데이터인가? 등이 결정되고, 또한 인구 데이터 또한 어떻게 분류할 것인지를 결정해야 하며, 이들 데이터를 어떤 공간 데이터 유형으로 표현할지도 결정해야 한다.

또 하나의 데이터 특성을 고려한다면 데이터의 좌표체계와 투영에 대한 정보인데, 다양한 출처에서 얻어진 데이터들은 서로 통합되어 사용되어야 하는데, 특히 좌표체계와 투영이 서로 다르게 적용되어 있는 경우가 많다. 예를 들어 행정구역 지도는 TM(횡축 메르카토르) 좌표체계로 되어 있는데, 식생 데이터는 경위도 좌표체계로 되어있다고 하자. 그러면 두 데이터를 함께 지도 디스플레이하는 것이 어려우며 공간 처리 등도 불가능할 것이다. 따라서 특정 기준의 좌표체계와 투영법을 정의하고 이에 맞도록 데이터를 편집해야 한다.

사용될 기술의 선택

GIS 프로젝트에서 고려되어야 할 중요한 요소 중의 하나는 프로젝트에 사용될 관련 기술에 대한 것이다. 이미 개발되어 사용되는 기술들도 있고, 현재 개발중인 기술도 있다. 그리고 GIS 자체의 기술뿐만 아니라, 하드웨어, 소프트웨어, 네트워크, 컴퓨팅 환경에 대한 기술들이 있다. 문제는 특정 시점에서 GIS 프로젝트를 수행하고자 할 때 어떠한 기술을 선택할 것인가 이다. 물론 최신의 기술을 이용하게되면 이전의 기술보다 더 많은 장점이 있을지 모른다. 이와 관련하여 사용할 기술의 사용가능성, 안정성, 일반성, 호환성, 확장성 등 여러 측면을 고려해야 한다. 현재 개발 중인 기술이 아무리 좋더라도 실제 업무에 활용할 수 없는 상황이거나, 다른 분야에서는 적합한 기술이 특정 GIS 프로젝트 업무에는 적합하지 않을 수 있다. 또한 특정 규모의 GIS 시스템에서 사용 가능한 기술이 다른 규모의 시스템에서는 비효율적일 수 있다. 이러한 기술과 관련된 제한 요인들을 미리 확인하는 것이 필요하며, GIS 시스템 개발 이전에 체계적인 자료 수집, 인식, 그리고 주의깊은 선택 과정이 요구된다.

GIS 프로젝트 비용의 고려

GIS 프로젝트를 결정하는 또 하나의 요인은 비용일 것이다. 즉 GIS의 장점을 확인하면서도 기존 업무나 작업에 GIS를 도입하는 데는 소요되는 비용에 대한 고려가 필요하며, 예상되는 비용이 충분히 받아들여질 경우에 GIS 프로젝트를 수행하기 쉽다. 따라서 GIS 프로젝트 여부를 결정하기 이전에 관련 비용을 잘 살펴보는 것이 중요하다.

GIS 프로젝트에 소요되는 비용은 다양한 측면에서 고려될 수 있다. 그림 11.5는 비용에 대한 두 측면을 보여주고 있다. 왼쪽은 GIS 시스템 측면에서 비용 요소를 고려하고 있다. 즉 GIS 시스템을 구성하는 요소로는 하드웨어, 소프트웨어, 데이터, 인적 자원, 기타 요소를 들 수 있으며, 각 요소마다 소요되는 비용을 추정할 수 있다. 하드웨어 측면에서는 사용될 컴퓨터뿐만 아니라, 입출력 장치, 저장 장치, 그리고 컴퓨터를 연결 해주는 네트워크 장치 등 다양한 항목을 고려할 수 있다. 소프트웨어 측면에서는 GIS 소프트웨어, 운영체제 소프트웨어, 문서 작업 소프트웨어, 언어 프로그램 등이 포함될 수 있다. 데이터 측면에서는 데이터 수집, 입력, 처리, 유지관리 등에 소요되는 제반 비용들이 포함되는데, 기존에 구축된 데이터를 구입할 수 있으며, 또는 설문조사, 인터뷰, 데이터 자료 복사 등 데이터 수집에 드는 비용도 있을 것이다. 인건비 측면은 프로젝트를 수행할 때 관리자, 개발자, 사용자 등의 관점에서 발생하는 비용을 계산할 수 있다(그림 11.5).

그림 11.5 GIS 프로젝트 비용 고려 측면

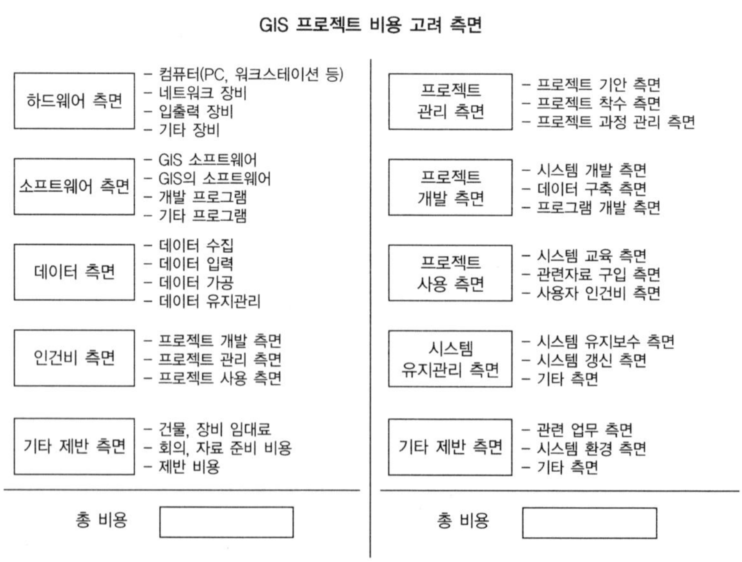

반면 프로젝트 비용을 프로젝트의 수행과정 측면에서 살펴볼 수 있는데, 앞쪽의 그림은 한 예이다. 즉 프로젝트의 관리, 개발, 사용, 유지관리 등의 과정 측면에서 비용을 고려할 수 있다. 프로젝트 관리 측면은 프로젝트가 처음 기안되고, 준비되며 착수되어 프로젝트가 완료되는 시점까지 제반 과정을 관리 차원에서 고려하는 데, 이 관리 측면에서의 유무형의 비용들이 여기에 포함될 수 있다. 예를 들어 프로젝트를 위한 시장조사, 자료조사, 회의준비 등과 관련되어 발생하는 비용이 여기에 포함될 수 있다. 또한 프로젝트 개발 측면에서 비용을 고려할 수 있는데, 시스템 측면, 데이터 수집, 구축 측면, 응용 프로그램 개발 측면에서 계산될 수 있으며, 실질적인 많은 비용 요소들이 여기에 포함된다. 프로젝트 사용 측면에서는 프로젝트를 통해 GIS 시스템이 개발된 후, 이 시스템의 사용을 위해 소요되는 비용, 즉 시스템의 기능 및 사용법 습득을 위한 사용자 설명서 등의 자료 준비, 사용자를 위한 교육 등의 비용이 여기에 해당한다. 프로젝트 유지관리 측면에서는 프로젝트 자체의 관리뿐만 아니라 GIS 시스템에 대한 유지관리에 소요되는 비용이 고려된다. 그 프로젝트가 단기적인 성격을 띠거나, 또는 장기적인 계획에서 수립되었다면 차기 프로젝트를 위해 여러 가지 유지관리가 필요할 수 있다. 또한 시스템의 유지관리, 갱신 등의 과정에 비용이 소요될 수 있다.

이러한 비용 측면을 고려하여 프로젝트 수행 여부 및 수행 방식을 결정하는 것이 합리적이며, 또한 프로젝트 수립시 예상되는 예산 계획을 수립하는 것이 좋다.

GIS 프로젝트 인적 자원의 구성

GIS 프로젝트 수행시 고려할 사항으로 인적 자원(human resource)의 구성을 들 수 있다. 즉 직접 프로젝트를 수행할 인력 구성이 제대로 되어 있어야 한다. 인적 자원의 구성은 프로젝트 내용의 성격, 프로젝트의 규모, 시기, 난이도 등에 따라 다르다. 따라서 이러한 프로젝트 성격과 계획에 맞추어 인적 자원을 구성하는 것이 바람직하다. 그림 11.6은 GIS 프로젝트시 인적 자원 구성의 예를 보여준다. 왼쪽 그림은 기능 수준에 따른 인적 자원의 구성인데, 고급, 중급, 초급의 능력을 가진 인적 자원들이 적절한 수와 조직을 이루어 프로젝트를 수행한다. 그리고 오른쪽 그림은 기능별 조직화 측면에서 인적 자원을 구성하는 데, 우선 프로젝트를 총괄적으로 관리하는 프로젝트 관리자가 존재하며 시스템의 특성에 따라 업무, 기술, 소프트웨어, 데이터 등의 분야에 필요한 전문 인력이 요구되며, 그 하위 분야에 여러 전문 인력이 구성될 수 있다.

그림 11.6 GIS 프로젝트 인적 자원 구성의 예

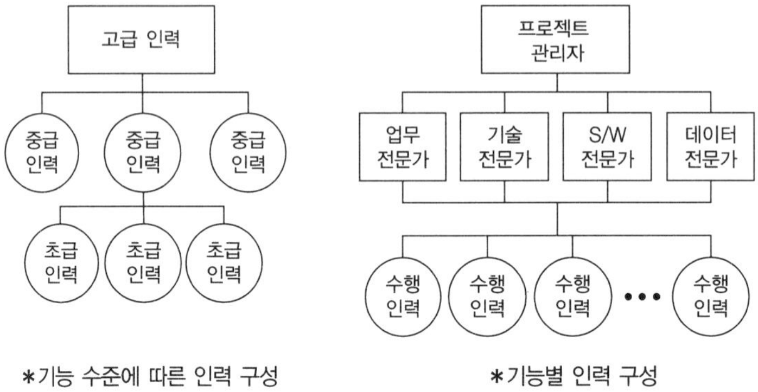

앞에서 언급하였듯이 인적 자원의 구성은 프로젝트 수행 측면에서 매우 중요할 뿐만 아니라 프로젝트 결과의 수준도 다르게 나타나게 할 수 있다. 또한 프로젝트 수행과 관련된 비용과 시간도 인적자원 구성과 밀접한 관련성이 있으므로 이런 모든 측면을 고려한 인적 자원의 구성이 요구된다.

3 GIS 프로젝트 수행 절차

일반적으로 GIS 프로젝트는 몇 가지 중요한 과정들로 구성되며, 이들 과정을 통해 중간 산출물이 생성되어 다음 단계에 연결된다. 그림 11.7에서 보는 것처럼, 하나의 GIS 프로젝트를 수행하기 위해서는 여러 과정들을 거치게 된다. 우선 커다란 틀로서 프로젝트를 위한 전략 계획이 수립되어야 한다. 이 프로젝트 전략 계획에 따라 구체적인 프로젝트 절차들이 수행되는데, 프로젝트 시작시 착수 계획을 수립하여 이에 따라 프로젝트를 시작하게 된다. 착수 계획 단계에서 프로젝트 수행 프레임워크와 개념적 단계에서 여러 가지 검토가 이루어지며 이 결과로서 사용자 요구분석이 가능하게 된다. 즉 프로젝트가 적용되어 사용될 조직이나 부서의 실제 업무 관련자 및 사용자들에 대한 인터뷰, 업무 자료 분석 등을 통해 사용자가 실제로 어떠한 기능들이 어떠한 방식으로 구현되는지에 대한 평가를 하게 된다. 이러한 과정의 결과로 사용자 지침서가 작성되며, 이것은 이후의 GIS 설계 및 구현에 중요한 자료가 된다.

그림 11.7 GIS 설계 및 수행과정 흐름도

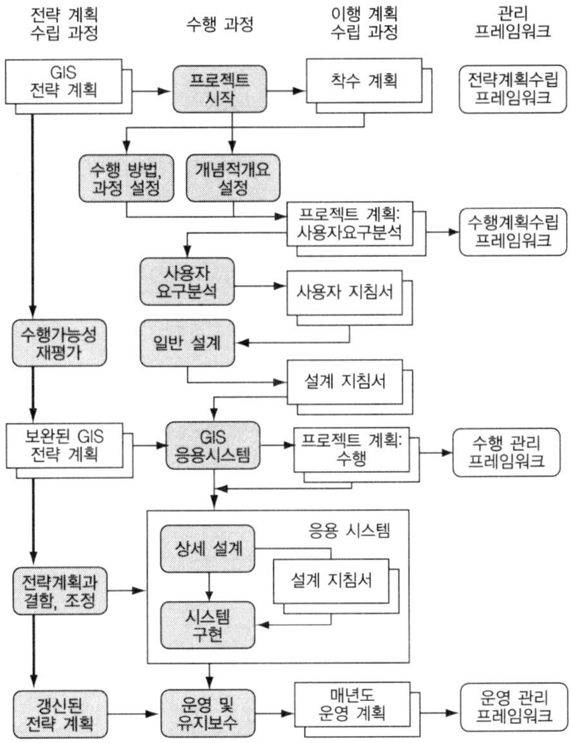

출처 : Huxhold and Levinsohn, 1995, 90, Figure 4.1

사용자 요구 분석의 결과로 작성된 사용자 지침서를 바탕으로 일반설계(general design)가 가능하게 되며 이는 개념설계(conceptual design)와 논리설계(logical design)로 구성된다. 일반설계를 앞서 제시한 GIS 전략 계획에 맞추어 비교하여 이에 부합하지 못할 경우 전략 계획을 수정, 보완할 수 있다. 이후 설계 과정에서 작성된 설계 지침서를 바탕으로 구체적인 GIS 응용 시스템 개발이 가능해진다. 구체적인 GIS 응용 시스템을 개발하는 과정은 각 특정 목적과 용도, 개발 환경 등에 따라 구성 요소 및 기능, 과정들이 달라질 수 있다. 그러나 일반적인 응용시스템 개발은 상세설계(detailed design)를 바탕으로 데이터베이스 구축 및 프로그래밍 등을 통해 시스템이 개발되며, 일단 개발되면 여러 기준에 따라 테스트 및 모니터링을 통해 보완, 수정된다. 이후 완성된 GIS 응용시스템을 정해진 조직의 위치에 설치함과 동시에 관련 요원들에 대한 교육을 실시한다. 또한 응용시스템에 대한 유지, 보수 등을 하는데, 일정 기간 간격으로 응용시스템에 대한 평가를 통해 갱신 등이 이루어질 수 있다.

그림 11.8 GIS 프로젝트 공정표의 예

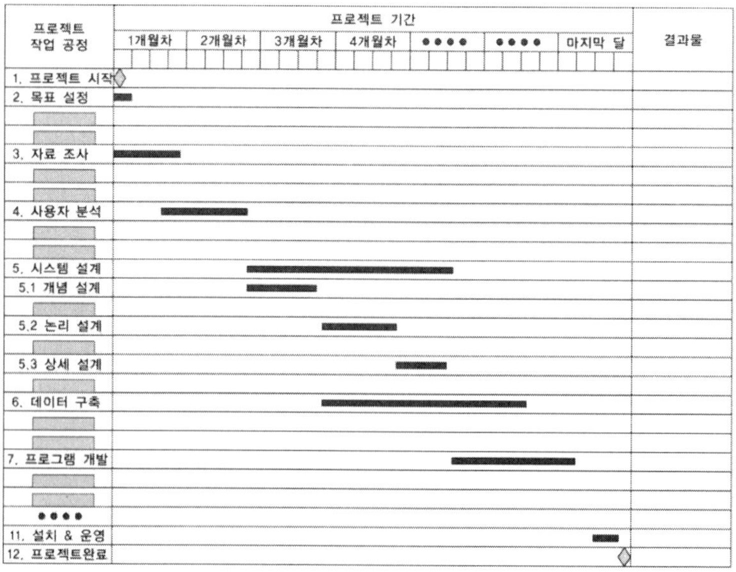

그림 11.8은 GIS 프로젝트 공정 과정을 표로 구성한 예이다. 왼쪽에는 구성된 작업 공정이 순서별로 되어 있으며, 개별 작업 공정이 요구되는 시점을 프로젝트 기간별로 표시하고 있다. 그리고 각 공정별로 예상되는 결과물이 표 오른쪽에 작성된다. 이처럼 공정표를 작성하여 프로젝트를 관리하면 보다 효율적일 것이다.

이러한 GIS 프로젝트의 수행 절차 중에서 중요한 과정들을 중심으로 좀더 자세히 살펴보자.

전략적 계획 수립

GIS 프로젝트를 수행하는 데 있어서 가장 선행되면서 중요한 것은 전략적인 계획 수립이라 할 수 있다. 즉 전략적 계획 수립은 수행될 GIS 프로젝트에서 어떠한 GIS 설계 및 수행이 이루어지고 관리되어야 하는지에 대한 프레임워크를 만드는 것이다. 이러한 계획 수립은 단순히 프로그래밍 레벨에서 이루어지는 것이 아니라, 전반적인 개념 단계에서부터 데이터, 기술, 조직 측면을 고려한 계획 수립이 이루어져야 한다. 그림 11.9는 GIS 전략적 계획 수립 프레임워크를 보여주고 있다. 먼저 개념 단계에서 기존의 GIS 패러다임들을 확인하고, 시스템의 목적에 맞도록 전략적 방향을 수립하고 궁극적이고 전략적인 비전을 제시해야 한다. 이러한 비전하에서 데이터, 기술, 조직 측면의 계획 수립이 요구되는데, 데이터 측면을 살펴보면 먼저 데이터 관리에 대한 요인들을 확인하고, 해당 프로젝트에 비추어 데이터 및 업무 분석을 하여 적합한 데이터 및 업무 모델을 구축한다. 기술 측면에서는 여러 GIS 기술들을 확인하고, 또한 기술에 대한 경향을 파악한 후, 프로젝트에 적합한 기술 아키텍처를 제시한다. 조직 측면에서는 조직에 대한 현황 분석 후 이상적인 조직 관리 프레임워크를 제시한다.

그림 11.9 GIS 전략적 계획 수립 프레임워크

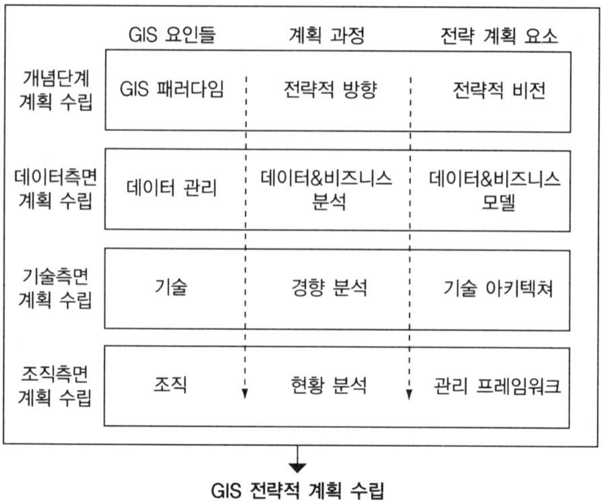

출처 : Huxhold and Levinsohn, 1995, 52, Figure 3.2

표 11.1 프로젝트 수행 가능성 평가 항목

수행 가능성 측면	주요 평가 항목
재정 측면	– 프로젝트 소요 비용의 적절성 평가 – 프로젝트 완료 후 예상되는 이익 및 비용의 비교 평가
기술 측면	– 프로젝트에서 요구되는 기술의 사용가능 여부 평가 – 시스템 기능 구현에 요구되는 기술 수준과 성격의 적절성 평가 – 프로젝트 요원에게 요구되는 기술의 교육에 대한 평가
조직 측면	– 적절한 수준의 재원 가능 여부 – GIS 개발 설계 및 관리에 요구되는 업무 경쟁력 여부 – 조직 구조와 업무 프로세스에 대한 기대되는 수준의 변화 가능 여부 – 프로젝트 수행 및 그 결과와 관련한 법률적, 제도적 측면

착수 계획

프로젝트 시작 시점에서 필요한 것이 착수 계획(startup plan)이다. 이 착수 계획에는 프로젝트에 제안된 수행 프레임워크, 개념적 개요, 수행 계획 과정 등이 포함되어야 한다. 착수 계획은 프로젝트 참여자간의 회의를 위한 자료로서 사용되며, 전략적 계획 수립을 수행 계획시 어떻게 구체화하는지에 대한 중간 역할을 하게 된다. 착수 계획에는 다음과 같은 항목들이 포함되는 것이 일반적이다.

표 11.2 착수 계획서 개요 (예)

주요 카테고리	주요 항목
서론	– 착수 계획의 목적 – 프로젝트의 방향 및 개괄적인 방향
배경	– 전략적 비전의 기술 – 프로젝트 관련 배경
영역 및 목적	– GIS 프로젝트의 영역 및 목적의 기술 – 프로젝트 수행시 제약(시간, 예산, 조직등)에 대한 기술
참여자 및 책임	– 프로젝트 참여자 리스트 및 담당 업무 – 프로젝트 참여자의 책임소재
수행 과제	– 프로젝트 수행과제의 개요 – 개별 수행과제에 대한 개요
스케줄	– 프로젝트의 개괄적 스케줄 – 프로젝트 수행 과제 별 스케줄
예산	– 프로젝트 소요 예산 – 수행 과제별 예산 내역

사용자 요구분석 User Need Analysis

철저하게 준비된 비즈니스 개념이 조직내 GIS를 착수하는 데 토대를 형성해야 하며, GIS를 선택하는 동기가 철저히 이해되어야 한다. 철저한 이해를 통해 목표의 달성을 확실하게 확인할 수 있다. 이 분명한 요구사항들은 GIS 프로젝트의 전반적인 영역을 제한함을 의미한다.

비즈니스 개념은 조직에 의해 수행되어야 하는 과제들을 정의하는 토대를 형성하며, 사용자 요구사항은 이들 과제의 결과이다. 일단 사용자 과제가 확인되고 명확하게 이해된 후에, 시스템으로부터의 요구사항을 확인하는 것이 가능하다. 이들 과제를 해결하기 위해, 사용자는 어느 정도의 데이터, 정보, 기술 툴(하드웨어/소프트웨어), 전문지식, 적합한 조직 구조를 필요로 한다. 그들은 특정 데이터로부터의 정보뿐만 아니라, 데이터를 액세스하고 처리하고 표현하는 응용시스템으로부터의 정보를 필요로 한다. 전문 지식은 이들 툴을 운영하는 데 필요하며, 또한 데이터 흐름을 제어하고 다양한 활동에 책임을 정의하기 위해 형성된 적합한 조직 구조를 운영하는 데 요구된다. 일반적으로 사용자 요구사항은 데이터와 다양한 응용시스템과 관련이 있다. 사용자 요구사항의 정의는 비즈니스 개념의 발전과 밀접하게 연관되어 있으며, 이 개념을 구축하는 데 있어서 통합적인 부분을 형성한다.

사용자 요구분석을 통해 반영될 설계시 고려되어야 할 주요 사항 - 새로운 시스템을 사용할 조직(사용 대상) - 구축될 시스템과 관련될 업무 구성 및 내용 - 수행되는 운영 과정 - 프로젝트 예상 결과 - 사용될 데이터 (유형, 지역, 양, 품질, 출처, 데이터 모델 등)

시스템 설계 System Design

GIS 시스템을 구축한다는 것은 공간 및 속성 데이터를 구축, 저장하고, 정보 처리 기능들을 개발하거나 결합하며, 적합한 컴퓨터 하드웨어와 소프트웨어를 설치하고, 시스템 운영에 필요한 조직 측면, 절차 측면, 요원들의 변화 사항들을 수행하여 시스템을 성공적으로 사용할 수 있게 하는 것이다. 앞에서 언급한 것들은 반드시 이루어져야 할 과제이지만, 시스템과 관련된 사람들이 무엇을 요구하며 어떠한 과정을 통해서 이러한 요구사항들이 어떻게 결합되어야 하는지 등에 대한 이해가 없이는 불가능하다. 따라서 이 GIS 시스템을 구축하는 데 요구되는 대상과 방법 등에 대한 명확한 정의가 없다면 구체적인 프로젝트 단계에서 데이터베이스를 구축하고, 필요한 기능을 프로그래밍 하는 것들이 불가능할 것이다. 따라서 대부분의 정보시스템 프로젝트에서 그러하듯이, GIS 시스템 구축을 위한 프로젝트가 시작되면 시스템 구성 방법, 필요한 데이터베이스 및 구현될 기능, 요구되는 여러 자원 등에 대한 정의 및 절차에 대한 것이 필요하며 이러한 과정을 시스템설계(system design)라 한다.

일반적으로 시스템설계는 그 위계적 측면에 있어서 개념설계(conceptual design), 논리설계(logical design), 상세설계(detailed design)로 구성되는 것이 일반적이다. 개념설계는 시스템 구현에 필요한 기능에 대한 개괄이며, 업무 차원에서 정의하여 설계하는 것이고, 논리설계는 개념설계를 토대로 좀더 구체적인 수준에서 구현하는 것이다. 상세설계는 물리적 수준에서 프로그래밍과 데이터베이스 구축에 바로 적용할 수 있는 형태로 기능 구현을 위한 설계 내용을 정의하는 것이다.

그림 11.10은 시스템 설계 과정에서 고려되어야 할 요소들과 이들의 관계를 보여주고 있다. 그림에서 보는 것처럼, 9가지 요소들로 시스템 설계가 구성되는데, 그것들은 기능, 데이터, 하드웨어 및 소프트웨어, 프로세싱, 요원, 교육, 법률 및 규정, 조직, 기관, 절차이다. 이들 요소들이 고려되고, 이들 간의 관계가 고려되어 설계가 이루어질 때에만 보다 완벽한 프로젝트의 성공이 가능할 것이다.

그림 11.10 시스템 설계의 구성 요소

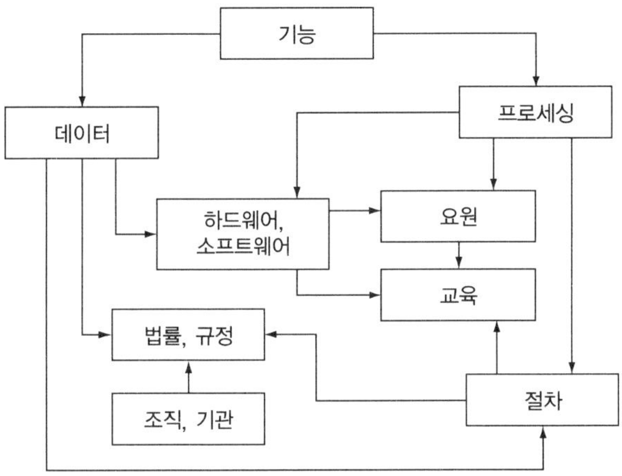

출처 : Huxhold and Levinsohn, 1995, 122, Figure 5.1

프로젝트에 참여하는 요원들을 살펴보면, 실질적인 개발자뿐만 아니라 다양한 인적 자원들이 참여하게 된다. 일반적으로 프로젝트를 총괄하는 프로젝트 관리자가 있으며, 프로젝트 규모가 큰 경우 중간 관리자들이 있을 수 있다. 그리고 시스템 및 데이터 관리자, GIS 분석을 담당하는 GIS 분석가, 실질적인 기능 구현을 하게 될 프로그래머, 시스템 완성 후 운영을 담당할 운영자 등이 포함될 수 있다. 시스템 기능의 다양성 및 규모에 따라 참여하는 인적 자원들을 고급, 중급, 또는 초급 인력 등으로 다양하게 구성할 수 있다.

· **데이터 모델 Data Model의 설계** : 일반적으로 시스템 설계는 프로그래밍 설계와 데이터 모델에 대한 설계로 나누어지는데, 이들 둘은 서로 관련이 있어 통합 관점에서 고려되어야 한다. 이 중 데이터 모델을 살펴보자. 데이터베이스에 수집되고 입력된 데이터는 특정한 하나의 기능뿐만 아니라 다른 여러 기능 구현에 다양한 형태와 목적으로 적용될 수 있으므로 이를 고려한 조직화되고 융통성 있는 형태로 처리되고 배열되어야 한다. 즉 데이터 계획과 구조화는 GIS 프로젝트에서 성공적인 데이터 사용에 필수이므로 데이터 입력 및 조직화 방식을 결정하기 위해 주의깊게 기존 업무가 분석되고 설계되어야 한다.

또한 데이터 모델의 설계는 단순히 프로젝트에 사용될 데이터들의 정의와 나열뿐만 아니라 관련된 기능들의 구현과 관련하여 인과관계에 대한 고려를 통해 이루어지는 것이 바람직하다.

그림 11.11 데이터 모델에 따른 처리 흐름의 예

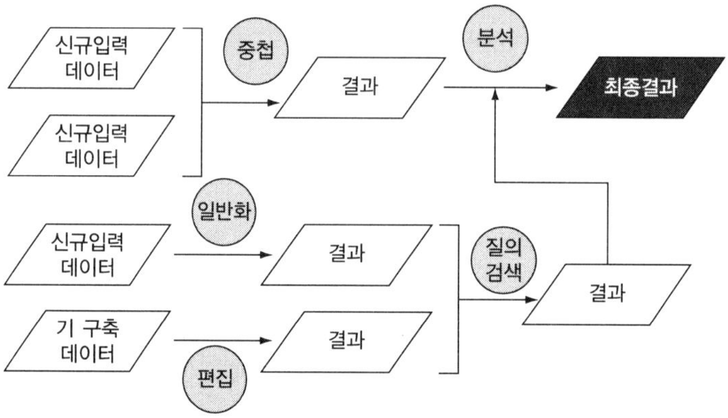

응용 시스템 개발

보다 구체적인 개발 수준에서의 단계는 응용 시스템 개발이라 할 수 있다. 응용 시스템은 프로젝트의 시스템 설계 단계에서 정의된 것에 토대하여 구현되는데 기능들이 많거나 복잡할 경우 여러 응용시스템들이 개발될 수 있으며, 각 응용시스템 개발 과정에는 그림 11.12와 같은 요소들이 요구된다. 즉 일반적인 프로젝트의 목표 설정 및 주요 목적의 정의, 그리고 이에 토대한 사용자 요구분석(업무 분석)을 통한 시스템 정의, 구체적인 시스템 설계 등이 선행 단계로 수행되게 된다. 이후 구체적인 시스템 개발을 위해서는 우선 상세설계가 요구된다. 이는 물리적 수준의 기능 구현을 위한 지침으로서 이 상세설계 단계의 지침서에 따라 프로그래밍과 데이터베이스 처리 등이 수행된다.

또한 응용시스템 단계에서 요구되는 요소들로는 시스템 개발에 적용되는 기술의 검토 및 선택, 사용될 데이터 편집 및 변환(선택사항), 데이터베이스 구축 및 시스템에 적용, 프로그래밍을 통한 기능 구현, 시스템에 사용될 하드웨어, 소프트웨어의 설치, 시스템 개발 후 테스트, 그리고 개발된 응용시스템에 대한 교육 등이 있다. 그리고 이렇게 응용시스템이 만들어지면 이 시스템은 프로토타입이 될 수 있으며 따라서 다른 응용시스템에 적용될 수 있다.

그림 11.12 GIS 프로젝트 상세설계 및 구현 과정

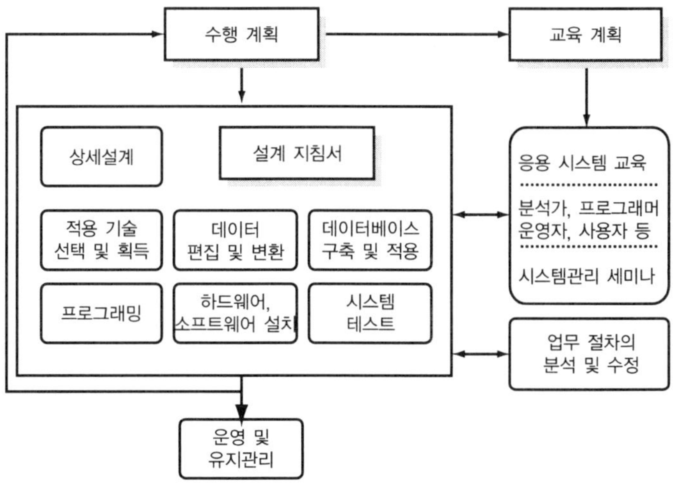

출처 : Huxhold and Levinsohn, 1995, 189, Figure 6.4

· **적용 기술 선택 및 획득** : 프로젝트 수행시 어떠한 기능들과 데이터가 요구되는지에 대한 정의와 더불어 어떠한 기술들이 필요하고 그것을 적용하여 구현하기 위해서는 어떠한 환경과 조건이 요구되는지에 대한 고려가 요구된다. 다양한 측면에서 기술들이 고려될 수 있는데 데이터베이스 설계에 요구되는 데이터베이스 구축 방법 및 질의, 응답과 관련된 기술 등이 있을 수 있으며, 하드웨어 측면에서 어떠한 네트워크 기술이 요구되는지, 어떠한 컴퓨팅 환경이 필요한지에 대한 고려, 그리고 소프트웨어 측면에서 어떠한 객체 기술, 프로그래밍 기술 등이 요구되는지에 대한 고려가 요구된다. 이들 선택된 다양한 기술들은 서로 호환하고 유기적으로 통합되어야 하며, 또한 아무리 좋은 기술이라 하더라도 프로젝트에 사용할 수 없다면 무의미할 것이다.

· **데이터 획득 및 편집/변환** : 프로젝트에 적용될 데이터의 취득 및 시스템에 적합한 형태로 편집 및 변환하는 것이 프로젝트에서 매우 중요한 과정이며, 프로젝트 전체 비용에서 60~80%를 차지할 정도로 중요한 비중을 차지하고 있다. 데이터는 공간 및 속성 데이터로 구성되는데, 공간 데이터는 속성 데이터에 비해 포맷 및 형식이 매우 다양할 뿐만 아니라 내용적 측면에서도 이질적이기 때문에 다양한 출처를 통해 데이터를 얻거나 구축하는 경우 이들의 연계성을 고려하여 편집, 변환 등의 추가적인 작업이 요구된다. 예를 들어 한 지역의 다양한 공간 정보를 구축하고자 할 때, 행정구역 데이터는 이미 만들어진 DXF 형태의 포맷으로 얻었으며, 식생 데이터는 종이지도를 이용하여 ARC/INFO 소프트웨어를 이용하여 디지타이징을 하였다. 또한 토지이용 데이터는 인공위성 이미지 데이터를 이용하여 얻었다고 가정할 때 각 세 레이어의 데이터는 데이터마다 포맷 및 구성 형식 등이 다르기 때문에 이들 세 레이어를 이용하여 중첩과 같은 공간처리 등을 수행하는 데 어려움이 있다. 따라서 다양한 형식의 데이터들을 변환이나 편집과정을 통해 사용가능한 형태로 만드는 것이 중요하다. 속성 데이터는 일반적으로 형식이나 포맷이 그다지 다르지 않기 때문에 큰 문제는 없지만 처리, 저장 목적에 따라 변환이나 편집 과정이 요구되기도 한다.

· **데이터베이스 구축** : 위의 과정을 거쳐서 프로젝트에 사용될 데이터들을 얻었다.

데이터의 양이 방대해지면 이들을 데이터베이스화할 필요가 있다. 데이터베이스 기법은 방대한 데이터들을 효과적으로 처리할 뿐만 아니라 다양한 사용자들이 동시에 액세스하는 데 문제가 없도록 하는 매우 효율적인 기법이라고 할 수 있다. 따라서 소규모 프로젝트가 아닌 대규모 프로젝트의 경우에는 DBMS를 이용하여 데이터베이스를 구축하는 동시에 사용자들에 대한 다양한 관리를 가능하게 해준다. 또한 DBMS를 이용하여 이미 구축된 데이터베이스들이 질의, 응답, 그리고 프로그래밍을 통해 기능을 구현할 때 이 데이터베이스를 불러와 사용하게 된다.

· **프로그래밍** : 응용시스템 개발에서 가장 중요한 것 중의 하나가 프로그래밍 부분인데, 기능들을 특정한 환경에서 구현하는 것과 연결된다. 프로그래밍은 C, Visual Basic과 같은 프로그래밍 언어를 이용하는 것뿐만 아니라 사용되는 GIS 소프트웨어 및 다른 소프트웨어 등에서 제공되는 매크로 언어(macro language)를 이용하여 개발 가능한다. 이전에는 기능들을 구성하는 많은 단위 기능들을 일일이 프로그래밍을 통해 개발하는 어려움이 있었지만, 현재는 전문 프로그래밍 언어에서도 자주 사용되는 기능들을 라이브러리 등으로 제공하며, 또한 GIS 소프트웨어에서도 각 기능들을 매크로 언어로 사용 가능하게 하거나 또는 OCX과 같은 객체 컴포넌트로 제공함으로써 사용자들이 C, Visual Basic, C# 등을 통해 사용 가능하게 하고 있다.

프로그래밍 과정에서는 기능 구현을 위한 부분과 메뉴 등을 포함한 사용자 인터페이스를 개발하는 부분으로 구성되며 앞서 작성된 상세설계 지침서에 따라 구현된다.

· **하드웨어/소프트웨어 설치** : 일반적으로 프로젝트 수행시 작업을 해당 부서에서 수행할 것인지 아니면 다른 곳에서 개발하여 완성된 시스템을 해당 부서에 설치할 것인지는 상황에 따라 달라지게 된다. 프로젝트에 사용되는 자료가 방대하거나 보안이 요구되는 경우와 업무 담당자와의 유기적인 접촉 등을 고려할 때는 해당 조직이나 기관에서 프로젝트를 수행하는 것이 더 효율적일 수 있으며, 반대로 여러 목적으로 다른 장소에서 개발되어 그 결과 시스템을 설치하는 경우도 있다.

시스템을 설치할 경우, 우선 관련된 하드웨어들을 설치해야 하는데, 워크스테이션 또는 PC 등이 설치되며, 이들이 유기적으로 연결되어야 할 경우 네트워크 장비들이 사용되기도 한다. 또한 스캐너, 플로터 등의 입출력 장치들이 설치될 수 있으며 이처럼 많은 다양한 하드웨어들이 설치될 때 서로 호환성을 가지고 잘 설치되어야 하므로 이에 대한 주의가 요구된다. 실제로 다양한 하드웨어들이 제조 회사 및 버전 등에 따라 호환되지 않는 경우도 많으며, 또한 하드웨어들 간의 호환이 가능하더라도 이들에 설치될 소프트웨어들과의 호환성 또한 중요하므로 주의깊게 하드웨어 및 소프트웨어를 선택해야 한다. 일단 소프트웨어들이 설치되면, 이미 프로그래밍을 통해 기능구현이 된 경우 이들 코드를 해당 하드웨어에 이식하여 에러 등이 없는지 확인해야 한다.

· **시스템 평가** System Evaluation : 응용시스템이 완성된 후 시스템이 제대로 완성되었는지를 평가하는 작업이 필요하다. 평가는 두 가지 측면에서 수행되는데, 첫 번째는 상세설계 지침서 등 기존의 설계에 따라 제대로 기능 구현이 되었는지를 평가하게 된다. 프로그램의 에러뿐만 아니라 기능구현 후 예상되는 결과가 제대로 산출되는지 확인하게 된다. 두 번째 측면은 기능들의 무결성 테스트라고 할 수 있는데, 각 기능들이 문제없이 제대로 수행되는지, 그리고 두 가지 이상의 기능들이 결합되거나 모듈들이 통합되었을 때의 문제는 없는지 확인하는 것이다. 테스트시 실제 샘플 데이터를 이용하여 기능확인을 할 수 있으며 설계서에 기반하여 과정을 확인할 수 있다. 그리고 프로그래밍 레벨에서 프로그램의 무결성 확인 등을 할 수 있다. 시스템 개발이 다른 하드웨어 및 소프트웨어 환경에서 개발되어 나중에 사용될 부서의 하드웨어, 소프트웨어로 이식될 수 있으므로 이때 환경 변화로 인해 문제가 발생할 수 있다. 테스트 과정에서 나타난 프로그램 에러나 데이터 오류, 무결성 오류 등의 문제들은 수정, 보완 후 다시 테스트 과정을 거쳐 확인되며, 근본적인 문제로 판명될 경우 설계 과정의 수정도 필요할 수 있다.

· **시스템 교육** : 시스템 개발과 더불어 관계자에게 필요한 교육을 제공하는 것 또한 중요한 일이다. 프로젝트와 관련하여 각 역할에 맞게 적합한 교육 프로그램을 개발하여 제공하여야 하며, 필요시 한 번 이상의 지속적인 교육이 요구되기도 한다. 표 11.3은 이러한 시스템 교육의 예를 보여주고 있다.

표 11.3 GIS 시스템 교육 프로그램의 예

대상	주제	목적	포럼	시점
간부 관리자	GIS 오리엔테이션	GIS 구현의 장점 및 의미	세미나형식 (GIS 시연)	GIS 계획 수립 및 수행 시작 시점
업무 단위 관리자	GIS 오리엔테이션 GIS 응용시스템 등	시스템에 대한 친숙함, 자원의 할당	업무별 세미나 형식	GIS 계획수립 시작시점, GIS 수행 전과 후
비 기술 사용자	GIS 오리엔테이션 GIS 응용시스템 등	GIS 사용의 친숙함, 응용 시스템 기능성에 대한 인식	GIS 개념, 소프트웨어 교육, 실습 교육 등	GIS 계획 수립 시작, 사용자 요구분석 단계 이전 시점
운영 요원	GIS 오리엔테이션 과제 및 기술 위주의 교육	GIS 운영과 관련한 기술경쟁력의 과제	GIS 개념, 소프트웨어 교육, 실습 교육 등	사용자 요구분석/ 기능 지침서 단계 이전
시스템 요원	GIS 오리엔테이션 분석 및 설계, GIS 개발 툴 등	GIS 설계, 기술 경쟁력, 소프트웨어 커스터마이징	GIS 개념, 소프트웨어 교육, 시스템 교육 등	분석/설계 과제 단계 이전, 시스템 설치 및 테스트 단계 이전
프로젝트 팀	GIS 오리엔테이션 GIS 프로젝트 설계 및 관리 등	GIS 개념, GIS 관리 경쟁력	GIS 교육, 모니터링 프로그램 등	프로젝트 시작 단계 이전, GIS 수행 단계 이전

출처 : Huxhold and Levinsohn, 1995, 175, Figure 6.2에서 재정리

시스템 유지보수 및 관리

일반적으로 각 운영 시스템은 예측가능한 주기를 지닌다. 시간이 지남에 따라 GIS 응용시스템은 변화와 기술의 향상을 요구하며, 이러한 요구를 충족시킬만한 새로운 접근방법을 원하게 된다. 따라서 기존의 시스템은 새로운 시스템으로 대체되고, 이러한 주기는 시스템 내외적인 요구에 따라 진행된다. 이러한 변화와 관련하여 GIS 시스템을 구축하는 것도 중요하지만, 구축된 시스템을 어떻게 사용하며 또한 이를 어떻게 유지관리하느냐 하는 것도 중요하다. 최근에는 GIS 시스템의 유지관리 측면이 점점 중요하게 부각되고 있다. 일반적으로 GIS 시스템의 관리 기능은 사용자 지원, 시스템 운영 지원, 데이터 관리, 응용시스템 개발 및 지원이 있다.

첫 번째 사용자 지원 기능은 GIS 시스템 개발 과정과 이후의 지속적인 지원 기능을 의미하며, 사용자가 시스템을 효과적으로 잘 사용할 수 있도록 여러 가지 지원을 하는데, 관련 문서 및 자료들을 제공하며, 필요에 따라 관련 교육이나 상담 등을 하게된다. 일반적으로 시스템 개발 후 시스템의 설치와 더불어 문서 형태로 관련 시스템에 대한 정보가 제공되며, 시스템에 통합되어 온라인으로 시스템 정보가 제공되기도 한다. 또한 시스템의 사용과 관련된 여러 질문이나 문제들을 전화나 인터넷, 팩스, 전자메일 등을 이용하여 지원해주기도 한다. 또한 정기적인 시스템 관련 교육뿐만 아니라, 지속적인 시스템의 버그 해결 및 버전 업그레이드, 여러 가지 관련 기술 정보 제공을 해주는 것이 필요할 수 있다.

두 번째로 시스템 운영 지원 기능은 시스템 관리(system administration), 유지보수(maintenance), 보안(security), 백업(backup), 기술 이전(technology transfer), 기타 많은 지원 기능을 포함한다. 시스템 관리는 운영 기능의 가장 핵심 부분으로 시스템 관리자는 가장 중요한 기술 책임을 맡을 것이다. 일반적으로 GIS 장비들은 관련 장비와 GIS 소프트웨어와 관련하여 매우 민감하므로 이러한 점을 주의하여 시스템 설치 및 유지관리가 이루어져야 하는데, 예를 들어 사용되는 네트워크 요구사항이 다른 것보다 중요할지도 모르며, GIS 시스템에 사용되는 스캐너나 디지타이저와 같은 장비들은 고유한 시스템 요구사항이 있으므로 구체적인 사양에 대한 정보를 문서화하여 제공해야 한다. 또한 운영 서비스와 관련된 문서는 서비스 시간, 시스템 유지보수 스케줄 등을 포함해야 한다. 시스템 보안 기능 또한 중요한데, 실제로 많은 경우 데이터 변경이나 손실, 유출 등이 빈번하게 발생하며, 대부분의 경우 시스템의 부주의한 작동이나 시스템 오류에 의해 발생한다. 일반적으로 시스템 보안기능은 데이터 및 응용시스템의 잠금장치나 암호 등의 기능을 포함할 뿐 아니라, 부주의한 시스템 작동에 의해 데이터 및 시스템 요소의 파괴를 막기 위한 철저한 과정을 포함한다. 따라서 정기적인 데이터 및 응용 프로그램의 백업 등이 계획에 따라 이루어질 필요가 있다. 얼마나 자주 백업이 이루어져야 하는지 여부는 데이터베이스와 그 당시의 요구, 응용시스템의 특성에 따라 달라진다. 시스템 백업은 여러 유형으로 이루어질 수 있는데, 우선 여러 저장 미디어를 통해 사이트에서 백업되어 보관될 수 있으며, 이외에 사이트 전체의 문제 발생시를 대비하여 백업 미디어를 다른 곳에 보관할 수 있다. 또한 전체를 백업할 수 있고 또한 전체 중 일부를 정기적으로 백업할 수 있다. 다양한 경우에 발생하는 시스템 에러나 문제를 방지하기 위해 위에서 언급한 것처럼 일부 중요한 시스템 부분에 대해서 잠금장치나 암호 등이 필요하며, 또한 사용자의 등급을 분류하여 액세스 권한을 부여하여 관리하는 것이 중요하다.

세 번째는 데이터 관리 지원 기능으로, 일반적으로 응용시스템은 온라인으로 사용자 트랜잭션으로 데이터베이스에 추가, 갱신, 삭제 등의 과정을 통해 데이터가 구축된다. 그런데 단순한 속성 데이터의 추가, 갱신과는 달리, GIS 데이터의 추가, 갱신은 상대적으로 매우 복잡하고 구현하기 어렵다. 따라서 GIS 데이터를 온라인 형태로 액세스하는 동시에 데이터의 일부분을 추가, 갱신하는 기술에 대한 지속적인 관리가 요구된다. 한편 GIS 조직의 크기에 따라, 데이터베이스 관리 기능이 달라질 수 있는데, 데이터베이스 관리자는 저장된 모든 데이터가 조직이 규정한 정확성, 무결성, 호환성 표준이나 지침을 충족시키는지를 확인하고 보증하는 책임을 가진다. 데이터베이스 관리자는 논리 데이터 모델로부터 물리적 저장을 설계하고, 데이터베이스 관리 시스템으로부터의 데이터 액세스와 관련하여 개발자와 컨설팅을 하는 등의 책임이 있다. 또한 데이터 관리자는 조직의 데이터 및 메타데이터 자원에 대한 계획에 대한 책임도 진다.

네 번째는 응용시스템 지원 기능으로, 응용시스템 지원 요원들은 시스템이 도입되는 업무의 필요사항을 지원하기 위해 새로운 응용시스템 지원의 책임을 진다. 따라서 시스템과 관련된 문서 작성 및 제공이 필수인데, 이와 관련해 시스템에 사용되는 소프트웨어 문서 작성의 표준화는 매우 중요하다. 또한 시스템 개발과 관련한 품질 평가 계획은 프로젝트 수행시 정해진 규정을 따르도록 하는데, 실제로 프로젝트가 수행되는 동안 중간 산출물들이 누락되기 쉬우며, 또한 정해진 기간내에 프로젝트를 마치기 위해 개발 일정이 원래대로 지켜지기 어려운 경우가 많이 발생한다. 또한 경우에 따라 계획된 개발 과정이 변경되거나 지켜지지 않을 수 있으며, 대신에 다른 방법이나 과정에 따라 프로젝트가 수행되기 쉽다. 이러한 모든 것은 프로젝트에 불필요한 비용을 추가하는 일이며, 프로젝트 결과로 응용시스템이 개발된 후에도 이를 효율적으로 유지관리하거나, 응용시스템이 제대로 업무에 효율적으로 적용되기가 힘들다. 관리 측면에서 볼 때, 새로운 프로젝트와 관련하여 개발자에게 충분한 시간을 제공하는 것이 바람직하다. 즉 프로젝트가 진행중일 때는 그 프로젝트에 전념하도록 환경을 조성해 주는 것이 좋으며, 프로젝트 완료 후에는 프로젝트 참여자들에게 일정한 휴식기간이나 재교육기간 등을 충분히 주는 것이 좋다. 그러나 현실적인 측면을 볼때 이러한 이상적 사고는 종종 사치스러운 것으로 여겨질 수 있으며, 프로젝트에 개발자가 계획 일정에 따라 투입되어 개발과정을 수행하는 것이 어려울 수 있다. 많은 경우 개발자는 특정 시점에 하나 이상의 프로젝트에 동시에 관여되어 프로젝트의 관점에서 볼 때 제대로된 프로젝트의 수행 및 결과 산출이 어렵게 느껴진다. 또 다른 관점에서 볼 때, 응용 시스템 개발자는 종종 이미 만들어진 응용 시스템을 유지보수해야 할 책임을 질 수 있는데, 고객의 요구에 따라 이에 효과적으로 응하며 이와 관련하여 프로젝트의 일련 과정을 체계적으로 문서화하여 관리하는 것뿐만 아니라, GIS 조직의 요원들에 대한 관리 또한 체계적으로 이루어지는 것이 바람직하다.

Appendix

주요 소프트웨어 리스트

RS 소프트웨어

소프트웨어	제공 조직/회사	웹사이트
ENVI 3.6	Research Systems Inc. (Kodak)	www.rsinc.com
ERDAS Imagine 8.6	ERDAS (Leica Geosystems)	www.erdas.com
ER Mapper 6.3	Earth Resource Mapping Inc.	www.ermapper.com
Geomatica 8.2	PCI Geomatics	www.pcigeomatics.com
TINTmips 6.8	MicroImages Inc.	www.microimages.com

래스터 GIS 소프트웨어

소프트웨어	제공 조직/회사	웹사이트
ArcView Spatial Analyst	ESRI Inc.	www.esri.com
Grass 5	Center for Applied Geographic and Spatial Research, Baylor Univ.	www.baylor.edu/~grass
Idrisi 32	Clark Lab, Clark University	www.clarklabs.org
Ilwis 2, Pamap 5, Spans 7	PCI Geomatics	www.pcigeomtics.com
MFWorks 2	ThinkSpace Inc.	www.thinkspace.com
Vertical Mapper 2	Northwood Geotechnologies	www.northwoodtec.com

GIS Software for PDA/Hand-help computer

소프트웨어	제공 조직/회사	웹사이트
Onsite	Autodesk Inc.	www.autodesk.com/onsite
ArcPad	ESRI Inc.	www.esri.com
FieldSmart	MapFrame Corp.	www.mapframe
iMap	Sokkia Corp.	www.sokkia.com
SoloCE and Ranger	Tripod Data Systems	www.tdsway.com

웹기반 지도제작 소프트웨어

소프트웨어	제공 조직/회사	웹사이트
Draftman 2002	Arbor Image Corporation	http://www.arborimage.com
R2V	Able Software Corporation	http://www.ablesw.com
TracTrix	Trix Systems Inc.	http://www.trixsystems.com/
RxSpotlight	Rasterex	http://www.rasterex.com
VPStudio	Softelec	http://www.softelec.com

벡터라이징(Vectorizing; raster-to-vector conversion) 소프트웨어

소프트웨어	제공 조직/회사	웹사이트
Apic/Web	Apic S.A.	www.apic-sa.com
MapGuide	Autodesk	www.autodesk.com
ModelServer Discovery	Bentley Systems Inc.	www.bentley.com
Map Viewer Web	Byers Engineering Co.	www.byers.com
Active Server Component	Cadcorp	www.cadcorp.co.uk
CuberSTOR, CubeSERV	CubeWerx	www.cubewerx.com
Image Web Server	Earth Resource mapping	www.ermapper.com
Internet Map Server	ESRI	www.esri.com
AltaMap Server	GeoMicro Inc.	www.geomicro.com
GeoMedia Web Map	Intergraph Corp.	www.intergraph.com
Gothic Integrator, Java ed.	Laser-scan Ltd.	www.lsl.co.uk
MrSID Image Server	LizardTech Inc.	www.lizardtech.com
MapXtreme	MapInfo Corp.	www.mapinfo.com
MetaMAP Internet	MetaMAP Inc.	www.metamapgis.com
TNTserver	MicroImages Inc.	www.microimages.com
SPANS Server	PCI Geomatics	www.pcigeomatics.com
SICAD Internet Suite	SICAD Geomatics	www.sicad.de
Smallworld Web	Smallworld	www.smallworld-us.com
StarNext	Star Informatic	www.star.be
Tellus Internet Map Server	Sysdeco GIS	www.gis.sysdeco.no

Bibliography

참고문헌

GIS 개론

Bernhardsen, T., 1999, *Geographic Information Systems: An Introduction*, 2nd edition (2002, 3rd edition), New York: John Wiley and Sons, Chapter 2.

Bolstad, P., 2005, *GIS Fundamentals: A first text on Geographic Information Systems*, 2nd edition, Eider Press.

Burrough, P. and McDonnell, R. 1998, *Principles of Geographical Information Systems*, New York: Oxford University Press, Chapter 1.

Clarke, K. 1999, *Getting Started with Geographic Information Systems*, New York: Prentice Hall, Chapter 1.

Davis, Bruce, 2001, GIS: A Visual Approach, Santa Fe, NM: OnWord Press.

DeMers, M., 1997, *Fundamentals of Geographic Information Systems*, 1st edition (2002, 3rd edition; 2008, 4th edition), New York: John Wiley & Sons, Chapter 1.

Galati, S., 2006, *Geographic Information Systems Demystified*, Artech House Publishers.

Groot, R. and McLaughlin, J., 2000, *Geospatial data infrastructure*, New York: Oxford University Press, Chapter 8, 9.

Heywood, I., Cornelius, S. and Carver, S. 1998, *An Introduction to Geographical Information Systems*, 1st edition (2002, 2nd edition). Addison Wesley Longman, Chapter 1.

Jones, C., 1997, Geographical Information Systems and Computer Cartography, Addison Wesley Longman.

Kennedy, M., 2006, *Introducing Geographic Information Systems with ArcGIS*, New York: John Wiley and Sons.

Lo, C. and Yeung, A., 2006, *Concepts and Techniques of Geographic Information Systems*, 2nd edition, New York: Prentice Hall.

Longley, P., Goodchild, M., Macguire, D. and Rhind, D., 2005, *Geographic Information Systems and Science*, 2nd edition, New York: John Wiley and Sons.

Longley, P., Goodchild, M., Macguire, D. and Rhind, D., 1999, *Geographical Information Systems: principles, techniques, applications and management*, 2nd edition, Longman Scientific & Technical.

Ormsby, T., Napoleon, E. and Burke, R., 2004, *Getting to know ArcGIS Desktop: the basics of ArcView, ArcEditor and ArcInfo Updated for ArcGIS 9*, Redlands, CA: ESRI Press.

Sommer, S. and Wade, T. (eds.), 2006, *A to Z GIS: An Illustrated Dictionary of Geographic Information Systems*, 2nd edition, Redlands, CA: ESRI Press.

Steinberg, S. and Steinberg, S., 2005, *Geographic Information Systems for the Social Sciences: Investigating Space and Place*, New York : Sage publication Inc.

Wise, S., 2002, *GIS Basics*, New York: CRC Press.

Worboys, M.2004, *GIS: A Computing Perspective*, 2nd edition, New York: CRC Press.

Zeiler, M., 2000, *Modeling Our World: The ESRI Guide to Geodatabase Design*, Redlands, CA: ESRI Press.

GIS 데이터 모델

Arctur, D. and Zeiler, M., 2004, *Designing Geodatabases: Case Studies in GIS Data Modeling*, Redlands, CA: ESRI Press.

Bernhardsen, T., 1999, *Geographic Information Systems: An Introduction*, 2nd edition (2002,3rd edition), New York: John Wiley and Sons, Chapter 6.

Burrough, P. and McDonnell, R. 1998, *Principles of Geographical Information Systems*, New York: Oxford University Press, Chapter 2.

Chrisman, N., 2001, *Exploring Geographical Information Systems*, New York: John Wiley & Sons.

DeMers, M., 1997, *Fundamentals of Geographic Information Systems*,1st edition (2002, 3rd edition; 2008, 4th edition),New York: John Wiley & Sons, Chapter 2, 3.

Groot, R., and McLaughlin, J., 2000, *Geospatial data infrastructure*, New York: Oxford University Press, Chapter 6.

Heywood, I., Cornelius, S. and Carver, S. 1998, *An Introduction to Geographical Information Systems*, 1st edition (2002, 2nd edition), Addison Wesley Longman, Chapter 2.

Jones, C., 1997, *Geographical Information Systems and Computer Cartography*, Addison Wesley Longman.

Lo, C. and Yeung, A., 2006, *Concepts and Techniques of Geographic Information Systems*, 2nd edition, New York: Prentice Hall.

Longley, P., Goodchild, M., Macguire, D. and Rhind, D., 2005, *Geographic Information Systems and Science*, 2nd edition, New York: John Wiley and Sons.

Mitchell, A., 1999, *ESRI Guide to GIS analysis*, Redlands, CA: ESRI Press.

Shekhar, S. and Chawla, S., 2003, *Spatial Databases: A Tour*, New York: Prentice Hall.

Worboys, M. 2004, *GIS: A Computing Perspective*, 2nd edition, New York: CRC Press.

Zeiler, M., 1999, *Modeling our world: ESRI Guide to geodatabase design*, Redlands, CA: ESRI Press

GIS 데이터 입력, 저장 및 유지관리

Arctur, D. and Zeiler, M., 2004, *Designing Geodatabases: Case Studies in GIS Data Modeling*, Redlands, CA: ESRI Press.

Bernhardsen, T. 1999, *Geographic Information Systems: An Introduction*, 2nd edition, (2002, 3rd edition), New York: John Wiley and Sons, Chapter 9,10,11.

Burrough, P. and McDonnell, R. 1998, *Principles of Geographical Information Systems*, New York: Oxford University Press, Chapter 4.

Clarke, K. 1999, *Getting Started with Geographic Information Systems*, New York: Prentice Hall, Chapter 4.

DeMers, M., 1997, *Fundamentals of Geographic Information Systems*, 1st edition (2002, 3rd edition; 2008, 4th edition), New York: John Wiley & Sons, Chapter 5.

Heywood, I., Cornelius, S., and Carver, S. 1998, *An Introduction to Geographical Information Systems*, 1st edition (2002, 2nd edition) Addison Wesley Longman, Chapter 5.

Jones, C., 1997, *Geographical Information Systems and Computer Cartography*, London: Addison Wesley Longman, Chapter 5,6,7.

Lo, C. and Yeung, A., 2006, *Concepts and Techniques of Geographic Information Systems*, 2nd edition, Prentice Hall.

Lillesand, T., and Kiefer, R., 2003, *Remote Sensing and Image Interpretation*, 5th edition, New York: John Wiley & Sons.
Riqaux, P., Scholl, M., and Voisard, A., 2001, *Spatial Databases: with application to GIS*, Morgan Kaufmann.
Shekhar, S. and Chawla, S., 2003, *Spatial Databases: A Tour*, New York: Prentice Hall.
Steede-Terry, K., 2000, *Integrating GIS and the Global Positioning System*, Redlands, CA: ESRI Press.
Yeung, A. and Hall, B., 2007, *Spatial Database Systems: Design, Implementation and Project Management*, London: Springer.

GIS 프로세스 및 공간 분석

Batty, M. and Longley, P., 2003, *Advanced Spatial Analysis: The CASA Book of GIS*, Redlands, CA: ESRI Press.
Bernhardsen, T., 1999, *Geographic Information Systems: An Introduction*, 2nd edition (2002, 3rd edition), New York: John Wiley and Sons, Chapter 14,15.
Burrough, P. and McDonnell, R. 1998, *Principles of Geographical Information Systems*, New York: Oxford University Press, Chapter 5,6,7,8.
Clark, P.J. and Evans, F.C., 1954, Distance to nearest neighbor as a measure of spatial relationships in population, *Ecology*, 35, 445-453
Clarke, K. 1999, *Getting Started with Geographic Information Systems*, New York: Prentice Hall, Chapter 7.
DeMers, M., 1997, *Fundamentals of Geographic Information Systems*, 1st edition(2002, 3rd edition; 2008, 4th edition), New York: John Wiley & Sons, Chapter 7,8,9,10,11,12.
Fotheringham, S. and Wegener, M., 2000, *Spatial Models and GIS*, Taylor & Francis.
Fotheringham, S., Brunsdon, C. and Charlton, M., 2000, *Quantitative Geography*, Sage Publication.
Groot, R., and McLaughlin, J., 2000, *Geospatial data infrastructure*, New York: Oxford University Press, Chapter 12.
Haining, R., 2003, *Spatial Data Analysis: Theory and Practice*, Cambridge University Press.
Heywood, I., Cornelius, S. and Carver, S. 1998, *An Introduction to Geographical Information Systems*, 1st edition (2002, 2nd edition), Addison Wesley Longman, Chapter 6,7
Jensen, J., 2006, *Remote Sensing of the Environment: An Earth Resource Perspective*, 2nd edition, Prentice Hall.
Jones, C., 1997, *Geographical Information Systems and Computer Cartography*, London: Addison Wesley Longman, Chapter 11,12 .
Kreveld, M., Nieverglet, J., Roos, T., and Widmayer, P., 1991, *Algorithmic Foundations of Geographic Information Systems*, New York: Springer.
Laurinin, R. and Thomson, D., 1992, *Fundamentals of spatial information systems*, London: Academic Press.
Leung, Y., 1997, *Intelligent spatial decision support systems*, New York: Springer.
Lillesand, T. and Kiefer, R., 2003, *Remote Sensing and Image Interpretation, 5th edition, New* York: John Wiley & Sons.
Lo, C. and Yeung, A., 2006, *Concepts and Techniques of Geographic Information Systems*, 2nd edition, New York: Prentice Hall.

Malczewski, J., 1999, *GIS and Multicriteria Decision Analysis*, New York: John Wiley & Sons.
Mitchell, A., 1999, ESRI Guide to GIS analysis, Redlands, CA: ESRI Press.
O' Sullivan, D. and Unwin, D., 2002, *Geographic Information Analysis*, New York: John Wiley & Sons.
Rogerson, P., 2006, *Statistical Methods for Geography*, 2nd edition, London: Sage Publications Ltd.
Schabenberger, O. and Gotway, C., 2004, *Statistical Methods for Spatial Data Analysis*, Chapman & Hall/CRC.
Smith, M., Goodchild, M. and Longley, P., 2007, *Geospatial Analysis : A comprehensive guide to principles, techniques and softwares tools,* 2nd edition, Leicester, UK: Troubador Publishing Ltd.
Wong, D. and Lee, J., 2005, *Statistical Analysis of Geographic Information with ArcView GIS And ArcGIS*, New York: John Wiley & Sons.
Worboys M. 2004, *GIS: A Computing Perspective*, 2nd edition, New York: CRC Press.

GIS의 주요 주제

Bernhardsen, T. 1999, *Geographic Information Systems: An Introduction*, 2nd edition (2002, 3rd edition), New York: John Wiley and Sons, Chapter 19.
Chan, K., 1998, *DIGEST A Primer for the International GIS Standard*, New York: CRC Press.
Groot, R. and McLaughlin, J., 2000, *Geospatial data infrastructure*, London: Oxford University Press, Chapter 5.
Langran, G., 1992, *Time in geographic information systems*, Taylor and Francis.
Ott, T., and Swiaczny, F., 2001, *Time-integrative geographic information systems*, London: Springer.
Kresse, W. and Fadaie, K., 2004, ISO *Standards for Geographic Information*, London: Springer.
Thomas, C., 2007, *Standards for Success: GIS for Federal Progress and Accountability*, Redlands, CA: ESRI Press.

GIS 지도화 및 시각화

Buckley, A., Gahegan,m M., and Clake, K., 2005, Geographic visualization, In McMaster, R.B. and Usery, E.L., (eds.) *A Research Agenda for Geographic Information Science*, 313-333.
Bernhardsen, T. 1999, *Geographic Information Systems: An Introduction*, 2nd edition (2002, 3rd edition), New York: John Wiley and Sons, Chapter 16.
Brewer, C., 2005, *Designing Better Maps: A Guide for GIS Users*, Redlands, CA: ESRI Press.
DeMers, M., 1997, *Fundamentals of Geographic Information Systems*, 1st edition (2002, 3rd edition; 2008, 4th edition), New York; John Wiley & Sons, Chapter 13, 14.
Dent, B., 1985, *Principles of Thematic Map Design*, Addison-Wesley Pub.
Heywood, I., Cornelius, S., and Carver, S. 1998, *An Introduction to Geographical Information Systems*, 1st edition (2002, 2nd edition), Addison Wesley Longman, Chapter 8.
Johnes, C., 1997, *Geographical Information Systems and Computer Cartography*, Addison Wesley Longman, Chapter 14,15,16.
Kraak, M. and Brown, A., 2000, *Web Cartography*, Taylor and Francis.
Krygier, J. and Wood, D., 2005, *Making Maps: A Visual Guide to Map Design for GIS*, The Guilford Press.

MacEachren, A.M., Gahegan, M., Hardsty, F., Pike W., Brewer, I., and Cai, G., 2003, Geovisualization for knowledge construction and decision-support, *Computer Graphics & Applications*, 24(1), 13-17.
McMaster, R. and Shea, K.S., 1992, *Generalization in Digital Cartography*, Washington D.C.: Association of American Geographers.
Monmonier, M., and De Blij, H., 1996, *How to lie with maps*, Chicago: University of Chicago Press
Robinson, A., Morrison, J., Muehrcke, P., Kimerling, A.J., and Guptill, S., 1995, *Elements of Cartography*, 6th edition, New York: John Wiley & Sons.

공간 정보 인프라 및 국가 GIS

건설교통부, 2005, 제3차 국가 GIS 기본계획수립연구.
건설교통부, 2006, 제2차 국가 GIS사업백서.
Goodchild, M., Egenhofer, M., Feqeas, R., and Kottman, C. (eds), 1999, *Interoperating Geographic Information Systems*, London:Springer.
Groot, R., McLaughlin, J., 2000, *Geospatial data infrastructure*, New York: Oxford University Press.
Loenen, V., 2004, *Spatial Data Infrastructure and Policy Development in Europe and the United States*, IOS Press/Delft University Press.
Masser, I., 2007, *Building European Spatial Data Infrastructures*, Redlands, CA: ESRI Press.
Masser, I., 2005, GIS Worlds: *Creating Spatial Data Infrastructures*, Redlands, CA: ESRI Press.
Montalvo, U., 2003, *Mapping the Determinants of Spatial Data Sharing*, Ashgate Publishing.
Onsrud, H. (eds.), 2007, *Research and Theory in Advancing Spatial Data Infrastructure Concepts*, Redlands, CA: ESRI Press.
Onsrud, H. and Rushton, G., 1995, Sharing *Geographic Information,* Center for Urban Policy Research.
Tang, W. and Selwood, J., *Spatial Portals: Gateways to Geographic Information*, 2005, Redlands, CA: ESRI Press.

GIS 프로젝트

Bernhardsen, T. 1999, *Geographic Information Systems: An Introduction*, 2nd edition (2002, 3rd edition), New York: John Wiley and Sons, Chapter 17,18.
DeMers, M., 1997, *Fundamentals of Geographic Information Systems*, 1st edition (2002, 3rd edition; 2008, 4th edition), New York: John Wiley & Sons, Chapter 15.
Heywood, I., Cornelius, S. and Carver, S. 1998, *An Introduction to Geographical Information Systems*, 1st edition (2002, 2nd edition), Addison Wesley Longman, Chapter 12.
Huxhold, W., Levinsohn, A. 1994, *Managing Geographic Information System Projects*, London: Oxford University Press.
Petch, J. and Reeve, D., 1999, *GIS, Organisations and People: A Socio-technical Approach*, CRC Press.
Tomlinson, R., 2007, Thinking about GIS: *Geographic Information System Planning for Managers*, 2nd edition, Redlands, CA: ESRI Press.
Yeung, A. and Hall, B., 2007, *Spatial Database Systems: Design, Implementation and Project Management*, New York: Springer.

Index

찾아보기

가시권 분석 (visibility analysis) · 305
감독 분류 방법 (supervised classification method) · 319, 320
공간 객체 (spatial object) · 107
공간 데이터 (spatial data) · 234
공간 데이터 인프라 (Spatial Data Infrastructure: SDI) · 371, 372
공간 분석 (spatial analysis) · 102
공간 사상 (spatial feature) · 154
공간 액세스 (spatial access) · 180
공간 자기상관 (spatial autocorrelation) · 272
공간 정확도 (spatial accuracy) · 128
공간 처리 (spatial processing) · 253
공간 패턴 (spatial pattern) · 124
공공 참여 GIS (Public Participation in Geo-graphic Information Systems: PPGIS) · 384
관계형 데이터베이스 (relational database) · 147
국가 GIS (National GIS) · 355, 377
굴곡성 (sinuosity) · 266
근린 (neighborhood) · 264

네트워크 (network) · 64, 306, 307
네트워크 분석 (network analysis) · 172, 306

데이터 모델 (data model) · 151
데이터베이스 (database) · 144, 175, 187, 237
데이터베이스 관리 시스템 (DBMS) · 144
데이터변환 (data conversion) · 255
데이터 저장 (data storage) · 144, 233
데이터 편집 (data edit) · 221, 240
데이터 품질 (data quality) · 127
디지타이저 (digitizer) · 195, 217

래스터 데이터 (raster data) · 161
레이어 (layer) · 173, 174
레코드 (record) · 147
로컬 (local) · 297

멀티미디어 (mutimedia) · 211
메타데이터 (metadata) · 360
모델 (model) · 144
몬테카를로 시뮬레이션 (Monte Carlo Simulation) · 313
무감독 분류 방법 (unsupervised classification method) · 319, 321

버퍼 (buffer) · 283
벡터 데이터 (vector data) · 153
분산 시스템 (distributed system) · 81
비판 GIS (Critical GIS) · 385

서버 (server) · 81
샘플링 (sampling) · 214, 301
소프트웨어 (software) · 82
속성 데이터 (attribute data) · 216, 235
스캐너 (scanner) · 197, 223
시각화 (visualization) · 395
시간 (time) · 325, 326, 332
시공간 (spatio-temporal) · 325, 326, 332
시뮬레이션 (simulation) · 313
시설물 관리 (FM: Facility Management) · 29
시스템 설계 (system design) · 460
시점 (temporal) · 326, 336

에러 (error) · 128, 134, 240, 246
에지 매칭 (edge matching) · 247
연산 · 256
원격탐사 (Remote Sensing) · 199, 315
위상 구조 (topology) · 156
이미지 (image) · 202, 316
인터넷 GIS (Internet GIS) · 85
인터폴레이션 (interpolation) · 284
일관성 (consistency) · 132
입력 (input) · 195
입지 할당 분석 · 308

전문가 시스템 (expert system) · 314
전처리 (preprocessing) · 315
정밀도 (precision) · 129
정확도 (accuracy) · 128
좌표변환 (coordinate transformation) · 120
좌표체계 (coordinate system) · 115
주성분 분석 (principal component analysis) · 318
중첩 (overlay) · 276
지구측위시스템 (GPS) · 206
지도 디자인 (map design) · 414
지도 일반화 (map generalization) · 420
지도 투영 (map projection) · 112
지도학 (cartography) · 391
지리시각화 (geovisualization) · 395, 396
지리정보과학 (Geographic Information Science) · 17
지리정보시스템 (Geographic Information Systems) · 17
지리정보체계 (Geographic Information Systems) · 17
지오이드 (geoid) · 117
지표면 분석 (surface analysis) · 300

참조체계 (reference system) · 118
최근린 분석 (nearest neighbor analysis) · 264
최적화 모델 (optimization model) · 310
축척 (scale) · 110
측정 레벨 (measurement level) · 107

크리킹 (kriging) · 291, 292
클라이언트 (client) · 81
클리어링하우스 (clearinghouse) · 107

타원체 (ellipsoid) · 118
테이블 (table) · 147
토지측량 · 213
투영법 (proiection) · 112, 114

파일구조 (file structure) · 176
표준 (standard) · 343, 344
표준 거리 standard distance) · 263
프로젝트 (project) · 444,454
프린터 (printer) · 62
필터 (filter) · 298

함수 (function) · 295, 311
항공사진 (aerial photography) · 204
해상도 (resolution) · 131

CAD (Computer Aided Design/Drafting) · 47, 50
DEM (Digital Elevation Model) · 169
DIGEST (Digital Geographic Exchange Standard) · 352
GIS 표준 · 343, 344
GPS (Global Positioning System) · 206
GSDI (Global Spatial Data Infrastructure) · 373, 375
IDW · 288
Kriging · 219, 292
Map Algebra · 295, 296
NSDI (National Spatial Data Infrastrucure) · 373
OCR (Optical Character Recognition)
OGC (Open Geospatial Consortium) · 24, 350
OGIS (Open Geodata Interoperability Specification) · 350
SDTS (Spatial Data Transfer Standard) · 350
Semi-variogram · 291
TIN(Triangular Irregular Network) · 167
URISA(Urban and Regional InformationSystems Association) · 27
Variogram · 291